2017
CHINA POPULATION AND EMPLOYMENT STATISTICS YEARBOOK

国家统计局人口和就业统计司　编

COMPILED BY
Department of Population and Employment Statistics
National Bureau of Statistics of China

图书在版编目（CIP）数据

中国人口和就业统计年鉴. 2017 : 汉英对照 / 国家统计局人口和就业统计司编. -- 北京 : 中国统计出版社, 2017.11
ISBN 978-7-5037-8408-8

Ⅰ. ①中… Ⅱ. ①国… Ⅲ. ①人口调查－统计资料－中国－2017－年鉴－汉、英②就业－统计资料－中国－2017－年鉴－汉、英 Ⅳ. ①C924.25-54②D669.2-54

中国版本图书馆 CIP 数据核字（2017）第 270385 号

中国人口和就业统计年鉴—2017

作　　者 / 国家统计局人口和就业统计司
责任编辑 / 冯诗萌　徐　涛
封面设计 / 杨　超　李雪燕
出版发行 / 中国统计出版社
通信地址 / 北京市丰台区西三环南路甲 6 号　邮政编码/100073
电　　话 / 邮购（010）63376909　书店（010）68783171
网　　址 / http://www.zgtjcbs.com/
印　　刷 / 河北鑫兆源印刷有限公司
经　　销 / 新华书店
开　　本 / 890×1240mm　1/16
字　　数 / 896 千字
印　　张 / 28
版　　别 / 2017 年 11 月第 1 版
版　　次 / 2017 年 11 月第 1 次印刷
定　　价 / 280.00 元

本书附同版本 CD-ROM 一张，光盘内容以书面文字为准。
如有印装差错，由本社发行部调换。

《中国人口和就业统计年鉴—2017》编委会和编辑工作人员

编 委 会

编辑工作人员

CHINA POPULATION AND EMPLOYMENT STATISTICS YEARBOOK-2017 EDITORIAL BOARD AND STAFF

编辑说明

一、《中国人口和就业统计年鉴—2017》是一部以全面反映我国人口和就业状况为主的资料性年刊，收集了全国和各省、自治区、直辖市人口就业统计的主要数据，同时附录了世界部分国家和地区的相关数据。

二、本年鉴由国家统计局人口和就业统计司负责编辑整理，并得到公安部治安管理局、国家卫生和计划生育委员会规划与信息司等单位的大力支持和协助。

三、本年鉴内容分为八部分：（一）综合数据；（二）2016 年全国人口变动情况抽样调查数据；（三）2016 年劳动力抽样调查主要数据；（四）2016 年城镇单位就业人员统计数据；（五）2016 年全国户籍统计人口数据；（六）2016 年全国计划生育统计人口数据；（七）世界部分国家及地区人口和就业统计数据；（八）2016 年人口变动和劳动力调查制度说明及主要统计指标解释。

四、2016 年全国人口变动调查的调查时点为 2016 年 11 月 1 日零时。该调查以全国为总体，以各省、自治区、直辖市为次总体，采用分层、多阶段、整群概率比例抽样方法，在全国 31 个省、自治区、直辖市抽取了 2236 个县(市、区)、4679 个乡(镇、街道)、5033 个调查小区中的 116 万人。经加权后汇总，2016 年全国人口出生率为 12.95 ‰，死亡率为 7.09‰，自然增长率为 5.86‰。按此推算，2016 年末全国总人口为 138271 万人，出生人口为 1786 万人，死亡人口为 977 万人，净增人口为 809 万人。本年鉴第二部分除表 2-1、表 2-2 外，其余各表中的绝对数为样本数，全国抽样比为 0.837‰。由于不同指标的样本代表性不同，特别是调查过程中，出生、死亡和流动人口存在漏报，因此，样本直接汇总数据在反映总体时存在一定程度的偏差，请用户在使用时加以注意。

五、本年鉴中收集的 2016 年全国人口变动情况抽样调查数据（第二部分）和 2016 年全国户籍统计人口数据（第五部分），统计方法和口径不同，请用户在使用时加以注意。

六、本年鉴涉及的全国性统计数据，均未包括香港、澳门特别行政区和台湾省数据。

七、符号使用说明：

年鉴各表中的“空格”表示该项统计指标数据不足本表最小单位数、数据不详或无该项数据；“#”表示其中的主要项。

八、本年鉴在资料的整理和编排方面难免存在不足和疏误，敬请用户指正。

PREFACE

I. *China Population and Employment Statistics Yearbook 2017* is an annual statistical publication, which contains data on basic condition of population and employment in 2016 as well as for the previous years for the whole nation and 31 provinces, autonomous regions and municipalities directly under the Central Government. It also includes the relevant data of some other countries and territories in the world.

II. The yearbook is compiled by the Department of Population and Employment Statistics of the National Bureau of Statistics of China, and assisted by the Public Order Bureau of the Ministry of Public Security and the Department of Planning and Information of the National Health and Family Planning Commission of China.

III. The yearbook contains the following eight chapters: 1.General Survey; 2.Data from 2016 National Sample Survey on Population Changes; 3.Main Data from 2016 Labor Force Survey; 4. Data from Statistics on Employment in Urban Units in 2016; 5.Data from Household Registration in 2016; 6.Data from Family Planning Statistics in 2016; 7.Population and Employment Data of Selected Countries and Territories of the World; 8.Explanatory Notes on Main Statistical Indicators.

IV. The reference time of 2016 National Sample Survey on Population Changes was at zero hour on November 1 in 2016. The sample survey adopted multi-stage systematic PPES cluster sampling scheme，taking the whole nation as the population and each province, autonomous region or municipality as sub-population. A total of 1.16 million people were selected from 5033 survey districts in 4679 townships (towns or street committees) in 2236 counties (cities or districts) of the 31 provinces, autonomous regions and municipalities. The weighted estimation procedure suggested that the birth rate was 12.95 per thousand，the death rate was 7.09 per thousand and the natural growth rate was 5.86 per thousand for China in 2016. Based on these rates, it was further estimated that China had a total population of 1,382.71 million at the end of 2016, with 17.86 million births, 9.77 million deaths and a net increase of 8.09 million people during the year. Except table 2-1 and table 2-2, the rest of tabulations in Chapter Two were sample data. The sampling fraction for the nation was 0.837 per thousand, because the representativeness of samples differs for each indicator, especially in consideration of the missing values for births, deaths and floating population in the process of enumeration, the direct aggregates of sample data may have bias when reflecting the total population, which should be kept in mind by data users.

V. The population data of Chapter Two in the yearbook are from 2016 National Sample Survey on Population Changes, and those of Chapter Five are from the household registration, which use different definitions and data collection methods. Users should notice that the data under the same or similar heading in these two chapters may be different.

VI. The national data in the yearbook do not include that of Hong Kong Special Administrative Region, Macao Special Administrative Region and Taiwan Province.

VII. Notations used in the yearbook:

(blank space) indicates that the figure is not large enough to be measured with the smallest unit in the table, or data are unknown or are not available; "#" indicates a major breakdown of the total.

VIII. We welcome comments and suggestions from users with regard to deficiencies and mistakes in data editing and compilation.

目　　录
CONTENTS

第一部分　综合数据
Chapter One　General Survey

第二部分 2016 年全国人口变动情况抽样调查数据

Chapter Two Data from 2016 National Sample Survey on Population Changes

第三部分 2016 年劳动力抽样调查主要数据

Chapter Three Main Data from 2016 Labor Force Survey

第四部分 2016 年城镇单位就业人员统计数据

Chapter Four Data from Statistics on Employment in Urban Units in 2016

第五部分　2016 年全国户籍统计人口数据

Chapter Five　Data from Household Registration in 2016

第六部分　2016 年全国计划生育统计人口数据

Chapter Six　Data from Family Planning Statistics in 2016

第七部分　世界部分国家及地区人口和就业统计数据

Chapter Seven　Population and Employment Data of Selected Countries and Territories of the World

一、世界部分国家人口和就业统计数据

I. Population and Employment Data of Other Countries/Regions

第八部分 2016 年人口变动和劳动力调查制度说明及主要指标解释
Chapter Eight Explanatory Notes on Main Statistical Indicators

第一部分

Chapter One

综合数据

General Survey

1-1 分地区年末人口数

单位：万人

地 区	Region	1990	1991	1992	1993	1994	1995	1996	1997	1998	1999	2000	2001
全 国	**National Total**	**114333**	**115823**	**117171**	**118517**	**119850**	**121121**	**122389**	**123626**	**124761**	**125786**	**126743**	**127627**
北 京	Beijing	1086	1094	1102	1112	1125	1251	1259	1240	1246	1257	1364	1385
天 津	Tianjin	884	909	920	928	935	942	948	953	957	959	1001	1004
河 北	Hebei	6159	6220	6275	6334	6388	6437	6484	6525	6569	6614	6674	6699
山 西	Shanxi	2899	2942	2979	3012	3045	3077	3109	3141	3172	3204	3247	3272
内蒙古	Inner Mongolia	2163	2184	2207	2232	2260	2284	2307	2326	2345	2362	2372	2381
辽 宁	Liaoning	3967	3990	4016	4042	4067	4092	4116	4138	4157	4171	4184	4194
吉 林	Jilin	2483	2509	2532	2555	2574	2592	2610	2628	2644	2658	2682	2691
黑龙江	Heilongjiang	3543	3575	3608	3640	3672	3701	3728	3751	3773	3792	3807	3811
上 海	Shanghai	1337	1340	1345	1349	1356	1415	1419	1457	1464	1474	1609	1668
江 苏	Jiangsu	6767	6844	6911	6967	7021	7066	7110	7148	7182	7213	7327	7359
浙 江	Zhejiang	4168	4202	4236	4266	4294	4319	4343	4435	4456	4475	4680	4729
安 徽	Anhui	5675	5761	5834	5897	5955	6013	6070	6127	6184	6237	6093	6128
福 建	Fujian	3037	3079	3116	3150	3183	3237	3261	3282	3299	3316	3410	3445
江 西	Jiangxi	3810	3865	3913	3966	4015	4063	4105	4150	4191	4231	4149	4186
山 东	Shandong	8493	8570	8610	8642	8671	8705	8738	8785	8838	8883	8998	9041
河 南	Henan	8649	8763	8862	8946	9027	9100	9172	9243	9315	9387	9488	9555
湖 北	Hubei	5439	5512	5580	5653	5719	5772	5825	5873	5907	5938	5646	5658
湖 南	Hunan	6128	6209	6267	6311	6355	6392	6428	6465	6502	6532	6562	6596
广 东	Guangdong	6346	6439	6525	6607	6689	6868	6961	7051	7143	7270	8650	8733
广 西	Guangxi	4261	4324	4380	4438	4493	4543	4589	4633	4675	4713	4751	4788
海 南	Hainan	663	674	686	701	711	724	734	743	753	762	789	796
重 庆	Chongqing								3042	3060	3075	2849	2829
四 川	Sichuan	10804	10897	10998	11104	11214	11325	11430	8430	8493	8550	8329	8143
贵 州	Guizhou	3268	3315	3361	3409	3458	3508	3555	3606	3658	3710	3756	3799
云 南	Yunnan	3731	3782	3832	3885	3939	3990	4042	4094	4144	4192	4241	4287
西 藏	Tibet	222	226	228	232	236	240	244	248	252	256	258	264
陕 西	Shaanxi	3316	3363	3405	3443	3481	3514	3543	3570	3596	3618	3644	3653
甘 肃	Gansu	2255	2285	2314	2345	2378	2438	2467	2494	2519	2543	2515	2523
青 海	Qinghai	448	454	461	467	474	481	488	496	503	510	517	523
宁 夏	Ningxia	470	480	487	495	504	513	521	530	538	543	554	563
新 疆	Xinjiang	1529	1555	1581	1605	1632	1661	1689	1718	1747	1774	1849	1876

注：1990、2000、2010年数据为当年人口普查数据推算数；其余年份数据为年度人口抽样调查推算数据。2005年起各地区数据为常住人口口径。

Note: Data of 1990, 2000 and 2010 are the census year estimates; the rest are the estimates from the annual national sample survey of population. Since 2005, data by region are of usual residents.

Population at Year-end by Region

(10 000 persons)

2002	2003	2004	2005	2006	2007	2008	2009	2010	2011	2012	2013	2014	2015	2016
128453	**129227**	**129988**	**130756**	**131448**	**132129**	**132802**	**133450**	**134091**	**134735**	**135404**	**136072**	**136782**	**137462**	**138271**
1423	1456	1493	1538	1601	1676	1771	1860	1962	2019	2069	2115	2152	2171	2173
1007	1011	1024	1043	1075	1115	1176	1228	1299	1355	1413	1472	1517	1547	1562
6735	6769	6809	6851	6898	6943	6989	7034	7194	7241	7288	7333	7384	7425	7470
3294	3314	3335	3355	3375	3393	3411	3427	3574	3593	3611	3630	3648	3664	3682
2384	2386	2393	2403	2415	2429	2444	2458	2472	2482	2490	2498	2505	2511	2520
4203	4210	4217	4221	4271	4298	4315	4341	4375	4383	4389	4390	4391	4382	4378
2699	2704	2709	2716	2723	2730	2734	2740	2747	2749	2750	2751	2752	2753	2733
3813	3815	3817	3820	3823	3824	3825	3826	3833	3834	3834	3835	3833	3812	3799
1713	1766	1835	1890	1964	2064	2141	2210	2303	2347	2380	2415	2426	2415	2420
7406	7458	7523	7588	7656	7723	7762	7810	7869	7899	7920	7939	7960	7976	7999
4776	4857	4925	4991	5072	5155	5212	5276	5447	5463	5477	5498	5508	5539	5590
6144	6163	6228	6120	6110	6118	6135	6131	5957	5968	5988	6030	6083	6144	6196
3476	3502	3529	3557	3585	3612	3639	3666	3693	3720	3748	3774	3806	3839	3874
4222	4254	4284	4311	4339	4368	4400	4432	4462	4488	4504	4522	4542	4566	4592
9082	9125	9180	9248	9309	9367	9417	9470	9588	9637	9685	9733	9789	9847	9947
9613	9667	9717	9380	9392	9360	9429	9487	9405	9388	9406	9413	9436	9480	9532
5672	5685	5698	5710	5693	5699	5711	5720	5728	5758	5779	5799	5816	5852	5885
6629	6663	6698	6326	6342	6355	6380	6406	6570	6596	6639	6691	6737	6783	6822
8842	8963	9111	9194	9442	9660	9893	10130	10441	10505	10594	10644	10724	10849	10999
4822	4857	4889	4660	4719	4768	4816	4856	4610	4645	4682	4719	4754	4796	4838
803	811	818	828	836	845	854	864	869	877	887	895	903	911	917
2814	2803	2793	2798	2808	2816	2839	2859	2885	2919	2945	2970	2991	3017	3048
8110	8176	8090	8212	8169	8127	8138	8185	8045	8050	8076	8107	8140	8204	8262
3837	3870	3904	3730	3690	3632	3596	3537	3479	3469	3484	3502	3508	3530	3555
4333	4376	4415	4450	4483	4514	4543	4571	4602	4631	4659	4687	4714	4742	4771
268	272	276	280	285	289	292	296	300	303	308	312	318	324	331
3662	3672	3681	3690	3699	3708	3718	3727	3735	3743	3753	3764	3775	3793	3813
2531	2537	2541	2545	2547	2548	2551	2555	2560	2564	2578	2582	2591	2600	2610
529	534	539	543	548	552	554	557	563	568	573	578	583	588	593
572	580	588	596	604	610	618	625	633	639	647	654	662	668	675
1905	1934	1963	2010	2050	2095	2131	2159	2185	2209	2233	2264	2298	2360	2398

1-2 按性别分人口数
Population by Sex

单位：万人，%　　　　(10 000 persons,%)

年 份 Year	总人口(年末) Total Population (year-end)	男 Male		女 Female	
		人口数 Population	比重 Proportion	人口数 Population	比重 Proportion
1949	54167	28145	51.96	26022	48.04
1950	55196	28669	51.94	26527	48.06
1951	56300	29231	51.92	27069	48.08
1955	61465	31809	51.75	29656	48.25
1960	66207	34283	51.78	31924	48.22
1965	72538	37128	51.18	35410	48.82
1970	82992	42686	51.43	40306	48.57
1971	85229	43819	51.41	41410	48.59
1972	87177	44813	51.40	42364	48.60
1973	89211	45876	51.42	43335	48.58
1974	90859	46727	51.43	44132	48.57
1975	92420	47564	51.47	44856	48.53
1976	93717	48257	51.49	45460	48.51
1977	94974	48908	51.50	46066	48.50
1978	96259	49567	51.49	46692	48.51
1979	97542	50192	51.46	47350	48.54
1980	98705	50785	51.45	47920	48.55
1981	100072	51519	51.48	48553	48.52
1982	101654	52352	51.50	49302	48.50
1983	103008	53152	51.60	49856	48.40
1984	104357	53848	51.60	50509	48.40
1985	105851	54725	51.70	51126	48.30
1986	107507	55581	51.70	51926	48.30
1987	109300	56290	51.50	53010	48.50
1988	111026	57201	51.52	53825	48.48
1989	112704	58099	51.55	54605	48.45
1990	114333	58904	51.52	55429	48.48
1991	115823	59466	51.34	56357	48.66
1992	117171	59811	51.05	57360	48.95
1993	118517	60472	51.02	58045	48.98
1994	119850	61246	51.10	58604	48.90
1995	121121	61808	51.03	59313	48.97
1996	122389	62200	50.82	60189	49.18
1997	123626	63131	51.07	60495	48.93
1998	124761	63940	51.25	60821	48.75
1999	125786	64692	51.43	61094	48.57
2000	126743	65437	51.63	61306	48.37
2001	127627	65672	51.46	61955	48.54
2002	128453	66115	51.47	62338	48.53
2003	129227	66556	51.50	62671	48.50
2004	129988	66976	51.52	63012	48.48
2005	130756	67375	51.53	63381	48.47
2006	131448	67728	51.52	63720	48.48
2007	132129	68048	51.50	64081	48.50
2008	132802	68357	51.47	64445	48.53
2009	133450	68647	51.44	64803	48.56
2010	134091	68748	51.27	65343	48.73
2011	134735	69068	51.26	65667	48.74
2012	135404	69395	51.25	66009	48.75
2013	136072	69728	51.24	66344	48.76
2014	136782	70079	51.23	66703	48.77
2015	137462	70414	51.22	67048	48.78
2016	138271	70815	51.21	67456	48.79

注：1. 本表各年人口数中包括中国人民解放军现役军人，但未包括香港、澳门特别行政区和台湾省的人口。
2. 1981年及以前数据为户籍统计数;1982、1990、2000、2010年数据为当年人口普查数据推算数；其余年份数据为年度人口抽样调查推算数据(下相关表同)。

Note: a) Data in this table include the military personnel of Chinese People's Liberation Army, but do not include the population of Hong Kong SAR, Macao SAR and Taiwan Province.

b) Figures 1981 (inclusive) are from household registrations; for the year 1982, 1990, 2000 and 2010 are the census year estimates; the rest of the data covered in those tables have been estimated on the basis of the annual national sample surveys of population. The same applies to the relevant tables following.

1-3 人口年龄结构和抚养比
Age Composition and Dependency Ratio of Population

单位：万人，% (10 000 persons,%)

年 份 Year	总人口(年末) Total Population (year-end)	各年龄组人口 0-14岁 Aged 0-14 人口数 Population	比重(%) Proportion	15-64岁 Aged 15-64 人口数 Population	比重(%) Proportion	65岁及以上 Aged 65 and Over 人口数 Population	比重(%) Proportion	总抚养比 Gross Dependency Ratio	少儿抚养比 Children Dependency Ratio	老年抚养比 Old Dependency Ratio
1953	58796	21331	36.3	34872	59.3	2593	4.4	68.6	61.2	7.4
1964	70499	28686	40.7	39303	55.8	2510	3.6	79.4	73.0	6.4
1982	101654	34146	33.6	62517	61.5	4991	4.9	62.6	54.6	8.0
1987	109300	31347	28.7	71985	65.9	5968	5.4	51.8	43.5	8.3
1990	114333	31659	27.7	76306	66.7	6368	5.6	49.8	41.5	8.3
1995	121121	32218	26.6	81393	67.2	7510	6.2	48.8	39.6	9.2
1996	122389	32311	26.4	82245	67.2	7833	6.4	48.8	39.3	9.5
1997	123626	32093	26.0	83448	67.5	8085	6.5	48.1	38.5	9.7
1998	124761	32064	25.7	84338	67.6	8359	6.7	47.9	38.0	9.9
1999	125786	31950	25.4	85157	67.7	8679	6.9	47.7	37.5	10.2
2000	126743	29011	22.9	88910	70.1	8821	7.0	42.6	32.6	9.9
2001	127627	28716	22.5	89849	70.4	9062	7.1	42.0	32.0	10.1
2002	128453	28774	22.4	90302	70.3	9377	7.3	42.2	31.9	10.4
2003	129227	28559	22.1	90976	70.4	9692	7.5	42.0	31.4	10.7
2004	129988	27947	21.5	92184	70.9	9857	7.6	41.0	30.3	10.7
2005	130756	26504	20.3	94197	72.0	10055	7.7	38.8	28.1	10.7
2006	131448	25961	19.8	95068	72.3	10419	7.9	38.3	27.3	11.0
2007	132129	25660	19.4	95833	72.5	10636	8.1	37.9	26.8	11.1
2008	132802	25166	19.0	96680	72.7	10956	8.3	37.4	26.0	11.3
2009	133450	24659	18.5	97484	73.0	11307	8.5	36.9	25.3	11.6
2010	134091	22259	16.6	99938	74.5	11894	8.9	34.2	22.3	11.9
2011	134735	22164	16.5	100283	74.4	12288	9.1	34.4	22.1	12.3
2012	135404	22287	16.5	100403	74.1	12714	9.4	34.9	22.2	12.7
2013	136072	22329	16.4	100582	73.9	13161	9.7	35.3	22.2	13.1
2014	136782	22558	16.5	100469	73.4	13755	10.1	36.2	22.5	13.7
2015	137462	22715	16.5	100361	73.0	14386	10.5	37.0	22.6	14.3
2016	138271	23008	16.7	100260	72.5	15003	10.8	37.9	22.9	15.0

1-4 按城乡分人口数
Population by Urban and Rural Residence

单位: 万人，%　　(10 000 persons,%)

年 份 Year	总人口(年末) Total Population (year-end)	城镇 Urban		乡村 Rural	
		人口数 Population	比重 Proportion	人口数 Population	比重 Proportion
1949	54167	5765	10.64	48402	89.36
1950	55196	6169	11.18	49027	88.82
1951	56300	6632	11.78	49668	88.22
1955	61465	8285	13.48	53180	86.52
1960	66207	13073	19.75	53134	80.25
1965	72538	13045	17.98	59493	82.02
1970	82992	14424	17.38	68568	82.62
1971	85229	14711	17.26	70518	82.74
1972	87177	14935	17.13	72242	82.87
1973	89211	15345	17.20	73866	82.80
1974	90859	15595	17.16	75264	82.84
1975	92420	16030	17.34	76390	82.66
1976	93717	16341	17.44	77376	82.56
1977	94974	16669	17.55	78305	82.45
1978	96259	17245	17.92	79014	82.08
1979	97542	18495	18.96	79047	81.04
1980	98705	19140	19.39	79565	80.61
1981	100072	20171	20.16	79901	79.84
1982	101654	21480	21.13	80174	78.87
1983	103008	22274	21.62	80734	78.38
1984	104357	24017	23.01	80340	76.99
1985	105851	25094	23.71	80757	76.29
1986	107507	26366	24.52	81141	75.48
1987	109300	27674	25.32	81626	74.68
1988	111026	28661	25.81	82365	74.19
1989	112704	29540	26.21	83164	73.79
1990	114333	30195	26.41	84138	73.59
1991	115823	31203	26.94	84620	73.06
1992	117171	32175	27.46	84996	72.54
1993	118517	33173	27.99	85344	72.01
1994	119850	34169	28.51	85681	71.49
1995	121121	35174	29.04	85947	70.96
1996	122389	37304	30.48	85085	69.52
1997	123626	39449	31.91	84177	68.09
1998	124761	41608	33.35	83153	66.65
1999	125786	43748	34.78	82038	65.22
2000	126743	45906	36.22	80837	63.78
2001	127627	48064	37.66	79563	62.34
2002	128453	50212	39.09	78241	60.91
2003	129227	52376	40.53	76851	59.47
2004	129988	54283	41.76	75705	58.24
2005	130756	56212	42.99	74544	57.01
2006	131448	58288	44.34	73160	55.66
2007	132129	60633	45.89	71496	54.11
2008	132802	62403	46.99	70399	53.01
2009	133450	64512	48.34	68938	51.66
2010	134091	66978	49.95	67113	50.05
2011	134735	69079	51.27	65656	48.73
2012	135404	71182	52.57	64222	47.43
2013	136072	73111	53.73	62961	46.27
2014	136782	74916	54.77	61866	45.23
2015	137462	77116	56.10	60346	43.90
2016	138271	79298	57.35	58973	42.65

注：按城乡分人口数中现役军人全部计入城镇人口。

Note: The military personnel of Chinese People's Liberation Army are classified as urban population in the item of population by residence.

1-5 分地区年末城镇人口比重
Proportion of Urban Population at Year-end by Region

单位：% (%)

地区	Region	2005	2006	2007	2008	2009	2010	2011	2012	2013	2014	2015	2016
全国	**National Total**	**42.99**	**44.34**	**45.89**	**46.99**	**48.34**	**49.95**	**51.27**	**52.57**	**53.73**	**54.77**	**56.10**	**57.35**
北京	Beijing	83.62	84.33	84.50	84.90	85.00	85.96	86.20	86.20	86.30	86.35	86.50	86.50
天津	Tianjin	75.11	75.73	76.31	77.23	78.01	79.55	80.50	81.55	82.01	82.27	82.64	82.93
河北	Hebei	37.69	38.77	40.25	41.90	43.74	44.50	45.60	46.80	48.12	49.33	51.33	53.32
山西	Shanxi	42.11	43.01	44.03	45.11	45.99	48.05	49.68	51.26	52.56	53.79	55.03	56.21
内蒙古	Inner Mongolia	47.20	48.64	50.15	51.71	53.40	55.50	56.62	57.74	58.71	59.51	60.30	61.19
辽宁	Liaoning	58.70	58.99	59.20	60.05	60.35	62.10	64.05	65.65	66.45	67.05	67.35	67.37
吉林	Jilin	52.52	52.97	53.16	53.21	53.32	53.35	53.40	53.70	54.20	54.81	55.31	55.97
黑龙江	Heilongjiang	53.10	53.50	53.90	55.40	55.50	55.66	56.50	56.90	57.40	58.01	58.80	59.20
上海	Shanghai	89.09	88.70	88.70	88.60	88.60	89.30	89.30	89.30	89.60	89.60	87.60	87.90
江苏	Jiangsu	50.50	51.90	53.20	54.30	55.60	60.58	61.90	63.00	64.11	65.21	66.52	67.72
浙江	Zhejiang	56.02	56.50	57.20	57.60	57.90	61.62	62.30	63.20	64.00	64.87	65.80	67.00
安徽	Anhui	35.50	37.10	38.70	40.50	42.10	43.01	44.80	46.50	47.86	49.15	50.50	51.99
福建	Fujian	49.40	50.40	51.40	53.00	55.10	57.10	58.10	59.60	60.77	61.80	62.60	63.60
江西	Jiangxi	37.00	38.68	39.80	41.36	43.18	44.06	45.70	47.51	48.87	50.22	51.62	53.10
山东	Shandong	45.00	46.10	46.75	47.60	48.32	49.70	50.95	52.43	53.75	55.01	57.01	59.02
河南	Henan	30.65	32.47	34.34	36.03	37.70	38.50	40.57	42.43	43.80	45.20	46.85	48.50
湖北	Hubei	43.20	43.80	44.30	45.20	46.00	49.70	51.83	53.50	54.51	55.67	56.85	58.10
湖南	Hunan	37.00	38.71	40.45	42.15	43.20	43.30	45.10	46.65	47.96	49.28	50.89	52.75
广东	Guangdong	60.68	63.00	63.14	63.37	63.40	66.18	66.50	67.40	67.76	68.00	68.71	69.20
广西	Guangxi	33.62	34.64	36.24	38.16	39.20	40.00	41.80	43.53	44.81	46.01	47.06	48.08
海南	Hainan	45.20	46.10	47.20	48.00	49.13	49.80	50.50	51.60	52.74	53.76	55.12	56.78
重庆	Chongqing	45.20	46.70	48.30	49.99	51.59	53.02	55.02	56.98	58.34	59.60	60.94	62.60
四川	Sichuan	33.00	34.30	35.60	37.40	38.70	40.18	41.83	43.53	44.90	46.30	47.69	49.21
贵州	Guizhou	26.87	27.46	28.24	29.11	29.89	33.81	34.96	36.41	37.83	40.01	42.01	44.15
云南	Yunnan	29.50	30.50	31.60	33.00	34.00	34.70	36.80	39.31	40.48	41.73	43.33	45.03
西藏	Tibet	20.85	21.13	21.50	21.90	22.30	22.67	22.71	22.75	23.71	25.75	27.74	29.56
陕西	Shaanxi	37.23	39.12	40.62	42.10	43.50	45.76	47.30	50.02	51.31	52.57	53.92	55.34
甘肃	Gansu	30.02	31.09	32.25	33.56	34.89	36.12	37.15	38.75	40.13	41.68	43.19	44.69
青海	Qinghai	39.25	39.26	40.07	40.86	41.90	44.72	46.22	47.44	48.51	49.78	50.30	51.63
宁夏	Ningxia	42.28	43.00	44.02	44.98	46.10	47.90	49.82	50.67	52.01	53.61	55.23	56.29
新疆	Xinjiang	37.15	37.94	39.15	39.64	39.85	43.01	43.54	43.98	44.47	46.07	47.23	48.35

注：2010年数据为当年人口普查数据推算数；其余年份数据为年度人口抽样调查推算数据，部分省份2008-2009年数据根据2010年普查数据进行了修订。

Note: Data of 2010 are the census year estimates; the rest are the estimates from the annual national sample survey of population. Data of some provinces from 2006 to 2009 have been revised according to the Sixth National Population Census in 2010.

1-6 人口出生率、死亡率和自然增长率
Birth Rate, Death Rate and Natural Growth Rate of Population

单位：‰ (‰)

年 份 Year	出生率 Birth Rate	死亡率 Death Rate	自然增长率 Natural Growth Rate
1978	18.25	6.25	12.00
1979	17.82	6.21	11.61
1980	18.21	6.34	11.87
1981	20.91	6.36	14.55
1982	22.28	6.60	15.68
1983	20.19	6.90	13.29
1984	19.90	6.82	13.08
1985	21.04	6.78	14.26
1986	22.43	6.86	15.57
1987	23.33	6.72	16.61
1988	22.37	6.64	15.73
1989	21.58	6.54	15.04
1990	21.06	6.67	14.39
1991	19.68	6.70	12.98
1992	18.24	6.64	11.60
1993	18.09	6.64	11.45
1994	17.70	6.49	11.21
1995	17.12	6.57	10.55
1996	16.98	6.56	10.42
1997	16.57	6.51	10.06
1998	15.64	6.50	9.14
1999	14.64	6.46	8.18
2000	14.03	6.45	7.58
2001	13.38	6.43	6.95
2002	12.86	6.41	6.45
2003	12.41	6.40	6.01
2004	12.29	6.42	5.87
2005	12.40	6.51	5.89
2006	12.09	6.81	5.28
2007	12.10	6.93	5.17
2008	12.14	7.06	5.08
2009	11.95	7.08	4.87
2010	11.90	7.11	4.79
2011	11.93	7.14	4.79
2012	12.10	7.15	4.95
2013	12.08	7.16	4.92
2014	12.37	7.16	5.21
2015	12.07	7.11	4.96
2016	12.95	7.09	5.86

1-7 各地区人口出生率、死亡率和自然增长率
Birth Rate, Death Rate and Natural Growth Rate of Population by Region

单位：‰ (‰)

地 区	Region	1990 出生率 Birth Rate	1990 死亡率 Death Rate	1990 自然增长率 Natural Growth Rate	1991 出生率 Birth Rate	1991 死亡率 Death Rate	1991 自然增长率 Natural Growth Rate	1992 出生率 Birth Rate	1992 死亡率 Death Rate	1992 自然增长率 Natural Growth Rate	1993 出生率 Birth Rate	1993 死亡率 Death Rate	1993 自然增长率 Natural Growth Rate
全 国	**National Total**	**21.06**	**6.67**	**14.39**	**19.68**	**6.70**	**12.98**	**18.24**	**6.64**	**11.60**	**18.09**	**6.64**	**11.45**
北 京	Beijing	13.01	5.81	7.20	8.03	5.82	2.21	9.22	6.11	3.11	9.35	6.16	3.19
天 津	Tianjin	15.61	5.78	9.83	11.94	5.78	6.16	12.50	6.00	6.50	10.71	6.20	4.51
河 北	Hebei	20.46	6.82	13.64	16.59	6.75	9.84	15.33	6.43	8.90	15.43	6.11	9.32
山 西	Shanxi	22.54	6.56	15.98	21.56	6.87	14.69	19.59	6.94	12.65	17.48	6.36	11.12
内蒙古	Inner Mongolia	21.19	7.21	13.98	16.77	6.97	9.80	17.07	6.73	10.34	18.48	6.83	11.65
辽 宁	Liaoning	16.30	6.59	9.71	12.10	6.64	5.46	12.57	6.11	6.46	12.43	6.11	6.32
吉 林	Jilin	19.49	6.56	12.93	17.09	6.84	10.25	15.74	6.57	9.17	15.28	6.31	8.97
黑龙江	Heilongjiang	18.11	6.35	11.76	15.89	5.70	10.19	16.25	6.12	10.13	15.90	5.52	10.38
上 海	Shanghai	10.31	6.64	3.67	7.68	7.01	0.67	7.28	6.74	0.54	6.50	7.30	-0.80
江 苏	Jiangsu	20.54	6.53	14.01	17.05	6.50	10.55	15.71	6.76	8.95	13.97	6.61	7.36
浙 江	Zhejiang	15.33	6.31	9.02	14.48	6.39	8.09	14.72	6.57	8.15	13.61	6.58	7.03
安 徽	Anhui	24.47	6.25	18.22	21.19	6.06	15.13	18.76	6.14	12.62	17.18	6.51	10.67
福 建	Fujian	24.44	6.71	17.73	20.03	6.26	13.77	18.18	6.02	12.16	16.72	5.62	11.10
江 西	Jiangxi	24.59	7.54	17.05	21.20	7.13	14.07	19.53	7.07	12.46	20.33	6.89	13.44
山 东	Shandong	18.21	6.96	11.25	15.40	6.54	8.86	11.43	6.88	4.55	10.47	6.76	3.71
河 南	Henan	24.92	6.52	18.40	19.78	6.63	13.15	18.13	6.99	11.14	15.87	6.35	9.52
湖 北	Hubei	21.60	7.30	14.30	20.70	7.36	13.34	19.05	6.87	12.18	20.04	6.93	13.11
湖 南	Hunan	23.93	7.23	16.70	20.50	7.30	13.20	16.70	7.30	9.40	14.08	7.13	6.95
广 东	Guangdong	22.26	5.76	16.50	20.54	5.95	14.59	19.31	6.17	13.14	18.34	5.84	12.50
广 西	Guangxi	20.20	6.60	13.60	21.89	7.24	14.65	20.19	7.28	12.91	19.58	6.35	13.23
海 南	Hainan	24.86	6.26	18.60	22.97	5.97	17.00	21.31	6.07	15.24	20.81	5.26	15.55
重 庆	Chongqing												
四 川	Sichuan	19.11	7.66	11.45	15.82	7.29	8.53	16.27	7.03	9.24	16.77	7.21	9.56
贵 州	Guizhou	23.09	7.90	15.19	22.42	8.11	14.31	22.40	8.52	13.88	22.60	8.50	14.10
云 南	Yunnan	23.60	7.92	15.68	21.80	8.10	13.70	21.00	8.00	13.00	22.00	8.10	13.90
西 藏	Tibet	23.98	7.55	16.43	23.53	7.40	16.13	23.63	8.09	15.54	26.68	7.60	19.08
陕 西	Shaanxi	23.48	6.52	16.96	19.82	6.51	13.31	18.85	6.57	12.28	17.63	6.55	11.08
甘 肃	Gansu	20.68	6.20	14.48	19.38	6.05	13.33	19.37	6.64	12.73	20.16	6.84	13.32
青 海	Qinghai	24.34	7.47	16.87	23.37	8.35	15.02	22.54	8.14	14.40	20.50	8.26	12.24
宁 夏	Ningxia	24.34	5.52	18.82	21.96	5.13	16.83	20.11	5.36	14.75	19.43	5.36	14.07
新 疆	Xinjiang	26.44	7.82	18.62	24.45	7.86	16.59	22.80	7.84	14.96	21.53	7.68	13.85

1-7 续表 1 continued

单位：‰ (‰)

地区	Region	1994 出生率 Birth Rate	1994 死亡率 Death Rate	1994 自然增长率 Natural Growth Rate	1995 出生率 Birth Rate	1995 死亡率 Death Rate	1995 自然增长率 Natural Growth Rate	1996 出生率 Birth Rate	1996 死亡率 Death Rate	1996 自然增长率 Natural Growth Rate	1997 出生率 Birth Rate	1997 死亡率 Death Rate	1997 自然增长率 Natural Growth Rate
全国	**National Total**	**17.70**	**6.49**	**11.21**	**17.12**	**6.57**	**10.55**	**16.98**	**6.56**	**10.42**	**16.57**	**6.51**	**10.06**
北京	Beijing	8.96	5.76	3.20	7.92	5.12	2.80	8.02	5.34	2.68	7.91	6.02	1.89
天津	Tianjin	10.98	6.19	4.79	10.23	6.23	4.00	10.09	6.53	3.56	9.98	6.95	3.03
河北	Hebei	14.93	6.50	8.43	13.93	6.32	7.61	13.85	6.55	7.30	13.11	6.82	6.29
山西	Shanxi	17.46	6.70	10.76	16.60	6.12	10.48	16.59	6.25	10.34	16.18	6.06	10.12
内蒙古	Inner Mongolia	18.98	6.50	12.48	17.23	6.70	10.53	16.09	6.43	9.66	15.21	6.96	8.25
辽宁	Liaoning	12.26	6.03	6.23	12.17	6.15	6.02	12.15	6.19	5.96	11.78	6.38	5.40
吉林	Jilin	14.11	6.35	7.76	12.90	6.09	6.81	12.53	5.60	6.93	12.22	5.42	6.80
黑龙江	Heilongjiang	15.15	5.47	9.68	13.23	5.33	7.90	12.40	5.05	7.35	12.02	5.17	6.85
上海	Shanghai	5.80	7.00	-1.20	5.75	7.05	-1.30	5.60	7.00	-1.40	5.50	6.80	-1.30
江苏	Jiangsu	13.78	6.86	6.92	12.32	6.56	5.76	12.11	6.58	5.53	11.43	6.84	4.59
浙江	Zhejiang	13.24	6.60	6.64	12.66	6.75	5.91	12.09	6.58	5.51	11.41	6.48	4.93
安徽	Anhui	16.70	6.86	9.84	16.07	6.41	9.66	16.00	6.50	9.50	15.80	6.50	9.30
福建	Fujian	16.24	5.95	10.29	15.20	5.90	9.30	13.22	5.94	7.28	12.41	6.09	6.32
江西	Jiangxi	19.38	7.00	12.38	18.94	7.28	11.66	17.53	7.02	10.51	17.43	6.56	10.87
山东	Shandong	9.69	6.67	3.02	9.82	6.47	3.35	10.60	6.76	3.84	11.28	6.65	4.63
河南	Henan	15.36	6.34	9.02	14.41	6.28	8.13	14.28	6.44	7.84	13.97	6.30	7.67
湖北	Hubei	18.17	6.68	11.49	16.18	6.91	9.27	16.08	6.93	9.15	14.81	6.69	8.12
湖南	Hunan	13.88	7.03	6.85	13.02	7.15	5.87	12.81	7.20	5.61	12.59	6.99	5.60
广东	Guangdong	18.20	5.78	12.42	18.10	5.70	12.40	18.05	6.09	11.96	16.90	5.40	11.50
广西	Guangxi	18.84	6.60	12.24	17.54	6.53	11.01	16.83	6.82	10.01	15.93	6.40	9.53
海南	Hainan	20.77	6.29	14.48	20.12	5.61	14.51	20.08	5.88	14.20	19.18	5.62	13.56
重庆	Chongqing										13.60	7.36	6.24
四川	Sichuan	16.93	6.99	9.94	17.08	7.21	9.87	16.68	7.35	9.33	15.75	7.00	8.75
贵州	Guizhou	22.92	8.14	14.78	21.86	7.60	14.26	22.05	7.69	14.36	22.15	7.67	14.48
云南	Yunnan	21.80	8.00	13.80	20.75	8.03	12.72	20.87	7.94	12.93	20.82	7.91	12.91
西藏	Tibet	25.64	8.71	16.93	24.90	8.80	16.10	24.70	8.50	16.20	23.90	7.90	16.00
陕西	Shaanxi	17.59	6.60	10.99	15.93	6.57	9.36	14.99	6.51	8.48	13.91	6.29	7.62
甘肃	Gansu	20.82	6.84	13.98	20.65	6.49	14.16	18.43	6.64	11.79	17.22	6.20	11.02
青海	Qinghai	22.06	6.82	15.24	22.01	6.89	15.12	21.89	7.20	14.69	21.80	6.95	14.85
宁夏	Ningxia	19.67	6.02	13.65	19.28	5.49	13.79	19.03	5.25	13.78	18.90	5.43	13.47
新疆	Xinjiang	20.82	7.43	13.39	18.90	6.45	12.45	19.45	6.60	12.85	19.66	6.55	13.11

1-7 续表 2 continued

单位：‰ (‰)

地区	Region	1998			1999			2001			2002		
		出生率 Birth Rate	死亡率 Death Rate	自然增长率 Natural Growth Rate	出生率 Birth Rate	死亡率 Death Rate	自然增长率 Natural Growth Rate	出生率 Birth Rate	死亡率 Death Rate	自然增长率 Natural Growth Rate	出生率 Birth Rate	死亡率 Death Rate	自然增长率 Natural Growth Rate
全 国	**National Total**	**15.64**	**6.50**	**9.14**	**14.64**	**6.46**	**8.18**	**13.38**	**6.43**	**6.95**	**12.86**	**6.41**	**6.45**
北 京	Beijing	6.00	5.30	0.70	6.50	5.60	0.90	6.10	5.30	0.80	6.60	5.70	0.90
天 津	Tianjin	9.89	6.49	3.40	9.68	6.73	2.95	7.58	5.94	1.64	7.49	6.04	1.45
河 北	Hebei	13.01	6.18	6.83	12.99	6.26	6.73	11.16	6.18	4.98	11.53	6.25	5.28
山 西	Shanxi	16.09	6.17	9.92	15.93	6.07	9.86	13.06	5.90	7.16	12.86	6.14	6.72
内蒙古	Inner Mongolia	14.40	6.17	8.23	13.32	6.08	7.24	10.77	5.79	4.98	9.60	5.92	3.68
辽 宁	Liaoning	11.39	6.81	4.58	10.38	7.05	3.33	7.74	6.10	1.64	7.38	6.04	1.34
吉 林	Jilin	11.81	5.76	6.05	10.68	5.45	5.23	8.76	5.38	3.38	8.30	5.11	3.19
黑龙江	Heilongjiang	11.68	5.32	6.36	10.55	5.49	5.06	8.48	5.49	2.99	7.98	5.44	2.54
上 海	Shanghai	5.20	7.00	-1.80	5.40	6.50	-1.10	5.02	5.97	-0.95	5.41	5.95	-0.54
江 苏	Jiangsu	10.97	6.84	4.13	10.50	6.94	3.56	9.03	6.62	2.41	9.17	6.99	2.18
浙 江	Zhejiang	11.15	6.33	4.82	10.64	6.35	4.29	10.02	6.25	3.77	9.98	6.19	3.79
安 徽	Anhui	15.74	6.54	9.20	15.10	6.50	8.60	12.46	5.85	6.61	11.20	5.17	6.03
福 建	Fujian	11.53	6.20	5.33	11.06	5.85	5.21	11.56	5.52	6.04	11.35	5.57	5.78
江 西	Jiangxi	16.85	7.05	9.80	16.51	7.02	9.49	15.44	6.06	9.38	14.74	6.02	8.72
山 东	Shandong	11.58	6.12	5.46	11.08	6.27	4.81	11.12	6.24	4.88	11.17	6.62	4.55
河 南	Henan	14.17	6.37	7.80	14.07	6.35	7.72	13.20	6.26	6.94	12.41	6.38	6.03
湖 北	Hubei	12.58	6.70	5.88	11.57	6.37	5.20	8.51	6.07	2.44	8.38	6.17	2.21
湖 南	Hunan	12.31	7.10	5.21	11.72	7.12	4.60	11.80	6.72	5.08	11.56	6.70	4.86
广 东	Guangdong	16.51	5.61	10.90	15.32	5.40	9.92	13.95	5.12	8.83	13.29	5.08	8.21
广 西	Guangxi	15.87	6.86	9.01	14.96	6.93	8.03	13.80	6.07	7.73	13.30	6.30	7.00
海 南	Hainan	18.48	5.56	12.92	17.26	5.23	12.03	15.23	5.76	9.47	15.20	5.72	9.48
重 庆	Chongqing	13.19	7.68	5.51	11.90	6.94	4.96	9.70	6.90	2.80	9.36	6.08	3.28
四 川	Sichuan	14.62	7.14	7.48	13.80	7.02	6.78	11.16	6.79	4.37	10.44	6.55	3.89
贵 州	Guizhou	22.02	7.76	14.26	21.92	7.68	14.24	18.56	7.23	11.33	17.96	7.21	10.75
云 南	Yunnan	20.01	7.91	12.10	19.48	7.82	11.66	18.51	7.57	10.94	17.90	7.30	10.60
西 藏	Tibet	23.70	7.80	15.90	23.20	7.40	15.80	18.60	6.50	12.10	18.83	6.07	12.76
陕 西	Shaanxi	13.56	6.43	7.13	12.51	6.38	6.13	10.50	6.34	4.16	10.48	6.36	4.12
甘 肃	Gansu	16.45	6.41	10.04	15.61	6.44	9.17	13.58	6.43	7.15	13.16	6.45	6.71
青 海	Qinghai	21.26	6.78	14.48	20.68	6.78	13.90	19.06	6.44	12.62	18.05	6.35	11.70
宁 夏	Ningxia	18.19	5.11	13.08	17.97	5.65	12.32	16.55	4.84	11.71	16.42	4.86	11.56
新 疆	Xinjiang	19.74	6.93	12.81	18.76	6.96	11.80	16.82	5.69	11.13	16.30	5.43	10.87

1-7 续表 3 continued

单位：‰ (‰)

地 区	Region	2003 出生率 Birth Rate	2003 死亡率 Death Rate	2003 自然增长率 Natural Growth Rate	2004 出生率 Birth Rate	2004 死亡率 Death Rate	2004 自然增长率 Natural Growth Rate	2005 出生率 Birth Rate	2005 死亡率 Death Rate	2005 自然增长率 Natural Growth Rate	2006 出生率 Birth Rate	2006 死亡率 Death Rate	2006 自然增长率 Natural Growth Rate
全 国	**National Total**	**12.41**	**6.40**	**6.01**	**12.29**	**6.42**	**5.87**	**12.40**	**6.51**	**5.89**	**12.09**	**6.81**	**5.28**
北 京	Beijing	5.10	5.20	-0.10	6.10	5.40	0.70	6.29	5.20	1.09	6.26	4.97	1.29
天 津	Tianjin	7.14	6.04	1.10	7.31	5.97	1.34	7.44	6.01	1.43	7.67	6.07	1.60
河 北	Hebei	11.43	6.27	5.16	11.98	6.19	5.79	12.84	6.75	6.09	12.82	6.59	6.23
山 西	Shanxi	12.26	6.04	6.22	12.36	6.11	6.25	12.02	6.00	6.02	11.48	5.73	5.75
内蒙古	Inner Mongolia	9.24	6.17	3.07	9.53	5.98	3.55	10.08	5.46	4.62	9.87	5.91	3.96
辽 宁	Liaoning	6.90	5.83	1.07	6.51	5.60	0.91	7.01	6.04	0.97	6.40	5.30	1.10
吉 林	Jilin	7.25	5.64	1.61	7.39	5.63	1.76	7.89	5.32	2.57	7.67	5.00	2.67
黑龙江	Heilongjiang	7.48	5.45	2.03	7.27	5.45	1.82	7.87	5.20	2.67	7.57	5.18	2.39
上 海	Shanghai	4.85	6.20	-1.35	6.00	6.00	0.00	7.04	6.08	0.96	7.47	5.89	1.58
江 苏	Jiangsu	9.04	7.03	2.01	9.45	7.20	2.25	9.24	7.03	2.21	9.36	7.08	2.28
浙 江	Zhejiang	9.66	6.38	3.28	10.71	5.76	4.95	11.10	6.08	5.02	10.29	5.42	4.87
安 徽	Anhui	11.15	5.20	5.95	11.62	5.50	6.12	12.43	6.23	6.20	12.60	6.30	6.30
福 建	Fujian	11.43	5.58	5.85	11.58	5.62	5.96	11.60	5.62	5.98	12.00	5.75	6.25
江 西	Jiangxi	14.07	5.98	8.09	13.61	5.99	7.62	13.79	5.96	7.83	13.80	6.01	7.79
山 东	Shandong	11.42	6.64	4.78	12.50	6.49	6.01	12.14	6.31	5.83	11.60	6.10	5.50
河 南	Henan	12.10	6.46	5.64	11.67	6.47	5.20	11.55	6.30	5.25	11.59	6.27	5.32
湖 北	Hubei	8.26	5.94	2.32	8.43	6.03	2.40	8.74	5.69	3.05	9.08	5.95	3.13
湖 南	Hunan	11.82	6.87	4.95	11.89	6.80	5.09	11.90	6.75	5.15	11.92	6.73	5.19
广 东	Guangdong	13.66	5.31	8.35	13.13	5.12	8.01	11.70	4.68	7.02	11.78	4.49	7.29
广 西	Guangxi	13.86	6.57	7.29	13.32	6.12	7.20	14.26	6.09	8.16	14.44	6.10	8.34
海 南	Hainan	14.68	5.52	9.16	14.77	5.79	8.98	14.65	5.72	8.93	14.59	5.73	8.86
重 庆	Chongqing	9.89	7.20	2.69	9.45	6.60	2.85	9.40	6.40	3.00	9.90	6.50	3.40
四 川	Sichuan	9.18	6.06	3.12	9.05	6.27	2.78	9.70	6.80	2.90	9.14	6.28	2.86
贵 州	Guizhou	15.91	6.87	9.04	15.08	6.35	8.73	14.59	7.21	7.38	13.97	6.71	7.26
云 南	Yunnan	17.00	7.20	9.80	15.60	6.60	9.00	14.72	6.75	7.97	13.20	6.30	6.90
西 藏	Tibet	17.40	6.30	11.10	17.40	6.20	11.20	17.94	7.15	10.79	17.40	5.70	11.70
陕 西	Shaanxi	10.67	6.38	4.29	10.59	6.33	4.26	10.02	6.01	4.01	10.19	6.15	4.04
甘 肃	Gansu	12.58	6.46	6.12	12.43	6.52	5.91	12.59	6.57	6.02	12.86	6.62	6.24
青 海	Qinghai	16.94	6.09	10.85	16.32	6.45	9.87	15.70	6.21	9.49	15.24	6.27	8.97
宁 夏	Ningxia	15.68	4.73	10.95	15.97	4.79	11.18	15.93	4.95	10.98	15.53	4.84	10.69
新 疆	Xinjiang	16.01	5.23	10.78	16.00	5.09	10.91	16.42	5.04	11.38	15.79	5.03	10.76

1-7 续表 4 continued

单位：‰ (‰)

地区	Region	2007 出生率 Birth Rate	2007 死亡率 Death Rate	2007 自然增长率 Natural Growth Rate	2008 出生率 Birth Rate	2008 死亡率 Death Rate	2008 自然增长率 Natural Growth Rate	2009 出生率 Birth Rate	2009 死亡率 Death Rate	2009 自然增长率 Natural Growth Rate	2010 出生率 Birth Rate	2010 死亡率 Death Rate	2010 自然增长率 Natural Growth Rate
全 国	**National Total**	**12.10**	**6.93**	**5.17**	**12.14**	**7.06**	**5.08**	**11.95**	**7.08**	**4.87**	**11.90**	**7.11**	**4.79**
北 京	Beijing	8.32	4.92	3.40	8.17	4.75	3.42	8.06	4.56	3.50	7.48	4.41	3.07
天 津	Tianjin	7.91	5.86	2.05	8.13	5.94	2.19	8.30	5.70	2.60	8.18	5.58	2.60
河 北	Hebei	13.33	6.78	6.55	13.04	6.49	6.55	12.93	6.43	6.50	13.22	6.41	6.81
山 西	Shanxi	11.30	5.97	5.33	11.31	6.01	5.31	10.87	5.98	4.89	10.68	5.38	5.30
内蒙古	Inner Mongolia	10.21	5.73	4.48	9.81	5.54	4.27	9.57	5.61	3.96	9.30	5.54	3.76
辽 宁	Liaoning	6.89	5.36	1.53	6.32	5.22	1.10	6.06	5.09	0.97	6.68	6.26	0.42
吉 林	Jilin	7.55	5.05	2.50	6.65	5.04	1.61	6.69	4.74	1.95	7.91	5.88	2.03
黑龙江	Heilongjiang	7.88	5.39	2.49	7.91	5.68	2.23	7.48	5.42	2.06	7.35	5.03	2.32
上 海	Shanghai	9.07	6.03	3.04	8.89	6.17	2.72	8.64	5.94	2.70	7.05	5.07	1.98
江 苏	Jiangsu	9.37	7.07	2.30	9.34	7.04	2.30	9.55	6.99	2.56	9.73	6.88	2.85
浙 江	Zhejiang	10.38	5.57	4.81	10.20	5.62	4.58	10.22	5.59	4.63	10.27	5.54	4.73
安 徽	Anhui	12.75	6.40	6.35	13.05	6.60	6.45	13.07	6.60	6.47	12.70	5.95	6.75
福 建	Fujian	11.90	5.90	6.00	12.20	5.90	6.30	12.20	6.00	6.20	11.27	5.16	6.11
江 西	Jiangxi	13.86	5.99	7.87	13.92	6.01	7.91	13.87	5.98	7.89	13.72	6.06	7.66
山 东	Shandong	11.11	6.11	5.00	11.25	6.16	5.09	11.70	6.08	5.62	11.65	6.26	5.39
河 南	Henan	11.26	6.32	4.94	11.42	6.45	4.97	11.45	6.46	4.99	11.52	6.57	4.95
湖 北	Hubei	9.19	5.96	3.23	9.21	6.50	2.71	9.48	6.00	3.48	10.36	6.02	4.34
湖 南	Hunan	11.96	6.71	5.25	12.68	7.28	5.40	13.05	6.94	6.11	13.10	6.70	6.40
广 东	Guangdong	11.96	4.66	7.30	11.80	4.55	7.25	11.78	4.52	7.26	11.18	4.21	6.97
广 西	Guangxi	14.19	5.99	8.20	14.40	5.70	8.70	14.17	5.64	8.53	14.13	5.48	8.65
海 南	Hainan	14.62	5.71	8.91	14.71	5.72	8.99	14.66	5.70	8.96	14.71	5.73	8.98
重 庆	Chongqing	10.10	6.30	3.80	10.10	6.30	3.80	9.90	6.20	3.70	9.17	6.40	2.77
四 川	Sichuan	9.21	6.29	2.92	9.54	7.15	2.39	9.15	6.43	2.72	8.93	6.62	2.31
贵 州	Guizhou	13.28	6.60	6.68	13.49	6.77	6.72	13.65	6.69	6.96	13.96	6.55	7.41
云 南	Yunnan	13.08	6.22	6.86	12.63	6.31	6.32	12.53	6.45	6.08	13.10	6.56	6.54
西 藏	Tibet	16.40	5.10	11.30	15.50	5.20	10.30	15.31	5.07	10.24	15.80	5.55	10.25
陕 西	Shaanxi	10.21	6.16	4.05	10.29	6.21	4.08	10.24	6.24	4.00	9.73	6.01	3.72
甘 肃	Gansu	13.14	6.65	6.49	13.22	6.68	6.54	13.32	6.71	6.61	12.05	6.02	6.03
青 海	Qinghai	14.93	6.13	8.80	14.49	6.14	8.35	14.51	6.19	8.32	14.94	6.31	8.63
宁 夏	Ningxia	14.80	5.04	9.76	14.31	4.62	9.69	14.38	4.70	9.68	14.14	5.10	9.04
新 疆	Xinjiang	16.79	5.01	11.78	16.05	4.88	11.17	15.99	5.43	10.56	14.85	4.14	10.71

1-7 续表 5 continued

单位: ‰ (‰)

地区	Region	2011 出生率 Birth Rate	2011 死亡率 Death Rate	2011 自然增长率 Natural Growth Rate	2012 出生率 Birth Rate	2012 死亡率 Death Rate	2012 自然增长率 Natural Growth Rate	2013 出生率 Birth Rate	2013 死亡率 Death Rate	2013 自然增长率 Natural Growth Rate
全国	**National Total**	**11.93**	**7.14**	**4.79**	**12.10**	**7.15**	**4.95**	**12.08**	**7.16**	**4.92**
北京	Beijing	8.29	4.27	4.02	9.05	4.31	4.74	8.93	4.52	4.41
天津	Tianjin	8.58	6.08	2.50	8.75	6.12	2.63	8.28	6.00	2.28
河北	Hebei	13.02	6.52	6.50	12.88	6.41	6.47	13.04	6.87	6.17
山西	Shanxi	10.47	5.61	4.86	10.70	5.83	4.87	10.81	5.57	5.24
内蒙古	Inner Mongolia	8.94	5.43	3.51	9.17	5.52	3.65	8.98	5.62	3.36
辽宁	Liaoning	5.71	6.05	-0.34	6.15	6.54	-0.39	6.09	6.12	-0.03
吉林	Jilin	6.53	5.51	1.02	5.73	5.37	0.36	5.36	5.04	0.32
黑龙江	Heilongjiang	6.99	5.92	1.07	7.30	6.03	1.27	6.86	6.08	0.78
上海	Shanghai	6.97	5.10	1.87	9.56	5.36	4.20	8.18	5.24	2.94
江苏	Jiangsu	9.59	6.98	2.61	9.44	6.99	2.45	9.44	7.01	2.43
浙江	Zhejiang	9.47	5.40	4.07	10.12	5.52	4.60	10.01	5.45	4.56
安徽	Anhui	12.23	5.91	6.32	13.00	6.14	6.86	12.88	6.06	6.82
福建	Fujian	11.41	5.20	6.21	12.74	5.73	7.01	12.20	6.01	6.19
江西	Jiangxi	13.48	5.98	7.50	13.46	6.14	7.32	13.19	6.28	6.91
山东	Shandong	11.50	6.40	5.10	11.90	6.95	4.95	11.41	6.40	5.01
河南	Henan	11.56	6.62	4.94	11.87	6.71	5.16	12.27	6.76	5.51
湖北	Hubei	10.39	6.01	4.38	11.00	6.12	4.88	11.08	6.15	4.93
湖南	Hunan	13.35	6.80	6.55	13.58	7.01	6.57	13.50	6.96	6.54
广东	Guangdong	10.45	4.35	6.10	11.60	4.65	6.95	10.71	4.69	6.02
广西	Guangxi	13.71	6.04	7.67	14.20	6.31	7.89	14.28	6.35	7.93
海南	Hainan	14.72	5.75	8.97	14.66	5.81	8.85	14.59	5.90	8.69
重庆	Chongqing	9.88	6.71	3.17	10.86	6.86	4.00	10.37	6.77	3.60
四川	Sichuan	9.79	6.81	2.98	9.89	6.92	2.97	9.90	6.90	3.00
贵州	Guizhou	13.31	6.93	6.38	13.27	6.96	6.31	13.05	7.15	5.90
云南	Yunnan	12.71	6.36	6.35	12.63	6.41	6.22	12.60	6.43	6.17
西藏	Tibet	15.39	5.13	10.26	15.48	5.21	10.27	15.77	5.39	10.38
陕西	Shaanxi	9.75	6.06	3.69	10.12	6.24	3.88	10.01	6.15	3.86
甘肃	Gansu	12.08	6.03	6.05	12.11	6.05	6.06	12.16	6.08	6.08
青海	Qinghai	14.43	6.12	8.31	14.30	6.06	8.24	14.16	6.13	8.03
宁夏	Ningxia	13.65	4.68	8.97	13.26	4.33	8.93	13.12	4.50	8.62
新疆	Xinjiang	14.99	4.42	10.57	15.32	4.48	10.84	15.84	4.92	10.92

1-7 续表 6 continued

单位：‰ (‰)

地区	Region	2014 出生率 Birth Rate	2014 死亡率 Death Rate	2014 自然增长率 Natural Growth Rate	2015 出生率 Birth Rate	2015 死亡率 Death Rate	2015 自然增长率 Natural Growth Rate	2016 出生率 Birth Rate	2016 死亡率 Death Rate	2016 自然增长率 Natural Growth Rate
全 国	**National Total**	**12.37**	**7.16**	**5.21**	**12.07**	**7.11**	**4.96**	**12.95**	**7.09**	**5.86**
北 京	Beijing	9.75	4.92	4.83	7.96	4.95	3.01	9.32	5.20	4.12
天 津	Tianjin	8.19	6.05	2.14	5.84	5.61	0.23	7.37	5.54	1.83
河 北	Hebei	13.18	6.23	6.95	11.35	5.79	5.56	12.42	6.36	6.06
山 西	Shanxi	10.92	5.93	4.99	9.98	5.56	4.42	10.29	5.52	4.77
内蒙古	Inner Mongolia	9.31	5.75	3.56	7.72	5.32	2.40	9.03	5.69	3.34
辽 宁	Liaoning	6.49	6.23	0.26	6.17	6.59	-0.42	6.60	6.78	-0.18
吉 林	Jilin	6.62	6.22	0.40	5.87	5.53	0.34	5.55	5.60	-0.05
黑龙江	Heilongjiang	7.37	6.46	0.91	6.00	6.60	-0.60	6.12	6.61	-0.49
上 海	Shanghai	8.35	5.21	3.14	7.52	5.07	2.45	9.00	5.00	4.00
江 苏	Jiangsu	9.45	7.02	2.43	9.05	7.03	2.02	9.76	7.03	2.73
浙 江	Zhejiang	10.51	5.51	5.00	10.52	5.50	5.02	11.22	5.52	5.70
安 徽	Anhui	12.86	5.89	6.97	12.92	5.94	6.98	13.02	5.96	7.06
福 建	Fujian	13.70	6.20	7.50	13.90	6.10	7.80	14.50	6.20	8.30
江 西	Jiangxi	13.24	6.26	6.98	13.20	6.24	6.96	13.45	6.16	7.29
山 东	Shandong	14.23	6.84	7.39	12.55	6.67	5.88	17.89	7.05	10.84
河 南	Henan	12.80	7.02	5.78	12.70	7.05	5.65	13.26	7.11	6.15
湖 北	Hubei	11.86	6.96	4.90	10.74	5.83	4.91	12.04	6.97	5.07
湖 南	Hunan	13.52	6.89	6.63	13.58	6.86	6.72	13.57	7.01	6.56
广 东	Guangdong	10.80	4.70	6.10	11.12	4.32	6.80	11.85	4.41	7.44
广 西	Guangxi	14.07	6.21	7.86	14.05	6.15	7.90	13.82	5.95	7.87
海 南	Hainan	14.56	5.95	8.61	14.57	6.00	8.57	14.57	6.00	8.57
重 庆	Chongqing	10.67	7.05	3.62	11.05	7.19	3.86	11.77	7.24	4.53
四 川	Sichuan	10.22	7.02	3.20	10.30	6.94	3.36	10.48	6.99	3.49
贵 州	Guizhou	12.98	7.18	5.80	13.00	7.20	5.80	13.43	6.93	6.50
云 南	Yunnan	12.65	6.45	6.20	12.88	6.48	6.40	13.16	6.55	6.61
西 藏	Tibet	15.76	5.21	10.55	15.75	5.10	10.65	15.79	5.11	10.68
陕 西	Shaanxi	10.13	6.26	3.87	10.10	6.28	3.82	10.64	6.23	4.41
甘 肃	Gansu	12.21	6.11	6.10	12.36	6.15	6.21	12.18	6.18	6.00
青 海	Qinghai	14.67	6.18	8.49	14.72	6.17	8.55	14.70	6.18	8.52
宁 夏	Ningxia	13.10	4.53	8.57	12.62	4.58	8.04	13.69	4.72	8.97
新 疆	Xinjiang	16.44	4.97	11.47	15.59	4.51	11.08	15.34	4.26	11.08

1-8 流动人口数
Floating Population

单位：亿人　　　　(100 million persons)

年 份 Year	人户分离人口 Population of Residentce-Registration Inconsystency	流动人口 Floating Population
2000	1.44	1.21
2005		1.47
2010	2.61	2.21
2011	2.71	2.30
2012	2.79	2.36
2013	2.89	2.45
2014	2.98	2.53
2015	2.94	2.47
2016	2.92	2.45

注：2000年、2010年分别为当年人口普查时点数据，其余年份数据根据年度人口抽样调查推算。
Note: Data of 2000 and 2010 are based on the National Population Census and the rest are estimates based on annual national sample surveys of population.

1-9 平均预期寿命
Life Expectancy at Birth

单位：岁　　　　(year)

年份 Year	合计 Total	男 Male	女 Female
1981	67.77	66.28	69.27
1990	68.55	66.84	70.47
1996	70.80		
2000	71.40	69.63	73.33
2005	72.95	70.83	75.25
2010	74.83	72.38	77.37
2015	76.34	73.64	79.43

1-10 各地区人口平均预期寿命
Population Life Expectancy by Region

单位：岁 (year)

地 区	Region	1990年预期寿命 Life Expectancy in 1990	男 Male	女 Female	2000年预期寿命 Life Expectancy in 2000	男 Male	女 Female	2010年预期寿命 Life Expectancy in 2010	男 Male	女 Female
全 国	**National Total**	**68.55**	**66.84**	**70.47**	**71.40**	**69.63**	**73.33**	**74.83**	**72.38**	**77.37**
北 京	Beijing	72.86	71.07	74.93	76.10	74.33	78.01	80.18	78.28	82.21
天 津	Tianjin	72.32	71.03	73.73	74.91	73.31	76.63	78.89	77.42	80.48
河 北	Hebei	70.35	68.47	72.53	72.54	70.68	74.57	74.97	72.70	77.47
山 西	Shanxi	68.97	67.33	70.93	71.65	69.96	73.57	74.92	72.87	77.28
内蒙古	Inner Mongolia	65.68	64.47	67.22	69.87	68.29	71.79	74.44	72.04	77.27
辽 宁	Liaoning	70.22	68.72	71.94	73.34	71.51	75.36	76.38	74.12	78.86
吉 林	Jilin	67.95	66.65	69.49	73.10	71.38	75.04	76.18	74.12	78.44
黑龙江	Heilongjiang	66.97	65.50	68.73	72.37	70.39	74.66	75.98	73.52	78.81
上 海	Shanghai	74.90	72.77	77.02	78.14	76.22	80.04	80.26	78.20	82.44
江 苏	Jiangsu	71.37	69.26	73.57	73.91	71.69	76.23	76.63	74.60	78.81
浙 江	Zhejiang	71.78	69.66	74.24	74.70	72.50	77.21	77.73	75.58	80.21
安 徽	Anhui	69.48	67.75	71.36	71.85	70.18	73.59	75.08	72.65	77.84
福 建	Fujian	68.57	66.49	70.93	72.55	70.30	75.07	75.76	73.27	78.64
江 西	Jiangxi	66.11	64.87	67.49	68.95	68.37	69.32	74.33	71.94	77.06
山 东	Shandong	70.57	68.64	72.67	73.92	71.70	76.26	76.46	74.05	79.06
河 南	Henan	70.15	67.96	72.55	71.54	69.67	73.41	74.57	71.84	77.59
湖 北	Hubei	67.25	65.51	69.23	71.08	69.31	73.02	74.87	72.68	77.35
湖 南	Hunan	66.93	65.41	68.70	70.66	69.05	72.47	74.70	72.28	77.48
广 东	Guangdong	72.52	69.71	75.43	73.27	70.79	75.93	76.49	74.00	79.37
广 西	Guangxi	68.72	67.17	70.34	71.29	69.07	73.75	75.11	71.77	79.05
海 南	Hainan	70.01	66.93	73.28	72.92	70.66	75.26	76.30	73.20	80.01
重 庆	Chongqing				71.73	69.84	73.89	75.70	73.16	78.60
四 川	Sichuan	66.33	65.06	67.70	71.20	69.25	73.39	74.75	72.25	77.59
贵 州	Guizhou	64.29	63.04	65.63	65.96	64.54	67.57	71.10	68.43	74.11
云 南	Yunnan	63.49	62.08	64.98	65.49	64.24	66.89	69.54	67.06	72.43
西 藏	Tibet	59.64	57.64	61.57	64.37	62.52	66.15	68.17	66.33	70.07
陕 西	Shaanxi	67.40	66.23	68.79	70.07	68.92	71.30	74.68	72.84	76.74
甘 肃	Gansu	67.24	66.35	68.25	67.47	66.77	68.26	72.23	70.60	74.06
青 海	Qinghai	60.57	59.29	61.96	66.03	64.55	67.70	69.96	68.11	72.07
宁 夏	Ningxia	66.94	65.95	68.05	70.17	68.71	71.84	73.38	71.31	75.71
新 疆	Xinjiang	62.59	61.95	63.26	67.41	65.98	69.14	72.35	70.30	74.86

注：根据人口普查数据计算。

Note: Data in this table are calculated according to the National Population Census.

1-11 六次全国人口普查人口基本情况
Basic Statistics on National Population Census in 1953, 1964, 1982, 1990, 2000 and 2010

指　　标	Item	1953	1964	1982	1990	2000	2010
总人口（万人）	**Total Population (10 000 persons)**	**58260**	**69458**	**100818**	**113368**	**126583**	**133972**
男	Male	30190	35652	51944	58495	65355	68685
女	Female	28070	33806	48874	54873	61228	65287
性别比（以女性为100）	Sex Ratio (female=100)	107.56	105.46	106.30	106.60	106.74	105.20
家庭户规模（人/户）	**Average Family Household Size (person/household)**	**4.33**	**4.43**	**4.41**	**3.96**	**3.44**	**3.10**
各年龄组人口比重（%）	**Percentage of Population by Age Group (%)**						
0-14岁	Aged 0-14	36.28	40.69	33.59	27.69	22.89	16.60
15-64岁	Aged 15-64	59.31	55.75	61.50	66.74	70.15	74.53
65岁及以上	Aged 65 and Over	4.41	3.56	4.91	5.57	6.96	8.87
民族人口	**Population by Ethnicity**						
汉族（万人）	Han (10 000 persons)	54728	65456	94088	104248	115940	122593
占总人口比重（%）	Percentage to Total Population (%)	93.94	94.24	93.32	91.96	91.59	91.51
少数民族（万人）	Ethnic Minorities (10 000 persons)	3532	4002	6730	9120	10643	11379
占总人口比重（%）	Percentage to Total Population (%)	6.06	5.76	6.68	8.04	8.41	8.49
每十万人拥有的各种受教育程度人口（人）	**Population with Various Education Attainments Per 100 000 Persons (person)**						
大专及以上	Junior College and Above		416	615	1422	3611	8930
高中和中专	Senior Secondary School and Technical Secondary School		1319	6779	8039	11146	14032
初中	Junior Secondary School		4680	17892	23344	33961	38788
小学	Primary School		28330	35237	37057	35701	26779
文盲人口及文盲率	**Illiterate Population and Illiterate Rate**						
文盲人口（万人）	Illiterate Population (10 000 persons)		23327	22996	18003	8507	5466
文盲率（%）	Illiterate Rate (%)		33.58	22.81	15.88	6.72	4.08
城乡人口	**Population by Residence**						
城镇化率（%）	Urbanization Rate (%)	13.26	18.30	20.91	26.44	36.22	49.68
城镇人口（万人）	Urban Population (10 000 persons)	7726	12710	21082	29971	45844	66557
乡村人口（万人）	Rural Population (10 000 persons)	50534	56748	79736	83397	80739	67415
平均预期寿命（岁）	**Life Expectancy (year old)**			**67.77***	**68.55**	**71.40**	**74.83**
男	Male			66.28*	66.84	69.63	72.38
女	Female			69.27*	70.47	73.33	77.37

注：1.1953年、1964年、1982年及1990年全国人口普查标准时点为当年7月1日零时，2000年和2010年全国人口普查标准时点为当年11月1日零时。
2.历次普查总人口数据包括中国人民解放军现役军人。在城乡人口中，中国人民解放军现役军人列为城镇人口统计。
3.1964年文盲人口为13岁及以上不识字人口，1982、1990、2000、2010年文盲人口为15岁及以上不识字或识字很少的人。
4.表中“*”号表示为1981年数据。

Note:a) Standard reference time of national population census in 1953, 1964, 1982 and 1990 was zero hour of July 1st, and in 2000 and 2010 was zero hour of November 1st.
b) Total population from the five national population censuses includes the military personnel. Military personnel is listed as urban population in population by residence.
c) Illiterate population of 1964 National Population Census referred to the population aged 13 and over who are unable to read. Illiterate population of 1982, 1990, 2000 and 2010 National Population Censuses referred to the population aged 15 and over who are unable or have difficulty to read.
d) Data with “*” in this table are of 1981.

1-12 全国历年人口密度
Population Density

年　份 Year	总人口 (万人) Population (10 000 persons)	人口密度 (人/平方公里) Population Density (person/sq.km)	年　份 Year	总人口 (万人) Population (10 000 persons)	人口密度 (人/平方公里) Population Density (person/sq.km)
1949	54167	56	1983	103008	107
1950	55196	57	1984	104357	109
1951	56300	59	1985	105851	110
1952	57482	60			
1953	58796	61	1986	107507	112
			1987	109300	114
1954	60266	63	1988	111026	116
1955	61465	64	1989	112704	117
1956	62828	65	1990	114333	119
1957	64653	67			
1958	65994	69	1991	115823	121
			1992	117171	122
1959	67207	70	1993	118517	123
1960	66207	69	1994	119850	125
1961	65859	69	1995	121121	126
1962	67295	70			
1963	69172	72	1996	122389	127
			1997	123626	129
1964	70499	73	1998	124761	130
1965	72538	76	1999	125786	131
1966	74542	78	2000	126743	132
1967	76368	80			
1968	78534	82	2001	127627	133
			2002	128453	134
1969	80671	84	2003	129227	135
1970	82992	86	2004	129988	135
1971	85229	89	2005	130756	136
1972	87177	91			
1973	89211	93	2006	131448	137
			2007	132129	138
1974	90859	95	2008	132802	138
1975	92420	96	2009	133450	139
1976	93717	98	2010	134091	140
1977	94974	99			
1978	96259	100	2011	134735	140
			2012	135404	141
1979	97542	102	2013	136072	142
1980	98705	103	2014	136782	142
1981	100072	104	2015	137462	143
1982	101654	106			
			2016	138271	144

1-13　就业基本情况
Employment

项　　目	Item	2010	2011	2012	2013	2014	2015	2016
劳动力(万人)	**Economically Active Population (10 000 persons)**	**78388**	**78579**	**78894**	**79300**	**79690**	**80091**	**80694**
就业人员合计(万人)	**Total Number of Employed Persons (10 000 persons)**	**76105**	**76420**	**76704**	**76977**	**77253**	**77451**	**77603**
第一产业	Primary Industry	27931	26594	25773	24171	22790	21919	21496
第二产业	Secondary Industry	21842	22544	23241	23170	23099	22693	22350
第三产业	Tertiary Industry	26332	27282	27690	29636	31364	32839	33757
就业人员构成(合计=100)	**Composition of Employed Persons (total=100)**							
第一产业	Primary Industry	36.7	34.8	33.6	31.4	29.5	28.3	27.7
第二产业	Secondary Industry	28.7	29.5	30.3	30.1	29.9	29.3	28.8
第三产业	Tertiary Industry	34.6	35.7	36.1	38.5	40.6	42.4	43.5
按城乡分就业人员(万人)	**Number of Employed Persons by Urban and Rural Areas (10 000 persons)**							
城镇就业人员	Urban Employed Persons	34687	35914	37102	38240	39310	40410	41428
#国有单位	State-owned Units	6516	6704	6839	6365	6312	6208	6170
城镇集体单位	Urban Collective-owned Units	597	603	589	566	537	481	453
股份合作单位	Cooperative Units	156	149	149	108	103	92	86
联营单位	Joint Ownership Units	36	37	39	25	22	20	18
有限责任公司	Limited Liability Corporations	2613	3269	3787	6069	6315	6389	6381
股份有限公司	Share-holding Corporations Ltd.	1024	1183	1243	1721	1751	1798	1824
私营企业	Private Enterprises	6071	6912	7557	8242	9857	11180	12083
港澳台商投资单位	Units with Funds from Hong Kong, Macao & Taiwan	770	932	969	1397	1393	1344	1305
外商投资单位	Foreign Funded Units	1053	1217	1246	1566	1562	1446	1361
个体	Self-employed Individuals	4467	5227	5643	6142	7009	7800	8627
乡村就业人员	Rural Employed Persons	41418	40506	39602	38737	37943	37041	36175
#私营企业	Private Enterprises	3347	3442	3739	4279	4533	5215	5914
个体	Self-employed Individuals	2540	2718	2986	3193	3575	3882	4235
城镇登记失业人数(万人)	**Number of Registered Unemployed Persons in Urban Areas (10 000 persons)**	**908**	**922**	**917**	**926**	**952**	**966**	**982**
城镇登记失业率(%)	**Registered Unemployment Rate in Urban Areas (%)**	**4.1**	**4.1**	**4.1**	**4.05**	**4.09**	**4.05**	**4.02**

注：1. 全国就业人员1990年及以后的数据根据劳动力调查、人口普查推算(下表同)。
　　2. 2013年部分经济类型单位、部分行业就业人员、工资总额变动较大，系将原属于乡镇企业的规模以上法人单位纳入劳动工资统计范围所致(以下相关表同)。

Note: a) From 1990, the total number of employed persons were estimated according to Labour Force Survey and Population Census. The same applies to the following tables.
　　b) In 2013, some units by status of registration, some employment by industry, total wages bill changed greatly, because legal persons above designated size originally belonged to township enterprises were taken into statistics of labour wages. The same applis to the relevant tables following.

1-14 分城乡就业人员年末人数
Number of Employed Persons at Year-end in Urban and Rural Areas

单位: 万人，% (10 000 persons,%)

年 份 Year	就业人员 Total Number of Employed Persons	城镇 Urban		乡村 Rural	
		就业人员 Employed Persons	比重 Proportion	就业人员 Employed Persons	比重 Proportion
1952	20729	2486	12.0	18243	88.0
1953	21364	2754	12.9	18610	87.1
1954	21832	2744	12.6	19088	87.4
1955	22328	2802	12.5	19526	87.5
1956	23018	2993	13.0	20025	87.0
1957	23771	3205	13.5	20566	86.5
1958	26600	5300	19.9	21300	80.1
1959	26173	5389	20.6	20784	79.4
1960	25880	6119	23.6	19761	76.4
1961	25590	5336	20.9	20254	79.1
1962	25910	4537	17.5	21373	82.5
1963	26640	4603	17.3	22037	82.7
1964	27736	4828	17.4	22908	82.6
1965	28670	5136	17.9	23534	82.1
1966	29805	5354	18.0	24451	82.0
1967	30814	5446	17.7	25368	82.3
1968	31915	5630	17.6	26285	82.4
1969	33225	5825	17.5	27400	82.5
1970	34432	6312	18.3	28120	81.7
1971	35620	6868	19.3	28752	80.7
1972	35854	7200	20.1	28654	79.9
1973	36652	7388	20.2	29264	79.8
1974	37369	7687	20.6	29682	79.4
1975	38168	8222	21.5	29946	78.5
1976	38834	8692	22.4	30142	77.6
1977	39377	9127	23.2	30250	76.8
1978	40152	9514	23.7	30638	76.3
1979	41024	9999	24.4	31025	75.6
1980	42361	10525	24.8	31836	75.2
1981	43725	11053	25.3	32672	74.7
1982	45295	11428	25.2	33867	74.8
1983	46436	11746	25.3	34690	74.7
1984	48197	12229	25.4	35968	74.6
1985	49873	12808	25.7	37065	74.3
1986	51282	13292	25.9	37990	74.1
1987	52783	13783	26.1	39000	73.9
1988	54334	14267	26.3	40067	73.7
1989	55329	14390	26.0	40939	74.0
1990	64749	17041	26.3	47708	73.7
1991	65491	17465	26.7	48026	73.3
1992	66152	17861	27.0	48291	73.0
1993	66808	18262	27.3	48546	72.7
1994	67455	18653	27.7	48802	72.3
1995	68065	19040	28.0	49025	72.0
1996	68950	19922	28.9	49028	71.1
1997	69820	20781	29.8	49039	70.2
1998	70637	21616	30.6	49021	69.4
1999	71394	22412	31.4	48982	68.6
2000	72085	23151	32.1	48934	67.9
2001	72797	24123	33.1	48674	66.9
2002	73280	25159	34.3	48121	65.7
2003	73736	26230	35.6	47506	64.4
2004	74264	27293	36.8	46971	63.2
2005	74647	28389	38.0	46258	62.0
2006	74978	29630	39.5	45348	60.5
2007	75321	30953	41.1	44368	58.9
2008	75564	32103	42.5	43461	57.5
2009	75828	33322	43.9	42506	56.1
2010	76105	34687	45.6	41418	54.4
2011	76420	35914	47.0	40506	53.0
2012	76704	37102	48.4	39602	51.6
2013	76977	38240	49.7	38737	50.3
2014	77253	39310	50.9	37943	49.1
2015	77451	40410	52.2	37041	47.8
2016	77603	41428	53.4	36175	46.6

1-15 分产业就业人员年末人数
Number of Employed Persons at Year-end by Three Strata Industries

单位: 万人, %　　(10 000 persons,%)

年 份 Year	就业人员合 计 Total Number of Employed Persons	第一产业 Primary Industry		第二产业 Secondary Industry		第三产业 Tertiary Industry	
		就业人员 Employed Persons	比重 Proportion	就业人员 Employed Persons	比重 Proportion	就业人员 Employed Persons	比重 Proportion
1952	20729	17317	83.5	1531	7.4	1881	9.1
1953	21364	17747	83.1	1715	8.0	1902	8.9
1954	21832	18151	83.1	1882	8.6	1799	8.3
1955	22328	18592	83.3	1913	8.6	1823	8.1
1956	23018	18544	80.6	2468	10.7	2006	8.7
1957	23771	19309	81.2	2142	9.0	2320	9.8
1958	26600	15490	58.2	7076	26.6	4034	15.2
1959	26173	16271	62.2	5402	20.6	4500	17.2
1960	25880	17016	65.7	4112	15.9	4752	18.4
1961	25590	19747	77.2	2856	11.2	2987	11.6
1962	25910	21276	82.1	2059	8.0	2575	9.9
1963	26640	21966	82.5	2038	7.6	2636	9.9
1964	27736	22801	82.2	2183	7.9	2752	9.9
1965	28670	23396	81.6	2408	8.4	2866	10.0
1966	29805	24297	81.5	2600	8.7	2908	9.8
1967	30814	25165	81.7	2661	8.6	2988	9.7
1968	31915	26063	81.7	2743	8.6	3109	9.7
1969	33225	27117	81.6	3030	9.1	3078	9.3
1970	34432	27811	80.8	3518	10.2	3103	9.0
1971	35620	28397	79.7	3990	11.2	3233	9.1
1972	35854	28283	78.9	4276	11.9	3295	9.2
1973	36652	28857	78.7	4492	12.3	3303	9.0
1974	37369	29218	78.2	4712	12.6	3439	9.2
1975	38168	29456	77.2	5152	13.5	3560	9.3
1976	38834	29443	75.8	5611	14.5	3780	9.7
1977	39377	29340	74.5	5831	14.8	4206	10.7
1978	40152	28318	70.5	6945	17.3	4890	12.2
1979	41024	28634	69.8	7214	17.6	5177	12.6
1980	42361	29122	68.7	7707	18.2	5532	13.1
1981	43725	29777	68.1	8003	18.3	5945	13.6
1982	45295	30859	68.1	8346	18.4	6090	13.5
1983	46436	31151	67.1	8679	18.7	6606	14.2
1984	48197	30868	64.0	9590	19.9	7739	16.1
1985	49873	31130	62.4	10384	20.8	8359	16.8
1986	51282	31254	60.9	11216	21.9	8811	17.2
1987	52783	31663	60.0	11726	22.2	9395	17.8
1988	54334	32249	59.3	12152	22.4	9933	18.3
1989	55329	33225	60.1	11976	21.6	10129	18.3
1990	64749	38914	60.1	13856	21.4	11979	18.5
1991	65491	39098	59.7	14015	21.4	12378	18.9
1992	66152	38699	58.5	14355	21.7	13098	19.8
1993	66808	37680	56.4	14965	22.4	14163	21.2
1994	67455	36628	54.3	15312	22.7	15515	23.0
1995	68065	35530	52.2	15655	23.0	16880	24.8
1996	68950	34820	50.5	16203	23.5	17927	26.0
1997	69820	34840	49.9	16547	23.7	18432	26.4
1998	70637	35177	49.8	16600	23.5	18860	26.7
1999	71394	35768	50.1	16421	23.0	19205	26.9
2000	72085	36043	50.0	16219	22.5	19823	27.5
2001	72797	36399	50.0	16234	22.3	20165	27.7
2002	73280	36640	50.0	15682	21.4	20958	28.6
2003	73736	36204	49.1	15927	21.6	21605	29.3
2004	74264	34830	46.9	16709	22.5	22725	30.6
2005	74647	33442	44.8	17766	23.8	23439	31.4
2006	74978	31941	42.6	18894	25.2	24143	32.2
2007	75321	30731	40.8	20186	26.8	24404	32.4
2008	75564	29923	39.6	20553	27.2	25087	33.2
2009	75828	28890	38.1	21080	27.8	25857	34.1
2010	76105	27931	36.7	21842	28.7	26332	34.6
2011	76420	26594	34.8	22544	29.5	27282	35.7
2012	76704	25773	33.6	23241	30.3	27690	36.1
2013	76977	24171	31.4	23170	30.1	29636	38.5
2014	77253	22790	29.5	23099	29.9	31364	40.6
2015	77451	21919	28.3	22693	29.3	32839	42.4
2016	77603	21496	27.7	22350	28.8	33757	43.5

1-16 城镇登记失业人数及失业率(年末数)
Registered Unemployed Persons and Registered Unemployment Rate in Urban Areas (year-end)

单位：万人，%　　　　(10 000 persons,%)

年 份 Year	城镇登记失业人数 Registered Unemployed Persons in Urban Areas	比上年增长 Increase over Preceeding year	城镇登记失业率 Registered Unemployment Rate in Urban Areas
1978	530		5.3
1979	568	7.1	5.4
1980	542	-4.6	4.9
1981	440	-18.8	3.8
1982	379	-13.7	3.2
1983	271	-28.5	2.3
1984	236	-13.2	1.9
1985	239	1.2	1.8
1986	264	10.9	2.0
1987	277	4.6	2.0
1988	296	7.1	2.0
1989	378	27.6	2.6
1990	383	1.4	2.5
1991	352	-8.1	2.3
1992	364	3.3	2.3
1993	420	15.4	2.6
1994	476	13.4	2.8
1995	520	9.1	2.9
1996	553	6.3	3.0
1997	577	4.3	3.1
1998	571	-1.0	3.1
1999	575	0.7	3.1
2000	595	3.5	3.1
2001	681	14.4	3.6
2002	770	13.1	4.0
2003	800	3.9	4.3
2004	827	3.4	4.2
2005	839	1.5	4.2
2006	847	1.0	4.1
2007	830	-2.0	4.0
2008	886	6.7	4.2
2009	921	4.0	4.3
2010	908	-1.4	4.1
2011	922	1.5	4.1
2012	917	-0.5	4.1
2013	926	1.0	4.05
2014	952	2.8	4.09
2015	966	1.5	4.05
2016	982	1.7	4.02

1-17 分地区城镇登记失业人员数(年末数)

单位：万人

地　区	Region	2000	2001	2002	2003	2004	2005	2006
北　京	Beijing	3.3	5.2	6.0	7.0	6.5	10.6	10.4
天　津	Tianjin	10.5	11.4	12.9	12.0	11.8	11.7	11.7
河　北	Hebei	17.4	19.5	22.2	25.7	28.0	27.8	28.7
山　西	Shanxi	9.7	12.2	14.5	13.1	13.7	14.3	15.6
内蒙古	Inner Mongolia	12.6	14.5	16.3	17.6	18.5	17.7	18.0
辽　宁	Liaoning	41.2	55.5	75.6	72.0	70.1	60.4	54.1
吉　林	Jilin	23.0	20.2	23.8	28.4	28.2	27.6	26.3
黑龙江	Heilongjiang	25.3	35.5	41.6	35.0	32.9	31.3	31.2
上　海	Shanghai	20.1	25.7	28.8	30.1	27.4	27.5	27.8
江　苏	Jiangsu	30.4	36.1	42.2	41.8	42.9	41.6	40.4
浙　江	Zhejiang	21.8	24.0	27.7	28.3	30.1	29.0	29.1
安　徽	Anhui	16.5	19.9	22.6	25.1	26.1	27.8	28.2
福　建	Fujian	9.1	13.2	15.0	14.6	14.5	14.9	15.1
江　西	Jiangxi	16.7	17.3	17.8	21.6	22.4	22.8	25.3
山　东	Shandong	37.5	35.4	39.7	41.3	42.3	42.9	43.7
河　南	Henan	21.4	23.1	25.4	26.3	31.2	33.0	35.4
湖　北	Hubei	36.6	42.2	44.7	49.3	49.4	52.6	52.6
湖　南	Hunan	27.6	30.3	30.4	37.1	43.0	41.9	43.3
广　东	Guangdong	30.2	34.5	36.5	35.5	35.9	34.5	36.2
广　西	Guangxi	11.3	14.2	14.7	14.9	17.8	18.5	20.0
海　南	Hainan	3.7	3.8	4.0	3.6	4.7	5.1	5.2
重　庆	Chongqing	10.1	13.7	16.2	16.2	16.8	16.9	15.4
四　川	Sichuan	30.8	31.9	33.8	33.1	33.3	34.3	36.1
贵　州	Guizhou	10.2	11.1	11.1	11.2	11.6	12.1	12.1
云　南	Yunnan	6.8	8.0	9.8	12.1	11.9	13.0	13.8
西　藏	Tibet	1.0		1.3		1.2		
陕　西	Shaanxi	11.4	14.0	13.5	13.9	18.5	21.5	21.5
甘　肃	Gansu	7.4	7.4	8.7	9.3	9.5	9.3	9.7
青　海	Qinghai	1.8	2.4	2.9	3.1	3.5	3.6	3.7
宁　夏	Ningxia	3.8	3.7	3.5	3.8	4.1	4.4	4.2
新　疆	Xinjiang	11.0	9.7	9.9	9.9	13.3	11.1	11.6

Registered Unemployed Persons in Urban Areas by Region (year-end)

(10 000 persons)

	2007	2008	2009	2010	2011	2012	2013	2014	2015	2016
	10.6	10.3	8.2	7.7	8.1	8.1	7.5	7.4	7.8	8.0
	15.0	13.0	15.0	16.1	20.1	20.4	21.7	22.5	25.1	25.8
	29.3	32.2	34.5	35.1	36.0	36.8	37.2	38.3	39.4	39.7
	16.1	17.5	21.6	20.4	21.1	21.0	21.1	24.5	25.6	26.1
	18.5	19.9	20.1	20.8	21.8	23.1	23.8	24.8	25.9	26.7
	44.5	41.7	41.6	38.9	39.4	38.1	39.6	41.0	46.2	47.3
	23.9	24.3	23.4	22.7	22.2	22.3	22.6	23.2	23.9	25.7
	31.5	32.1	31.4	36.2	35.0	41.3	41.4	39.9	41.0	39.6
	26.7	26.6	27.9	27.6	27.0	26.7	25.3	25.6	24.8	24.3
	39.3	41.1	40.7	40.6	41.4	40.5	37.6	36.6	36.0	35.2
	28.6	30.7	30.7	31.1	31.7	33.4	33.4	33.1	33.7	33.9
	27.2	29.3	30.1	26.9	33.1	31.3	32.4	31.5	30.9	30.4
	14.9	15.0	15.2	14.5	14.6	14.5	14.7	14.3	15.4	16.3
	24.3	26.0	27.3	26.3	24.6	25.7	27.4	29.4	29.9	31.3
	43.5	60.7	45.1	44.5	45.1	43.4	42.2	43.1	43.7	45.8
	33.1	36.5	38.5	38.2	38.4	38.3	40.2	40.0	42.5	43.6
	54.1	55.1	55.3	55.7	55.1	42.3	40.2	37.9	33.4	32.9
	44.4	47.0	47.8	43.2	43.1	44.1	45.6	47.3	45.1	44.9
	36.2	38.1	39.5	39.3	38.8	39.6	38.0	36.8	37.0	38.0
	18.5	18.8	19.1	19.1	18.8	18.9	18.0	18.7	18.1	18.1
	5.4	5.6	5.3	4.8	2.9	3.6	3.9	4.3	4.8	5.1
	14.1	13.0	13.4	13.0	13.0	12.4	12.1	13.4	14.3	15.7
	34.5	37.9	36.3	34.6	36.9	40.7	42.9	54.4	54.6	56.3
	12.1	12.5	12.3	12.2	12.5	12.6	13.7	14.1	14.5	14.8
	14.0	14.8	15.4	15.7	16.0	17.4	18.1	19.2	19.5	20.1
			2.0	2.1	1.0	1.6	1.6	1.7	1.8	1.8
	21.0	20.8	21.5	21.4	20.9	19.5	21.1	22.3	22.3	22.7
	9.5	9.4	10.3	10.7	10.8	9.8	9.3	9.7	9.5	9.8
	3.7	3.9	4.1	4.2	4.4	4.1	4.2	4.2	4.4	4.6
	4.4	4.8	4.8	4.8	5.2	4.6	4.7	5.0	4.9	5.1
	11.7	11.8	11.9	11.0	11.1	11.8	11.9	11.2	10.3	9.7

1-18 分地区城镇登记失业率(年末数)

单位: %

地 区	Region	2000	2001	2002	2003	2004	2005	2006
北 京	Beijing	0.8	1.2	1.4	1.4	1.3	2.1	2.0
天 津	Tianjin	3.2	3.6	3.9	3.8	3.8	3.7	3.6
河 北	Hebei	2.8	3.2	3.6	3.9	4.0	3.9	3.8
山 西	Shanxi	2.2	2.6	3.4	3.0	3.1	3.0	3.2
内蒙古	Inner Mongolia	3.3	3.7	4.1	4.5	4.6	4.3	4.1
辽 宁	Liaoning	3.7	3.2	6.5	6.5	6.5	5.6	5.1
吉 林	Jilin	3.7	3.1	3.6	4.3	4.2	4.2	4.2
黑龙江	Heilongjiang	3.3	4.7	4.9	4.2	4.5	4.4	4.3
上 海	Shanghai	3.5		4.8	4.9	4.5		4.4
江 苏	Jiangsu	3.2	3.6	4.2	4.1	3.8	3.6	3.4
浙 江	Zhejiang	3.5	3.7	4.2	4.2	4.1	3.7	3.5
安 徽	Anhui	3.3	3.7	4.0	4.1	4.2	4.4	4.2
福 建	Fujian	2.6	3.8	4.2	4.1	4.0	4.0	3.9
江 西	Jiangxi	2.9	3.3	3.4	3.6	3.6	3.5	3.6
山 东	Shandong	3.2	3.3	3.6	3.6	3.4	3.3	3.3
河 南	Henan	2.6	2.8	2.9	3.1	3.4	3.5	3.5
湖 北	Hubei	3.5	4.0	4.3	4.3	4.2	4.3	4.2
湖 南	Hunan	3.7	4.0	4.0	4.5	4.4	4.3	4.3
广 东	Guangdong	2.5	2.9	3.1	2.9	2.7	2.6	2.6
广 西	Guangxi	3.2	3.5	3.7	3.6	4.1	4.2	4.1
海 南	Hainan	3.2	3.4	3.1	3.4	3.4	3.6	3.6
重 庆	Chongqing	3.5	3.9	4.1	4.1	4.1	4.1	4.0
四 川	Sichuan	4.0	4.3	4.5	4.4	4.4	4.6	4.5
贵 州	Guizhou	3.8	4.0	4.1	4.0	4.1	4.2	4.1
云 南	Yunnan	2.6	3.3	4.0	4.1	4.3	4.2	4.3
西 藏	Tibet	4.1		4.9		4.0		
陕 西	Shaanxi	2.7	3.2	3.3	3.5	3.8	4.2	4.0
甘 肃	Gansu	2.7	2.8	3.2	3.4	3.4	3.3	3.6
青 海	Qinghai	2.4	3.5	3.6	3.8	3.9	3.9	3.9
宁 夏	Ningxia	4.6	4.4	4.4	4.4	4.5	4.5	4.3
新 疆	Xinjiang	3.8	3.7	3.7	3.5	3.5	3.9	3.9

Registered Unemployment Rate in Urban Areas by Region (year-end)

(%)

2007	2008	2009	2010	2011	2012	2013	2014	2015	2016
1.8	1.8	1.4	1.4	1.4	1.3	1.2	1.3	1.4	1.4
3.6	3.6	3.6	3.6	3.6	3.6	3.6	3.5	3.5	3.5
3.8	4.0	3.9	3.9	3.8	3.7	3.7	3.6	3.6	3.7
3.2	3.3	3.9	3.6	3.5	3.3	3.1	3.4	3.5	3.5
4.0	4.1	4.0	3.9	3.8	3.7	3.7	3.6	3.7	3.7
4.3	3.9	3.9	3.6	3.7	3.6	3.4	3.4	3.4	3.8
3.9	4.0	4.0	3.8	3.7	3.7	3.7	3.4	3.5	3.5
4.3	4.2	4.3	4.3	4.1	4.2	4.4	4.5	4.5	4.2
4.2	4.2	4.3	4.4	3.5	3.1	4.0	4.1	4.0	4.1
3.2	3.3	3.2	3.2	3.2	3.1	3.0	3.0	3.0	3.0
3.3	3.5	3.3	3.2	3.1	3.0	3.0	3.0	2.9	2.9
4.1	3.9	3.9	3.7	3.7	3.7	3.4	3.2	3.1	3.2
3.9	3.9	3.9	3.8	3.7	3.6	3.6	3.5	3.7	3.9
3.4	3.4	3.4	3.3	3.0	3.0	3.2	3.3	3.4	3.4
3.2	3.7	3.4	3.4	3.4	3.3	3.2	3.3	3.4	3.5
3.4	3.4	3.5	3.4	3.4	3.1	3.1	3.0	3.0	3.0
4.2	4.2	4.2	4.2	4.1	3.8	3.5	3.1	2.6	2.4
4.3	4.2	4.1	4.2	4.2	4.2	4.2	4.1	4.1	4.2
2.5	2.6	2.6	2.5	2.5	2.5	2.4	2.4	2.5	2.5
3.8	3.8	3.7	3.7	3.5	3.4	3.3	3.2	2.9	2.9
3.5	3.7	3.5	3.0	1.7	2.0	2.2	2.3	2.3	2.4
4.0	4.0	4.0	3.9	3.5	3.3	3.4	3.5	3.6	3.7
4.2	4.6	4.3	4.1	4.2	4.0	4.1	4.2	4.1	4.2
4.0	4.0	3.8	3.6	3.6	3.3	3.3	3.3	3.3	3.2
4.2	4.2	4.3	4.2	4.1	4.0	4.0	4.0	4.0	3.6
		3.8	4.0	3.2	2.6	2.5	2.5	2.5	2.6
4.0	3.9	3.9	3.9	3.6	3.2	3.3	3.3	3.4	3.3
3.3	3.2	3.3	3.2	3.1	2.7	2.3	2.2	2.1	2.2
3.8	3.8	3.8	3.8	3.8	3.4	3.3	3.2	3.2	3.1
4.3	4.4	4.4	4.4	4.4	4.2	4.1	4.0	4.0	3.9
3.9	3.7	3.8	3.2	3.2	3.4	3.4	3.2	2.9	2.5

1-19 分行业城镇非私营单位就业人员年末人数

单位：万人

行 业	Sector	2003	2004	2005	2006
合 计	**Total**	**10969.7**	**11098.9**	**11404.0**	**11713.2**
农、林、牧、渔业	Agriculture, Forestry, Animal Husbandry and Fishery	484.5	466.1	446.3	435.2
采 矿 业	Mining	488.3	500.7	509.2	529.7
制 造 业	Manufacturing	2980.5	3050.8	3210.9	3351.6
电力、热力、燃气及水生产和供应业	Production and Supply of Electricity, Heat, Gas and Water	297.6	300.6	299.9	302.5
建 筑 业	Construction	833.7	841.0	926.6	988.7
批发和零售业	Wholesale and Retail Trades	628.1	586.7	544.0	515.7
交通运输、仓储和邮政业	Transport, Storage and Post	636.5	631.8	613.9	612.7
住宿和餐饮业	Hotels and Catering Services	172.1	177.1	181.2	183.9
信息传输、软件和信息技术服务业	Information Transmission, Software and Information Technology	116.8	123.7	130.1	138.2
金融业	Financial Intermediation	353.3	356.0	359.3	367.4
房地产业	Real Estate	120.2	133.4	146.5	153.9
租赁和商务服务业	Leasing and Business Services	183.5	194.4	218.5	236.7
科学研究和技术服务业	Scientific Research and Technical Services	221.9	222.1	227.7	235.5
水利、环境和公共设施管理业	Management of Water Conservancy, Environment and Public Facilities	172.5	176.1	180.4	187.0
居民服务、修理和其他服务业	Services to Households, Repair and Other Services	52.8	54.2	53.9	56.6
教 育	Education	1442.8	1466.8	1483.2	1504.4
卫生和社会工作	Health and Social Service	485.8	494.7	508.9	525.4
文化、体育和娱乐业	Culture, Sports and Entertainment	127.8	123.4	122.5	122.4
公共管理、社会保障和社会组织	Public Management, Social Security and Social Organization	1171.0	1199.0	1240.8	1265.6

Employed Persons at Year-end in Urban Units Excluding Private Units by Sector

(10 000 persons)

2007	2008	2009	2010	2011	2012	2013	2014	2015	2016
12024.4	**12192.5**	**12573.0**	**13051.5**	**14413.3**	**15236.4**	**18108.4**	**18277.8**	**18062.5**	**17888.1**
426.3	410.1	373.7	375.7	359.5	338.9	294.8	284.6	270.0	263.2
535.0	540.4	553.7	562.0	611.6	631.0	636.5	596.5	545.8	490.9
3465.4	3434.3	3491.9	3637.2	4088.3	4262.2	5257.9	5243.1	5068.7	4893.8
303.4	306.5	307.7	310.5	334.7	344.6	404.5	403.7	396.0	387.6
1050.8	1072.6	1177.5	1267.5	1724.8	2010.3	2921.9	2921.2	2796.0	2724.7
506.9	514.4	520.8	535.1	647.5	711.8	890.8	888.6	883.3	875.0
623.1	627.3	634.4	631.1	662.8	667.5	846.2	861.4	854.4	849.5
185.8	193.2	202.1	209.2	242.7	265.1	304.4	289.3	276.1	269.7
150.2	159.5	173.8	185.8	212.8	222.8	327.3	336.3	349.9	364.1
389.7	417.6	449.0	470.1	505.3	527.8	537.9	566.3	606.8	665.2
166.5	172.7	190.9	211.6	248.6	273.7	373.7	402.2	417.3	431.7
247.2	274.7	290.5	310.1	286.6	292.3	421.9	449.4	474.0	488.4
243.4	257.0	272.6	292.3	298.5	330.7	387.8	408.0	410.6	419.6
193.5	197.3	205.7	218.9	230.3	243.8	259.2	269.1	273.3	269.6
57.4	56.5	58.8	60.2	59.9	62.1	72.3	75.4	75.2	75.4
1520.9	1534.0	1550.4	1581.8	1617.8	1653.4	1687.2	1727.3	1736.5	1729.2
542.8	563.6	595.8	632.5	679.1	719.3	770.0	810.4	841.6	867.0
125.0	126.0	129.5	131.4	135.0	137.7	147.0	145.5	149.1	150.8
1291.2	1335.0	1394.3	1428.5	1467.6	1541.5	1567.0	1599.3	1637.8	1672.6

1-20 分登记注册类型城镇非私营单位就业人员年末人数
Employed Persons at Year-end in Urban Units Excluding Private Units by Registration Status

单位：万人 (10 000 persons)

年 份 Year	合 计 Total	国有单位 State-owned Units	城镇集体单位 Urban Collective-owned Units	其他单位 Units of Other Types of Ownership
1994	15258.5	11213.9	3285.4	759.2
1995	15300.8	11260.5	3146.7	893.6
1996	15221.1	11243.6	3015.8	961.7
1997	15036.2	11044.2	2882.7	1109.4
1998	12695.7	9058.1	1963.2	1674.5
1999	12130.2	8572.1	1711.8	1846.3
2000	11612.5	8101.9	1499.3	2011.3
2001	11165.8	7639.9	1291.0	2234.9
2002	10985.2	7162.9	1122.0	2700.3
2003	10969.7	6875.6	999.9	3094.3
2004	11098.9	6709.9	897.2	3491.8
2005	11404.0	6488.2	809.9	4105.9
2006	11713.2	6430.5	763.6	4519.1
2007	12024.4	6423.5	718.4	4882.4
2008	12192.5	6447.0	661.8	5083.7
2009	12573.0	6420.2	618.1	5534.7
2010	13051.5	6516.4	597.5	5937.6
2011	14413.3	6704.2	603.1	7106.0
2012	15236.4	6839.0	589.7	7807.7
2013	18108.4	6365.1	566.2	11177.2
2014	18277.8	6312.3	536.7	11428.8
2015	18062.5	6208.3	481.4	11372.8
2016	17888.1	6169.8	453.3	11264.9

1-21 分地区按行业分私营企业和个体就业人数(2016年底)

Number of Engaged Persons in Private Enterprises and Self-employed Individuals at Year-end by Sector and Region (2016)

单位: 万人 (10 000 persons)

地 区	Region	合 计 Total	#制造业 Manufacturing	#建筑业 Construction	#批发和零售业 Wholesale and Retail Trades	#交通运输、仓储和邮政业 Transport, Storage and Post	#住宿和餐饮业 Hotels and Catering Services	#租赁和商务服务业 Leasing and Business Services	#居民服务、修理和其他服务业 Services to Household, Repair and Other Services
全 国	**National Total**	**30859.2**	**5424.8**	**1431.8**	**12252.3**	**703.8**	**2218.5**	**2329.2**	**1761.6**
北 京	Beijing	1046.7	53.9	61.3	249.8	26.1	39.8	171.7	21.0
天 津	Tianjin	209.7	44.4	8.8	41.0	4.3	40.8	19.7	9.6
河 北	Hebei	981.7	205.8	23.9	452.6	30.2	74.1	29.5	62.7
山 西	Shanxi	553.4	68.9	17.4	255.2	17.1	51.2	20.2	46.5
内蒙古	Inner Mongolia	525.3	42.9	15.3	249.5	17.5	54.2	28.7	51.9
辽 宁	Liaoning	827.4	151.9	33.8	317.6	62.8	59.4	36.1	61.0
吉 林	Jilin	615.2	59.9	39.1	252.8	22.4	69.2	27.8	49.8
黑龙江	Heilongjiang	362.5	27.0	5.9	163.8	8.4	55.1	11.7	44.9
上 海	Shanghai	1194.2	133.9	77.0	420.8	38.9	21.8	238.4	21.2
江 苏	Jiangsu	3114.1	1005.4	274.8	862.7	65.9	132.3	282.9	122.3
浙 江	Zhejiang	2565.7	962.0	131.3	714.7	41.6	118.9	212.0	114.1
安 徽	Anhui	1056.2	185.9	47.5	451.6	19.6	76.8	56.4	74.2
福 建	Fujian	1149.3	223.9	47.2	480.6	19.0	67.8	95.2	53.1
江 西	Jiangxi	898.6	163.2	32.0	376.0	26.4	55.5	64.8	51.8
山 东	Shandong	2372.7	456.2	96.9	1061.5	57.9	146.5	128.4	139.3
河 南	Henan	1174.8	181.4	41.5	549.6	17.9	103.3	54.5	87.4
湖 北	Hubei	1565.2	184.7	59.4	663.7	42.9	159.5	84.8	111.8
湖 南	Hunan	735.0	72.6	14.8	320.7	13.0	71.4	43.5	47.9
广 东	Guangdong	3637.8	643.9	93.1	1686.5	57.8	208.2	268.8	184.4
广 西	Guangxi	703.4	64.4	19.1	338.7	18.5	55.7	54.9	43.5
海 南	Hainan	177.9	7.3	14.1	66.5	4.6	19.2	19.4	13.1
重 庆	Chongqing	1059.5	97.4	40.9	403.3	20.0	82.2	99.5	56.0
四 川	Sichuan	1405.9	126.3	100.4	649.6	21.4	115.1	119.8	77.1
贵 州	Guizhou	584.3	47.9	16.1	232.9	9.6	60.0	33.5	40.5
云 南	Yunnan	748.7	77.0	38.2	298.0	12.9	75.0	38.1	45.2
西 藏	Tibet	91.3	5.4	15.1	30.3	1.0	13.1	8.0	6.1
陕 西	Shaanxi	518.3	41.1	19.0	233.9	7.7	77.1	21.6	50.9
甘 肃	Gansu	415.4	34.0	25.7	180.9	6.5	47.4	17.5	29.3
青 海	Qinghai	81.7	7.2	3.5	32.9	1.2	13.2	3.5	7.1
宁 夏	Ningxia	152.7	11.5	6.3	75.8	2.6	14.6	11.4	11.8
新 疆	Xinjiang	334.7	37.5	12.4	138.6	7.9	39.7	26.8	26.0

1-22 分地区按行业分城镇私营企业和个体就业人数(2016年底)

Number of Engaged Persons in Urban Private Enterprises and Self-employed Individuals at Year-end by Sector and Region (2016)

单位: 万人 (10 000 persons)

地区	Region	合计 Total	#制造业 Manufacturing	#建筑业 Construction	#批发和零售业 Wholesale and Retail Trades	#交通运输、仓储和邮政业 Transport, Storage and Post	#住宿和餐饮业 Hotels and Catering Services	#租赁和商务服务业 Leasing and Business Services	#居民服务、修理和其他服务业 Services to Household, Repair and Other Services
全国	**National Total**	**20710.4**	**2814.7**	**992.1**	**8725.8**	**464.2**	**1673.4**	**1815.7**	**1306.0**
北京	Beijing	685.2	17.6	32.2	152.8	12.4	28.1	128.0	13.4
天津	Tianjin	179.1	35.5	7.6	33.1	4.0	36.8	17.2	8.1
河北	Hebei	510.7	62.3	15.3	251.6	15.7	51.2	22.9	40.1
山西	Shanxi	323.1	30.8	11.8	153.6	10.5	35.3	12.3	29.8
内蒙古	Inner Mongolia	427.5	29.6	13.3	205.9	13.7	47.0	24.6	45.8
辽宁	Liaoning	522.2	75.3	25.9	217.0	46.6	41.1	21.4	39.4
吉林	Jilin	439.9	44.0	34.5	182.3	16.7	49.5	19.4	37.0
黑龙江	Heilongjiang	313.4	21.9	5.1	138.4	7.5	52.5	10.5	41.5
上海	Shanghai	641.2	51.5	40.3	222.4	20.4	17.4	138.4	14.3
江苏	Jiangsu	2296.5	601.5	183.8	685.8	50.9	119.4	263.0	101.2
浙江	Zhejiang	1605.9	416.4	74.6	544.5	28.3	90.3	190.2	87.3
安徽	Anhui	879.8	137.7	37.7	386.9	15.2	71.2	49.6	67.6
福建	Fujian	846.6	126.1	40.4	370.6	15.3	52.6	83.7	39.7
江西	Jiangxi	547.5	74.0	27.5	241.6	13.5	44.1	46.5	38.9
山东	Shandong	915.4	123.5	41.8	443.7	21.0	66.1	62.6	65.3
河南	Henan	880.4	94.5	27.5	434.7	12.8	90.8	45.3	74.5
湖北	Hubei	829.6	93.9	37.3	365.2	19.3	96.0	51.2	63.0
湖南	Hunan	468.5	32.9	8.4	241.4	7.8	62.7	26.0	40.5
广东	Guangdong	3071.3	425.9	81.6	1487.3	50.6	174.8	247.5	162.2
广西	Guangxi	499.8	35.1	15.1	255.0	13.4	38.5	43.7	30.9
海南	Hainan	139.3	5.2	11.5	51.6	3.6	14.6	16.1	10.4
重庆	Chongqing	824.8	59.6	38.1	348.6	16.9	66.5	94.7	49.9
四川	Sichuan	1135.1	90.3	98.2	532.3	17.6	90.9	98.1	60.4
贵州	Guizhou	193.9	17.1	5.2	98.8	3.8	24.9	7.4	15.3
云南	Yunnan	311.2	24.2	18.1	130.0	6.0	39.6	20.8	23.2
西藏	Tibet	84.9	5.1	12.0	29.1	1.0	12.5	7.5	6.0
陕西	Shaanxi	440.7	28.9	16.1	200.7	6.6	71.5	18.4	46.5
甘肃	Gansu	225.0	14.1	14.5	110.1	2.9	29.1	11.3	17.1
青海	Qinghai	67.6	4.1	2.2	29.0	1.0	12.5	2.8	6.5
宁夏	Ningxia	107.0	5.3	5.0	56.1	1.8	10.8	9.5	7.6
新疆	Xinjiang	297.3	31.0	9.5	125.4	7.5	35.3	25.1	22.8

1-23 分地区私营企业就业人数(2016年底)
Number of Engaged Persons in Private Enterprises at Year-end by Region (2016)

单位: 万户、万人 (10 000 households, 10 000 persons)

地区	Region	户数 Number of Households	就业人数 Number of Engaged Persons	城镇 Urban Area	乡村 Rural Area
全国	**National Total**	**2309.2**	**17997.1**	**12083.4**	**5913.7**
北京	Beijing	121.0	951.3	633.8	317.5
天津	Tianjin	37.1	133.8	119.1	14.7
河北	Hebei	91.6	300.8	184.6	116.2
山西	Shanxi	38.7	247.4	136.4	111.0
内蒙古	Inner Mongolia	28.5	220.8	176.8	44.0
辽宁	Liaoning	59.5	355.5	220.6	134.8
吉林	Jilin	28.4	239.8	182.0	57.8
黑龙江	Heilongjiang	30.2	58.5	50.3	8.2
上海	Shanghai	149.0	1139.0	604.0	535.0
江苏	Jiangsu	222.9	2312.2	1680.2	632.0
浙江	Zhejiang	152.1	1765.4	1086.3	679.1
安徽	Anhui	73.3	496.7	386.7	110.0
福建	Fujian	81.0	713.6	565.0	148.6
江西	Jiangxi	47.9	490.9	279.7	211.1
山东	Shandong	174.9	1298.2	481.7	816.5
河南	Henan	90.9	529.4	356.8	172.6
湖北	Hubei	81.2	620.8	313.1	307.6
湖南	Hunan	52.6	304.7	105.5	199.1
广东	Guangdong	317.2	2356.6	2084.8	271.8
广西	Guangxi	51.5	360.1	247.4	112.8
海南	Hainan	15.8	104.4	83.4	21.0
重庆	Chongqing	62.8	786.1	603.4	182.7
四川	Sichuan	92.0	817.0	725.2	91.8
贵州	Guizhou	40.2	295.6	80.5	215.0
云南	Yunnan	48.9	379.7	163.6	216.1
西藏	Tibet	3.5	49.1	45.1	4.0
陕西	Shaanxi	50.7	183.6	144.8	38.8
甘肃	Gansu	25.1	207.2	109.6	97.6
青海	Qinghai	6.4	29.7	18.3	11.4
宁夏	Ningxia	11.2	86.1	66.2	20.0
新疆	Xinjiang	22.9	163.1	148.4	14.8

1-24 分地区个体就业人数(2016年底)
Number of Self-employed Individuals at Year-end by Region (2016)

单位: 万户，万人 (10 000 households, 10 000 persons)

地 区	Region	户 数 Number of Households	就业人数 Number of Engaged Persons	城 镇 Urban Area	乡 村 Rural Area
全 国	**National Total**	**5930.0**	**12862.0**	**8627.0**	**4235.0**
北 京	Beijing	60.8	95.4	51.4	44.1
天 津	Tianjin	40.2	75.9	60.0	15.9
河 北	Hebei	292.7	680.9	326.1	354.8
山 西	Shanxi	140.2	306.0	186.7	119.3
内蒙古	Inner Mongolia	134.2	304.5	250.6	53.8
辽 宁	Liaoning	220.7	471.9	301.6	170.4
吉 林	Jilin	147.2	375.3	257.9	117.5
黑龙江	Heilongjiang	147.6	304.0	263.1	40.9
上 海	Shanghai	42.7	55.2	37.2	18.0
江 苏	Jiangsu	438.8	801.9	616.3	185.6
浙 江	Zhejiang	352.6	800.3	519.6	280.7
安 徽	Anhui	235.6	559.5	493.1	66.4
福 建	Fujian	185.8	435.7	281.6	154.1
江 西	Jiangxi	165.6	407.8	267.8	140.0
山 东	Shandong	501.8	1074.4	433.7	640.7
河 南	Henan	307.4	645.4	523.6	121.8
湖 北	Hubei	304.9	944.4	516.5	428.0
湖 南	Hunan	225.1	430.3	362.9	67.4
广 东	Guangdong	541.2	1281.2	986.5	294.7
广 西	Guangxi	154.4	343.3	252.4	90.8
海 南	Hainan	40.9	73.5	55.9	17.6
重 庆	Chongqing	144.4	273.4	221.4	52.0
四 川	Sichuan	314.7	588.9	409.9	178.9
贵 州	Guizhou	166.2	288.7	113.3	175.4
云 南	Yunnan	199.1	369.0	147.6	221.4
西 藏	Tibet	14.2	42.2	39.8	2.3
陕 西	Shaanxi	149.6	334.8	295.9	38.8
甘 肃	Gansu	105.8	208.2	115.4	92.8
青 海	Qinghai	24.3	52.1	49.4	2.7
宁 夏	Ningxia	34.3	66.6	40.9	25.7
新 疆	Xinjiang	97.2	171.5	149.0	22.6

1-25 分行业城镇非私营单位女性就业人员年末人数
Female Employed Persons at Year-end in Urban Units Excluding Private Units by Sector

单位：万人 (10 000 persons)

行业	Sector	2003	2004	2005	2006
合　计	**Total**	**4156.1**	**4227.3**	**4324.6**	**4445.7**
农、林、牧、渔业	Agriculture,Forestry,Animal Husbandry and Fishery	176.1	172.3	165.7	163.5
采矿业	Mining	119.7	117.1	113.0	115.0
制造业	Manufacturing	1292.7	1329.8	1397.5	1464.0
电力、燃气及水的生产和供应业	Production and Distribution of Electricity,Gas and Water	92.7	93.1	91.3	91.3
建筑业	Construction	128.4	129.3	134.2	138.1
交通运输、仓储和邮政业	Transport,Storage and Post	182.5	177.6	171.0	164.7
信息传输、计算机服务和软件业	Information Transmission, Computer Service and Software	42.1	45.2	48.7	52.4
批发和零售业	Wholesale and Retail Trades	280.3	260.2	242.3	230.3
住宿和餐饮业	Hotels and Catering Services	95.0	97.8	98.9	99.5
金融业	Financial Intermediation	164.5	170.5	172.0	178.6
房地产业	Real Estate	40.4	44.9	48.3	50.8
租赁和商务服务业	Leasing and Business Services	62.7	65.6	74.0	78.0
科学研究、技术服务和地质勘查业	Scientific Research,Technical Services and Geological Prospecting	70.7	70.3	71.6	74.9
水利、环境和公共设施管理业	Management of Water Conservancy, Environment and Public Facilities	68.8	70.7	73.5	76.6
居民服务和其他服务业	Services to Households and Other Services	22.2	24.1	21.6	21.9
教　育	Education	672.8	696.7	713.2	733.8
卫生、社会保障和社会福利业	Health,Social Securities and Social Welfare	284.5	292.2	300.9	312.9
文化、体育和娱乐业	Culture, Sports and Entertainment	51.9	50.3	50.1	50.7
公共管理和社会组织	Public Management and Social Organization	308.1	319.6	336.9	348.6

注：本表中2003-2011年数据仍执行2002年版的国民经济行业分类标准。
Note: From 2003 to 2011, the classification for national standard of industry classification in this table are still implementing the version of 2002.

1-25 续表 1 continued

单位：万人 (10 000 persons)

行 业	Sector	2007	2008	2009	2010	2011
合 计	**Total**	**4540.3**	**4579.6**	**4678.5**	**4861.5**	**5227.7**
农、林、牧、渔业	Agriculture,Forestry,Animal Husbandry and Fishery	157.3	148.9	136.1	137.8	132.5
采矿业	Mining	109.7	105.1	107.6	105.5	115.9
制造业	Manufacturing	1495.0	1444.3	1447.9	1501.3	1613.3
电力、燃气及水的生产和供应业	Production and Distribution of Electricity,Gas and Water	90.7	90.1	89.8	91.6	95.7
建筑业	Construction	142.4	149.3	157.4	165.9	206.5
交通运输、仓储和邮政业	Transport,Storage and Post	169.3	171.5	171.2	168.8	178.6
信息传输、计算机服务和软件业	Information Transmission, Computer Service and Software	58.5	61.9	66.0	71.3	84.9
批发和零售业	Wholesale and Retail Trades	228.8	237.2	239.6	249.7	308.7
住宿和餐饮业	Hotels and Catering Services	100.8	105.2	109.2	113.2	131.5
金融业	Financial Intermediation	192.9	209.1	225.8	237.7	256.8
房地产业	Real Estate	56.0	58.5	64.2	72.4	86.0
租赁和商务服务业	Leasing and Business Services	82.1	93.8	97.5	104.1	91.6
科学研究、技术服务和地质勘查业	Scientific Research,Technical Services and Geological Prospecting	75.6	80.0	85.6	92.1	90.0
水利、环境和公共设施管理业	Management of Water Conservancy, Environment and Public Facilities	79.2	80.9	84.1	89.5	94.3
居民服务和其他服务业	Services to Households and Other Services	22.1	24.7	24.0	26.4	25.6
教 育	Education	747.7	759.4	775.0	795.0	820.8
卫生、社会保障和社会福利业	Health,Social Securities and Social Welfare	324.1	336.8	354.9	379.8	411.4
文化、体育和娱乐业	Culture, Sports and Entertainment	52.1	52.5	54.6	55.8	57.4
公共管理和社会组织	Public Management and Social Organization	356.0	370.2	388.0	403.7	426.1

1-25 续表 2 continued

单位：万人 (10 000 persons)

行业	Sector	2012	2013	2014	2015	2016
合 计	**Total**	**5458.9**	**6338.3**	**6546.2**	**6527.0**	**6517.6**
农、林、牧、渔业	Agriculture, Forestry, Animal Husbandry and Fishery	125.1	108.7	104.7	97.5	93.5
采矿业	Mining	114.6	111.7	110.2	100.6	92.9
制造业	Manufacturing	1661.0	2073.8	2119.3	2021.0	1925.3
电力、热力、燃气及水生产和供应业	Production and Supply of Electricity, Heat, Gas and Water	97.7	109.8	112.4	109.7	105.9
建筑业	Construction	233.8	295.4	316.3	309.5	298.0
批发和零售业	Wholesale and Retail Trades	339.4	446.3	450.2	447.0	441.4
交通运输、仓储和邮政业	Transport, Storage and Post	175.7	219.0	224.6	223.1	221.8
住宿和餐饮业	Hotels and Catering Services	140.6	168.8	162.2	152.3	148.3
信息传输、软件和信息技术服务业	Information Transmission, Software and Information Technology	90.6	128.9	132.6	137.1	142.2
金融业	Financial Intermediation	268.8	272.3	287.8	313.7	347.4
房地产业	Real Estate	95.6	134.1	149.3	155.3	161.1
租赁和商务服务业	Leasing and Business Services	92.4	138.5	147.7	155.5	159.9
科学研究和技术服务业	Scientific Research and Technical Services	101.4	117.1	124.4	125.1	132.0
水利、环境和公共设施管理业	Management of Water Conservancy, Environment and Public Facilities	98.2	104.6	108.5	111.0	110.3
居民服务、修理和其他服务业	Services to Households, Repair and Other Services	23.1	29.3	30.5	31.3	32.9
教育	Education	847.5	876.6	911.9	931.7	952.0
卫生和社会工作	Health and Social Service	440.1	473.8	505.5	531.4	556.9
文化、体育和娱乐业	Culture, Sports and Entertainment	59.4	64.1	65.1	66.6	68.1
公共管理、社会保障和社会组织	Public Management, Social Security and Social Organization	453.8	465.5	483.3	507.7	527.7

1-26 分登记注册类型城镇非私营单位女性就业人员年末人数
Female Employed Persons at Year-end in Urban Units Excluding Private Units by Registration Status

单位：万人 (10 000 persons)

年 份 Year	合 计 Total	国有单位 State-owned Units	城镇集体单位 Urban Collective-owned Units	其他单位 Units of Other Types of Ownership
1994	5799.1	3982.5	1451.1	364.5
1995	5889.0	4059.0	1399.0	431.0
1996	5883.3	4088.3	1337.8	457.3
1997	5824.8	4030.2	1271.0	523.6
1999	4613.4	3128.0	702.8	782.7
2000	4411.3	2952.5	605.8	853.0
2001	4225.7	2788.2	509.9	927.5
2002	4156.2	2627.7	436.9	1091.5
2003	4156.1	2529.6	383.9	1242.6
2004	4227.3	2480.7	336.7	1410.0
2005	4324.6	2399.3	299.1	1626.2
2006	4445.7	2386.9	277.7	1781.1
2007	4540.3	2383.0	254.5	1902.8
2008	4579.6	2401.7	234.2	1943.7
2009	4678.5	2391.6	212.7	2074.2
2010	4861.5	2447.4	205.2	2208.9
2011	5227.7	2522.4	195.9	2509.4
2012	5458.9	2590.1	188.4	2680.4
2013	6338.3	2472.3	179.1	3686.9
2014	6546.2	2509.0	173.1	3864.1
2015	6527.0	2531.9	156.5	3838.7
2016	6517.6	2562.1	147.6	3807.8

1-27 分登记注册类型城镇非私营单位就业人员平均工资
Average Wage of Employed Persons in Urban Units Excluding Private Units by Status of Registration

年　份 Year	合计 Total	#在岗职工 Staff and Workers	国有单位 State-owned Units	城镇集体单　位 Urban Collective-owned Units	其他单位 Units of Other Types of Ownership
1995	5348	5500	5553	3934	7728
1996	5980	6210	6207	4312	8521
1997	6444	6470	6679	4516	9092
1998	7446	7479	7579	5314	9241
1999	8319	8346	8443	5758	10142
2000	9333	9371	9441	6241	11238
2001	10834	10870	11045	6851	12437
2002	12373	12422	12701	7636	13486
2003	13969	14040	14358	8627	14843
2004	15920	16024	16445	9723	16519
2005	18200	18364	18978	11176	18362
2006	20856	21001	21706	12866	21004
2007	24721	24932	26100	15444	24271
2008	28898	29229	30287	18103	28552
2009	32244	32736	34130	20607	31350
2010	36539	37147	38359	24010	35801
2011	41799	42452	43483	28791	41323
2012	46769	47593	48357	33784	46360
2013	51483	52388	52657	38905	51453
2014	56360	57361	57296	42742	56485
2015	62029	63241	65296	46607	60906
2016	67569	68993	72538	50527	65531

注：1995-2008年的城镇单位就业人员平均工资即为原来的城镇单位就业人员平均劳动报酬(以下相关表同)。

Note: Average wage of employed persons in urban units from 1995 to 2008 referred to average earning of employed persons in urban units. The Same applies to therelated tables following.

1-28 分登记注册类型城镇非私营单位就业人员平均工资指数
Indices of Average Wage of Employed Persons in Urban Units Excluding Private Units by Status of Registration

年份 Year	平均货币工资指数(上年=100) Indices of Average Wage (preceding year=100)					平均实际工资指数(上年=100) Indices of Average Real Wage (preceding year=100)				
	合计 Total	#在岗职工 Of Which: Staff and Workers	国有单位 State-owned Units	城镇集体单位 Urban Collective-owned Units	其他单位 Units of Other Types of Ownership	合计 Total	#在岗职工 Of Which: Staff and Workers	国有单位 State-owned Units	城镇集体单位 Urban Collective-owned Units	其他单位 Units of Other Types of Ownership
1995	118.9	121.2	117.3	121.1	119.9	101.8	103.8	100.4	103.7	102.6
1996	111.8	112.9	111.8	109.6	110.3	102.8	103.8	102.7	100.7	101.3
1997	107.8	104.2	107.6	104.7	106.7	104.5	101.1	104.4	101.6	103.5
1998	115.5	106.6	113.5	117.7	101.6	116.2	107.2	114.2	118.4	102.3
1999	111.7	111.6	111.4	108.4	109.8	113.2	113.1	112.9	109.8	111.2
2000	112.2	112.3	111.8	108.4	110.8	111.3	111.4	110.9	107.5	109.9
2001	116.1	116.0	117.0	109.8	110.7	115.3	115.2	116.2	109.0	109.9
2002	114.2	114.3	115.0	111.5	108.4	115.4	115.5	116.2	112.6	109.5
2003	112.9	113.0	113.0	113.0	110.1	111.9	112.0	112.0	112.0	109.1
2004	114.0	114.1	114.5	112.7	111.3	110.3	110.5	110.9	109.1	107.7
2005	114.3	114.6	115.4	114.9	111.2	112.5	112.8	113.6	113.1	109.4
2006	114.6	114.4	114.4	115.1	114.4	112.9	112.7	112.7	113.4	112.7
2007	118.5	118.7	120.2	120.0	115.6	113.4	113.6	115.0	114.8	110.6
2008	116.9	117.2	116.0	117.2	117.6	110.7	111.0	109.8	111.0	111.4
2009	111.6	112.0	112.7	113.8	109.8	112.6	113.0	113.7	114.8	110.8
2010	113.3	113.5	112.4	116.5	114.2	109.8	110.0	108.9	112.9	110.7
2011	114.4	114.3	113.4	119.9	115.4	108.6	108.5	107.7	113.9	109.6
2012	111.9	112.1	111.2	117.3	112.2	109.0	109.2	108.3	114.3	109.2
2013	110.1	110.1	108.9	115.2	111.0	107.3	107.3	106.1	112.2	108.2
2014	109.5	109.5	108.8	109.9	109.8	107.2	107.2	106.6	107.6	107.5
2015	110.1	110.3	114.0	109.0	107.8	108.5	108.6	112.3	107.4	106.2
2016	108.9	109.1	111.1	108.4	107.6	106.7	106.9	108.8	106.2	105.4

1-29 分行业城镇非私营单位就业人员平均工资
Average Wage of Employed Persons in Urban Units Excluding Private Units by Sector

单位：元 (yuan)

行 业	Sector	2003	2004	2005	2006
合 计	**Total**	**13969**	**15920**	**18200**	**20856**
农、林、牧、渔业	Agriculture, Forestry, Animal Husbandry and Fishery	6884	7497	8207	9269
采 矿 业	Mining	13627	16774	20449	24125
制 造 业	Manufacturing	12671	14251	15934	18225
电力、热力、燃气及水生产和供应业	Production and Supply of Electricity, Heat, Gas and Water	18574	21543	24750	28424
建 筑 业	Construction	11328	12578	14112	16164
批发和零售业	Wholesale and Retail Trades	10894	13012	15256	17796
交通运输、仓储和邮政业	Transport, Storage and Post	15753	18071	20911	24111
住宿和餐饮业	Hotels and Catering Services	11198	12618	13876	15236
信息传输、软件和信息技术服务业	Information Transmission, Software and Information Technology	30897	33449	38799	43435
金融业	Financial Intermediation	20780	24299	29229	35495
房地产业	Real Estate	17085	18467	20253	22238
租赁和商务服务业	Leasing and Business Services	17020	18723	21233	24510
科学研究和技术服务业	Scientific Research and Technical Services	20442	23351	27155	31644
水利、环境和公共设施管理业	Management of Water Conservancy, Environment and Public Facilities	11774	12884	14322	15630
居民服务、修理和其他服务业	Services to Households, Repair and Other Services	12665	13680	15747	18030
教 育	Education	14189	16085	18259	20918
卫生和社会工作	Health and Social Service	16185	18386	20808	23590
文化、体育和娱乐业	Culture, Sports and Entertainment	17098	20522	22670	25847
公共管理、社会保障和社会组织	Public Management, Social Security and Social Organization	15355	17372	20234	22546

1-29 续表 1 continued

单位：元 (yuan)

行业	Sector	2007	2008	2009	2010	2011
合计	**Total**	**24721**	**28898**	**32244**	**36539**	**41799**
农、林、牧、渔业	Agriculture, Forestry, Animal Husbandry and Fishery	10847	12560	14356	16717	19469
采矿业	Mining	28185	34233	38038	44196	52230
制造业	Manufacturing	21144	24404	26810	30916	36665
电力、热力、燃气及水生产和供应业	Production and Supply of Electricity, Heat, Gas and Water	33470	38515	41869	47309	52723
建筑业	Construction	18482	21223	24161	27529	32103
批发和零售业	Wholesale and Retail Trades	21074	25818	29139	33635	40654
交通运输、仓储和邮政业	Transport, Storage and Post	27903	32041	35315	40466	47078
住宿和餐饮业	Hotels and Catering Services	17046	19321	20860	23382	27486
信息传输、软件和信息技术服务业	Information Transmission, Software and Information Technology	47700	54906	58154	64436	70918
金融业	Financial Intermediation	44011	53897	60398	70146	81109
房地产业	Real Estate	26085	30118	32242	35870	42837
租赁和商务服务业	Leasing and Business Services	27807	32915	35494	39566	46976
科学研究和技术服务业	Scientific Research and Technical Services	38432	45512	50143	56376	64252
水利、环境和公共设施管理业	Management of Water Conservancy, Environment and Public Facilities	18383	21103	23159	25544	28868
居民服务、修理和其他服务业	Services to Households, Repair and Other Services	20370	22858	25172	28206	33169
教育	Education	25908	29831	34543	38968	43194
卫生和社会工作	Health and Social Service	27892	32185	35662	40232	46206
文化、体育和娱乐业	Culture, Sports and Entertainment	30430	34158	37755	41428	47878
公共管理、社会保障和社会组织	Public Management, Social Security and Social Organization	27731	32296	35326	38242	42062

1-29 续表 2 continued

单位：元 (yuan)

行业	Sector	2012	2013	2014	2015	2016
合 计	**Total**	**46769**	**51483**	**56360**	**62029**	**67569**
农、林、牧、渔业	Agriculture, Forestry, Animal Husbandry and Fishery	22687	25820	28356	31947	33612
采矿业	Mining	56946	60138	61677	59404	60544
制造业	Manufacturing	41650	46431	51369	55324	59470
电力、热力、燃气及水生产和供应业	Production and Supply of Electricity, Heat, Gas and Water	58202	67085	73339	78886	83863
建筑业	Construction	36483	42072	45804	48886	52082
批发和零售业	Wholesale and Retail Trades	46340	50308	55838	60328	65061
交通运输、仓储和邮政业	Transport, Storage and Post	53391	57993	63416	68822	73650
住宿和餐饮业	Hotels and Catering Services	31267	34044	37264	40806	43382
信息传输、软件和信息技术服务业	Information Transmission, Software and Information Technology	80510	90915	100845	112042	122478
金融业	Financial Intermediation	89743	99653	108273	114777	117418
房地产业	Real Estate	46764	51048	55568	60244	65497
租赁和商务服务业	Leasing and Business Services	53162	62538	67131	72489	76782
科学研究和技术服务业	Scientific Research and Technical Services	69254	76602	82259	89410	96638
水利、环境和公共设施管理业	Management of Water Conservancy, Environment and Public Facilities	32343	36123	39198	43528	47750
居民服务、修理和其他服务业	Services to Households, Repair and Other Services	35135	38429	41882	44802	47577
教育	Education	47734	51950	56580	66592	74498
卫生和社会工作	Health and Social Service	52564	57979	63267	71624	80026
文化、体育和娱乐业	Culture, Sports and Entertainment	53558	59336	64375	72764	79875
公共管理、社会保障和社会组织	Public Management, Social Security and Social Organization	46074	49259	53110	62323	70959

1-30 分地区城镇非私营单位就业人员平均工资

单位：元

地 区	Region	2003	2004	2005	2006	2007	2008
全 国	**National Total**	**13969**	**15920**	**18200**	**20856**	**24721**	**28898**
北 京	Beijing	25008	29216	33660	39684	45823	55844
天 津	Tianjin	18511	21146	24122	27628	33312	39990
河 北	Hebei	11105	12793	14583	16456	19742	24276
山 西	Shanxi	10620	12794	15473	18106	21315	25489
内蒙古	Inner Mongolia	11208	13233	15910	18382	21794	25949
辽 宁	Liaoning	12921	14787	17156	19365	22882	27179
吉 林	Jilin	11048	12388	14380	16393	20371	23294
黑龙江	Heilongjiang	10787	12209	13980	15894	18481	21764
上 海	Shanghai	25565	27965	31578	37585	44976	52122
江 苏	Jiangsu	15619	18054	20885	23657	27212	31297
浙 江	Zhejiang	21116	23243	25696	27570	30818	33622
安 徽	Anhui	10419	12693	15019	17610	21699	25703
福 建	Fujian	14343	15627	17190	19424	22277	25555
江 西	Jiangxi	10382	11713	13524	15370	18144	20597
山 东	Shandong	12554	14321	16564	19135	22734	26234
河 南	Henan	10639	11970	14119	16791	20639	24438
湖 北	Hubei	10575	11692	13725	15779	19548	22384
湖 南	Hunan	12002	13624	15306	17400	21060	24146
广 东	Guangdong	20052	22230	24122	26400	29658	33282
广 西	Guangxi	11611	13234	15079	17571	21251	24798
海 南	Hainan	10396	12622	14377	15843	19220	21767
重 庆	Chongqing	12409	14373	16583	19172	22965	26640
四 川	Sichuan	12320	13887	15638	17612	21081	24725
贵 州	Guizhou	10801	12163	14081	16481	20254	23979
云 南	Yunnan	12629	14255	15732	18262	19912	23305
西 藏	Tibet	23730	27339	26437	29119	42820	44055
陕 西	Shaanxi	11276	12907	14562	16646	20977	25478
甘 肃	Gansu	12062	13328	14654	16991	20657	23632
青 海	Qinghai	15044	16601	18556	21981	25318	30101
宁 夏	Ningxia	12811	14431	16973	20900	25723	30050
新 疆	Xinjiang	13185	14406	15507	17704	21249	24686

Average Wage of Employed Persons in Urban Units Excluding Private Units by Region

(yuan)

2009	2010	2011	2012	2013	2014	2015	2016
32244	**36539**	**41799**	**46769**	**51483**	**56360**	**62029**	**67569**
57779	65158	75482	84742	93006	102268	111390	119928
43937	51489	55658	61514	67773	72773	80090	86305
27774	31451	35309	38658	41501	45114	50921	55334
28066	33057	39230	44236	46407	48969	51803	53705
30486	35211	41118	46557	50723	53748	57135	61067
30523	34437	38154	41858	45505	48190	52332	56015
25943	29003	33610	38407	42846	46516	51558	56098
24805	27735	31302	36406	40794	44036	48881	52435
58336	66115	75591	78673	90908	100251	109174	119935
35217	39772	45487	50639	57177	60867	66196	71574
36553	40640	45162	50197	56571	61572	66668	73326
28723	33341	39352	44601	47806	50894	55139	59102
28366	32340	38588	44525	48538	53426	57628	61973
24165	28363	33239	38512	42473	46218	50932	56136
29398	33321	37618	41904	46998	51825	57270	62539
26906	29819	33634	37338	38301	42179	45403	49505
26547	31811	36128	39846	43899	49838	54367	59831
26534	29670	34586	38971	42726	47117	52357	58241
36469	40432	45060	50278	53318	59481	65788	72326
27322	30673	33032	36386	41391	45424	52982	57878
24790	30775	36244	39485	44971	49882	57600	61663
30499	34727	39430	44498	50006	55588	60543	65545
28149	32567	37330	42339	47965	52555	58915	63926
27437	30433	36102	41156	47364	52772	59701	66279
26163	29195	34004	37629	42447	46101	52564	60450
45347	49898	49464	51705	57773	61235	97849	103232
29566	33384	38143	43073	47446	50535	54994	59637
26743	29096	32092	37679	42833	46960	52942	57575
32481	36121	41370	46483	51393	57084	61090	66589
32916	37166	42703	47436	50476	54858	60380	65570
27617	32003	38238	44576	49064	53471	60117	63739

1-31 分地区按行业分城镇非私营单位就业人员平均工资(2016年)
Average Wage of Employed Persons in Urban Units Excluding Private Units by Sector and Region(2016)

单位：元 (yuan)

地区	Region	合计 Total	农、林、牧、渔业 Agriculture, Forestry, Animal Husbandry and Fishery	采矿业 Mining	制造业 Manufacturing	电力、热力、燃气及水生产和供应业 Production and Supply of Electricity, Heat, Gas and Water	建筑业 Construction	批发和零售业 Wholesale and Retail Trades
全国	**National Average**	**67569**	**33612**	**60544**	**59470**	**83863**	**52082**	**65061**
北京	Beijing	119928	51941	91017	97600	134474	89464	98863
天津	Tianjin	86305	68864	94379	73550	125996	67943	75098
河北	Hebei	55334	21876	55184	50970	77162	42662	40256
山西	Shanxi	53705	45871	55921	42314	73827	46632	38854
内蒙古	Inner Mongolia	61067	37569	72654	53670	78757	42968	48831
辽宁	Liaoning	56015	15497	55363	56546	69357	43585	47382
吉林	Jilin	56098	33042	51883	58250	70925	44968	43419
黑龙江	Heilongjiang	52435	28782	59875	49775	64919	39922	48576
上海	Shanghai	119935	67322	142716	96813	163212	88034	127489
江苏	Jiangsu	71574	37953	62330	66994	116629	58172	67127
浙江	Zhejiang	73326	61992	48428	60390	122323	50350	71347
安徽	Anhui	59102	34264	57981	54614	89223	51399	49999
福建	Fujian	61973	35577	44222	54439	88471	53557	57937
江西	Jiangxi	56136	35473	42902	49564	62157	50108	47104
山东	Shandong	62539	56617	65309	52255	74333	52421	47572
河南	Henan	49505	36785	46833	43783	66658	44753	43592
湖北	Hubei	59831	31548	52788	54033	84106	54636	47355
湖南	Hunan	58241	33221	45059	54423	65241	45492	50545
广东	Guangdong	72326	36431	91276	62383	110242	55263	67451
广西	Guangxi	57878	33131	50397	49835	73851	47079	49369
海南	Hainan	61663	28016	60886	55265	74214	45557	51227
重庆	Chongqing	65545	47529	55396	62584	79388	51537	56048
四川	Sichuan	63926	52813	64895	56439	86951	48088	51824
贵州	Guizhou	66279	53874	49909	58288	81297	53487	60617
云南	Yunnan	60450	36939	45182	49643	78234	41945	49611
西藏	Tibet	103232	34943	84518	69983	71709	59075	75070
陕西	Shaanxi	59637	48185	73995	54348	71640	50797	43208
甘肃	Gansu	57575	40179	64807	53130	64084	43683	41464
青海	Qinghai	66589	43796	85469	54846	72928	50431	49271
宁夏	Ningxia	65570	41981	94718	52660	96132	46832	48648
新疆	Xinjiang	63739	38469	90442	60313	81908	58576	59570

1-31 续表 1 continued

单位：元 (yuan)

地区	Region	交通运输、仓储和邮政业 Transport, Storage and Post	住宿和餐饮业 Hotels and Catering Services	信息传输、软件和信息技术服务业 Information Transmission, Software and Information Technology	金融业 Financial Intermediation	房地产业 Real Estate	租赁和商务服务业 Leasing and Business Services	科学研究和技术服务业 Scientific Research and Technical Services
全国	**National Average**	**73650**	**43382**	**122478**	**117418**	**65497**	**76782**	**96638**
北京	Beijing	90682	54814	170531	239085	92832	119151	139990
天津	Tianjin	91615	43403	137440	117489	84337	83380	128067
河北	Hebei	59527	34357	109196	75708	46867	39232	74020
山西	Shanxi	68837	28630	64686	75683	42950	37776	60446
内蒙古	Inner Mongolia	67389	37499	67444	78570	43850	45155	65192
辽宁	Liaoning	66657	38871	88995	80323	53808	43422	70180
吉林	Jilin	62053	34173	64923	81958	44670	45219	62900
黑龙江	Heilongjiang	62977	44807	62707	64737	45376	48066	68514
上海	Shanghai	108905	56933	200657	226500	91814	151937	163297
江苏	Jiangsu	71773	45013	130501	122648	72680	60258	100375
浙江	Zhejiang	83408	45713	145657	130813	71088	65365	99537
安徽	Anhui	61038	34897	72390	76724	60543	47667	73035
福建	Fujian	71181	39434	93774	108377	65110	56934	79317
江西	Jiangxi	66594	35880	71535	83974	53632	45854	74844
山东	Shandong	70509	42496	84346	93405	57331	59852	78755
河南	Henan	55485	36591	62467	91212	48503	40417	59171
湖北	Hubei	64690	38323	86398	93701	55550	49220	81015
湖南	Hunan	65487	36919	76123	97704	53344	46985	62232
广东	Guangdong	84444	46149	135859	135412	74014	69755	111233
广西	Guangxi	65433	31884	84064	89936	52588	48058	68957
海南	Hainan	74464	42978	105687	102747	57788	53663	68888
重庆	Chongqing	63717	37457	100517	126739	63852	48141	92787
四川	Sichuan	69490	38381	88800	87119	59135	55754	91309
贵州	Guizhou	70936	40505	79355	132964	53467	50522	72107
云南	Yunnan	72296	33832	75240	121529	49441	43305	73883
西藏	Tibet	77502	53798	103647	184146	74456	65094	103906
陕西	Shaanxi	65955	34293	121311	82626	51205	50797	72786
甘肃	Gansu	64177	34914	60292	60252	46724	47145	75114
青海	Qinghai	78862	41809	71273	88957	40880	46666	78808
宁夏	Ningxia	68313	37149	80617	83872	49217	42957	76339
新疆	Xinjiang	83898	45899	84086	92422	49214	48110	79944

1-31 续表 2 continued

单位：元 (yuan)

地 区	Region	水利、环境和公共设施管理业 Management of Water Conservancy, Environment and Public Facilities	居民服务、修理和其他服务业 Services to Households, Repair and Other Services	教育 Education	卫生和社会工作 Health and Social Service	文化、体育和娱乐业 Culture, Sports and Entertainment	公共管理、社会保障和社会组织 Public Management, Social Security and Social Organization
全 国	**National Average**	**47750**	**47577**	**74498**	**80026**	**79875**	**70959**
北 京	Beijing	76948	52025	120573	147903	139087	101999
天 津	Tianjin	82499	41777	115539	115367	111368	110749
河 北	Hebei	40292	35634	63967	58566	51507	56101
山 西	Shanxi	29411	36307	62548	51145	49041	54484
内蒙古	Inner Mongolia	41715	38082	77184	68009	65311	67867
辽 宁	Liaoning	34416	39022	66890	62230	52202	55348
吉 林	Jilin	33912	32797	65436	63307	55335	54321
黑龙江	Heilongjiang	35519	55411	68288	62122	55056	59837
上 海	Shanghai	78432	66280	106941	125181	129644	107325
江 苏	Jiangsu	60723	57905	88282	92202	84242	96402
浙 江	Zhejiang	61104	58157	102888	117116	97257	108789
安 徽	Anhui	46332	44353	64322	71104	55773	63744
福 建	Fujian	51083	48040	75773	87997	67018	76926
江 西	Jiangxi	42849	51631	63924	70701	61272	64568
山 东	Shandong	45799	44511	81165	78411	77462	74552
河 南	Henan	41903	36848	55087	61045	51908	50552
湖 北	Hubei	45147	43921	65298	69692	61018	66400
湖 南	Hunan	41319	45946	64965	77796	69158	56054
广 东	Guangdong	53716	49297	83234	94663	93300	89550
广 西	Guangxi	40320	45729	60395	71529	62365	65218
海 南	Hainan	45453	39352	75219	74765	63699	66612
重 庆	Chongqing	48241	46015	76236	87162	65146	75554
四 川	Sichuan	44041	47806	69737	82150	64885	71074
贵 州	Guizhou	40230	38246	72580	73553	67427	70060
云 南	Yunnan	46529	38581	76918	71550	63017	74017
西 藏	Tibet	66943	48985	116605	109091	117844	110877
陕 西	Shaanxi	41151	38405	62813	61509	55946	55589
甘 肃	Gansu	50595	38823	69690	61593	58837	63535
青 海	Qinghai	55415	37917	79151	65582	67319	72434
宁 夏	Ningxia	48789	41492	70801	71110	66563	67088
新 疆	Xinjiang	48099	42785	75080	70796	71168	63948

1-32 分地区按行业分城镇私营单位就业人员平均工资(2016年)
Average Wage of Employed Persons in Urban Private Units by Sector and Region (2016)

单位：元 (yuan)

地区	Region	合计 Total	农、林、牧、渔业 Agriculture, Forestry, Animal Husbandry and Fishery	采矿业 Mining	制造业 Manufacturing	电力、热力、燃气及水生产和供应业 Production and Supply of Electricity, Heat, Gas and Water	建筑业 Construction	批发和零售业 Wholesale and Retail Trades
全国	**National Average**	**42833**	**31301**	**39600**	**42115**	**38605**	**44803**	**39589**
北京	Beijing	65881	39138	50261	58042	53062	49455	55312
天津	Tianjin	57216	36007	45352	61667	47103	50372	50730
河北	Hebei	36507	31330	35316	37333	35800	36976	33440
山西	Shanxi	30501	21145	38097	30736	31722	35151	26949
内蒙古	Inner Mongolia	36114	31084	40873	38296	39644	39719	33008
辽宁	Liaoning	34615	28618	30254	33884	32464	37930	35069
吉林	Jilin	30184	22137	30085	29395	26099	32881	27329
黑龙江	Heilongjiang	30533	26367	32478	29592	32277	34021	28874
上海	Shanghai	47177	28523		43129	37998	46474	43077
江苏	Jiangsu	47156	37048	39749	48133	43928	48351	41803
浙江	Zhejiang	45005	37295	41101	43381	51896	46103	43674
安徽	Anhui	39110	29959	39836	40685	34047	45063	31145
福建	Fujian	46326	34226	40513	44424	32494	51249	41281
江西	Jiangxi	36868	26620	38618	37471	36214	40839	30483
山东	Shandong	48156	42927	47485	48488	52674	50069	45823
河南	Henan	33312	27450	33175	33157	30413	36021	30965
湖北	Hubei	34167	26956	37935	34037	32936	37157	31260
湖南	Hunan	34582	30757	39966	33191	35295	39598	28974
广东	Guangdong	48236	35019	40103	45859	36753	52664	48404
广西	Guangxi	36089	29441	34653	37741	37989	36814	34201
海南	Hainan	40675	37431	41618	38497	32463	38100	38730
重庆	Chongqing	47345	36437	50871	49116	44843	48973	40601
四川	Sichuan	37763	30382	37511	37777	39061	38417	36008
贵州	Guizhou	39058	25039	45948	39977	49572	39700	31511
云南	Yunnan	38183	27754	31090	36343	34553	39011	40630
西藏	Tibet							
陕西	Shaanxi	35676	26255	40376	37044	34596	36002	33577
甘肃	Gansu	35685	30052	34098	36771	36455	34928	40122
青海	Qinghai	34908	27389	37813	33161	43754	36882	41043
宁夏	Ningxia	37926	29894	44702	40419	40406	44725	32922
新疆	Xinjiang	38776	32645	49297	40663	46129	48984	30331

1-32 续表 1 continued

单位：元 (yuan)

地 区	Region	交通运输、仓储和邮政业 Transport, Storage and Post	住宿和餐饮业 Hotels and Catering Services	信息传输、软件和信息技术服务业 Information Transmission, Software and Information Technology	金融业 Financial Intermediation	房地产业 Real Estate	租赁和商务服务业 Leasing and Business Services
全 国	**National Average**	**42705**	**34712**	**63578**	**50366**	**46063**	**47836**
北 京	Beijing	43090	43187	110718	143717	94956	64118
天 津	Tianjin	54783	43400	81606	68436	58365	63064
河 北	Hebei	39190	33168	37335	37756	40386	34692
山 西	Shanxi	30366	25722	33433	34298	33398	26511
内蒙古	Inner Mongolia	38418	32674	33864	42301	35588	31594
辽 宁	Liaoning	35078	28811	39094	34981	35940	36101
吉 林	Jilin	29798	27225	33582	36990	30983	28271
黑龙江	Heilongjiang	35454	27556	34172	34216	35178	30494
上 海	Shanghai	46934	39502	79896	65737	45153	55083
江 苏	Jiangsu	47241	36197	52879	46658	42121	46631
浙 江	Zhejiang	49734	39143	54290	46995	48467	50578
安 徽	Anhui	40015	32265	42037	43610	41579	31547
福 建	Fujian	42380	33896	68506	55266	45101	46148
江 西	Jiangxi	36445	29593	33223	37578	43236	33760
山 东	Shandong	53171	43503	54779	53183	47456	47766
河 南	Henan	35533	33817	31976	30091	38208	32661
湖 北	Hubei	33129	29900	40709	39226	38739	33088
湖 南	Hunan	32623	28487	43351	43586	39837	34876
广 东	Guangdong	47936	37131	88008	38970	54663	57346
广 西	Guangxi	38442	29042	38073	42692	39501	37749
海 南	Hainan	46490	33474	44222	43336	59618	39040
重 庆	Chongqing	49303	36607	52016	62977	50396	44764
四 川	Sichuan	36434	32686	41281	37419	41973	40025
贵 州	Guizhou	35753	31766	59324	58088	46916	33803
云 南	Yunnan	34842	38207	32614	31146	41376	44347
西 藏	Tibet						
陕 西	Shaanxi	32903	28393	45439	35384	38328	38768
甘 肃	Gansu	38400	32402	32991	33970	34445	36944
青 海	Qinghai	40555	31381	30711	26447	27527	26958
宁 夏	Ningxia	38331	31685	36235	36143	40016	32620
新 疆	Xinjiang	43347	29817	35691	44406	40291	31179

1-32 续表 2 continued

单位：元 (yuan)

地区	Region	科学研究和技术服务业 Scientific Research and Technical Services	水利、环境和公共设施管理业 Management of Water Conservancy, Environment and Public Facilities	居民服务、修理和其他服务业 Services to Households, Repair and Other Services	教育 Education	卫生和社会工作 Health and Social Service	文化、体育和娱乐业 Culture, Sports and Entertainment
全国	**National Average**	**54764**	**40099**	**35824**	**39508**	**43993**	**38228**
北京	Beijing	75227	55294	40889	65646	62566	64250
天津	Tianjin	62992	52389	38868	44999	52580	51602
河北	Hebei	42141	36001	33889	35583	40226	33065
山西	Shanxi	30893	25905	28188	27957	35466	23396
内蒙古	Inner Mongolia	38269	33058	30350	30959	36097	31807
辽宁	Liaoning	37106	32619	30081	31771	34943	29453
吉林	Jilin	40811	26264	28725	35481	36672	26079
黑龙江	Heilongjiang	34537	29730	28193	29425	28830	25032
上海	Shanghai	61152	41525	37875	48130	58247	48177
江苏	Jiangsu	50933	45393	42302	45802	46492	43600
浙江	Zhejiang	59081	45354	37954	41950	56087	39623
安徽	Anhui	37696	29906	24927	34444	40690	31223
福建	Fujian	49607	37599	33109	35511	48533	34641
江西	Jiangxi	37703	35576	31010	33331	42094	32818
山东	Shandong	50819	46189	48725	48162	47657	45784
河南	Henan	33106	33090	30215	32784	34318	30192
湖北	Hubei	36296	28918	29222	32628	33174	29014
湖南	Hunan	39698	29158	35387	42233	42153	30715
广东	Guangdong	70709	48811	38286	43864	54802	47878
广西	Guangxi	45501	32664	30917	32704	37021	29305
海南	Hainan	41790	37678	31480	32525	35277	34852
重庆	Chongqing	50067	41759	42635	43518	52121	44979
四川	Sichuan	43611	37591	33487	38380	42275	36289
贵州	Guizhou	39602	27252	29133	38560	41506	31491
云南	Yunnan	38693	33690	39115	35432	36602	33236
西藏	Tibet						
陕西	Shaanxi	41934	33887	28799	35752	33505	29999
甘肃	Gansu	43328	41621	31758	32471	36692	33723
青海	Qinghai	46717	33035	34424	31081	30976	39689
宁夏	Ningxia	46701	31475	32538	33277	39483	31258
新疆	Xinjiang	41771	35924	31225	34799	45735	39310

1-33 国内生产总值及构成
Gross Domestic Product and Its Composition

单位：亿元 (100 million yuan)

年份 Year	国内生产总值 Gross Domestic Product	第一产业 Primary Industry		第二产业 Secondary Industry		第三产业 Tertiary Industry		人均国内生产总值(元) Per Capita GDP (yuan)
		绝对数 Value	比重(%) Proportion	绝对数 Value	比重(%) Proportion	绝对数 Value	比重(%) Proportion	
1978	3678.7	1018.5	27.7	1755.2	47.7	905.1	24.6	385
1979	4100.5	1259.0	30.7	1925.4	47.0	916.1	22.3	423
1980	4587.6	1359.5	29.6	2204.7	48.1	1023.4	22.3	468
1981	4935.8	1545.7	31.3	2269.1	46.0	1121.1	22.7	497
1982	5373.4	1761.7	32.8	2397.7	44.6	1214.0	22.6	533
1983	6020.9	1960.9	32.6	2663.0	44.2	1397.0	23.2	588
1984	7278.5	2295.6	31.5	3124.8	42.9	1858.1	25.5	702
1985	9098.9	2541.7	27.9	3886.5	42.7	2670.7	29.4	866
1986	10376.2	2764.1	26.6	4515.2	43.5	3096.9	29.8	973
1987	12174.6	3204.5	26.3	5274.0	43.3	3696.2	30.4	1123
1988	15180.4	3831.2	25.2	6607.4	43.5	4741.8	31.2	1378
1989	17179.7	4228.2	24.6	7300.9	42.5	5650.6	32.9	1536
1990	18872.9	5017.2	26.6	7744.3	41.0	6111.4	32.4	1663
1991	22005.6	5288.8	24.0	9129.8	41.5	7587.0	34.5	1912
1992	27194.5	5800.3	21.3	11725.3	43.1	9668.9	35.6	2334
1993	35673.2	6887.6	19.3	16473.1	46.2	12312.6	34.5	3027
1994	48637.5	9471.8	19.5	22453.1	46.2	16712.5	34.4	4081
1995	61339.9	12020.5	19.6	28677.5	46.8	20641.9	33.7	5091
1996	71813.6	13878.3	19.3	33828.1	47.1	24107.2	33.6	5898
1997	79715.0	14265.2	17.9	37546.0	47.1	27903.8	35.0	6481
1998	85195.5	14618.7	17.2	39018.5	45.8	31558.3	37.0	6860
1999	90564.4	14549.0	16.1	41080.9	45.4	34934.5	38.6	7229
2000	100280.1	14717.4	14.7	45664.8	45.5	39897.9	39.8	7942
2001	110863.1	15502.5	14.0	49660.7	44.8	45700.0	41.2	8717
2002	121717.4	16190.2	13.3	54105.5	44.5	51421.7	42.2	9506
2003	137422.0	16970.2	12.3	62697.4	45.6	57754.4	42.0	10666
2004	161840.2	20904.3	12.9	74286.9	45.9	66648.9	41.2	12487
2005	187318.9	21806.7	11.6	88084.4	47.0	77427.8	41.3	14368
2006	219438.5	23317.0	10.6	104361.8	47.6	91759.7	41.8	16738
2007	270232.3	27788.0	10.3	126633.6	46.9	115810.7	42.9	20505
2008	319515.5	32753.2	10.3	149956.6	46.9	136805.8	42.8	24121
2009	349081.4	34161.8	9.8	160171.7	45.9	154747.9	44.3	26222
2010	413030.3	39362.6	9.5	191629.8	46.4	182038.0	44.1	30876
2011	489300.6	46163.1	9.4	227038.8	46.4	216098.6	44.2	36403
2012	540367.4	50902.3	9.4	244643.3	45.3	244821.9	45.3	40007
2013	595244.4	55329.1	9.3	261956.1	44.0	277959.3	46.7	43852
2014	643974.0	58343.5	9.1	277571.8	43.1	308058.6	47.8	47203
2015	689052.1	60862.1	8.8	282040.3	40.9	346149.7	50.2	50251
2016	744127.2	63670.7	8.6	296236.0	39.8	384220.5	51.6	53980

注：1.1980年以后国民总收入(原称国民生产总值)与国内生产总值的差额为国外净要素收入。
2.实施研发支出核算方法改革后，对各年度GDP数据进行了系统修订(以下相关表同)。

a) Since 1980, the difference between the Gross Domestic Product and the Gross National Income (formerly, the Gross National Product) is the net factor income from the rest of the world.

b) As methodology of R&D expenditure accounting is reformed, data of GDP of all years are adjusted systematically. The same applies to the relevant tables following.

1-34 国内生产总值指数
Indices of Gross Domestic Product

(上年=100) (preceding year=100)

年 份 Year	国内生产总值 Gross Domestic Product	第一产业 Primary Industry	第二产业 Secondary Industry	第三产业 Tertiary Industry	人均国内生产总值 Per Capita GDP
1978	111.7	104.1	115.0	113.6	110.2
1979	107.6	106.1	108.2	107.8	106.2
1980	107.8	98.5	113.5	106.1	106.5
1981	105.1	107.0	101.9	109.6	103.8
1982	109.0	111.5	105.6	112.7	107.4
1983	110.8	108.3	110.4	114.6	109.2
1984	115.2	112.9	114.4	119.4	113.7
1985	113.4	101.8	118.4	118.1	111.9
1986	108.9	103.3	110.2	112.3	107.3
1987	111.7	104.7	113.6	114.7	109.9
1988	111.2	102.5	114.3	113.2	109.4
1989	104.2	103.1	103.7	105.8	102.6
1990	103.9	107.3	103.2	102.7	102.4
1991	109.3	102.4	113.8	109.2	107.8
1992	114.2	104.7	121.0	112.6	112.8
1993	113.9	104.6	119.7	112.2	112.6
1994	113.0	103.9	118.1	111.4	111.8
1995	111.0	104.9	113.8	110.1	109.8
1996	109.9	105.0	112.1	109.2	108.8
1997	109.2	103.4	110.5	110.4	108.1
1998	107.8	103.4	108.9	108.4	106.8
1999	107.7	102.7	108.2	109.2	106.7
2000	108.5	102.3	109.5	109.8	107.6
2001	108.3	102.6	108.5	110.3	107.6
2002	109.1	102.7	109.9	110.5	108.4
2003	110.0	102.4	112.7	109.5	109.4
2004	110.1	106.1	111.1	110.1	109.5
2005	111.4	105.1	112.1	112.4	110.7
2006	112.7	104.8	113.5	114.1	112.1
2007	114.2	103.5	115.1	116.1	113.6
2008	109.7	105.2	109.8	110.5	109.1
2009	109.4	104.0	110.3	109.6	108.9
2010	110.6	104.3	112.7	109.7	110.1
2011	109.5	104.2	110.7	109.5	109.0
2012	107.9	104.5	108.4	108.0	107.3
2013	107.8	103.8	108.0	108.3	107.2
2014	107.3	104.1	107.4	107.8	106.8
2015	106.9	103.9	106.2	108.2	106.4
2016	106.7	103.3	106.1	107.8	106.1

注：本表按不变价格计算。
Note: Data in this table are calculated at constant prices.

第二部分

Chapter Two

2016 年全国人口变动情况抽样调查数据

Data from 2016 National Sample Survey on Population Changes

2-1 各地区人口数及人口自然变动情况
Total Population and Natural Changes by Region

地 区	Region	出生率 (‰) Birth Rate (‰)	死亡率 (‰) Death Rate (‰)	自然增长率 (‰) Natural Growth Rate (‰)	总人口(年末) (万人) Total Population (year-end) (10000 persons)
全 国	National Total	**12.95**	**7.09**	**5.86**	**138271**
北 京	Beijing	9.32	5.20	4.12	2173
天 津	Tianjin	7.37	5.54	1.83	1562
河 北	Hebei	12.42	6.36	6.06	7470
山 西	Shanxi	10.29	5.52	4.77	3682
内蒙古	Inner Mongolia	9.03	5.69	3.34	2520
辽 宁	Liaoning	6.60	6.78	-0.18	4378
吉 林	Jilin	5.55	5.60	-0.05	2733
黑龙江	Heilongjiang	6.12	6.61	-0.49	3799
上 海	Shanghai	9.00	5.00	4.00	2420
江 苏	Jiangsu	9.76	7.03	2.73	7999
浙 江	Zhejiang	11.22	5.52	5.70	5590
安 徽	Anhui	13.02	5.96	7.06	6196
福 建	Fujian	14.50	6.20	8.30	3874
江 西	Jiangxi	13.45	6.16	7.29	4592
山 东	Shandong	17.89	7.05	10.84	9947
河 南	Henan	13.26	7.11	6.15	9532
湖 北	Hubei	12.04	6.97	5.07	5885
湖 南	Hunan	13.57	7.01	6.56	6822
广 东	Guangdong	11.85	4.41	7.44	10999
广 西	Guangxi	13.82	5.95	7.87	4838
海 南	Hainan	14.57	6.00	8.57	917
重 庆	Chongqing	11.77	7.24	4.53	3048
四 川	Sichuan	10.48	6.99	3.49	8262
贵 州	Guizhou	13.43	6.93	6.50	3555
云 南	Yunnan	13.16	6.55	6.61	4771
西 藏	Tibet	15.79	5.11	10.68	331
陕 西	Shaanxi	10.64	6.23	4.41	3813
甘 肃	Gansu	12.18	6.18	6.00	2610
青 海	Qinghai	14.70	6.18	8.52	593
宁 夏	Ningxia	13.69	4.72	8.97	675
新 疆	Xinjiang	15.34	4.26	11.08	2398

注：1.本表数据根据2016年人口变动情况抽样调查数据推算。
2.全国总人口包括现役军人数，分地区数字中未包括；全国总人口未包括香港、澳门特别行政区和台湾省的人口数据。
3.全国总人口根据2016年人口变动情况抽样误差和调查误差进行了修正，分地区人口未做修正。

Note:a) Data in this table are estimates from the 2016 National Sample Survey on Population Changes.
b) The military personnel were included in the national total population, but were not included in the population by region. The national total population does not include the population of Hong Kong SAR, Macao SAR and Taiwan Province.
c) The national total population were adjusted on the basis of sampling errors and survey errors from the 2016 National Sample Survey on Population Changes. Similar adjustments were not made to regional figures.

2-2 各地区人口的城乡构成
Population by Urban and Rural Residence and Region

单位：万人 (10000 persons)

地　区	Region	总人口（年末）Total Population (year-end)	城镇人口 Urban Population		乡村人口 Rural Population	
			人口数 Population	比重（%）Proportion	人口数 Population	比重（%）Proportion
全　国	National Total	**138271**	**79298**	**57.35**	**58973**	**42.65**
北　京	Beijing	2173	1880	86.50	293	13.50
天　津	Tianjin	1562	1295	82.93	267	17.07
河　北	Hebei	7470	3983	53.32	3487	46.68
山　西	Shanxi	3682	2070	56.21	1612	43.79
内蒙古	Inner Mongolia	2520	1542	61.19	978	38.81
辽　宁	Liaoning	4378	2949	67.37	1429	32.63
吉　林	Jilin	2733	1530	55.97	1203	44.03
黑龙江	Heilongjiang	3799	2249	59.20	1550	40.80
上　海	Shanghai	2420	2127	87.90	293	12.10
江　苏	Jiangsu	7999	5417	67.72	2582	32.28
浙　江	Zhejiang	5590	3745	67.00	1845	33.00
安　徽	Anhui	6196	3221	51.99	2975	48.01
福　建	Fujian	3874	2464	63.60	1410	36.40
江　西	Jiangxi	4592	2438	53.10	2154	46.90
山　东	Shandong	9947	5871	59.02	4076	40.98
河　南	Henan	9532	4623	48.50	4909	51.50
湖　北	Hubei	5885	3419	58.10	2466	41.90
湖　南	Hunan	6822	3599	52.75	3223	47.25
广　东	Guangdong	10999	7611	69.20	3388	30.80
广　西	Guangxi	4838	2326	48.08	2512	51.92
海　南	Hainan	917	521	56.78	396	43.22
重　庆	Chongqing	3048	1908	62.60	1140	37.40
四　川	Sichuan	8262	4066	49.21	4196	50.79
贵　州	Guizhou	3555	1570	44.15	1985	55.85
云　南	Yunnan	4771	2148	45.03	2623	54.97
西　藏	Tibet	331	98	29.56	233	70.44
陕　西	Shaanxi	3813	2110	55.34	1703	44.66
甘　肃	Gansu	2610	1166	44.69	1444	55.31
青　海	Qinghai	593	306	51.63	287	48.37
宁　夏	Ningxia	675	380	56.29	295	43.71
新　疆	Xinjiang	2398	1159	48.35	1239	51.65

注：本表数据根据2016年人口变动情况抽样调查数据推算。
a) Data in the table are estimates from the 2016 National Sample Survey on Population Changes.

2-3 全国分年龄、性别的人口数
Population by Age and Sex

单位：人、% (person,%)

年龄 Age	人口数 Population			占总人口比重 Percentage to Total Population			性别比（女=100） Sex Ratio (Famale=100)
	合计 Total	男 Male	女 Female	合计 Total	男 Male	女 Female	
总计 Total	**1158019**	**593087**	**564932**	**100.00**	**51.22**	**48.78**	**104.98**
0-4	**68447**	**36703**	**31744**	**5.91**	**3.17**	**2.74**	**115.62**
0	12176	6545	5631	1.05	0.57	0.49	116.22
1	12147	6482	5664	1.05	0.56	0.49	114.43
2	14152	7604	6547	1.22	0.66	0.57	116.15
3	14435	7703	6732	1.25	0.67	0.58	114.42
4	15537	8369	7168	1.34	0.72	0.62	116.75
5-9	**63831**	**34666**	**29165**	**5.51**	**2.99**	**2.52**	**118.86**
5	12250	6661	5589	1.06	0.58	0.48	119.18
6	12901	6916	5986	1.11	0.60	0.52	115.53
7	13284	7254	6029	1.15	0.63	0.52	120.31
8	12965	7067	5899	1.12	0.61	0.51	119.80
9	12431	6769	5661	1.07	0.58	0.49	119.57
10-14	**60420**	**32773**	**27647**	**5.22**	**2.83**	**2.39**	**118.54**
10	12934	7000	5934	1.12	0.60	0.51	117.96
11	12543	6853	5690	1.08	0.59	0.49	120.44
12	12418	6731	5687	1.07	0.58	0.49	118.37
13	11089	5972	5118	0.96	0.52	0.44	116.69
14	11436	6217	5219	0.99	0.54	0.45	119.13
15-19	**61562**	**33199**	**28363**	**5.32**	**2.87**	**2.45**	**117.05**
15	12592	6871	5721	1.09	0.59	0.49	120.10
16	12688	6717	5971	1.10	0.58	0.52	112.50
17	11599	6298	5301	1.00	0.54	0.46	118.79
18	12409	6812	5597	1.07	0.59	0.48	121.72
19	12275	6501	5773	1.06	0.56	0.50	112.62
20-24	**79102**	**41366**	**37736**	**6.83**	**3.57**	**3.26**	**109.62**
20	14469	7432	7037	1.25	0.64	0.61	105.60
21	15600	8103	7497	1.35	0.70	0.65	108.07
22	15184	8107	7077	1.31	0.70	0.61	114.55
23	16323	8503	7821	1.41	0.73	0.68	108.72
24	17526	9222	8304	1.51	0.80	0.72	111.06
25-29	**106663**	**54225**	**52439**	**9.21**	**4.68**	**4.53**	**103.41**
25	17425	8920	8506	1.50	0.77	0.73	104.87
26	22792	11606	11186	1.97	1.00	0.97	103.76
27	22285	11333	10952	1.92	0.98	0.95	103.48
28	21155	10706	10449	1.83	0.92	0.90	102.46
29	23005	11659	11346	1.99	1.01	0.98	102.76

注：由于各地区数据采用加权汇总的方法，全国人口变动情况抽样调查样本数据合计与各分项相加略有误差(以下表同)。
Note: Because data by region are calculated by the method of weighted sum, total data of the national sample survey on population changes is not equal to the sum of each item. The same applies to the tables following.

2-3 续表 1 continued

单位：人、% (person,%)

年龄 Age	人口数 Population			占总人口比重 Percentage to Total Population			性别比 (女=100)
	合计 Total	男 Male	女 Female	合计 Total	男 Male	女 Female	Sex Ratio (Famale=100)
30-34	**87573**	**44070**	**43503**	**7.56**	**3.81**	**3.76**	**101.30**
30	19238	9557	9681	1.66	0.83	0.84	98.72
31	16747	8348	8399	1.45	0.72	0.73	99.39
32	16360	8273	8087	1.41	0.71	0.70	102.30
33	16261	8288	7974	1.40	0.72	0.69	103.94
34	18967	9604	9363	1.64	0.83	0.81	102.58
35-39	**80485**	**40992**	**39492**	**6.95**	**3.54**	**3.41**	**103.80**
35	16305	8330	7975	1.41	0.72	0.69	104.45
36	15507	7928	7579	1.34	0.68	0.65	104.60
37	16796	8541	8255	1.45	0.74	0.71	103.46
38	16615	8399	8216	1.43	0.73	0.71	102.24
39	15262	7794	7467	1.32	0.67	0.64	104.38
40-44	**94730**	**48342**	**46388**	**8.18**	**4.17**	**4.01**	**104.21**
40	17138	8816	8322	1.48	0.76	0.72	105.95
41	17921	9247	8674	1.55	0.80	0.75	106.60
42	18917	9584	9333	1.63	0.83	0.81	102.68
43	20063	10206	9857	1.73	0.88	0.85	103.54
44	20691	10489	10202	1.79	0.91	0.88	102.82
45-49	**104623**	**53194**	**51429**	**9.03**	**4.59**	**4.44**	**103.43**
45	20820	10709	10111	1.80	0.92	0.87	105.92
46	22281	11348	10933	1.92	0.98	0.94	103.80
47	20757	10549	10208	1.79	0.91	0.88	103.35
48	22619	11434	11185	1.95	0.99	0.97	102.22
49	18145	9153	8992	1.57	0.79	0.78	101.79
50-54	**97608**	**49491**	**48116**	**8.43**	**4.27**	**4.16**	**102.86**
50	19623	9951	9672	1.69	0.86	0.84	102.88
51	19909	9971	9938	1.72	0.86	0.86	100.33
52	19395	9751	9643	1.67	0.84	0.83	101.12
53	22319	11502	10817	1.93	0.99	0.93	106.33
54	16362	8316	8045	1.41	0.72	0.69	103.37
55-59	**59638**	**30264**	**29374**	**5.15**	**2.61**	**2.54**	**103.03**
55	9106	4490	4616	0.79	0.39	0.40	97.28
56	11346	5777	5569	0.98	0.50	0.48	103.73
57	10565	5420	5144	0.91	0.47	0.44	105.37
58	13637	6958	6680	1.18	0.60	0.58	104.16
59	14984	7619	7365	1.29	0.66	0.64	103.44
60-64	**67696**	**33810**	**33887**	**5.85**	**2.92**	**2.93**	**99.77**
60	13587	6708	6879	1.17	0.58	0.59	97.52
61	14348	7218	7130	1.24	0.62	0.62	101.22
62	14177	7038	7139	1.22	0.61	0.62	98.58
63	12782	6374	6408	1.10	0.55	0.55	99.48
64	12802	6472	6330	1.11	0.56	0.55	102.23

2-3 续表 2 continued

单位：人、%　　(person,%)

年 龄 Age	人口数 Population			占总人口比重 Percentage to Total Population			性别比 (女=100)
	合计 Total	男 Male	女 Female	合计 Total	男 Male	女 Female	Sex Ratio (Famale=100)
65-69	**48454**	**23878**	**24576**	**4.18**	**2.06**	**2.12**	**97.16**
65	10824	5263	5561	0.93	0.45	0.48	94.65
66	10637	5167	5470	0.92	0.45	0.47	94.45
67	10181	5185	4997	0.88	0.45	0.43	103.76
68	8599	4217	4382	0.74	0.36	0.38	96.24
69	8213	4047	4167	0.71	0.35	0.36	97.12
70-74	**31677**	**15545**	**16132**	**2.74**	**1.34**	**1.39**	**96.36**
70	7546	3730	3816	0.65	0.32	0.33	97.74
71	6684	3248	3435	0.58	0.28	0.30	94.56
72	6280	3096	3184	0.54	0.27	0.27	97.22
73	5819	2797	3022	0.50	0.24	0.26	92.58
74	5349	2674	2675	0.46	0.23	0.23	99.96
75-79	**22449**	**10744**	**11705**	**1.94**	**0.93**	**1.01**	**91.79**
75	5344	2532	2812	0.46	0.22	0.24	90.04
76	4988	2403	2585	0.43	0.21	0.22	92.99
77	3989	1894	2095	0.34	0.16	0.18	90.42
78	4319	2062	2256	0.37	0.18	0.19	91.41
79	3809	1852	1957	0.33	0.16	0.17	94.63
80-84	**14331**	**6446**	**7884**	**1.24**	**0.56**	**0.68**	**81.76**
80	3630	1669	1962	0.31	0.14	0.17	85.06
81	3096	1390	1707	0.27	0.12	0.15	81.43
82	2882	1278	1604	0.25	0.11	0.14	79.64
83	2602	1165	1437	0.22	0.10	0.12	81.07
84	2121	946	1175	0.18	0.08	0.10	80.48
85-89	**6416**	**2613**	**3803**	**0.55**	**0.23**	**0.33**	**68.73**
85	1735	726	1010	0.15	0.06	0.09	71.86
86	1681	718	963	0.15	0.06	0.08	74.57
87	1132	458	674	0.10	0.04	0.06	67.90
88	1045	385	661	0.09	0.03	0.06	58.22
89	823	328	495	0.07	0.03	0.04	66.12
90-94	**1902**	**630**	**1271**	**0.16**	**0.05**	**0.11**	**49.58**
90	585	222	363	0.05	0.02	0.03	61.07
91	453	143	310	0.04	0.01	0.03	46.24
92	370	125	245	0.03	0.01	0.02	51.16
93	280	73	207	0.02	0.01	0.02	35.14
94	214	67	147	0.02	0.01	0.01	45.96
95+	**413**	**134**	**279**	**0.04**	**0.01**	**0.02**	**48.25**

2-4 全国城市分年龄、性别的人口数
City Population by Age and Sex

单位：人、%　　(person,%)

年 龄 Age	人口数 Population			占总人口比重 Percentage to Total Population			性别比（女=100）Sex Ratio (Famale=100)
	合计 Total	男 Male	女 Female	合计 Total	男 Male	女 Female	
总计 Total	**398745**	**203807**	**194938**	**100.00**	**51.11**	**48.89**	**104.55**
0-4	**21585**	**11469**	**10116**	**5.41**	**2.88**	**2.54**	**113.38**
0	3857	2038	1819	0.97	0.51	0.46	112.07
1	3893	2074	1819	0.98	0.52	0.46	114.05
2	4590	2409	2181	1.15	0.60	0.55	110.47
3	4375	2319	2056	1.10	0.58	0.52	112.82
4	4871	2629	2242	1.22	0.66	0.56	117.26
5-9	**15793**	**8460**	**7333**	**3.96**	**2.12**	**1.84**	**115.36**
5	3094	1625	1468	0.78	0.41	0.37	110.70
6	3128	1680	1448	0.78	0.42	0.36	115.97
7	3238	1764	1474	0.81	0.44	0.37	119.65
8	3276	1752	1523	0.82	0.44	0.38	115.01
9	3057	1638	1419	0.77	0.41	0.36	115.49
10-14	**14813**	**7948**	**6864**	**3.71**	**1.99**	**1.72**	**115.80**
10	3075	1672	1403	0.77	0.42	0.35	119.18
11	3138	1663	1476	0.79	0.42	0.37	112.67
12	3013	1630	1383	0.76	0.41	0.35	117.81
13	2624	1409	1215	0.66	0.35	0.30	115.98
14	2963	1575	1387	0.74	0.39	0.35	113.54
15-19	**17941**	**9442**	**8499**	**4.50**	**2.37**	**2.13**	**111.09**
15	3374	1768	1606	0.85	0.44	0.40	110.06
16	3670	1872	1797	0.92	0.47	0.45	104.18
17	3248	1796	1451	0.81	0.45	0.36	123.78
18	3601	1945	1657	0.90	0.49	0.42	117.39
19	4048	2060	1988	1.02	0.52	0.50	103.66
20-24	**31235**	**16427**	**14808**	**7.83**	**4.12**	**3.71**	**110.94**
20	5627	2822	2805	1.41	0.71	0.70	100.62
21	6139	3102	3037	1.54	0.78	0.76	102.14
22	6240	3436	2804	1.56	0.86	0.70	122.56
23	6530	3454	3076	1.64	0.87	0.77	112.27
24	6700	3613	3086	1.68	0.91	0.77	117.09
25-29	**44359**	**22780**	**21578**	**11.12**	**5.71**	**5.41**	**105.57**
25	6982	3613	3368	1.75	0.91	0.84	107.26
26	9070	4669	4401	2.27	1.17	1.10	106.08
27	9103	4717	4386	2.28	1.18	1.10	107.56
28	9115	4628	4487	2.29	1.16	1.13	103.14
29	10090	5154	4936	2.53	1.29	1.24	104.41

2-4 续表 1 continued

单位：人、% (person,%)

年 龄 Age	人口数 Population			占总人口比重 Percentage to Total Population			性别比 (女=100)
	合计 Total	男 Male	女 Female	合计 Total	男 Male	女 Female	Sex Ratio (Famale=100)
30-34	**36785**	**18484**	**18301**	**9.23**	**4.64**	**4.59**	**101.00**
30	7801	3847	3954	1.96	0.96	0.99	97.29
31	6861	3404	3457	1.72	0.85	0.87	98.47
32	6803	3434	3370	1.71	0.86	0.85	101.90
33	7031	3585	3445	1.76	0.90	0.86	104.06
34	8290	4214	4075	2.08	1.06	1.02	103.41
35-39	**33329**	**16948**	**16381**	**8.36**	**4.25**	**4.11**	**103.46**
35	6880	3495	3385	1.73	0.88	0.85	103.25
36	6446	3343	3103	1.62	0.84	0.78	107.76
37	7038	3568	3470	1.77	0.89	0.87	102.84
38	6820	3398	3422	1.71	0.85	0.86	99.31
39	6144	3143	3002	1.54	0.79	0.75	104.71
40-44	**35848**	**18353**	**17495**	**8.99**	**4.60**	**4.39**	**104.90**
40	6851	3476	3375	1.72	0.87	0.85	103.01
41	6941	3619	3322	1.74	0.91	0.83	108.96
42	7059	3560	3499	1.77	0.89	0.88	101.72
43	7457	3811	3646	1.87	0.96	0.91	104.53
44	7539	3886	3653	1.89	0.97	0.92	106.38
45-49	**35640**	**18339**	**17301**	**8.94**	**4.60**	**4.34**	**106.00**
45	7523	3878	3645	1.89	0.97	0.91	106.40
46	7965	4141	3823	2.00	1.04	0.96	108.31
47	7171	3651	3520	1.80	0.92	0.88	103.73
48	7398	3794	3604	1.86	0.95	0.90	105.29
49	5584	2875	2709	1.40	0.72	0.68	106.12
50-54	**32052**	**16476**	**15577**	**8.04**	**4.13**	**3.91**	**105.77**
50	5990	3039	2951	1.50	0.76	0.74	102.97
51	6405	3318	3087	1.61	0.83	0.77	107.48
52	6477	3275	3202	1.62	0.82	0.80	102.29
53	7780	4023	3757	1.95	1.01	0.94	107.08
54	5400	2820	2579	1.35	0.71	0.65	109.34
55-59	**20086**	**10167**	**9919**	**5.04**	**2.55**	**2.49**	**102.50**
55	3012	1513	1499	0.76	0.38	0.38	100.92
56	4041	2094	1947	1.01	0.53	0.49	107.58
57	3615	1835	1780	0.91	0.46	0.45	103.09
58	4610	2347	2263	1.16	0.59	0.57	103.70
59	4809	2379	2431	1.21	0.60	0.61	97.86
60-64	**21027**	**10384**	**10643**	**5.27**	**2.60**	**2.67**	**97.57**
60	4251	2058	2193	1.07	0.52	0.55	93.83
61	4520	2286	2233	1.13	0.57	0.56	102.37
62	4407	2145	2262	1.11	0.54	0.57	94.83
63	4018	1981	2037	1.01	0.50	0.51	97.24
64	3832	1915	1918	0.96	0.48	0.48	99.83

2-4 续表 2 continued

单位：人、% (person,%)

年 龄 Age	人口数 Population 合计 Total	男 Male	女 Female	占总人口比重 Percentage to Total Population 合计 Total	男 Male	女 Female	性别比 (女=100) Sex Ratio (Famale=100)
65-69	**14507**	**6994**	**7513**	**3.64**	**1.75**	**1.88**	**93.09**
65	3334	1613	1721	0.84	0.40	0.43	93.74
66	3286	1571	1715	0.82	0.39	0.43	91.64
67	3020	1461	1560	0.76	0.37	0.39	93.66
68	2503	1237	1266	0.63	0.31	0.32	97.66
69	2364	1112	1252	0.59	0.28	0.31	88.83
70-74	**9316**	**4482**	**4834**	**2.34**	**1.12**	**1.21**	**92.71**
70	2228	1085	1143	0.56	0.27	0.29	94.97
71	1964	924	1040	0.49	0.23	0.26	88.82
72	1796	853	942	0.45	0.21	0.24	90.56
73	1702	823	878	0.43	0.21	0.22	93.72
74	1627	796	831	0.41	0.20	0.21	95.85
75-79	**7065**	**3327**	**3738**	**1.77**	**0.83**	**0.94**	**88.99**
75	1645	742	903	0.41	0.19	0.23	82.17
76	1545	750	796	0.39	0.19	0.20	94.23
77	1285	594	692	0.32	0.15	0.17	85.80
78	1395	631	764	0.35	0.16	0.19	82.53
79	1194	611	584	0.30	0.15	0.15	104.63
80-84	**4638**	**2147**	**2491**	**1.16**	**0.54**	**0.62**	**86.22**
80	1194	572	622	0.30	0.14	0.16	92.00
81	1016	459	557	0.25	0.12	0.14	82.44
82	884	396	487	0.22	0.10	0.12	81.40
83	869	400	469	0.22	0.10	0.12	85.26
84	675	320	356	0.17	0.08	0.09	89.86
85-89	**1997**	**905**	**1092**	**0.50**	**0.23**	**0.27**	**82.87**
85	540	252	288	0.14	0.06	0.07	87.39
86	541	252	288	0.14	0.06	0.07	87.47
87	345	150	195	0.09	0.04	0.05	76.77
88	332	141	190	0.08	0.04	0.05	74.15
89	240	110	130	0.06	0.03	0.03	84.53
90-94	**588**	**220**	**367**	**0.15**	**0.06**	**0.09**	**60.04**
90	182	73	109	0.05	0.02	0.03	67.19
91	152	55	97	0.04	0.01	0.02	56.42
92	116	46	70	0.03	0.01	0.02	65.80
93	79	25	54	0.02	0.01	0.01	47.13
94	59	21	38	0.01	0.01	0.01	56.40
95+	**141**	**54**	**87**	**0.04**	**0.01**	**0.02**	**62.15**

2-5 全国镇分年龄、性别的人口数
Town Population by Age and Sex

单位：人、% (person,%)

年 龄 Age	人口数 Population			占总人口比重 Percentage to Total Population			性别比 (女=100) Sex Ratio (Famale=100)
	合计 Total	男 Male	女 Female	合计 Total	男 Male	女 Female	
总计 Total	**265367**	**136227**	**129139**	**100.00**	**51.34**	**48.66**	**105.49**
0-4	**16945**	**9092**	**7853**	**6.39**	**3.43**	**2.96**	**115.78**
0	2928	1616	1312	1.10	0.61	0.49	123.21
1	2987	1605	1381	1.13	0.60	0.52	116.22
2	3513	1894	1619	1.32	0.71	0.61	117.00
3	3590	1875	1715	1.35	0.71	0.65	109.34
4	3928	2102	1826	1.48	0.79	0.69	115.08
5-9	**14350**	**7832**	**6519**	**5.41**	**2.95**	**2.46**	**120.14**
5	2717	1506	1211	1.02	0.57	0.46	124.41
6	2897	1559	1338	1.09	0.59	0.50	116.50
7	2993	1667	1326	1.13	0.63	0.50	125.71
8	2914	1578	1337	1.10	0.59	0.50	118.03
9	2829	1522	1307	1.07	0.57	0.49	116.41
10-14	**13996**	**7689**	**6307**	**5.27**	**2.90**	**2.38**	**121.91**
10	3082	1661	1421	1.16	0.63	0.54	116.90
11	2902	1653	1249	1.09	0.62	0.47	132.37
12	2832	1535	1297	1.07	0.58	0.49	118.39
13	2544	1387	1157	0.96	0.52	0.44	119.86
14	2637	1453	1184	0.99	0.55	0.45	122.71
15-19	**14412**	**8005**	**6407**	**5.43**	**3.02**	**2.41**	**124.93**
15	3025	1668	1357	1.14	0.63	0.51	122.99
16	3005	1662	1343	1.13	0.63	0.51	123.73
17	2821	1549	1272	1.06	0.58	0.48	121.73
18	2951	1701	1250	1.11	0.64	0.47	136.03
19	2610	1425	1185	0.98	0.54	0.45	120.21
20-24	**18594**	**9403**	**9191**	**7.01**	**3.54**	**3.46**	**102.31**
20	3475	1680	1795	1.31	0.63	0.68	93.59
21	3726	1862	1865	1.40	0.70	0.70	99.84
22	3437	1743	1694	1.30	0.66	0.64	102.91
23	3722	1918	1804	1.40	0.72	0.68	106.32
24	4234	2201	2033	1.60	0.83	0.77	108.23
25-29	**26270**	**13423**	**12847**	**9.90**	**5.06**	**4.84**	**104.48**
25	4142	2154	1988	1.56	0.81	0.75	108.35
26	5653	2911	2742	2.13	1.10	1.03	106.17
27	5632	2855	2776	2.12	1.08	1.05	102.84
28	5116	2607	2509	1.93	0.98	0.95	103.91
29	5727	2896	2832	2.16	1.09	1.07	102.25

2-5 续表 1 continued

单位：人、% (person,%)

年 龄 Age	人口数 Population			占总人口比重 Percentage to Total Population			性别比 (女=100) Sex Ratio (Famale=100)
	合计 Total	男 Male	女 Female	合计 Total	男 Male	女 Female	
30-34	**19449**	**9856**	**9593**	**7.33**	**3.71**	**3.61**	**102.74**
30	4274	2165	2109	1.61	0.82	0.79	102.67
31	3793	1903	1890	1.43	0.72	0.71	100.67
32	3629	1843	1786	1.37	0.69	0.67	103.22
33	3540	1762	1778	1.33	0.66	0.67	99.10
34	4213	2183	2031	1.59	0.82	0.77	107.50
35-39	**18699**	**9440**	**9259**	**7.05**	**3.56**	**3.49**	**101.95**
35	3684	1877	1807	1.39	0.71	0.68	103.91
36	3431	1690	1741	1.29	0.64	0.66	97.04
37	3929	1978	1951	1.48	0.75	0.74	101.35
38	3991	2041	1950	1.50	0.77	0.73	104.69
39	3664	1854	1810	1.38	0.70	0.68	102.42
40-44	**22844**	**11666**	**11178**	**8.61**	**4.40**	**4.21**	**104.36**
40	4137	2159	1978	1.56	0.81	0.75	109.16
41	4447	2245	2202	1.68	0.85	0.83	101.98
42	4555	2294	2260	1.72	0.86	0.85	101.49
43	4798	2480	2318	1.81	0.93	0.87	107.03
44	4907	2487	2420	1.85	0.94	0.91	102.74
45-49	**25186**	**12831**	**12355**	**9.49**	**4.84**	**4.66**	**103.85**
45	5050	2637	2413	1.90	0.99	0.91	109.26
46	5327	2751	2576	2.01	1.04	0.97	106.78
47	4997	2483	2514	1.88	0.94	0.95	98.77
48	5491	2784	2707	2.07	1.05	1.02	102.84
49	4320	2176	2144	1.63	0.82	0.81	101.49
50-54	**22454**	**11447**	**11007**	**8.46**	**4.31**	**4.15**	**104.00**
50	4642	2361	2281	1.75	0.89	0.86	103.49
51	4692	2322	2371	1.77	0.88	0.89	97.93
52	4475	2320	2155	1.69	0.87	0.81	107.65
53	5008	2559	2449	1.89	0.96	0.92	104.51
54	3636	1885	1751	1.37	0.71	0.66	107.66
55-59	**12683**	**6485**	**6198**	**4.78**	**2.44**	**2.34**	**104.63**
55	1924	947	978	0.73	0.36	0.37	96.86
56	2364	1195	1169	0.89	0.45	0.44	102.28
57	2279	1185	1094	0.86	0.45	0.41	108.28
58	2900	1480	1420	1.09	0.56	0.54	104.29
59	3215	1677	1538	1.21	0.63	0.58	109.08
60-64	**13991**	**6914**	**7076**	**5.27**	**2.61**	**2.67**	**97.71**
60	2804	1412	1392	1.06	0.53	0.52	101.48
61	3031	1486	1546	1.14	0.56	0.58	96.11
62	2919	1398	1521	1.10	0.53	0.57	91.93
63	2600	1298	1302	0.98	0.49	0.49	99.72
64	2636	1320	1316	0.99	0.50	0.50	100.30

2-5 续表 2 continued

单位：人、% (person,%)

年龄 Age	人口数 Population 合计 Total	男 Male	女 Female	占总人口比重 Percentage to Total Population 合计 Total	男 Male	女 Female	性别比 (女=100) Sex Ratio (Famale=100)
65-69	**10092**	**5005**	**5087**	**3.80**	**1.89**	**1.92**	**98.38**
65	2301	1131	1170	0.87	0.43	0.44	96.69
66	2205	1080	1124	0.83	0.41	0.42	96.06
67	2137	1116	1021	0.81	0.42	0.38	109.34
68	1707	799	909	0.64	0.30	0.34	87.92
69	1742	879	864	0.66	0.33	0.33	101.75
70-74	**6589**	**3192**	**3397**	**2.48**	**1.20**	**1.28**	**93.99**
70	1538	729	809	0.58	0.27	0.30	90.10
71	1378	678	700	0.52	0.26	0.26	96.75
72	1318	667	651	0.50	0.25	0.25	102.53
73	1213	580	633	0.46	0.22	0.24	91.61
74	1141	538	603	0.43	0.20	0.23	89.28
75-79	**4383**	**2101**	**2282**	**1.65**	**0.79**	**0.86**	**92.03**
75	1021	509	513	0.38	0.19	0.19	99.22
76	998	490	508	0.38	0.18	0.19	96.44
77	749	355	394	0.28	0.13	0.15	90.03
78	835	382	453	0.31	0.14	0.17	84.22
79	780	365	414	0.29	0.14	0.16	88.15
80-84	**2766**	**1210**	**1556**	**1.04**	**0.46**	**0.59**	**77.75**
80	684	302	382	0.26	0.11	0.14	79.02
81	593	260	334	0.22	0.10	0.13	77.82
82	577	251	325	0.22	0.09	0.12	77.25
83	482	217	265	0.18	0.08	0.10	82.09
84	429	179	250	0.16	0.07	0.09	71.76
85-89	**1218**	**504**	**714**	**0.46**	**0.19**	**0.27**	**70.61**
85	358	158	200	0.13	0.06	0.08	78.93
86	299	124	175	0.11	0.05	0.07	70.50
87	213	87	126	0.08	0.03	0.05	69.63
88	186	66	120	0.07	0.02	0.05	55.59
89	163	69	94	0.06	0.03	0.04	73.58
90-94	**364**	**108**	**256**	**0.14**	**0.04**	**0.10**	**42.01**
90	101	27	75	0.04	0.01	0.03	35.73
91	86	23	62	0.03	0.01	0.02	37.52
92	75	26	48	0.03	0.01	0.02	54.13
93	58	13	45	0.02	0.00	0.02	29.48
94	44	18	26	0.02	0.01	0.01	70.10
95+	**80**	**25**	**56**	**0.03**	**0.01**	**0.02**	**44.22**

2-6 全国乡村分年龄、性别的人口数
Rural Population by Age and Sex

单位：人、% (person,%)

年龄 Age	人口数 Population			占总人口比重 Percentage to Total Population			性别比 (女=100) Sex Ratio (Famale=100)
	合计 Total	男 Male	女 Female	合计 Total	男 Male	女 Female	
总计 Total	**493907**	**253052**	**240855**	**100.00**	**51.23**	**48.77**	**105.06**
0-4	**29916**	**16141**	**13775**	**6.06**	**3.27**	**2.79**	**117.18**
0	5392	2890	2501	1.09	0.59	0.51	115.57
1	5267	2803	2465	1.07	0.57	0.50	113.72
2	6049	3301	2748	1.22	0.67	0.56	120.14
3	6469	3508	2961	1.31	0.71	0.60	118.47
4	6739	3638	3100	1.36	0.74	0.63	117.36
5-9	**33688**	**18375**	**15313**	**6.82**	**3.72**	**3.10**	**120.00**
5	6439	3529	2910	1.30	0.71	0.59	121.28
6	6876	3677	3199	1.39	0.74	0.65	114.93
7	7052	3823	3229	1.43	0.77	0.65	118.39
8	6776	3737	3039	1.37	0.76	0.62	122.97
9	6545	3609	2936	1.33	0.73	0.59	122.94
10-14	**31611**	**17136**	**14476**	**6.40**	**3.47**	**2.93**	**118.38**
10	6777	3667	3110	1.37	0.74	0.63	117.89
11	6503	3538	2966	1.32	0.72	0.60	119.29
12	6572	3566	3006	1.33	0.72	0.61	118.62
13	5922	3176	2746	1.20	0.64	0.56	115.66
14	5837	3189	2647	1.18	0.65	0.54	120.46
15-19	**29209**	**15752**	**13456**	**5.91**	**3.19**	**2.72**	**117.06**
15	6193	3434	2758	1.25	0.70	0.56	124.51
16	6013	3183	2830	1.22	0.64	0.57	112.45
17	5530	2952	2578	1.12	0.60	0.52	114.54
18	5856	3166	2690	1.19	0.64	0.54	117.73
19	5617	3016	2600	1.14	0.61	0.53	116.00
20-24	**29273**	**15535**	**13738**	**5.93**	**3.15**	**2.78**	**113.09**
20	5367	2930	2438	1.09	0.59	0.49	120.19
21	5735	3139	2596	1.16	0.64	0.53	120.93
22	5507	2928	2580	1.12	0.59	0.52	113.50
23	6071	3131	2941	1.23	0.63	0.60	106.46
24	6592	3408	3184	1.33	0.69	0.64	107.03
25-29	**36035**	**18021**	**18014**	**7.30**	**3.65**	**3.65**	**100.04**
25	6302	3153	3149	1.28	0.64	0.64	100.11
26	8070	4027	4043	1.63	0.82	0.82	99.60
27	7551	3761	3790	1.53	0.76	0.77	99.22
28	6924	3471	3453	1.40	0.70	0.70	100.51
29	7188	3610	3578	1.46	0.73	0.72	100.90

2-6 续表 1 continued

单位：人、% (person,%)

年 龄 Age	人口数 Population			占总人口比重 Percentage to Total Population			性别比 (女=100) Sex Ratio (Famale=100)
	合计 Total	男 Male	女 Female	合计 Total	男 Male	女 Female	
30-34	**31339**	**15730**	**15609**	**6.35**	**3.18**	**3.16**	**100.77**
30	7164	3545	3618	1.45	0.72	0.73	97.98
31	6093	3041	3052	1.23	0.62	0.62	99.64
32	5927	2996	2931	1.20	0.61	0.59	102.21
33	5691	2940	2750	1.15	0.60	0.56	106.91
34	6463	3207	3257	1.31	0.65	0.66	98.46
35-39	**28456**	**14604**	**13852**	**5.76**	**2.96**	**2.80**	**105.43**
35	5741	2957	2783	1.16	0.60	0.56	106.26
36	5629	2895	2735	1.14	0.59	0.55	105.84
37	5828	2994	2834	1.18	0.61	0.57	105.67
38	5804	2960	2844	1.18	0.60	0.58	104.08
39	5454	2798	2656	1.10	0.57	0.54	105.35
40-44	**36038**	**18324**	**17714**	**7.30**	**3.71**	**3.59**	**103.44**
40	6150	3181	2969	1.25	0.64	0.60	107.15
41	6533	3382	3151	1.32	0.68	0.64	107.35
42	7303	3730	3573	1.48	0.76	0.72	104.38
43	7808	3914	3893	1.58	0.79	0.79	100.55
44	8244	4116	4128	1.67	0.83	0.84	99.71
45-49	**43797**	**22024**	**21773**	**8.87**	**4.46**	**4.41**	**101.15**
45	8246	4194	4052	1.67	0.85	0.82	103.50
46	8990	4457	4533	1.82	0.90	0.92	98.31
47	8590	4415	4174	1.74	0.89	0.85	105.77
48	9730	4856	4875	1.97	0.98	0.99	99.61
49	8241	4102	4139	1.67	0.83	0.84	99.12
50-54	**43101**	**21569**	**21532**	**8.73**	**4.37**	**4.36**	**100.17**
50	8990	4551	4440	1.82	0.92	0.90	102.51
51	8812	4332	4480	1.78	0.88	0.91	96.68
52	8442	4156	4286	1.71	0.84	0.87	96.96
53	9531	4919	4612	1.93	1.00	0.93	106.67
54	7326	3611	3715	1.48	0.73	0.75	97.20
55-59	**26869**	**13612**	**13257**	**5.44**	**2.76**	**2.68**	**102.68**
55	4170	2031	2139	0.84	0.41	0.43	94.93
56	4941	2487	2454	1.00	0.50	0.50	101.36
57	4670	2400	2270	0.95	0.49	0.46	105.76
58	6128	3130	2997	1.24	0.63	0.61	104.45
59	6960	3563	3397	1.41	0.72	0.69	104.88
60-64	**32678**	**16511**	**16167**	**6.62**	**3.34**	**3.27**	**102.13**
60	6533	3238	3294	1.32	0.66	0.67	98.30
61	6797	3446	3351	1.38	0.70	0.68	102.82
62	6851	3494	3356	1.39	0.71	0.68	104.12
63	6165	3096	3069	1.25	0.63	0.62	100.86
64	6333	3237	3096	1.28	0.66	0.63	104.53

2-6 续表 2 continued

单位：人、% (person,%)

年 龄 Age	人口数 Population			占总人口比重 Percentage to Total Population			性别比 (女=100) Sex Ratio (Famale=100)
	合计 Total	男 Male	女 Female	合计 Total	男 Male	女 Female	
65-69	**23855**	**11879**	**11976**	**4.83**	**2.41**	**2.42**	**99.19**
65	5189	2519	2670	1.05	0.51	0.54	94.34
66	5146	2515	2631	1.04	0.51	0.53	95.60
67	5025	2608	2417	1.02	0.53	0.49	107.92
68	4389	2182	2207	0.89	0.44	0.45	98.85
69	4107	2056	2051	0.83	0.42	0.42	100.22
70-74	**15772**	**7871**	**7901**	**3.19**	**1.59**	**1.60**	**99.62**
70	3780	1916	1864	0.77	0.39	0.38	102.75
71	3342	1647	1695	0.68	0.33	0.34	97.18
72	3166	1575	1591	0.64	0.32	0.32	98.98
73	2904	1394	1510	0.59	0.28	0.31	92.33
74	2580	1339	1241	0.52	0.27	0.25	107.91
75-79	**11001**	**5317**	**5684**	**2.23**	**1.08**	**1.15**	**93.54**
75	2678	1281	1396	0.54	0.26	0.28	91.77
76	2444	1164	1281	0.49	0.24	0.26	90.85
77	1955	946	1009	0.40	0.19	0.20	93.73
78	2088	1050	1039	0.42	0.21	0.21	101.09
79	1835	876	959	0.37	0.18	0.19	91.35
80-84	**6927**	**3089**	**3838**	**1.40**	**0.63**	**0.78**	**80.50**
80	1752	794	958	0.35	0.16	0.19	82.96
81	1487	671	816	0.30	0.14	0.17	82.21
82	1422	630	792	0.29	0.13	0.16	79.55
83	1250	547	703	0.25	0.11	0.14	77.88
84	1016	447	570	0.21	0.09	0.12	78.45
85-89	**3201**	**1204**	**1996**	**0.65**	**0.24**	**0.40**	**60.32**
85	838	316	522	0.17	0.06	0.11	60.58
86	841	342	499	0.17	0.07	0.10	68.54
87	574	221	354	0.12	0.04	0.07	62.39
88	527	177	351	0.11	0.04	0.07	50.47
89	420	149	272	0.09	0.03	0.06	54.73
90-94	**950**	**302**	**648**	**0.19**	**0.06**	**0.13**	**46.65**
90	301	122	179	0.06	0.02	0.04	67.92
91	215	65	150	0.04	0.01	0.03	43.31
92	180	53	127	0.04	0.01	0.03	41.94
93	143	34	109	0.03	0.01	0.02	31.56
94	111	28	83	0.02	0.01	0.02	33.64
95+	**191**	**56**	**136**	**0.04**	**0.01**	**0.03**	**40.97**

2-7 各地区人口年龄构成和抚养比
Age Composition and Dependency Ratio of Population by Region

地 区	Region	人口数 (人) Population (person)	0-14岁 Aged 0-14	15-64岁 Aged 15-64	65岁及以上 Aged 65 and Over	总抚养比 (%) Gross Dependency Ratio (%)	少儿抚养比 Children Dependency Ratio	老年抚养比 Old Dependency Ratio
全 国	**National Total**	**1158019**	**192698**	**839679**	**125642**	**37.91**	**22.95**	**14.96**
北 京	Beijing	18132	1973	14031	2129	29.23	14.06	15.17
天 津	Tianjin	13046	1421	10142	1482	28.63	14.01	14.62
河 北	Hebei	62750	11584	44321	6845	41.58	26.14	15.44
山 西	Shanxi	30910	4747	23475	2688	31.67	20.22	11.45
内蒙古	Inner Mongolia	21136	2705	16436	1995	28.60	16.46	12.14
辽 宁	Liaoning	36668	3900	27919	4849	31.34	13.97	17.37
吉 林	Jilin	22945	2903	17552	2490	30.72	16.54	14.19
黑龙江	Heilongjiang	31874	3204	24865	3805	28.19	12.89	15.30
上 海	Shanghai	20188	1953	15618	2617	29.26	12.50	16.76
江 苏	Jiangsu	66998	9199	48750	9048	37.43	18.87	18.56
浙 江	Zhejiang	46831	6063	35319	5449	32.59	17.17	15.43
安 徽	Anhui	52056	9128	36958	5969	40.85	24.70	16.15
福 建	Fujian	32474	5940	23303	3231	39.36	25.49	13.87
江 西	Jiangxi	38576	8187	26687	3702	44.55	30.68	13.87
山 东	Shandong	83464	14140	59599	9725	40.04	23.72	16.32
河 南	Henan	80140	16659	55405	8075	44.64	30.07	14.57
湖 北	Hubei	49384	7645	36023	5716	37.09	21.22	15.87
湖 南	Hunan	57310	10431	40065	6814	43.04	26.03	17.01
广 东	Guangdong	92107	15417	69603	7086	32.33	22.15	10.18
广 西	Guangxi	40677	8686	28048	3943	45.03	30.97	14.06
海 南	Hainan	7698	1520	5543	635	38.88	27.43	11.45
重 庆	Chongqing	25560	3949	18041	3570	41.68	21.89	19.79
四 川	Sichuan	69457	11086	48858	9513	42.16	22.69	19.47
贵 州	Guizhou	29915	6663	20373	2879	46.83	32.70	14.13
云 南	Yunnan	40141	7839	28939	3362	38.71	27.09	11.62
西 藏	Tibet	2789	671	1980	139	40.88	33.87	7.01
陕 西	Shaanxi	32014	4750	23826	3439	34.37	19.93	14.43
甘 肃	Gansu	21960	3725	16049	2186	36.83	23.21	13.62
青 海	Qinghai	4987	983	3643	360	36.87	26.98	9.89
宁 夏	Ningxia	5666	1085	4140	441	36.85	26.20	10.65
新 疆	Xinjiang	20165	4541	14165	1458	42.35	32.06	10.30

2-8 各地区城市人口年龄构成和抚养比

Age Composition and Dependency Ratio of City Population by Region

地 区	Region	人口数（人） Population (person)	0-14岁 Aged 0-14	15-64岁 Aged 15-64	65岁及以上 Aged 65 and Over	总抚养比（%） Gross Dependency Ratio (%)	少儿抚养比 Children Dependency Ratio	老年抚养比 Old Dependency Ratio
全 国	**National Total**	**398745**	**52190**	**308302**	**38252**	**29.34**	**16.93**	**12.41**
北 京	Beijing	14964	1635	11598	1731	29.03	14.10	14.92
天 津	Tianjin	9929	962	7852	1116	26.46	12.25	14.21
河 北	Hebei	15572	2259	11572	1741	34.56	19.52	15.04
山 西	Shanxi	8654	1213	6780	661	27.64	17.90	9.74
内蒙古	Inner Mongolia	7355	974	5780	601	27.25	16.85	10.39
辽 宁	Liaoning	20614	1980	16039	2595	28.53	12.35	16.18
吉 林	Jilin	8761	923	6851	988	27.89	13.47	14.42
黑龙江	Heilongjiang	12925	1099	10235	1592	26.28	10.73	15.55
上 海	Shanghai	15931	1540	12370	2021	28.79	12.45	16.34
江 苏	Jiangsu	28741	3504	21921	3316	31.11	15.99	15.13
浙 江	Zhejiang	20771	2670	16335	1767	27.16	16.34	10.82
安 徽	Anhui	11980	1591	9135	1254	31.14	17.42	13.73
福 建	Fujian	14113	2321	10741	1051	31.39	21.61	9.78
江 西	Jiangxi	8545	1318	6351	876	34.56	20.76	13.80
山 东	Shandong	24719	3616	18810	2293	31.41	19.22	12.19
河 南	Henan	18947	3123	14205	1620	33.39	21.98	11.40
湖 北	Hubei	17403	2207	13332	1865	30.54	16.55	13.99
湖 南	Hunan	13189	1841	9889	1459	33.37	18.61	14.76
广 东	Guangdong	51294	6887	41330	3077	24.11	16.66	7.45
广 西	Guangxi	9775	1625	7313	837	33.67	22.22	11.45
海 南	Hainan	2549	467	1917	165	32.95	24.35	8.60
重 庆	Chongqing	9338	1083	7286	969	28.17	14.86	13.30
四 川	Sichuan	14919	1758	11755	1406	26.91	14.96	11.96
贵 州	Guizhou	6316	1043	4774	499	32.30	21.86	10.45
云 南	Yunnan	7986	1344	6108	534	30.74	22.00	8.74
西 藏	Tibet	404	52	333	19	21.25	15.52	5.73
陕 西	Shaanxi	8388	1070	6559	759	27.87	16.30	11.57
甘 肃	Gansu	5082	594	3919	569	29.67	15.15	14.52
青 海	Qinghai	1313	171	1046	96	25.53	16.30	9.22
宁 夏	Ningxia	2071	307	1610	153	28.57	19.09	9.48
新 疆	Xinjiang	6197	1016	4557	624	35.97	22.29	13.68

2-9 各地区镇人口年龄构成和抚养比
Age Composition and Dependency Ratio of Town Population by Region

地 区	Region	人口数 (人) Population (person)	0-14岁 Aged 0-14	15-64岁 Aged 15-64	65岁及以上 Aged 65 and Over	总抚养比 (%) Gross Dependency Ratio (%)	少儿抚养比 Children Dependency Ratio	老年抚养比 Old Dependency Ratio
全 国	**National Total**	**265367**	**45292**	**194582**	**25493**	**36.38**	**23.28**	**13.10**
北 京	Beijing	678	80	535	63	26.80	15.03	11.76
天 津	Tianjin	853	105	656	92	30.09	16.02	14.07
河 北	Hebei	17583	3336	12505	1742	40.61	26.68	13.93
山 西	Shanxi	8571	1445	6547	579	30.91	22.07	8.84
内蒙古	Inner Mongolia	5481	674	4404	402	24.44	15.31	9.14
辽 宁	Liaoning	3931	475	2983	474	31.79	15.91	15.88
吉 林	Jilin	3970	500	3059	412	29.78	16.33	13.46
黑龙江	Heilongjiang	5793	528	4568	696	26.80	11.56	15.24
上 海	Shanghai	1772	181	1387	204	27.78	13.04	14.74
江 苏	Jiangsu	16343	2436	11973	1934	36.50	20.35	16.16
浙 江	Zhejiang	10402	1290	8010	1103	29.87	16.10	13.77
安 徽	Anhui	14830	2398	10878	1553	36.32	22.05	14.27
福 建	Fujian	6392	1334	4520	538	41.42	29.52	11.90
江 西	Jiangxi	11751	2552	8244	955	42.55	30.96	11.59
山 东	Shandong	24145	4363	17312	2470	39.47	25.20	14.27
河 南	Henan	19529	3882	14029	1618	39.20	27.67	11.54
湖 北	Hubei	11053	1672	8254	1127	33.91	20.26	13.65
湖 南	Hunan	16764	2873	12218	1673	37.21	23.51	13.70
广 东	Guangdong	12059	2113	8990	956	34.14	23.51	10.63
广 西	Guangxi	9585	1954	6815	816	40.64	28.67	11.97
海 南	Hainan	1785	330	1293	162	38.08	25.54	12.54
重 庆	Chongqing	6546	1115	4666	765	40.28	23.90	16.38
四 川	Sichuan	18918	3045	13736	2137	37.73	22.17	15.56
贵 州	Guizhou	6747	1427	4741	579	42.31	30.10	12.22
云 南	Yunnan	9893	1745	7332	816	34.93	23.81	11.13
西 藏	Tibet	409	91	303	15	35.07	30.04	5.03
陕 西	Shaanxi	9174	1347	6952	874	31.95	19.38	12.57
甘 肃	Gansu	4627	805	3459	363	33.75	23.27	10.48
青 海	Qinghai	1237	245	913	79	35.46	26.77	8.69
宁 夏	Ningxia	1091	219	801	71	36.17	27.27	8.89
新 疆	Xinjiang	3454	732	2499	224	38.23	29.27	8.96

2-10 各地区乡村人口年龄构成和抚养比

Age Composition and Dependency Ratio of Rural Population by Region

地 区	Region	人口数 (人) Population (person)	0-14岁 Aged 0-14	15-64岁 Aged 15-64	65岁及以上 Aged 65 and Over	总抚养比 (%) Gross Dependency Ratio (%)	少儿抚养比 Children Dependency Ratio	老年抚养比 Old Dependency Ratio
全 国	**National Total**	**493907**	**95215**	**336795**	**61897**	**46.65**	**28.27**	**18.38**
北 京	Beijing	2490	257	1898	335	31.17	13.52	17.65
天 津	Tianjin	2263	354	1635	274	38.46	21.67	16.79
河 北	Hebei	29596	5989	20244	3362	46.19	29.58	16.61
山 西	Shanxi	13685	2088	10148	1449	34.86	20.58	14.28
内蒙古	Inner Mongolia	8301	1057	6252	992	32.77	16.91	15.86
辽 宁	Liaoning	12123	1445	8898	1780	36.26	16.24	20.01
吉 林	Jilin	10214	1480	7643	1090	33.64	19.37	14.27
黑龙江	Heilongjiang	13157	1578	10062	1517	30.76	15.68	15.08
上 海	Shanghai	2485	232	1861	392	33.50	12.46	21.04
江 苏	Jiangsu	21914	3259	14857	3798	47.50	21.94	25.56
浙 江	Zhejiang	15657	2104	10975	2579	42.67	19.17	23.50
安 徽	Anhui	25246	5139	16945	3162	48.99	30.33	18.66
福 建	Fujian	11969	2285	8042	1643	48.84	28.41	20.43
江 西	Jiangxi	18279	4316	12093	1870	51.16	35.69	15.47
山 东	Shandong	34600	6161	23477	4962	47.38	26.24	21.13
河 南	Henan	41664	9655	27172	4837	53.33	35.53	17.80
湖 北	Hubei	20929	3766	14437	2725	44.96	26.09	18.87
湖 南	Hunan	27357	5717	17958	3682	52.34	31.84	20.50
广 东	Guangdong	28753	6417	19283	3053	49.11	33.28	15.83
广 西	Guangxi	21318	5107	13921	2290	53.14	36.69	16.45
海 南	Hainan	3364	723	2333	308	44.20	31.01	13.20
重 庆	Chongqing	9676	1751	6089	1836	58.91	28.75	30.16
四 川	Sichuan	35620	6283	23367	5971	52.44	26.89	25.55
贵 州	Guizhou	16852	4193	10858	1801	55.20	38.61	16.59
云 南	Yunnan	22262	4750	15499	2012	43.63	30.65	12.98
西 藏	Tibet	1976	528	1344	104	47.06	39.29	7.77
陕 西	Shaanxi	14453	2333	10314	1806	40.13	22.62	17.51
甘 肃	Gansu	12252	2326	8671	1255	41.30	26.83	14.47
青 海	Qinghai	2436	568	1684	184	44.68	33.73	10.95
宁 夏	Ningxia	2504	559	1728	217	44.89	32.33	12.56
新 疆	Xinjiang	10513	2794	7109	611	47.89	39.30	8.60

2-11 各地区户数、人口数、性别比和平均家庭户规模
Households, Population, Sex Ratio and Household Size by Region

地 区	Region	户 数 (户) Number of Households (households)	家庭户 Family Household	集体户 Collective Household	人口数 (人) Population (person)	男 Male	女 Female	性别比 (女=100) Sex Ratio (Female=100)
全 国	**National Total**	**371070**	**364431**	**6638**	**1158019**	**593087**	**564932**	**104.98**
北 京	Beijing	6793	6372	421	18132	9324	8808	105.85
天 津	Tianjin	4497	4145	352	13046	6961	6085	114.39
河 北	Hebei	19210	19130	80	62750	32082	30668	104.61
山 西	Shanxi	9835	9768	67	30910	15909	15002	106.04
内蒙古	Inner Mongolia	7654	7467	187	21136	10675	10461	102.05
辽 宁	Liaoning	13389	13344	45	36668	18503	18165	101.86
吉 林	Jilin	8038	8016	22	22945	11665	11280	103.41
黑龙江	Heilongjiang	11521	11460	61	31874	16104	15770	102.11
上 海	Shanghai	8127	7801	325	20188	10382	9806	105.87
江 苏	Jiangsu	20935	20355	580	66998	33738	33260	101.44
浙 江	Zhejiang	17378	16889	489	46831	24377	22454	108.56
安 徽	Anhui	15687	15635	52	52056	26727	25329	105.52
福 建	Fujian	10591	10310	281	32474	16540	15934	103.80
江 西	Jiangxi	10585	10482	102	38576	20069	18506	108.45
山 东	Shandong	28939	28783	156	83464	42579	40886	104.14
河 南	Henan	22955	22834	120	80140	40834	39306	103.89
湖 北	Hubei	15757	15304	453	49384	25352	24032	105.49
湖 南	Hunan	17503	17414	89	57310	29286	28024	104.51
广 东	Guangdong	29620	27857	1763	92107	48869	43238	113.02
广 西	Guangxi	11484	11410	74	40677	21161	19516	108.43
海 南	Hainan	2037	2020	17	7698	4058	3641	111.46
重 庆	Chongqing	9209	9132	77	25560	12992	12568	103.37
四 川	Sichuan	22929	22751	178	69457	34682	34775	99.73
贵 州	Guizhou	8986	8940	46	29915	15438	14476	106.65
云 南	Yunnan	11282	11002	279	40141	20285	19855	102.16
西 藏	Tibet	686	675	10	2789	1410	1380	102.18
陕 西	Shaanxi	9758	9510	248	32014	16160	15854	101.93
甘 肃	Gansu	6374	6353	21	21960	11134	10826	102.85
青 海	Qinghai	1482	1471	11	4987	2564	2423	105.80
宁 夏	Ningxia	1783	1776	8	5666	2925	2741	106.70
新 疆	Xinjiang	6046	6025	22	20165	10303	9861	104.48

2-11 续表 continued

地 区	Region	家庭户人口数 (人) Family Household Population (person)	男 Male	女 Female	性别比 (女=100) Sex Ratio (Female=100)	集体户人口数 (人) Collective Household Population (person)	男 Male	女 Female	平均家庭户规模 (人/户) Average Family Size (person/household)
全 国	**National Total**	**1132138**	**578632**	**553506**	**104.54**	**25881**	**14455**	**11426**	**3.11**
北 京	Beijing	16695	8334	8361	99.68	1437	990	447	2.62
天 津	Tianjin	11472	5759	5714	100.79	1574	1202	371	2.77
河 北	Hebei	62372	31900	30472	104.68	378	182	196	3.26
山 西	Shanxi	30383	15674	14709	106.56	528	235	293	3.11
内蒙古	Inner Mongolia	20376	10431	9945	104.89	760	244	516	2.73
辽 宁	Liaoning	36513	18415	18099	101.75	155	88	66	2.74
吉 林	Jilin	22881	11632	11249	103.41	64	33	31	2.85
黑龙江	Heilongjiang	31496	16026	15470	103.59	378	78	300	2.75
上 海	Shanghai	19303	9799	9505	103.09	885	583	302	2.47
江 苏	Jiangsu	64769	32742	32027	102.23	2229	997	1233	3.18
浙 江	Zhejiang	45228	23147	22081	104.83	1603	1230	373	2.68
安 徽	Anhui	51868	26628	25240	105.50	188	99	88	3.32
福 建	Fujian	31399	15935	15464	103.04	1075	605	470	3.05
江 西	Jiangxi	38169	19714	18455	106.82	406	355	51	3.64
山 东	Shandong	82708	42383	40325	105.10	757	196	561	2.87
河 南	Henan	79392	40566	38826	104.48	748	268	480	3.48
湖 北	Hubei	47625	24326	23299	104.41	1759	1026	733	3.11
湖 南	Hunan	56440	28711	27729	103.54	870	575	295	3.24
广 东	Guangdong	86392	45364	41028	110.57	5715	3504	2210	3.10
广 西	Guangxi	40474	21028	19446	108.13	203	133	70	3.55
海 南	Hainan	7626	4021	3605	111.53	72	37	35	3.78
重 庆	Chongqing	25129	12700	12430	102.17	430	292	138	2.75
四 川	Sichuan	68636	34421	34215	100.60	821	261	560	3.02
贵 州	Guizhou	29753	15332	14421	106.32	161	106	55	3.33
云 南	Yunnan	39058	19907	19152	103.94	1082	378	704	3.55
西 藏	Tibet	2721	1363	1357	100.46	69	46	22	4.03
陕 西	Shaanxi	30710	15580	15130	102.98	1304	580	725	3.23
甘 肃	Gansu	21887	11097	10791	102.84	73	38	35	3.45
青 海	Qinghai	4945	2534	2411	105.09	42	30	12	3.36
宁 夏	Ningxia	5634	2907	2727	106.63	32	17	14	3.17
新 疆	Xinjiang	20082	10257	9824	104.41	83	46	37	3.33

2-12 各地区城市户数、人口数、性别比和平均家庭户规模
Households, Population, Sex Ratio and Household Size of Cities by Region

地 区	Region	户 数 (户) Number of Households (households)	家庭户 Family Household	集体户 Collective Household	人口数 (人) Population (person)	男 Male	女 Female	性别比 (女=100) Sex Ratio (Female=100)
全 国	**National Total**	**141259**	**136579**	**4680**	**398745**	**203807**	**194938**	**104.55**
北 京	Beijing	5667	5281	386	14964	7680	7284	105.45
天 津	Tianjin	3546	3226	320	9929	5304	4625	114.69
河 北	Hebei	5059	5002	57	15572	7901	7671	102.99
山 西	Shanxi	2914	2896	18	8654	4439	4215	105.30
内蒙古	Inner Mongolia	2755	2697	58	7355	3606	3749	96.17
辽 宁	Liaoning	8148	8110	38	20614	10260	10353	99.10
吉 林	Jilin	3535	3519	16	8761	4401	4360	100.93
黑龙江	Heilongjiang	5222	5174	48	12925	6404	6521	98.20
上 海	Shanghai	6333	6067	267	15931	8123	7808	104.04
江 苏	Jiangsu	9418	9036	382	28741	14359	14383	99.83
浙 江	Zhejiang	7926	7617	309	20771	10841	9931	109.16
安 徽	Anhui	4067	4034	33	11980	6087	5893	103.30
福 建	Fujian	4851	4661	191	14113	7233	6879	105.15
江 西	Jiangxi	2523	2438	85	8545	4609	3937	117.07
山 东	Shandong	9059	9020	39	24719	12649	12071	104.79
河 南	Henan	5854	5768	86	18947	9439	9508	99.27
湖 北	Hubei	5882	5539	342	17403	9027	8376	107.77
湖 南	Hunan	4625	4575	50	13189	6600	6589	100.18
广 东	Guangdong	18655	17348	1307	51294	27653	23642	116.97
广 西	Guangxi	3095	3049	46	9775	5036	4739	106.25
海 南	Hainan	723	709	14	2549	1321	1228	107.55
重 庆	Chongqing	3479	3447	31	9338	4669	4669	100.01
四 川	Sichuan	5251	5108	142	14919	7210	7709	93.53
贵 州	Guizhou	2018	1989	29	6316	3174	3142	101.02
云 南	Yunnan	2603	2424	180	7986	3823	4163	91.84
西 藏	Tibet	126	118	8	404	208	196	106.26
陕 西	Shaanxi	2657	2494	163	8388	4334	4054	106.90
甘 肃	Gansu	1810	1798	12	5082	2545	2537	100.32
青 海	Qinghai	515	508	8	1313	678	635	106.81
宁 夏	Ningxia	746	744	2	2071	1063	1008	105.41
新 疆	Xinjiang	2196	2184	12	6197	3133	3064	102.23

2-12 续表 continued

地 区 Region	家庭户人口数 (人) Family Household Population (person)	男 Male	女 Female	性别比 (女=100) Sex Ratio (Female=100)	集体户人口数 (人) Collective Household Population (person)	男 Male	女 Female	平均家庭户规模 (人/户) Average Family Size (person/household)
全 国 National Total	**381323**	**194022**	**187302**	**103.59**	**17421**	**9785**	**7636**	**2.79**
北 京 Beijing	13638	6777	6861	98.77	1326	903	422	2.58
天 津 Tianjin	8547	4272	4275	99.94	1382	1032	350	2.65
河 北 Hebei	15284	7767	7516	103.34	288	133	155	3.06
山 西 Shanxi	8414	4310	4104	105.02	240	129	112	2.90
内蒙古 Inner Mongolia	7092	3575	3518	101.61	262	31	231	2.63
辽 宁 Liaoning	20500	10204	10296	99.10	114	57	57	2.53
吉 林 Jilin	8722	4379	4343	100.84	39	21	18	2.48
黑龙江 Heilongjiang	12663	6394	6269	101.99	262	10	252	2.45
上 海 Shanghai	15207	7663	7544	101.58	724	460	264	2.51
江 苏 Jiangsu	27222	13854	13368	103.64	1519	504	1015	3.01
浙 江 Zhejiang	19823	10149	9674	104.91	948	692	257	2.60
安 徽 Anhui	11888	6046	5842	103.49	92	42	51	2.95
福 建 Fujian	13402	6834	6568	104.06	711	399	312	2.88
江 西 Jiangxi	8226	4295	3931	109.28	319	313	6	3.37
山 东 Shandong	24557	12546	12011	104.45	162	103	60	2.72
河 南 Henan	18447	9409	9038	104.10	500	30	470	3.20
湖 北 Hubei	16231	8235	7997	102.98	1172	792	379	2.93
湖 南 Hunan	13026	6539	6487	100.79	163	62	101	2.85
广 东 Guangdong	46963	24837	22125	112.26	4332	2816	1516	2.71
广 西 Guangxi	9646	4960	4686	105.83	129	76	53	3.16
海 南 Hainan	2489	1291	1198	107.83	60	29	30	3.51
重 庆 Chongqing	9178	4585	4593	99.83	160	84	76	2.66
四 川 Sichuan	14298	7077	7220	98.02	621	133	489	2.80
贵 州 Guizhou	6223	3112	3111	100.03	93	62	31	3.13
云 南 Yunnan	7248	3587	3661	97.99	738	236	502	2.99
西 藏 Tibet	347	169	179	94.50	57	39	17	2.94
陕 西 Shaanxi	7499	3800	3699	102.72	889	534	355	3.01
甘 肃 Gansu	5043	2529	2514	100.58	38	16	23	2.80
青 海 Qinghai	1291	662	629	105.31	22	16	6	2.54
宁 夏 Ningxia	2065	1060	1004	105.59	6	2	4	2.78
新 疆 Xinjiang	6144	3104	3040	102.12	53	28	24	2.81

2-13 各地区镇的户数、人口数、性别比和平均家庭户规模
Households, Population, Sex Ratio and Household Size of Towns by Region

地 区	Region	户 数 (户) Number of Households (households)	家庭户 Family Household	集体户 Collective Household	人口数 (人) Population (person)	男 Male	女 Female	性别比 (女=100) Sex Ratio (Female=100)
全 国	**National Total**	**81702**	**80284**	**1418**	**265367**	**136227**	**129139**	**105.49**
北 京	Beijing	261	253	8	678	368	311	118.44
天 津	Tianjin	254	222	32	853	517	336	153.62
河 北	Hebei	5341	5333	8	17583	8982	8601	104.43
山 西	Shanxi	2636	2593	44	8571	4389	4182	104.96
内蒙古	Inner Mongolia	2016	1945	71	5481	2893	2588	111.77
辽 宁	Liaoning	1331	1331		3931	2011	1920	104.70
吉 林	Jilin	1457	1455	2	3970	2023	1947	103.93
黑龙江	Heilongjiang	2269	2265	4	5793	2922	2871	101.78
上 海	Shanghai	676	627	50	1772	968	804	120.51
江 苏	Jiangsu	4911	4820	91	16343	8354	7989	104.57
浙 江	Zhejiang	3762	3598	164	10402	5504	4898	112.38
安 徽	Anhui	4438	4426	11	14830	7665	7164	106.99
福 建	Fujian	1836	1821	15	6392	3283	3109	105.59
江 西	Jiangxi	3156	3145	12	11751	5990	5761	103.98
山 东	Shandong	8201	8098	104	24145	12348	11796	104.68
河 南	Henan	5099	5071	28	19529	10145	9383	108.12
湖 北	Hubei	3380	3302	78	11053	5579	5474	101.92
湖 南	Hunan	4872	4844	28	16764	8655	8110	106.72
广 东	Guangdong	3466	3070	396	12059	6266	5793	108.18
广 西	Guangxi	2679	2657	21	9585	5041	4544	110.95
海 南	Hainan	463	462	1	1785	933	852	109.51
重 庆	Chongqing	2144	2110	34	6546	3355	3191	105.15
四 川	Sichuan	6147	6128	20	18918	9479	9440	100.41
贵 州	Guizhou	2043	2034	10	6747	3507	3241	108.20
云 南	Yunnan	2768	2675	93	9893	4990	4903	101.77
西 藏	Tibet	137	136	1	409	202	207	97.55
陕 西	Shaanxi	2802	2717	84	9174	4536	4637	97.82
甘 肃	Gansu	1345	1342	4	4627	2341	2286	102.39
青 海	Qinghai	355	353	2	1237	649	588	110.31
宁 夏	Ningxia	357	355	2	1091	568	523	108.49
新 疆	Xinjiang	1100	1098	2	3454	1764	1690	104.40

2-13 续表 continued

地 区	Region	家庭户人口数 (人) Family Household Population (person)	男 Male	女 Female	性别比 (女=100) Sex Ratio (Female=100)	集体户人口数 (人) Collective Household Population (person)	男 Male	女 Female	平均家庭户规模 (人/户) Average Family Size (person/ household)
全 国	**National Total**	**259003**	**132818**	**126184**	**105.26**	**6364**	**3409**	**2955**	**3.23**
北 京	Beijing	659	350	309	113.30	19	17	1	2.61
天 津	Tianjin	663	347	316	110.07	190	169	21	2.99
河 北	Hebei	17546	8960	8585	104.36	38	22	16	3.29
山 西	Shanxi	8306	4294	4012	107.03	266	96	170	3.20
内蒙古	Inner Mongolia	5227	2685	2542	105.64	254	208	46	2.69
辽 宁	Liaoning	3931	2011	1920	104.70				2.95
吉 林	Jilin	3964	2021	1943	104.01	6	2	4	2.72
黑龙江	Heilongjiang	5781	2920	2861	102.03	12	2	9	2.55
上 海	Shanghai	1634	861	773	111.41	138	107	31	2.61
江 苏	Jiangsu	15894	8059	7834	102.87	449	295	154	3.30
浙 江	Zhejiang	9832	5026	4806	104.56	570	478	92	2.73
安 徽	Anhui	14794	7646	7148	106.98	36	19	17	3.34
福 建	Fujian	6316	3250	3066	105.98	76	33	43	3.47
江 西	Jiangxi	11693	5963	5730	104.08	58	27	31	3.72
山 东	Shandong	23632	12313	11318	108.79	513	35	478	2.92
河 南	Henan	19301	9917	9383	105.69	228	228		3.81
湖 北	Hubei	10572	5430	5141	105.62	481	149	333	3.20
湖 南	Hunan	16098	8159	7940	102.76	666	496	170	3.32
广 东	Guangdong	10856	5712	5144	111.04	1203	554	649	3.54
广 西	Guangxi	9534	4997	4536	110.15	51	44	7	3.59
海 南	Hainan	1782	931	851	109.39	3	2	1	3.86
重 庆	Chongqing	6340	3200	3139	101.95	206	155	52	3.01
四 川	Sichuan	18832	9438	9394	100.48	86	40	46	3.07
贵 州	Guizhou	6705	3479	3226	107.86	43	28	15	3.30
云 南	Yunnan	9575	4858	4716	103.01	318	131	187	3.58
西 藏	Tibet	406	200	206	97.01	3	2	1	2.99
陕 西	Shaanxi	8760	4492	4269	105.22	414	45	369	3.22
甘 肃	Gansu	4612	2331	2282	102.14	15	10	4	3.44
青 海	Qinghai	1224	641	584	109.72	13	8	5	3.47
宁 夏	Ningxia	1086	564	523	107.90	5	4	1	3.06
新 疆	Xinjiang	3449	1763	1686	104.52	5	2	4	3.14

2-14 各地区乡村户数、人口数、性别比和平均家庭户规模
Households, Population, Sex Ratio and Household Size of Rural Areas by Region

地 区	Region	户 数 (户) Number of Households (households)	家庭户 Family Household	集体户 Collective Household	人口数 (人) Population (person)	男 Male	女 Female	性别比 (女=100) Sex Ratio (Female=100)
全 国	**National Total**	**148108**	**147568**	**540**	**493907**	**253052**	**240855**	**105.06**
北 京	Beijing	865	838	27	2490	1276	1214	105.09
天 津	Tianjin	698	697		2263	1140	1124	101.43
河 北	Hebei	8810	8795	15	29596	15200	14396	105.58
山 西	Shanxi	4285	4279	6	13685	7081	6604	107.21
内蒙古	Inner Mongolia	2883	2825	58	8301	4177	4124	101.29
辽 宁	Liaoning	3910	3903	7	12123	6232	5892	105.78
吉 林	Jilin	3046	3042	4	10214	5241	4973	105.39
黑龙江	Heilongjiang	4031	4022	9	13157	6778	6379	106.26
上 海	Shanghai	1117	1108	9	2485	1290	1195	107.97
江 苏	Jiangsu	6606	6499	107	21914	11026	10888	101.27
浙 江	Zhejiang	5690	5674	16	15657	8032	7625	105.34
安 徽	Anhui	7183	7175	8	25246	12974	12272	105.73
福 建	Fujian	3904	3828	76	11969	6023	5946	101.30
江 西	Jiangxi	4906	4900	5	18279	9471	8809	107.51
山 东	Shandong	11678	11665	13	34600	17582	17019	103.31
河 南	Henan	12002	11995	6	41664	21250	20414	104.09
湖 北	Hubei	6495	6463	33	20929	10746	10182	105.54
湖 南	Hunan	8006	7995	11	27357	14031	13325	105.30
广 东	Guangdong	7499	7439	60	28753	14949	13804	108.30
广 西	Guangxi	5710	5703	7	21318	11085	10233	108.32
海 南	Hainan	852	850	2	3364	1804	1560	115.59
重 庆	Chongqing	3586	3575	11	9676	4967	4708	105.50
四 川	Sichuan	11531	11515	16	35620	17993	17627	102.08
贵 州	Guizhou	4924	4917	7	16852	8758	8094	108.20
云 南	Yunnan	5910	5903	7	22262	11472	10789	106.33
西 藏	Tibet	423	421	1	1976	1000	977	102.35
陕 西	Shaanxi	4299	4298	1	14453	7290	7163	101.78
甘 肃	Gansu	3218	3213	5	12252	6249	6003	104.09
青 海	Qinghai	612	611	1	2436	1237	1200	103.06
宁 夏	Ningxia	680	677	3	2504	1294	1210	106.99
新 疆	Xinjiang	2751	2743	7	10513	5406	5107	105.86

2-14 续表 continued

地 区	Region	家庭户人口数(人) Family Household Population (person)	男 Male	女 Female	性别比(女=100) Sex Ratio (Female=100)	集体户人口数(人) Collective Household Population (person)	男 Male	女 Female	平均家庭户规模(人/户) Average Family Size (person/household)
全 国	**National Total**	**491812**	**251792**	**240020**	**104.90**	**2095**	**1260**	**835**	**3.33**
北 京	Beijing	2398	1207	1191	101.39	92	69	23	2.86
天 津	Tianjin	2262	1139	1123	101.38	1	1		3.24
河 北	Hebei	29543	15172	14371	105.58	53	27	25	3.36
山 西	Shanxi	13663	7070	6593	107.23	22	11	11	3.19
内蒙古	Inner Mongolia	8057	4171	3885	107.36	244	6	239	2.85
辽 宁	Liaoning	12083	6200	5882	105.41	41	31	9	3.10
吉 林	Jilin	10194	5231	4963	105.42	20	9	10	3.35
黑龙江	Heilongjiang	13052	6713	6339	105.89	105	66	39	3.25
上 海	Shanghai	2462	1275	1188	107.32	23	15	7	2.22
江 苏	Jiangsu	21653	10828	10824	100.04	261	197	64	3.33
浙 江	Zhejiang	15573	7973	7600	104.90	84	59	25	2.74
安 徽	Anhui	25186	12935	12251	105.59	60	39	21	3.51
福 建	Fujian	11682	5851	5830	100.36	288	172	115	3.05
江 西	Jiangxi	18250	9456	8795	107.51	29	15	14	3.72
山 东	Shandong	34519	17523	16996	103.10	81	58	23	2.96
河 南	Henan	41644	21240	20404	104.09	20	10	10	3.47
湖 北	Hubei	20822	10661	10161	104.93	106	85	21	3.22
湖 南	Hunan	27316	14014	13302	105.35	41	17	23	3.42
广 东	Guangdong	28573	14815	13758	107.68	180	134	46	3.84
广 西	Guangxi	21295	11071	10223	108.29	23	14	10	3.73
海 南	Hainan	3355	1799	1556	115.56	9	5	4	3.95
重 庆	Chongqing	9612	4914	4698	104.61	64	53	11	2.69
四 川	Sichuan	35507	17905	17602	101.73	113	88	25	3.08
贵 州	Guizhou	16826	8741	8085	108.12	26	17	9	3.42
云 南	Yunnan	22235	11461	10774	106.37	26	11	15	3.77
西 藏	Tibet	1967	995	973	102.28	9	5	4	4.67
陕 西	Shaanxi	14451	7289	7162	101.78	2	1	1	3.36
甘 肃	Gansu	12232	6237	5995	104.04	20	12	9	3.81
青 海	Qinghai	2429	1231	1198	102.71	7	6	1	3.98
宁 夏	Ningxia	2483	1283	1200	106.94	21	11	10	3.67
新 疆	Xinjiang	10489	5390	5098	105.73	25	16	9	3.82

2-15 各地区按家庭户规模分的户数
Family Households by Size and Region

单位：户 (household)

地　区	Region	家庭户户数 Number of Family Households	一人户 One Person	二人户 Two Persons	三人户 Three Persons	四人户 Four Persons	五人户 Five Persons	六人户 Six Persons	七人户 Seven Persons	八人户 Eight Persons	九人户 Nine Persons	十人及以上户 Ten Persons and Over
全　国	**National Total**	**364431**	**51347**	**93925**	**95094**	**64894**	**35430**	**15813**	**4744**	**1777**	**743**	**664**
北　京	Beijing	6372	1327	1969	1872	631	414	104	32	18	4	1
天　津	Tianjin	4145	584	1258	1386	571	253	76	11	4		1
河　北	Hebei	19130	1967	4991	4779	3851	1965	1169	287	76	29	17
山　西	Shanxi	9768	953	2481	2902	2222	821	296	59	24	5	4
内蒙古	Inner Mongolia	7467	898	2484	2568	1010	374	108	19	6	2	
辽　宁	Liaoning	13344	1817	4450	4469	1487	851	207	49	10	2	2
吉　林	Jilin	8016	1036	2556	2509	972	663	215	41	19	4	1
黑龙江	Heilongjiang	11460	1467	3861	3895	1223	762	181	50	18	3	1
上　海	Shanghai	7801	1758	2694	2044	718	477	84	22	4	1	1
江　苏	Jiangsu	20355	2446	5302	5493	3224	2576	943	238	89	23	22
浙　江	Zhejiang	16889	3657	5150	4076	2272	1130	453	97	35	17	2
安　徽	Anhui	15635	1563	3746	4200	3196	1627	887	266	91	44	16
福　建	Fujian	10310	1788	2685	2322	1746	1024	514	132	54	20	25
江　西	Jiangxi	10482	819	2081	2444	2465	1459	751	272	92	57	42
山　东	Shandong	28783	3798	8302	8594	5300	1957	668	111	29	20	5
河　南	Henan	22834	2072	4979	5475	5243	2809	1614	429	118	51	44
湖　北	Hubei	15304	1934	3910	4344	2684	1576	617	134	65	27	14
湖　南	Hunan	17414	2247	4004	4551	3487	1831	864	256	94	43	37
广　东	Guangdong	27857	6693	6051	5169	4502	2758	1376	688	304	146	170
广　西	Guangxi	11410	1548	2075	2623	2407	1401	710	314	148	80	103
海　南	Hainan	2020	206	327	412	511	295	148	62	28	12	20
重　庆	Chongqing	9132	1975	2562	2164	1379	701	245	70	30	3	5
四　川	Sichuan	22751	3609	6011	5634	4043	2250	846	240	83	25	11
贵　州	Guizhou	8940	1166	2033	1999	1835	1058	548	192	69	27	14
云　南	Yunnan	11002	1092	2077	2568	2578	1481	825	235	90	29	28
西　藏	Tibet	675	94	115	121	126	75	52	32	24	16	21
陕　西	Shaanxi	9510	1136	2295	2415	2002	1078	421	97	43	10	13
甘　肃	Gansu	6353	630	1387	1684	1234	746	436	150	50	19	16
青　海	Qinghai	1471	212	303	350	285	168	94	33	14	4	7
宁　夏	Ningxia	1776	168	449	523	371	157	75	23	8	2	1
新　疆	Xinjiang	6025	687	1339	1511	1321	694	286	105	43	17	21

2-16 各地区城市按家庭户规模分的户数
Family Households of Cities by Size and Region

单位：户 (household)

地 区	Region	家庭户户数 Number of Family Households	一人户 One Person	二人户 Two Persons	三人户 Three Persons	四人户 Four Persons	五人户 Five Persons	六人户 Six Persons	七人户 Seven Persons	八人户 Eight Persons	九人户 Nine Persons	十人及以上户 Ten Persons and Over
全 国	**National Total**	**136579**	**23912**	**37506**	**42374**	**18428**	**9690**	**3184**	**830**	**339**	**151**	**166**
北 京	Beijing	5281	1121	1626	1594	512	315	77	19	14	3	1
天 津	Tianjin	3226	488	1020	1150	365	159	36	4	3		
河 北	Hebei	5002	542	1341	1653	800	410	177	41	20	11	7
山 西	Shanxi	2896	278	709	1176	532	149	44	6	2		
内蒙古	Inner Mongolia	2697	321	829	1142	300	91	14				
辽 宁	Liaoning	8110	1297	2821	3005	627	311	37	6	4		1
吉 林	Jilin	3519	663	1219	1160	306	139	29	2	1		
黑龙江	Heilongjiang	5174	908	1827	1915	346	158	17	2		1	
上 海	Shanghai	6067	1297	2022	1716	589	362	64	14	2	1	1
江 苏	Jiangsu	9036	1133	2396	2921	1203	995	287	69	16	7	10
浙 江	Zhejiang	7617	1699	2299	2020	897	465	186	35	10	5	
安 徽	Anhui	4034	485	1037	1410	657	313	106	19	5		1
福 建	Fujian	4661	917	1175	1161	730	440	171	35	18	7	7
江 西	Jiangxi	2438	223	509	770	461	282	118	42	13	13	7
山 东	Shandong	9020	1319	2385	3540	1177	463	105	19	10	3	
河 南	Henan	5768	485	1414	1841	1149	535	269	44	15	8	8
湖 北	Hubei	5539	762	1493	1828	750	503	140	31	18	12	2
湖 南	Hunan	4575	775	1186	1366	765	338	102	26	12	1	5
广 东	Guangdong	17348	5092	4076	3513	2410	1299	551	223	80	35	68
广 西	Guangxi	3049	532	570	894	564	276	105	49	22	18	19
海 南	Hainan	709	88	115	177	168	83	42	17	9	4	6
重 庆	Chongqing	3447	874	838	886	459	282	77	21	7	2	1
四 川	Sichuan	5108	826	1434	1591	701	416	106	17	13	4	
贵 州	Guizhou	1989	296	435	552	377	198	84	24	14	4	5
云 南	Yunnan	2424	328	589	790	394	199	87	22	8	3	4
西 藏	Tibet	118	23	32	29	18	8	5	2	1		
陕 西	Shaanxi	2494	326	618	827	431	207	60	8	9	2	8
甘 肃	Gansu	1798	268	525	629	216	107	27	18	5	1	2
青 海	Qinghai	508	114	147	155	59	24	7	1	1		
宁 夏	Ningxia	744	84	202	291	130	26	9	1			
新 疆	Xinjiang	2184	348	619	668	335	138	46	14	8	4	3

2-17 各地区镇按家庭户规模分的户数
Family Households of Towns by Size and Region

单位：户 (household)

地 区	Region	家庭户户数 Number of Family Households	一人户 One Person	二人户 Two Persons	三人户 Three Persons	四人户 Four Persons	五人户 Five Persons	六人户 Six Persons	七人户 Seven Persons	八人户 Eight Persons	九人户 Nine Persons	十人及以上户 Ten Persons and Over
全 国	**National Total**	**80284**	**9051**	**19420**	**21154**	**16325**	**8598**	**3888**	**1093**	**429**	**173**	**153**
北 京	Beijing	253	56	83	65	26	16	4	2	1	1	
天 津	Tianjin	222	31	59	59	42	20	7	2	1		1
河 北	Hebei	5333	507	1295	1326	1187	576	328	78	27	3	6
山 西	Shanxi	2593	178	618	756	713	234	72	15	7		
内蒙古	Inner Mongolia	1945	233	645	697	254	92	19	3	2	1	
辽 宁	Liaoning	1331	135	424	399	203	127	34	8			
吉 林	Jilin	1455	166	484	535	155	91	20	2	3		
黑龙江	Heilongjiang	2265	272	878	823	193	82	14	2	1		
上 海	Shanghai	627	149	190	143	65	63	9	4	1		
江 苏	Jiangsu	4820	543	1166	1210	868	669	260	67	20	8	9
浙 江	Zhejiang	3598	713	1109	870	535	229	94	27	10	8	2
安 徽	Anhui	4426	383	1103	1175	888	482	277	77	25	12	4
福 建	Fujian	1821	183	383	442	402	230	119	32	16	4	9
江 西	Jiangxi	3145	184	532	745	863	456	224	75	30	21	14
山 东	Shandong	8098	924	2289	2343	1677	611	200	35	9	7	2
河 南	Henan	5071	291	798	1176	1360	796	465	117	38	16	14
湖 北	Hubei	3302	349	777	1014	576	387	164	22	9	2	3
湖 南	Hunan	4844	456	1049	1419	1042	523	245	68	26	11	6
广 东	Guangdong	3070	576	583	488	594	421	191	96	58	33	30
广 西	Guangxi	2657	342	472	624	539	340	181	80	36	17	26
海 南	Hainan	462	42	77	83	121	75	37	16	5	2	4
重 庆	Chongqing	2110	287	600	515	406	189	76	18	16		1
四 川	Sichuan	6128	875	1532	1558	1153	661	261	58	20	7	2
贵 州	Guizhou	2034	257	440	476	439	231	124	46	13	5	2
云 南	Yunnan	2675	262	485	608	655	378	186	61	24	8	10
西 藏	Tibet	136	26	30	31	27	10	7	2	1		
陕 西	Shaanxi	2717	320	643	680	622	284	125	32	9	1	1
甘 肃	Gansu	1342	99	273	394	302	152	83	26	11	2	1
青 海	Qinghai	353	42	68	83	80	43	21	7	6	1	2
宁 夏	Ningxia	355	34	94	106	76	27	13	3	1	1	
新 疆	Xinjiang	1098	136	240	307	263	101	30	11	5	2	4

2-18 各地区乡村按家庭户规模分的户数
Family Households of Rural Areas by Size and Region

单位：户 (household)

地 区	Region	家庭户户数 Number of Family Households	一人户 One Person	二人户 Two Persons	三人户 Three Persons	四人户 Four Persons	五人户 Five Persons	六人户 Six Persons	七人户 Seven Persons	八人户 Eight Persons	九人户 Nine Persons	十人及以上户 Ten Persons and Over
全 国	**National Total**	**147568**	**18384**	**36999**	**31567**	**30142**	**17143**	**8741**	**2821**	**1009**	**418**	**345**
北 京	Beijing	838	149	260	213	93	83	24	11	3	1	
天 津	Tianjin	697	65	179	177	164	74	33	5			
河 北	Hebei	8795	919	2355	1799	1864	979	664	167	29	15	4
山 西	Shanxi	4279	497	1154	969	977	439	181	38	15	5	4
内蒙古	Inner Mongolia	2825	344	1010	729	455	191	74	16	4	2	
辽 宁	Liaoning	3903	385	1205	1064	657	413	135	35	6	2	1
吉 林	Jilin	3042	207	854	814	512	433	166	37	15	4	1
黑龙江	Heilongjiang	4022	287	1156	1157	684	521	150	46	17	3	1
上 海	Shanghai	1108	311	482	184	64	51	10	4	1		
江 苏	Jiangsu	6499	770	1740	1361	1153	913	397	102	53	8	3
浙 江	Zhejiang	5674	1246	1742	1185	840	435	172	35	14	4	
安 徽	Anhui	7175	696	1606	1615	1650	831	504	170	60	32	10
福 建	Fujian	3828	687	1127	719	613	354	224	65	20	9	10
江 西	Jiangxi	4900	412	1040	928	1140	721	410	155	49	23	21
山 东	Shandong	11665	1556	3628	2711	2446	883	363	57	10	10	3
河 南	Henan	11995	1296	2767	2458	2735	1479	881	268	65	27	22
湖 北	Hubei	6463	823	1640	1502	1357	687	313	81	38	13	9
湖 南	Hunan	7995	1016	1769	1765	1680	971	518	161	56	32	27
广 东	Guangdong	7439	1025	1393	1168	1498	1038	635	368	165	77	73
广 西	Guangxi	5703	674	1032	1105	1304	785	425	186	90	45	59
海 南	Hainan	850	76	135	151	222	137	69	28	14	6	10
重 庆	Chongqing	3575	814	1124	762	513	229	93	31	7	1	2
四 川	Sichuan	11515	1908	3044	2485	2189	1173	479	165	50	13	9
贵 州	Guizhou	4917	614	1157	970	1019	628	341	122	42	17	6
云 南	Yunnan	5903	502	1003	1170	1529	904	553	152	59	17	15
西 藏	Tibet	421	45	53	61	81	56	40	28	22	16	20
陕 西	Shaanxi	4298	490	1035	907	949	587	235	58	24	7	4
甘 肃	Gansu	3213	263	590	661	716	487	326	107	34	16	13
青 海	Qinghai	611	56	88	112	147	100	66	25	8	3	5
宁 夏	Ningxia	677	49	152	127	165	103	53	18	7	1	1
新 疆	Xinjiang	2743	204	480	536	724	455	209	80	30	11	14

2-19 各地区家庭户类别
Family Households by Type and Region

单位：户　　(household)

地　区	Region	家庭户户数 Number of Family Households	一代户 One Generation	二代户 Two Generations	三代户 Three Generations	四代及以上户 Four Generations and over
全　国	**National Total**	**364431**	**128856**	**165580**	**67106**	**2889**
北　京	Beijing	6372	2997	2467	892	16
天　津	Tianjin	4145	1653	1950	525	17
河　北	Hebei	19130	6292	8879	3776	182
山　西	Shanxi	9768	3032	5444	1244	49
内蒙古	Inner Mongolia	7467	3093	3679	678	17
辽　宁	Liaoning	13344	5479	6051	1766	48
吉　林	Jilin	8016	3254	3471	1242	49
黑龙江	Heilongjiang	11460	4642	5310	1448	61
上　海	Shanghai	7801	4203	2699	868	32
江　苏	Jiangsu	20355	6985	8105	4954	311
浙　江	Zhejiang	16889	8232	6205	2338	113
安　徽	Anhui	15635	4572	7454	3478	131
福　建	Fujian	10310	4072	4113	2036	89
江　西	Jiangxi	10482	2464	5262	2646	110
山　东	Shandong	28783	11132	14031	3521	99
河　南	Henan	22834	6006	11332	5311	186
湖　北	Hubei	15304	5037	6895	3230	142
湖　南	Hunan	17414	5286	8114	3833	181
广　东	Guangdong	27857	11931	10981	4759	186
广　西	Guangxi	11410	3060	5725	2509	115
海　南	Hainan	2020	469	1136	399	17
重　庆	Chongqing	9132	4003	3559	1502	68
四　川	Sichuan	22751	8022	9641	4805	282
贵　州	Guizhou	8940	2810	4458	1625	48
云　南	Yunnan	11002	2577	5526	2735	164
西　藏	Tibet	675	169	337	162	8
陕　西	Shaanxi	9510	2913	4481	2034	81
甘　肃	Gansu	6353	1715	3049	1524	65
青　海	Qinghai	1471	438	713	311	10
宁　夏	Ningxia	1776	553	1003	213	7
新　疆	Xinjiang	6025	1764	3510	744	7

2-20 各地区城市家庭户类别
Family Households of Cities by Type and Region

单位：户 (household)

地 区	Region	家庭户户数 Number of Family Households	一代户 One Generation	二代户 Two Generations	三代户 Three Generations	四代及以上户 Four Generations and over
全 国	**National Total**	**136579**	**55977**	**61543**	**18543**	**517**
北 京	Beijing	5281	2482	2084	707	9
天 津	Tianjin	3226	1346	1520	352	7
河 北	Hebei	5002	1710	2459	809	23
山 西	Shanxi	2896	896	1738	260	2
内蒙古	Inner Mongolia	2697	1047	1470	180	1
辽 宁	Liaoning	8110	3558	3848	693	11
吉 林	Jilin	3519	1713	1501	302	3
黑龙江	Heilongjiang	5174	2364	2417	385	7
上 海	Shanghai	6067	3127	2223	699	17
江 苏	Jiangsu	9036	3281	3836	1823	95
浙 江	Zhejiang	7617	3765	2886	933	33
安 徽	Anhui	4034	1355	2046	619	13
福 建	Fujian	4661	1949	1877	815	20
江 西	Jiangxi	2438	630	1300	494	14
山 东	Shandong	9020	3449	4644	910	17
河 南	Henan	5768	1701	3056	987	24
湖 北	Hubei	5539	1983	2578	955	24
湖 南	Hunan	4575	1732	2137	681	26
广 东	Guangdong	17348	8721	6392	2187	47
广 西	Guangxi	3049	1012	1487	526	23
海 南	Hainan	709	187	390	126	5
重 庆	Chongqing	3447	1596	1245	588	18
四 川	Sichuan	5108	2016	2218	840	35
贵 州	Guizhou	1989	639	996	350	5
云 南	Yunnan	2424	779	1228	397	19
西 藏	Tibet	118	49	53	16	
陕 西	Shaanxi	2494	851	1250	384	8
甘 肃	Gansu	1798	698	880	217	4
青 海	Qinghai	508	230	229	47	1
宁 夏	Ningxia	744	258	436	49	1
新 疆	Xinjiang	2184	855	1116	211	2

2-21 各地区镇家庭户类别
Family Households of Towns by Type and Region

单位：户 (household)

地 区	Region	家庭户户数 Number of Family Households	一代户 One Generation	二代户 Two Generations	三代户 Three Generations	四代及以上户 Four Generations and over
全 国	**National Total**	**80284**	**24868**	**39076**	**15685**	**656**
北 京	Beijing	253	131	90	29	2
天 津	Tianjin	222	83	102	34	3
河 北	Hebei	5333	1617	2585	1080	51
山 西	Shanxi	2593	698	1565	319	11
内蒙古	Inner Mongolia	1945	808	985	150	1
辽 宁	Liaoning	1331	495	582	244	9
吉 林	Jilin	1455	591	684	176	5
黑龙江	Heilongjiang	2265	999	1103	156	7
上 海	Shanghai	627	323	202	93	9
江 苏	Jiangsu	4820	1485	2041	1225	68
浙 江	Zhejiang	3598	1706	1403	466	23
安 徽	Anhui	4426	1273	2087	1030	36
福 建	Fujian	1821	473	897	428	23
江 西	Jiangxi	3145	621	1689	808	26
山 东	Shandong	8098	2943	4135	997	23
河 南	Henan	5071	898	2716	1410	47
湖 北	Hubei	3302	975	1557	745	26
湖 南	Hunan	4844	1254	2456	1089	45
广 东	Guangdong	3070	1040	1303	695	32
广 西	Guangxi	2657	672	1386	577	23
海 南	Hainan	462	100	246	111	4
重 庆	Chongqing	2110	744	956	391	18
四 川	Sichuan	6128	2009	2685	1357	77
贵 州	Guizhou	2034	596	1068	361	9
云 南	Yunnan	2675	609	1327	700	39
西 藏	Tibet	136	46	80	10	
陕 西	Shaanxi	2717	823	1341	530	24
甘 肃	Gansu	1342	306	749	275	11
青 海	Qinghai	353	96	183	72	2
宁 夏	Ningxia	355	117	203	35	1
新 疆	Xinjiang	1098	335	667	95	1

2-22 各地区乡村家庭户类别
Family Households of Rural Areas by Type and Region

单位：户 (household)

地 区	Region	家庭户户数 Number of Family Households	一代户 One Generation	二代户 Two Generations	三代户 Three Generations	四代及以上户 Four Generations and over
全 国	**National Total**	**147568**	**48012**	**64961**	**32878**	**1717**
北 京	Beijing	838	384	294	155	5
天 津	Tianjin	697	224	327	139	7
河 北	Hebei	8795	2965	3835	1887	108
山 西	Shanxi	4279	1438	2141	665	35
内蒙古	Inner Mongolia	2825	1238	1224	348	15
辽 宁	Liaoning	3903	1426	1621	829	28
吉 林	Jilin	3042	950	1286	764	41
黑龙江	Heilongjiang	4022	1279	1789	907	46
上 海	Shanghai	1108	753	275	75	6
江 苏	Jiangsu	6499	2218	2227	1906	148
浙 江	Zhejiang	5674	2762	1916	940	57
安 徽	Anhui	7175	1944	3320	1829	82
福 建	Fujian	3828	1651	1339	793	45
江 西	Jiangxi	4900	1213	2273	1344	70
山 东	Shandong	11665	4740	5252	1615	59
河 南	Henan	11995	3407	5560	2914	114
湖 北	Hubei	6463	2079	2760	1531	93
湖 南	Hunan	7995	2300	3520	2064	111
广 东	Guangdong	7439	2170	3286	1877	107
广 西	Guangxi	5703	1376	2851	1407	69
海 南	Hainan	850	181	500	161	8
重 庆	Chongqing	3575	1663	1357	523	32
四 川	Sichuan	11515	3998	4738	2609	170
贵 州	Guizhou	4917	1575	2394	914	33
云 南	Yunnan	5903	1189	2971	1637	107
西 藏	Tibet	421	74	204	136	7
陕 西	Shaanxi	4298	1238	1891	1120	49
甘 肃	Gansu	3213	711	1420	1031	50
青 海	Qinghai	611	111	300	192	7
宁 夏	Ningxia	677	179	364	130	5
新 疆	Xinjiang	2743	575	1727	439	3

2-23 全国家庭户人数和户主的年龄、性别构成
Population of Family Households, Age and Sex Composition of the Household Head

年 龄 Age	家庭户人口数 Population of Family Household (person)	男 Male	女 Female	户主数 Number of Household Head (person)	男 Male	女 Female	户主率 Household Head Rate (%)	男 Male	女 Female
总计 Total	**1132136**	**578631**	**553505**	**348548**	**285040**	**63509**	**30.79**	**49.26**	**11.47**
14岁以下	**192132**	**103902**	**88230**	**129**	**75**	**54**	**0.07**	**0.07**	**0.06**
15-19	**56669**	**31447**	**25222**	**822**	**537**	**285**	**1.45**	**1.71**	**1.13**
15	12002	6779	5224	39	25	14	0.32	0.37	0.26
16	11786	6508	5278	65	41	24	0.55	0.63	0.45
17	10786	5987	4799	153	100	53	1.42	1.67	1.11
18	11390	6310	5080	226	154	72	1.98	2.44	1.42
19	10704	5863	4841	339	217	122	3.17	3.71	2.52
20-24	**70974**	**37366**	**33608**	**5757**	**3865**	**1891**	**8.11**	**10.34**	**5.63**
20	12395	6713	5681	560	343	216	4.52	5.11	3.81
21	13542	7206	6337	810	511	299	5.98	7.09	4.72
22	13520	7182	6338	1031	689	342	7.62	9.59	5.40
23	15129	7790	7339	1484	1006	479	9.81	12.91	6.52
24	16389	8475	7913	1873	1317	555	11.43	15.54	7.02
25-29	**102225**	**51224**	**51001**	**19571**	**15190**	**4381**	**19.14**	**29.65**	**8.59**
25	16483	8304	8179	2344	1744	600	14.22	21.01	7.34
26	21752	10905	10847	3525	2683	842	16.21	24.60	7.76
27	21377	10732	10645	4065	3153	911	19.01	29.38	8.56
28	20378	10170	10208	4419	3506	912	21.68	34.48	8.94
29	22236	11113	11123	5218	4103	1115	23.47	36.92	10.02
30-34	**85570**	**42647**	**42923**	**24725**	**19693**	**5031**	**28.89**	**46.18**	**11.72**
30	18741	9201	9540	4662	3653	1010	24.88	39.70	10.58
31	16335	8050	8285	4372	3513	859	26.76	43.64	10.36
32	15997	8017	7980	4703	3790	914	29.40	47.27	11.45
33	15894	8029	7865	4914	3902	1012	30.92	48.60	12.86
34	18603	9350	9253	6073	4836	1237	32.65	51.72	13.37
35-39	**79173**	**40064**	**39109**	**29728**	**24273**	**5455**	**37.55**	**60.59**	**13.95**
35	16014	8120	7894	5412	4371	1041	33.80	53.83	13.19
36	15214	7721	7493	5444	4446	998	35.78	57.59	13.31
37	16543	8356	8187	6212	5061	1151	37.55	60.58	14.05
38	16364	8227	8137	6484	5292	1192	39.62	64.32	14.65
39	15038	7641	7398	6177	5103	1074	41.08	66.79	14.52

2-23 续表 continued

年 龄 Age	家庭户人口数 Population of Family Household (person)	男 Male	女 Female	户主数 Number of Household Head (person)	男 Male	女 Female	户主率 Household Head Rate (%)	男 Male	女 Female
40-44	**93358**	**47402**	**45956**	**41884**	**34984**	**6901**	**44.86**	**73.80**	**15.02**
40	16876	8634	8242	7175	5884	1291	42.51	68.14	15.67
41	17659	9067	8592	7810	6498	1312	44.23	71.67	15.27
42	18635	9393	9243	8326	6951	1375	44.68	74.01	14.88
43	19798	10022	9776	9029	7588	1440	45.60	75.72	14.73
44	20391	10287	10104	9544	8063	1482	46.81	78.38	14.66
45-49	**103466**	**52387**	**51079**	**50385**	**43455**	**6931**	**48.70**	**82.95**	**13.57**
45	20612	10558	10055	9811	8391	1420	47.60	79.48	14.12
46	22033	11164	10869	10577	9107	1470	48.00	81.57	13.52
47	20516	10386	10130	10065	8664	1401	49.06	83.41	13.83
48	22362	11268	11095	11033	9514	1519	49.34	84.44	13.69
49	17942	9011	8931	8900	7779	1121	49.61	86.32	12.56
50-54	**96761**	**48879**	**47882**	**49166**	**42512**	**6654**	**50.81**	**86.97**	**13.90**
50	19435	9815	9620	9742	8524	1218	50.13	86.85	12.66
51	19719	9840	9880	9830	8501	1329	49.85	86.39	13.45
52	19210	9626	9584	9783	8436	1348	50.93	87.64	14.06
53	22167	11384	10782	11480	9911	1570	51.79	87.05	14.56
54	16230	8214	8016	8330	7140	1190	51.33	86.92	14.84
55-59	**59300**	**30028**	**29272**	**30629**	**26246**	**4384**	**51.65**	**87.40**	**14.98**
55	9046	4455	4591	4524	3885	638	50.01	87.21	13.90
56	11264	5720	5544	5830	4977	853	51.76	87.02	15.39
57	10512	5383	5129	5535	4731	804	52.65	87.89	15.67
58	13565	6903	6662	7030	6010	1020	51.83	87.07	15.30
59	14913	7567	7346	7710	6641	1069	51.70	87.77	14.55
60-64	**67449**	**33639**	**33810**	**34551**	**28956**	**5595**	**51.23**	**86.08**	**16.55**
60	13529	6670	6859	6889	5838	1050	50.92	87.53	15.31
61	14285	7172	7113	7326	6198	1127	51.28	86.42	15.85
62	14130	7002	7129	7227	6021	1206	51.15	86.00	16.92
63	12743	6348	6395	6534	5448	1086	51.27	85.82	16.98
64	12762	6447	6314	6576	5450	1126	51.53	84.53	17.83
65+	**125060**	**59646**	**65414**	**61200**	**45254**	**15946**	**48.94**	**75.87**	**24.38**

2-24 各地区分性别、受教育程度的人口
Population by Sex, Educational Attainment and Region

单位：人 (person)

地 区	Region	6岁及以上人口 Population Aged 6 and Over	男 Male	女 Female	未上过学 No Schooling	男 Male	女 Female	小 学 Primary School	男 Male	女 Female
全 国	**National Total**	**1077322**	**549723**	**527599**	**61448**	**18267**	**43181**	**275939**	**131541**	**144398**
北 京	Beijing	17001	8721	8279	313	74	238	1631	741	890
天 津	Tianjin	12401	6619	5781	333	96	239	1902	962	941
河 北	Hebei	57884	29438	28446	2752	783	1968	14776	6989	7787
山 西	Shanxi	29052	14883	14169	909	300	609	5620	2607	3014
内蒙古	Inner Mongolia	19913	10053	9860	1013	332	681	4312	2011	2301
辽 宁	Liaoning	35135	17741	17395	782	244	537	6838	3131	3708
吉 林	Jilin	21860	11076	10784	675	234	441	5106	2436	2670
黑龙江	Heilongjiang	30868	15574	15294	1295	482	813	6952	3302	3649
上 海	Shanghai	19274	9910	9364	651	152	500	2528	1165	1363
江 苏	jiangsu	62953	31572	31381	3908	1055	2853	14012	6325	7687
浙 江	Zhejiang	44145	22940	21204	2916	764	2153	12079	5864	6215
安 徽	Anhui	48183	24636	23547	3549	1059	2491	13091	6056	7035
福 建	Fujian	29688	14977	14710	1953	453	1500	9407	4307	5100
江 西	Jiangxi	35394	18318	17076	1830	524	1306	10875	5118	5756
山 东	Shandong	77354	39172	38183	5230	1404	3824	18766	8764	10002
河 南	Henan	73743	37393	36351	4323	1455	2868	17933	8781	9151
湖 北	Hubei	46004	23522	22482	2690	704	1986	10885	5115	5770
湖 南	Hunan	53099	27041	26057	1984	618	1366	13315	6310	7004
广 东	Guangdong	85168	45148	40020	3194	908	2286	18686	8842	9844
广 西	Guangxi	36994	19136	17857	1697	468	1228	10350	4895	5455
海 南	Hainan	7037	3708	3329	332	106	227	1570	751	820
重 庆	Chongqing	24087	12182	11906	1070	287	783	7581	3667	3914
四 川	Sichuan	65259	32466	32793	5508	1674	3835	21287	10482	10805
贵 州	Guizhou	27172	13928	13244	3117	924	2192	9233	4698	4535
云 南	Yunnan	36930	18655	18276	3219	1032	2186	14306	7186	7120
西 藏	Tibet	2512	1272	1240	982	410	571	786	448	338
陕 西	Shaanxi	29889	15052	14837	1685	542	1143	6847	3172	3674
甘 肃	Gansu	20445	10322	10122	1793	550	1244	6813	3264	3549
青 海	Qinghai	4581	2359	2223	605	219	386	1602	790	812
宁 夏	Ningxia	5210	2681	2529	350	99	251	1394	672	722
新 疆	Xinjiang	18087	9230	8857	790	315	475	5455	2692	2763

2-24 续表 continued

单位：人 (person)

地区	Region	初中 Junior Secondary School	男 Male	女 Female	高中 Senior Secondary School	男 Male	女 Female	大专及以上 College and Higher Level	男 Male	女 Female
全国	**National Total**	**418395**	**225166**	**193229**	**182171**	**101326**	**80845**	**139370**	**73423**	**65946**
北京	Beijing	4070	2156	1914	3258	1650	1608	7729	4099	3630
天津	Tianjin	4169	2393	1776	2821	1564	1256	3176	1604	1571
河北	Hebei	25765	13774	11991	8625	4793	3832	5966	3098	2867
山西	Shanxi	12675	6648	6027	5907	3251	2657	3941	2077	1864
内蒙古	Inner Mongolia	7552	4194	3359	3395	1715	1681	3640	1801	1839
辽宁	Liaoning	15399	8081	7318	5787	3040	2745	6331	3244	3087
吉林	Jilin	9333	4861	4472	3653	1949	1705	3093	1597	1497
黑龙江	Heilongjiang	13491	7074	6417	4972	2681	2291	4159	2034	2124
上海	Shanghai	6199	3304	2895	4104	2260	1843	5791	3028	2763
江苏	jiangsu	22540	11931	10609	12036	6753	5282	10458	5508	4950
浙江	Zhejiang	15554	8711	6843	6890	3910	2981	6705	3692	3013
安徽	Anhui	20802	11277	9526	6226	3639	2587	4515	2606	1909
福建	Fujian	10337	5799	4538	4570	2573	1997	3421	1845	1576
江西	Jiangxi	13502	7243	6259	6011	3455	2556	3177	1977	1200
山东	Shandong	30835	16546	14289	13025	7394	5631	9499	5064	4436
河南	Henan	32979	17355	15624	12638	6914	5723	5870	2886	2983
湖北	Hubei	17461	9295	8166	8563	4890	3673	6406	3518	2888
湖南	Hunan	20403	10477	9926	11213	6199	5013	6184	3438	2747
广东	Guangdong	33330	18439	14890	18179	10484	7694	11779	6474	5304
广西	Guangxi	16376	9019	7357	5616	3155	2462	2954	1600	1355
海南	Hainan	3197	1715	1482	1253	741	512	685	395	288
重庆	Chongqing	8112	4272	3839	4287	2360	1927	3038	1596	1442
四川	Sichuan	23637	12591	11046	8958	4866	4093	5869	2854	3015
贵州	Guizhou	9951	5670	4281	2967	1612	1354	1905	1025	881
云南	Yunnan	12135	6834	5301	4060	2147	1913	3210	1456	1755
西藏	Tibet	466	273	193	146	82	64	132	59	73
陕西	Shaanxi	11835	6364	5471	5701	3218	2482	3822	1755	2067
甘肃	Gansu	6337	3461	2876	3310	1863	1447	2191	1184	1006
青海	Qinghai	1390	804	585	540	305	235	444	241	204
宁夏	Ningxia	1821	1013	807	844	468	375	801	428	374
新疆	Xinjiang	6743	3591	3151	2618	1391	1226	2483	1240	1241

2-25 各地区城市分性别、受教育程度的人口
City Population by Sex, Educational Attainment and Region

单位：人 (person)

地 区	Region	6岁及以上人口 Population Aged 6 and Over	男 Male	女 Female	未上过学 No Schooling	男 Male	女 Female	小 学 Primary School	男 Male	女 Female
全 国	**National Total**	**374066**	**190712**	**183354**	**8985**	**2436**	**6549**	**57425**	**26466**	**30958**
北 京	Beijing	14009	7170	6839	161	36	125	1129	492	637
天 津	Tianjin	9450	5057	4393	178	54	122	1123	592	531
河 北	Hebei	14486	7323	7162	304	89	216	2200	1017	1183
山 西	Shanxi	8172	4168	4005	142	44	100	1024	476	548
内蒙古	Inner Mongolia	6847	3342	3504	87	24	63	738	312	427
辽 宁	Liaoning	19714	9796	9917	203	48	156	2163	931	1232
吉 林	Jilin	8341	4182	4160	138	50	89	1054	461	593
黑龙江	Heilongjiang	12494	6192	6302	221	68	153	1416	635	781
上 海	Shanghai	15200	7744	7457	391	90	302	1674	757	918
江 苏	Jiangsu	27121	13493	13628	801	179	622	4436	1968	2468
浙 江	Zhejiang	19468	10147	9321	694	166	528	4309	2088	2221
安 徽	Anhui	11252	5710	5543	341	86	254	1994	839	1155
福 建	Fujian	12983	6614	6368	464	80	384	2802	1290	1512
江 西	Jiangxi	7976	4284	3692	205	67	137	1488	709	779
山 东	Shandong	22965	11701	11264	740	192	549	3372	1547	1824
河 南	Henan	17609	8751	8857	380	144	236	2683	1269	1414
湖 北	Hubei	16382	8470	7913	540	144	396	2275	1022	1252
湖 南	Hunan	12364	6189	6175	140	49	91	1999	893	1105
广 东	Guangdong	47829	25770	22059	1130	331	799	7483	3575	3909
广 西	Guangxi	8998	4610	4388	166	46	121	1441	678	763
海 南	Hainan	2337	1212	1125	52	18	35	340	166	175
重 庆	Chongqing	8807	4386	4421	154	45	108	1542	690	852
四 川	Sichuan	14115	6816	7299	409	124	285	2629	1197	1432
贵 州	Guizhou	5805	2897	2908	170	50	120	1135	519	616
云 南	Yunnan	7344	3496	3848	211	56	156	1530	748	781
西 藏	Tibet	382	197	185	86	34	53	107	57	50
陕 西	Shaanxi	7897	4089	3809	116	32	85	909	398	511
甘 肃	Gansu	4828	2403	2426	150	36	114	773	353	420
青 海	Qinghai	1246	643	603	34	9	25	242	114	128
宁 夏	Ningxia	1936	990	946	50	11	39	264	126	138
新 疆	Xinjiang	5707	2871	2836	125	34	91	1150	546	604

2-25 续表 continued

单位：人 (person)

地 区	Region	初 中 Junior Secondary School	男 Male	女 Female	高 中 Senior Secondary School	男 Male	女 Female	大专及以上 College and Higher Level	男 Male	女 Female
全 国	**National Total**	**118897**	**61922**	**56974**	**90190**	**48253**	**41937**	**98568**	**51635**	**46934**
北 京	Beijing	2711	1403	1308	2678	1331	1346	7330	3907	3423
天 津	Tianjin	2717	1552	1165	2508	1386	1122	2925	1473	1452
河 北	Hebei	4611	2380	2231	3397	1776	1621	3974	2061	1911
山 西	Shanxi	2625	1333	1292	2273	1188	1084	2108	1128	980
内蒙古	Inner Mongolia	1838	934	904	1717	897	820	2467	1176	1291
辽 宁	Liaoning	7057	3535	3522	4561	2355	2205	5729	2928	2802
吉 林	Jilin	2831	1420	1411	2244	1179	1066	2073	1073	1001
黑龙江	Heilongjiang	4333	2192	2141	3166	1643	1524	3358	1654	1704
上 海	Shanghai	4356	2255	2101	3471	1890	1582	5307	2753	2553
江 苏	Jiangsu	7930	4080	3851	6499	3388	3111	7455	3878	3576
浙 江	Zhejiang	6619	3624	2996	3464	1939	1525	4381	2329	2052
安 徽	Anhui	4109	2084	2025	2381	1310	1071	2428	1391	1038
福 建	Fujian	4312	2341	1971	2755	1516	1239	2650	1387	1262
江 西	Jiangxi	2512	1262	1250	1928	1054	874	1843	1191	652
山 东	Shandong	6705	3402	3304	5609	2907	2702	6537	3652	2886
河 南	Henan	5530	2862	2668	4780	2441	2338	4235	2035	2201
湖 北	Hubei	4821	2424	2397	4410	2422	1988	4337	2457	1880
湖 南	Hunan	3717	1832	1885	3519	1836	1683	2989	1579	1410
广 东	Guangdong	17630	9789	7841	11870	6817	5053	9716	5258	4458
广 西	Guangxi	3292	1703	1589	2361	1257	1104	1738	927	811
海 南	Hainan	816	397	418	645	357	287	484	273	211
重 庆	Chongqing	2525	1258	1266	2292	1192	1099	2296	1201	1095
四 川	Sichuan	4410	2215	2194	3237	1673	1564	3430	1607	1824
贵 州	Guizhou	2055	1047	1008	1339	683	657	1105	597	507
云 南	Yunnan	2339	1202	1136	1254	655	600	2010	836	1175
西 藏	Tibet	89	48	40	52	33	18	48	24	24
陕 西	Shaanxi	2488	1335	1154	2398	1358	1040	1985	966	1019
甘 肃	Gansu	1307	634	673	1370	710	660	1228	670	558
青 海	Qinghai	416	223	194	291	154	136	263	143	120
宁 夏	Ningxia	615	320	295	436	231	205	572	302	269
新 疆	Xinjiang	1583	838	745	1282	673	609	1567	781	786

2-26 各地区镇分性别、受教育程度的人口
Town Population by Sex, Educational Attainment and Region

单位：人 (person)

地 区	Region	6岁及以上人口 Population Aged 6 and Over	男 Male	女 Female	未上过学 No Schooling	男 Male	女 Female	小 学 Primary School	男 Male	女 Female
全 国	**National Total**	**245704**	**125629**	**120076**	**12166**	**3456**	**8709**	**59744**	**27999**	**31744**
北 京	Beijing	626	339	288	27	6	20	98	49	48
天 津	Tianjin	811	493	318	18	7	11	198	103	94
河 北	Hebei	16138	8196	7942	663	184	479	3802	1774	2028
山 西	Shanxi	7984	4063	3922	200	65	135	1280	622	658
内蒙古	Inner Mongolia	5165	2732	2432	173	50	123	1062	501	561
辽 宁	Liaoning	3767	1938	1829	69	15	54	828	376	452
吉 林	Jilin	3745	1899	1846	74	26	48	631	288	344
黑龙江	Heilongjiang	5639	2837	2802	177	73	105	1143	538	605
上 海	Shanghai	1693	926	767	94	26	68	305	151	153
江 苏	Jiangsu	15209	7764	7445	1197	375	822	3160	1430	1730
浙 江	Zhejiang	9835	5200	4635	474	101	373	2595	1214	1381
安 徽	Anhui	13772	7082	6690	686	195	490	3385	1490	1894
福 建	Fujian	5755	2898	2857	338	70	268	1964	859	1105
江 西	Jiangxi	10746	5448	5298	431	109	320	3070	1412	1657
山 东	Shandong	22195	11223	10972	1561	419	1143	5356	2532	2824
河 南	Henan	17932	9289	8643	699	183	516	3635	1788	1847
湖 北	Hubei	10266	5149	5117	430	126	304	2098	935	1163
湖 南	Hunan	15543	8037	7506	529	160	369	3226	1491	1735
广 东	Guangdong	11079	5753	5325	423	122	302	2497	1118	1379
广 西	Guangxi	8694	4557	4137	331	96	236	2210	1070	1140
海 南	Hainan	1627	851	775	67	19	48	360	159	201
重 庆	Chongqing	6129	3123	3006	236	65	171	1891	916	976
四 川	Sichuan	17699	8829	8871	913	225	688	5065	2427	2638
贵 州	Guizhou	6133	3164	2969	619	177	442	1945	974	971
云 南	Yunnan	9112	4590	4522	604	169	435	3166	1551	1615
西 藏	Tibet	368	181	186	127	54	72	92	47	45
陕 西	Shaanxi	8535	4211	4324	467	153	315	1997	916	1080
甘 肃	Gansu	4284	2155	2129	256	88	169	1230	576	654
青 海	Qinghai	1126	594	533	148	56	92	400	194	205
宁 夏	Ningxia	990	514	476	36	8	28	253	113	140
新 疆	Xinjiang	3107	1594	1513	95	35	60	804	382	422

2-26 续表 continued

单位：人 (person)

地 区	Region	初 中 Junior Secondary School	男 Male	女 Female	高 中 Senior Secondary School	男 Male	女 Female	大专及以上 College and Higher Level	男 Male	女 Female
全 国	**National Total**	**102759**	**54680**	**48079**	**44441**	**25235**	**19205**	**26594**	**14257**	**12337**
北 京	Beijing	257	146	110	130	76	54	116	60	56
天 津	Tianjin	403	266	137	75	44	30	117	72	45
河 北	Hebei	7656	4061	3594	2596	1432	1164	1421	745	676
山 西	Shanxi	3448	1726	1722	1751	959	790	1305	690	616
内蒙古	Inner Mongolia	2243	1267	976	834	457	377	854	458	395
辽 宁	Liaoning	2162	1176	986	430	231	200	277	140	137
吉 林	Jilin	1524	784	740	773	417	355	743	385	358
黑龙江	Heilongjiang	2715	1380	1335	1051	583	467	553	262	290
上 海	Shanghai	698	402	295	292	177	115	305	169	136
江 苏	Jiangsu	6307	3340	2966	2696	1621	1076	1849	997	851
浙 江	Zhejiang	3661	2041	1620	1536	844	693	1569	1000	568
安 徽	Anhui	6502	3470	3032	1875	1157	718	1324	770	555
福 建	Fujian	2190	1242	948	833	460	373	429	266	162
江 西	Jiangxi	4153	2124	2029	2203	1273	930	890	529	360
山 东	Shandong	9661	5259	4402	3492	2082	1410	2124	931	1192
河 南	Henan	8780	4573	4207	3896	2241	1656	922	504	417
湖 北	Hubei	4213	2192	2021	2097	1192	905	1427	703	724
湖 南	Hunan	5524	2800	2724	3904	2178	1726	2361	1408	953
广 东	Guangdong	4210	2261	1949	2740	1520	1220	1207	732	475
广 西	Guangxi	3702	2005	1697	1613	921	692	837	465	372
海 南	Hainan	864	468	396	234	144	90	102	62	40
重 庆	Chongqing	2371	1206	1164	1178	699	478	453	235	217
四 川	Sichuan	7279	3801	3478	2848	1561	1287	1596	816	781
贵 州	Guizhou	2456	1386	1070	677	382	294	437	245	193
云 南	Yunnan	3193	1741	1452	1422	753	670	727	376	351
西 藏	Tibet	118	64	54	9	5	4	22	10	12
陕 西	Shaanxi	3196	1735	1461	1657	927	730	1218	479	739
甘 肃	Gansu	1462	769	693	805	438	367	530	285	246
青 海	Qinghai	365	218	147	108	68	40	105	57	48
宁 夏	Ningxia	406	229	176	156	90	67	139	75	64
新 疆	Xinjiang	1040	543	497	531	302	229	637	331	306

2-27 各地区乡村分性别、受教育程度的人口
Rural Population by Sex, Educational Attainment and Region

单位：人 (person)

地区	Region	6岁及以上人口 Population Aged 6 and Over	男 Male	女 Female	未上过学 No Schooling	男 Male	女 Female	小学 Primary School	男 Male	女 Female
全国	**National Total**	**457552**	**233382**	**224170**	**40296**	**12375**	**27921**	**158770**	**77075**	**81695**
北京	Beijing	2365	1212	1153	125	32	92	405	200	205
天津	Tianjin	2139	1069	1071	137	35	104	582	266	316
河北	Hebei	27260	13918	13342	1784	510	1274	8774	4199	4575
山西	Shanxi	12895	6653	6242	566	192	374	3316	1509	1807
内蒙古	Inner Mongolia	7901	3978	3923	754	258	495	2512	1198	1314
辽宁	Liaoning	11655	6006	5648	508	181	328	3847	1824	2024
吉林	Jilin	9774	4995	4779	461	158	303	3421	1687	1734
黑龙江	Heilongjiang	12736	6546	6190	896	342	555	4393	2129	2264
上海	Shanghai	2380	1240	1141	167	36	130	549	257	292
江苏	Jiangsu	20623	10315	10308	1910	502	1408	6416	2926	3490
浙江	Zhejiang	14842	7594	7248	1748	497	1251	5175	2562	2613
安徽	Anhui	23158	11844	11315	2523	777	1746	7712	3727	3985
福建	Fujian	10950	5465	5485	1151	303	849	4641	2158	2483
江西	Jiangxi	16672	8587	8086	1196	347	848	6317	2997	3320
山东	Shandong	32195	16248	15946	2927	794	2133	10038	4684	5354
河南	Henan	38203	19353	18850	3244	1129	2116	11615	5724	5891
湖北	Hubei	19356	9903	9453	1719	435	1286	6512	3157	3355
湖南	Hunan	25191	12815	12376	1314	408	907	8090	3926	4164
广东	Guangdong	26260	13625	12635	1641	456	1185	8705	4149	4557
广西	Guangxi	19302	9969	9332	1199	327	872	6699	3147	3552
海南	Hainan	3073	1645	1428	213	69	143	870	426	444
重庆	Chongqing	9151	4673	4479	680	175	505	4148	2061	2086
四川	Sichuan	33444	16821	16623	4186	1325	2861	13592	6857	6735
贵州	Guizhou	15234	7867	7367	2328	696	1631	6153	3204	2949
云南	Yunnan	20474	10568	9906	2403	808	1595	9611	4887	4724
西藏	Tibet	1763	894	869	768	322	446	587	343	244
陕西	Shaanxi	13456	6752	6704	1101	358	743	3941	1858	2083
甘肃	Gansu	11332	5765	5568	1388	427	961	4810	2335	2475
青海	Qinghai	2209	1122	1086	424	154	270	960	482	478
宁夏	Ningxia	2284	1177	1107	264	80	185	877	433	444
新疆	Xinjiang	9274	4765	4509	570	246	324	3501	1763	1738

2-27 续表 continued

单位：人 (person)

地 区	Region	初 中 Junior Secondary School	男 Male	女 Female	高 中 Senior Secondary School	男 Male	女 Female	大专及以上 College and Higher Level	男 Male	女 Female
全 国	**National Total**	**196739**	**108564**	**88176**	**47539**	**27836**	**19703**	**14207**	**7531**	**6675**
北 京	Beijing	1102	607	495	451	242	209	283	132	151
天 津	Tianjin	1048	575	473	238	135	104	133	59	74
河 北	Hebei	13499	7333	6166	2632	1584	1047	572	292	279
山 西	Shanxi	6601	3589	3012	1884	1104	781	528	260	268
内蒙古	Inner Mongolia	3472	1993	1479	845	362	483	319	167	152
辽 宁	Liaoning	6180	3371	2810	795	456	340	324	176	148
吉 林	Jilin	4977	2657	2321	638	353	284	276	140	137
黑龙江	Heilongjiang	6443	3502	2941	755	454	299	248	118	130
上 海	Shanghai	1146	647	499	340	192	147	180	107	73
江 苏	Jiangsu	8303	4511	3792	2839	1745	1095	1155	631	523
浙 江	Zhejiang	5273	3046	2227	1889	1127	763	757	363	394
安 徽	Anhui	10191	5723	4468	1970	1171	800	761	446	315
福 建	Fujian	3834	2216	1618	981	597	384	343	191	152
江 西	Jiangxi	6838	3857	2981	1878	1128	750	443	258	186
山 东	Shandong	14469	7886	6583	3922	2405	1518	838	480	359
河 南	Henan	18670	9921	8749	3962	2232	1730	712	348	365
湖 北	Hubei	8427	4679	3748	2056	1276	780	642	358	285
湖 南	Hunan	11162	5844	5318	3790	2185	1604	834	452	384
广 东	Guangdong	11489	6389	5100	3569	2147	1422	856	484	372
广 西	Guangxi	9383	5311	4071	1641	976	665	380	208	171
海 南	Hainan	1517	849	667	375	239	135	99	61	37
重 庆	Chongqing	3216	1808	1409	818	468	350	290	160	129
四 川	Sichuan	11949	6575	5374	2874	1631	1243	843	433	410
贵 州	Guizhou	5439	3236	2203	951	547	403	363	183	180
云 南	Yunnan	6604	3890	2713	1384	741	643	472	243	229
西 藏	Tibet	260	161	99	86	43	42	62	25	37
陕 西	Shaanxi	6150	3294	2857	1646	933	712	618	309	309
甘 肃	Gansu	3568	2058	1510	1134	715	419	432	229	203
青 海	Qinghai	609	363	245	141	83	58	74	40	35
宁 夏	Ningxia	800	464	337	252	147	103	90	52	39
新 疆	Xinjiang	4120	2210	1910	804	416	387	279	130	150

2-28 各地区分性别的15岁及以上文盲人口
Illiterate Population Aged 15 and Over by Sex and Region

地 区	Region	15岁及以上人口(人) Population Aged 15 and Over (person)	男 Male	女 Female	文盲人口(人) Illiterate Population (person)	男 Male	女 Female	文盲人口占15岁及以上人口的比重(%) % to Total Aged 15 and Over (%)	男 Male	女 Female
全 国	**National Total**	**965321**	**488944**	**476376**	**50980**	**13402**	**37578**	**5.28**	**2.74**	**7.89**
北 京	Beijing	16160	8275	7885	252	52	201	1.56	0.62	2.54
天 津	Tianjin	11624	6217	5407	262	66	196	2.26	1.07	3.62
河 北	Hebei	51166	25832	25334	2097	473	1623	4.10	1.83	6.41
山 西	Shanxi	26163	13383	12780	660	198	462	2.52	1.48	3.61
内蒙古	Inner Mongolia	18431	9303	9128	859	252	607	4.66	2.71	6.65
辽 宁	Liaoning	32768	16513	16254	553	144	409	1.69	0.87	2.52
吉 林	Jilin	20043	10116	9927	496	151	345	2.47	1.49	3.48
黑龙江	Heilongjiang	28670	14444	14226	1031	356	675	3.60	2.47	4.74
上 海	Shanghai	18236	9347	8889	567	114	454	3.11	1.22	5.10
江 苏	Jiangsu	57799	28713	29085	3361	790	2571	5.81	2.75	8.84
浙 江	Zhejiang	40768	21118	19650	2443	568	1875	5.99	2.69	9.54
安 徽	Anhui	42927	21710	21218	2923	810	2114	6.81	3.73	9.96
福 建	Fujian	26534	13292	13241	1628	314	1314	6.14	2.37	9.92
江 西	Jiangxi	30389	15452	14937	1469	358	1111	4.83	2.32	7.44
山 东	Shandong	69325	34752	34573	4547	1089	3458	6.56	3.13	10.00
河 南	Henan	63480	31520	31960	3586	1076	2510	5.65	3.41	7.85
湖 北	Hubei	41739	21236	20503	2352	552	1800	5.64	2.60	8.78
湖 南	Hunan	46880	23678	23201	1588	430	1158	3.39	1.82	4.99
广 东	Guangdong	76689	40344	36345	2204	429	1775	2.87	1.06	4.88
广 西	Guangxi	31991	16441	15550	1212	241	971	3.79	1.47	6.25
海 南	Hainan	6178	3228	2950	286	77	209	4.63	2.38	7.10
重 庆	Chongqing	21611	10852	10759	869	203	666	4.02	1.87	6.19
四 川	Sichuan	58371	28868	29503	4799	1336	3463	8.22	4.63	11.74
贵 州	Guizhou	23252	11848	11404	2758	742	2017	11.86	6.26	17.68
云 南	Yunnan	32301	16265	16036	2853	842	2010	8.83	5.18	12.54
西 藏	Tibet	2119	1076	1043	871	360	511	41.12	33.47	49.02
陕 西	Shaanxi	27265	13659	13606	1423	427	996	5.22	3.13	7.32
甘 肃	Gansu	18235	9127	9109	1587	460	1127	8.70	5.04	12.38
青 海	Qinghai	4004	2065	1938	538	192	347	13.45	9.27	17.90
宁 夏	Ningxia	4581	2345	2236	312	82	230	6.82	3.50	10.30
新 疆	Xinjiang	15624	7925	7699	591	219	373	3.79	2.76	4.84

2-29 各地区城市分性别的15岁及以上文盲人口
City Illiterate Population Aged 15 and Over by Sex and Region

地 区	Region	15岁及以上人口(人) Population Aged 15 and Over (person)	男 Male	女 Female	文盲人口(人) Illiterate Population (person)	男 Male	女 Female	文盲人口占15岁及以上人口的比重(%) % to Total Aged 15 and Over (%)	男 Male	女 Female
全 国	**National Total**	**346554**	**175930**	**170625**	**6827**	**1459**	**5368**	**1.97**	**0.83**	**3.15**
北 京	Beijing	13329	6816	6513	118	18	100	0.88	0.26	1.54
天 津	Tianjin	8967	4817	4151	128	34	95	1.43	0.70	2.28
河 北	Hebei	13313	6696	6616	200	36	165	1.50	0.53	2.49
山 西	Shanxi	7441	3795	3646	94	29	66	1.26	0.75	1.80
内蒙古	Inner Mongolia	6381	3098	3283	54	7	47	0.84	0.22	1.44
辽 宁	Liaoning	18634	9258	9376	112	15	98	0.60	0.16	1.04
吉 林	Jilin	7839	3928	3911	90	27	62	1.14	0.69	1.60
黑龙江	Heilongjiang	11826	5842	5984	150	34	117	1.27	0.57	1.95
上 海	Shanghai	14391	7309	7082	314	57	257	2.18	0.79	3.63
江 苏	Jiangsu	25237	12446	12791	683	126	556	2.71	1.02	4.35
浙 江	Zhejiang	18102	9403	8699	561	108	453	3.10	1.15	5.20
安 徽	Anhui	10389	5232	5157	239	51	187	2.30	0.98	3.63
福 建	Fujian	11791	5978	5813	385	46	339	3.26	0.76	5.83
江 西	Jiangxi	7227	3852	3375	138	37	101	1.91	0.96	3.00
山 东	Shandong	21104	10695	10409	644	145	500	3.05	1.35	4.80
河 南	Henan	15824	7781	8043	263	79	184	1.66	1.01	2.29
湖 北	Hubei	15196	7864	7332	442	91	350	2.91	1.16	4.78
湖 南	Hunan	11349	5643	5705	86	20	66	0.76	0.35	1.15
广 东	Guangdong	44407	23826	20582	815	183	632	1.84	0.77	3.07
广 西	Guangxi	8150	4156	3994	96	13	84	1.18	0.30	2.10
海 南	Hainan	2082	1062	1020	39	9	30	1.89	0.88	2.94
重 庆	Chongqing	8255	4097	4158	107	27	81	1.30	0.65	1.94
四 川	Sichuan	13161	6301	6860	339	96	243	2.57	1.52	3.54
贵 州	Guizhou	5272	2620	2652	127	30	98	2.42	1.14	3.68
云 南	Yunnan	6642	3161	3481	170	37	132	2.55	1.18	3.80
西 藏	Tibet	352	183	170	87	34	53	24.65	18.67	31.10
陕 西	Shaanxi	7318	3774	3545	70	11	58	0.95	0.30	1.65
甘 肃	Gansu	4488	2218	2270	130	28	102	2.89	1.24	4.50
青 海	Qinghai	1142	588	554	24	6	18	2.13	0.99	3.34
宁 夏	Ningxia	1763	894	869	40	8	32	2.28	0.93	3.66
新 疆	Xinjiang	5181	2599	2582	82	20	62	1.59	0.77	2.42

2-30 各地区镇分性别的15岁及以上文盲人口
Town Illiterate Population Aged 15 and Over by Sex and Region

地 区	Region	15岁及以上人口(人) Population Aged 15 and Over (person)	男 Male	女 Female	文盲人口(人) Illiterate Population (person)	男 Male	女 Female	文盲人口占15岁及以上人口的比重(%) % to Total Aged 15 and Over (%)	男 Male	女 Female
全 国	**National Total**	**220074**	**111614**	**108460**	**9931**	**2447**	**7483**	**4.51**	**2.19**	**6.90**
北 京	Beijing	598	322	276	26	6	20	4.37	1.91	7.23
天 津	Tianjin	748	455	293	16	5	11	2.09	1.02	3.76
河 北	Hebei	14247	7178	7069	508	115	392	3.56	1.61	5.55
山 西	Shanxi	7126	3609	3517	139	37	102	1.95	1.01	2.90
内蒙古	Inner Mongolia	4807	2553	2254	135	33	102	2.82	1.30	4.54
辽 宁	Liaoning	3456	1770	1686	52	10	42	1.50	0.55	2.50
吉 林	Jilin	3471	1760	1711	47	16	31	1.36	0.90	1.83
黑龙江	Heilongjiang	5265	2639	2625	114	39	75	2.17	1.49	2.86
上 海	Shanghai	1591	870	722	89	22	67	5.59	2.58	9.22
江 苏	Jiangsu	13907	7046	6861	1075	314	762	7.73	4.45	11.10
浙 江	Zhejiang	9112	4811	4301	327	51	275	3.58	1.07	6.40
安 徽	Anhui	12431	6341	6090	486	116	370	3.91	1.83	6.08
福 建	Fujian	5058	2507	2550	289	51	237	5.71	2.04	9.31
江 西	Jiangxi	9199	4579	4620	358	68	290	3.89	1.48	6.28
山 东	Shandong	19782	9856	9926	1386	334	1052	7.01	3.39	10.60
河 南	Henan	15647	7966	7681	534	112	422	3.41	1.41	5.49
湖 北	Hubei	9381	4663	4718	371	100	271	3.96	2.14	5.75
湖 南	Hunan	13892	7141	6751	450	123	327	3.24	1.72	4.84
广 东	Guangdong	9946	5121	4824	270	38	231	2.71	0.75	4.79
广 西	Guangxi	7630	3964	3667	232	47	185	3.05	1.19	5.05
海 南	Hainan	1455	755	700	54	13	42	3.74	1.66	5.98
重 庆	Chongqing	5431	2730	2701	175	35	140	3.23	1.29	5.19
四 川	Sichuan	15873	7868	8005	775	167	608	4.88	2.12	7.60
贵 州	Guizhou	5320	2735	2585	540	140	400	10.15	5.13	15.47
云 南	Yunnan	8148	4110	4038	533	138	395	6.55	3.36	9.79
西 藏	Tibet	318	157	162	94	38	56	29.50	24.09	34.74
陕 西	Shaanxi	7827	3827	3999	398	121	277	5.09	3.16	6.93
甘 肃	Gansu	3822	1905	1917	218	75	143	5.71	3.96	7.45
青 海	Qinghai	993	524	469	152	57	94	15.26	10.90	20.14
宁 夏	Ningxia	873	450	423	30	5	25	3.43	1.14	5.86
新 疆	Xinjiang	2723	1403	1320	58	20	38	2.13	1.43	2.86

2-31 各地区乡村分性别的15岁及以上文盲人口

Rural Illiterate Population Aged 15 and Over by Sex and Region

地 区	Region	15岁及以上人口(人) Population Aged 15 and Over (person)	男 Male	女 Female	文盲人口(人) Illiterate Population (person)	男 Male	女 Female	文盲人口占15岁及以上人口的比重(%) % to Total Aged 15 and Over (%)	男 Male	女 Female
全 国	**National Total**	**398692**	**201401**	**197292**	**34222**	**9496**	**24726**	**8.58**	**4.72**	**12.53**
北 京	Beijing	2233	1137	1096	108	28	80	4.85	2.45	7.35
天 津	Tianjin	1909	945	964	118	28	90	6.19	2.95	9.37
河 北	Hebei	23607	11958	11649	1388	322	1066	5.88	2.70	9.15
山 西	Shanxi	11596	5980	5617	428	133	294	3.69	2.23	5.24
内蒙古	Inner Mongolia	7244	3653	3591	670	212	458	9.24	5.80	12.74
辽 宁	Liaoning	10678	5485	5193	389	119	269	3.64	2.18	5.19
吉 林	Jilin	8733	4428	4305	359	108	252	4.11	2.43	5.85
黑龙江	Heilongjiang	11579	5962	5617	766	284	483	6.62	4.76	8.60
上 海	Shanghai	2253	1168	1085	164	34	130	7.27	2.88	12.00
江 苏	Jiangsu	18655	9221	9434	1603	350	1253	8.59	3.80	13.28
浙 江	Zhejiang	13554	6904	6650	1556	409	1147	11.48	5.92	17.25
安 徽	Anhui	20107	10136	9971	2199	642	1556	10.93	6.34	15.61
福 建	Fujian	9684	4807	4878	955	217	737	9.86	4.52	15.11
江 西	Jiangxi	13963	7021	6942	972	253	720	6.96	3.60	10.37
山 东	Shandong	28439	14201	14238	2517	610	1907	8.85	4.29	13.40
河 南	Henan	32009	15773	16236	2790	885	1905	8.72	5.61	11.73
湖 北	Hubei	17162	8709	8453	1539	361	1178	8.97	4.14	13.94
湖 南	Hunan	21639	10894	10745	1052	287	765	4.86	2.63	7.12
广 东	Guangdong	22336	11397	10939	1120	208	912	5.01	1.83	8.33
广 西	Guangxi	16211	8322	7889	884	181	702	5.45	2.18	8.90
海 南	Hainan	2641	1411	1230	193	55	138	7.30	3.90	11.19
重 庆	Chongqing	7925	4025	3900	587	141	445	7.40	3.51	11.42
四 川	Sichuan	29337	14699	14638	3685	1074	2612	12.56	7.30	17.84
贵 州	Guizhou	12659	6494	6166	2091	572	1519	16.52	8.80	24.64
云 南	Yunnan	17512	8993	8518	2150	667	1483	12.28	7.41	17.41
西 藏	Tibet	1448	737	711	690	288	402	47.68	39.13	56.54
陕 西	Shaanxi	12120	6058	6062	955	295	660	7.88	4.87	10.89
甘 肃	Gansu	9926	5004	4921	1240	357	882	12.49	7.14	17.93
青 海	Qinghai	1868	953	915	363	129	234	19.40	13.49	25.56
宁 夏	Ningxia	1945	1002	944	242	69	174	12.46	6.87	18.40
新 疆	Xinjiang	7720	3924	3796	451	179	272	5.84	4.56	7.18

2-32 全国15岁及以上人口分年龄、性别的婚姻状况
Population Aged 15 and Over by Age, Sex and Marital Status

单位：人 (person)

年龄 Age	15岁及以上人口 Population Aged 15 and Over	男 Male	女 Female	未婚 Never Married	男 Male	女 Female	有配偶 First Married	男 Male	女 Female
总计 Total	**965321**	**488944**	**476376**	**182568**	**107984**	**74584**	**710768**	**354610**	**356158**
15-19	**61562**	**33199**	**28363**	**60485**	**32739**	**27746**	**1048**	**449**	**599**
15	12592	6871	5721	12533	6824	5709	54	45	8
16	12688	6717	5971	12629	6681	5948	55	35	21
17	11599	6298	5301	11442	6231	5211	152	66	86
18	12409	6812	5597	12106	6678	5428	295	131	164
19	12275	6501	5773	11774	6325	5449	492	172	320
20-24	**79102**	**41366**	**37736**	**63168**	**35441**	**27727**	**15705**	**5829**	**9876**
20	14469	7432	7037	13514	7151	6363	944	278	666
21	15600	8103	7497	13848	7551	6298	1714	534	1180
22	15184	8107	7077	12521	7172	5349	2634	923	1711
23	16323	8503	7821	12051	6879	5173	4207	1599	2608
24	17526	9222	8304	11234	6690	4545	6207	2496	3711
25-29	**106663**	**54225**	**52439**	**36751**	**22866**	**13885**	**68467**	**30608**	**37860**
25	17425	8920	8506	9316	5599	3717	7981	3266	4715
26	22792	11606	11186	9970	6070	3900	12581	5410	7171
27	22285	11333	10952	7296	4584	2712	14690	6601	8089
28	21155	10706	10449	5486	3526	1960	15330	6984	8346
29	23005	11659	11346	4683	3087	1596	17885	8346	9539
30-34	**87573**	**44070**	**43503**	**9642**	**6482**	**3161**	**75508**	**36235**	**39272**
30	19238	9557	9681	2986	1929	1056	15783	7390	8393
31	16747	8348	8399	2176	1462	714	14144	6670	7474
32	16360	8273	8087	1711	1152	559	14186	6843	7343
33	16261	8288	7974	1456	1031	425	14321	6960	7361
34	18967	9604	9363	1314	908	406	17073	8372	8701
35-39	**80485**	**40992**	**39492**	**3657**	**2670**	**988**	**73854**	**36689**	**37165**
35	16305	8330	7975	975	689	286	14794	7331	7462
36	15507	7928	7579	837	586	251	14107	7028	7079
37	16796	8541	8255	676	506	171	15497	7685	7812
38	16615	8399	8216	628	470	158	15335	7585	7750
39	15262	7794	7467	541	419	122	14121	7060	7061

2-32 续表 1 continued

单位：人 (person)

年龄 Age	15岁及以上人口 Population Aged 15 and Over	男 Male	女 Female	未婚 Never Married	男 Male	女 Female	有配偶 First Married	男 Male	女 Female
40-44	**94730**	**48342**	**46388**	**2471**	**2028**	**443**	**88295**	**44259**	**44037**
40	17138	8816	8322	520	417	102	15869	7994	7876
41	17921	9247	8674	506	412	94	16699	8453	8246
42	18917	9584	9333	493	416	77	17705	8790	8915
43	20063	10206	9857	495	408	87	18691	9367	9323
44	20691	10489	10202	457	374	83	19332	9654	9677
45-49	**104623**	**53194**	**51429**	**1880**	**1638**	**242**	**98028**	**49273**	**48756**
45	20820	10709	10111	448	387	61	19428	9851	9577
46	22281	11348	10933	410	350	60	20914	10534	10380
47	20757	10549	10208	363	323	40	19451	9771	9680
48	22619	11434	11185	383	333	49	21190	10604	10586
49	18145	9153	8992	276	244	32	17046	8513	8533
50-54	**97608**	**49491**	**48116**	**1252**	**1114**	**138**	**90858**	**46127**	**44731**
50	19623	9951	9672	295	262	33	18379	9251	9128
51	19909	9971	9938	256	216	40	18641	9339	9303
52	19395	9751	9643	242	217	26	18008	9066	8942
53	22319	11502	10817	270	251	20	20698	10723	9975
54	16362	8316	8045	187	168	19	15133	7750	7383
55-59	**59638**	**30264**	**29374**	**719**	**654**	**65**	**54264**	**27800**	**26464**
55	9106	4490	4616	105	87	19	8439	4190	4249
56	11346	5777	5569	122	112	10	10343	5305	5038
57	10565	5420	5144	108	100	8	9601	4997	4605
58	13637	6958	6680	186	173	13	12318	6345	5973
59	14984	7619	7365	198	183	16	13562	6964	6598
60-64	**67696**	**33810**	**33887**	**925**	**870**	**55**	**59563**	**30382**	**29181**
60	13587	6708	6879	179	169	10	12174	6084	6091
61	14348	7218	7130	191	181	10	12725	6530	6196
62	14177	7038	7139	198	182	16	12449	6301	6147
63	12782	6374	6408	184	175	9	11128	5675	5453
64	12802	6472	6330	174	164	10	11086	5792	5294
65+	**125642**	**59992**	**65650**	**1618**	**1483**	**135**	**85178**	**46960**	**38218**

2-32 续表 2 continued

单位：人 (person)

年龄 Age	离婚 Divorced	男 Male	女 Female	丧偶 Widowed	男 Male	女 Female
总计 Total	**18408**	**10415**	**7993**	**53577**	**15935**	**37641**
15-19	**20**	**6**	**14**	**9**	**5**	**4**
15	2		2	3	2	1
16	1		1	1	1	1
17	2		2	3		2
18	6	2	4	2	2	
19	8	4	4			
20-24	**192**	**86**	**106**	**38**	**10**	**28**
20	11	3	8	1		1
21	30	17	12	8	1	7
22	19	8	10	11	4	6
23	54	21	33	11	4	7
24	78	37	42	7		6
25-29	**1364**	**719**	**646**	**81**	**33**	**48**
25	116	45	70	13	9	4
26	229	124	106	12	3	10
27	282	139	143	17	9	8
28	320	189	132	19	8	11
29	417	222	195	20	4	16
30-34	**2238**	**1279**	**959**	**185**	**73**	**112**
30	425	226	199	44	12	32
31	395	205	190	31	10	21
32	422	256	166	41	22	19
33	454	283	171	31	14	17
34	542	309	233	38	16	22
35-39	**2637**	**1539**	**1097**	**337**	**95**	**242**
35	497	297	201	39	13	26
36	497	296	200	66	18	48
37	553	334	219	69	17	53
38	589	323	266	63	21	41
39	500	289	211	100	26	73

2-32 续表 3 continued

单位：人 (person)

年 龄 Age	离 婚 Divorced	男 Male	女 Female	丧 偶 Widowed	男 Male	女 Female
40-44	**3168**	**1786**	**1381**	**796**	**270**	**527**
40	629	362	267	120	43	76
41	597	339	258	120	44	77
42	596	335	260	124	42	82
43	671	366	306	206	64	141
44	675	385	290	227	76	151
45-49	**2972**	**1709**	**1263**	**1743**	**575**	**1168**
45	689	393	296	256	78	178
46	656	378	278	302	87	215
47	596	343	252	348	112	236
48	606	344	262	440	153	288
49	426	251	175	397	145	252
50-54	**2466**	**1384**	**1082**	**3031**	**867**	**2164**
50	483	298	185	465	140	326
51	465	263	202	547	153	393
52	540	304	236	604	165	439
53	545	283	262	805	245	561
54	433	235	197	609	164	445
55-59	**1319**	**798**	**521**	**3335**	**1011**	**2325**
55	228	131	97	334	82	251
56	309	190	119	572	169	402
57	236	147	89	619	177	442
58	287	180	107	846	260	585
59	258	150	108	966	322	643
60-64	**966**	**565**	**401**	**6241**	**1992**	**4249**
60	240	140	100	994	316	678
61	216	120	95	1215	387	829
62	179	110	70	1351	445	907
63	184	113	71	1287	412	874
64	147	83	65	1394	433	961
65+	**1066**	**544**	**523**	**37780**	**11005**	**26775**

2-33 全国城市15岁及以上人口分年龄、性别的婚姻状况
City Population Aged 15 and Over by Age, Sex and Marital Status

单位：人 (person)

年 龄 Age	15岁及以上人口 Population Aged 15 and Over	男 Male	女 Female	未 婚 Never Married	男 Male	女 Female	有配偶 First Married	男 Male	女 Female
总计 Total	**346554**	**175930**	**170625**	**70656**	**39975**	**30682**	**253761**	**128683**	**125078**
15-19	**17941**	**9442**	**8499**	**17714**	**9328**	**8386**	**221**	**112**	**109**
15	3374	1768	1606	3356	1752	1604	18	16	2
16	3670	1872	1797	3661	1866	1795	9	7	2
17	3248	1796	1451	3216	1780	1435	30	16	14
18	3601	1945	1657	3527	1905	1623	72	40	32
19	4048	2060	1988	3955	2025	1929	92	34	58
20-24	**31235**	**16427**	**14808**	**27011**	**14813**	**12197**	**4186**	**1598**	**2588**
20	5627	2822	2805	5396	2746	2651	228	74	153
21	6139	3102	3037	5742	2986	2756	388	112	276
22	6240	3436	2804	5606	3192	2414	632	243	389
23	6530	3454	3076	5357	2992	2365	1157	454	702
24	6700	3613	3086	4909	2897	2012	1782	714	1068
25-29	**44359**	**22780**	**21578**	**17732**	**10644**	**7088**	**26276**	**11976**	**14300**
25	6982	3613	3368	4298	2492	1806	2662	1113	1548
26	9070	4669	4401	4680	2766	1914	4344	1879	2465
27	9103	4717	4386	3537	2169	1369	5498	2523	2974
28	9115	4628	4487	2794	1694	1100	6225	2882	3343
29	10090	5154	4936	2422	1524	899	7547	3578	3969
30-34	**36785**	**18484**	**18301**	**4688**	**2864**	**1824**	**31279**	**15261**	**16019**
30	7801	3847	3954	1458	872	586	6217	2923	3294
31	6861	3404	3457	1072	669	403	5649	2680	2970
32	6803	3434	3370	810	498	312	5846	2871	2975
33	7031	3585	3445	725	453	272	6126	3041	3085
34	8290	4214	4075	623	371	251	7441	3746	3695
35-39	**33329**	**16948**	**16381**	**1484**	**904**	**581**	**30656**	**15520**	**15136**
35	6880	3495	3385	429	257	172	6247	3148	3099
36	6446	3343	3103	373	231	142	5866	3017	2849
37	7038	3568	3470	271	167	104	6536	3299	3237
38	6820	3398	3422	231	132	99	6304	3143	3161
39	6144	3143	3002	181	116	65	5704	2914	2790

2-33 续表 1 continued

单位：人 (person)

年 龄 Age	15岁及以上人口 Population Aged 15 and Over	男 Male	女 Female	未 婚 Never Married	男 Male	女 Female	有配偶 First Married	男 Male	女 Female
40-44	**35848**	**18353**	**17495**	**783**	**521**	**262**	**33442**	**17163**	**16279**
40	6851	3476	3375	179	120	60	6369	3226	3143
41	6941	3619	3322	162	103	59	6469	3378	3091
42	7059	3560	3499	149	108	40	6641	3347	3294
43	7457	3811	3646	163	108	55	6920	3555	3365
44	7539	3886	3653	129	82	47	7042	3656	3386
45-49	**35640**	**18339**	**17301**	**498**	**343**	**155**	**33220**	**17218**	**16002**
45	7523	3878	3645	119	81	38	7003	3641	3362
46	7965	4141	3823	126	92	34	7420	3879	3541
47	7171	3651	3520	88	61	27	6681	3421	3260
48	7398	3794	3604	95	62	33	6891	3569	3323
49	5584	2875	2709	69	47	22	5224	2708	2517
50-54	**32052**	**16476**	**15577**	**292**	**217**	**75**	**29629**	**15457**	**14172**
50	5990	3039	2951	68	52	16	5577	2856	2721
51	6405	3318	3087	64	44	20	5929	3117	2813
52	6477	3275	3202	53	37	15	5980	3073	2906
53	7780	4023	3757	55	42	13	7203	3784	3420
54	5400	2820	2579	51	41	10	4939	2627	2312
55-59	**20086**	**10167**	**9919**	**139**	**104**	**35**	**18266**	**9466**	**8800**
55	3012	1513	1499	26	19	8	2760	1402	1358
56	4041	2094	1947	29	23	6	3670	1935	1735
57	3615	1835	1780	17	12	5	3276	1709	1567
58	4610	2347	2263	40	33	7	4188	2187	2001
59	4809	2379	2431	27	18	9	4372	2233	2138
60-64	**21027**	**10384**	**10643**	**126**	**96**	**30**	**18880**	**9642**	**9238**
60	4251	2058	2193	33	25	8	3835	1904	1931
61	4520	2286	2233	21	18	3	4083	2134	1950
62	4407	2145	2262	29	20	9	3978	1991	1986
63	4018	1981	2037	20	15	5	3581	1840	1741
64	3832	1915	1918	23	19	4	3403	1773	1630
65+	**38252**	**18129**	**20123**	**190**	**140**	**49**	**27706**	**15271**	**12436**

2-33 续表 2 continued

单位：人 (person)

年龄 Age	离婚 Divorced	男 Male	女 Female	丧偶 Widowed	男 Male	女 Female
总计 Total	**8425**	**3899**	**4526**	**13711**	**3373**	**10338**
15-19	**4**	**1**	**2**	**2**		**1**
15						
16						
17	1		1	2		1
18	2		2			
19	1	1				
20-24	**28**	**13**	**15**	**10**	**3**	**7**
20	3	2	1			
21	4	2	2	4	1	3
22	1	1		1		1
23	12	5	7	5	2	2
24	9	3	6			
25-29	**336**	**155**	**181**	**14**	**5**	**9**
25	20	6	14	2	2	
26	45	23	22			
27	64	23	41	4	2	1
28	91	50	41	4	1	3
29	115	52	63	5		5
30-34	**775**	**350**	**425**	**43**	**9**	**33**
30	116	49	66	10	2	8
31	133	53	80	6	3	3
32	140	63	76	7	2	6
33	170	89	81	9	2	7
34	216	96	120	10	1	9
35-39	**1109**	**509**	**600**	**80**	**15**	**65**
35	196	88	108	9	2	6
36	196	94	102	10		10
37	216	101	115	16	1	15
38	270	117	152	16	6	10
39	230	108	122	29	5	24

2-33 续表 3 continued

单位：人 (person)

年 龄 Age	离 婚 Divorced	男 Male	女 Female	丧 偶 Widowed	男 Male	女 Female
40-44	**1442**	**624**	**818**	**182**	**44**	**137**
40	269	120	149	33	11	22
41	292	134	157	18	3	15
42	242	97	145	27	7	20
43	322	139	183	53	9	43
44	318	134	184	51	14	37
45-49	**1531**	**696**	**835**	**390**	**82**	**308**
45	336	145	190	65	10	55
46	344	157	187	74	13	61
47	315	147	167	86	22	65
48	323	144	179	88	19	69
49	214	102	112	77	18	58
50-54	**1368**	**657**	**711**	**764**	**145**	**619**
50	228	110	118	116	21	96
51	260	131	129	152	27	125
52	306	143	163	139	22	117
53	330	154	176	191	43	148
54	244	119	125	166	33	133
55-59	**798**	**395**	**403**	**884**	**202**	**681**
55	144	75	68	82	17	65
56	191	99	92	150	37	114
57	158	82	76	164	32	132
58	157	75	82	225	52	173
59	148	62	85	263	65	198
60-64	**547**	**276**	**271**	**1474**	**370**	**1104**
60	137	64	73	245	64	181
61	120	65	55	296	70	226
62	103	53	50	297	81	216
63	108	57	51	309	69	240
64	80	37	43	327	86	241
65+	**488**	**223**	**265**	**9868**	**2495**	**7373**

2-34 全国镇15岁及以上人口分年龄、性别的婚姻状况
Town Population Aged 15 and Over by Age, Sex and Marital Status

单位：人 (person)

年 龄 Age	15岁及以上人口 Population Aged 15 and Over	男 Male	女 Female	未 婚 Never Married	男 Male	女 Female	有配偶 First Married	男 Male	女 Female
总计 Total	**220074**	**111614**	**108460**	**39924**	**23544**	**16379**	**165236**	**82752**	**82484**
15-19	**14412**	**8005**	**6407**	**14186**	**7889**	**6297**	**222**	**114**	**108**
15	3025	1668	1357	3014	1660	1354	10	8	1
16	3005	1662	1343	2987	1647	1341	17	15	2
17	2821	1549	1272	2778	1528	1250	41	21	21
18	2951	1701	1250	2900	1668	1232	51	33	18
19	2610	1425	1185	2506	1386	1120	103	38	65
20-24	**18594**	**9403**	**9191**	**14337**	**7826**	**6511**	**4195**	**1559**	**2636**
20	3475	1680	1795	3241	1621	1621	231	59	172
21	3726	1862	1865	3282	1715	1566	437	144	292
22	3437	1743	1694	2732	1523	1209	694	215	479
23	3722	1918	1804	2583	1489	1094	1121	425	696
24	4234	2201	2033	2499	1478	1021	1712	716	997
25-29	**26270**	**13423**	**12847**	**7728**	**4921**	**2806**	**18147**	**8295**	**9852**
25	4142	2154	1988	2028	1240	788	2073	897	1176
26	5653	2911	2742	2189	1355	835	3394	1521	1872
27	5632	2855	2776	1527	976	551	4016	1839	2177
28	5116	2607	2509	1074	743	331	3957	1813	2144
29	5727	2896	2832	908	607	301	4708	2226	2482
30-34	**19449**	**9856**	**9593**	**1618**	**1159**	**459**	**17324**	**8410**	**8914**
30	4274	2165	2109	510	360	150	3675	1763	1912
31	3793	1903	1890	374	256	118	3320	1597	1722
32	3629	1843	1786	296	204	92	3233	1574	1659
33	3540	1762	1778	223	168	55	3219	1537	1682
34	4213	2183	2031	214	170	44	3878	1940	1938
35-39	**18699**	**9440**	**9259**	**593**	**460**	**133**	**17466**	**8620**	**8845**
35	3684	1877	1807	150	115	34	3425	1692	1733
36	3431	1690	1741	111	78	33	3198	1544	1654
37	3929	1978	1951	116	91	25	3673	1806	1867
38	3991	2041	1950	121	97	24	3729	1869	1860
39	3664	1854	1810	95	78	17	3441	1709	1732

2-34 续表 1 continued

单位：人 (person)

年 龄 Age	15岁及以上人口 Population Aged 15 and Over	男 Male	女 Female	未 婚 Never Married	男 Male	女 Female	有配偶 First Married	男 Male	女 Female
40-44	**22844**	**11666**	**11178**	**444**	**374**	**69**	**21487**	**10811**	**10676**
40	4137	2159	1978	89	75	14	3877	1995	1882
41	4447	2245	2202	93	83	10	4196	2076	2119
42	4555	2294	2260	94	78	16	4269	2113	2156
43	4798	2480	2318	85	71	14	4518	2308	2210
44	4907	2487	2420	83	67	17	4628	2319	2309
45-49	**25186**	**12831**	**12355**	**318**	**278**	**40**	**23915**	**12103**	**11812**
45	5050	2637	2413	77	68	9	4770	2457	2313
46	5327	2751	2576	71	61	11	5073	2599	2474
47	4997	2483	2514	52	45	8	4758	2358	2400
48	5491	2784	2707	64	58	6	5211	2633	2578
49	4320	2176	2144	53	46	7	4103	2056	2047
50-54	**22454**	**11447**	**11007**	**183**	**162**	**21**	**21174**	**10892**	**10282**
50	4642	2361	2281	40	36	3	4418	2251	2167
51	4692	2322	2371	49	41	8	4451	2205	2245
52	4475	2320	2155	33	27	6	4218	2218	2000
53	5008	2559	2449	33	31	2	4683	2428	2255
54	3636	1885	1751	28	26	2	3404	1789	1615
55-59	**12683**	**6485**	**6198**	**124**	**113**	**10**	**11618**	**6031**	**5587**
55	1924	947	978	22	18	4	1802	898	904
56	2364	1195	1169	25	24	1	2143	1104	1040
57	2279	1185	1094	19	18	2	2117	1114	1003
58	2900	1480	1420	39	36	3	2633	1366	1267
59	3215	1677	1538	18	18		2922	1549	1373
60-64	**13991**	**6914**	**7076**	**133**	**126**	**8**	**12403**	**6319**	**6084**
60	2804	1412	1392	21	21		2527	1306	1221
61	3031	1486	1546	23	21	1	2724	1379	1345
62	2919	1398	1521	36	34	3	2576	1271	1305
63	2600	1298	1302	27	25	2	2270	1172	1098
64	2636	1320	1316	27	26	1	2306	1191	1115
65+	**25493**	**12144**	**13348**	**261**	**236**	**24**	**17285**	**9597**	**7688**

2-34 续表 2 continued

单位：人 (person)

年 龄 Age	离 婚 Divorced	男 Male	女 Female	丧 偶 Widowed	男 Male	女 Female
总计 Total	**3759**	**2142**	**1617**	**11156**	**3176**	**7979**
15-19	**4**	**1**	**3**			
15	1		1			
16						
17	2		2			
18						
19	1	1				
20-24	**52**	**14**	**37**	**11**	**4**	**7**
20	3		2			
21	7	2	5	1		1
22	4	1	3	7	4	2
23	16	4	12	2		2
24	21	7	14	1		1
25-29	**370**	**195**	**175**	**26**	**12**	**14**
25	33	12	22	7	5	2
26	66	35	31	4		4
27	86	39	47	3	2	1
28	77	47	30	7	4	4
29	107	62	45	4	1	3
30-34	**459**	**268**	**191**	**48**	**19**	**29**
30	82	40	42	7	2	5
31	89	47	42	10	2	7
32	90	61	29	10	4	6
33	89	55	35	9	3	6
34	109	66	43	12	7	5
35-39	**566**	**337**	**229**	**75**	**23**	**52**
35	101	66	34	9	4	5
36	105	63	42	17	5	12
37	124	74	50	15	6	9
38	128	74	54	13	1	12
39	108	61	47	20	6	14

2-34 续表 3 continued

单位：人 (person)

年 龄 Age	离 婚 Divorced	男 Male	女 Female	丧 偶 Widowed	男 Male	女 Female
40-44	**726**	**420**	**306**	**187**	**61**	**126**
40	154	85	70	17	4	13
41	123	75	48	36	11	25
42	160	93	67	32	10	22
43	154	88	66	41	14	28
44	134	79	56	62	23	39
45-49	**599**	**357**	**242**	**353**	**92**	**261**
45	159	104	55	44	8	37
46	123	75	48	60	16	44
47	114	63	51	72	17	55
48	125	74	51	90	19	71
49	78	41	36	87	33	54
50-54	**434**	**231**	**203**	**663**	**163**	**500**
50	91	55	36	94	19	75
51	81	40	41	112	36	76
52	80	41	39	145	34	111
53	107	54	53	184	46	138
54	75	42	33	129	28	101
55-59	**197**	**131**	**66**	**744**	**210**	**534**
55	34	20	14	67	11	55
56	48	33	16	147	35	112
57	28	19	9	116	35	81
58	47	30	16	182	48	134
59	41	30	12	233	80	153
60-64	**158**	**84**	**74**	**1297**	**386**	**911**
60	33	20	13	223	65	158
61	41	15	25	244	70	174
62	24	14	10	282	79	203
63	30	17	12	273	84	189
64	30	17	13	274	87	187
65+	**194**	**103**	**91**	**7752**	**2207**	**5545**

2-35 全国乡村15岁及以上人口分年龄、性别的婚姻状况
Rural Population Aged 15 and Over by Age, Sex and Marital Status

单位：人 (person)

年 龄 Age	15岁及以上人口 Population Aged 15 and Over	男 Male	女 Female	未 婚 Never Married	男 Male	女 Female	有配偶 First Married	男 Male	女 Female
总计 Total	**398692**	**201401**	**197292**	**71988**	**44466**	**27523**	**291770**	**143175**	**148595**
15-19	**29209**	**15752**	**13456**	**28585**	**15522**	**13063**	**604**	**222**	**382**
15	6193	3434	2758	6163	3412	2751	26	21	5
16	6013	3183	2830	5981	3168	2813	29	13	16
17	5530	2952	2578	5448	2922	2526	81	30	51
18	5856	3166	2690	5679	3105	2574	171	58	113
19	5617	3016	2600	5314	2914	2400	298	101	197
20-24	**29273**	**15535**	**13738**	**21821**	**12802**	**9019**	**7323**	**2672**	**4651**
20	5367	2930	2438	4876	2785	2092	484	144	340
21	5735	3139	2596	4824	2849	1975	889	277	612
22	5507	2928	2580	4183	2456	1727	1308	465	843
23	6071	3131	2941	4111	2398	1714	1929	719	1210
24	6592	3408	3184	3826	2315	1511	2713	1066	1646
25-29	**36035**	**18021**	**18014**	**11291**	**7300**	**3991**	**24044**	**10337**	**13708**
25	6302	3153	3149	2990	1867	1123	3247	1256	1990
26	8070	4027	4043	3100	1949	1152	4843	2010	2833
27	7551	3761	3790	2231	1439	792	5176	2239	2937
28	6924	3471	3453	1617	1088	529	5148	2289	2859
29	7188	3610	3578	1352	957	396	5630	2542	3088
30-34	**31339**	**15730**	**15609**	**3337**	**2459**	**877**	**26904**	**12564**	**14340**
30	7164	3545	3618	1018	697	321	5891	2704	3187
31	6093	3041	3052	729	537	192	5175	2394	2782
32	5927	2996	2931	604	449	155	5108	2399	2709
33	5691	2940	2750	508	409	98	4976	2382	2594
34	6463	3207	3257	477	367	110	5754	2686	3068
35-39	**28456**	**14604**	**13852**	**1580**	**1306**	**274**	**25732**	**12548**	**13184**
35	5741	2957	2783	396	316	80	5123	2492	2630
36	5629	2895	2735	353	277	76	5043	2467	2576
37	5828	2994	2834	289	247	42	5288	2579	2708
38	5804	2960	2844	277	240	36	5302	2573	2729
39	5454	2798	2656	265	225	40	4976	2437	2539

2-35 续表 1 continued

单位：人 (person)

年 龄 Age	15岁及以上人口 Population Aged 15 and Over	男 Male	女 Female	未 婚 Never Married	男 Male	女 Female	有配偶 First Married	男 Male	女 Female
40-44	**36038**	**18324**	**17714**	**1244**	**1132**	**112**	**33366**	**16285**	**17081**
40	6150	3181	2969	251	222	29	5623	2773	2851
41	6533	3382	3151	251	225	25	6034	2998	3035
42	7303	3730	3573	250	229	20	6795	3330	3465
43	7808	3914	3893	247	230	18	7253	3505	3748
44	8244	4116	4128	245	225	20	7662	3679	3982
45-49	**43797**	**22024**	**21773**	**1063**	**1017**	**47**	**40893**	**19952**	**20942**
45	8246	4194	4052	251	238	13	7655	3753	3902
46	8990	4457	4533	212	197	15	8420	4055	4365
47	8590	4415	4174	223	217	5	8011	3991	4020
48	9730	4856	4875	223	213	10	9088	4403	4685
49	8241	4102	4139	154	151	3	7719	3750	3969
50-54	**43101**	**21569**	**21532**	**777**	**735**	**42**	**40056**	**19779**	**20277**
50	8990	4551	4440	187	174	13	8384	4144	4240
51	8812	4332	4480	144	132	12	8261	4016	4245
52	8442	4156	4286	157	152	5	7810	3774	4036
53	9531	4919	4612	182	177	4	8811	4511	4301
54	7326	3611	3715	108	100	7	6790	3334	3456
55-59	**26869**	**13612**	**13257**	**457**	**437**	**20**	**24381**	**12304**	**12077**
55	4170	2031	2139	57	50	7	3878	1890	1987
56	4941	2487	2454	68	65	2	4529	2266	2263
57	4670	2400	2270	72	71	1	4209	2174	2034
58	6128	3130	2997	108	104	4	5497	2792	2705
59	6960	3563	3397	153	147	6	6268	3181	3087
60-64	**32678**	**16511**	**16167**	**666**	**648**	**18**	**28280**	**14421**	**13859**
60	6533	3238	3294	125	123	1	5813	2874	2939
61	6797	3446	3351	148	142	6	5918	3017	2901
62	6851	3494	3356	132	128	4	5895	3039	2856
63	6165	3096	3069	137	135	1	5277	2663	2614
64	6333	3237	3096	125	119	6	5377	2828	2549
65+	**61897**	**29719**	**32179**	**1167**	**1107**	**61**	**40186**	**22092**	**18094**

2-35 续表 2 continued

单位：人 (person)

年 龄 Age	离 婚 Divorced	男 Male	女 Female	丧 偶 Widowed	男 Male	女 Female
总计 Total	**6224**	**4374**	**1850**	**28709**	**9385**	**19324**
15-19	**13**	**4**	**9**	**7**	**4**	**3**
15	1		1	3	2	1
16	1		1	1	1	1
17				1		1
18	4	2	3	2	2	
19	5	2	4			
20-24	**112**	**59**	**53**	**17**	**2**	**14**
20	6	1	5	1		1
21	19	13	6	3		3
22	13	6	7	3		3
23	26	12	14	5	2	3
24	48	26	22	6		5
25-29	**659**	**369**	**290**	**41**	**16**	**25**
25	62	27	34	4	2	2
26	118	65	52	8	3	6
27	133	77	56	10	5	5
28	152	91	61	7	3	5
29	195	108	87	11	3	7
30-34	**1004**	**661**	**343**	**94**	**45**	**49**
30	228	137	90	27	8	20
31	173	106	68	15	5	11
32	192	132	60	23	16	7
33	194	140	55	13	9	4
34	217	147	70	15	7	9
35-39	**962**	**693**	**269**	**182**	**58**	**125**
35	201	142	58	21	7	15
36	195	139	56	39	12	27
37	214	159	55	38	9	29
38	191	132	59	34	14	19
39	162	120	41	50	15	35

2-35 续表 3 continued

单位：人 (person)

年 龄 Age	离 婚 Divorced	男 Male	女 Female	丧 偶 Widowed	男 Male	女 Female
40-44	**1000**	**742**	**258**	**428**	**164**	**263**
40	205	157	48	69	29	41
41	182	129	53	67	29	37
42	194	145	48	65	25	39
43	195	138	57	112	42	70
44	223	172	51	114	39	75
45-49	**841**	**655**	**186**	**999**	**400**	**599**
45	194	144	50	146	60	86
46	189	146	43	168	58	110
47	166	133	34	190	74	116
48	157	125	32	262	115	148
49	134	107	27	233	94	139
50-54	**664**	**496**	**168**	**1604**	**559**	**1045**
50	164	133	31	255	100	155
51	124	93	31	283	91	192
52	155	120	34	321	109	211
53	108	75	32	430	156	274
54	113	74	39	314	102	212
55-59	**324**	**273**	**51**	**1707**	**599**	**1109**
55	51	36	15	185	54	131
56	70	58	11	274	97	177
57	51	46	5	339	109	230
58	84	74	9	439	160	279
59	69	58	11	470	177	293
60-64	**262**	**205**	**56**	**3470**	**1236**	**2234**
60	70	55	15	525	186	339
61	56	40	15	675	246	429
62	52	43	9	771	284	487
63	47	38	8	704	259	446
64	37	29	9	794	261	533
65+	**384**	**217**	**167**	**20159**	**6303**	**13857**

2-36 各地区分性别、婚姻状况的人口
Population by Sex, Marital Status and Region

单位：人 (person)

地 区	Region	15岁及以上人口 Population Aged 15 and Over	男 Male	女 Female	未 婚 Never Married	男 Male	女 Female	有配偶 First Married	男 Male	女 Female
全 国	**National Total**	**965321**	**488944**	**476376**	**182568**	**107984**	**74584**	**710768**	**354610**	**356158**
北 京	Beijing	16160	8275	7885	3434	2038	1396	11730	5933	5798
天 津	Tianjin	11624	6217	5407	2224	1281	943	8625	4679	3947
河 北	Hebei	51166	25832	25334	7397	4459	2938	40290	19972	20317
山 西	Shanxi	26163	13383	12780	5328	3095	2233	19253	9684	9569
内蒙古	Inner Mongolia	18431	9303	9128	3415	1799	1615	13801	7055	6746
辽 宁	Liaoning	32768	16513	16254	5355	3132	2223	24269	12147	12123
吉 林	Jilin	20043	10116	9927	2940	1712	1228	15254	7668	7586
黑龙江	Heilongjiang	28670	14444	14226	4791	2688	2104	21042	10579	10463
上 海	Shanghai	18236	9347	8889	3103	1761	1343	14057	7260	6796
江 苏	jiangsu	57799	28713	29085	9063	5070	3993	44561	22214	22347
浙 江	Zhejiang	40768	21118	19650	6981	4361	2620	30912	15820	15092
安 徽	Anhui	42927	21710	21218	7570	4603	2966	32254	15933	16321
福 建	Fujian	26534	13292	13241	4207	2537	1670	20412	10164	10248
江 西	Jiangxi	30389	15452	14937	5829	3626	2203	22395	11104	11290
山 东	Shandong	69325	34752	34573	10634	6207	4426	53971	26796	27175
河 南	Henan	63480	31520	31960	12159	6931	5228	47045	22823	24221
湖 北	Hubei	41739	21236	20503	7885	4886	2999	30667	15152	15516
湖 南	Hunan	46880	23678	23201	8152	5002	3150	34753	17226	17527
广 东	Guangdong	76689	40344	36345	21475	12922	8553	51226	26207	25019
广 西	Guangxi	31991	16441	15550	7430	4632	2798	22134	11003	11131
海 南	Hainan	6178	3228	2950	1645	1042	602	4159	2063	2096
重 庆	Chongqing	21611	10852	10759	3699	2205	1494	15938	7880	8059
四 川	Sichuan	58371	28868	29503	10583	6132	4451	42053	20548	21505
贵 州	Guizhou	23252	11848	11404	5120	3084	2036	16077	7938	8138
云 南	Yunnan	32301	16265	16036	7063	4071	2992	22774	11309	11465
西 藏	Tibet	2119	1076	1043	649	344	304	1306	679	628
陕 西	Shaanxi	27265	13659	13606	5849	3278	2572	19383	9618	9765
甘 肃	Gansu	18235	9127	9109	3801	2202	1599	13025	6411	6614
青 海	Qinghai	4004	2065	1938	856	523	334	2772	1403	1369
宁 夏	Ningxia	4581	2345	2236	889	534	355	3402	1710	1692
新 疆	Xinjiang	15624	7925	7699	3044	1828	1216	11229	5633	5595

2-36 续表 continued

单位：人 (person)

地 区	Region	离 婚 Divorced	男 Male	女 Female	丧 偶 Widowed	男 Male	女 Female
全 国	**National Total**	**18408**	**10415**	**7993**	**53577**	**15935**	**37641**
北 京	Beijing	341	151	191	654	153	501
天 津	Tianjin	228	109	119	547	148	399
河 北	Hebei	732	470	262	2748	931	1817
山 西	Shanxi	375	239	136	1208	366	842
内蒙古	Inner Mongolia	351	202	149	865	247	618
辽 宁	Liaoning	1221	660	561	1923	576	1347
吉 林	Jilin	735	410	325	1114	326	788
黑龙江	Heilongjiang	1181	660	520	1656	517	1140
上 海	Shanghai	366	164	202	709	162	548
江 苏	jiangsu	890	493	397	3285	937	2348
浙 江	Zhejiang	732	429	303	2143	508	1634
安 徽	Anhui	692	439	253	2412	734	1677
福 建	Fujian	409	227	183	1506	366	1140
江 西	Jiangxi	427	245	182	1739	476	1263
山 东	Shandong	769	489	281	3950	1260	2691
河 南	Henan	769	497	272	3507	1268	2239
湖 北	Hubei	785	456	329	2402	742	1659
湖 南	Hunan	965	574	391	3009	876	2133
广 东	Guangdong	888	438	450	3100	777	2324
广 西	Guangxi	499	278	221	1928	528	1400
海 南	Hainan	73	46	27	301	76	225
重 庆	Chongqing	620	312	309	1352	455	897
四 川	Sichuan	1589	890	699	4145	1298	2847
贵 州	Guizhou	567	339	228	1489	487	1002
云 南	Yunnan	629	369	260	1835	515	1320
西 藏	Tibet	46	15	32	117	38	79
陕 西	Shaanxi	404	247	158	1628	516	1112
甘 肃	Gansu	277	165	112	1132	349	783
青 海	Qinghai	149	76	73	226	64	163
宁 夏	Ningxia	93	50	43	197	51	146
新 疆	Xinjiang	604	277	327	747	186	561

2-37　各地区城市分性别、婚姻状况的人口
City Population by Sex, Marital Status and Region

单位：人　(person)

地　区	Region	15岁及以上人口 Population Aged 15 and Over	男 Male	女 Female	未　婚 Never Married	男 Male	女 Female	有配偶 First Married	男 Male	女 Female
全　国	**National Total**	**346554**	**175930**	**170625**	**70656**	**39975**	**30682**	**253761**	**128683**	**125078**
北　京	Beijing	13329	6816	6513	3053	1804	1249	9493	4784	4709
天　津	Tianjin	8967	4817	4151	1769	1007	762	6614	3627	2987
河　北	Hebei	13313	6696	6616	2112	1193	919	10346	5180	5165
山　西	Shanxi	7441	3795	3646	1445	837	608	5615	2836	2778
内蒙古	Inner Mongolia	6381	3098	3283	1286	623	664	4720	2384	2335
辽　宁	Liaoning	18634	9258	9376	3215	1809	1406	13577	6785	6792
吉　林	Jilin	7839	3928	3911	1207	698	509	5821	2936	2885
黑龙江	Heilongjiang	11826	5842	5984	2276	1200	1076	8256	4177	4079
上　海	Shanghai	14391	7309	7082	2655	1465	1190	10897	5593	5303
江　苏	Jiangsu	25237	12446	12791	4602	2269	2333	19121	9680	9442
浙　江	Zhejiang	18102	9403	8699	3208	1916	1293	13934	7203	6730
安　徽	Anhui	10389	5232	5157	1871	1069	802	7813	3918	3895
福　建	Fujian	11791	5978	5813	2160	1223	938	8995	4568	4428
江　西	Jiangxi	7227	3852	3375	1617	1091	526	5120	2587	2533
山　东	Shandong	21104	10695	10409	3585	2088	1497	16355	8223	8132
河　南	Henan	15824	7781	8043	3006	1492	1514	12071	5995	6075
湖　北	Hubei	15196	7864	7332	3432	2168	1264	10727	5331	5396
湖　南	Hunan	11349	5643	5705	2054	1197	856	8457	4198	4260
广　东	Guangdong	44407	23826	20582	12651	7691	4960	30047	15651	14396
广　西	Guangxi	8150	4156	3994	1814	1062	752	5802	2933	2869
海　南	Hainan	2082	1062	1020	521	304	217	1470	732	738
重　庆	Chongqing	8255	4097	4158	1508	831	676	6082	3024	3059
四　川	Sichuan	13161	6301	6860	2700	1248	1452	9454	4709	4744
贵　州	Guizhou	5272	2620	2652	1145	633	511	3651	1835	1817
云　南	Yunnan	6642	3161	3481	1533	670	863	4694	2353	2341
西　藏	Tibet	352	183	170	100	54	46	228	123	105
陕　西	Shaanxi	7318	3774	3545	1821	1025	796	5121	2632	2489
甘　肃	Gansu	4488	2218	2270	831	453	378	3310	1659	1651
青　海	Qinghai	1142	588	554	202	122	80	834	431	403
宁　夏	Ningxia	1763	894	869	319	187	132	1342	677	665
新　疆	Xinjiang	5181	2599	2582	957	547	410	3794	1917	1877

2-37 续表 continued

单位：人 (person)

地 区	Region	离 婚 Divorced	男 Male	女 Female	丧 偶 Widowed	男 Male	女 Female
全 国	**National Total**	**8425**	**3899**	**4526**	**13711**	**3373**	**10338**
北 京	Beijing	285	118	167	497	110	388
天 津	Tianjin	183	79	104	401	103	298
河 北	Hebei	256	123	133	598	200	399
山 西	Shanxi	119	61	58	262	61	201
内蒙古	Inner Mongolia	140	54	86	235	37	198
辽 宁	Liaoning	864	408	456	978	257	722
吉 林	Jilin	403	193	210	408	101	308
黑龙江	Heilongjiang	615	301	314	680	164	515
上 海	Shanghai	311	132	178	529	118	411
江 苏	Jiangsu	462	232	230	1051	265	785
浙 江	Zhejiang	339	162	177	621	122	499
安 徽	Anhui	240	122	117	465	122	343
福 建	Fujian	191	91	100	445	97	348
江 西	Jiangxi	183	91	92	307	83	224
山 东	Shandong	281	140	141	883	244	639
河 南	Henan	258	128	130	490	166	323
湖 北	Hubei	394	201	193	644	165	479
湖 南	Hunan	306	142	164	532	107	425
广 东	Guangdong	562	243	319	1147	240	907
广 西	Guangxi	184	80	104	349	81	269
海 南	Hainan	27	11	16	64	15	49
重 庆	Chongqing	359	156	203	306	85	220
四 川	Sichuan	461	201	260	546	143	403
贵 州	Guizhou	248	98	150	228	54	174
云 南	Yunnan	180	91	89	236	48	188
西 藏	Tibet	8	2	6	16	4	12
陕 西	Shaanxi	132	58	73	244	59	186
甘 肃	Gansu	122	56	66	225	49	176
青 海	Qinghai	55	23	31	51	12	40
宁 夏	Ningxia	46	19	27	56	11	45
新 疆	Xinjiang	212	85	127	217	49	168

2-38 各地区镇分性别、婚姻状况的人口
Town Population by Sex, Marital Status and Region

单位：人 (person)

地 区	Region	15岁及以上人口 Population Aged 15 and Over	男 Male	女 Female	未 婚 Never Married	男 Male	女 Female	有配偶 First Married	男 Male	女 Female
全 国	**National Total**	**220074**	**111614**	**108460**	**39924**	**23544**	**16379**	**165236**	**82752**	**82484**
北 京	Beijing	598	322	276	76	49	27	479	254	224
天 津	Tianjin	748	455	293	158	106	52	544	328	217
河 北	Hebei	14247	7178	7069	1924	1133	791	11397	5688	5709
山 西	Shanxi	7126	3609	3517	1515	825	690	5289	2673	2616
内蒙古	Inner Mongolia	4807	2553	2254	801	469	332	3711	1973	1738
辽 宁	Liaoning	3456	1770	1686	500	315	185	2685	1345	1340
吉 林	Jilin	3471	1760	1711	473	278	195	2723	1382	1341
黑龙江	Heilongjiang	5265	2639	2625	774	413	360	3976	2007	1968
上 海	Shanghai	1591	870	722	205	117	88	1308	727	582
江 苏	Jiangsu	13907	7046	6861	2012	1269	743	10968	5457	5511
浙 江	Zhejiang	9112	4811	4301	1755	1183	571	6820	3474	3346
安 徽	Anhui	12431	6341	6090	2063	1284	779	9566	4760	4806
福 建	Fujian	5058	2507	2550	788	500	288	3905	1897	2007
江 西	Jiangxi	9199	4579	4620	1601	958	643	7007	3445	3562
山 东	Shandong	19782	9856	9926	3063	1615	1448	15496	7753	7743
河 南	Henan	15647	7966	7681	3060	1826	1234	11719	5828	5891
湖 北	Hubei	9381	4663	4718	1613	869	745	7153	3583	3569
湖 南	Hunan	13892	7141	6751	2319	1439	880	10564	5346	5218
广 东	Guangdong	9946	5121	4824	2907	1648	1259	6492	3317	3175
广 西	Guangxi	7630	3964	3667	1704	1079	625	5435	2743	2693
海 南	Hainan	1455	755	700	376	241	135	972	484	488
重 庆	Chongqing	5431	2730	2701	989	612	377	4000	1958	2042
四 川	Sichuan	15873	7868	8005	2618	1569	1049	11876	5800	6076
贵 州	Guizhou	5320	2735	2585	1186	730	456	3700	1834	1867
云 南	Yunnan	8148	4110	4038	1830	1075	756	5682	2810	2872
西 藏	Tibet	318	157	162	106	53	53	200	100	100
陕 西	Shaanxi	7827	3827	3999	1723	838	885	5551	2768	2782
甘 肃	Gansu	3822	1905	1917	856	469	387	2738	1347	1391
青 海	Qinghai	993	524	469	217	137	80	693	353	339
宁 夏	Ningxia	873	450	423	153	92	61	671	340	331
新 疆	Xinjiang	2723	1403	1320	560	353	207	1916	976	940

2-38 续表 continued

单位：人 (person)

地 区	Region	离 婚 Divorced	男 Male	女 Female	丧 偶 Widowed	男 Male	女 Female
全 国	**National Total**	**3759**	**2142**	**1617**	**11156**	**3176**	**7979**
北 京	Beijing	16	9	6	27	9	18
天 津	Tianjin	13	10	4	33	12	21
河 北	Hebei	190	112	78	736	244	491
山 西	Shanxi	77	44	33	245	67	178
内蒙古	Inner Mongolia	105	63	42	190	48	142
辽 宁	Liaoning	83	56	27	189	54	135
吉 林	Jilin	101	53	48	174	47	127
黑龙江	Heilongjiang	229	129	100	286	89	196
上 海	Shanghai	22	14	8	56	11	44
江 苏	Jiangsu	188	94	94	739	226	513
浙 江	Zhejiang	131	72	59	406	81	325
安 徽	Anhui	185	108	77	616	189	427
福 建	Fujian	77	38	39	289	72	217
江 西	Jiangxi	128	64	64	462	111	351
山 东	Shandong	207	145	61	1016	343	673
河 南	Henan	149	99	49	719	213	506
湖 北	Hubei	166	88	78	449	123	326
湖 南	Hunan	271	150	122	738	207	531
广 东	Guangdong	106	53	54	440	103	337
广 西	Guangxi	101	47	55	389	95	295
海 南	Hainan	19	13	7	88	17	70
重 庆	Chongqing	120	64	56	322	97	225
四 川	Sichuan	421	242	179	958	257	701
贵 州	Guizhou	135	86	49	299	86	214
云 南	Yunnan	188	108	81	447	117	330
西 藏	Tibet	10	4	7	2		2
陕 西	Shaanxi	111	74	37	442	147	295
甘 肃	Gansu	45	30	15	183	58	125
青 海	Qinghai	35	20	15	49	14	34
宁 夏	Ningxia	17	9	7	32	8	23
新 疆	Xinjiang	110	45	65	137	29	107

2-39 各地区农村分性别、婚姻状况的人口
Rural Population by Sex, Marital Status and Region

单位：人 (person)

地 区	Region	15岁及以上人口 Population Aged 15 and Over	男 Male	女 Female	未 婚 Never Married	男 Male	女 Female	有配偶 First Married	男 Male	女 Female
全 国	**National Total**	**398692**	**201401**	**197292**	**71988**	**44466**	**27523**	**291770**	**143175**	**148595**
北 京	Beijing	2233	1137	1096	304	185	119	1759	895	864
天 津	Tianjin	1909	945	964	297	167	129	1467	724	743
河 北	Hebei	23607	11958	11649	3360	2132	1227	18547	9104	9443
山 西	Shanxi	11596	5980	5617	2368	1433	935	8349	4175	4174
内蒙古	Inner Mongolia	7244	3653	3591	1328	708	620	5370	2697	2673
辽 宁	Liaoning	10678	5485	5193	1640	1008	632	8008	4017	3991
吉 林	Jilin	8733	4428	4305	1260	736	524	6709	3349	3361
黑龙江	Heilongjiang	11579	5962	5617	1742	1075	667	8810	4395	4415
上 海	Shanghai	2253	1168	1085	243	178	65	1852	940	911
江 苏	Jiangsu	18655	9221	9434	2448	1532	917	14472	7077	7395
浙 江	Zhejiang	13554	6904	6650	2018	1262	756	10158	5142	5016
安 徽	Anhui	20107	10136	9971	3635	2251	1385	14874	7254	7620
福 建	Fujian	9684	4807	4878	1259	814	445	7512	3699	3813
江 西	Jiangxi	13963	7021	6942	2611	1577	1034	10267	5072	5195
山 东	Shandong	28439	14201	14238	3986	2505	1481	22120	10820	11300
河 南	Henan	32009	15773	16236	6093	3613	2480	23255	11000	12255
湖 北	Hubei	17162	8709	8453	2840	1850	991	12788	6237	6550
湖 南	Hunan	21639	10894	10745	3780	2366	1414	15732	7683	8049
广 东	Guangdong	22336	11397	10939	5917	3583	2334	14687	7239	7448
广 西	Guangxi	16211	8322	7889	3911	2491	1420	10896	5327	5569
海 南	Hainan	2641	1411	1230	747	497	251	1717	847	870
重 庆	Chongqing	7925	4025	3900	1203	762	441	5856	2898	2958
四 川	Sichuan	29337	14699	14638	5265	3315	1950	20723	10039	10685
贵 州	Guizhou	12659	6494	6166	2789	1720	1069	8725	4270	4455
云 南	Yunnan	17512	8993	8518	3700	2326	1374	12398	6146	6252
西 藏	Tibet	1448	737	711	443	238	205	879	456	423
陕 西	Shaanxi	12120	6058	6062	2306	1415	890	8711	4218	4493
甘 肃	Gansu	9926	5004	4921	2115	1280	835	6977	3404	3573
青 海	Qinghai	1868	953	915	437	264	173	1246	619	627
宁 夏	Ningxia	1945	1002	944	417	255	161	1388	693	695
新 疆	Xinjiang	7720	3924	3796	1526	928	598	5518	2740	2778

2-39 续表 continued

单位：人 (person)

地 区	Region	离 婚 Divorced	男 Male	女 Female	丧 偶 Widowed	男 Male	女 Female
全 国	**National Total**	**6224**	**4374**	**1850**	**28709**	**9385**	**19324**
北 京	Beijing	41	24	17	130	35	95
天 津	Tianjin	32	21	11	114	33	81
河 北	Hebei	286	235	51	1414	487	927
山 西	Shanxi	178	134	44	702	238	464
内蒙古	Inner Mongolia	106	85	20	440	162	278
辽 宁	Liaoning	274	196	78	756	265	491
吉 林	Jilin	231	164	67	532	178	354
黑龙江	Heilongjiang	336	230	106	691	263	428
上 海	Shanghai	33	18	16	125	33	93
江 苏	Jiangsu	240	167	73	1495	446	1049
浙 江	Zhejiang	262	195	67	1116	305	811
安 徽	Anhui	267	208	59	1330	423	907
福 建	Fujian	142	98	44	772	197	576
江 西	Jiangxi	115	90	25	969	282	688
山 东	Shandong	282	204	78	2051	673	1378
河 南	Henan	362	270	93	2298	889	1409
湖 北	Hubei	226	168	58	1309	454	854
湖 南	Hunan	388	283	105	1740	563	1177
广 东	Guangdong	219	142	77	1513	433	1080
广 西	Guangxi	214	152	62	1190	353	837
海 南	Hainan	27	23	4	149	44	105
重 庆	Chongqing	141	92	50	725	273	452
四 川	Sichuan	708	447	260	2640	898	1742
贵 州	Guizhou	184	156	28	961	347	614
云 南	Yunnan	261	171	90	1152	350	802
西 藏	Tibet	28	9	19	99	34	65
陕 西	Shaanxi	162	115	47	941	310	631
甘 肃	Gansu	109	78	31	725	242	483
青 海	Qinghai	59	33	26	126	37	89
宁 夏	Ningxia	30	22	9	110	32	78
新 疆	Xinjiang	282	148	135	393	108	285

2-40 全国育龄妇女分年龄、孩次的生育状况（2015年11月1日至2016年10月31日）

Age-specific Fertility Rate of Women at Childbearing Ages by Age of Mother and Birth Order (2015.11.1-2016.10.31)

年 龄 Age	平均育龄妇女人数(人) Average Number of Childbearing Women (person)	出生人数(人) Births (person)				生育率(‰) Fertility Rate (‰)			
			一孩 1st Birth	二孩 2nd Birth	三孩及以上 3rd Birth and Above		一孩 1st Birth	二孩 2nd Birth	三孩及以上 3rd Birth and Above
总计 Total	**311350**	**11263**	**6186**	**4508**	**569**	**36.17**	**19.87**	**14.48**	**1.83**
15-19	**29180**	**243**	**208**	**33**	**2**	**8.33**	**7.14**	**1.13**	**0.07**
15	5862	2	2			0.33	0.33		
16	5834	13	13			2.27	2.27		
17	5382	36	32	4		6.74	5.92	0.82	
18	5567	69	57	11	1	12.33	10.26	1.90	0.18
19	6535	123	104	18	1	18.82	15.92	2.75	0.15
20-24	**38323**	**2342**	**1719**	**578**	**46**	**61.12**	**44.85**	**15.08**	**1.19**
20	7363	222	182	39	1	30.21	24.73	5.35	0.13
21	7189	286	233	51	2	39.84	32.44	7.07	0.33
22	7338	452	323	121	8	61.54	43.97	16.51	1.06
23	8102	622	450	162	11	76.81	55.52	19.99	1.31
24	8331	759	531	205	24	91.16	63.73	24.56	2.87
25-29	**53421**	**4704**	**2641**	**1883**	**180**	**88.05**	**49.43**	**35.26**	**3.37**
25	9873	916	615	278	22	92.80	62.33	28.20	2.26
26	11388	1073	654	384	35	94.23	57.45	33.75	3.03
27	10762	914	505	374	35	84.96	46.92	34.79	3.25
28	10979	947	481	431	35	86.22	43.82	39.26	3.14
29	10419	854	385	415	54	81.94	36.94	39.85	5.15
30-34	**42623**	**2228**	**793**	**1249**	**186**	**52.27**	**18.61**	**29.29**	**4.36**
30	9010	581	243	287	51	64.51	26.95	31.90	5.66
31	8197	477	175	264	38	58.16	21.33	32.23	4.60
32	7906	427	146	246	36	54.07	18.41	31.11	4.55
33	8432	393	119	240	34	46.56	14.08	28.42	4.06
34	9077	350	112	211	27	38.54	12.29	23.28	2.97
35-39	**39338**	**984**	**322**	**566**	**95**	**25.00**	**8.19**	**14.39**	**2.42**
35	7367	253	85	142	27	34.35	11.49	19.21	3.65
36	8249	235	65	150	21	28.53	7.84	18.18	2.51
37	8171	201	67	117	17	24.65	8.23	14.36	2.06
38	7692	161	48	96	16	20.87	6.27	12.52	2.09
39	7859	133	57	61	15	16.96	7.29	7.78	1.88
40-44	**47520**	**431**	**247**	**143**	**42**	**9.07**	**5.19**	**3.00**	**0.88**
40	8572	92	47	35	11	10.76	5.44	4.03	1.30
41	8963	94	46	39	9	10.48	5.09	4.36	1.04
42	9615	89	51	30	8	9.21	5.31	3.10	0.79
43	10230	70	43	19	8	6.89	4.22	1.86	0.81
44	10140	86	60	20	6	8.48	5.93	1.99	0.56
45-49	**51195**	**312**	**240**	**55**	**18**	**6.10**	**4.68**	**1.07**	**0.35**
45	10377	71	46	20	5	6.82	4.42	1.92	0.48
46	10539	67	43	16	8	6.34	4.09	1.49	0.76
47	11234	60	55	4	1	5.38	4.91	0.35	0.12
48	9865	55	49	6		5.62	4.98	0.64	
49	9179	59	46	9	4	6.40	5.06	0.95	0.39

2-41 全国城市育龄妇女分年龄、孩次的生育状况 (2015年11月1日至2016年10月31日)

Age-specific Fertility Rate of City Women at Childbearing Ages by Age of Mother and Birth Order (2015.11.1-2016.10.31)

年 龄 Age	平均育龄妇女人数(人) Average Number of Childbearing Women (person)	出生人数(人) Births (person)				生育率(‰) Fertility Rate (‰)			
			一孩 1st Birth	二孩 2nd Birth	三孩及以上 3rd Birth and Above		一孩 1st Birth	二孩 2nd Birth	三孩及以上 3rd Birth and Above
总计 Total	**118024**	**4029**	**2499**	**1454**	**76**	**34.14**	**21.18**	**12.32**	**0.64**
15-19	**9151**	**33**	**26**	**7**		**3.6**	**2.82**	**0.78**	
15	1730								
16	1623					0.09	0.09		
17	1491								
18	1823	7	7			3.92	3.92		
19	2484	26	19	7		10.32	7.46	2.87	
20-24	**14952**	**582**	**456**	**123**	**3**	**38.95**	**30.50**	**8.21**	**0.23**
20	2905	41	31	10		14.1	10.73	3.37	
21	2919	61	48	12		20.74	16.48	4.27	
22	2886	100	71	29		34.59	24.57	10.02	
23	3109	141	110	32		45.46	35.24	10.22	
24	3134	240	196	40	3	76.5	62.67	12.72	1.11
25-29	**22045**	**1832**	**1261**	**541**	**30**	**83.11**	**57.21**	**24.53**	**1.37**
25	3949	308	237	70	1	78.03	60.01	17.83	0.19
26	4479	381	301	75	5	85.16	67.22	16.77	1.17
27	4450	392	269	111	12	88.06	60.46	24.87	2.73
28	4782	407	250	151	7	85.17	52.26	31.53	1.38
29	4385	343	204	134	5	78.3	46.57	30.49	1.24
30-34	**18054**	**909**	**421**	**468**	**19**	**50.32**	**23.34**	**25.93**	**1.05**
30	3732	224	124	98	2	59.97	33.18	26.16	0.62
31	3382	192	99	85	8	56.76	29.32	25.18	2.26
32	3329	167	71	92	4	50.25	21.45	27.74	1.05
33	3738	173	66	103	4	46.34	17.71	27.63	1.01
34	3873	152	61	90	2	39.31	15.71	23.17	0.44
35-39	**16204**	**389**	**146**	**235**	**8**	**24.01**	**8.99**	**14.52**	**0.51**
35	3061	114	46	67	1	37.28	14.96	21.96	0.36
36	3426	86	28	55	2	25.07	8.23	16.16	0.68
37	3402	88	34	53	1	25.77	10.05	15.45	0.28
38	3150	63	18	41	3	19.93	5.83	13.17	0.93
39	3166	39	19	19	1	12.22	6.03	5.91	0.28
40-44	**17727**	**165**	**94**	**63**	**8**	**9.33**	**5.33**	**3.56**	**0.45**
40	3400	42	21	18	3	12.27	6.29	5.19	0.79
41	3412	42	18	23	1	12.22	5.22	6.71	0.29
42	3539	29	17	8	4	8.26	4.68	2.40	1.18
43	3645	24	19	5		6.65	5.21	1.44	
44	3731	28	20	9		7.63	5.28	2.35	
45-49	**16918**	**112**	**88**	**17**	**7**	**6.61**	**5.19**	**0.99**	**0.43**
45	3670	21	14	6	2	5.81	3.77	1.53	0.50
46	3675	26	17	7	2	6.99	4.68	1.81	0.50
47	3730	21	19	2		5.68	5.19	0.50	
48	3060	18	16	2		5.74	5.13	0.60	
49	2783	26	22	1	4	9.38	7.83	0.26	1.30

2-42 全国镇育龄妇女分年龄、孩次的生育状况
(2015年11月1日至2016年10月31日)
Age-specific Fertility Rate of Town Women at Childbearing Ages by Age of Mother and Birth Order (2015.11.1-2016.10.31)

年龄 Age	平均育龄妇女人数(人) Average Number of Childbearing Women (person)	出生人数(人) Births (person)				生育率(‰) Fertility Rate (‰)			
			一孩 1st Birth	二孩 2nd Birth	三孩及以上 3rd Birth and Above		一孩 1st Birth	二孩 2nd Birth	三孩及以上 3rd Birth and Above
总计 Total	**73700**	**2630**	**1408**	**1096**	**126**	**35.69**	**19.10**	**14.88**	**1.71**
15-19	**6637**	**47**	**44**	**3**		**7.13**	**6.63**	**0.47**	**0.03**
15	1359								
16	1390	4	4			3.17	3.17		
17	1199	7	7			5.85	5.85		
18	1197	10	9	2		8.65	7.38	1.27	
19	1493	26	24	2		17.12	15.92	1.07	0.14
20-24	**9298**	**636**	**474**	**151**	**11**	**68.40**	**50.99**	**16.27**	**1.14**
20	1893	57	49	7	1	30.10	25.71	3.87	0.52
21	1769	64	56	8		36.01	31.72	4.30	
22	1728	117	88	26	3	67.50	50.94	14.91	1.64
23	1937	195	144	46	5	100.86	74.48	23.68	2.71
24	1971	203	137	65	2	103.12	69.52	32.82	0.78
25-29	**13013**	**1134**	**613**	**483**	**38**	**87.12**	**47.11**	**37.11**	**2.91**
25	2336	220	144	70	6	94.18	61.56	29.85	2.77
26	2872	292	174	113	5	101.65	60.58	39.30	1.76
27	2648	206	98	99	8	77.74	37.15	37.44	3.15
28	2714	227	112	108	8	83.67	41.15	39.73	2.79
29	2443	189	85	93	10	77.31	34.86	38.19	4.26
30-34	**9439**	**481**	**153**	**284**	**44**	**50.93**	**16.17**	**30.09**	**4.67**
30	1980	134	53	66	15	67.74	26.89	33.23	7.62
31	1802	97	27	63	8	54.08	14.73	34.91	4.44
32	1779	97	32	56	9	54.47	18.02	31.32	5.12
33	1821	80	18	57	6	44.13	9.62	31.35	3.17
34	2058	72	23	42	6	34.96	11.32	20.65	2.99
35-39	**9269**	**214**	**50**	**141**	**24**	**23.11**	**5.41**	**15.16**	**2.54**
35	1685	49	11	30	8	29.10	6.51	18.06	4.53
36	1901	52	8	40	3	27.18	4.43	21.10	1.65
37	1925	46	10	32	4	24.00	5.34	16.45	2.21
38	1869	36	11	23	2	19.02	5.94	12.08	1.00
39	1890	32	9	16	7	16.83	4.96	8.34	3.54
40-44	**11449**	**70**	**42**	**22**	**7**	**6.14**	**3.65**	**1.89**	**0.61**
40	2090	14	7	6	1	6.62	3.51	2.75	0.36
41	2222	19	9	5	4	8.47	4.20	2.33	1.94
42	2309	15	9	6		6.45	3.80	2.65	
43	2477	9	5	2	2	3.68	2.07	0.85	0.76
44	2351	14	11	2		5.81	4.76	1.05	
45-49	**12302**	**46**	**30**	**13**	**3**	**3.76**	**2.47**	**1.05**	**0.24**
45	2408	9	4	6		3.85	1.51	2.34	
46	2553	13	8	3	2	4.93	3.09	1.12	0.71
47	2765	7	6		1	2.71	2.29		0.41
48	2344	9	8	1		3.83	3.24	0.59	
49	2231	8	5	3		3.56	2.21	1.35	

2-43 全国乡村育龄妇女分年龄、孩次的生育状况 (2015年11月1日至2016年10月31日)

Age-specific Fertility Rate of Rural Women at Childbearing Ages by Age of Mother and Birth Order(2015.11.1-2016.10.31)

年 龄 Age	平均育龄妇女人数(人) Average Number of Childbearing Women (person)	出生人数(人) Births (person)	一孩 1st Birth	二孩 2nd Birth	三孩及以上 3rd Birth and Above	生育率(‰) Fertility Rate (‰)	一孩 1st Birth	二孩 2nd Birth	三孩及以上 3rd Birth and Above
总计 Total	**119626**	**4603**	**2278**	**1958**	**367**	**38.48**	**19.05**	**16.37**	**3.06**
15-19	**13391**	**163**	**138**	**23**	**2**	**12.16**	**10.33**	**1.70**	**0.13**
15	2773	2	2			0.70	0.70		
16	2821	9	9			3.08	3.08		
17	2692	29	25	4		10.88	9.24	1.64	
18	2548	51	41	9	1	20.08	16.14	3.55	0.39
19	2558	72	62	9	1	28.07	24.14	3.63	0.30
20-24	**14073**	**1124**	**788**	**304**	**32**	**79.86**	**56.03**	**21.60**	**2.24**
20	2565	125	102	22		48.54	39.86	8.68	
21	2501	162	129	31	2	64.83	51.57	12.31	0.95
22	2724	235	164	66	5	86.32	60.11	24.40	1.81
23	3057	286	196	84	5	93.46	64.12	27.59	1.75
24	3226	316	197	100	19	98.09	61.22	31.02	5.86
25-29	**18363**	**1738**	**766**	**860**	**112**	**94.66**	**41.73**	**46.82**	**6.10**
25	3589	388	235	138	15	108.15	65.39	38.55	4.21
26	4037	400	179	196	24	99.02	44.38	48.63	6.01
27	3664	317	137	165	15	86.40	37.52	44.92	3.96
28	3483	312	120	172	20	89.66	34.32	49.50	5.84
29	3591	321	95	188	38	89.53	26.59	52.42	10.53
30-34	**15129**	**839**	**219**	**496**	**123**	**55.42**	**14.50**	**32.81**	**8.12**
30	3298	223	66	124	34	67.70	19.92	37.59	10.18
31	3013	187	49	116	22	62.16	16.32	38.53	7.31
32	2799	163	42	98	23	58.36	15.03	34.98	8.35
33	2874	139	35	79	25	48.39	12.18	27.61	8.60
34	3146	126	27	79	19	39.92	8.71	25.14	6.07
35-39	**13865**	**380**	**126**	**190**	**63**	**27.42**	**9.11**	**13.73**	**4.58**
35	2622	90	28	44	18	34.30	10.64	16.74	6.92
36	2922	98	28	54	15	33.46	9.62	18.63	5.21
37	2844	68	23	33	12	23.74	8.00	11.64	4.10
38	2673	62	19	32	11	23.27	7.01	12.06	4.20
39	2803	63	29	27	7	22.39	10.28	9.53	2.58
40-44	**18344**	**195**	**110**	**58**	**27**	**10.66**	**6.02**	**3.16**	**1.48**
40	3083	37	18	11	8	11.90	5.79	3.63	2.49
41	3329	33	18	11	4	10.05	5.55	3.30	1.20
42	3767	44	26	15	3	11.79	6.84	4.04	0.91
43	4108	37	19	12	6	9.04	4.64	2.84	1.56
44	4058	44	29	9	6	10.80	7.19	2.19	1.41
45-49	**21975**	**154**	**121**	**25**	**8**	**7.01**	**5.53**	**1.14**	**0.35**
45	4299	40	28	9	3	9.36	6.61	2.00	0.74
46	4310	29	18	6	4	6.62	4.17	1.44	1.01
47	4739	32	29	2		6.70	6.21	0.45	0.04
48	4461	29	26	3		6.48	5.80	0.68	
49	4165	25	20	5		5.93	4.74	1.19	

2-44 全国分年龄、性别的死亡人口状况 (2015年11月1日至2016年10月31日)
Status of Deaths by Age and Sex (2015.11.1-2016.10.31)

年 龄 Age	年平均人口(人) Average Population (person)	男 Male	女 Female	死亡人口(人) Deaths (person)	男 Male	女 Female	死亡率(‰) Death Rate (‰)	男 Male	女 Female
总计 Total	**1155237**	**591759**	**563478**	**6179**	**3592**	**2587**	**5.35**	**6.07**	**4.59**
0-4	**62446**	**33468**	**28978**	**40**	**20**	**20**	**0.65**	**0.61**	**0.69**
0	6165	3306	2859	19	12	7	3.08	3.65	2.42
1	12150	6483	5667	8	2	6	0.66	0.29	1.07
2	14152	7605	6547	7	4	3	0.51	0.56	0.46
3	14440	7704	6736	5	1	4	0.36	0.17	0.57
4	15538	8370	7168	1	1		0.06	0.11	
5-9	**63843**	**34676**	**29167**	**16**	**13**	**3**	**0.24**	**0.37**	**0.10**
5	12253	6664	5589	4	4		0.33	0.58	0.03
6	12903	6916	5987	5	3	2	0.36	0.45	0.26
7	13285	7256	6029	2	2		0.17	0.31	
8	12968	7069	5899	2	2		0.18	0.33	
9	12433	6770	5663	2	1	1	0.17	0.17	0.19
10-14	**60426**	**32776**	**27650**	**9**	**4**	**5**	**0.15**	**0.13**	**0.17**
10	12936	7000	5936	4	1	3	0.29	0.09	0.52
11	12544	6854	5690	1	1		0.07	0.13	
12	12419	6732	5687	2	1	1	0.13	0.13	0.12
13	11090	5972	5118	1	1		0.08	0.15	
14	11437	6217	5220	2	1	1	0.18	0.18	0.19
15-19	**61568**	**33205**	**28363**	**13**	**12**	**1**	**0.20**	**0.36**	**0.02**
15	12592	6871	5721	1	1		0.06	0.11	
16	12690	6719	5971	3	3		0.23	0.43	
17	11599	6298	5301	1	1		0.07	0.13	
18	12409	6812	5597	3	2	1	0.23	0.34	0.11
19	12279	6506	5773	5	5		0.42	0.79	
20-24	**79123**	**41383**	**37740**	**44**	**35**	**9**	**0.55**	**0.84**	**0.24**
20	14473	7433	7040	6	2	4	0.40	0.27	0.54
21	15606	8109	7497	10	9	1	0.67	1.12	0.18
22	15187	8110	7077	8	7	1	0.52	0.87	0.12
23	16327	8506	7821	11	9	2	0.66	1.07	0.21
24	17530	9225	8305	8	7	1	0.49	0.80	0.15
25-29	**106682**	**54239**	**52443**	**29**	**22**	**7**	**0.28**	**0.41**	**0.14**
25	17426	8920	8506	1		1	0.06	0.05	0.08
26	22798	11609	11189	10	5	5	0.43	0.40	0.46
27	22290	11337	10953	6	5	1	0.25	0.44	0.05
28	21158	10709	10449	6	6		0.27	0.53	
29	23010	11664	11346	8	7	1	0.33	0.57	0.09

2-44 续表 1 continued

年 龄 Age	年平均人口(人) Average Population (person)	男 Male	女 Female	死亡人口(人) Deaths (person)	男 Male	女 Female	死亡率(‰) Death Rate (‰)	男 Male	女 Female
30-34	**87596**	**44087**	**43509**	**43**	**31**	**12**	**0.49**	**0.71**	**0.27**
30	19244	9562	9682	7	6	1	0.38	0.64	0.11
31	16748	8349	8399	5	4	1	0.28	0.47	0.09
32	16365	8277	8088	8	7	1	0.51	0.84	0.17
33	16268	8293	7975	10	6	4	0.65	0.74	0.55
34	18973	9608	9365	12	8	4	0.66	0.87	0.44
35-39	**80525**	**41025**	**39500**	**71**	**47**	**24**	**0.87**	**1.13**	**0.60**
35	16312	8337	7975	15	11	4	0.92	1.27	0.54
36	15513	7933	7580	9	6	3	0.58	0.78	0.37
37	16804	8545	8259	9	4	5	0.54	0.49	0.60
38	16621	8405	8216	15	9	6	0.95	1.11	0.77
39	15275	7806	7469	21	16	5	1.41	2.08	0.71
40-44	**94797**	**48385**	**46412**	**122**	**73**	**49**	**1.29**	**1.50**	**1.06**
40	17144	8820	8324	15	10	5	0.85	1.08	0.62
41	17933	9256	8677	20	13	7	1.12	1.39	0.82
42	18928	9588	9340	31	16	15	1.66	1.66	1.66
43	20089	10221	9868	40	21	19	1.96	2.04	1.88
44	20702	10499	10203	17	14	3	0.80	1.30	0.29
45-49	**104754**	**53288**	**51466**	**236**	**174**	**62**	**2.25**	**3.26**	**1.21**
45	20840	10723	10117	46	34	12	2.18	3.17	1.14
46	22305	11365	10940	41	31	10	1.80	2.69	0.87
47	20778	10564	10214	34	23	11	1.64	2.15	1.11
48	22648	11457	11191	54	42	12	2.38	3.67	1.07
49	18183	9179	9004	63	45	18	3.43	4.87	1.97
50-54	**97798**	**49630**	**48168**	**333**	**245**	**88**	**3.41**	**4.94**	**1.83**
50	19647	9968	9679	52	36	16	2.64	3.65	1.61
51	19948	10001	9947	66	51	15	3.31	5.09	1.52
52	19434	9776	9658	76	53	23	3.93	5.42	2.41
53	22376	11547	10829	90	71	19	4.04	6.15	1.78
54	16393	8337	8056	49	34	15	2.97	4.03	1.87
55-59	**59819**	**30386**	**29433**	**319**	**211**	**108**	**5.33**	**6.95**	**3.66**
55	9128	4507	4621	41	30	11	4.57	6.76	2.44
56	11380	5797	5583	52	31	21	4.61	5.35	3.83
57	10599	5443	5156	74	48	26	6.98	8.90	4.96
58	13678	6986	6692	64	45	19	4.71	6.48	2.87
59	15033	7653	7380	86	56	30	5.74	7.32	4.10

2-44 续表 2 continued

年 龄 Age	年平均人口(人) Average Population (person)	男 Male	女 Female	死亡人口(人) Deaths (person)	男 Male	女 Female	死亡率(‰) Death Rate (‰)	男 Male	女 Female
60-64	**67980**	**33995**	**33985**	**559**	**375**	**184**	**8.23**	**11.04**	**5.41**
60	13636	6738	6898	95	60	35	6.97	8.97	5.01
61	14397	7257	7140	102	73	29	7.12	10.09	4.10
62	14244	7080	7164	123	82	41	8.67	11.64	5.75
63	12841	6409	6432	123	81	42	9.58	12.56	6.61
64	12863	6512	6351	115	79	36	8.95	12.11	5.72
65-69	**48794**	**24095**	**24699**	**659**	**409**	**250**	**13.50**	**16.97**	**10.12**
65	10867	5294	5573	103	66	37	9.53	12.50	6.70
66	10717	5214	5503	148	97	51	13.78	18.54	9.27
67	10253	5238	5015	145	95	50	14.15	18.23	9.89
68	8671	4263	4408	124	79	45	14.25	18.54	10.10
69	8284	4084	4200	140	72	68	16.79	17.51	16.09
70-74	**32079**	**15804**	**16275**	**765**	**488**	**277**	**23.87**	**30.89**	**17.04**
70	7636	3788	3848	161	101	60	21.09	26.65	15.60
71	6751	3290	3461	153	98	55	22.70	29.81	15.94
72	6354	3139	3215	142	85	57	22.22	26.94	17.62
73	5915	2867	3048	172	121	51	28.98	42.04	16.69
74	5423	2720	2703	139	84	55	25.59	30.92	20.22
75-79	**22917**	**11019**	**11898**	**878**	**497**	**381**	**38.35**	**45.15**	**32.05**
75	5441	2593	2848	188	111	77	34.62	42.87	27.11
76	5081	2466	2615	155	99	56	30.55	40.03	21.60
77	4073	1937	2136	171	92	79	42.14	47.63	37.17
78	4409	2112	2297	173	92	81	39.21	43.56	35.21
79	3914	1912	2002	190	103	87	48.73	54.05	43.65
80-84	**14819**	**6690**	**8129**	**947**	**454**	**493**	**63.96**	**67.94**	**60.68**
80	3740	1729	2011	209	102	107	55.86	58.96	53.19
81	3202	1451	1751	193	97	96	60.42	67.17	54.82
82	2983	1333	1650	202	105	97	67.73	78.81	58.78
83	2691	1210	1481	177	88	89	65.90	73.15	59.98
84	2203	967	1236	167	62	105	75.37	63.63	84.56
85-89	**6771**	**2771**	**4000**	**683**	**327**	**356**	**100.90**	**118.06**	**89.02**
85	1821	776	1045	174	97	77	95.52	124.79	73.81
86	1769	751	1018	155	68	87	87.79	90.32	85.92
87	1195	488	707	132	63	69	110.50	129.91	97.10
88	1115	407	708	120	52	68	107.83	127.36	96.60
89	870	349	521	101	47	54	116.73	135.30	104.29
90+	**2499**	**837**	**1662**	**412**	**153**	**259**	**164.87**	**182.80**	**155.84**

2-45　全国城市分年龄、性别的死亡人口状况
(2015年11月1日至2016年10月31日)
Status of City Deaths by Age and Sex (2015.11.1-2016.10.31)

年 龄 Age	年平均人口(人) Average Population (person)	男 Male	女 Female	死亡人口(人) Deaths (person)	男 Male	女 Female	死亡率(‰) Death Rate (‰)	男 Male	女 Female
总计 Total	**397319**	**203067**	**194252**	**1289**	**729**	**560**	**3.24**	**3.59**	**2.88**
0-4	**19502**	**10356**	**9146**	**7**	**4**	**3**	**0.36**	**0.41**	**0.31**
0	1770	924	846	3	3		1.89	3.61	
1	3893	2074	1819	1		1	0.21		0.45
2	4590	2409	2181						
3	4377	2319	2058	2		2	0.47		0.99
4	4872	2630	2242	1	1		0.18	0.34	
5-9	**15794**	**8461**	**7333**	**1**	**1**		**0.08**	**0.15**	
5	3094	1626	1468	1	1		0.18	0.33	
6	3128	1680	1448	1	1		0.22	0.42	
7	3238	1764	1474						
8	3275	1752	1523						
9	3057	1638	1419						
10-14	**14813**	**7949**	**6864**	**1**	**1**		**0.10**	**0.19**	
10	3075	1672	1403	1	1		0.19	0.36	
11	3139	1663	1476	1	1		0.28	0.53	
12	3013	1630	1383						
13	2624	1409	1215						
14	2962	1575	1387						
15-19	**17943**	**9444**	**8499**	**4**	**3**	**1**	**0.22**	**0.35**	**0.07**
15	3374	1768	1606						
16	3669	1872	1797						
17	3247	1796	1451	1	1		0.24	0.44	
18	3602	1945	1657	1		1	0.17		0.37
19	4050	2062	1988	2	2		0.61	1.20	
20-24	**31239**	**16430**	**14809**	**6**	**4**	**2**	**0.19**	**0.22**	**0.14**
20	5627	2822	2805				0.04		0.07
21	6141	3104	3037	2	2		0.40	0.78	
22	6240	3436	2804	1	1		0.20	0.36	
23	6530	3454	3076	1		1	0.11		0.24
24	6700	3613	3087	1		1	0.18		0.39
25-29	**44361**	**22782**	**21579**	**5**	**4**	**1**	**0.10**	**0.16**	**0.04**
25	6981	3613	3368						
26	9071	4670	4401	1	1		0.13	0.25	
27	9103	4717	4386	1		1	0.06		0.12
28	9115	4628	4487	2	2		0.26	0.52	
29	10090	5154	4936				0.02		0.05

2-45 续表 1 continued

年 龄 Age	年平均人口(人) Average Population (person)	男 Male	女 Female	死亡人口(人) Deaths (person)	男 Male	女 Female	死亡率(‰) Death Rate (‰)	男 Male	女 Female
30-34	**36787**	**18485**	**18302**	**9**	**6**	**3**	**0.25**	**0.34**	**0.15**
30	7802	3847	3955	2	1	1	0.25	0.27	0.22
31	6861	3404	3457						
32	6804	3434	3370	3	3		0.38	0.75	
33	7031	3586	3445	2	2		0.24	0.47	
34	8289	4214	4075	3	1	2	0.35	0.24	0.47
35-39	**33334**	**16952**	**16382**	**9**	**4**	**5**	**0.26**	**0.21**	**0.32**
35	6880	3495	3385						
36	6446	3343	3103	1		1	0.10		0.21
37	7039	3569	3470	2	1	1	0.22	0.24	0.19
38	6820	3398	3422	2		2	0.33		0.67
39	6147	3145	3002	5	3	2	0.70	0.85	0.54
40-44	**35857**	**18359**	**17498**	**18**	**11**	**7**	**0.51**	**0.62**	**0.40**
40	6851	3476	3375	2	1	1	0.37	0.39	0.34
41	6942	3620	3322	1	1		0.10	0.19	
42	7063	3562	3501	8	5	3	1.15	1.37	0.93
43	7459	3812	3647	5	2	3	0.55	0.40	0.71
44	7542	3889	3653	3	3		0.39	0.75	
45-49	**35668**	**18360**	**17308**	**44**	**35**	**9**	**1.23**	**1.89**	**0.52**
45	7528	3881	3647	9	5	4	1.19	1.41	0.97
46	7972	4147	3825	11	9	2	1.38	2.14	0.55
47	7172	3651	3521	2		2	0.32	0.13	0.52
48	7408	3803	3605	15	14	1	2.12	3.78	0.37
49	5587	2878	2709	6	6		1.05	1.95	0.09
50-54	**32082**	**16497**	**15585**	**57**	**40**	**17**	**1.77**	**2.44**	**1.06**
50	5992	3041	2951	7	6	1	1.21	1.95	0.45
51	6412	3323	3089	9	5	4	1.42	1.57	1.27
52	6483	3279	3204	12	10	2	1.79	2.91	0.64
53	7792	4033	3759	20	16	4	2.60	3.96	1.14
54	5403	2821	2582	9	4	5	1.59	1.29	1.93
55-59	**20134**	**10197**	**9937**	**78**	**52**	**26**	**3.89**	**5.08**	**2.66**
55	3016	1517	1499	11	10	1	3.60	6.63	0.53
56	4048	2098	1950	8	4	4	2.04	2.08	2.00
57	3621	1839	1782	15	11	4	4.28	6.10	2.40
58	4625	2356	2269	24	14	10	5.05	5.85	4.22
59	4824	2387	2437	20	12	8	4.21	5.19	3.25

2-45 续表 2 continued

年 龄 Age	年平均人口(人) Average Population (person)	男 Male	女 Female	死亡人口(人) Deaths (person)	男 Male	女 Female	死亡率(‰) Death Rate (‰)	男 Male	女 Female
60-64	**21082**	**10424**	**10658**	**106**	**74**	**32**	**5.02**	**7.11**	**2.97**
60	4260	2062	2198	17	12	5	4.12	5.86	2.50
61	4528	2293	2235	18	12	6	3.93	5.18	2.65
62	4418	2154	2264	24	17	7	5.31	7.79	2.95
63	4030	1987	2043	29	18	11	7.10	8.84	5.40
64	3847	1928	1919	19	16	3	4.76	8.20	1.31
65-69	**14564**	**7032**	**7532**	**120**	**79**	**41**	**8.24**	**11.18**	**5.50**
65	3344	1621	1723	25	16	9	7.60	9.83	5.50
66	3298	1580	1718	27	20	7	8.16	12.66	4.02
67	3036	1471	1565	26	18	8	8.44	12.00	5.09
68	2514	1243	1271	22	13	9	8.86	10.54	7.23
69	2373	1118	1255	20	12	8	8.36	10.70	6.27
70-74	**9376**	**4518**	**4858**	**131**	**81**	**50**	**14.01**	**18.01**	**10.29**
70	2240	1092	1148	30	16	14	13.61	14.87	12.40
71	1970	927	1043	26	18	8	13.05	19.04	7.72
72	1807	857	950	22	9	13	12.25	10.99	13.40
73	1716	835	881	27	20	7	15.57	23.51	8.03
74	1641	806	835	26	18	8	16.02	22.83	9.45
75-79	**7160**	**3381**	**3779**	**176**	**101**	**75**	**24.52**	**29.87**	**19.73**
75	1660	752	908	26	18	8	15.49	24.01	8.43
76	1569	768	801	38	26	12	24.33	33.57	15.46
77	1304	600	704	39	18	21	30.01	30.04	29.99
78	1411	641	770	29	19	10	20.77	30.39	12.77
79	1217	620	597	44	20	24	35.55	31.71	39.54
80-84	**4754**	**2204**	**2550**	**223**	**98**	**125**	**46.90**	**44.40**	**49.07**
80	1215	584	631	42	20	22	34.98	34.97	34.98
81	1037	471	566	41	17	24	39.51	36.23	42.25
82	909	414	495	49	29	20	54.24	71.08	40.16
83	891	408	483	38	16	22	42.80	38.76	46.21
84	702	327	375	52	15	37	74.22	46.32	98.58
85-89	**2095**	**946**	**1149**	**194**	**89**	**105**	**92.76**	**94.57**	**91.27**
85	561	260	301	43	18	25	77.69	70.04	84.29
86	565	261	304	39	14	25	69.09	54.88	81.30
87	365	158	207	46	24	22	125.63	149.90	107.05
88	350	148	202	42	19	23	118.58	126.50	112.79
89	254	119	135	25	15	10	95.83	121.73	72.88
90+	**776**	**291**	**485**	**100**	**41**	**59**	**128.87**	**140.89**	**121.65**

2-46 全国镇分年龄、性别的死亡人口状况
(2015年11月1日至2016年10月31日)
Status of Town Deaths by Age and Sex (2015.11.1-2016.10.31)

年 龄 Age	年平均人口(人) Average Population (person)	男 Male	女 Female	死亡人口(人) Deaths (person)	男 Male	女 Female	死亡率(‰) Death Rate (‰)	男 Male	女 Female
总计 Total	**264570**	**135838**	**128732**	**1232**	**751**	**481**	**4.66**	**5.53**	**3.74**
0-4	**15497**	**8295**	**7202**	**6**	**4**	**2**	**0.38**	**0.44**	**0.31**
0	1477	818	659	5	4	1	3.31	4.51	1.83
1	2987	1605	1382	1		1	0.35		0.76
2	3513	1894	1619						
3	3590	1875	1715						
4	3928	2102	1826						
5-9	**14352**	**7833**	**6519**	**2**	**2**		**0.11**	**0.21**	
5	2719	1508	1211	2	2		0.55	1.00	
6	2897	1559	1338						
7	2993	1667	1326						
8	2915	1578	1337				0.05	0.09	
9	2829	1522	1307						
10-14	**13997**	**7690**	**6307**	**2**	**1**	**1**	**0.11**	**0.12**	**0.11**
10	3082	1661	1421						
11	2902	1653	1249						
12	2833	1536	1297	2	1	1	0.56	0.58	0.54
13	2544	1387	1157						
14	2637	1453	1184						
15-19	**14415**	**8008**	**6407**	**5**	**5**		**0.36**	**0.64**	
15	3025	1668	1357	1	1		0.25	0.44	
16	3006	1663	1343	2	2		0.64	1.16	
17	2821	1549	1272						
18	2951	1701	1250						
19	2612	1427	1185	2	2		0.95	1.73	
20-24	**18597**	**9406**	**9191**	**11**	**9**	**2**	**0.62**	**0.99**	**0.25**
20	3475	1680	1795	1		1	0.39		0.75
21	3729	1864	1865	5	4	1	1.37	2.25	0.49
22	3437	1743	1694						
23	3722	1918	1804	2	2		0.48	0.93	
24	4234	2201	2033	3	3		0.80	1.53	
25-29	**26273**	**13425**	**12848**	**6**	**4**	**2**	**0.21**	**0.27**	**0.16**
25	4142	2154	1988						
26	5654	2911	2743	1		1	0.22		0.46
27	5633	2857	2776	1	1		0.21	0.41	
28	5117	2608	2509	1	1		0.23	0.45	
29	5728	2896	2832	2	1	1	0.34	0.41	0.27

2-46 续表 1 continued

年 龄 Age	年平均人口(人) Average Population (person)	男 Male	女 Female	死亡人口(人) Deaths (person)	男 Male	女 Female	死亡率(‰) Death Rate (‰)	男 Male	女 Female
30-34	**19456**	**9860**	**9596**	**10**	**8**	**2**	**0.51**	**0.78**	**0.23**
30	4275	2166	2109	1	1		0.26	0.51	
31	3793	1903	1890	2	2		0.50	0.99	
32	3630	1844	1786	1	1		0.23	0.46	
33	3541	1762	1779	1		1	0.37		0.74
34	4216	2185	2031	5	4	1	1.11	1.75	0.43
35-39	**18708**	**9447**	**9261**	**15**	**10**	**5**	**0.81**	**1.10**	**0.51**
35	3686	1879	1807	2	2		0.68	1.21	0.12
36	3433	1691	1742	2	1	1	0.51	0.47	0.56
37	3930	1979	1951	2	1	1	0.59	0.58	0.60
38	3992	2042	1950	4	2	2	0.88	0.99	0.77
39	3667	1857	1810	5	4	1	1.36	2.22	0.49
40-44	**22852**	**11672**	**11180**	**15**	**9**	**6**	**0.64**	**0.75**	**0.54**
40	4139	2160	1979	3	2	1	0.70	1.00	0.36
41	4449	2247	2202	2	1	1	0.53	0.59	0.47
42	4554	2294	2260	2	1	1	0.52	0.44	0.61
43	4801	2482	2319	5	2	3	1.07	0.91	1.24
44	4909	2489	2420	2	2		0.41	0.80	
45-49	**25209**	**12848**	**12361**	**50**	**40**	**10**	**2.00**	**3.13**	**0.82**
45	5055	2641	2414	12	11	1	2.24	4.02	0.28
46	5329	2751	2578	6	4	2	1.09	1.41	0.75
47	5001	2486	2515	7	6	1	1.37	2.29	0.45
48	5495	2788	2707	11	9	2	1.86	3.09	0.60
49	4329	2183	2146	16	11	5	3.75	5.24	2.23
50-54	**22510**	**11487**	**11023**	**86**	**66**	**20**	**3.82**	**5.71**	**1.84**
50	4652	2367	2285	12	8	4	2.63	3.27	1.96
51	4703	2331	2372	19	16	3	4.07	6.95	1.25
52	4483	2323	2160	15	10	5	3.31	4.09	2.46
53	5027	2574	2453	25	21	4	5.05	8.32	1.63
54	3647	1893	1754	15	11	4	3.94	5.68	2.05
55-59	**12723**	**6515**	**6208**	**71**	**53**	**18**	**5.59**	**8.13**	**2.92**
55	1935	954	981	14	10	4	7.02	10.22	3.91
56	2372	1199	1173	15	8	7	6.03	6.44	5.62
57	2286	1190	1096	10	8	2	4.35	6.42	2.11
58	2907	1487	1420	15	14	1	5.03	9.21	0.65
59	3225	1686	1539	18	14	4	5.77	8.40	2.89

2-46 续表 2 continued

年 龄 Age	年平均人口(人) Average Population (person)	男 Male	女 Female	死亡人口(人) Deaths (person)	男 Male	女 Female	死亡率(‰) Death Rate (‰)	男 Male	女 Female
60-64	**14061**	**6958**	**7103**	**132**	**82**	**50**	**9.42**	**11.84**	**7.06**
60	2816	1418	1398	21	12	9	7.28	8.21	6.34
61	3044	1497	1547	26	18	8	8.29	11.72	4.97
62	2935	1407	1528	29	16	13	9.82	11.21	8.53
63	2617	1309	1308	34	25	9	12.82	18.76	6.88
64	2650	1327	1323	25	13	12	9.20	9.69	8.72
65-69	**10150**	**5046**	**5104**	**120**	**77**	**43**	**11.73**	**15.16**	**8.34**
65	2312	1140	1172	19	15	4	7.83	12.77	3.03
66	2217	1084	1133	25	12	13	11.10	11.15	11.06
67	2144	1122	1022	21	13	8	9.95	11.71	8.01
68	1719	808	911	22	14	8	13.02	17.80	8.78
69	1758	892	866	32	22	10	18.58	25.06	11.90
70-74	**6671**	**3245**	**3426**	**144**	**95**	**49**	**21.61**	**29.20**	**14.41**
70	1556	741	815	27	18	9	17.42	24.91	10.62
71	1396	687	709	30	15	15	21.97	22.38	21.58
72	1332	676	656	27	19	8	20.34	27.96	12.49
73	1234	597	637	36	27	9	28.76	44.78	13.75
74	1153	545	608	23	15	8	20.60	28.07	13.92
75-79	**4459**	**2153**	**2306**	**170**	**103**	**67**	**38.01**	**47.80**	**28.87**
75	1042	525	517	47	30	17	45.73	57.52	33.77
76	1011	498	513	22	14	8	21.35	27.87	15.03
77	766	365	401	38	23	15	50.03	63.64	37.63
78	848	390	458	33	17	16	38.34	42.95	34.41
79	793	376	417	30	19	11	37.15	50.23	25.35
80-84	**2863**	**1255**	**1608**	**178**	**83**	**95**	**62.25**	**66.11**	**59.25**
80	707	318	389	39	21	18	53.89	64.77	45.01
81	613	274	339	40	22	18	66.46	81.97	53.91
82	597	260	337	40	18	22	66.52	69.48	64.24
83	497	222	275	32	15	17	63.42	66.28	61.11
84	447	180	267	28	7	21	62.71	39.25	78.50
85-89	**1288**	**541**	**747**	**121**	**61**	**60**	**94.20**	**112.53**	**80.94**
85	377	170	207	34	18	16	90.11	105.96	77.15
86	319	134	185	24	12	12	77.33	93.13	65.87
87	223	92	131	24	12	12	107.61	128.41	92.88
88	197	71	126	14	6	8	73.57	86.14	66.47
89	173	74	99	24	12	12	140.42	168.35	119.62
90+	**488**	**153**	**335**	**89**	**41**	**48**	**182.38**	**267.97**	**143.28**

2-47　全国乡村分年龄、性别的死亡人口状况（2015年11月1日至2016年10月31日）

Status of Rural Deaths by Age and Sex (2015.11.1-2016.10.31)

年　龄 Age	年平均人口(人) Average Population (person)	男 Male	女 Female	死亡人口(人) Deaths (person)	男 Male	女 Female	死亡率(‰) Death Rate (‰)	男 Male	女 Female
总计　Total	**493347**	**252853**	**240494**	**3657**	**2111**	**1546**	**7.41**	**8.35**	**6.43**
0-4	**27447**	**14817**	**12630**	**28**	**13**	**15**	**0.99**	**0.84**	**1.17**
0	2918	1564	1354	11	5	6	3.69	3.22	4.22
1	5269	2804	2465	6	2	4	1.16	0.67	1.71
2	6050	3302	2748	7	4	3	1.20	1.28	1.10
3	6472	3509	2963	3	1	2	0.48	0.38	0.60
4	6738	3638	3100						
5-9	**33697**	**18382**	**15315**	**13**	**10**	**3**	**0.37**	**0.53**	**0.18**
5	6440	3530	2910	2	2		0.31	0.52	0.06
6	6878	3677	3201	4	2	2	0.58	0.65	0.49
7	7054	3825	3229	2	2		0.32	0.58	
8	6778	3739	3039	2	2		0.33	0.59	
9	6547	3610	2937	2	1	1	0.33	0.31	0.36
10-14	**31616**	**17137**	**14479**	**6**	**2**	**4**	**0.19**	**0.12**	**0.28**
10	6780	3667	3113	3		3	0.46		1.00
11	6504	3538	2966						
12	6572	3566	3006						
13	5923	3177	2746	1	1		0.15	0.28	
14	5837	3189	2648	2	1	1	0.36	0.35	0.37
15-19	**29210**	**15754**	**13456**	**3**	**3**		**0.12**	**0.22**	
15	6192	3434	2758						
16	6014	3184	2830	1	1		0.16	0.31	
17	5530	2952	2578						
18	5856	3166	2690	2	2		0.39	0.73	
19	5617	3017	2600				0.04	0.07	
20-24	**29287**	**15547**	**13740**	**26**	**22**	**4**	**0.89**	**1.39**	**0.33**
20	5371	2931	2440	4	2	2	0.80	0.69	0.93
21	5736	3140	2596	2	2		0.50	0.78	0.17
22	5511	2931	2580	7	6	1	1.21	1.98	0.32
23	6075	3134	2941	8	7	1	1.36	2.33	0.32
24	6595	3411	3184	4	4		0.61	1.19	
25-29	**36048**	**18032**	**18016**	**19**	**15**	**4**	**0.55**	**0.84**	**0.25**
25	6303	3153	3150	1		1	0.17	0.14	0.21
26	8073	4028	4045	7	3	4	0.91	0.86	0.95
27	7553	3763	3790	4	4		0.50	1.00	
28	6926	3473	3453	2	2		0.31	0.61	
29	7193	3615	3578	5	5		0.75	1.49	

2-47 续表 1 continued

年 龄 Age	年平均人口(人) Average Population (person)	男 Male	女 Female	死亡人口(人) Deaths (person)	男 Male	女 Female	死亡率(‰) Death Rate (‰)	男 Male	女 Female
30-34	**31354**	**15742**	**15612**	**25**	**18**	**7**	**0.78**	**1.11**	**0.43**
30	7168	3549	3619	4	4		0.59	1.13	0.06
31	6094	3042	3052	3	2	1	0.47	0.67	0.26
32	5931	2998	2933	5	4	1	0.83	1.18	0.47
33	5695	2945	2750	7	4	3	1.32	1.51	1.12
34	6466	3208	3258	4	3	1	0.74	1.08	0.41
35-39	**28484**	**14627**	**13857**	**47**	**33**	**14**	**1.63**	**2.23**	**0.99**
35	5745	2962	2783	12	8	4	2.17	2.81	1.48
36	5634	2899	2735	6	5	1	1.16	1.86	0.42
37	5834	2997	2837	5	2	3	0.90	0.71	1.10
38	5809	2965	2844	10	7	3	1.71	2.47	0.91
39	5461	2803	2658	12	9	3	2.24	3.36	1.06
40-44	**36087**	**18354**	**17733**	**89**	**53**	**36**	**2.46**	**2.87**	**2.04**
40	6154	3184	2970	9	6	3	1.50	1.88	1.10
41	6544	3390	3154	17	11	6	2.60	3.22	1.93
42	7310	3732	3578	21	10	11	2.85	2.68	3.03
43	7828	3927	3901	30	17	13	3.84	4.34	3.34
44	8250	4121	4129	12	9	3	1.42	2.12	0.73
45-49	**43878**	**22080**	**21798**	**142**	**99**	**43**	**3.23**	**4.48**	**1.97**
45	8258	4202	4056	25	18	7	3.05	4.25	1.81
46	9003	4467	4536	24	18	6	2.59	3.98	1.21
47	8605	4427	4178	25	17	8	2.89	3.73	2.00
48	9745	4866	4879	28	19	9	2.87	3.91	1.83
49	8266	4118	4148	41	28	13	4.88	6.72	3.06
50-54	**43206**	**21645**	**21561**	**190**	**139**	**51**	**4.41**	**6.43**	**2.38**
50	9001	4559	4442	33	23	10	3.60	4.97	2.19
51	8835	4348	4487	38	30	8	4.27	6.79	1.83
52	8468	4174	4294	50	34	16	5.90	8.14	3.72
53	9558	4941	4617	45	34	11	4.68	6.82	2.39
54	7343	3623	3720	25	19	6	3.50	5.31	1.74
55-59	**26962**	**13674**	**13288**	**170**	**107**	**63**	**6.29**	**7.79**	**4.75**
55	4178	2036	2142	18	11	7	4.14	5.24	3.10
56	4960	2500	2460	30	19	11	6.02	7.58	4.43
57	4693	2414	2279	49	30	19	10.36	12.26	8.33
58	6146	3143	3003	27	18	9	4.31	5.65	2.90
59	6986	3581	3405	48	30	18	6.79	8.24	5.27

2-47 续表 2 continued

年 龄 Age	年平均人口(人) Average Population (person)	男 Male	女 Female	死亡人口(人) Deaths (person)	男 Male	女 Female	死亡率(‰) Death Rate (‰)	男 Male	女 Female
60-64	**32837**	**16614**	**16223**	**321**	**219**	**102**	**9.78**	**13.18**	**6.29**
60	6560	3257	3303	57	37	20	8.68	11.27	6.13
61	6825	3467	3358	60	44	16	8.72	12.64	4.67
62	6890	3518	3372	71	50	21	10.34	14.16	6.36
63	6194	3113	3081	60	38	22	9.83	12.33	7.29
64	6367	3258	3109	72	50	22	11.38	15.41	7.16
65-69	**24080**	**12017**	**12063**	**420**	**254**	**166**	**17.43**	**21.12**	**13.76**
65	5212	2533	2679	60	36	24	11.51	14.10	9.06
66	5201	2550	2651	97	65	32	18.49	25.32	11.91
67	5074	2646	2428	98	65	33	19.34	24.45	13.78
68	4439	2213	2226	79	52	27	17.78	23.31	12.28
69	4154	2075	2079	86	37	49	20.85	17.93	23.76
70-74	**16032**	**8041**	**7991**	**490**	**312**	**178**	**30.57**	**38.82**	**22.28**
70	3839	1955	1884	103	66	37	26.94	33.90	19.71
71	3385	1676	1709	97	65	32	28.61	38.81	18.61
72	3214	1605	1609	92	56	36	28.61	35.02	22.21
73	2963	1434	1529	109	74	35	36.83	51.69	22.89
74	2630	1370	1260	88	50	38	33.74	36.81	30.41
75-79	**11298**	**5484**	**5814**	**534**	**294**	**240**	**47.24**	**53.52**	**41.32**
75	2740	1316	1424	115	63	52	41.99	47.81	36.60
76	2500	1200	1300	95	59	36	38.17	49.22	27.97
77	2002	971	1031	94	51	43	47.02	52.47	41.89
78	2150	1081	1069	111	56	55	51.65	51.60	51.70
79	1906	917	989	118	65	53	61.97	70.72	53.84
80-84	**7202**	**3231**	**3971**	**547**	**274**	**273**	**75.89**	**84.70**	**68.72**
80	1818	827	991	128	61	67	70.58	73.66	68.00
81	1551	705	846	112	58	54	72.00	82.09	63.60
82	1476	659	817	113	58	55	76.51	87.33	67.79
83	1301	579	722	108	58	50	82.68	100.03	68.77
84	1054	460	594	86	39	47	81.52	85.48	78.45
85-89	**3388**	**1284**	**2104**	**368**	**177**	**191**	**108.48**	**137.70**	**90.65**
85	882	346	536	97	61	36	109.17	175.03	66.63
86	886	356	530	92	41	51	103.48	115.29	95.55
87	607	237	370	62	28	34	102.44	117.14	93.02
88	569	188	381	64	27	37	113.07	143.59	97.97
89	443	156	287	53	20	33	119.47	130.04	113.72
90+	**1234**	**392**	**842**	**223**	**71**	**152**	**180.71**	**181.12**	**180.52**

2-48 各地区分性别的各种户口状况人口

单位：人

地区	Region	人口数 Population			住本乡、镇、街道，户口在本乡、镇、街道 Residing in the Townships, Towns and Street Communities with Permanent Household Registration There		
		合计 Total	男 Male	女 Female	小计 Sub-total	男 Male	女 Female
全国	National Total	**1158019**	**593087**	**564932**	**942716**	**482318**	**460399**
北京	Beijing	18132	9324	8808	9455	4880	4575
天津	Tianjin	13046	6961	6085	8877	4475	4402
河北	Hebei	62750	32082	30668	55837	28693	27144
山西	Shanxi	30910	15909	15002	25804	13372	12431
内蒙古	Inner Mongolia	21136	10675	10461	14779	7614	7165
辽宁	Liaoning	36668	18503	18165	31115	15742	15373
吉林	Jilin	22945	11665	11280	18604	9559	9045
黑龙江	Heilongjiang	31874	16104	15770	28037	14289	13748
上海	Shanghai	20188	10382	9806	8873	4487	4386
江苏	Jiangsu	66998	33738	33260	53868	27174	26694
浙江	Zhejiang	46831	24377	22454	32066	16216	15849
安徽	Anhui	52056	26727	25329	46350	23932	22418
福建	Fujian	32474	16540	15934	22138	11099	11038
江西	Jiangxi	38576	20069	18506	34634	17957	16678
山东	Shandong	83464	42579	40886	72028	36978	35050
河南	Henan	80140	40834	39306	71781	36669	35112
湖北	Hubei	49384	25352	24032	40121	20499	19622
湖南	Hunan	57310	29286	28024	50311	25654	24657
广东	Guangdong	92107	48869	43238	59496	30832	28664
广西	Guangxi	40677	21161	19516	36161	18866	17294
海南	Hainan	7698	4058	3641	6493	3463	3030
重庆	Chongqing	25560	12992	12568	19522	9901	9621
四川	Sichuan	69457	34682	34775	59453	29921	29532
贵州	Guizhou	29915	15438	14476	26176	13579	12597
云南	Yunnan	40141	20285	19855	35181	17976	17205
西藏	Tibet	2789	1410	1380	2636	1329	1307
陕西	Shaanxi	32014	16160	15854	27306	13877	13429
甘肃	Gansu	21960	11134	10826	20165	10257	9908
青海	Qinghai	4987	2564	2423	4277	2185	2092
宁夏	Ningxia	5666	2925	2741	4432	2280	2153
新疆	Xinjiang	20165	10303	9861	16743	8565	8178

Population by Sex, Household Registration Status and Region

(person)

住本乡、镇、街道，户口在外乡、镇、街道，离开户口登记地半年以上 Residing in Townships, Towns and Street Communities, with Permanent Household Registration Elsewhere, Having Been Away from That Places For More Than 6 Months.			住本乡、镇、街道，户口待定 Residing in Townships, Towns and Street Communities, with Place of Permanent Household Registration Unsettled			居住港澳台或国外，户口在本乡、镇、街道 Residing in Taiwan, Macao, Hong Kong Special Administrative Region and other countries, with Place of Permanent Household Registration in Township, Towns and Street Communities		
小　计 Sub-total	男 Male	女 Female	小　计 Sub-total	男 Male	女 Female	小　计 Sub-total	男 Male	女 Female
209164	**107641**	**101524**	**4781**	**2408**	**2373**	**1357**	**721**	**636**
8541	4373	4168	46	31	15	90	40	50
4149	2477	1671	12	6	6	8	3	6
6352	3102	3250	544	276	268	17	12	6
4993	2479	2514	112	56	55	2	1	1
6286	3025	3261	66	33	34	5	3	2
5447	2701	2746	53	29	23	53	31	22
4173	2021	2152	30	13	18	138	72	66
3749	1767	1983	63	33	29	25	15	10
11110	5799	5310	45	21	24	161	74	87
12858	6405	6452	184	99	85	88	61	27
14502	8032	6470	157	81	76	106	48	58
5466	2688	2777	225	96	128	16	10	6
9707	5090	4617	300	163	137	330	187	142
3812	2049	1764	127	64	63	2		2
11192	5467	5725	189	103	86	55	30	25
8144	4069	4074	200	87	113	16	9	7
8984	4722	4262	227	105	122	53	28	25
6682	3459	3223	305	167	138	13	7	6
32027	17746	14281	543	279	264	41	12	29
4266	2185	2082	235	100	135	15	10	5
1146	568	578	47	21	26	12	6	6
5857	2992	2865	176	98	78	5	1	4
9775	4637	5138	195	99	95	35	25	10
3569	1771	1798	160	83	77	10	6	4
4750	2208	2541	190	93	97	19	7	12
142	74	68	11	7	5			
4608	2237	2371	82	34	48	19	13	6
1711	839	872	73	33	40	12	5	7
679	363	316	29	15	14	1	1	
1219	637	582	13	7	6	2	1	
3271	1659	1612	143	75	68	7	5	3

2-49 各地区城市分性别的各种户口状况人口

单位：人

地区	Region	人口数 Population			住本乡、镇、街道，户口在本乡、镇、街道 Residing in the Townships, Towns and Street Communities with Permanent Household Registration There		
		合计 Total	男 Male	女 Female	小计 Sub-total	男 Male	女 Female
全国	**National Total**	**398745**	**203807**	**194938**	**243346**	**123332**	**120014**
北京	Beijing	14964	7680	7284	7131	3693	3438
天津	Tianjin	9929	5304	4625	6036	3028	3008
河北	Hebei	15572	7901	7671	11748	6031	5717
山西	Shanxi	8654	4439	4215	5744	2936	2808
内蒙古	Inner Mongolia	7355	3606	3749	3384	1713	1671
辽宁	Liaoning	20614	10260	10353	15762	7827	7936
吉林	Jilin	8761	4401	4360	5846	2982	2864
黑龙江	Heilongjiang	12925	6404	6521	10235	5145	5090
上海	Shanghai	15931	8123	7808	6862	3492	3370
江苏	Jiangsu	28741	14359	14383	19598	9942	9656
浙江	Zhejiang	20771	10841	9931	11416	5704	5711
安徽	Anhui	11980	6087	5893	8136	4166	3969
福建	Fujian	14113	7233	6879	6901	3423	3477
江西	Jiangxi	8545	4609	3937	6448	3420	3028
山东	Shandong	24719	12649	12071	17221	8822	8399
河南	Henan	18947	9439	9508	12657	6459	6198
湖北	Hubei	17403	9027	8376	10496	5284	5212
湖南	Hunan	13189	6600	6589	9017	4500	4517
广东	Guangdong	51294	27653	23642	22818	11775	11042
广西	Guangxi	9775	5036	4739	6469	3315	3154
海南	Hainan	2549	1321	1228	1580	824	756
重庆	Chongqing	9338	4669	4669	5054	2518	2535
四川	Sichuan	14919	7210	7709	8576	4169	4407
贵州	Guizhou	6316	3174	3142	3873	1939	1935
云南	Yunnan	7986	3823	4163	4428	2163	2264
西藏	Tibet	404	208	196	291	147	144
陕西	Shaanxi	8388	4334	4054	5289	2706	2584
甘肃	Gansu	5082	2545	2537	4019	2010	2009
青海	Qinghai	1313	678	635	860	436	424
宁夏	Ningxia	2071	1063	1008	1375	699	676
新疆	Xinjiang	6197	3133	3064	4078	2063	2015

City Population by Sex, Household Registration Status and Region

(person)

住本乡、镇、街道，户口在外乡、镇、街道，离开户口登记地半年以上 Residing in Townships, Towns and Street Communities, with Permanent Household Registration Elsewhere, Having Been Away from That Places For More Than 6 Months.			住本乡、镇、街道，户口待定 Residing in Townships, Towns and Street Communities, with Place of Permanent Household Registration Unsettled			居住港澳台或国外，户口在本乡、镇、街道 Residing in Taiwan, Macao, Hong Kong Special Administrative Region and other countries, with Place of Permanent Household Registration in Township, Towns and Street Communities		
小计 Sub-total	男 Male	女 Female	小计 Sub-total	男 Male	女 Female	小计 Sub-total	男 Male	女 Female
152875	**79146**	**73730**	**1766**	**967**	**799**	**757**	**362**	**395**
7703	3919	3784	41	29	13	89	40	49
3875	2268	1607	10	6	5	8	3	6
3757	1843	1914	62	25	37	4	2	3
2879	1483	1396	31	20	11	1		1
3936	1875	2061	34	17	17	1	1	
4794	2397	2397	26	17	9	31	20	12
2861	1394	1467	13	4	9	41	21	21
2652	1239	1413	29	15	14	10	6	4
8885	4543	4341	29	16	14	155	72	83
9038	4358	4681	65	35	30	40	23	16
9198	5053	4145	75	47	27	83	35	47
3780	1890	1890	57	28	30	7	3	4
6981	3684	3297	108	58	50	124	68	55
2061	1170	890	35	18	16	2		2
7381	3753	3628	94	63	31	24	11	13
6175	2925	3250	102	50	52	13	6	7
6768	3673	3095	92	47	45	47	23	24
3978	1990	1988	190	110	80	4		4
28166	15707	12459	282	161	121	28	9	19
3224	1684	1541	73	33	40	8	4	4
957	491	466	11	6	5	1	1	1
4180	2093	2087	102	58	44	2		2
6306	3020	3286	32	19	13	5	2	3
2397	1214	1183	42	20	22	3	1	2
3511	1635	1876	46	25	21	2		2
112	60	52	1	1				
3079	1620	1460	10	3	7	9	6	3
1040	522	518	12	9	3	10	4	7
443	236	207	10	6	4			
689	359	330	6	4	3			
2071	1049	1022	45	19	25	3	1	2

2-50 各地区镇分性别的各种户口状况人口

单位：人

地 区	Region	人 口 数 Population			住本乡、镇、街道，户口在本乡、镇、街道 Residing in the Townships, Towns and Street Communities with Permanent Household Registration There		
		合 计 Total	男 Male	女 Female	小 计 Sub-total	男 Male	女 Female
全 国	**National Total**	**265367**	**136227**	**129139**	**221716**	**113938**	**107779**
北 京	Beijing	678	368	311	323	171	152
天 津	Tianjin	853	517	336	635	335	300
河 北	Hebei	17583	8982	8601	14946	7644	7302
山 西	Shanxi	8571	4389	4182	6877	3591	3285
内蒙古	Inner Mongolia	5481	2893	2588	3478	1783	1695
辽 宁	Liaoning	3931	2011	1920	3545	1825	1720
吉 林	Jilin	3970	2023	1947	3124	1602	1521
黑龙江	Heilongjiang	5793	2922	2871	4893	2483	2410
上 海	Shanghai	1772	968	804	845	427	419
江 苏	Jiangsu	16343	8354	7989	13796	7006	6790
浙 江	Zhejiang	10402	5504	4898	6800	3472	3327
安 徽	Anhui	14830	7665	7164	13220	6882	6337
福 建	Fujian	6392	3283	3109	4671	2400	2272
江 西	Jiangxi	11751	5990	5761	10055	5128	4927
山 东	Shandong	24145	12348	11796	20670	10802	9867
河 南	Henan	19529	10145	9383	17787	9126	8661
湖 北	Hubei	11053	5579	5474	9325	4801	4525
湖 南	Hunan	16764	8655	8110	14272	7261	7011
广 东	Guangdong	12059	6266	5793	9444	4926	4517
广 西	Guangxi	9585	5041	4544	8625	4552	4074
海 南	Hainan	1785	933	852	1666	876	789
重 庆	Chongqing	6546	3355	3191	5113	2582	2531
四 川	Sichuan	18918	9479	9440	16209	8171	8038
贵 州	Guizhou	6747	3507	3241	5900	3077	2823
云 南	Yunnan	9893	4990	4903	8923	4530	4393
西 藏	Tibet	409	202	207	385	191	194
陕 西	Shaanxi	9174	4536	4637	7732	3964	3768
甘 肃	Gansu	4627	2341	2286	4008	2050	1958
青 海	Qinghai	1237	649	588	1018	529	489
宁 夏	Ningxia	1091	568	523	720	377	344
新 疆	Xinjiang	3454	1764	1690	2711	1372	1339

Town Population by Sex, Household Registration Status and Region

(person)

住本乡、镇、街道，户口在外乡、镇、街道，离开户口登记地半年以上 Residing in Townships, Towns and Street Communities, with Permanent Household Registration Elsewhere, Having Been Away from That Places For More Than 6 Months.			住本乡、镇、街道，户口待定 Residing in Townships, Towns and Street Communities, with Place of Permanent Household Registration Unsettled			居住港澳台或国外，户口在本乡、镇、街道 Residing in Taiwan, Macao, Hong Kong Special Administrative Region and other countries, with Place of Permanent Household Registration in Township, Towns and Street Communities		
小计 Sub-total	男 Male	女 Female	小计 Sub-total	男 Male	女 Female	小计 Sub-total	男 Male	女 Female
42275	**21577**	**20698**	**1255**	**644**	**611**	**120**	**68**	**52**
352	195	156	3	1	2			
218	182	36						
2205	1103	1102	425	230	196	7	5	1
1663	783	880	32	15	17			
1982	1098	884	20	11	9	1		1
378	181	196	3	2	1	5	2	3
815	405	411	5	3	2	26	13	13
894	437	458	4	2	2	2	1	1
918	537	381	6	4	2	3	1	1
2458	1306	1153	71	29	42	18	13	4
3566	2013	1553	27	14	13	9	5	4
1536	751	785	72	31	41	2	1	1
1631	829	802	70	41	29	20	14	7
1655	841	813	41	21	20			
3427	1528	1899	44	18	26	4		4
1717	1007	710	25	13	13			
1665	749	916	60	28	32	3	1	1
2465	1375	1089	24	15	9	3	3	
2563	1309	1253	49	31	18	4		4
906	462	445	52	27	25	1	1	
106	50	56	12	6	6	1		1
1409	759	650	21	13	8	2	1	2
2662	1280	1382	39	22	17	7	5	3
817	414	402	30	15	16	1	1	
940	450	490	30	10	21			
24	11	13						
1411	558	853	29	13	16	2	1	1
609	287	322	10	3	6			
210	115	95	9	4	5			
368	190	178	3	1	1	1		
705	370	335	38	22	16			

2-51 各地区乡村分性别的各种户口状况人口

单位：人

地 区	Region	人口数 Population			住本乡、镇、街道，户口在本乡、镇、街道 Residing in the Townships, Towns and Street Communities with Permanent Household Registration There		
		合 计 Total	男 Male	女 Female	小 计 Sub-total	男 Male	女 Female
全 国	**National Total**	**493907**	**253052**	**240855**	**477654**	**245048**	**232606**
北 京	Beijing	2490	1276	1214	2001	1016	985
天 津	Tianjin	2263	1140	1124	2206	1111	1094
河 北	Hebei	29596	15200	14396	29143	15018	14125
山 西	Shanxi	13685	7081	6604	13183	6845	6338
内蒙古	Inner Mongolia	8301	4177	4124	7917	4118	3799
辽 宁	Liaoning	12123	6232	5892	11807	6090	5717
吉 林	Jilin	10214	5241	4973	9634	4974	4660
黑龙江	Heilongjiang	13157	6778	6379	12909	6661	6248
上 海	Shanghai	2485	1290	1195	1166	569	597
江 苏	Jiangsu	21914	11026	10888	20474	10225	10249
浙 江	Zhejiang	15657	8032	7625	13850	7040	6810
安 徽	Anhui	25246	12974	12272	24994	12883	12111
福 建	Fujian	11969	6023	5946	10566	5277	5289
江 西	Jiangxi	18279	9471	8809	18132	9409	8723
山 东	Shandong	34600	17582	17019	34138	17354	16784
河 南	Henan	41664	21250	20414	41337	21084	20253
湖 北	Hubei	20929	10746	10182	20300	10414	9886
湖 南	Hunan	27357	14031	13325	27021	13892	13128
广 东	Guangdong	28753	14949	13804	27235	14131	13104
广 西	Guangxi	21318	11085	10233	21066	11000	10066
海 南	Hainan	3364	1804	1560	3247	1763	1484
重 庆	Chongqing	9676	4967	4708	9355	4801	4555
四 川	Sichuan	35620	17993	17627	34667	17580	17087
贵 州	Guizhou	16852	8758	8094	16403	8563	7840
云 南	Yunnan	22262	11472	10789	21831	11283	10548
西 藏	Tibet	1976	1000	977	1960	991	969
陕 西	Shaanxi	14453	7290	7163	14284	7206	7077
甘 肃	Gansu	12252	6249	6003	12138	6197	5941
青 海	Qinghai	2436	1237	1200	2399	1219	1180
宁 夏	Ningxia	2504	1294	1210	2338	1204	1134
新 疆	Xinjiang	10513	5406	5107	9954	5130	4824

Rural Population by Sex, Household Registration Status and Region

(person)

住本乡、镇、街道，户口在外乡、镇、街道，离开户口登记地半年以上 Residing in Townships, Towns and Street Communities, with Permanent Household Registration Elsewhere, Having Been Away from That Places For More Than 6 Months.			住本乡、镇、街道，户口待定 Residing in Townships, Towns and Street Communities, with Place of Permanent Household Registration Unsettled			居住港澳台或国外，户口在本乡、镇、街道 Residing in Taiwan, Macao, Hong Kong Special Administrative Region and other countries, with Place of Permanent Household Registration in Township, Towns and Street Communities		
小 计 Sub-total	男 Male	女 Female	小 计 Sub-total	男 Male	女 Female	小 计 Sub-total	男 Male	女 Female
14014	**6918**	**7096**	**1760**	**797**	**964**	**479**	**290**	**189**
486	259	228	1	1		1		1
56	28	28	1		1			
391	156	235	56	21	35	6	5	1
451	213	238	50	22	28	1	1	
368	52	316	13	5	8	3	3	1
276	122	154	24	10	13	17	9	8
497	222	275	12	6	6	71	38	33
203	91	112	30	17	14	14	9	5
1306	719	588	9	2	8	3	1	3
1361	742	619	48	35	13	31	24	7
1738	965	773	55	19	36	14	8	6
150	48	102	95	38	58	7	5	1
1095	577	518	122	64	58	186	105	80
97	37	60	51	24	26			
384	186	198	51	22	29	27	19	8
252	138	114	72	25	48	3	3	
551	300	251	75	30	45	3	3	
239	94	146	91	41	49	6	4	2
1298	729	569	212	87	125	8	2	6
135	39	96	111	41	70	5	5	1
83	27	56	24	10	15	10	5	5
267	139	127	53	27	26	1		1
806	337	470	124	58	66	23	18	5
355	143	212	88	48	40	6	5	2
299	123	176	114	59	55	17	7	10
6	3	3	10	6	4			
118	59	58	44	18	25	8	6	2
62	30	32	51	21	30	2	2	
26	12	14	10	5	5	1		
162	88	74	4	2	2	1	1	
495	240	255	60	33	27	4	3	1

第三部分

Chapter Three

2016 年劳动力抽样调查主要数据

Main Data from 2016 Labor Force Survey

3-1　全国分地区就业人员受教育程度构成

单位：%

地　区	Region	就业人员 Employed Persons	男 Male	女 Female	未上过学 No Schooling	小　学 Primary School
全　国	**National Total**	**100.0**	**56.9**	**43.1**	**2.6**	**17.5**
北　京	Beijing	100.0	60.0	40.0	0.2	2.4
天　津	Tianjin	100.0	58.3	41.7	0.5	8.5
河　北	Hebei	100.0	58.3	41.7	1.1	12.9
山　西	Shanxi	100.0	61.5	38.5	1.3	11.6
内蒙古	Inner Mongolia	100.0	59.6	40.4	2.1	16.0
辽　宁	Liaoning	100.0	57.4	42.6	0.5	12.6
吉　林	Jilin	100.0	55.5	44.5	0.9	17.7
黑龙江	Heilongjiang	100.0	58.7	41.3	0.7	15.2
上　海	Shanghai	100.0	58.3	41.7	0.6	4.7
江　苏	Jiangsu	100.0	55.5	44.5	2.1	13.1
浙　江	Zhejiang	100.0	57.2	42.8	2.1	16.0
安　徽	Anhui	100.0	56.9	43.1	7.1	20.3
福　建	Fujian	100.0	59.3	40.7	2.7	21.6
江　西	Jiangxi	100.0	56.9	43.1	2.3	20.5
山　东	Shandong	100.0	56.9	43.1	2.5	14.3
河　南	Henan	100.0	55.1	44.9	2.5	15.3
湖　北	Hubei	100.0	55.3	44.7	2.9	17.8
湖　南	Hunan	100.0	58.6	41.4	1.6	16.9
广　东	Guangdong	100.0	57.7	42.3	0.7	11.1
广　西	Guangxi	100.0	55.5	44.5	1.5	19.8
海　南	Hainan	100.0	56.0	44.0	2.2	13.0
重　庆	Chongqing	100.0	55.6	44.4	2.4	27.4
四　川	Sichuan	100.0	54.7	45.3	3.9	29.4
贵　州	Guizhou	100.0	53.9	46.1	9.7	32.5
云　南	Yunnan	100.0	54.4	45.6	5.5	34.0
西　藏	Tibet	100.0	59.5	40.5	23.1	46.5
陕　西	Shaanxi	100.0	58.5	41.5	2.5	13.4
甘　肃	Gansu	100.0	56.0	44.0	5.3	26.7
青　海	Qinghai	100.0	56.7	43.3	6.9	26.0
宁　夏	Ningxia	100.0	57.7	42.3	6.4	17.0
新　疆	Xinjiang	100.0	56.7	43.3	2.1	17.5

注：劳动力调查自2015年开始使用新的受教育程度分类。
资料来源：2016年劳动力调查资料(下表同)。
Note:The new classification of Education attanment has been used since 2015 in the Labour Force Survey (same as below).
Data Source: Labor Force Survey in 2016. The same applies to the tables following.

Educational Attainment of Employed Persons by Region

(%)

初 中 Junior Secondary School	高 中 Senior Secondary School	中等职业教育 Medium Vocational Education	高等职业教育 High Vocational Education	大 学 专 科 College	大 学 本 科 University	研究生 Graduate and Higher Level
43.3	**12.3**	**4.9**	**1.3**	**9.6**	**7.7**	**0.8**
22.0	12.1	7.5	1.7	19.7	27.6	6.8
33.7	11.3	9.9	1.8	14.5	17.6	2.2
50.4	12.8	5.3	1.1	9.5	6.2	0.5
46.2	13.2	5.5	0.9	11.4	9.2	0.7
45.7	11.8	3.6	0.7	11.5	8.0	0.5
49.7	9.6	5.4	1.5	10.4	9.5	0.8
46.6	14.0	3.9	1.1	7.7	7.5	0.5
50.1	12.1	3.1	1.1	8.8	8.2	0.7
29.4	12.4	6.4	1.8	16.5	23.4	4.7
38.4	13.5	6.0	2.2	13.3	10.3	1.0
38.2	13.4	3.7	1.4	12.4	11.8	1.0
45.8	8.7	3.4	0.9	7.7	5.6	0.5
38.8	11.3	5.7	1.1	9.4	8.7	0.6
46.3	13.7	4.1	1.2	7.1	4.5	0.3
48.1	12.2	6.4	1.3	8.4	6.2	0.6
50.1	13.9	3.7	1.3	8.1	4.7	0.4
42.3	13.4	5.7	1.5	9.0	6.5	1.0
44.2	16.3	4.1	1.3	8.6	6.4	0.6
42.9	17.7	6.8	2.2	11.0	7.1	0.5
49.9	9.5	5.0	1.2	7.8	4.9	0.5
51.4	12.4	5.6	1.0	8.0	6.2	0.2
33.5	11.8	4.1	1.4	10.9	7.8	0.8
39.1	9.6	3.7	1.1	7.8	5.1	0.4
37.8	6.2	3.0	0.5	5.2	4.8	0.2
41.3	5.7	3.4	0.7	4.7	4.3	0.4
12.8	3.2	2.0	0.3	6.3	5.6	0.2
45.1	14.7	3.9	1.5	10.6	7.6	0.7
38.1	11.4	3.5	0.9	7.3	6.4	0.4
35.0	9.1	3.0	0.8	10.5	8.4	0.2
40.4	10.3	3.9	0.8	11.0	9.7	0.6
41.5	10.0	5.0	1.0	11.8	10.4	0.9

3-2 全国分地区男性就业人员受教育程度构成
Educational Attainment of Male Employed Persons by Region

单位：% (%)

地区	Region	男性就业人员 Male Employed Persons	未上过学 No Schooling	小学 Primary School	初中 Junior Secondary School	高中 Senior Secondary School	中等职业教育 Medium Vocational Education	高等职业教育 High Vocational Education	大学专科 College	大学本科 University	研究生 Graduate and Higher Level
全国	**National Total**	**100.0**	**1.4**	**15.1**	**45.6**	**14.0**	**5.0**	**1.4**	**9.3**	**7.4**	**0.8**
北京	Beijing	100.0	0.2	2.3	23.6	13.3	8.2	1.9	18.4	25.6	6.5
天津	Tianjin	100.0	0.5	8.3	35.5	12.7	10.6	2.1	13.7	14.7	1.8
河北	Hebei	100.0	0.6	11.3	53.2	14.0	5.3	1.0	8.5	5.5	0.5
山西	Shanxi	100.0	0.8	10.0	49.0	14.5	5.4	1.0	10.9	7.8	0.6
内蒙古	Inner Mongolia	100.0	1.1	14.7	48.6	12.6	3.7	0.8	11.1	7.0	0.4
辽宁	Liaoning	100.0	0.4	11.4	51.8	10.5	5.6	1.6	9.6	8.4	0.6
吉林	Jilin	100.0	0.8	16.3	47.7	15.4	3.9	1.2	7.5	6.8	0.5
黑龙江	Heilongjiang	100.0	0.5	13.9	52.5	12.7	3.0	1.1	8.4	7.2	0.7
上海	Shanghai	100.0	0.3	3.9	30.6	14.6	6.8	2.1	15.8	21.3	4.6
江苏	Jiangsu	100.0	1.0	10.8	39.7	15.3	6.4	2.3	13.3	10.1	1.1
浙江	Zhejiang	100.0	1.2	15.4	39.5	15.2	3.7	1.5	11.6	10.9	1.0
安徽	Anhui	100.0	3.5	17.6	49.6	10.7	3.7	0.9	7.8	5.7	0.5
福建	Fujian	100.0	1.2	18.6	42.6	13.0	5.5	1.1	9.0	8.4	0.7
江西	Jiangxi	100.0	1.0	16.3	48.9	16.1	4.0	1.2	7.4	4.8	0.3
山东	Shandong	100.0	1.2	11.3	50.4	14.0	6.6	1.5	8.2	6.2	0.6
河南	Henan	100.0	1.4	13.1	51.9	15.6	3.8	1.3	8.1	4.4	0.3
湖北	Hubei	100.0	1.4	14.1	45.3	15.7	5.9	1.7	8.7	6.3	1.0
湖南	Hunan	100.0	0.8	14.8	46.1	18.2	4.1	1.2	8.1	6.1	0.6
广东	Guangdong	100.0	0.3	8.6	43.8	20.1	6.8	2.3	10.5	7.0	0.6
广西	Guangxi	100.0	0.7	16.3	52.8	11.0	5.1	1.3	7.6	4.7	0.5
海南	Hainan	100.0	0.7	9.8	52.1	15.5	5.5	1.1	8.6	6.4	0.2
重庆	Chongqing	100.0	1.0	25.6	35.3	13.0	4.3	1.5	10.6	8.0	0.8
四川	Sichuan	100.0	2.3	26.6	41.6	11.1	3.9	1.0	7.9	5.1	0.4
贵州	Guizhou	100.0	4.1	29.8	44.1	7.5	3.1	0.5	5.5	4.9	0.3
云南	Yunnan	100.0	3.0	31.1	46.2	6.3	3.5	0.8	4.4	4.4	0.4
西藏	Tibet	100.0	18.5	51.6	13.1	2.8	1.6	0.3	5.9	5.9	0.3
陕西	Shaanxi	100.0	1.6	11.7	47.3	16.0	3.9	1.5	10.3	7.1	0.7
甘肃	Gansu	100.0	2.8	22.8	41.6	13.8	3.5	0.9	7.6	6.6	0.4
青海	Qinghai	100.0	4.2	24.5	38.5	10.1	3.1	0.9	10.5	7.9	0.3
宁夏	Ningxia	100.0	4.1	15.4	44.2	11.7	4.0	0.8	10.3	9.0	0.5
新疆	Xinjiang	100.0	1.9	16.0	43.5	10.9	5.1	0.9	11.5	9.4	0.8

3-3 全国分地区女性就业人员受教育程度构成

Educational Attainment of Female Employed Persons by Region

单位：% (%)

地区	Region	女性就业人员 Female Employed Persons	未上过学 No Schooling	小学 Primary School	初中 Junior Secondary School	高中 Senior Secondary School	中等职业教育 Medium Vocational Education	高等职业教育 High Vocational Education	大学专科 College	大学本科 University	研究生 Graduate and Higher Level
全国	**National Total**	**100.0**	**4.2**	**20.7**	**40.1**	**10.1**	**4.7**	**1.3**	**9.9**	**8.2**	**0.8**
北京	Beijing	100.0	0.3	2.5	19.6	10.4	6.5	1.4	21.6	30.5	7.2
天津	Tianjin	100.0	0.6	8.8	31.3	9.3	8.8	1.3	15.6	21.8	2.6
河北	Hebei	100.0	1.6	15.1	46.6	11.2	5.4	1.3	11.0	7.2	0.6
山西	Shanxi	100.0	2.1	14.3	41.6	11.0	5.6	0.9	12.3	11.4	0.8
内蒙古	Inner Mongolia	100.0	3.7	17.9	41.6	10.5	3.5	0.6	12.2	9.6	0.6
辽宁	Liaoning	100.0	0.7	14.2	46.9	8.3	5.1	1.4	11.4	11.1	0.9
吉林	Jilin	100.0	1.0	19.6	45.3	12.3	3.9	1.0	7.9	8.4	0.6
黑龙江	Heilongjiang	100.0	1.0	17.0	46.6	11.2	3.1	1.2	9.5	9.6	0.8
上海	Shanghai	100.0	1.1	5.8	27.8	9.5	5.8	1.5	17.5	26.3	4.8
江苏	Jiangsu	100.0	3.5	16.0	36.8	11.2	5.5	2.2	13.4	10.6	0.9
浙江	Zhejiang	100.0	3.3	16.7	36.5	11.0	3.8	1.3	13.5	12.9	1.0
安徽	Anhui	100.0	12.0	23.8	40.7	6.0	3.1	0.9	7.5	5.5	0.4
福建	Fujian	100.0	4.9	25.9	33.3	9.0	6.0	1.1	10.0	9.2	0.6
江西	Jiangxi	100.0	4.1	26.0	42.8	10.5	4.2	1.2	6.8	4.2	0.3
山东	Shandong	100.0	4.2	18.2	45.2	9.7	6.1	1.2	8.8	6.1	0.6
河南	Henan	100.0	3.9	18.1	47.9	11.7	3.6	1.3	8.1	5.1	0.4
湖北	Hubei	100.0	4.7	22.4	38.6	10.7	5.4	1.2	9.3	6.7	1.0
湖南	Hunan	100.0	2.8	19.7	41.6	13.6	4.2	1.3	9.3	6.9	0.5
广东	Guangdong	100.0	1.3	14.5	41.6	14.5	6.8	2.0	11.6	7.2	0.5
广西	Guangxi	100.0	2.5	24.0	46.4	7.7	4.8	1.1	8.1	5.1	0.4
海南	Hainan	100.0	4.1	17.0	50.4	8.5	5.7	0.9	7.2	6.0	0.2
重庆	Chongqing	100.0	4.1	29.8	31.2	10.4	3.8	1.3	11.2	7.5	0.8
四川	Sichuan	100.0	5.7	32.7	36.1	7.8	3.4	1.2	7.8	5.0	0.3
贵州	Guizhou	100.0	16.2	35.7	30.5	4.7	2.8	0.5	4.8	4.8	0.1
云南	Yunnan	100.0	8.4	37.6	35.6	5.0	3.3	0.6	5.0	4.2	0.4
西藏	Tibet	100.0	30.0	39.0	12.4	3.6	2.5	0.5	7.0	5.0	0.1
陕西	Shaanxi	100.0	3.9	15.8	41.9	12.9	3.9	1.6	11.0	8.2	0.8
甘肃	Gansu	100.0	8.5	31.7	33.6	8.2	3.6	0.8	7.0	6.0	0.4
青海	Qinghai	100.0	10.5	27.9	30.4	7.7	2.9	0.7	10.7	9.0	0.2
宁夏	Ningxia	100.0	9.5	19.2	35.1	8.4	3.8	0.8	11.9	10.7	0.6
新疆	Xinjiang	100.0	2.3	19.4	38.8	8.9	4.8	1.0	12.1	11.6	1.0

3-4 全国按年龄、性别分的就业人员受教育程度构成
Educational Attainment of Employed Persons by Age and Sex

单位：% (%)

年龄 Age	就业人员 Employed Persons	未上过学 No Schooling	小学 Primary School	初中 Junior Secondary School	高中 Senior Secondary School	中等职业教育 Medium Vocational Education	高等职业教育 High Vocational Education	大学专科 College	大学本科 University	研究生 Graduate and Higher Level
总计 Total	**100.0**	**2.6**	**17.5**	**43.3**	**12.3**	**4.9**	**1.3**	**9.6**	**7.7**	**0.8**
16-19	100.0	0.3	5.0	61.1	16.6	11.1	2.0	3.0	0.8	0.0
20-24	100.0	0.2	3.2	39.2	16.1	10.0	2.4	18.2	10.5	0.2
25-29	100.0	0.3	4.0	37.9	14.7	7.4	2.2	17.7	14.5	1.2
30-34	100.0	0.5	5.5	42.0	12.6	6.8	1.8	14.4	14.3	2.0
35-39	100.0	0.8	9.1	46.0	12.8	7.2	1.6	11.2	10.0	1.4
40-44	100.0	1.1	15.5	50.8	12.0	4.3	1.3	8.2	6.2	0.7
45-49	100.0	1.7	20.4	50.9	11.8	2.8	0.9	6.3	4.8	0.5
50-54	100.0	2.3	23.7	49.2	13.1	1.9	0.8	4.9	3.8	0.4
55-59	100.0	5.8	34.2	38.8	14.3	1.4	0.5	3.1	1.7	0.2
60-64	100.0	10.8	52.2	29.9	5.5	0.6	0.2	0.6	0.3	0.1
65+	100.0	19.0	60.6	17.6	1.9	0.4	0.1	0.2	0.2	0.0
男 Male	**100.0**	**1.4**	**15.1**	**45.6**	**14.0**	**5.0**	**1.4**	**9.3**	**7.4**	**0.8**
16-19	100.0	0.3	5.7	64.1	16.5	8.9	1.7	2.4	0.5	
20-24	100.0	0.2	3.4	43.0	18.0	9.8	2.2	15.1	8.2	0.2
25-29	100.0	0.3	3.7	39.8	16.0	7.9	2.3	16.3	12.8	0.9
30-34	100.0	0.4	4.8	42.8	13.6	7.1	1.8	14.0	13.7	1.8
35-39	100.0	0.5	7.5	46.9	13.7	7.2	1.6	11.1	10.0	1.5
40-44	100.0	0.6	12.5	52.1	13.0	4.5	1.4	8.6	6.6	0.8
45-49	100.0	0.9	16.1	53.0	13.4	3.0	1.0	6.8	5.3	0.6
50-54	100.0	0.9	17.5	51.5	16.3	2.2	0.9	5.7	4.5	0.5
55-59	100.0	2.3	25.6	43.5	18.8	1.9	0.7	4.6	2.4	0.3
60-64	100.0	4.7	46.8	38.3	7.9	0.8	0.3	0.8	0.4	0.1
65+	100.0	10.6	62.3	23.1	2.7	0.6	0.1	0.3	0.2	0.0
女 Female	**100.0**	**4.2**	**20.7**	**40.1**	**10.1**	**4.7**	**1.3**	**9.9**	**8.2**	**0.8**
16-19	100.0	0.2	4.0	56.8	16.9	14.2	2.5	4.0	1.3	0.1
20-24	100.0	0.2	2.9	34.1	13.6	10.2	2.7	22.3	13.7	0.2
25-29	100.0	0.3	4.3	35.5	13.1	6.9	2.1	19.4	16.8	1.5
30-34	100.0	0.6	6.4	41.1	11.5	6.4	1.7	15.0	15.1	2.2
35-39	100.0	1.1	11.1	44.8	11.7	7.2	1.5	11.3	10.1	1.2
40-44	100.0	1.7	19.0	49.3	10.7	4.0	1.1	7.8	5.7	0.5
45-49	100.0	2.7	25.5	48.4	9.8	2.5	0.8	5.8	4.1	0.3
50-54	100.0	4.3	33.1	45.6	8.2	1.4	0.6	3.7	2.8	0.2
55-59	100.0	11.5	48.3	31.0	7.0	0.6	0.2	0.7	0.6	0.0
60-64	100.0	19.0	59.5	18.5	2.2	0.3	0.0	0.2	0.2	0.0
65+	100.0	31.5	58.0	9.3	0.8	0.2	0.0	0.1	0.1	0.0

3-5 全国按受教育程度、性别分的就业人员年龄构成
Age Composition of Employed Persons by Educational Attainment and Sex

单位：% (%)

年 龄 Age	就业人员 Employed Persons	未上过学 No Schooling	小 学 Primary School	初 中 Junior Secondary School	高 中 Senior Secondary School	中等职业教育 Medium Vocational Education	高等职业教育 High Vocational Education	大学专科 College	大学本科 University	研究生 Graduate and Higher Level
总计 Total	**100.0**	**100.0**	**100.0**	**100.0**	**100.0**	**100.0**	**100.0**	**100.0**	**100.0**	**100.0**
16-19	1.4	0.2	0.4	2.0	1.9	3.2	2.1	0.4	0.1	0.0
20-24	7.5	0.5	1.4	6.8	9.9	15.5	13.7	14.3	10.3	1.9
25-29	12.9	1.5	2.9	11.3	15.4	19.7	21.5	23.8	24.3	19.3
30-34	12.8	2.4	4.0	12.4	13.1	17.9	17.0	19.3	23.8	31.9
35-39	11.3	3.3	5.9	12.0	11.7	16.6	13.4	13.2	14.7	19.7
40-44	14.7	6.4	13.0	17.2	14.3	12.9	14.0	12.6	11.8	12.4
45-49	12.7	8.3	14.8	14.9	12.1	7.2	8.6	8.4	7.9	7.8
50-54	11.1	9.6	15.1	12.7	11.8	4.4	6.5	5.8	5.5	5.2
55-59	5.8	12.8	11.3	5.2	6.7	1.7	2.3	1.9	1.3	1.4
60-64	5.3	21.8	15.7	3.6	2.3	0.6	0.6	0.3	0.2	0.4
65+	4.5	33.1	15.7	1.8	0.7	0.4	0.3	0.1	0.1	0.1
男 Male	**100.0**	**100.0**	**100.0**	**100.0**	**100.0**	**100.0**	**100.0**	**100.0**	**100.0**	**100.0**
16-19	1.4	0.4	0.5	2.0	1.7	2.6	1.8	0.4	0.1	
20-24	7.6	1.1	1.7	7.2	9.8	15.0	12.3	12.4	8.5	1.8
25-29	12.8	2.6	3.2	11.2	14.7	20.2	21.3	22.5	22.2	15.6
30-34	12.4	3.4	3.9	11.6	12.0	17.5	16.3	18.6	23.0	28.4
35-39	11.0	4.1	5.5	11.3	10.7	15.8	13.1	13.1	14.9	20.8
40-44	14.1	6.4	11.6	16.1	13.1	12.6	14.1	13.0	12.7	14.2
45-49	12.3	8.1	13.1	14.3	11.7	7.3	8.7	9.0	8.9	9.4
50-54	11.9	8.0	13.8	13.4	13.8	5.2	7.7	7.3	7.2	7.1
55-59	6.3	10.7	10.7	6.0	8.5	2.4	3.3	3.1	2.1	2.4
60-64	5.3	18.4	16.4	4.5	3.0	0.8	1.0	0.5	0.3	0.4
65+	4.8	37.1	19.6	2.4	0.9	0.6	0.4	0.2	0.1	0.1
女 Female	**100.0**	**100.0**	**100.0**	**100.0**	**100.0**	**100.0**	**100.0**	**100.0**	**100.0**	**100.0**
16-19	1.3	0.1	0.2	1.8	2.2	4.0	2.5	0.5	0.2	0.1
20-24	7.4	0.3	1.0	6.3	10.0	16.2	15.8	16.6	12.4	2.0
25-29	13.0	1.1	2.7	11.4	16.8	19.1	21.8	25.3	26.7	24.2
30-34	13.3	2.0	4.1	13.6	15.1	18.3	18.0	20.1	24.6	36.4
35-39	11.7	3.0	6.3	13.0	13.5	17.9	13.9	13.3	14.4	18.3
40-44	15.4	6.4	14.2	19.0	16.4	13.2	13.8	12.1	10.8	10.0
45-49	13.2	8.4	16.4	16.0	12.8	7.1	8.4	7.7	6.7	5.7
50-54	10.2	10.3	16.3	11.6	8.3	3.1	4.8	3.8	3.5	2.8
55-59	5.1	13.8	11.9	3.9	3.5	0.7	0.9	0.4	0.4	0.2
60-64	5.2	23.2	14.9	2.4	1.1	0.3	0.2	0.1	0.1	0.3
65+	4.2	31.5	11.9	1.0	0.3	0.2	0.1	0.0	0.0	0.1

3-6 全国按行业、性别分的就业人员受教育程度构成
Educational Attainment of Employed Persons by Sector and Sex

单位：% (%)

受教育程度	Educational Attainment	就业人员 Employed Persons	农、林、牧、渔业 Agriculture, Forestry, Animal Husbandry and Fishery	采矿业 Mining	制造业 Manu-facturing	电力、热力、燃气及水生产和供应业 Production and Supply of Electricity Power, Heat Power, Gas and Water	建筑业 Construction	批发和零售业 Wholesale and Retail Trades
总　计	**Total**	**100.0**	**100.0**	**100.0**	**100.0**	**100.0**	**100.0**	**100.0**
未上过学	No Schooling	2.6	7.1	0.5	0.8	0.4	1.1	0.7
小　学	Primary School	17.5	38.7	6.9	10.0	3.8	18.0	7.9
初　中	Junior Secondary School	43.3	47.3	43.5	49.4	26.5	59.0	43.8
高　中	Senior Secondary School	12.3	5.2	17.0	15.4	18.0	10.3	20.1
中等职业教育	Medium Vocational Education	4.9	0.8	9.0	6.8	8.9	2.7	7.4
高等职业教育	High Vocational Education	1.3	0.1	1.6	1.8	2.5	0.8	2.1
大学专科	College	9.6	0.6	12.7	9.7	22.4	5.0	12.2
大学本科	University	7.7	0.2	8.2	5.6	16.3	3.0	5.6
研究生	Graduate and Higher Level	0.8	0.0	0.5	0.5	1.3	0.1	0.3
男	**Male**	**100.0**	**100.0**	**100.0**	**100.0**	**100.0**	**100.0**	**100.0**
未上过学	No Schooling	1.4	3.9	0.5	0.4	0.3	1.0	0.4
小　学	Primary School	15.1	35.4	7.2	7.8	3.8	17.1	7.6
初　中	Junior Secondary School	45.6	51.6	46.7	47.4	29.6	60.9	42.4
高　中	Senior Secondary School	14.0	7.0	17.1	17.7	19.1	10.8	21.0
中等职业教育	Medium Vocational Education	5.0	1.0	8.6	7.7	8.6	2.6	6.9
高等职业教育	High Vocational Education	1.4	0.2	1.6	2.0	2.4	0.7	2.2
大学专科	College	9.3	0.7	11.3	10.5	20.3	4.3	12.7
大学本科	University	7.4	0.2	6.7	6.1	14.7	2.5	6.4
研究生	Graduate and Higher Level	0.8	0.0	0.4	0.5	1.3	0.1	0.4
女	**Female**	**100.0**	**100.0**	**100.0**	**100.0**	**100.0**	**100.0**	**100.0**
未上过学	No Schooling	4.2	10.1	0.7	1.3	0.6	2.2	0.9
小　学	Primary School	20.7	41.8	5.5	13.2	3.5	24.4	8.2
初　中	Junior Secondary School	40.1	43.3	28.7	52.3	17.1	46.2	44.9
高　中	Senior Secondary School	10.1	3.5	16.8	12.2	14.9	6.7	19.4
中等职业教育	Medium Vocational Education	4.7	0.6	10.7	5.6	9.6	3.0	7.7
高等职业教育	High Vocational Education	1.3	0.1	1.9	1.5	3.0	1.0	2.1
大学专科	College	9.9	0.4	19.4	8.5	28.7	9.7	11.7
大学本科	University	8.2	0.1	15.4	5.0	21.4	6.3	4.8
研究生	Graduate and Higher Level	0.8	0.0	0.8	0.4	1.4	0.4	0.2

3-6 续表 1 continued

单位：% (%)

受教育程度	Educational Attainment	交通运输、仓储和邮政业 Transport, Storage and Post	住宿和餐饮业 Hotels and Catering Services	信息传输、软件和信息技术服务业 Information Transmission, Software and Information Technical Services	金融业 Financial Intermediation	房地产业 Real Estate	租赁和商务服务业 Leasing and Business Services	科学研究和技术服务业 Scientific Research and Technical Services
总 计	**Total**	**100.0**	**100.0**	**100.0**	**100.0**	**100.0**	**100.0**	**100.0**
未上过学	No Schooling	0.5	1.1	0.2	0.1	0.6	0.4	0.2
小 学	Primary School	7.7	10.5	1.1	0.8	6.1	5.5	1.4
初 中	Junior Secondary School	49.7	56.1	11.6	10.8	27.7	28.8	10.9
高 中	Senior Secondary School	18.0	16.9	11.1	12.0	18.4	15.3	10.2
中等职业教育	Medium Vocational Education	6.7	5.8	7.1	6.3	8.0	6.8	5.2
高等职业教育	High Vocational Education	1.8	1.6	2.1	2.0	2.8	2.4	1.9
大学专科	College	9.9	5.8	30.0	29.7	22.0	21.0	22.9
大学本科	University	5.5	2.2	33.0	34.7	13.7	18.1	38.2
研究生	Graduate and Higher Level	0.3	0.1	3.7	3.7	0.7	1.8	9.3
男	**Male**	**100.0**	**100.0**	**100.0**	**100.0**	**100.0**	**100.0**	**100.0**
未上过学	No Schooling	0.5	0.5	0.1	0.1	0.3	0.3	0.2
小 学	Primary School	7.9	7.3	1.2	0.6	5.6	5.7	1.3
初 中	Junior Secondary School	52.7	56.0	12.4	10.6	29.9	32.7	12.2
高 中	Senior Secondary School	18.3	19.1	11.0	12.7	20.9	17.0	11.3
中等职业教育	Medium Vocational Education	6.5	6.5	6.5	5.9	7.7	6.6	5.2
高等职业教育	High Vocational Education	1.6	1.9	1.9	1.9	2.9	2.4	1.8
大学专科	College	8.0	6.2	28.9	30.0	19.5	18.1	21.8
大学本科	University	4.2	2.4	34.0	33.9	12.5	15.6	37.0
研究生	Graduate and Higher Level	0.2	0.1	3.9	4.1	0.7	1.6	9.3
女	**Female**	**100.0**	**100.0**	**100.0**	**100.0**	**100.0**	**100.0**	**100.0**
未上过学	No Schooling	0.8	1.5	0.3	0.1	1.2	0.5	0.1
小 学	Primary School	6.7	13.4	1.0	0.9	6.7	5.2	1.6
初 中	Junior Secondary School	32.4	56.2	10.3	11.0	24.3	23.2	8.3
高 中	Senior Secondary School	16.2	14.9	11.5	11.3	14.4	12.7	8.1
中等职业教育	Medium Vocational Education	7.8	5.1	8.1	6.6	8.4	7.2	5.3
高等职业教育	High Vocational Education	2.5	1.4	2.5	2.1	2.7	2.3	2.0
大学专科	College	20.6	5.4	31.7	29.4	26.0	25.3	25.0
大学本科	University	12.6	2.1	31.3	35.4	15.5	21.6	40.4
研究生	Graduate and Higher Level	0.4	0.1	3.3	3.3	0.7	2.0	9.3

3-6 续表 2 continued

单位：% (%)

受教育程度	Educational Attainment	水利、环境和公共设施管理业 Management of Water Conservancy, Environment and Public Facilities	居民服务、修理和其他服务业 Services to Households, Repair and Other Services	教育 Education	卫生和社会工作 Health and Society	文化、体育和娱乐业 Culture, Sports and Entertainment	公共管理、社会保障和社会组织 Public Management Social Security and Social Organizations	国际组织 International Organizations
总 计	**Total**	**100.0**	**100.0**	**100.0**	**100.0**	**100.0**	**100.0**	**100.0**
未上过学	No Schooling	2.7	2.3	0.2	0.3	0.4	0.3	
小 学	Primary School	15.8	14.1	1.8	3.1	4.3	2.5	3.5
初 中	Junior Secondary School	34.6	48.9	9.9	11.7	26.1	13.5	38.8
高 中	Senior Secondary School	13.8	16.3	7.7	8.6	15.4	13.7	5.0
中等职业教育	Medium Vocational Education	5.1	5.8	7.2	13.3	8.3	6.0	
高等职业教育	High Vocational Education	1.9	1.5	2.5	2.6	2.5	1.9	
大学专科	College	15.2	7.2	24.8	29.6	20.6	28.4	11.4
大学本科	University	10.1	3.7	39.0	27.4	20.3	31.2	26.2
研究生	Graduate and Higher Level	0.7	0.2	6.9	3.5	2.0	2.4	15.0
男	**Male**	**100.0**	**100.0**	**100.0**	**100.0**	**100.0**	**100.0**	**100.0**
未上过学	No Schooling	1.4	1.0	0.2	0.3	0.3	0.2	
小 学	Primary School	13.4	11.4	1.9	3.5	3.4	2.6	4.4
初 中	Junior Secondary School	35.6	50.8	9.6	15.5	25.0	14.7	48.7
高 中	Senior Secondary School	15.2	18.2	8.6	11.3	17.4	15.0	6.2
中等职业教育	Medium Vocational Education	5.9	6.1	5.9	11.8	9.7	6.0	
高等职业教育	High Vocational Education	1.9	1.7	2.4	1.9	2.7	2.0	
大学专科	College	16.3	7.0	23.8	22.3	20.3	27.6	12.5
大学本科	University	9.5	3.6	38.9	28.3	19.5	29.6	9.4
研究生	Graduate and Higher Level	0.8	0.1	8.7	5.1	1.7	2.3	18.8
女	**Female**	**100.0**	**100.0**	**100.0**	**100.0**	**100.0**	**100.0**	**100.0**
未上过学	No Schooling	5.0	3.8	0.2	0.4	0.5	0.4	
小 学	Primary School	20.1	17.3	1.8	2.9	5.6	2.4	
初 中	Junior Secondary School	32.7	46.6	10.2	9.5	27.5	11.2	
高 中	Senior Secondary School	11.3	14.0	7.1	7.0	12.9	11.2	
中等职业教育	Medium Vocational Education	3.6	5.5	7.9	14.1	6.5	6.0	
高等职业教育	High Vocational Education	1.9	1.4	2.6	2.9	2.2	1.9	
大学专科	College	13.4	7.4	25.4	33.7	20.9	30.0	7.4
大学本科	University	11.2	3.8	39.0	26.8	21.4	34.2	92.7
研究生	Graduate and Higher Level	0.7	0.2	5.8	2.7	2.5	2.7	

3-7 全国按职业、性别分的就业人员受教育程度构成
Educational Attainment of Employed Persons by Occupation and Sex

单位：% (%)

受教育程度	Educational Attainment	就业人员 Employed Persons	单位负责人 Unit Heads	专业技术人员 Technical Personnel	办事人员和有关人员 Clerk and Related Workers	商业、服务业人员 Business Service Personnel	农林牧渔水利业生产人员 Producers of Agriculture, Forestry, Animal Husbandry, Fishery and Water Conservancy	生产运输设备操作人员及有关人员 Production, Transport Equipment Operators and Related Workers	其他 Others
总计	**Total**	**100.0**	**100.0**	**100.0**	**100.0**	**100.0**	**100.0**	**100.0**	**100.0**
未上过学	No Schooling	2.6	0.3	0.5	0.3	1.1	7.1	0.9	1.2
小学	Primary School	17.5	4.9	3.8	3.9	9.9	38.7	13.5	11.5
初中	Junior Secondary School	43.3	28.8	17.8	20.8	47.2	47.4	57.6	51.7
高中	Senior Secondary School	12.3	18.7	10.6	15.4	18.3	5.2	13.8	17.8
中等职业教育	Medium Vocational Education	4.9	6.1	7.9	7.3	6.8	0.8	5.3	3.9
高等职业教育	High Vocational Education	1.3	2.8	2.3	2.3	1.8	0.1	1.2	1.3
大学专科	College	9.6	19.5	24.4	24.9	10.0	0.5	5.4	7.6
大学本科	University	7.7	17.0	28.6	23.2	4.6	0.2	2.1	4.6
研究生	Graduate and Higher Level	0.8	1.9	4.1	1.8	0.2	0.0	0.1	0.3
男	**Male**	**100.0**	**100.0**	**100.0**	**100.0**	**100.0**	**100.0**	**100.0**	**100.0**
未上过学	No Schooling	1.4	0.2	0.4	0.4	0.6	3.9	0.7	0.9
小学	Primary School	15.1	4.7	4.4	4.7	8.5	35.6	12.0	9.8
初中	Junior Secondary School	45.6	28.7	22.2	23.8	47.0	51.6	57.4	51.5
高中	Senior Secondary School	14.0	19.3	12.0	16.9	19.6	6.9	14.9	20.5
中等职业教育	Medium Vocational Education	5.0	5.9	7.0	6.8	6.7	1.0	5.7	4.0
高等职业教育	High Vocational Education	1.4	2.8	2.2	2.1	1.9	0.2	1.3	1.4
大学专科	College	9.3	19.4	21.0	22.5	10.4	0.6	5.7	6.5
大学本科	University	7.4	16.8	26.4	21.2	5.1	0.2	2.2	5.0
研究生	Graduate and Higher Level	0.8	2.0	4.3	1.7	0.2	0.0	0.1	0.4
女	**Female**	**100.0**	**100.0**	**100.0**	**100.0**	**100.0**	**100.0**	**100.0**	**100.0**
未上过学	No Schooling	4.2	0.6	0.6	0.3	1.6	10.1	1.7	1.6
小学	Primary School	20.7	5.2	3.1	2.6	11.3	41.7	17.4	13.7
初中	Junior Secondary School	40.1	28.9	13.3	15.8	47.4	43.4	58.1	52.0
高中	Senior Secondary School	10.1	16.9	9.2	13.0	17.1	3.5	10.7	14.3
中等职业教育	Medium Vocational Education	4.7	6.7	8.8	8.1	6.9	0.6	4.3	3.7
高等职业教育	High Vocational Education	1.3	2.6	2.4	2.7	1.8	0.1	1.0	1.3
大学专科	College	9.9	19.9	27.9	29.0	9.7	0.4	4.6	9.0
大学本科	University	8.2	17.5	30.9	26.5	4.2	0.1	2.0	4.1
研究生	Graduate and Higher Level	0.8	1.7	3.8	2.1	0.2	0.0	0.1	0.2

3-8 全国按受教育程度、性别分的就业人员职业构成
Occupation of Employed Persons by Educational Attainment and Sex

单位：% (%)

受教育程度	Educational Attainment	就业人员 Employed Persons	单位负责人 Unit Heads	专业技术人员 Technical Personnel	办事人员和有关人员 Clerk and Related Workers	商业、服务业人员 Business Service Personnel	农林牧渔水利业生产人员 Producers of Agriculture, Forestry, Animal Husbandry, Fishery and Water Conservancy	生产运输设备操作人员及有关人员 Production, Transport Equipment Operators and Related	其他 Others
总 计	**Total**	**100.0**	**2.0**	**11.4**	**9.9**	**25.2**	**27.5**	**23.5**	**0.5**
未上过学	No Schooling	100.0	0.3	2.2	1.3	10.7	76.6	8.7	0.2
小 学	Primary School	100.0	0.6	2.5	2.2	14.5	61.6	18.4	0.3
初 中	Junior Secondary School	100.0	1.3	4.7	4.7	27.4	30.0	31.2	0.6
高 中	Senior Secondary School	100.0	3.0	9.7	12.2	37.0	11.4	26.0	0.7
中等职业教育	Medium Vocational Education	100.0	2.5	18.1	14.7	34.6	4.4	25.4	0.4
高等职业教育	High Vocational Education	100.0	4.1	19.6	16.9	34.8	2.9	21.3	0.5
大学专科	College	100.0	4.0	28.9	25.7	26.2	1.5	13.3	0.4
大学本科	University	100.0	4.4	42.7	30.1	15.3	0.5	6.6	0.3
研究生	Graduate and Higher Level	100.0	4.9	60.7	23.8	6.7	0.6	3.2	0.2
男	**Male**	**100.0**	**2.6**	**10.2**	**10.9**	**22.0**	**23.5**	**30.3**	**0.5**
未上过学	No Schooling	100.0	0.5	3.1	2.9	9.6	68.9	14.7	0.3
小 学	Primary School	100.0	0.8	3.0	3.4	12.5	55.6	24.3	0.3
初 中	Junior Secondary School	100.0	1.6	5.0	5.7	22.7	26.5	38.0	0.6
高 中	Senior Secondary School	100.0	3.5	8.7	13.0	30.6	11.5	32.0	0.7
中等职业教育	Medium Vocational Education	100.0	3.0	14.2	14.7	29.1	4.6	34.0	0.4
高等职业教育	High Vocational Education	100.0	5.2	16.2	16.2	30.5	3.1	28.2	0.5
大学专科	College	100.0	5.4	23.1	26.4	24.5	1.6	18.7	0.3
大学本科	University	100.0	5.9	37.0	31.7	15.4	0.6	9.0	0.3
研究生	Graduate and Higher Level	100.0	6.7	57.9	24.4	6.8	0.5	3.4	0.3
女	**Female**	**100.0**	**1.2**	**12.9**	**8.6**	**29.4**	**32.7**	**14.7**	**0.5**
未上过学	No Schooling	100.0	0.2	1.9	0.7	11.1	79.8	6.2	0.2
小 学	Primary School	100.0	0.3	1.9	1.1	16.3	67.4	12.6	0.3
初 中	Junior Secondary School	100.0	0.8	4.2	3.4	34.5	35.2	21.2	0.6
高 中	Senior Secondary School	100.0	1.9	11.5	10.8	48.5	11.2	15.2	0.7
中等职业教育	Medium Vocational Education	100.0	1.6	23.6	14.6	42.3	4.1	13.3	0.4
高等职业教育	High Vocational Education	100.0	2.4	24.3	18.0	40.7	2.5	11.6	0.5
大学专科	College	100.0	2.4	35.9	24.9	28.4	1.2	6.7	0.5
大学本科	University	100.0	2.6	49.4	28.3	15.3	0.5	3.7	0.3
研究生	Graduate and Higher Level	100.0	2.6	64.2	23.0	6.6	0.6	2.9	0.1

3-9　全国按年龄、性别分的就业人员就业身份构成
Employment Status of Employed Persons by Age and Sex

单位：%　　(%)

年　龄 Age	就业人员 Employed Persons	雇　员 Employee	雇　主 Employer	自营劳动者 Self-Employed	家庭帮工 Unpaid Familial Worker
总计　Total	**100.0**	**56.4**	**2.8**	**37.7**	**3.0**
16-19	100.0	73.9	0.6	20.3	5.2
20-24	100.0	79.3	1.2	16.6	2.9
25-29	100.0	73.7	2.5	20.9	2.9
30-34	100.0	68.4	3.5	25.6	2.5
35-39	100.0	62.6	4.1	30.9	2.5
40-44	100.0	57.2	3.8	36.4	2.6
45-49	100.0	53.3	3.3	40.6	2.8
50-54	100.0	46.3	2.9	47.8	3.0
55-59	100.0	37.3	1.9	57.0	3.8
60-64	100.0	21.4	1.2	73.1	4.3
65+	100.0	11.2	0.7	82.7	5.4
男　Male	**100.0**	**59.2**	**3.5**	**35.9**	**1.5**
16-19	100.0	72.0	0.6	22.2	5.2
20-24	100.0	78.8	1.4	17.1	2.7
25-29	100.0	74.4	2.9	20.9	1.8
30-34	100.0	69.1	4.4	25.6	0.9
35-39	100.0	63.3	5.1	30.9	0.7
40-44	100.0	59.0	4.7	35.6	0.8
45-49	100.0	56.8	4.2	38.0	0.9
50-54	100.0	54.2	3.6	41.1	1.2
55-59	100.0	48.2	2.5	47.5	1.8
60-64	100.0	28.9	1.7	67.0	2.5
65+	100.0	14.6	1.0	80.9	3.5
女　Female	**100.0**	**52.8**	**2.0**	**40.1**	**5.1**
16-19	100.0	76.7	0.5	17.6	5.2
20-24	100.0	80.1	0.8	15.9	3.2
25-29	100.0	72.7	1.9	21.0	4.3
30-34	100.0	67.5	2.5	25.6	4.4
35-39	100.0	61.7	2.8	30.8	4.7
40-44	100.0	55.1	2.7	37.5	4.7
45-49	100.0	48.9	2.2	43.7	5.2
50-54	100.0	34.1	1.8	58.2	5.9
55-59	100.0	19.3	1.0	72.6	7.0
60-64	100.0	11.3	0.5	81.4	6.8
65+	100.0	6.2	0.4	85.3	8.1

3-10 全国按就业身份、性别分的就业人员年龄构成
Age Composition of Employed Persons by Employment Status and Sex

单位：% (%)

年 龄 Age	就业人员 Employed Persons	雇 员 Employee	雇 主 Employer	自营劳动者 Self-Employed	家庭帮工 Unpaid Familial Worker
总计 Total	**100.0**	**100.0**	**100.0**	**100.0**	**100.0**
16-19	1.4	1.8	0.3	0.7	2.4
20-24	7.5	10.6	3.1	3.3	7.3
25-29	12.9	16.8	11.4	7.1	12.2
30-34	12.8	15.5	16.0	8.7	10.6
35-39	11.3	12.5	16.2	9.2	9.3
40-44	14.7	14.9	19.6	14.2	12.4
45-49	12.7	12.0	14.8	13.7	11.9
50-54	11.1	9.1	11.3	14.1	11.2
55-59	5.8	3.8	4.0	8.8	7.2
60-64	5.3	2.0	2.2	10.2	7.5
65+	4.5	0.9	1.2	9.9	8.1
男 Male	**100.0**	**100.0**	**100.0**	**100.0**	**100.0**
16-19	1.4	1.8	0.3	0.9	5.1
20-24	7.6	10.2	3.1	3.6	14.0
25-29	12.8	16.2	10.8	7.5	15.4
30-34	12.4	14.5	15.5	8.9	7.8
35-39	11.0	11.7	16.0	9.5	5.3
40-44	14.1	14.1	18.9	14.0	7.5
45-49	12.3	11.8	15.0	13.0	7.4
50-54	11.9	10.9	12.1	13.6	9.5
55-59	6.3	5.2	4.5	8.4	7.6
60-64	5.3	2.6	2.5	9.9	9.0
65+	4.8	1.2	1.3	10.7	11.4
女 Female	**100.0**	**100.0**	**100.0**	**100.0**	**100.0**
16-19	1.3	1.9	0.3	0.6	1.3
20-24	7.4	11.2	3.2	2.9	4.7
25-29	13.0	17.8	12.8	6.8	11.0
30-34	13.3	17.1	17.2	8.5	11.6
35-39	11.7	13.6	16.4	8.9	10.8
40-44	15.4	16.1	21.3	14.4	14.3
45-49	13.2	12.2	14.5	14.4	13.6
50-54	10.2	6.6	9.4	14.7	11.9
55-59	5.1	1.9	2.7	9.2	7.0
60-64	5.2	1.1	1.4	10.5	6.9
65+	4.2	0.5	0.8	9.0	6.8

3-11　全国按受教育程度、性别分的就业人员就业身份构成
Employment Status of Employed Persons by Educational Attainment and Sex

单位：%　　(%)

受教育程度	Educational Attainment	就业人员 Employed Persons	雇　员 Employee	雇　主 Employer	自营劳动者 Self-Employed	家庭帮工 Unpaid Familial Worker
总　计	**Total**	**100.0**	**56.4**	**2.8**	**37.7**	**3.0**
未上过学	No Schooling	100.0	14.8	0.7	78.4	6.1
小　学	Primary School	100.0	26.1	1.3	68.1	4.5
初　中	Junior Secondary School	100.0	50.1	3.1	43.4	3.4
高　中	Senior Secondary School	100.0	67.3	4.5	25.3	2.9
中等职业教育	Medium Vocational Education	100.0	80.7	3.2	14.2	2.0
高等职业教育	High Vocational Education	100.0	81.3	4.2	12.6	1.9
大学专科	College	100.0	88.6	3.1	7.2	1.1
大学本科	University	100.0	93.9	2.0	3.6	0.5
研究生	Graduate and Higher Level	100.0	96.6	1.3	2.0	0.1
男	**Male**	**100.0**	**59.2**	**3.5**	**35.9**	**1.5**
未上过学	No Schooling	100.0	22.2	1.3	72.9	3.5
小　学	Primary School	100.0	31.2	1.8	64.7	2.3
初　中	Junior Secondary School	100.0	52.7	3.7	42.1	1.5
高　中	Senior Secondary School	100.0	66.6	5.1	26.8	1.6
中等职业教育	Medium Vocational Education	100.0	79.4	3.6	15.8	1.2
高等职业教育	High Vocational Education	100.0	79.5	5.0	14.1	1.3
大学专科	College	100.0	87.1	3.8	8.4	0.8
大学本科	University	100.0	92.6	2.6	4.4	0.4
研究生	Graduate and Higher Level	100.0	96.1	1.7	2.0	0.1
女	**Female**	**100.0**	**52.8**	**2.0**	**40.1**	**5.1**
未上过学	No Schooling	100.0	11.6	0.5	80.8	7.1
小　学	Primary School	100.0	21.1	0.9	71.3	6.7
初　中	Junior Secondary School	100.0	46.1	2.3	45.3	6.2
高　中	Senior Secondary School	100.0	68.5	3.6	22.7	5.2
中等职业教育	Medium Vocational Education	100.0	82.4	2.5	11.9	3.2
高等职业教育	High Vocational Education	100.0	83.8	3.2	10.4	2.6
大学专科	College	100.0	90.6	2.1	5.8	1.5
大学本科	University	100.0	95.5	1.2	2.6	0.6
研究生	Graduate and Higher Level	100.0	97.2	0.7	1.9	0.2

3-12 全国按就业身份、性别分的就业人员受教育程度构成
Educational Attainment of Employed Persons by Employment Status and Sex

单位：% (%)

受教育程度	Educational Attainment	就业人员 Employed Persons	雇员 Employee	雇主 Employer	自营劳动者 Self-Employed	家庭帮工 Unpaid Familial Worker
总　计	**Total**	**100.0**	**100.0**	**100.0**	**100.0**	**100.0**
未上过学	No Schooling	2.6	0.7	0.6	5.4	5.2
小　学	Primary School	17.5	8.1	8.2	31.6	26.2
初　中	Junior Secondary School	43.3	38.4	47.8	49.8	48.1
高　中	Senior Secondary School	12.3	14.7	19.8	8.3	11.6
中等职业教育	Medium Vocational Education	4.9	6.9	5.4	1.8	3.2
高等职业教育	High Vocational Education	1.3	1.9	2.0	0.4	0.8
大学专科	College	9.6	15.1	10.4	1.8	3.4
大学本科	University	7.7	12.9	5.3	0.7	1.3
研究生	Graduate and Higher Level	0.8	1.3	0.4	0.0	0.0
男	**Male**	**100.0**	**100.0**	**100.0**	**100.0**	**100.0**
未上过学	No Schooling	1.4	0.5	0.5	2.8	3.3
小　学	Primary School	15.1	8.0	7.7	27.3	24.1
初　中	Junior Secondary School	45.6	40.7	48.3	53.6	45.5
高　中	Senior Secondary School	14.0	15.8	20.3	10.5	14.9
中等职业教育	Medium Vocational Education	5.0	6.7	5.2	2.2	3.9
高等职业教育	High Vocational Education	1.4	1.9	2.0	0.5	1.3
大学专科	College	9.3	13.7	10.2	2.2	4.9
大学本科	University	7.4	11.5	5.5	0.9	2.1
研究生	Graduate and Higher Level	0.8	1.3	0.4	0.0	0.1
女	**Female**	**100.0**	**100.0**	**100.0**	**100.0**	**100.0**
未上过学	No Schooling	4.2	0.9	1.0	8.5	6.0
小　学	Primary School	20.7	8.3	9.5	36.7	27.0
初　中	Junior Secondary School	40.1	35.1	46.9	45.3	49.1
高　中	Senior Secondary School	10.1	13.1	18.6	5.7	10.4
中等职业教育	Medium Vocational Education	4.7	7.3	5.9	1.4	3.0
高等职业教育	High Vocational Education	1.3	2.0	2.1	0.3	0.7
大学专科	College	9.9	17.1	10.8	1.4	2.9
大学本科	University	8.2	14.8	5.0	0.5	1.0
研究生	Graduate and Higher Level	0.8	1.5	0.3	0.0	0.0

3-13 城镇按年龄、性别分的就业人员就业身份构成
Employment Status of Urban Employed Persons by Age and Sex

单位：% (%)

年 龄 Age	城 镇 就业人员 Urban Employed Persons	雇 员 Employee	雇 主 Employer	自营劳动者 Self-Employed	家庭帮工 Unpaid Familial Worker
总计 Total	**100.0**	**73.3**	**4.0**	**20.0**	**2.7**
16-19	100.0	85.4	0.7	8.7	5.1
20-24	100.0	87.4	1.4	8.3	2.9
25-29	100.0	82.1	3.1	12.1	2.6
30-34	100.0	77.8	4.4	15.7	2.1
35-39	100.0	74.4	4.8	18.7	2.1
40-44	100.0	71.9	5.0	20.8	2.3
45-49	100.0	70.0	4.6	22.8	2.6
50-54	100.0	66.6	4.2	26.2	3.0
55-59	100.0	62.3	3.4	30.6	3.6
60-64	100.0	39.6	2.5	51.5	6.4
65+	100.0	25.9	1.9	65.1	7.1
男 Male	**100.0**	**73.3**	**4.7**	**20.8**	**1.3**
16-19	100.0	82.8	0.8	11.1	5.4
20-24	100.0	85.7	1.7	9.5	3.0
25-29	100.0	81.1	3.7	13.5	1.7
30-34	100.0	76.5	5.3	17.4	0.7
35-39	100.0	73.0	5.9	20.6	0.6
40-44	100.0	70.8	6.0	22.5	0.6
45-49	100.0	70.2	5.6	23.5	0.7
50-54	100.0	70.8	4.7	23.5	1.0
55-59	100.0	70.3	3.7	24.5	1.5
60-64	100.0	47.9	3.2	45.5	3.4
65+	100.0	31.2	2.1	62.2	4.5
女 Female	**100.0**	**73.4**	**3.0**	**18.9**	**4.7**
16-19	100.0	89.1	0.7	5.3	4.8
20-24	100.0	89.4	1.1	6.8	2.7
25-29	100.0	83.3	2.5	10.4	3.7
30-34	100.0	79.4	3.3	13.6	3.7
35-39	100.0	76.2	3.5	16.3	4.0
40-44	100.0	73.1	3.7	18.7	4.4
45-49	100.0	69.8	3.2	21.9	5.1
50-54	100.0	58.5	3.3	31.5	6.8
55-59	100.0	40.1	2.6	47.8	9.5
60-64	100.0	25.4	1.4	61.8	11.4
65+	100.0	16.8	1.5	70.1	11.6

3-14 城镇按就业身份、性别分的就业人员年龄构成
Age Composition of Urban Employed Persons by Employment Status and Sex

单位：% (%)

年 龄 Age	城 镇 就业人员 Urban Employed Persons	雇 员 Employee	雇 主 Employer	自营劳动者 Self-Employed	家庭帮工 Unpaid Familial Worker
总计 Total	**100.0**	**100.0**	**100.0**	**100.0**	**100.0**
16-19	1.1	1.2	0.2	0.5	2.0
20-24	7.9	9.4	2.9	3.3	8.4
25-29	14.7	16.5	11.7	8.9	14.2
30-34	15.8	16.7	17.4	12.4	12.2
35-39	13.2	13.4	16.1	12.3	10.2
40-44	15.8	15.5	19.9	16.5	13.6
45-49	13.1	12.5	15.1	15.0	12.7
50-54	10.2	9.3	10.8	13.4	11.2
55-59	4.2	3.5	3.6	6.4	5.6
60-64	2.4	1.3	1.5	6.3	5.7
65+	1.6	0.6	0.8	5.1	4.1
男 Male	**100.0**	**100.0**	**100.0**	**100.0**	**100.0**
16-19	1.1	1.2	0.2	0.6	4.6
20-24	7.6	8.9	2.8	3.5	18.2
25-29	14.1	15.6	11.0	9.2	18.9
30-34	14.9	15.6	16.9	12.5	8.7
35-39	12.7	12.7	15.9	12.6	5.7
40-44	15.2	14.7	19.5	16.5	7.7
45-49	12.9	12.4	15.4	14.6	7.0
50-54	11.7	11.3	11.7	13.3	9.6
55-59	5.3	5.1	4.2	6.3	6.4
60-64	2.7	1.7	1.8	5.8	7.2
65+	1.7	0.7	0.8	5.2	6.0
女 Female	**100.0**	**100.0**	**100.0**	**100.0**	**100.0**
16-19	1.0	1.3	0.3	0.3	1.1
20-24	8.3	10.1	3.0	3.0	4.8
25-29	15.5	17.6	13.2	8.5	12.4
30-34	16.9	18.3	18.6	12.1	13.6
35-39	13.9	14.4	16.6	12.0	11.9
40-44	16.6	16.6	21.0	16.4	15.8
45-49	13.5	12.8	14.5	15.6	14.8
50-54	8.1	6.5	8.9	13.5	11.8
55-59	2.6	1.4	2.3	6.6	5.3
60-64	2.1	0.7	1.0	7.0	5.2
65+	1.4	0.3	0.7	5.1	3.4

3-15 城镇按受教育程度、性别分的就业人员就业身份构成
Employment Status of Urban Employed Persons by Educational Attainment and Sex

单位：% (%)

受教育程度	Educational Attainment	城镇就业人员 Urban Employed Persons	雇员 Employee	雇主 Employer	自营劳动者 Self-Employed	家庭帮工 Unpaid Familial Worker
总 计	**Total**	**100.0**	**73.3**	**4.0**	**20.0**	**2.7**
未上过学	No Schooling	100.0	32.5	2.4	57.9	7.3
小 学	Primary School	100.0	44.4	3.1	46.8	5.7
初 中	Junior Secondary School	100.0	62.0	4.7	29.3	3.9
高 中	Senior Secondary School	100.0	73.3	5.4	18.6	2.7
中等职业教育	Medium Vocational Education	100.0	82.8	3.6	11.6	2.0
高等职业教育	High Vocational Education	100.0	82.2	4.8	11.2	1.8
大学专科	College	100.0	89.4	3.3	6.4	0.9
大学本科	University	100.0	94.1	2.0	3.4	0.4
研究生	Graduate and Higher Level	100.0	96.9	1.3	1.6	0.1
男	**Male**	**100.0**	**73.3**	**4.7**	**20.8**	**1.3**
未上过学	No Schooling	100.0	41.6	4.2	51.0	3.2
小 学	Primary School	100.0	48.2	3.8	45.5	2.5
初 中	Junior Secondary School	100.0	62.7	5.4	30.2	1.7
高 中	Senior Secondary School	100.0	72.7	6.0	19.9	1.4
中等职业教育	Medium Vocational Education	100.0	81.6	4.2	13.2	1.0
高等职业教育	High Vocational Education	100.0	80.6	5.5	12.8	1.0
大学专科	College	100.0	87.9	4.0	7.5	0.6
大学本科	University	100.0	92.8	2.7	4.2	0.3
研究生	Graduate and Higher Level	100.0	96.4	1.8	1.7	0.1
女	**Female**	**100.0**	**73.4**	**3.0**	**18.9**	**4.7**
未上过学	No Schooling	100.0	28.0	1.4	61.2	9.3
小 学	Primary School	100.0	40.4	2.5	48.1	9.0
初 中	Junior Secondary School	100.0	61.0	3.7	28.0	7.3
高 中	Senior Secondary School	100.0	74.4	4.4	16.2	5.1
中等职业教育	Medium Vocational Education	100.0	84.4	2.8	9.5	3.2
高等职业教育	High Vocational Education	100.0	84.5	3.7	8.8	3.0
大学专科	College	100.0	91.3	2.4	5.1	1.3
大学本科	University	100.0	95.8	1.2	2.4	0.6
研究生	Graduate and Higher Level	100.0	97.6	0.8	1.5	0.1

3-16 城镇按就业身份、性别分的就业人员受教育程度构成

Educational Attainment of Urban Employed Persons by Employment Status and Sex

单位：% (%)

受教育程度	Educational Attainment	城镇就业人员 Urban Employed Persons	雇员 Employee	雇主 Employer	自营劳动者 Self-Employed	家庭帮工 Unpaid Familial Worker
总　计	**Total**	**100.0**	**100.0**	**100.0**	**100.0**	**100.0**
未上过学	No Schooling	1.0	0.4	0.6	2.8	2.6
小　学	Primary School	8.1	4.9	6.4	18.9	16.9
初　中	Junior Secondary School	34.3	29.1	41.2	50.4	49.6
高　中	Senior Secondary School	16.3	16.3	22.3	15.1	16.5
中等职业教育	Medium Vocational Education	7.2	8.1	6.5	4.2	5.2
高等职业教育	High Vocational Education	2.1	2.3	2.5	1.2	1.4
大学专科	College	15.9	19.4	13.2	5.1	5.5
大学本科	University	13.7	17.6	7.0	2.3	2.2
研究生	Graduate and Higher Level	1.5	1.9	0.5	0.1	0.1
男	**Male**	**100.0**	**100.0**	**100.0**	**100.0**	**100.0**
未上过学	No Schooling	0.5	0.3	0.5	1.3	1.3
小　学	Primary School	7.2	4.7	5.8	15.7	14.2
初　中	Junior Secondary School	35.6	30.5	41.1	51.7	46.1
高　中	Senior Secondary School	17.9	17.7	22.9	17.2	19.6
中等职业教育	Medium Vocational Education	7.1	7.9	6.3	4.5	5.8
高等职业教育	High Vocational Education	2.1	2.3	2.5	1.3	1.7
大学专科	College	15.3	18.3	13.0	5.5	7.6
大学本科	University	12.9	16.4	7.4	2.6	3.5
研究生	Graduate and Higher Level	1.4	1.9	0.5	0.1	0.1
女	**Female**	**100.0**	**100.0**	**100.0**	**100.0**	**100.0**
未上过学	No Schooling	1.5	0.6	0.7	4.9	3.0
小　学	Primary School	9.3	5.1	7.8	23.6	17.9
初　中	Junior Secondary School	32.7	27.2	41.3	48.3	50.9
高　中	Senior Secondary School	14.1	14.3	20.8	12.1	15.3
中等职业教育	Medium Vocational Education	7.2	8.3	6.9	3.7	5.0
高等职业教育	High Vocational Education	2.0	2.3	2.5	0.9	1.3
大学专科	College	16.8	20.9	13.4	4.5	4.7
大学本科	University	14.8	19.3	6.2	1.9	1.8
研究生	Graduate and Higher Level	1.5	2.0	0.4	0.1	0.0

3-17 城镇按年龄、性别分的就业人员行业构成
Urban Employed Persons by Age, Sex and Sector

单位：% (%)

年 龄 Age	城 镇 就业人员 Urban Employed Persons	农、林、牧、渔业 Agriculture, Forestry, Animal Husbandry and Fishery	采矿业 Mining	制造业 Manu-facturing	电力、热力、燃气及水生产和供应业 Production and Supply of Electricity Power, Heat Power, Gas and Water	建筑业 Construction	批发和零售业 Wholesale and Retail Trades
总计 Total	**100.0**	**7.8**	**1.6**	**20.0**	**1.5**	**7.2**	**18.1**
16-19	100.0	5.3	0.2	28.0	0.0	4.0	19.6
20-24	100.0	2.9	0.6	23.3	0.9	5.9	19.5
25-29	100.0	3.0	1.3	22.2	1.2	6.4	20.3
30-34	100.0	3.3	1.4	21.4	1.6	5.9	20.6
35-39	100.0	4.4	1.7	20.2	1.7	6.6	20.1
40-44	100.0	6.0	2.2	20.1	1.9	8.3	18.6
45-49	100.0	8.3	2.2	19.7	1.9	8.6	16.9
50-54	100.0	12.4	2.2	17.1	1.7	9.2	13.9
55-59	100.0	19.4	1.4	14.9	1.9	8.2	11.5
60-64	100.0	40.4	0.4	10.5	0.5	7.9	10.5
65+	100.0	56.8	0.3	7.4	0.3	3.9	8.9
男 Male	**100.0**	**6.7**	**2.2**	**21.2**	**2.0**	**10.7**	**14.5**
16-19	100.0	6.6	0.3	31.8	0.0	6.3	13.3
20-24	100.0	3.0	0.9	26.6	1.3	8.8	16.2
25-29	100.0	2.7	1.8	25.1	1.6	9.7	16.1
30-34	100.0	3.0	1.9	23.0	2.0	9.1	16.5
35-39	100.0	3.8	2.4	21.2	2.1	9.9	15.7
40-44	100.0	5.1	2.9	20.5	2.4	12.4	14.3
45-49	100.0	6.6	3.1	19.9	2.3	12.8	13.8
50-54	100.0	8.7	3.0	18.5	2.2	12.5	12.1
55-59	100.0	12.9	1.8	16.4	2.5	10.5	10.4
60-64	100.0	31.8	0.7	12.6	0.8	12.0	10.2
65+	100.0	51.2	0.4	8.4	0.5	5.8	9.1
女 Female	**100.0**	**9.4**	**0.8**	**18.2**	**1.0**	**2.5**	**23.1**
16-19	100.0	3.5	0.1	22.5	0.1	0.8	28.7
20-24	100.0	2.8	0.3	19.0	0.5	2.3	23.5
25-29	100.0	3.5	0.7	18.7	0.8	2.3	25.4
30-34	100.0	3.6	0.8	19.5	1.1	2.1	25.7
35-39	100.0	5.1	0.9	19.1	1.2	2.4	25.6
40-44	100.0	7.1	1.3	19.7	1.3	3.1	24.0
45-49	100.0	10.5	1.0	19.5	1.3	3.0	20.9
50-54	100.0	19.7	0.6	14.4	0.8	2.6	17.5
55-59	100.0	37.6	0.4	10.7	0.3	1.9	14.7
60-64	100.0	55.1	0.1	6.9	0.1	0.9	10.8
65+	100.0	66.3	0.0	5.9	0.0	0.5	8.6

3-17 续表 1 continued

单位：% (%)

年 龄 Age	交通运输、仓储和邮政业 Transport, Storage and Post	住宿和餐饮业 Hotels and Catering Services	信息传输、软件和信息技术服务业 Information Transmission, Software and Information Technical Services	金融业 Financial Intermediation	房地产业 Real Estate	租赁和商务服务业 Leasing and Business Services	科学研究和技术服务业 Scientific Research and Technical Services
总计 Total	**5.9**	**5.3**	**2.0**	**2.8**	**1.7**	**2.3**	**0.8**
16-19	2.5	15.7	1.6	0.8	1.1	1.7	0.3
20-24	4.4	6.9	3.9	3.8	2.0	3.2	0.9
25-29	5.1	5.3	3.5	4.2	1.8	3.2	1.1
30-34	5.6	5.2	3.1	3.6	1.6	2.7	1.2
35-39	6.4	5.1	2.0	2.5	1.5	2.2	1.0
40-44	7.0	5.2	1.2	2.5	1.3	1.8	0.7
45-49	6.9	5.4	0.9	2.4	1.5	1.8	0.7
50-54	6.5	4.7	0.6	1.8	1.8	1.7	0.7
55-59	5.8	4.2	0.5	1.4	2.3	1.9	0.7
60-64	2.4	3.4	0.2	0.4	1.8	1.5	0.2
65+	1.4	1.6	0.2	0.2	1.1	1.1	0.2
男 Male	**8.4**	**4.4**	**2.2**	**2.4**	**1.7**	**2.3**	**1.0**
16-19	3.1	17.3	1.4	0.5	1.4	1.6	0.4
20-24	5.6	7.2	4.1	3.2	2.1	2.9	1.1
25-29	7.3	5.1	3.8	3.6	1.8	3.0	1.1
30-34	8.2	4.8	3.6	3.1	1.7	2.6	1.3
35-39	9.7	4.4	2.3	2.1	1.5	2.2	1.2
40-44	10.4	3.8	1.3	2.2	1.4	1.9	0.8
45-49	10.1	3.5	1.0	2.1	1.5	1.8	0.7
50-54	8.9	3.3	0.7	1.7	1.9	2.0	0.8
55-59	7.4	3.1	0.5	1.6	2.7	2.2	0.9
60-64	3.6	2.8	0.2	0.4	2.3	1.8	0.3
65+	2.0	1.6	0.2	0.3	1.3	1.3	0.3
女 Female	**2.4**	**6.5**	**1.8**	**3.3**	**1.5**	**2.3**	**0.7**
16-19	1.7	13.4	1.9	1.1	0.6	1.8	0.2
20-24	2.8	6.5	3.7	4.5	1.9	3.5	0.7
25-29	2.4	5.5	3.2	4.8	1.9	3.4	1.0
30-34	2.4	5.7	2.5	4.1	1.5	2.7	1.0
35-39	2.3	6.0	1.7	3.0	1.6	2.2	0.7
40-44	2.8	7.0	1.0	2.9	1.3	1.7	0.5
45-49	2.7	8.0	0.7	2.8	1.5	1.7	0.5
50-54	1.8	7.5	0.4	2.1	1.6	1.3	0.5
55-59	1.1	7.1	0.2	0.7	1.4	1.2	0.4
60-64	0.5	4.4	0.1	0.3	1.1	1.0	0.1
65+	0.2	1.7	0.2	0.1	0.6	0.7	0.0

3-17 续表 2 continued

单位：% (%)

年 龄 Age	水利、环境和公共设施管理业 Management of Water Conservancy, Environment and Public Facilities	居民服务、修理和其他服务业 Services to Households, Repair and Other Services	教 育 Education	卫生和社会工作 Health and Society	文化、体育和娱乐业 Culture, Sports and Entertainment	公共管理、社会保障和社会组织 Public Management Social Security and Social Organizations	国际组织 International Organizations
总计 Total	**0.8**	**5.8**	**5.4**	**3.1**	**1.1**	**6.9**	**0.0**
16-19	0.3	10.2	2.9	2.6	1.5	1.5	
20-24	0.5	6.3	4.9	3.8	1.9	4.3	
25-29	0.5	5.3	4.6	3.7	1.5	5.8	0.0
30-34	0.5	5.2	5.8	3.5	1.4	6.4	0.0
35-39	0.8	5.1	7.1	3.3	1.0	7.3	0.0
40-44	0.8	5.6	5.6	2.8	0.9	7.7	0.0
45-49	0.9	5.7	5.3	2.6	0.8	7.7	
50-54	1.0	6.1	5.8	2.7	0.8	9.1	0.0
55-59	1.4	7.0	4.5	2.5	0.9	9.6	
60-64	1.9	9.2	1.9	2.1	0.5	4.3	0.0
65+	1.4	8.6	1.1	2.2	0.5	2.8	0.0
男 Male	**0.8**	**5.4**	**3.5**	**1.9**	**1.1**	**7.7**	**0.0**
16-19	0.5	11.2	0.5	0.3	1.7	1.8	
20-24	0.5	7.1	1.6	1.3	1.9	4.6	
25-29	0.5	5.4	2.1	1.5	1.6	6.1	
30-34	0.6	5.2	3.3	1.9	1.4	6.8	0.0
35-39	0.8	4.9	4.5	2.3	1.0	8.1	0.0
40-44	0.7	4.8	3.9	1.9	0.9	8.6	0.0
45-49	0.9	4.6	4.0	1.8	0.7	8.6	
50-54	1.0	5.0	4.8	2.0	0.7	10.0	0.0
55-59	1.4	6.2	4.9	2.3	0.9	11.6	
60-64	1.9	8.5	2.4	2.1	0.4	5.4	0.0
65+	1.4	8.2	1.4	2.5	0.6	3.6	0.0
女 Female	**0.7**	**6.3**	**7.9**	**4.8**	**1.2**	**5.8**	**0.0**
16-19	0.1	8.9	6.3	5.8	1.3	1.2	
20-24	0.5	5.4	9.0	7.1	2.0	4.1	
25-29	0.4	5.3	7.7	6.3	1.4	5.5	0.0
30-34	0.4	5.2	8.9	5.3	1.4	5.9	
35-39	0.7	5.3	10.3	4.5	1.1	6.4	
40-44	0.8	6.5	7.7	3.9	0.9	6.7	0.0
45-49	0.8	7.0	6.9	3.6	0.9	6.6	
50-54	0.9	8.4	7.7	4.0	0.9	7.1	
55-59	1.5	9.4	3.5	3.2	0.9	3.9	
60-64	2.1	10.5	1.1	2.0	0.5	2.3	
65+	1.5	9.4	0.7	1.7	0.4	1.4	

3-18 城镇按行业、性别分的就业人员年龄构成
Age Composition of Urban Employed Persons by Sector and Sex

单位：% (%)

年龄 Age	城镇就业人员 Urban Employed Persons	农、林、牧、渔业 Agriculture, Forestry, Animal Husbandry and Fishery	采矿业 Mining	制造业 Manu-facturing	电力、热力、燃气及水生产和供应业 Production and Supply of Electricity Power, Heat Power, Gas and Water	建筑业 Construction	批发和零售业 Wholesale and Retail Trades
总计 Total	**100.0**	**100.0**	**100.0**	**100.0**	**100.0**	**100.0**	**100.0**
16-19	1.1	0.7	0.1	1.5	0.0	0.6	1.2
20-24	7.9	2.9	3.0	9.2	4.8	6.5	8.5
25-29	14.7	5.7	11.8	16.4	11.7	12.9	16.5
30-34	15.8	6.6	13.6	16.9	16.1	13.0	18.0
35-39	13.2	7.4	14.0	13.4	14.3	12.1	14.7
40-44	15.8	12.1	21.3	15.9	19.6	18.1	16.3
45-49	13.1	13.9	17.8	13.0	15.8	15.6	12.3
50-54	10.2	16.2	13.8	8.7	11.4	13.0	7.8
55-59	4.2	10.3	3.6	3.1	5.1	4.8	2.6
60-64	2.4	12.6	0.7	1.3	0.8	2.7	1.4
65+	1.6	11.4	0.3	0.6	0.3	0.8	0.8
男 Male	**100.0**	**100.0**	**100.0**	**100.0**	**100.0**	**100.0**	**100.0**
16-19	1.1	1.1	0.1	1.6	0.0	0.6	1.0
20-24	7.6	3.4	3.1	9.6	4.9	6.3	8.5
25-29	14.1	5.6	11.5	16.6	11.4	12.7	15.7
30-34	14.9	6.7	12.8	16.2	15.1	12.7	17.0
35-39	12.7	7.3	13.4	12.7	13.6	11.8	13.8
40-44	15.2	11.6	20.0	14.7	18.6	17.7	15.1
45-49	12.9	12.8	17.9	12.1	15.1	15.4	12.3
50-54	11.7	15.4	15.8	10.2	13.1	13.7	9.8
55-59	5.3	10.2	4.2	4.1	6.7	5.2	3.8
60-64	2.7	12.7	0.8	1.6	1.0	3.0	1.9
65+	1.7	13.2	0.3	0.7	0.5	0.9	1.1
女 Female	**100.0**	**100.0**	**100.0**	**100.0**	**100.0**	**100.0**	**100.0**
16-19	1.0	0.4	0.1	1.3	0.1	0.4	1.3
20-24	8.3	2.5	2.6	8.6	4.6	7.7	8.4
25-29	15.5	5.7	12.9	15.9	12.6	14.3	17.1
30-34	16.9	6.6	16.5	18.1	18.7	14.7	18.8
35-39	13.9	7.5	16.5	14.5	16.3	13.6	15.4
40-44	16.6	12.6	26.1	18.0	22.3	20.9	17.3
45-49	13.5	15.0	17.5	14.4	17.8	16.7	12.2
50-54	8.1	17.0	6.4	6.4	6.6	8.7	6.2
55-59	2.6	10.4	1.2	1.5	0.8	2.0	1.7
60-64	2.1	12.5	0.2	0.8	0.2	0.8	1.0
65+	1.4	9.7	0.1	0.4	0.0	0.3	0.5

3-18 续表 1 continued

单位：% (%)

年 龄 Age	交通运输、仓储和邮政业 Transport, Storage and Post	住宿和餐饮业 Hotels and Catering Services	信息传输、软件和信息技术服务业 Information Transmission, Software and Information Technical Services	金融业 Financial Intermediation	房地产业 Real Estate	租赁和商务服务业 Leasing and Business Services	科学研究和技术服务业 Scientific Research and Technical Services
总计 Total	**100.0**	**100.0**	**100.0**	**100.0**	**100.0**	**100.0**	**100.0**
16-19	0.5	3.2	0.9	0.3	0.7	0.8	0.4
20-24	5.9	10.3	15.6	10.7	9.7	11.0	8.5
25-29	12.9	14.7	26.1	22.1	16.4	20.5	18.4
30-34	15.0	15.5	24.8	20.3	15.5	18.4	21.9
35-39	14.4	12.8	13.2	11.9	12.4	12.7	15.0
40-44	18.9	15.6	9.2	14.1	12.9	12.7	12.3
45-49	15.5	13.5	5.8	11.2	11.7	10.4	10.2
50-54	11.4	9.1	3.2	6.8	11.2	7.7	8.7
55-59	4.1	3.3	1.0	2.1	5.9	3.5	3.6
60-64	1.0	1.6	0.2	0.3	2.7	1.6	0.6
65+	0.4	0.5	0.1	0.1	1.0	0.8	0.4
男 Male	**100.0**	**100.0**	**100.0**	**100.0**	**100.0**	**100.0**	**100.0**
16-19	0.4	4.3	0.7	0.2	0.9	0.8	0.5
20-24	5.1	12.4	14.5	10.2	9.4	9.8	8.5
25-29	12.3	16.3	25.1	21.5	14.8	18.5	16.2
30-34	14.6	16.2	25.3	19.5	14.5	17.0	20.6
35-39	14.7	12.7	13.4	11.0	11.3	12.3	15.5
40-44	18.8	13.1	9.2	13.7	12.2	13.0	12.4
45-49	15.6	10.2	6.2	11.1	11.0	10.5	10.1
50-54	12.5	8.8	4.0	8.5	12.9	10.1	10.3
55-59	4.7	3.8	1.3	3.6	8.2	5.0	4.7
60-64	1.1	1.7	0.2	0.5	3.5	2.0	0.8
65+	0.4	0.6	0.1	0.2	1.3	1.0	0.5
女 Female	**100.0**	**100.0**	**100.0**	**100.0**	**100.0**	**100.0**	**100.0**
16-19	0.7	2.1	1.1	0.3	0.4	0.8	0.3
20-24	9.8	8.3	17.4	11.2	10.0	12.6	8.4
25-29	15.9	13.2	27.7	22.7	18.8	23.3	22.5
30-34	17.4	14.8	23.9	21.1	17.0	20.3	24.3
35-39	13.4	12.9	12.9	12.9	14.1	13.2	14.2
40-44	19.7	17.9	9.2	14.5	13.9	12.3	12.2
45-49	15.2	16.7	5.1	11.4	12.9	10.2	10.4
50-54	6.1	9.4	1.9	5.1	8.7	4.5	5.8
55-59	1.2	2.8	0.4	0.6	2.3	1.4	1.5
60-64	0.4	1.4	0.2	0.2	1.5	0.9	0.3
65+	0.1	0.4	0.1	0.0	0.5	0.4	0.0

3-18 续表 2 continued

单位：% (%)

年 龄 Age	水利、环境和公共设施管理业 Management of Water Conservancy, Environment and Public Facilities	居民服务、修理和其他服务业 Services to Households, Repair and Other Services	教 育 Education	卫生和社会工作 Health and Society	文化、体育和娱乐业 Culture, Sports and Entertainment	公共管理、社会保障和社会组织 Public Management Social Security and Social Organizations	国际组织 International Organizations
总计 Total	**100.0**	**100.0**	**100.0**	**100.0**	**100.0**	**100.0**	**100.0**
16-19	0.5	1.9	0.6	0.9	1.5	0.2	
20-24	4.8	8.7	7.2	9.8	13.7	5.0	
25-29	8.9	13.6	12.6	17.4	19.2	12.4	17.2
30-34	11.1	14.2	17.2	17.6	19.7	14.6	28.7
35-39	13.2	11.6	17.4	14.0	12.2	14.1	11.0
40-44	15.9	15.2	16.4	14.3	12.3	17.8	24.8
45-49	15.0	12.8	12.9	11.0	9.2	14.7	
50-54	13.6	10.8	10.9	8.8	7.3	13.4	1.8
55-59	7.8	5.1	3.5	3.4	3.3	5.8	
60-64	6.3	3.9	0.9	1.6	1.0	1.5	7.0
65+	3.0	2.4	0.3	1.1	0.7	0.6	9.4
男 Male	**100.0**	**100.0**	**100.0**	**100.0**	**100.0**	**100.0**	**100.0**
16-19	0.7	2.2	0.2	0.2	1.7	0.3	
20-24	4.2	10.0	3.6	5.3	13.5	4.5	
25-29	9.3	14.1	8.5	11.5	19.9	11.2	
30-34	11.9	14.2	14.1	15.5	19.0	13.2	38.8
35-39	13.0	11.4	16.2	15.4	11.7	13.4	14.8
40-44	13.7	13.5	16.9	15.3	11.9	17.1	21.7
45-49	13.9	11.0	14.8	12.5	8.1	14.4	
50-54	15.0	10.7	15.9	12.6	8.0	15.3	2.4
55-59	9.1	6.1	7.4	6.4	4.3	8.0	
60-64	6.1	4.1	1.8	3.0	1.0	1.9	9.5
65+	3.0	2.6	0.7	2.3	0.9	0.8	12.7
女 Female	**100.0**	**100.0**	**100.0**	**100.0**	**100.0**	**100.0**	**100.0**
16-19	0.1	1.5	0.8	1.3	1.1	0.2	
20-24	5.6	7.2	9.4	12.3	13.8	5.8	
25-29	8.2	13.0	15.1	20.6	18.2	14.5	66.5
30-34	9.7	14.1	19.0	18.7	20.6	17.1	
35-39	13.5	11.7	18.2	13.2	13.0	15.3	
40-44	19.4	17.2	16.1	13.7	12.9	19.0	33.6
45-49	16.8	15.0	11.7	10.2	10.7	15.2	
50-54	11.2	10.8	7.9	6.8	6.4	9.9	
55-59	5.8	3.9	1.2	1.8	1.9	1.7	
60-64	6.6	3.6	0.3	0.9	1.0	0.9	
65+	3.1	2.1	0.1	0.5	0.5	0.3	

3-19 城镇按受教育程度、性别分的就业人员行业构成
Urban Employed Persons by Sex, Educational Attainment and Sector

单位：% (%)

受教育程度	Educational Attainment	城镇就业人员 Urban Employed Persons	农、林、牧、渔业 Agriculture, Forestry, Animal Husbandry and Fishery	采矿业 Mining	制造业 Manu-facturing	电力、热力、燃气及水生产和供应业 Production and Supply of Electricity Power, Heat Power, Gas and Water	建筑业 Construction	批发和零售业 Wholesale and Retail Trades
总　计	**Total**	**100.0**	**7.8**	**1.6**	**20.0**	**1.5**	**7.2**	**18.1**
未上过学	No Schooling	100.0	50.5	0.5	10.5	0.3	6.3	9.6
小　学	Primary School	100.0	32.1	0.8	17.3	0.3	11.6	13.4
初　中	Junior Secondary School	100.0	11.2	1.7	23.7	0.8	10.8	20.2
高　中	Senior Secondary School	100.0	3.5	1.9	22.2	1.8	6.1	24.7
中等职业教育	Medium Vocational Education	100.0	1.7	2.6	24.3	2.2	4.3	21.3
高等职业教育	High Vocational Education	100.0	1.2	1.6	22.5	2.2	4.2	21.7
大学专科	College	100.0	0.7	1.7	16.9	2.5	4.2	16.5
大学本科	University	100.0	0.4	1.3	12.3	2.2	3.3	9.3
研究生	Graduate and Higher Level	100.0	0.3	0.7	10.2	1.7	1.5	4.3
男	**Male**	**100.0**	**6.7**	**2.2**	**21.2**	**2.0**	**10.7**	**14.5**
未上过学	No Schooling	100.0	40.5	1.3	11.2	0.7	14.5	8.9
小　学	Primary School	100.0	27.4	1.2	15.9	0.5	18.8	11.4
初　中	Junior Secondary School	100.0	9.9	2.4	22.9	1.1	16.2	14.9
高　中	Senior Secondary School	100.0	3.4	2.4	24.0	2.2	8.6	18.8
中等职业教育	Medium Vocational Education	100.0	1.9	3.5	27.9	2.8	6.2	15.9
高等职业教育	High Vocational Education	100.0	1.3	2.1	26.5	2.5	5.6	17.5
大学专科	College	100.0	0.9	2.2	19.7	3.1	5.5	14.5
大学本科	University	100.0	0.5	1.6	14.5	2.7	4.4	9.0
研究生	Graduate and Higher Level	100.0	0.3	0.9	11.7	2.2	1.9	4.8
女	**Female**	**100.0**	**9.4**	**0.8**	**18.2**	**1.0**	**2.5**	**23.1**
未上过学	No Schooling	100.0	55.4	0.1	10.2	0.2	2.2	10.0
小　学	Primary School	100.0	37.1	0.3	18.7	0.1	4.0	15.6
初　中	Junior Secondary School	100.0	13.2	0.5	24.8	0.4	2.8	28.2
高　中	Senior Secondary School	100.0	3.6	1.0	19.1	1.1	1.8	35.0
中等职业教育	Medium Vocational Education	100.0	1.5	1.3	19.5	1.4	1.8	28.6
高等职业教育	High Vocational Education	100.0	1.0	0.9	16.8	1.7	2.2	27.7
大学专科	College	100.0	0.5	1.1	13.4	1.8	2.4	19.0
大学本科	University	100.0	0.3	1.0	9.6	1.6	2.0	9.6
研究生	Graduate and Higher Level	100.0	0.3	0.5	8.2	1.1	1.0	3.7

3-19 续表 1 continued

单位：% (%)

受教育程度	Educational Attainment	交通运输、仓储和邮政业 Transport, Storage and Post	住宿和餐饮业 Hotels and Catering Services	信息传输、软件和信息技术服务业 Information Transmission, Software and Information Technical Services	金融业 Financial Intermediation	房地产业 Real Estate	租赁和商务服务业 Leasing and Business Services	科学研究和技术服务业 Scientific Research and Technical Services
总　计	**Total**	**5.9**	**5.3**	**2.0**	**2.8**	**1.7**	**2.3**	**0.8**
未上过学	No Schooling	2.2	5.0	0.2	0.3	1.0	1.0	0.1
小　学	Primary School	4.1	5.6	0.2	0.2	1.1	1.2	0.1
初　中	Junior Secondary School	7.0	7.8	0.4	0.7	1.2	1.6	0.2
高　中	Senior Secondary School	7.7	6.5	1.3	2.0	1.9	2.2	0.5
中等职业教育	Medium Vocational Education	6.8	5.2	1.8	2.3	1.9	2.3	0.6
高等职业教育	High Vocational Education	6.6	5.5	2.1	2.6	2.3	2.9	0.8
大学专科	College	4.8	2.5	4.0	5.4	2.4	3.3	1.2
大学本科	University	3.2	1.2	5.2	7.4	1.8	3.5	2.5
研究生	Graduate and Higher Level	1.4	0.3	5.8	7.8	0.9	3.2	5.9
男	**Male**	**8.4**	**4.4**	**2.2**	**2.4**	**1.7**	**2.3**	**1.0**
未上过学	No Schooling	5.1	3.3	0.2	0.5	0.8	1.3	0.1
小　学	Primary School	6.9	3.7	0.2	0.2	1.2	1.4	0.1
初　中	Junior Secondary School	10.4	6.1	0.4	0.5	1.3	1.7	0.2
高　中	Senior Secondary School	10.4	5.5	1.3	1.6	2.1	2.3	0.6
中等职业教育	Medium Vocational Education	9.7	4.9	1.9	1.8	1.9	2.2	0.7
高等职业教育	High Vocational Education	8.9	5.1	2.0	2.2	2.4	2.9	0.9
大学专科	College	6.0	2.4	4.3	4.8	2.4	3.1	1.4
大学本科	University	3.8	1.1	6.3	6.7	1.9	3.3	2.9
研究生	Graduate and Higher Level	1.9	0.3	6.8	7.5	1.0	3.1	6.9
女	**Female**	**2.4**	**6.5**	**1.8**	**3.3**	**1.5**	**2.3**	**0.7**
未上过学	No Schooling	0.8	5.8	0.3	0.1	1.1	0.8	0.0
小　学	Primary School	1.1	7.6	0.2	0.2	1.0	1.0	0.1
初　中	Junior Secondary School	1.9	10.3	0.4	0.9	1.0	1.3	0.1
高　中	Senior Secondary School	3.0	8.2	1.4	2.6	1.6	2.1	0.4
中等职业教育	Medium Vocational Education	2.9	5.6	1.8	2.9	1.8	2.3	0.5
高等职业教育	High Vocational Education	3.3	6.1	2.2	3.3	2.1	2.8	0.8
大学专科	College	3.4	2.7	3.5	6.0	2.5	3.6	1.1
大学本科	University	2.5	1.3	4.0	8.2	1.8	3.8	2.0
研究生	Graduate and Higher Level	0.8	0.4	4.6	8.2	0.9	3.4	4.7

3-19 续表 2 continued

单位：% (%)

受教育程度	Educational Attainment	水利、环境和公共设施管理业 Management of Water Conservancy, Environment and Public Facilities	居民服务、修理和其他服务业 Services to Households, Repair and Other Services	教育 Education	卫生和社会工作 Health and Society	文化、体育和娱乐业 Culture, Sports and Entertainment	公共管理、社会保障和社会组织 Public Management Social Security and Social Organizations	国际组织 International Organizations
总 计	**Total**	**0.8**	**5.8**	**5.4**	**3.1**	**1.1**	**6.9**	**0.0**
未上过学	No Schooling	1.6	7.5	0.8	0.6	0.3	1.8	
小 学	Primary School	1.0	7.7	0.7	0.8	0.5	1.4	
初 中	Junior Secondary School	0.7	7.4	1.1	0.8	0.7	2.0	0.0
高 中	Senior Secondary School	0.7	6.8	2.2	1.5	1.1	5.4	
中等职业教育	Medium Vocational Education	0.6	5.9	4.3	4.9	1.4	5.7	
高等职业教育	High Vocational Education	0.9	6.0	5.5	3.6	1.5	6.4	
大学专科	College	0.9	3.6	8.4	6.1	1.6	13.2	0.0
大学本科	University	0.7	2.2	17.1	7.2	1.9	17.3	0.0
研究生	Graduate and Higher Level	0.5	1.0	30.2	9.2	1.8	12.9	0.0
男	**Male**	**0.8**	**5.4**	**3.5**	**1.9**	**1.1**	**7.7**	**0.0**
未上过学	No Schooling	1.2	6.8	0.7	0.1	0.4	2.6	
小 学	Primary School	1.0	6.9	0.6	0.6	0.4	1.7	
初 中	Junior Secondary School	0.7	6.9	0.7	0.6	0.6	2.3	0.0
高 中	Senior Secondary School	0.8	6.3	1.5	1.1	1.1	5.9	
中等职业教育	Medium Vocational Education	0.7	5.7	2.2	2.4	1.6	6.4	
高等职业教育	High Vocational Education	1.0	5.7	3.4	1.6	1.5	7.0	
大学专科	College	1.1	3.4	5.4	3.0	1.6	15.1	0.0
大学本科	University	0.8	2.1	11.7	4.9	1.9	19.7	0.0
研究生	Graduate and Higher Level	0.6	0.8	25.1	8.4	1.6	14.1	0.0
女	**Female**	**0.7**	**6.3**	**7.9**	**4.8**	**1.2**	**5.8**	**0.0**
未上过学	No Schooling	1.8	7.8	0.9	0.8	0.2	1.3	
小 学	Primary School	1.1	8.6	0.9	1.0	0.5	1.0	
初 中	Junior Secondary School	0.6	8.3	1.7	1.1	0.9	1.6	
高 中	Senior Secondary School	0.6	7.6	3.4	2.1	1.1	4.4	
中等职业教育	Medium Vocational Education	0.4	6.2	7.2	8.2	1.1	4.8	
高等职业教育	High Vocational Education	0.7	6.3	8.6	6.5	1.5	5.5	
大学专科	College	0.7	3.7	12.2	9.9	1.6	10.8	0.0
大学本科	University	0.6	2.3	23.4	9.9	1.9	14.4	0.0
研究生	Graduate and Higher Level	0.4	1.3	36.8	10.2	2.1	11.4	

3-20 城镇按行业、性别分的就业人员受教育程度构成
Educational Attainment of Urban Employed Persons by Sector and Sex

单位：% (%)

受教育程度	Educational Attainment	城镇就业人员 Urban Employed Persons	农、林、牧、渔业 Agriculture, Forestry, Animal Husbandry and Fishery	采矿业 Mining	制造业 Manufacturing	电力、热力、燃气及水生产和供应业 Production and Supply of Electricity Power, Heat Power, Gas and Water	建筑业 Construction	批发和零售业 Wholesale and Retail Trades
总　计	**Total**	**100.0**	**100.0**	**100.0**	**100.0**	**100.0**	**100.0**	**100.0**
未上过学	No Schooling	1.0	6.2	0.3	0.5	0.2	0.8	0.5
小　学	Primary School	8.1	33.1	3.8	7.0	1.8	12.9	6.0
初　中	Junior Secondary School	34.3	49.4	35.2	40.7	18.6	51.3	38.4
高　中	Senior Secondary School	16.3	7.2	19.2	18.1	19.0	13.8	22.3
中等职业教育	Medium Vocational Education	7.2	1.6	11.2	8.7	10.1	4.3	8.4
高等职业教育	High Vocational Education	2.1	0.3	2.0	2.3	2.9	1.2	2.5
大学专科	College	15.9	1.5	16.6	13.5	26.0	9.2	14.5
大学本科	University	13.7	0.7	11.0	8.4	19.7	6.2	7.0
研究生	Graduate and Higher Level	1.5	0.1	0.7	0.7	1.6	0.3	0.4
男	**Male**	**100.0**	**100.0**	**100.0**	**100.0**	**100.0**	**100.0**	**100.0**
未上过学	No Schooling	0.5	3.3	0.3	0.3	0.2	0.7	0.3
小　学	Primary School	7.2	29.3	4.0	5.3	2.0	12.5	5.6
初　中	Junior Secondary School	35.6	52.8	38.6	38.4	20.8	53.7	36.6
高　中	Senior Secondary School	17.9	9.1	19.4	20.2	20.3	14.4	23.3
中等职业教育	Medium Vocational Education	7.1	2.0	11.0	9.3	10.0	4.1	7.8
高等职业教育	High Vocational Education	2.1	0.4	1.9	2.6	2.7	1.1	2.6
大学专科	College	15.3	2.1	15.0	14.2	24.3	7.9	15.3
大学本科	University	12.9	0.9	9.2	8.9	18.0	5.3	8.0
研究生	Graduate and Higher Level	1.4	0.1	0.6	0.8	1.6	0.3	0.5
女	**Female**	**100.0**	**100.0**	**100.0**	**100.0**	**100.0**	**100.0**	**100.0**
未上过学	No Schooling	1.5	9.0	0.2	0.9	0.3	1.4	0.7
小　学	Primary School	9.3	36.7	3.1	9.6	1.3	15.1	6.3
初　中	Junior Secondary School	32.7	46.1	22.1	44.4	12.7	36.8	40.0
高　中	Senior Secondary School	14.1	5.4	18.4	14.8	15.2	10.5	21.4
中等职业教育	Medium Vocational Education	7.2	1.2	12.2	7.7	10.5	5.3	9.0
高等职业教育	High Vocational Education	2.0	0.2	2.2	1.8	3.5	1.8	2.4
大学专科	College	16.8	0.9	22.9	12.3	30.7	16.7	13.9
大学本科	University	14.8	0.4	18.0	7.8	24.2	11.9	6.1
研究生	Graduate and Higher Level	1.5	0.1	0.9	0.7	1.6	0.6	0.2

3-20 续表 1 continued

单位：% (%)

受教育程度	Educational Attainment	交通运输、仓储和邮政业 Transport, Storage and Post	住宿和餐饮业 Hotels and Catering Services	信息传输、软件和信息技术服务业 Information Transmission, Software and Information Technical Services	金融业 Financial Intermediation	房地产业 Real Estate	租赁和商务服务业 Leasing and Business Services	科学研究和技术服务业 Scientific Research and Technical Services
总 计	**Total**	**100.0**	**100.0**	**100.0**	**100.0**	**100.0**	**100.0**	**100.0**
未上过学	No Schooling	0.4	0.9	0.1	0.1	0.6	0.4	0.1
小 学	Primary School	5.7	8.5	0.8	0.6	5.3	4.2	0.8
初 中	Junior Secondary School	40.9	50.6	7.5	8.5	24.7	23.6	8.0
高 中	Senior Secondary School	21.4	20.0	10.7	11.5	19.1	15.9	9.9
中等职业教育	Medium Vocational Education	8.3	7.0	6.6	6.0	8.1	7.1	5.3
高等职业教育	High Vocational Education	2.3	2.1	2.1	2.0	2.8	2.6	2.0
大学专科	College	13.1	7.6	31.7	30.8	23.6	23.0	23.4
大学本科	University	7.5	3.1	36.1	36.5	15.1	21.1	40.2
研究生	Graduate and Higher Level	0.4	0.1	4.3	4.1	0.8	2.1	10.3
男	**Male**	**100.0**	**100.0**	**100.0**	**100.0**	**100.0**	**100.0**	**100.0**
未上过学	No Schooling	0.3	0.4	0.0	0.1	0.3	0.3	0.1
小 学	Primary School	5.9	6.0	0.7	0.5	4.8	4.3	0.7
初 中	Junior Secondary School	44.1	49.3	7.4	8.1	26.4	26.9	8.8
高 中	Senior Secondary School	22.1	22.5	10.6	12.1	21.9	18.0	10.9
中等职业教育	Medium Vocational Education	8.2	7.8	6.1	5.4	7.8	6.8	5.2
高等职业教育	High Vocational Education	2.2	2.4	2.0	1.9	2.9	2.7	1.9
大学专科	College	10.9	8.2	30.7	31.0	21.3	20.5	22.3
大学本科	University	5.9	3.3	37.9	36.3	13.9	18.5	39.7
研究生	Graduate and Higher Level	0.3	0.1	4.5	4.5	0.8	2.0	10.4
女	**Female**	**100.0**	**100.0**	**100.0**	**100.0**	**100.0**	**100.0**	**100.0**
未上过学	No Schooling	0.5	1.4	0.2	0.1	1.1	0.6	0.1
小 学	Primary School	4.4	10.8	1.0	0.7	5.9	4.1	1.0
初 中	Junior Secondary School	25.7	51.8	7.6	8.8	22.0	19.1	6.6
高 中	Senior Secondary School	17.7	17.7	10.9	11.0	14.8	13.1	8.0
中等职业教育	Medium Vocational Education	8.9	6.2	7.5	6.5	8.4	7.4	5.5
高等职业教育	High Vocational Education	2.8	1.9	2.4	2.0	2.7	2.5	2.1
大学专科	College	23.9	7.1	33.5	30.6	27.2	26.4	25.3
大学本科	University	15.5	3.0	33.1	36.6	17.0	24.5	41.2
研究生	Graduate and Higher Level	0.5	0.1	3.9	3.7	0.8	2.3	10.0

3-20 续表 2 continued

单位：% (%)

受教育程度	Educational Attainment	水利、环境和公共设施管理业 Management of Water Conservancy, Environment and Public Facilities	居民服务、修理和其他服务业 Services to Households, Repair and Other Services	教育 Education	卫生和社会工作 Health and Society	文化、体育和娱乐业 Culture, Sports and Entertainment	公共管理、社会保障和社会组织 Public Management Social Security and Social Organizations	国际组织 International Organizations
总 计	**Total**	**100.0**	**100.0**	**100.0**	**100.0**	**100.0**	**100.0**	**100.0**
未上过学	No Schooling	2.0	1.2	0.1	0.2	0.2	0.2	
小 学	Primary School	11.1	10.7	1.1	2.1	3.2	1.6	
初 中	Junior Secondary School	29.9	44.1	7.2	8.6	21.6	10.0	32.6
高 中	Senior Secondary School	15.8	19.2	6.6	7.7	15.3	12.7	
中等职业教育	Medium Vocational Education	5.4	7.3	5.8	11.4	8.6	5.9	
高等职业教育	High Vocational Education	2.4	2.1	2.1	2.4	2.8	1.9	
大学专科	College	19.3	9.8	25.1	31.3	22.7	30.4	14.7
大学本科	University	13.0	5.3	43.7	31.9	23.1	34.5	33.6
研究生	Graduate and Higher Level	1.0	0.3	8.3	4.4	2.4	2.7	19.2
男	**Male**	**100.0**	**100.0**	**100.0**	**100.0**	**100.0**	**100.0**	**100.0**
未上过学	No Schooling	0.8	0.7	0.1	0.0	0.2	0.2	
小 学	Primary School	8.9	9.0	1.2	2.4	2.4	1.6	
初 中	Junior Secondary School	29.4	44.9	7.5	11.1	19.8	10.8	44.0
高 中	Senior Secondary School	17.9	20.9	7.6	10.2	17.3	13.8	
中等职业教育	Medium Vocational Education	6.3	7.4	4.4	9.3	10.1	5.9	
高等职业教育	High Vocational Education	2.5	2.2	2.1	1.8	2.9	1.9	
大学专科	College	20.9	9.5	23.5	24.5	22.8	30.0	17.2
大学本科	University	12.4	5.1	43.3	34.2	22.5	33.3	12.9
研究生	Graduate and Higher Level	1.1	0.2	10.3	6.5	2.1	2.6	25.9
女	**Female**	**100.0**	**100.0**	**100.0**	**100.0**	**100.0**	**100.0**	**100.0**
未上过学	No Schooling	4.1	1.9	0.2	0.3	0.3	0.4	
小 学	Primary School	14.8	12.7	1.0	2.0	4.3	1.6	
初 中	Junior Secondary School	30.8	43.2	7.0	7.3	24.0	8.8	
高 中	Senior Secondary School	12.4	17.2	6.0	6.3	12.9	10.7	
中等职业教育	Medium Vocational Education	4.1	7.1	6.6	12.5	6.6	6.0	
高等职业教育	High Vocational Education	2.1	2.0	2.2	2.7	2.5	1.9	
大学专科	College	16.8	10.1	26.0	35.0	22.7	31.2	7.4
大学本科	University	14.0	5.5	43.9	30.7	23.9	36.7	92.7
研究生	Graduate and Higher Level	0.9	0.3	7.0	3.2	2.8	2.9	

3-21 城镇按年龄、性别分的就业人员职业构成
Occupation of Urban Employed Persons by Age and Sex

单位：% (%)

年龄 Age	城镇就业人员 Urban Employed Persons	单位负责人 Unit Heads	专业技术人员 Technical Personnel	办事人员和有关人员 Clerk and Related Workers	商业、服务业人员 Business Service Personnel	农林牧渔水利业生产人员 Producers of Agriculture, Forestry, Animal Husbandry, Fishery and Water Conservancy	生产运输设备操作人员及有关人员 Production, Transport Equipment Operators and Related Workers	其他 Others
总计 Total	**100.0**	**3.2**	**17.0**	**15.9**	**32.8**	**7.6**	**23.0**	**0.6**
16-19	100.0	0.3	9.4	7.2	47.5	5.2	29.5	0.8
20-24	100.0	1.1	20.1	14.4	36.8	2.8	23.9	0.8
25-29	100.0	2.3	20.8	16.9	34.4	2.9	22.3	0.5
30-34	100.0	3.5	20.9	17.2	33.4	3.1	21.4	0.5
35-39	100.0	4.0	19.4	16.2	33.3	4.2	22.3	0.6
40-44	100.0	3.8	16.0	15.5	33.2	5.7	25.2	0.6
45-49	100.0	3.9	14.3	15.2	32.5	8.0	25.6	0.6
50-54	100.0	3.9	13.5	17.0	29.1	12.1	23.8	0.6
55-59	100.0	3.1	10.3	18.9	27.0	18.8	21.0	0.9
60-64	100.0	1.9	5.5	9.9	26.8	39.3	15.8	0.7
65+	100.0	1.0	4.8	6.5	22.3	56.0	8.9	0.5
男 Male	**100.0**	**4.1**	**14.6**	**16.9**	**28.1**	**6.4**	**29.4**	**0.6**
16-19	100.0	0.2	5.8	7.2	42.8	6.4	37.1	0.5
20-24	100.0	1.3	14.9	12.9	35.0	2.9	32.1	0.8
25-29	100.0	2.8	17.2	16.0	30.8	2.6	30.2	0.5
30-34	100.0	4.3	17.8	16.9	29.6	2.8	28.2	0.5
35-39	100.0	5.2	16.5	16.9	28.5	3.6	28.6	0.6
40-44	100.0	5.1	13.9	17.0	27.0	4.8	31.5	0.6
45-49	100.0	5.0	12.9	17.3	26.0	6.3	31.8	0.6
50-54	100.0	4.7	12.8	20.0	24.2	8.4	29.2	0.7
55-59	100.0	3.8	11.4	23.5	23.1	12.5	24.8	0.9
60-64	100.0	2.7	6.4	13.7	24.2	30.9	21.3	0.7
65+	100.0	1.3	5.7	9.2	21.8	50.3	11.0	0.6
女 Female	**100.0**	**2.0**	**20.4**	**14.4**	**39.2**	**9.1**	**14.2**	**0.6**
16-19	100.0	0.5	14.6	7.2	54.1	3.5	18.6	1.3
20-24	100.0	0.9	26.7	16.3	39.0	2.8	13.6	0.8
25-29	100.0	1.6	25.2	18.0	38.8	3.3	12.5	0.5
30-34	100.0	2.5	24.6	17.7	38.1	3.5	13.1	0.5
35-39	100.0	2.5	22.9	15.3	39.3	4.9	14.5	0.6
40-44	100.0	2.2	18.5	13.6	40.9	6.8	17.3	0.6
45-49	100.0	2.4	16.1	12.4	41.0	10.1	17.4	0.6
50-54	100.0	2.2	15.0	11.2	38.9	19.2	13.0	0.5
55-59	100.0	1.3	7.2	6.0	37.9	36.6	10.1	0.8
60-64	100.0	0.6	4.0	3.4	31.2	53.7	6.4	0.7
65+	100.0	0.5	3.3	1.7	23.1	65.6	5.4	0.4

3-22 城镇按职业、性别分的就业人员年龄构成
Age Composition of Urban Employed Persons by Occupation and Sex

单位：% (%)

年 龄 Age	城镇就业人员 Urban Employed Persons	单位负责人 Unit Heads	专业技术人员 Technical Personnel	办事人员和有关人员 Clerk and Related Workers	商业、服务业人员 Business Service Personnel	农林牧渔水利业生产人员 Producers of Agriculture, Forestry, Animal Husbandry, Fishery and Water Conservancy	生产运输设备操作人员及有关人员 Production, Transport Equipment Operators and Related Workers	其他 Others
总计 Total	**100.0**	**100.0**	**100.0**	**100.0**	**100.0**	**100.0**	**100.0**	**100.0**
16-19	1.1	0.1	0.6	0.5	1.6	0.7	1.4	1.5
20-24	7.9	2.7	9.3	7.2	8.9	3.0	8.3	11.0
25-29	14.7	10.4	17.9	15.6	15.4	5.6	14.2	12.3
30-34	15.8	17.1	19.3	17.1	16.1	6.5	14.6	12.5
35-39	13.2	16.6	15.0	13.5	13.4	7.3	12.8	12.3
40-44	15.8	18.8	14.9	15.5	16.1	11.9	17.4	16.5
45-49	13.1	15.9	11.0	12.6	13.0	13.9	14.6	13.1
50-54	10.2	12.4	8.1	10.9	9.1	16.3	10.6	10.3
55-59	4.2	4.1	2.5	5.0	3.4	10.4	3.8	6.3
60-64	2.4	1.5	0.8	1.5	2.0	12.7	1.7	2.8
65+	1.6	0.5	0.4	0.6	1.1	11.7	0.6	1.4
男 Male	**100.0**	**100.0**	**100.0**	**100.0**	**100.0**	**100.0**	**100.0**	**100.0**
16-19	1.1	0.1	0.4	0.5	1.7	1.1	1.4	0.9
20-24	7.6	2.5	7.8	5.8	9.5	3.4	8.4	10.7
25-29	14.1	9.7	16.7	13.3	15.4	5.6	14.4	10.7
30-34	14.9	15.7	18.3	14.9	15.7	6.6	14.3	11.6
35-39	12.7	16.3	14.4	12.7	12.9	7.2	12.4	11.7
40-44	15.2	19.0	14.6	15.3	14.7	11.4	16.4	15.8
45-49	12.9	15.9	11.4	13.2	12.0	12.7	14.0	12.6
50-54	11.7	13.7	10.3	13.8	10.1	15.4	11.7	12.8
55-59	5.3	4.9	4.2	7.4	4.4	10.3	4.5	8.4
60-64	2.7	1.8	1.2	2.2	2.3	12.8	1.9	3.1
65+	1.7	0.5	0.7	0.9	1.3	13.5	0.6	1.7
女 Female	**100.0**	**100.0**	**100.0**	**100.0**	**100.0**	**100.0**	**100.0**	**100.0**
16-19	1.0	0.3	0.8	0.5	1.5	0.4	1.4	2.3
20-24	8.3	3.5	10.9	9.4	8.3	2.5	7.9	11.5
25-29	15.5	12.4	19.2	19.4	15.4	5.7	13.7	14.5
30-34	16.9	20.9	20.4	20.7	16.4	6.5	15.6	13.6
35-39	13.9	17.4	15.6	14.8	13.9	7.5	14.1	13.1
40-44	16.6	18.2	15.1	15.7	17.4	12.3	20.2	17.5
45-49	13.5	16.0	10.6	11.6	14.1	15.0	16.4	13.7
50-54	8.1	8.8	5.9	6.3	8.1	17.1	7.4	7.0
55-59	2.6	1.7	0.9	1.1	2.5	10.5	1.9	3.4
60-64	2.1	0.6	0.4	0.5	1.7	12.6	1.0	2.4
65+	1.4	0.3	0.2	0.2	0.8	9.9	0.5	1.0

3-23 城镇按受教育程度、性别分的就业人员职业构成
Occupation of Urban Employed Persons by Educational Attainment and Sex

单位：% (%)

受教育程度	Educational Attainment	城镇就业人员 Urban Employed Persons	单位负责人 Unit Heads	专业技术人员 Technical Personnel	办事人员和有关人员 Clerk and Related Workers	商业、服务业人员 Business Service Personnel	农林牧渔水利业生产人员 Producers in the Sectors of Agriculture, Forestry,Animal Husbandry, Fishery and Water Conservancy	生产运输设备操作人员及有关人员 Production, Transport Equipment Operators and Related Workers	其他 Others
总计	**Total**	**100.0**	**3.2**	**17.0**	**15.9**	**32.8**	**7.6**	**23.0**	**0.6**
未上过学	No Schooling	100.0	0.8	3.0	4.3	26.7	49.8	15.1	0.4
小学	Primary School	100.0	1.4	3.4	5.0	31.0	31.1	27.6	0.5
初中	Junior Secondary School	100.0	2.2	5.7	7.4	39.7	10.7	33.6	0.8
高中	Senior Secondary School	100.0	3.6	10.7	14.6	42.3	3.2	24.9	0.7
中等职业教育	Medium Vocational Education	100.0	2.9	17.9	16.2	36.6	1.4	24.5	0.5
高等职业教育	High Vocational Education	100.0	4.6	18.9	17.9	37.1	1.0	20.2	0.3
大学专科	College	100.0	4.3	28.6	27.2	26.2	0.5	12.6	0.5
大学本科	University	100.0	4.6	42.7	30.9	15.0	0.3	6.2	0.3
研究生	Graduate and Higher Level	100.0	5.0	61.2	24.0	6.5	0.2	2.9	0.2
男	**Male**	**100.0**	**4.1**	**14.6**	**16.9**	**28.1**	**6.4**	**29.4**	**0.6**
未上过学	No Schooling	100.0	1.3	4.7	8.1	22.3	39.7	23.5	0.4
小学	Primary School	100.0	1.8	3.9	7.2	25.3	26.6	34.5	0.5
初中	Junior Secondary School	100.0	2.7	5.8	8.8	31.6	9.4	40.9	0.8
高中	Senior Secondary School	100.0	4.3	9.6	15.8	35.2	3.2	31.3	0.7
中等职业教育	Medium Vocational Education	100.0	3.6	13.8	16.6	30.9	1.6	33.0	0.6
高等职业教育	High Vocational Education	100.0	5.8	15.7	17.4	32.3	1.0	27.5	0.3
大学专科	College	100.0	5.7	23.0	28.0	24.5	0.7	17.6	0.5
大学本科	University	100.0	6.2	37.1	32.5	15.0	0.3	8.5	0.3
研究生	Graduate and Higher Level	100.0	6.9	58.5	24.6	6.5	0.1	3.2	0.3
女	**Female**	**100.0**	**2.0**	**20.4**	**14.4**	**39.2**	**9.1**	**14.2**	**0.6**
未上过学	No Schooling	100.0	0.5	2.2	2.4	28.8	54.7	10.9	0.3
小学	Primary School	100.0	0.8	2.9	2.7	36.9	35.7	20.3	0.6
初中	Junior Secondary School	100.0	1.5	5.5	5.3	51.4	12.5	22.9	0.8
高中	Senior Secondary School	100.0	2.4	12.6	12.7	54.3	3.3	14.0	0.6
中等职业教育	Medium Vocational Education	100.0	1.9	23.2	15.7	44.2	1.3	13.2	0.5
高等职业教育	High Vocational Education	100.0	3.0	23.4	18.6	43.9	0.8	10.0	0.3
大学专科	College	100.0	2.6	35.6	26.1	28.3	0.4	6.5	0.5
大学本科	University	100.0	2.7	49.3	29.0	15.1	0.2	3.5	0.3
研究生	Graduate and Higher Level	100.0	2.7	64.8	23.2	6.6	0.2	2.4	0.1

3-24 城镇按职业、性别分的就业人员受教育程度构成
Educational Attainment of Urban Employed Persons by Occupation and Sex

单位：%　　　　(%)

受教育程度	Educational Attainment	城镇就业人员 Urban Employed Persons	单位负责人 Unit Heads	专业技术人员 Technical Personnel	办事人员和有关人员 Clerk and Related Workers	商业、服务业人员 Business Service Personnel	农林牧渔水利业生产人员 Producers in the Sectors of Agriculture, Forestry,Animal Husbandry, Fishery and Water Conservancy	生产运输设备操作人员及有关人员 Production, Transport Equipment Operators and Related Workers	其他 Others
总　计	**Total**	**100.0**	**100.0**	**100.0**	**100.0**	**100.0**	**100.0**	**100.0**	**100.0**
未上过学	No Schooling	1.0	0.2	0.2	0.3	0.8	6.3	0.6	0.6
小　学	Primary School	8.1	3.5	1.6	2.5	7.5	33.5	9.6	7.4
初　中	Junior Secondary School	34.3	24.6	11.7	16.2	41.6	49.8	50.3	45.6
高　中	Senior Secondary School	16.3	18.7	10.5	15.3	21.0	7.1	17.7	18.2
中等职业教育	Medium Vocational Education	7.2	6.6	7.7	7.5	8.0	1.4	7.6	6.5
高等职业教育	High Vocational Education	2.1	3.0	2.3	2.3	2.3	0.3	1.8	1.0
大学专科	College	15.9	21.6	26.9	27.3	12.5	1.1	8.6	13.3
大学本科	University	13.7	19.6	34.0	26.3	6.1	0.5	3.6	6.9
研究生	Graduate and Higher Level	1.5	2.3	5.2	2.2	0.3	0.0	0.2	0.5
男	**Male**	**100.0**	**100.0**	**100.0**	**100.0**	**100.0**	**100.0**	**100.0**	**100.0**
未上过学	No Schooling	0.5	0.2	0.2	0.3	0.4	3.4	0.4	0.4
小　学	Primary School	7.2	3.3	1.9	3.1	6.4	30.0	8.4	6.3
初　中	Junior Secondary School	35.6	24.2	14.4	18.7	40.2	53.2	49.5	45.2
高　中	Senior Secondary School	17.9	19.3	11.9	16.9	22.5	9.0	19.1	20.8
中等职业教育	Medium Vocational Education	7.1	6.4	6.9	7.1	7.8	1.7	8.0	6.9
高等职业教育	High Vocational Education	2.1	3.0	2.3	2.2	2.4	0.3	1.9	1.1
大学专科	College	15.3	21.6	24.1	25.3	13.2	1.6	9.0	12.2
大学本科	University	12.9	19.7	32.6	24.5	6.7	0.7	3.6	6.5
研究生	Graduate and Higher Level	1.4	2.4	5.7	2.0	0.3	0.0	0.2	0.6
女	**Female**	**100.0**	**100.0**	**100.0**	**100.0**	**100.0**	**100.0**	**100.0**	**100.0**
未上过学	No Schooling	1.5	0.4	0.2	0.3	1.1	9.2	1.1	0.9
小　学	Primary School	9.3	3.9	1.3	1.7	8.5	36.9	12.9	8.8
初　中	Junior Secondary School	32.7	25.5	9.1	12.3	42.9	46.4	52.6	46.1
高　中	Senior Secondary School	14.1	17.0	9.0	12.8	19.6	5.3	13.9	14.8
中等职业教育	Medium Vocational Education	7.2	7.0	8.5	8.1	8.1	1.1	6.7	6.0
高等职业教育	High Vocational Education	2.0	3.0	2.3	2.6	2.2	0.2	1.4	1.0
大学专科	College	16.8	21.8	29.6	30.6	11.9	0.7	7.6	14.7
大学本科	University	14.8	19.5	35.3	29.3	5.5	0.3	3.5	7.4
研究生	Graduate and Higher Level	1.5	1.9	4.7	2.4	0.2	0.0	0.2	0.3

3-25 城镇就业人员调查周平均工作时间
Weekly Working Hours of Urban Employed Persons

单位：小时／周 (hours/per week)

分　组	Group	2011	2012	2013	2014	2015	2016
全　部	**Total**	**46.2**	**46.3**	**46.6**	**46.6**	**45.5**	**46.1**
一、按年龄分组	**By Age**						
	16-19	48.0	47.7	49.3	49.3	48.4	48.4
	20-24	46.8	47.1	47.6	47.7	46.2	46.7
	25-29	46.6	46.8	47.0	47.2	45.8	46.3
	30-34	47.0	46.9	47.2	47.0	45.7	46.4
	35-39	47.2	47.3	47.6	47.5	45.9	46.4
	40-44	46.9	47.1	47.6	47.5	46.1	46.6
	45-49	46.0	46.2	46.8	46.7	45.7	46.3
	50-54	44.8	45.2	45.5	45.6	44.9	45.6
	55-59	43.4	43.6	43.8	44.1	43.9	44.7
	60-64	40.1	41.4	41.2	41.2	42.4	42.8
	65+	35.0	35.7	35.7	35.6	37.2	38.4
二、按职业分组	**By Occupation**						
单位负责人	Unit Head	47.7	48.2	48.4	48.4	46.9	47.8
专业技术人员	Technical Personnel	43.7	43.7	43.9	43.9	42.9	43.4
办事人员和有关人员	Clerk and Related Workers	43.9	44.0	44.0	43.8	43.1	43.7
商业、服务业人员	Business Service Personnel	49.5	49.6	49.9	49.9	47.7	48.4
农林牧渔水利业生产人员	Producers in the Sectors of Agriculture, Forestry,Animal Husbandry,Fishery and Water Conservancy	38.2	38.3	38.2	37.6	38.9	39.4
生产、运输设备操作人员及有关人员	Production, Transport Equipment Operators and Related Workers	48.7	48.8	49.5	49.5	47.9	48.5
其　他	Others	47.7	49.8	49.2	44.0	44.6	50.6
三、按受教育程度分组	**By Educational Attainment**						
未上过学	No Schooling	40.1	39.8	39.6	40.1	42.1	41.9
小　学	Primary School	45.0	44.5	44.8	44.6	45.3	46.1
初　中	Junior Secondary School	48.1	48.2	48.8	48.7	48.1	48.6
高　中	Senior Secondary School	47.1	47.4	47.6	47.8	46.2	47.0
中等职业教育	Medium Vocational Education					45.6	46.1
高等职业教育	High Vocational Education					44.6	45.2
大学专科	College	43.8	44.0	44.3	44.5	43.2	43.8
大学本科	University	42.4	42.4	42.5	42.6	41.7	42.3
研究生	Graduate and Higher Level	41.7	41.6	41.8	41.4	41.0	41.7

3-26 城镇男性就业人员调查周平均工作时间
Weekly Working Hours of Urban Male Employed Persons

单位：小时／周 (hours/per week)

分组	Group	2011	2012	2013	2014	2015	2016
全部	**Total**	**47.0**	**47.1**	**47.5**	**47.5**	**46.1**	**46.8**
一、按年龄分组	**By Age**						
	16-19	48.0	47.9	49.5	49.8	49.1	48.9
	20-24	47.5	47.7	48.5	48.5	46.9	47.5
	25-29	47.4	47.7	47.8	48.1	46.6	47.1
	30-34	47.8	47.6	47.9	47.8	46.4	47.2
	35-39	48.0	48.0	48.3	48.2	46.5	47.2
	40-44	47.9	47.9	48.4	48.3	46.7	47.2
	45-49	46.8	47.1	47.7	47.7	46.2	46.9
	50-54	45.5	46.0	46.4	46.5	45.3	46.1
	55-59	44.8	45.2	45.4	45.5	44.6	45.3
	60-64	42.1	44.0	43.8	43.8	44.2	44.6
	65+	37.4	38.0	38.3	37.9	39.0	40.1
二、按职业分组	**By Occupation**						
单位负责人	Unit Head	47.7	48.2	48.5	48.5	47.0	47.8
专业技术人员	Technical Personnel	44.2	44.2	44.6	44.5	43.4	44.0
办事人员和有关人员	Clerk and Related Workers	44.4	44.5	44.6	44.4	43.6	44.3
商业、服务业人员	Business Service Personnel	50.1	50.1	50.3	50.3	48.2	49.0
农林牧渔水利业生产人员	Producers in the Sectors of Agriculture, Forestry,Animal Husbandry,Fishery and Water Conservancy	40.6	40.8	40.8	40.5	40.9	41.3
生产、运输设备操作人员及有关人员	Production, Transport Equipment Operators and Related Workers	48.9	48.9	49.7	49.6	47.9	48.6
其他	Others	49.2	50.2	48.9	45.6	45.2	51.1
三、按受教育程度分组	**By Educational Attainment**						
未上过学	No Schooling	42.6	43.7	42.9	43.3	44.3	44.7
小学	Primary School	46.8	46.3	46.8	46.3	46.3	47.2
初中	Junior Secondary School	48.9	49.1	49.7	49.8	48.7	49.3
高中	Senior Secondary School	47.4	47.8	48.1	48.2	46.5	47.4
中等职业教育	Medium Vocational Education					46.2	46.7
高等职业教育	High Vocational Education					45.1	45.5
大学专科	College	44.5	44.4	44.7	44.9	43.7	44.3
大学本科	University	42.6	42.8	42.9	43.0	42.0	42.6
研究生	Graduate and Higher Level	41.8	41.9	42.4	41.5	41.2	42.0

3-27 城镇女性就业人员调查周平均工作时间
Weekly Working Hours of Urban Female Employed Persons

单位：小时／周　　　　(hours/per week)

分　组	Group	2011	2012	2013	2014	2015	2016
全　部	**Total**	**45.2**	**45.2**	**45.5**	**45.5**	**44.7**	**45.2**
一、按年龄分组	**By Age**						
	16-19	48.1	47.4	49.2	48.5	47.6	47.7
	20-24	46.1	46.3	46.7	46.7	45.4	45.7
	25-29	45.8	45.7	46.0	46.1	44.8	45.3
	30-34	46.1	46.0	46.3	46.2	44.8	45.4
	35-39	46.2	46.4	46.6	46.6	45.2	45.5
	40-44	45.8	46.2	46.6	46.6	45.2	45.8
	45-49	45.0	45.0	45.6	45.5	45.1	45.6
	50-54	43.1	43.5	43.7	44.0	44.0	44.6
	55-59	40.1	40.1	40.2	40.8	42.0	42.9
	60-64	36.6	37.2	36.9	37.0	39.1	39.8
	65+	31.2	31.8	31.4	31.9	33.9	35.5
二、按职业分组	**By Occupation**						
单位负责人	Unit Head	47.8	48.2	48.1	48.2	46.7	47.9
专业技术人员	Technical Personnel	43.2	43.2	43.3	43.4	42.3	42.8
办事人员和有关人员	Clerk and Related Workers	43.0	43.1	43.0	42.8	42.3	42.7
商业、服务业人员	Business Service Personnel	49.0	49.1	49.4	49.5	47.2	47.8
农林牧渔水利业生产人员	Producers in the Sectors of Agriculture, Forestry,Animal Husbandry,Fishery and Water Conservancy	35.7	35.8	35.6	34.9	37.1	37.5
生产、运输设备操作人员及有关人员	Production, Transport Equipment Operators and Related Workers	48.4	48.6	49.0	49.1	47.7	48.1
其　他	Others	44.9	49.2	49.6	42.0	43.9	49.8
三、按受教育程度分组	**By Educational Attainment**						
未上过学	No Schooling	38.9	37.7	38.0	38.4	41.0	40.6
小　学	Primary School	43.1	42.6	42.9	42.9	44.3	44.9
初　中	Junior Secondary School	47.1	46.9	47.5	47.3	47.3	47.6
高　中	Senior Secondary School	46.5	46.7	46.8	47.3	45.6	46.2
中等职业教育	Medium Vocational Education					44.7	45.3
高等职业教育	High Vocational Education					43.8	44.7
大学专科	College	43.0	43.6	43.8	44.0	42.7	43.2
大学本科	University	42.0	42.0	42.1	42.0	41.2	41.9
研究生	Graduate and Higher Level	41.4	41.1	41.0	41.2	40.8	41.3

3-28 城镇按年龄、性别分的就业人员工作时间构成
Working Hours of Urban Employed Persons by Age and Sex

单位：% (%)

年 龄 Age	城镇就业人员 Urban Employed Persons	1-8小时 1-8 Hours	9-19小时 9-19 Hours	20-39小时 20-39 Hours	40小时 40 Hours	41-48小时 41-48 Hours	48小时以上 48 Hours Above
总计 Total	**100.0**	**1.1**	**1.1**	**5.4**	**42.4**	**18.4**	**31.5**
16-19	100.0	1.0	1.2	5.0	28.1	23.0	41.7
20-24	100.0	1.0	0.7	3.8	40.0	22.4	32.1
25-29	100.0	0.9	0.8	3.5	44.3	19.9	30.6
30-34	100.0	0.9	0.7	3.5	45.7	18.4	30.8
35-39	100.0	1.0	0.7	4.1	44.8	18.1	31.4
40-44	100.0	1.1	0.9	4.7	42.5	17.8	33.0
45-49	100.0	1.0	1.0	5.4	42.5	17.7	32.4
50-54	100.0	1.2	1.4	7.3	42.4	16.4	31.4
55-59	100.0	1.5	1.9	10.1	40.3	16.6	29.6
60-64	100.0	2.4	4.3	18.2	27.3	16.3	31.5
65+	100.0	4.0	8.0	27.0	22.4	14.2	24.4
男 Male	**100.0**	**1.0**	**0.9**	**4.7**	**41.4**	**18.1**	**33.9**
16-19	100.0	0.9	1.1	5.5	25.6	22.8	44.0
20-24	100.0	0.9	0.7	3.7	37.1	22.2	35.5
25-29	100.0	0.8	0.8	3.0	41.8	19.8	33.8
30-34	100.0	0.9	0.6	2.9	43.3	18.1	34.1
35-39	100.0	0.9	0.6	3.4	43.0	17.7	34.3
40-44	100.0	1.0	0.8	4.1	41.5	17.6	35.0
45-49	100.0	0.9	0.8	4.4	42.2	17.5	34.3
50-54	100.0	1.0	1.0	5.6	44.1	16.2	32.1
55-59	100.0	1.2	1.4	7.2	44.3	16.5	29.5
60-64	100.0	1.9	3.1	14.6	28.4	17.1	35.0
65+	100.0	3.3	6.9	24.7	22.5	15.1	27.6
女 Female	**100.0**	**1.2**	**1.4**	**6.5**	**43.9**	**18.7**	**28.3**
16-19	100.0	1.2	1.2	4.2	31.8	23.3	38.3
20-24	100.0	1.1	0.8	4.0	43.6	22.7	27.8
25-29	100.0	1.0	0.9	4.1	47.4	20.0	26.6
30-34	100.0	0.9	0.7	4.2	48.6	18.8	26.8
35-39	100.0	1.1	0.8	4.9	47.1	18.5	27.6
40-44	100.0	1.2	1.1	5.6	43.8	18.0	30.4
45-49	100.0	1.1	1.3	6.8	42.9	17.9	29.9
50-54	100.0	1.5	2.2	10.6	39.2	16.6	29.9
55-59	100.0	2.2	3.5	18.1	29.0	17.2	30.0
60-64	100.0	3.4	6.3	24.5	25.4	14.9	25.5
65+	100.0	5.3	9.9	31.0	22.1	12.8	18.9

3-29 城镇按受教育程度、性别分的就业人员工作时间构成
Working Hours of Urban Employed Persons by Educational Attainment and Sex

单位：%　　　　(%)

受教育程度	Educational Attainment	城镇就业人员 Urban Employed Persons	1-8小时 1-8 Hours	9-19小时 9-19 Hours	20-39小时 20-39 Hours	40小时 40 Hours	41-48小时 41-48 Hours	48小时以上 48 Hours Above
总　计	**Total**	**100.0**	**1.1**	**1.1**	**5.4**	**42.4**	**18.4**	**31.5**
未上过学	No Schooling	100.0	3.3	6.0	22.0	21.6	15.1	32.1
小　学	Primary School	100.0	2.0	3.3	14.2	21.9	17.6	40.9
初　中	Junior Secondary School	100.0	1.2	1.5	6.6	26.7	19.4	44.6
高　中	Senior Secondary School	100.0	1.1	0.8	3.9	39.5	21.1	33.7
中等职业教育	Medium Vocational Education	100.0	1.4	0.7	3.0	44.6	21.4	28.9
高等职业教育	High Vocational Education	100.0	1.0	0.6	3.0	49.0	22.2	24.3
大学专科	College	100.0	0.7	0.4	2.9	60.4	18.1	17.5
大学本科	University	100.0	0.6	0.3	2.9	72.4	12.2	11.6
研究生	Graduate and Higher Level	100.0	0.6	0.5	3.4	77.2	7.0	11.4
男	**Male**	**100.0**	**1.0**	**0.9**	**4.7**	**41.4**	**18.1**	**33.9**
未上过学	No Schooling	100.0	2.7	4.5	17.2	22.1	15.5	37.9
小　学	Primary School	100.0	1.7	2.7	12.6	21.6	17.2	44.1
初　中	Junior Secondary School	100.0	1.1	1.3	5.6	26.2	18.9	46.9
高　中	Senior Secondary School	100.0	1.0	0.7	3.4	39.1	20.5	35.3
中等职业教育	Medium Vocational Education	100.0	1.4	0.7	2.8	43.2	20.3	31.7
高等职业教育	High Vocational Education	100.0	0.9	0.7	2.8	48.2	22.1	25.3
大学专科	College	100.0	0.7	0.3	2.6	58.9	18.2	19.3
大学本科	University	100.0	0.6	0.2	2.7	70.9	12.8	12.8
研究生	Graduate and Higher Level	100.0	0.3	0.6	2.9	76.5	7.4	12.2
女	**Female**	**100.0**	**1.2**	**1.4**	**6.5**	**43.9**	**18.7**	**28.3**
未上过学	No Schooling	100.0	3.5	6.7	24.3	21.3	14.9	29.2
小　学	Primary School	100.0	2.2	4.0	15.9	22.2	18.1	37.5
初　中	Junior Secondary School	100.0	1.3	1.7	8.1	27.4	20.3	41.2
高　中	Senior Secondary School	100.0	1.2	0.9	4.6	40.1	22.3	30.9
中等职业教育	Medium Vocational Education	100.0	1.4	0.7	3.4	46.3	22.9	25.2
高等职业教育	High Vocational Education	100.0	1.2	0.5	3.3	50.0	22.2	22.8
大学专科	College	100.0	0.8	0.4	3.3	62.2	18.1	15.2
大学本科	University	100.0	0.7	0.4	3.1	74.1	11.6	10.1
研究生	Graduate and Higher Level	100.0	0.9	0.3	3.9	78.1	6.5	10.2

3-30 城镇按户口性质、性别分的就业人员工作时间构成
Working Hours of Urban Employed Persons by Household Registration and Sex

单位：%　　(%)

户口性质	Household Registration	城镇就业人员 Urban Employed Persons	1-8小时 1-8 Hours	9-19小时 9-19 Hours	20-39小时 20-39 Hours	40小时 40 Hours	41-48小时 41-48 Hours	48小时以上 48 Hours Above
总　计	**Total**	**100.0**	**1.1**	**1.1**	**5.4**	**42.4**	**18.4**	**31.5**
农　业	Agriculture	100.0	1.5	2.2	9.7	24.6	19.7	42.3
非农业	Non-Agriculture	100.0	0.9	0.6	3.4	50.8	17.7	26.5
男	**Male**	**100.0**	**1.0**	**0.9**	**4.7**	**41.4**	**18.1**	**33.9**
农　业	Agriculture	100.0	1.3	1.7	7.9	23.7	19.5	45.9
非农业	Non-Agriculture	100.0	0.9	0.6	3.1	50.0	17.5	28.1
女	**Female**	**100.0**	**1.2**	**1.4**	**6.5**	**43.9**	**18.7**	**28.3**
农　业	Agriculture	100.0	1.8	2.9	12.3	25.9	20.1	37.0
非农业	Non-Agriculture	100.0	1.0	0.7	4.0	52.0	18.0	24.4

注：农业人口是指本人户口所在家庭拥有农村土地承包权的人口。
Note:Agricultural population refer to the people who register in the families which own farmland contracts.

3-31 城镇按就业身份、性别分的就业人员工作时间构成
Working Hours of Urban Employed Persons by Employment Status and Sex

单位：%　　(%)

就业身份	Employment Status	城镇就业人员 Urban Employed Persons	1-8小时 1-8 Hours	9-19小时 9-19 Hours	20-39小时 20-39 Hours	40小时 40 Hours	41-48小时 41-48 Hours	48小时以上 48 Hours Above
总　计	**Total**	**100.0**	**1.1**	**1.1**	**5.4**	**42.4**	**18.4**	**31.5**
雇　员	Employee	100.0	0.9	0.5	3.3	49.0	19.5	26.8
雇　主	Employer	100.0	1.0	0.9	3.8	29.3	14.8	50.3
自营劳动者	Self-Employed	100.0	1.8	3.1	12.3	23.8	15.6	43.4
家庭帮工	Unpaid Familial Worker	100.0	1.7	3.1	14.7	22.5	13.6	44.2
男	**Male**	**100.0**	**1.0**	**0.9**	**4.7**	**41.4**	**18.1**	**33.9**
雇　员	Employee	100.0	0.9	0.5	3.1	47.5	19.0	29.0
雇　主	Employer	100.0	0.9	0.8	3.5	29.5	14.8	50.5
自营劳动者	Self-Employed	100.0	1.4	2.3	9.8	23.4	16.1	47.0
家庭帮工	Unpaid Familial Worker	100.0	2.5	3.6	15.1	23.3	13.4	42.1
女	**Female**	**100.0**	**1.2**	**1.4**	**6.5**	**43.9**	**18.7**	**28.3**
雇　员	Employee	100.0	0.9	0.5	3.6	50.9	20.1	23.9
雇　主	Employer	100.0	1.1	0.9	4.5	28.8	14.8	49.9
自营劳动者	Self-Employed	100.0	2.3	4.3	16.1	24.5	14.9	37.9
家庭帮工	Unpaid Familial Worker	100.0	1.5	2.9	14.6	22.2	13.7	45.0

3-32 城镇按行业、性别分的就业人员工作时间构成
Working Hours of Urban Employed Persons by Sector and Sex

单位：% (%)

项目	Item	城镇就业人员 Urban Employed Persons	1-8小时 1-8 Hours	9-19小时 9-19 Hours	20-39小时 20-39 Hours	40小时 40 Hours	41-48小时 41-48 Hours	48小时以上 48 Hours Above
总计	**National Total**	**100.0**	**1.1**	**1.1**	**5.4**	**42.4**	**18.4**	**31.5**
农、林、牧、渔业	Agriculture,Forestry,Animal Husbandry and Fishery	100.0	3.4	6.5	24.2	24.7	16.5	24.7
采矿业	Mining	100.0	1.3	0.6	3.9	50.1	14.7	29.6
制造业	Manufacturing	100.0	0.8	0.6	2.6	37.2	24.7	34.1
电力、热力、燃气及水生产和供应业	Production and Supply of Electricity Power, Heat Power, Gas and Water	100.0	1.1	0.3	3.3	65.7	13.2	16.3
建筑业	Construction	100.0	0.9	1.1	5.8	30.7	18.1	43.4
批发和零售业	Wholesale and Retail Trades	100.0	1.0	0.7	3.7	32.7	19.9	41.9
交通运输、仓储和邮政业	Transport,Storage and Post	100.0	0.9	0.8	4.1	39.2	17.2	37.8
住宿和餐饮业	Hotels and Catering Services	100.0	1.0	1.0	3.7	27.4	18.5	48.4
信息传输、软件和信息技术服务业	Information Transmission, Software and Information Technical Services	100.0	0.7	0.3	2.1	65.1	15.5	16.3
金融业	Financial Intermediation	100.0	0.6	0.4	3.3	67.7	15.1	12.9
房地产业	Real Estate	100.0	0.6	0.5	2.7	49.4	22.4	24.5
租赁和商务服务业	Leasing and Business Services	100.0	1.0	0.5	3.7	53.5	17.5	23.8
科学研究和技术服务业	Scientific Research and Technical Services	100.0	0.5	0.2	2.8	70.9	11.6	14.1
水利、环境和公共设施管理业	Management of Water Conservancy, Environment and Public Facilities	100.0	0.8	0.4	4.5	51.3	17.1	25.9
居民服务、修理和其他服务业	Services to Households, Repair and Other Services	100.0	1.1	1.4	6.7	33.5	18.2	39.1
教育	Education	100.0	1.1	0.5	4.6	71.5	10.4	12.0
卫生和社会工作	Health and Society	100.0	0.9	0.4	4.0	54.9	19.8	19.9
文化体育和娱乐业	Culture, Sports and Entertainment	100.0	0.8	0.8	4.1	51.5	15.7	27.1
公共管理、社会保障和社会组织	Public Management, Social Security and Social	100.0	0.9	0.3	4.4	74.5	9.2	10.7
国际组织	Organizations International Organizations	100.0				61.9	16.1	22.0
男	**Male**	**100.0**	**1.0**	**0.9**	**4.7**	**41.4**	**18.1**	**33.9**
农、林、牧、渔业	Agriculture,Forestry,Animal Husbandry and Fishery	100.0	2.9	5.0	20.7	25.2	17.6	28.7
采矿业	Mining	100.0	1.3	0.6	3.6	46.2	15.0	33.4
制造业	Manufacturing	100.0	0.7	0.5	2.3	37.8	24.4	34.3
电力、热力、燃气及水生产和供应业	Production and Supply of Electricity Power, Heat Power, Gas and Water	100.0	1.1	0.3	3.0	63.7	13.7	18.2
建筑业	Construction	100.0	0.9	1.0	5.7	29.0	18.0	45.5
批发和零售业	Wholesale and Retail Trades	100.0	1.0	0.7	3.0	32.6	18.4	44.3
交通运输、仓储和邮政业	Transport,Storage and Post	100.0	0.9	0.8	4.0	36.4	16.9	40.9
住宿和餐饮业	Hotels and Catering Services	100.0	0.9	1.1	3.2	26.6	17.0	51.2
信息传输、软件和信息技术服务业	Information Transmission, Software and Information Technical Services	100.0	0.6	0.2	2.1	63.4	16.1	17.5
金融业	Financial Intermediation	100.0	0.6	0.3	3.2	67.7	14.6	13.6

3-32 续表 continued

单位：% (%)

项 目	Item	城 镇 就业人员 Urban Employed Persons	1-8 小时 1-8 Hours	9-19 小时 9-19 Hours	20-39 小时 20-39 Hours	40 小时 40 Hours	41-48 小时 41-48 Hours	48小时以上 48 Hours Above
房地产业	Real Estate	100.0	0.6	0.4	2.0	46.6	22.5	27.9
租赁和商务服务业	Leasing and Business Services	100.0	1.0	0.6	3.1	49.7	17.9	27.8
科学研究和技术服务业	Scientific Research and Technical Services	100.0	0.6	0.2	2.8	68.7	11.7	15.9
水利、环境和公共设施管理业	Management of Water Conservancy, Environment and Public Facilities	100.0	0.5	0.4	3.9	51.8	17.3	26.0
居民服务、修理和其他服务业	Services to Households, Repair and Other Services	100.0	1.1	1.2	5.2	32.1	18.0	42.3
教育	Education	100.0	1.1	0.5	4.7	70.1	10.5	13.2
卫生和社会工作	Health and Society	100.0	0.9	0.2	3.9	52.6	19.3	23.1
文化体育和娱乐业	Culture, Sports and Entertainment	100.0	1.0	0.8	3.7	50.6	15.9	28.1
公共管理、社会保障和社会组织	Public Management, Social Security and Social Organizations	100.0	0.8	0.3	4.0	73.1	10.0	11.8
国际组织	International Organizations	100.0				48.6	21.7	29.7
女	**Female**	**100.0**	**1.2**	**1.4**	**6.5**	**43.9**	**18.7**	**28.3**
农、林、牧、渔业	Agriculture,Forestry,Animal Husbandry and Fishery	100.0	3.9	8.0	27.7	24.2	15.4	20.8
采矿业	Mining	100.0	1.2	0.5	5.3	65.1	13.3	14.6
制造业	Manufacturing	100.0	0.8	0.6	3.2	36.2	25.3	33.9
电力、热力、燃气及水生产和供应业	Production and Supply of Electricity Power, Heat Power, Gas and Water	100.0	1.3	0.4	4.0	71.3	11.9	11.1
建筑业	Construction	100.0	1.0	1.3	6.8	41.2	19.0	30.6
批发和零售业	Wholesale and Retail Trades	100.0	1.1	0.7	4.2	32.9	21.3	39.9
交通运输、仓储和邮政业	Transport,Storage and Post	100.0	0.8	0.5	4.6	53.0	18.6	22.5
住宿和餐饮业	Hotels and Catering Services	100.0	1.0	0.9	4.2	28.2	19.9	45.8
信息传输、软件和信息技术服务业	Information Transmission, Software and Information Technical Services	100.0	0.8	0.3	2.1	68.0	14.4	14.3
金融业	Financial Intermediation	100.0	0.6	0.5	3.4	67.6	15.6	12.3
房地产业	Real Estate	100.0	0.6	0.6	3.6	53.7	22.3	19.1
租赁和商务服务业	Leasing and Business Services	100.0	0.9	0.5	4.6	58.9	16.8	18.3
科学研究和技术服务业	Scientific Research and Technical Services	100.0	0.2	0.2	2.8	74.8	11.3	10.7
水利、环境和公共设施管理业	Management of Water Conservancy, Environment and Public Facilities	100.0	1.2	0.3	5.6	50.4	16.8	25.7
居民服务、修理和其他服务业	Services to Households, Repair and Other Services	100.0	1.1	1.6	8.4	35.3	18.3	35.3
教育	Education	100.0	1.1	0.6	4.5	72.3	10.3	11.3
卫生和社会工作	Health and Society	100.0	1.0	0.5	4.1	56.2	20.0	18.2
文化体育和娱乐业	Culture, Sports and Entertainment	100.0	0.6	0.7	4.6	52.7	15.5	25.9
公共管理、社会保障和社会组织	Public Management, Social Security and Social Organizations	100.0	0.9	0.4	5.3	77.2	7.6	8.6
国际组织	International Organizations	100.0				100.0		

3-33 城镇按职业、性别分的就业人员工作时间构成
Working Hours of Urban Employed Persons by Occupation and Sex

单位：% (%)

职　业	Occupation	城镇就业人员 Urban Employed Persons	1-8小时 1-8 Hours	9-19小时 9-19 Hours	20-39小时 20-39 Hours	40小时 40 Hours	41-48小时 41-48 Hours	48小时以上 48 Hours Above
合　计	**Total**	**100.0**	**1.1**	**1.1**	**5.4**	**42.4**	**18.4**	**31.5**
单位负责人	Unit Head	100.0	0.6	0.8	2.3	46.1	14.7	35.5
专业技术人员	Technical Personnel	100.0	1.0	0.5	3.6	61.6	15.7	17.5
办事人员和有关人员	Clerk and Related Workers	100.0	0.8	0.4	3.2	63.0	15.3	17.3
商业、服务业人员	Business Service Personnel	100.0	1.1	0.9	4.6	33.4	19.5	40.6
农林牧渔水利业生产人员	Producers in the Sectors of Agriculture, Forestry, Animal Husbandry, Fishery and Water Conservancy	100.0	3.2	6.5	24.3	24.4	16.6	25.0
生产运输设备操作人员及有关人员	Production,Transport Equipment Operators and Related Workers	100.0	0.8	0.8	4.0	32.2	21.7	40.6
其　他	Others	100.0			1.8	25.6	25.4	47.1
男	**Male**	**100.0**	**1.0**	**0.9**	**4.7**	**41.4**	**18.1**	**33.9**
单位负责人	Unit Head	100.0	0.6	0.6	2.2	46.4	14.8	35.5
专业技术人员	Technical Personnel	100.0	0.9	0.4	3.4	59.1	15.7	20.4
办事人员和有关人员	Clerk and Related Workers	100.0	0.8	0.3	2.9	60.6	15.6	19.8
商业、服务业人员	Business Service Personnel	100.0	1.1	0.9	4.0	32.9	18.5	42.8
农林牧渔水利业生产人员	Producers in the Sectors of Agriculture, Forestry, Animal Husbandry, Fishery and Water Conservancy	100.0	2.6	5.0	20.9	25.0	17.7	28.8
生产运输设备操作人员及有关人员	Production,Transport Equipment Operators and Related Workers	100.0	0.8	0.8	3.8	32.3	21.0	41.3
其　他	Others	100.0			3.0	25.6	22.3	49.1
女	**Female**	**100.0**	**1.2**	**1.4**	**6.5**	**43.9**	**18.7**	**28.3**
单位负责人	Unit Head	100.0	0.8	1.3	2.7	45.2	14.3	35.6
专业技术人员	Technical Personnel	100.0	1.0	0.5	3.8	64.1	15.7	14.7
办事人员和有关人员	Clerk and Related Workers	100.0	0.8	0.4	3.5	67.1	14.8	13.4
商业、服务业人员	Business Service Personnel	100.0	1.1	0.8	5.2	33.9	20.6	38.4
农林牧渔水利业生产人员	Producers in the Sectors of Agriculture, Forestry, Animal Husbandry, Fishery and Water Conservancy	100.0	3.8	7.9	27.6	23.9	15.6	21.2
生产运输设备操作人员及有关人员	Production,Transport Equipment Operators and Related Workers	100.0	0.8	0.8	4.4	31.8	23.7	38.4
其　他	Others	100.0				25.6	30.5	43.9

3-34 城镇按年龄、性别分的失业人员未工作原因构成
Reason for Unemployment of Urban Unemployed Persons by Age and Sex

单位：%　　(%)

年　龄 Age	城　镇 失业人员 Urban Unemployed Persons	正在上学 Studying	毕业后未工作 Job-off after Graduated	因单位原因失去工作 Lose Job for Working Unit Reasons	因个人原因失去工作 Lose Job for Individual Reasons	承包土地被征用 Land Expropriated	离退休 Retired	料理家务 Take Care of Housework	其　他 Others
总计　Total	**100.0**	**2.0**	**16.1**	**16.2**	**29.0**	**1.1**	**3.4**	**19.6**	**12.5**
16-19	100.0	13.2	55.8	2.3	14.5			1.9	12.2
20-24	100.0	6.8	54.4	3.9	20.0	0.2		4.6	10.1
25-29	100.0	1.2	18.2	9.8	39.0	0.6		18.1	13.1
30-34	100.0	0.1	3.0	13.1	40.1	1.3		30.5	11.9
35-39	100.0		2.0	18.6	34.2	0.6	0.0	31.1	13.5
40-44	100.0	0.0	0.8	25.3	30.5	1.5	0.2	28.2	13.6
45-49	100.0	0.0	0.4	30.5	27.1	1.8	2.3	24.7	13.3
50-54	100.0		0.3	28.4	23.8	2.4	15.5	15.9	13.8
55-59	100.0		0.1	30.7	20.0	3.0	17.8	15.6	12.8
60-64	100.0			7.3	10.6	3.0	48.6	18.8	11.7
65+	100.0		0.2	6.6	14.4	1.9	44.0	16.3	16.6
男　Male	**100.0**	**2.4**	**19.1**	**21.4**	**32.3**	**1.5**	**3.0**	**3.0**	**17.2**
16-19	100.0	14.2	57.6	2.4	14.3			1.5	10.0
20-24	100.0	6.5	54.2	4.8	21.4	0.2		0.4	12.5
25-29	100.0	1.0	22.9	12.8	44.0	0.8		1.0	17.4
30-34	100.0		2.9	22.0	51.7	2.5		2.8	18.0
35-39	100.0		2.1	27.6	43.6	0.9	0.0	4.0	21.8
40-44	100.0	0.0	0.4	32.8	35.9	2.7	0.3	5.4	22.5
45-49	100.0	0.0	0.3	39.6	32.8	2.1	0.1	4.8	20.2
50-54	100.0		0.3	40.2	29.6	3.0	3.9	3.8	19.3
55-59	100.0		0.2	38.9	22.5	2.7	10.9	8.5	16.3
60-64	100.0			8.1	13.3	2.8	55.7	5.6	14.5
65+	100.0		0.3	7.6	14.8	2.1	47.5	8.4	19.2
女　Female	**100.0**	**1.7**	**13.5**	**11.7**	**26.1**	**0.8**	**3.8**	**34.1**	**8.4**
16-19	100.0	11.7	53.0	2.1	14.9			2.5	15.8
20-24	100.0	7.2	54.7	2.9	18.3	0.2		9.7	7.0
25-29	100.0	1.3	14.4	7.4	34.9	0.4		31.9	9.6
30-34	100.0	0.1	3.1	8.3	34.0	0.7		45.2	8.6
35-39	100.0		1.9	13.6	28.8	0.4		46.5	8.8
40-44	100.0		1.0	20.5	27.1	0.8	0.1	42.7	7.9
45-49	100.0		0.4	24.0	23.0	1.5	3.8	38.9	8.5
50-54	100.0		0.2	12.4	15.9	1.6	31.1	32.3	6.4
55-59	100.0			8.8	13.3	4.0	36.2	34.4	3.4
60-64	100.0			5.7	5.1	3.4	34.1	45.8	6.0
65+	100.0			4.5	13.4	1.4	36.8	32.6	11.3

3-35 城镇按未工作原因、性别分的失业人员年龄构成
Age Composition of Urban Unemployed Persons by Reason and Sex

单位：%　　　　(%)

年 龄 Age	城 镇 失业人员 Urban Unemployed Persons	正在上学 Studying	毕业后未工作 Job-off after Graduated	因单位原因失去工作 Lose Job for Working Unit Reasons	因个人原因失去工作 Lose Job for Individual Reasons	承包土地被征用 Land Expropriated	离退休 Retired	料理家务 Take Care of Housework	其 他 Others
总计 Total	**100.0**	**100.0**	**100.0**	**100.0**	**100.0**	**100.0**	**100.0**	**100.0**	**100.0**
16-19	4.0	26.2	13.8	0.6	2.0			0.4	3.9
20-24	18.9	63.8	63.8	4.6	13.1	3.5		4.4	15.2
25-29	15.8	9.2	17.8	9.6	21.2	8.4		14.6	16.5
30-34	12.5	0.6	2.3	10.1	17.3	14.7		19.6	11.9
35-39	10.4		1.3	12.0	12.3	5.3	0.0	16.6	11.2
40-44	12.8	0.1	0.6	19.9	13.4	17.3	0.6	18.4	13.8
45-49	11.1	0.1	0.3	20.9	10.4	17.4	7.4	14.1	11.9
50-54	8.4		0.1	14.7	6.9	17.9	38.0	6.8	9.3
55-59	3.5		0.0	6.6	2.4	9.3	18.1	2.8	3.5
60-64	1.9			0.8	0.7	4.9	26.4	1.8	1.7
65+	0.7		0.0	0.3	0.4	1.2	9.4	0.6	1.0
男 Male	**100.0**	**100.0**	**100.0**	**100.0**	**100.0**	**100.0**	**100.0**	**100.0**	**100.0**
16-19	5.2	31.6	15.7	0.6	2.3			2.7	3.0
20-24	22.3	61.4	63.3	5.0	14.8	3.3		2.8	16.3
25-29	15.1	6.7	18.0	9.1	20.6	8.3		4.9	15.2
30-34	9.3		1.4	9.6	14.9	15.5		8.7	9.7
35-39	8.1		0.9	10.4	10.9	4.6	0.1	10.6	10.2
40-44	10.6	0.2	0.2	16.3	11.8	18.5	1.1	18.9	13.9
45-49	9.9	0.2	0.2	18.4	10.1	13.9	0.3	15.6	11.6
50-54	10.3		0.2	19.4	9.4	20.1	13.2	12.9	11.5
55-59	5.4		0.1	9.9	3.8	9.5	19.6	15.2	5.1
60-64	2.7			1.0	1.1	4.9	49.2	4.9	2.2
65+	1.0		0.0	0.4	0.5	1.4	16.5	2.9	1.2
女 Female	**100.0**	**100.0**	**100.0**	**100.0**	**100.0**	**100.0**	**100.0**	**100.0**	**100.0**
16-19	2.9	19.7	11.3	0.5	1.6			0.2	5.4
20-24	15.9	66.7	64.5	3.9	11.2	4.0		4.5	13.3
25-29	16.4	12.3	17.5	10.3	21.9	8.7		15.4	18.9
30-34	15.4	1.3	3.5	10.9	20.0	13.2		20.4	15.8
35-39	12.5		1.7	14.5	13.8	6.6		17.1	13.1
40-44	14.6		1.1	25.6	15.2	15.3	0.3	18.3	13.8
45-49	12.2		0.4	25.0	10.7	23.4	12.4	14.0	12.3
50-54	6.7		0.1	7.1	4.1	14.1	55.4	6.4	5.1
55-59	1.8			1.3	0.9	9.1	17.1	1.8	0.7
60-64	1.1			0.6	0.2	5.0	10.4	1.5	0.8
65+	0.4			0.2	0.2	0.8	4.4	0.4	0.6

3-36 城镇按受教育程度、性别分的失业人员未工作原因构成
Reason for Unemployment of Urban Unemployed Persons by Educational Attainment and Sex

单位：% (%)

受教育程度	Educational Attainment	城镇失业人员 Urban Unemployed Persons	正在上学 Studying	毕业后未工作 Job-off after Graduated	因单位原因失去工作 Lose Job for Working Unit Reasons	因个人原因失去工作 Lose Job for Individual Reasons	承包土地被征用 Land Expropriated	离退休 Retired	料理家务 Take Care of Housework	其他 Others
总 计	**Total**	**100.0**	**2.0**	**16.1**	**16.2**	**29.0**	**1.1**	**3.4**	**19.6**	**12.5**
未上过学	No Schooling	100.0			7.0	22.5	2.9	2.3	44.3	20.9
小 学	Primary School	100.0	0.2	1.6	12.8	25.8	3.8	4.6	32.2	19.1
初 中	Junior Secondary School	100.0	0.1	6.0	17.7	30.5	1.7	3.8	25.2	15.0
高 中	Senior Secondary School	100.0	1.2	10.4	20.5	29.4	0.7	5.9	19.6	12.4
中等职业教育	Medium Vocational Education	100.0	1.9	17.5	19.4	32.0	0.4	2.0	16.0	10.8
高等职业教育	High Vocational Education	100.0	4.4	20.6	16.2	32.0	0.3	2.0	13.5	10.9
大学专科	College	100.0	3.4	31.7	13.0	29.4	0.3	1.7	11.3	9.3
大学本科	University	100.0	9.0	47.4	7.9	21.9	0.1	0.9	6.7	6.1
研究生	Graduate and Higher Level	100.0	15.0	51.7	6.7	16.4		1.1	4.2	4.8
男	**Male**	**100.0**	**2.4**	**19.1**	**21.4**	**32.3**	**1.5**	**3.0**	**3.0**	**17.2**
未上过学	No Schooling	100.0			16.3	31.2	1.7	1.2	9.2	40.5
小 学	Primary School	100.0	0.1	1.2	20.0	33.4	4.9	5.4	7.5	27.6
初 中	Junior Secondary School	100.0	0.2	7.7	24.3	36.2	2.6	3.7	3.8	21.7
高 中	Senior Secondary School	100.0	1.5	13.8	26.5	31.9	0.8	4.3	3.6	17.5
中等职业教育	Medium Vocational Education	100.0	2.2	22.1	23.9	36.1	0.6	1.4	1.0	12.7
高等职业教育	High Vocational Education	100.0	5.7	27.3	20.6	31.7	0.8	0.5	0.7	12.6
大学专科	College	100.0	4.1	37.6	15.6	28.7	0.1	1.6	1.2	11.2
大学本科	University	100.0	9.3	49.5	9.0	21.9	0.2	0.9	1.4	7.9
研究生	Graduate and Higher Level	100.0	22.1	51.2	11.4	10.1		1.1	1.3	2.8
女	**Female**	**100.0**	**1.7**	**13.5**	**11.7**	**26.1**	**0.8**	**3.8**	**34.1**	**8.4**
未上过学	No Schooling	100.0			3.0	18.7	3.5	2.8	59.7	12.3
小 学	Primary School	100.0	0.2	1.9	6.6	19.3	2.9	3.8	53.5	11.8
初 中	Junior Secondary School	100.0	0.0	4.5	12.2	25.6	1.0	4.0	43.4	9.3
高 中	Senior Secondary School	100.0	0.9	7.2	14.7	27.1	0.6	7.4	34.8	7.4
中等职业教育	Medium Vocational Education	100.0	1.5	13.3	15.3	28.2	0.1	2.5	29.8	9.1
高等职业教育	High Vocational Education	100.0	3.4	15.2	12.8	32.3		3.2	23.6	9.6
大学专科	College	100.0	2.8	26.6	10.7	30.0	0.5	1.8	20.0	7.7
大学本科	University	100.0	8.7	45.6	7.0	22.0		0.9	11.5	4.3
研究生	Graduate and Higher Level	100.0	9.5	52.1	3.1	21.3		1.1	6.5	6.4

3-37 城镇按未工作原因、性别分的失业人员受教育程度构成
Educational Attainment of Urban Unemployed Persons by Reason and Sex

单位：% (%)

受教育程度	Educational Attainment	城镇失业人员 Urban Unemployed Persons	正在上学 Studying	毕业后未工作 Job-off after Graduated	因单位原因失去工作 Lose Job for Working Unit Reasons	因个人原因失去工作 Lose Job for Individual Reasons	承包土地被征用 Land Expropriated	离退休 Retired	料理家务 Take Care of Housework	其他 Others
总计	**Total**	**100.0**	**100.0**	**100.0**	**100.0**	**100.0**	**100.0**	**100.0**	**100.0**	**100.0**
未上过学	No Schooling	0.7			0.3	0.5	1.7	0.4	1.5	1.1
小学	Primary School	6.4	0.6	0.6	5.0	5.7	21.6	8.6	10.5	9.8
初中	Junior Secondary School	37.2	1.7	13.8	40.8	39.1	57.1	41.8	48.0	44.5
高中	Senior Secondary School	18.7	10.8	12.1	23.6	19.0	11.2	32.2	18.7	18.5
中等职业教育	Medium Vocational Education	9.2	8.5	10.0	11.0	10.1	3.0	5.4	7.5	7.9
高等职业教育	High Vocational Education	2.0	4.3	2.5	2.0	2.2	0.6	1.2	1.3	1.7
大学专科	College	15.5	25.9	30.4	12.4	15.7	4.1	7.7	9.0	11.5
大学本科	University	9.8	43.6	28.7	4.8	7.4	0.8	2.7	3.3	4.7
研究生	Graduate and Higher Level	0.6	4.6	2.0	0.3	0.4		0.2	0.1	0.2
男	**Male**	**100.0**	**100.0**	**100.0**	**100.0**	**100.0**	**100.0**	**100.0**	**100.0**	**100.0**
未上过学	No Schooling	0.4			0.3	0.4	0.5	0.2	1.3	1.0
小学	Primary School	6.3	0.3	0.4	5.9	6.5	20.2	11.4	15.6	10.1
初中	Junior Secondary School	36.7	2.9	14.8	41.7	41.0	62.1	44.4	45.5	46.1
高中	Senior Secondary School	19.5	12.1	14.1	24.2	19.3	10.2	28.2	23.4	19.9
中等职业教育	Medium Vocational Education	9.4	8.8	10.8	10.5	10.5	3.7	4.3	3.1	6.9
高等职业教育	High Vocational Education	1.9	4.5	2.6	1.8	1.8	0.9	0.3	0.4	1.4
大学专科	College	15.2	26.4	29.9	11.1	13.5	1.1	7.9	5.9	9.9
大学本科	University	10.0	39.5	25.8	4.2	6.7	1.2	3.1	4.6	4.6
研究生	Graduate and Higher Level	0.6	5.4	1.5	0.3	0.2		0.2	0.2	0.1
女	**Female**	**100.0**	**100.0**	**100.0**	**100.0**	**100.0**	**100.0**	**100.0**	**100.0**	**100.0**
未上过学	No Schooling	0.9			0.2	0.6	3.8	0.6	1.5	1.3
小学	Primary School	6.5	0.9	0.9	3.6	4.8	23.9	6.6	10.2	9.1
初中	Junior Secondary School	37.7	0.2	12.5	39.3	37.1	48.4	39.9	48.2	41.7
高中	Senior Secondary School	17.9	9.4	9.5	22.5	18.6	13.0	35.0	18.3	15.9
中等职业教育	Medium Vocational Education	9.0	8.1	8.9	11.7	9.7	1.7	6.1	7.9	9.8
高等职业教育	High Vocational Education	2.0	4.0	2.3	2.2	2.5		1.7	1.4	2.3
大学专科	College	15.7	25.3	31.0	14.4	18.1	9.2	7.5	9.2	14.5
大学本科	University	9.6	48.5	32.3	5.8	8.1		2.4	3.2	5.0
研究生	Graduate and Higher Level	0.7	3.6	2.5	0.2	0.5		0.2	0.1	0.5

3-38 城镇按年龄、性别分的失业人员受教育程度构成
Educational Attainment of Urban Unemployed Persons by Age and Sex

单位：% (%)

年龄 Age	城镇失业人员 Urban Unemployed Persons	未上过学 No Schooling	小学 Primary School	初中 Junior Secondary School	高中 Senior Secondary School	中等职业教育 Medium Vocational Education	高等职业教育 High Vocational Education	大学专科 College	大学本科 University	研究生 Graduate and Higher Level
总计 Total	**100.0**	**0.7**	**6.4**	**37.2**	**18.7**	**9.2**	**2.0**	**15.5**	**9.8**	**0.6**
16-19	100.0		1.2	37.1	26.4	21.3	3.0	7.2	3.7	
20-24	100.0	0.1	1.2	17.9	11.9	10.7	2.2	29.6	25.8	0.6
25-29	100.0	0.1	2.3	29.2	15.7	11.0	2.9	22.1	14.3	2.2
30-34	100.0	0.3	3.3	38.5	16.2	11.2	2.3	18.4	9.1	0.6
35-39	100.0	0.6	6.1	40.0	20.3	11.2	2.3	14.5	5.0	0.2
40-44	100.0	0.9	8.8	49.4	21.1	7.9	1.5	7.7	2.5	0.2
45-49	100.0	0.9	11.6	52.4	20.5	5.2	0.9	6.4	2.1	0.1
50-54	100.0	1.2	10.9	49.9	27.0	3.1	1.1	4.5	2.0	0.3
55-59	100.0	1.7	14.4	43.0	32.5	2.3	0.8	4.1	1.4	
60-64	100.0	3.8	32.8	37.3	17.7	2.4	0.4	2.7	2.7	0.2
65+	100.0	10.0	38.6	37.3	6.0	3.8		3.8	0.5	
男 Male	**100.0**	**0.4**	**6.3**	**36.7**	**19.5**	**9.4**	**1.9**	**15.2**	**10.0**	**0.6**
16-19	100.0		0.9	33.9	29.8	22.9	2.6	6.6	3.3	
20-24	100.0	0.1	1.2	19.3	13.4	11.7	2.5	28.8	22.5	0.5
25-29	100.0	0.1	2.8	29.2	15.0	11.3	2.8	20.7	15.9	2.2
30-34	100.0	0.1	4.7	37.7	15.1	11.7	2.4	19.3	8.6	0.4
35-39	100.0	0.6	6.3	40.3	20.0	10.5	2.0	12.7	7.3	0.1
40-44	100.0	1.0	9.0	49.4	20.4	7.3	1.3	8.5	2.8	0.2
45-49	100.0	0.2	10.7	50.2	22.3	6.1	0.7	7.3	2.4	0.1
50-54	100.0	0.9	9.2	50.5	27.5	3.0	1.0	4.7	2.6	0.4
55-59	100.0	0.6	11.2	45.7	34.3	2.0	0.5	4.1	1.6	
60-64	100.0	1.4	25.8	41.3	21.1	2.7	0.4	3.7	3.3	0.2
65+	100.0	3.4	36.8	41.9	7.8	3.9		5.5	0.7	
女 Female	**100.0**	**0.9**	**6.5**	**37.7**	**17.9**	**9.0**	**2.0**	**15.7**	**9.6**	**0.7**
16-19	100.0		1.6	42.3	21.0	18.9	3.6	8.2	4.4	
20-24	100.0		1.2	16.1	10.2	9.4	2.0	30.6	29.9	0.8
25-29	100.0	0.1	2.0	29.2	16.4	10.7	2.9	23.3	13.1	2.3
30-34	100.0	0.5	2.5	39.0	16.8	10.9	2.3	18.0	9.3	0.7
35-39	100.0	0.5	6.0	39.7	20.4	11.5	2.4	15.5	3.7	0.2
40-44	100.0	0.9	8.6	49.4	21.5	8.3	1.7	7.2	2.3	0.1
45-49	100.0	1.3	12.2	54.0	19.2	4.6	1.0	5.7	1.9	0.1
50-54	100.0	1.7	13.2	49.0	26.4	3.2	1.3	4.1	1.1	0.1
55-59	100.0	4.5	23.0	35.7	27.5	2.8	1.6	4.0	0.8	
60-64	100.0	8.9	47.1	29.3	10.8	1.6	0.3	0.6	1.4	
65+	100.0	23.6	42.2	27.7	2.4	3.6		0.5		

3-39 城镇按受教育程度、性别分的失业人员年龄构成
Age Composition of Urban Unemployed Persons by Educational Attainment and Sex

单位：% (%)

年龄 Age	城镇失业人员 Urban Unemployed Persons	未上过学 No Schooling	小学 Primary School	初中 Junior Secondary School	高中 Senior Secondary School	中等职业教育 Medium Vocational Education	高等职业教育 High Vocational Education	大学专科 College	大学本科 University	研究生 Graduate and Higher Level
总计 Total	**100.0**	**100.0**	**100.0**	**100.0**	**100.0**	**100.0**	**100.0**	**100.0**	**100.0**	**100.0**
16-19	4.0		0.7	4.0	5.6	9.3	6.1	1.8	1.5	
20-24	18.9	1.6	3.5	9.1	12.1	22.0	21.7	36.2	50.0	19.4
25-29	15.8	2.6	5.8	12.4	13.3	18.9	23.2	22.5	23.1	56.9
30-34	12.5	6.7	6.4	13.0	10.9	15.3	15.1	14.9	11.7	11.3
35-39	10.4	8.8	9.9	11.2	11.3	12.7	12.0	9.8	5.3	3.1
40-44	12.8	18.5	17.5	16.9	14.4	11.0	10.1	6.3	3.3	3.4
45-49	11.1	14.9	20.2	15.7	12.2	6.4	5.2	4.6	2.4	1.4
50-54	8.4	16.0	14.3	11.2	12.1	2.8	4.8	2.4	1.7	4.0
55-59	3.5	8.8	7.8	4.0	6.0	0.9	1.4	0.9	0.5	
60-64	1.9	10.9	9.5	1.9	1.8	0.5	0.3	0.3	0.5	0.5
65+	0.7	11.2	4.4	0.7	0.2	0.3		0.2	0.0	
男 Male	**100.0**	**100.0**	**100.0**	**100.0**	**100.0**	**100.0**	**100.0**	**100.0**	**100.0**	**100.0**
16-19	5.2		0.7	4.8	8.0	12.8	7.3	2.3	1.7	
20-24	22.3	5.3	4.2	11.7	15.3	27.9	29.8	42.3	50.4	20.1
25-29	15.1	3.8	6.7	12.0	11.6	18.3	23.0	20.5	24.0	57.3
30-34	9.3	2.2	7.0	9.6	7.2	11.6	11.8	11.8	8.1	5.7
35-39	8.1	11.6	8.1	8.9	8.2	9.1	8.8	6.7	5.9	2.0
40-44	10.6	25.3	15.2	14.3	11.1	8.3	7.7	5.9	3.0	4.6
45-49	9.9	5.0	16.8	13.6	11.3	6.5	4.0	4.7	2.3	1.5
50-54	10.3	22.4	14.9	14.2	14.5	3.3	5.7	3.2	2.7	7.8
55-59	5.4	7.5	9.6	6.7	9.5	1.2	1.3	1.5	0.9	
60-64	2.7	8.6	10.9	3.0	2.9	0.8	0.5	0.6	0.9	1.1
65+	1.0	8.3	6.1	1.2	0.4	0.4		0.4	0.1	
女 Female	**100.0**	**100.0**	**100.0**	**100.0**	**100.0**	**100.0**	**100.0**	**100.0**	**100.0**	**100.0**
16-19	2.9		0.7	3.2	3.4	6.1	5.1	1.5	1.3	
20-24	15.9		2.9	6.8	9.0	16.6	15.4	30.9	49.6	18.9
25-29	16.4	2.1	5.0	12.7	15.0	19.6	23.3	24.3	22.3	56.6
30-34	15.4	8.6	6.0	15.9	14.4	18.6	17.6	17.6	15.0	15.6
35-39	12.5	7.6	11.6	13.2	14.2	16.0	14.6	12.3	4.8	3.9
40-44	14.6	15.6	19.4	19.2	17.6	13.5	12.1	6.7	3.5	2.5
45-49	12.2	19.2	23.1	17.5	13.1	6.2	6.2	4.4	2.4	1.3
50-54	6.7	13.2	13.7	8.7	9.9	2.4	4.2	1.8	0.7	1.1
55-59	1.8	9.4	6.3	1.7	2.7	0.6	1.4	0.5	0.2	
60-64	1.1	11.9	8.4	0.9	0.7	0.2	0.2	0.0	0.2	
65+	0.4	12.5	2.9	0.3	0.1	0.2		0.0		

3-40 城镇按年龄、性别分的失业人员寻找工作方式构成
Method of Job-seeking of Urban Unemployed Persons by Age and Sex

单位：%　　(%)

年　龄 Age	城　镇 失业人员 Urban Unemployed Persons	在职业介绍机构登记 Register in Employment Agency Office	委托亲友找工作 Ask Friends Relatives about Job	直接与单位或雇主联系 Contact Directly with Employers	应答或刊登广告 Answer or Advertise	浏览招聘广告 Scan and Want Ads	参加招聘会 Take Part in Employment Advertise Meeting	为自己经营作准备 Prepare for Own Business	其他 Others
总计 Total	**100.0**	**5.8**	**46.7**	**6.8**	**0.6**	**13.5**	**7.3**	**5.8**	**13.5**
16-19	100.0	5.0	50.4	6.0	0.3	14.5	7.7	2.7	13.3
20-24	100.0	8.8	34.1	8.0	0.7	15.7	18.6	3.8	10.3
25-29	100.0	6.7	39.5	7.9	0.8	17.1	9.2	6.5	12.3
30-34	100.0	4.8	44.1	6.0	0.9	17.1	5.1	8.6	13.4
35-39	100.0	4.7	47.2	5.9	0.8	14.6	3.9	7.7	15.2
40-44	100.0	5.2	53.4	6.6	0.5	10.7	2.8	6.5	14.2
45-49	100.0	5.2	55.8	5.7	0.5	10.2	3.0	5.8	13.9
50-54	100.0	3.9	58.7	6.3	0.3	7.7	2.3	4.8	16.0
55-59	100.0	4.7	58.6	8.5	0.3	6.8	1.5	3.6	16.0
60-64	100.0	1.6	59.5	6.1	1.1	6.2	0.7	3.9	21.0
65+	100.0	0.3	58.3	4.0	0.3	5.8	0.7	2.1	28.5
男 Male	**100.0**	**6.0**	**45.3**	**8.0**	**0.6**	**12.0**	**7.4**	**7.5**	**13.1**
16-19	100.0	1.7	55.1	5.5	0.4	13.5	6.7	2.2	14.7
20-24	100.0	8.9	34.7	9.1	0.6	15.4	17.0	4.2	10.1
25-29	100.0	6.9	38.4	8.8	0.9	15.4	9.8	8.8	11.0
30-34	100.0	6.8	42.1	7.5	0.7	13.6	5.3	14.0	10.0
35-39	100.0	5.5	44.9	7.3	0.8	12.4	3.1	12.1	13.9
40-44	100.0	5.3	49.1	8.8	0.5	8.7	2.4	9.6	15.6
45-49	100.0	5.1	51.7	6.8	0.4	9.4	3.5	8.3	14.7
50-54	100.0	4.4	56.4	6.9	0.1	7.8	2.7	6.4	15.2
55-59	100.0	5.2	56.4	9.2	0.5	6.5	1.8	4.3	16.2
60-64	100.0	1.9	57.4	8.3	0.7	7.1	1.0	3.6	20.0
65+	100.0		56.8	3.4	0.4	7.5	0.7	2.4	28.8
女 Female	**100.0**	**5.5**	**47.8**	**5.8**	**0.7**	**14.7**	**7.2**	**4.3**	**13.9**
16-19	100.0	10.2	43.0	6.8		16.1	9.4	3.4	11.1
20-24	100.0	8.7	33.3	6.8	0.8	16.1	20.6	3.2	10.6
25-29	100.0	6.5	40.4	7.1	0.7	18.4	8.8	4.7	13.3
30-34	100.0	3.7	45.1	5.3	1.0	18.9	5.1	5.7	15.2
35-39	100.0	4.3	48.5	5.1	0.8	15.9	4.3	5.1	15.9
40-44	100.0	5.1	56.1	5.3	0.5	12.0	3.1	4.5	13.3
45-49	100.0	5.2	58.7	4.9	0.6	10.7	2.6	4.0	13.3
50-54	100.0	3.2	61.8	5.5	0.5	7.6	1.6	2.6	17.2
55-59	100.0	3.3	64.5	6.9		7.6	0.6	1.5	15.6
60-64	100.0	0.9	63.8	1.6	1.9	4.2	0.1	4.4	23.1
65+	100.0	1.1	61.4	5.0		2.4	0.8	1.5	27.9

3-41 城镇按受教育程度、性别分的失业人员寻找工作方式构成

ethod of Job-seeking of Urban Unemployed Persons by Educational Attainment and S

单位：% (%)

受教育程度	Educational Attainment	城镇失业人员 Urban Unemployed Persons	在职业介绍机构登记 Register in Employment Agency Office	委托亲友找工作 Ask Friends Relatives about Job	直接与单位或雇主联系 Contact Directly with Employers	应答或刊登广告 Answer or Advertise	浏览招聘广告 Scan and Want Ads	参加招聘会 Take Part in Employment Advertise Meeting	为自己经营作准备 Prepare for Own Business	其他 Others
总　计	**Total**	**100.0**	**5.8**	**46.7**	**6.8**	**0.6**	**13.5**	**7.3**	**5.8**	**13.5**
未上过学	No Schooling	100.0	0.5	61.4	6.7	0.8	6.5	0.1	2.9	21.1
小　学	Primary School	100.0	2.5	58.4	7.4	0.5	6.2	1.5	4.9	18.7
初　中	Junior Secondary School	100.0	4.1	55.7	7.0	0.5	8.9	2.3	5.8	15.8
高　中	Senior Secondary School	100.0	5.1	50.5	6.6	0.5	13.5	4.6	5.7	13.6
中等职业教育	Medium Vocational Education	100.0	7.5	41.6	8.3	0.6	17.0	7.2	6.8	11.1
高等职业教育	High Vocational Education	100.0	10.7	38.7	7.1	0.8	16.6	7.1	7.4	11.7
大学专科	College	100.0	8.6	34.6	5.3	1.1	20.2	14.4	6.2	9.5
大学本科	University	100.0	8.3	24.4	7.5	0.9	20.6	23.1	4.8	10.4
研究生	Graduate and Higher Level	100.0	13.8	7.8	3.5		23.2	33.9	8.1	9.7
男	**Male**	**100.0**	**6.0**	**45.3**	**8.0**	**0.6**	**12.0**	**7.4**	**7.5**	**13.1**
未上过学	No Schooling	100.0		46.1	12.9	1.8	4.5		5.1	29.5
小　学	Primary School	100.0	2.0	58.0	8.3		4.5	1.5	6.6	19.1
初　中	Junior Secondary School	100.0	4.3	54.6	8.1	0.3	7.4	2.1	7.5	15.8
高　中	Senior Secondary School	100.0	5.5	48.0	7.5	0.8	12.8	4.8	6.9	13.8
中等职业教育	Medium Vocational Education	100.0	6.8	42.0	9.8	0.5	15.5	7.7	8.3	9.5
高等职业教育	High Vocational Education	100.0	13.4	38.3	8.9	0.1	10.5	10.2	12.5	6.2
大学专科	College	100.0	9.7	32.4	6.4	0.9	18.2	15.8	8.2	8.4
大学本科	University	100.0	7.7	24.4	9.3	1.2	19.3	22.0	6.6	9.5
研究生	Graduate and Higher Level	100.0	20.0	4.7	1.8		26.9	16.8	15.5	14.3
女	**Female**	**100.0**	**5.5**	**47.8**	**5.8**	**0.7**	**14.7**	**7.2**	**4.3**	**13.9**
未上过学	No Schooling	100.0	0.7	68.1	4.0	0.4	7.3	0.1	1.9	17.4
小　学	Primary School	100.0	2.9	58.7	6.6	0.9	7.7	1.5	3.3	18.3
初　中	Junior Secondary School	100.0	4.0	56.6	6.1	0.6	10.2	2.4	4.4	15.8
高　中	Senior Secondary School	100.0	4.6	52.9	5.8	0.3	14.1	4.4	4.6	13.4
中等职业教育	Medium Vocational Education	100.0	8.1	41.2	6.9	0.8	18.4	6.7	5.3	12.6
高等职业教育	High Vocational Education	100.0	8.5	38.9	5.6	1.3	21.5	4.7	3.3	16.2
大学专科	College	100.0	7.7	36.4	4.4	1.2	21.9	13.2	4.5	10.5
大学本科	University	100.0	8.8	24.4	5.8	0.7	21.7	24.1	3.3	11.2
研究生	Graduate and Higher Level	100.0	9.1	10.2	4.8		20.3	47.1	2.4	6.2

3-42 城镇按年龄、性别分的失业人员失业前的行业构成
Sector of Urban Unemployed Persons (Prior to Unemployment) by Age and Sex

单位：% (%)

年 龄 Age	城 镇 失业人员 Urban Unemployed Persons	农、林、牧、渔业 Agriculture, Forestry, Animal Husbandry and Fishery	采矿业 Mining	制造业 Manufacturing	电力、热力、燃气及水生产和供应业 Production and Supply of Electricity Power, Heat Power, Gas and Water	建筑业 Construction	批发和零售业 Wholesale and Retail Trades
总计 Total	**100.0**	**4.2**	**2.1**	**24.1**	**0.6**	**8.0**	**24.5**
16-19	100.0	6.9	1.3	18.5	0.7	2.0	20.7
20-24	100.0	3.4	0.3	22.1	0.3	6.9	22.1
25-29	100.0	2.9	1.0	21.0	0.1	6.7	28.5
30-34	100.0	2.7	0.9	19.3	0.7	6.7	33.2
35-39	100.0	3.5	2.3	21.4	0.6	6.2	30.0
40-44	100.0	3.5	2.2	25.9	0.8	8.7	25.7
45-49	100.0	4.5	3.5	28.9	0.8	8.6	21.5
50-54	100.0	6.3	4.4	30.5	0.9	10.9	15.1
55-59	100.0	6.0	2.7	29.7	1.2	12.7	12.4
60-64	100.0	11.4	3.6	24.0	1.4	9.9	9.2
65+	100.0	18.7	1.9	22.8		20.2	7.8
男 Male	**100.0**	**4.0**	**3.2**	**25.9**	**0.9**	**13.5**	**14.7**
16-19	100.0	7.0	2.1	22.1		3.4	14.0
20-24	100.0	3.4	0.5	24.8	0.5	10.8	14.5
25-29	100.0	2.2	2.1	21.7	0.3	12.3	17.9
30-34	100.0	2.7	2.3	23.1	0.7	13.7	18.1
35-39	100.0	3.1	4.3	23.6	0.9	11.9	14.7
40-44	100.0	4.4	3.0	25.5	1.4	16.2	15.3
45-49	100.0	3.6	4.8	28.6	1.2	15.6	14.8
50-54	100.0	5.7	5.8	32.0	1.1	14.0	12.0
55-59	100.0	3.9	3.2	32.6	1.3	15.4	10.5
60-64	100.0	8.4	4.9	23.6	2.0	11.8	8.0
65+	100.0	18.4	2.7	22.7		21.2	6.0
女 Female	**100.0**	**4.3**	**1.0**	**22.5**	**0.4**	**3.0**	**33.6**
16-19	100.0	6.6		13.0	1.7		30.8
20-24	100.0	3.4		18.1		1.4	33.1
25-29	100.0	3.5	0.1	20.5		2.0	37.3
30-34	100.0	2.7		16.9	0.7	2.4	42.6
35-39	100.0	3.7	0.9	20.0	0.4	2.3	40.3
40-44	100.0	2.8	1.6	26.2	0.4	3.3	33.2
45-49	100.0	5.2	2.5	29.2	0.5	3.1	26.7
50-54	100.0	7.0	2.4	28.2	0.5	6.4	19.6
55-59	100.0	12.3	1.1	21.5	1.1	4.9	17.9
60-64	100.0	18.8	0.3	24.9		5.1	12.3
65+	100.0	19.2		23.2		18.0	11.9

3-42 续表 1 continued

单位：% (%)

年 龄 Age	交通运输、仓储和邮政业 Transport, Storage and Post	住宿和餐饮业 Hotels and Catering Services	信息传输、软件和信息技术服务业 Information Transmission, Software and Information Technical Services	金融业 Financial Intermediation	房地产业 Real Estate	租赁和商务服务业 Leasing and Business Services	科学研究和技术服务业 Scientific Research and Technical Services
总计 Total	**5.2**	**7.8**	**1.4**	**2.2**	**1.8**	**2.4**	**0.5**
16-19	1.8	17.8	2.2	0.3	1.1	2.5	
20-24	2.3	9.3	2.9	3.9	1.7	3.2	0.2
25-29	3.8	7.7	2.3	3.5	2.4	2.9	0.8
30-34	5.2	7.0	2.2	2.7	2.0	3.0	0.5
35-39	5.6	8.7	1.6	1.9	1.6	2.8	0.5
40-44	6.0	8.7	0.6	1.4	1.6	1.6	0.4
45-49	5.7	7.9	0.6	1.8	1.5	2.0	0.3
50-54	6.9	6.0	0.4	1.2	1.5	1.4	0.4
55-59	7.9	5.4	0.1	1.2	2.3	1.7	0.7
60-64	7.2	2.9		0.9	0.9	2.0	0.2
65+	2.6	1.9		0.4	2.8	0.6	1.6
男 Male	**8.3**	**6.3**	**1.5**	**2.0**	**1.9**	**2.3**	**0.5**
16-19	3.0	13.8	1.4	0.4	1.7	2.9	
20-24	3.4	8.8	3.1	4.3	2.0	3.0	0.1
25-29	5.6	7.2	3.4	3.2	3.2	2.8	1.1
30-34	9.4	6.2	1.9	2.9	2.0	2.8	0.4
35-39	12.3	8.5	1.8	0.9	1.1	3.4	0.5
40-44	9.9	5.4	0.8	1.1	1.7	2.3	0.3
45-49	9.6	6.1	0.6	1.4	1.5	1.6	0.2
50-54	9.2	3.7	0.3	1.1	1.4	1.0	0.6
55-59	9.9	4.1		0.9	2.8	2.1	0.9
60-64	8.6	1.6		1.3	0.9	2.0	0.3
65+	3.8	1.4			3.8	0.3	1.7
女 Female	**2.3**	**9.2**	**1.3**	**2.4**	**1.6**	**2.4**	**0.4**
16-19		24.0	3.4			1.9	
20-24	0.7	10.1	2.7	3.4	1.4	3.6	0.4
25-29	2.2	8.1	1.4	3.8	1.8	2.9	0.6
30-34	2.6	7.5	2.4	2.6	2.1	3.2	0.5
35-39	1.1	8.9	1.4	2.5	1.9	2.4	0.4
40-44	3.2	11.0	0.5	1.6	1.5	1.1	0.5
45-49	2.7	9.3	0.6	2.2	1.5	2.2	0.4
50-54	3.4	9.2	0.4	1.4	1.6	2.1	0.1
55-59	1.9	9.0	0.5	1.8	0.7	0.6	
60-64	3.5	6.3			1.0	1.8	
65+		3.2		1.4	0.5	1.4	1.2

3-42 续表 2 continued

单位: % (%)

年 龄 Age	水利、环境和公共设施管理业 Management of Water Conservancy, Environment and Public Facilities	居民服务、修理和其他服务业 Services to Households, Repair and Other Services	教 育 Education	卫生和社会工作 Health and Society	文化、体育和娱乐业 Culture, Sports and Entertainment	公共管理、社会保障和社会组织 Public Management Social Security and Social Organizations	国际组织 International Organizations
总计 Total	**0.6**	**6.9**	**2.7**	**1.1**	**1.3**	**2.6**	**0.0**
16-19	0.3	11.4	6.2	0.5	0.4	5.5	
20-24	0.3	6.4	7.3	1.3	2.5	3.5	0.0
25-29	0.2	6.9	3.2	1.4	2.1	2.5	
30-34	0.6	5.8	2.6	1.4	1.4	2.2	0.0
35-39	0.7	6.5	2.1	0.9	1.1	2.1	
40-44	0.5	6.8	1.6	0.8	0.9	2.3	
45-49	0.4	7.1	1.4	0.8	1.1	1.7	
50-54	1.1	7.5	1.4	0.9	0.7	2.6	
55-59	1.5	7.3	1.6	1.3	0.6	3.7	
60-64	2.1	11.0	5.6	1.5	0.5	5.8	
65+	1.5	10.9	0.9	1.4		3.9	
男 Male	**0.6**	**7.0**	**1.9**	**0.6**	**1.4**	**3.5**	**0.0**
16-19	0.5	12.6	5.4		0.4	9.2	
20-24	0.0	7.9	4.8	0.7	2.5	5.0	0.0
25-29	0.2	7.7	2.1	0.4	2.5	3.9	
30-34	1.3	5.9	0.9	0.6	2.2	2.9	
35-39	0.2	6.1	1.2	0.6	1.3	3.4	
40-44	0.6	6.3	1.6	0.5	0.7	3.0	
45-49	0.3	6.5	0.4	0.3	0.9	2.0	
50-54	1.3	6.5	0.9	0.5	0.7	2.2	
55-59	1.0	6.2	1.1	0.6	0.4	3.1	
60-64	2.2	10.1	5.6	1.1	0.6	6.9	
65+	0.3	9.7	1.0	1.8		5.2	
女 Female	**0.5**	**6.9**	**3.5**	**1.6**	**1.2**	**1.7**	**0.0**
16-19		9.7	7.3	1.3	0.3		
20-24	0.6	4.2	11.0	2.2	2.6	1.3	
25-29	0.2	6.2	4.2	2.1	1.7	1.4	
30-34	0.1	5.7	3.6	1.8	0.9	1.7	0.1
35-39	1.0	6.7	2.7	1.1	1.0	1.1	
40-44	0.4	7.2	1.6	1.0	1.1	1.8	
45-49	0.4	7.6	2.2	1.1	1.2	1.4	
50-54	0.8	9.0	2.2	1.6	0.6	3.3	
55-59	3.1	10.5	3.0	3.4	1.2	5.6	
60-64	2.0	13.3	5.4	2.4		2.9	
65+	4.1	13.6	0.6	0.6		1.0	

3-43 城镇按受教育程度、性别分的失业人员失业前的行业构成
Sector of Urban Unemployed Persons (Prior to Unemployment) by Educational Attainment and Sex

单位：% (%)

受教育程度	Educational Attainment	城镇失业人员 Urban Unemployed Persons	农、林、牧、渔业 Agriculture, Forestry, Animal Husbandry and Fishery	采矿业 Mining	制造业 Manufacturing	电力、热力、燃气及水生产和供应业 Production and Supply of Electricity Power, Heat Power, Gas and Water	建筑业 Construction	批发和零售业 Wholesale and Retail Trades
总　计	**Total**	**100.0**	**4.2**	**2.1**	**24.1**	**0.6**	**8.0**	**24.5**
未上过学	No Schooling	100.0	24.1	2.2	15.1		15.1	13.1
小　学	Primary School	100.0	13.9	1.7	21.1	0.4	15.1	11.8
初　中	Junior Secondary School	100.0	5.5	2.5	25.8	0.6	9.7	22.8
高　中	Senior Secondary School	100.0	2.5	2.0	26.0	0.8	6.7	28.7
中等职业教育	Medium Vocational Education	100.0	0.9	2.2	26.6	0.5	4.2	28.8
高等职业教育	High Vocational Education	100.0	1.2	1.7	22.7	0.7	4.4	27.4
大学专科	College	100.0	0.7	1.2	20.4	0.5	5.4	28.2
大学本科	University	100.0	0.7	1.4	16.7	0.9	4.8	22.6
研究生	Graduate and Higher Level	100.0		1.6	6.7		5.2	17.0
男	**Male**	**100.0**	**4.0**	**3.2**	**25.9**	**0.9**	**13.5**	**14.7**
未上过学	No Schooling	100.0	21.8	4.9	10.2		30.5	4.3
小　学	Primary School	100.0	13.5	2.6	18.6	0.7	24.3	7.3
初　中	Junior Secondary School	100.0	5.3	3.9	25.9	1.0	16.8	12.3
高　中	Senior Secondary School	100.0	2.5	3.0	30.0	1.3	10.7	17.8
中等职业教育	Medium Vocational Education	100.0	0.8	3.1	32.8	0.2	7.0	14.9
高等职业教育	High Vocational Education	100.0		2.9	30.3	0.2	6.6	14.7
大学专科	College	100.0	0.7	2.2	21.7	0.7	8.8	20.1
大学本科	University	100.0	0.4	2.1	19.4	1.0	7.3	19.2
研究生	Graduate and Higher Level	100.0		3.7	9.4		4.1	13.0
女	**Female**	**100.0**	**4.3**	**1.0**	**22.5**	**0.4**	**3.0**	**33.6**
未上过学	No Schooling	100.0	25.3	0.8	17.7		6.8	17.9
小　学	Primary School	100.0	14.3	0.6	23.7	0.1	5.2	16.7
初　中	Junior Secondary School	100.0	5.8	1.2	25.7	0.3	3.1	32.8
高　中	Senior Secondary School	100.0	2.6	0.9	21.9	0.4	2.7	39.6
中等职业教育	Medium Vocational Education	100.0	1.0	1.3	20.8	0.9	1.6	41.8
高等职业教育	High Vocational Education	100.0	2.0	0.8	17.5	1.0	2.9	36.1
大学专科	College	100.0	0.8	0.4	19.3	0.3	2.8	34.4
大学本科	University	100.0	0.9	0.8	14.2	0.8	2.5	25.8
研究生	Graduate and Higher Level	100.0			4.7		6.0	20.0

3-43 续表 1 continued

单位：% (%)

受教育程度	Educational Attainment	交通运输、仓储和邮政业 Transport, Storage and Post	住宿和餐饮业 Hotels and Catering Services	信息传输、软件和信息技术服务业 Information Transmission, Software and Information Technical Services	金融业 Financial Intermediation	房地产业 Real Estate	租赁和商务服务业 Leasing and Business Services	科学研究和技术服务业 Scientific Research and Technical Services
总　计	**Total**	**5.2**	**7.8**	**1.4**	**2.2**	**1.8**	**2.4**	**0.5**
未上过学	No Schooling	3.9	6.7			2.3	2.2	
小　学	Primary School	5.4	9.2	0.1	0.9	1.4	2.1	0.1
初　中	Junior Secondary School	5.8	9.7	0.5	0.9	1.2	1.5	0.3
高　中	Senior Secondary School	5.8	7.2	0.8	1.7	1.7	1.9	0.4
中等职业教育	Medium Vocational Education	5.1	7.1	1.5	2.8	1.6	3.5	0.4
高等职业教育	High Vocational Education	2.6	10.1	2.2	2.0	1.2	4.4	
大学专科	College	3.5	4.5	4.3	5.3	3.2	3.5	1.0
大学本科	University	3.4	2.6	4.7	7.6	3.8	5.3	1.5
研究生	Graduate and Higher Level	2.6	6.9	7.7	3.5	1.8	1.4	6.1
男	**Male**	**8.3**	**6.3**	**1.5**	**2.0**	**1.9**	**2.3**	**0.5**
未上过学	No Schooling	8.0	4.0			2.7		
小　学	Primary School	8.5	4.2	0.2	0.1	2.1	2.3	
初　中	Junior Secondary School	9.7	7.3	0.4	0.7	1.4	1.7	0.3
高　中	Senior Secondary School	9.1	5.5	0.7	1.3	1.2	2.2	0.4
中等职业教育	Medium Vocational Education	7.8	7.6	1.5	3.2	2.4	4.6	0.6
高等职业教育	High Vocational Education	2.8	14.0	0.3	1.0	1.1	3.0	
大学专科	College	4.5	5.4	5.0	5.4	3.1	2.3	0.9
大学本科	University	4.8	2.2	7.1	7.3	4.8	4.0	1.5
研究生	Graduate and Higher Level	1.4		6.4	8.2	4.1	1.3	10.4
女	**Female**	**2.3**	**9.2**	**1.3**	**2.4**	**1.6**	**2.4**	**0.4**
未上过学	No Schooling	1.7	8.2			2.0	3.4	
小　学	Primary School	2.0	14.6		1.8	0.6	1.9	0.1
初　中	Junior Secondary School	2.2	12.0	0.5	1.1	1.1	1.4	0.2
高　中	Senior Secondary School	2.4	8.8	1.0	2.0	2.1	1.6	0.4
中等职业教育	Medium Vocational Education	2.7	6.7	1.5	2.5	0.8	2.4	0.3
高等职业教育	High Vocational Education	2.4	7.5	3.5	2.6	1.3	5.4	
大学专科	College	2.7	3.8	3.7	5.2	3.2	4.4	1.1
大学本科	University	2.1	3.0	2.4	7.9	2.9	6.6	1.4
研究生	Graduate and Higher Level	3.5	12.1	8.7			1.5	2.8

3-43 续表 2 continued

单位：% (%)

受教育程度	Educational Attainment	水利、环境和公共设施管理业 Management of Water Conservancy, Environment and Public Facilities	居民服务、修理和其他服务业 Services to Households, Repair and Other Services	教育 Education	卫生和社会工作 Health and Society	文化、体育和娱乐业 Culture, Sports and Entertainment	公共管理、社会保障和社会组织 Public Management Social Security and Social Organizations	国际组织 International Organizations
总　计	**Total**	**0.6**	**6.9**	**2.7**	**1.1**	**1.3**	**2.6**	**0.0**
未上过学	No Schooling		11.6	1.7			2.1	
小　学	Primary School	1.6	10.2	1.4	0.8	1.0	2.0	
初　中	Junior Secondary School	0.5	7.8	1.3	0.6	1.1	1.8	
高　中	Senior Secondary School	0.4	6.9	1.8	0.8	0.9	3.0	
中等职业教育	Medium Vocational Education	0.7	4.9	2.9	1.8	2.0	2.4	
高等职业教育	High Vocational Education	0.9	8.3	4.7	1.1	1.8	2.6	
大学专科	College	0.4	5.1	5.0	2.2	2.2	3.5	
大学本科	University	0.5	4.0	10.9	2.1	1.6	4.7	0.1
研究生	Graduate and Higher Level	1.8		22.0	4.8		10.9	
男	**Male**	**0.6**	**7.0**	**1.9**	**0.6**	**1.4**	**3.5**	**0.0**
未上过学	No Schooling		9.6				3.9	
小　学	Primary School	1.1	9.7	0.8	0.6	0.9	2.5	
初　中	Junior Secondary School	0.7	7.7	0.9	0.4	1.2	2.6	
高　中	Senior Secondary School	0.5	6.9	1.3	0.3	0.8	4.4	
中等职业教育	Medium Vocational Education	0.8	4.3	1.7	0.5	2.3	3.9	
高等职业教育	High Vocational Education	1.3	9.8	3.1	1.4	3.6	3.7	
大学专科	College	0.5	5.8	3.9	1.1	2.9	5.0	
大学本科	University		4.7	7.5	1.1	1.4	4.3	0.0
研究生	Graduate and Higher Level	4.3		22.2	7.2		4.3	
女	**Female**	**0.5**	**6.9**	**3.5**	**1.6**	**1.2**	**1.7**	**0.0**
未上过学	No Schooling		12.6	2.6			1.1	
小　学	Primary School	2.1	10.7	2.0	1.0	1.2	1.4	
初　中	Junior Secondary School	0.4	7.9	1.7	0.8	1.0	1.1	
高　中	Senior Secondary School	0.4	6.8	2.3	1.3	1.1	1.7	
中等职业教育	Medium Vocational Education	0.6	5.5	4.0	3.0	1.6	1.0	
高等职业教育	High Vocational Education	0.7	7.2	5.8	0.9	0.6	1.9	
大学专科	College	0.3	4.6	5.8	3.1	1.6	2.4	
大学本科	University	0.9	3.3	14.1	3.1	1.8	5.2	0.2
研究生	Graduate and Higher Level			21.9	2.9		15.8	

3-44 城镇按年龄、性别分的失业人员失业前的职业构成
Occupation of Urban Unemployed Persons (Prior to Unemployment) by Age and Sex

单位：% (%)

年龄 Age	城镇失业人员 Urban Unemployed Persons	单位负责人 Unit Heads	专业技术人员 Technical Personnel	办事人员和有关人员 Clerk and Related Workers	商业、服务业人员 Business Service Personnel	农林牧渔水利业生产人员 Producers in the Sectors of Agriculture, Forestry, Animal Husbandry, Fishery and Water Conservancy	生产运输设备操作人员及有关人员 Production, Transport Equipment Operators and Related Workers	其他 Others
总计 Total	**100.0**	**1.6**	**11.2**	**11.3**	**42.9**	**4.1**	**28.2**	**0.6**
16-19	100.0		8.1	12.2	50.9	6.9	22.0	0.1
20-24	100.0	0.9	17.8	12.4	40.3	3.5	24.8	0.4
25-29	100.0	1.2	13.3	12.5	46.2	2.8	23.4	0.6
30-34	100.0	1.5	12.7	12.5	48.9	2.9	20.7	0.7
35-39	100.0	1.8	9.8	11.1	48.2	3.4	24.9	0.8
40-44	100.0	1.7	9.3	8.9	45.7	3.4	30.4	0.6
45-49	100.0	2.0	8.9	8.8	42.0	4.1	33.7	0.5
50-54	100.0	2.5	8.2	10.9	33.1	6.1	38.5	0.7
55-59	100.0	2.5	9.5	13.5	29.0	5.9	39.0	0.5
60-64	100.0	0.9	13.4	17.6	28.6	10.5	28.7	0.2
65+	100.0	2.1	8.8	11.2	21.9	18.1	37.8	0.1
男 Male	**100.0**	**2.3**	**10.2**	**12.7**	**32.3**	**3.9**	**38.1**	**0.5**
16-19	100.0		8.4	16.0	40.9	7.0	27.7	
20-24	100.0	0.8	15.6	12.3	35.1	3.5	31.9	0.8
25-29	100.0	1.3	12.4	13.0	38.9	2.2	31.8	0.3
30-34	100.0	2.3	11.7	13.0	35.7	2.9	33.7	0.6
35-39	100.0	2.8	8.7	11.3	35.1	3.2	38.3	0.6
40-44	100.0	2.4	9.2	10.6	31.6	4.3	41.2	0.6
45-49	100.0	3.0	7.4	11.1	32.1	3.0	43.0	0.4
50-54	100.0	3.7	7.1	12.2	24.3	5.7	46.3	0.7
55-59	100.0	3.0	8.2	15.6	24.0	3.7	44.8	0.6
60-64	100.0	1.3	11.4	21.9	24.7	7.5	33.0	0.1
65+	100.0	3.1	9.6	15.2	15.0	17.6	39.3	0.3
女 Female	**100.0**	**1.1**	**12.2**	**10.0**	**52.7**	**4.2**	**19.1**	**0.7**
16-19	100.0		7.6	6.3	65.9	6.6	13.3	0.3
20-24	100.0	1.2	20.8	12.4	47.5	3.4	14.5	0.2
25-29	100.0	1.0	14.1	12.0	52.1	3.3	16.4	1.0
30-34	100.0	1.1	13.4	12.2	57.1	2.9	12.6	0.8
35-39	100.0	1.2	10.6	10.9	56.9	3.5	15.9	1.0
40-44	100.0	1.1	9.4	7.7	55.8	2.7	22.6	0.7
45-49	100.0	1.3	10.0	7.0	49.6	5.0	26.5	0.6
50-54	100.0	0.6	9.8	9.1	45.7	6.8	27.3	0.7
55-59	100.0	1.1	13.4	7.4	43.4	12.2	22.0	0.5
60-64	100.0		18.4	7.0	38.2	17.8	18.2	0.4
65+	100.0		7.0	2.3	37.4	19.2	34.2	

3-45 城镇按受教育程度、性别分的失业人员失业前的职业构成
Occupation of Urban Unemployed Persons (Prior to Unemployment) by Educational Attainment and Sex

单位：% (%)

受教育程度	Educational Attainment	城镇失业人员 Urban Unemployed Persons	单位负责人 Unit Heads	专业技术人员 Technical Personnel	办事人员和有关人员 Clerk and Related Workers	商业、服务业人员 Business Service Personnel	农林牧渔水利业生产人员 Producers in the Sectors of Agriculture, Forestry, Animal Husbandry, Fishery and Water Conservancy	生产运输设备操作人员及有关人员 Production, Transport Equipment Operators and Related Workers	其他 Others
总计	**Total**	**100.0**	**1.6**	**11.2**	**11.3**	**42.9**	**4.1**	**28.2**	**0.6**
未上过学	No Schooling	100.0	2.4	1.7	7.7	34.6	25.0	28.7	
小学	Primary School	100.0	1.8	4.3	6.7	38.3	13.2	35.1	0.5
初中	Junior Secondary School	100.0	1.2	5.8	7.5	44.4	5.4	34.9	0.7
高中	Senior Secondary School	100.0	1.7	9.9	10.4	45.7	2.5	29.3	0.6
中等职业教育	Medium Vocational Education	100.0	1.4	12.7	13.8	45.1	0.8	25.5	0.7
高等职业教育	High Vocational Education	100.0	2.1	15.3	14.7	47.2	1.2	18.8	0.7
大学专科	College	100.0	2.3	22.8	19.4	39.3	0.8	14.5	0.8
大学本科	University	100.0	2.8	31.6	22.3	33.2	0.8	8.9	0.4
研究生	Graduate and Higher Level	100.0	5.9	44.5	18.3	27.2	2.3	1.8	
男	**Male**	**100.0**	**2.3**	**10.2**	**12.7**	**32.3**	**3.9**	**38.1**	**0.5**
未上过学	No Schooling	100.0	6.7	3.4	3.8	19.0	24.2	42.9	
小学	Primary School	100.0	2.3	4.1	9.4	27.0	12.3	44.4	0.4
初中	Junior Secondary School	100.0	1.8	5.7	10.7	30.1	5.2	45.6	0.9
高中	Senior Secondary School	100.0	2.6	9.4	13.0	32.7	2.3	39.7	0.3
中等职业教育	Medium Vocational Education	100.0	1.3	12.0	14.6	36.1	0.5	34.9	0.6
高等职业教育	High Vocational Education	100.0	1.4	14.8	13.3	45.5		24.3	0.7
大学专科	College	100.0	3.7	18.0	17.8	36.9	0.9	22.1	0.6
大学本科	University	100.0	3.0	32.2	16.7	34.9	0.9	12.1	0.2
研究生	Graduate and Higher Level	100.0	4.3	39.9	10.0	36.1	5.4	4.3	
女	**Female**	**100.0**	**1.1**	**12.2**	**10.0**	**52.7**	**4.2**	**19.1**	**0.7**
未上过学	No Schooling	100.0		0.8	9.8	43.0	25.3	21.0	
小学	Primary School	100.0	1.2	4.6	3.8	50.5	14.2	25.0	0.6
初中	Junior Secondary School	100.0	0.6	6.0	4.6	57.9	5.6	24.8	0.5
高中	Senior Secondary School	100.0	0.9	10.3	7.7	58.7	2.6	18.9	0.9
中等职业教育	Medium Vocational Education	100.0	1.4	13.4	13.1	53.6	1.0	16.7	0.8
高等职业教育	High Vocational Education	100.0	2.5	15.6	15.7	48.5	2.0	14.9	0.7
大学专科	College	100.0	1.2	26.7	20.6	41.2	0.7	8.7	0.9
大学本科	University	100.0	2.5	31.1	27.5	31.6	0.7	6.0	0.6
研究生	Graduate and Higher Level	100.0	7.1	47.9	24.6	20.4			

3-46 城镇按受教育程度、性别分的失业人员未工作时间构成
Unemployment Duration of Urban Unemployed Persons by Educational Attainment and Sex

单位：% (%)

受教育程度	Educational Attainment	城镇失业人员 Urban Unemployed Persons	1个月 1 Month	2-3个月 2-3 Months	4-6个月 4-6 Months	7-12个月 7-12 Months	13-24个月 13-24 Months	25个月以上 25+ Months+
总　计	**Total**	**100.0**	**9.5**	**18.7**	**15.5**	**24.6**	**14.9**	**16.8**
未上过学	No Schooling	100.0	10.9	14.4	18.2	21.4	13.4	21.7
小　学	Primary School	100.0	10.6	17.2	16.7	23.8	12.5	19.2
初　中	Junior Secondary School	100.0	8.5	17.6	15.1	25.3	15.1	18.4
高　中	Senior Secondary School	100.0	8.1	15.9	15.1	26.5	15.6	18.7
中等职业教育	Medium Vocational Education	100.0	8.7	17.5	16.0	25.7	14.0	18.2
高等职业教育	High Vocational Education	100.0	7.1	17.9	16.5	23.9	20.6	14.1
大学专科	College	100.0	10.5	22.1	16.0	22.6	15.9	12.8
大学本科	University	100.0	14.4	24.8	15.4	21.7	12.9	10.9
研究生	Graduate and Higher Level	100.0	12.1	27.8	15.0	21.8	12.0	11.3
男	**Male**	**100.0**	**11.0**	**21.1**	**17.0**	**24.4**	**13.6**	**12.7**
未上过学	No Schooling	100.0	14.8	18.9	22.6	21.5	7.1	15.1
小　学	Primary School	100.0	12.5	17.5	19.1	22.5	12.0	16.3
初　中	Junior Secondary School	100.0	10.2	19.5	17.2	25.0	13.8	14.4
高　中	Senior Secondary School	100.0	8.8	18.0	16.4	27.0	15.3	14.6
中等职业教育	Medium Vocational Education	100.0	11.4	21.8	17.8	25.0	10.8	13.2
高等职业教育	High Vocational Education	100.0	8.4	20.8	16.3	24.0	20.5	10.0
大学专科	College	100.0	12.4	26.0	17.6	23.0	12.9	8.0
大学本科	University	100.0	15.3	27.7	14.6	20.4	14.0	8.0
研究生	Graduate and Higher Level	100.0	14.4	26.8	18.0	23.3	9.8	7.7
女	**Female**	**100.0**	**8.2**	**16.6**	**14.1**	**24.8**	**16.0**	**20.4**
未上过学	No Schooling	100.0	9.1	12.4	16.3	21.4	16.1	24.7
小　学	Primary School	100.0	9.0	17.0	14.6	24.8	13.0	21.7
初　中	Junior Secondary School	100.0	7.1	16.0	13.3	25.6	16.2	21.8
高　中	Senior Secondary School	100.0	7.5	14.0	13.8	26.1	15.9	22.6
中等职业教育	Medium Vocational Education	100.0	6.2	13.5	14.4	26.2	16.8	22.9
高等职业教育	High Vocational Education	100.0	6.0	15.6	16.6	23.7	20.6	17.4
大学专科	College	100.0	8.9	18.9	14.6	22.3	18.3	16.9
大学本科	University	100.0	13.6	22.1	16.1	22.8	11.8	13.6
研究生	Graduate and Higher Level	100.0	10.4	28.6	12.7	20.6	13.8	14.0

3-47 城镇按年龄、性别分的失业人员未工作时间构成
Unemployment Duration of Urban Unemployed Persons by Age and Sex

单位：% (%)

年龄 Age	城镇失业人员 Urban Unemployed Persons	1个月 1 Month	2-3个月 2-3 Months	4-6个月 4-6 Months	7-12个月 7-12 Months	13-24个月 13-24 Months	25个月以上 25+ Months+
总计 Total	**100.0**	**9.5**	**18.7**	**15.5**	**24.6**	**14.9**	**16.8**
16-19	100.0	17.0	30.6	15.5	21.3	9.1	6.6
20-24	100.0	14.5	27.5	18.6	21.7	10.9	6.8
25-29	100.0	8.1	19.3	14.6	24.6	17.6	15.8
30-34	100.0	8.9	17.0	15.8	24.6	15.6	18.3
35-39	100.0	7.5	14.5	15.4	28.7	14.6	19.3
40-44	100.0	8.1	16.0	15.3	24.7	15.6	20.4
45-49	100.0	7.9	15.5	13.9	24.7	16.2	21.8
50-54	100.0	6.5	13.8	13.9	26.1	16.7	23.1
55-59	100.0	6.5	10.8	13.3	27.9	17.0	24.5
60-64	100.0	8.7	11.0	12.9	27.7	18.7	20.9
65+	100.0	9.1	11.8	13.8	20.4	13.7	31.0
男 Male	**100.0**	**11.0**	**21.1**	**17.0**	**24.4**	**13.6**	**12.7**
16-19	100.0	17.5	28.9	16.2	23.1	8.0	6.3
20-24	100.0	15.2	29.5	18.1	20.6	10.6	6.0
25-29	100.0	9.9	22.6	17.1	24.3	15.3	10.9
30-34	100.0	12.0	21.2	20.7	23.7	12.9	9.5
35-39	100.0	9.3	18.0	19.2	31.2	12.5	9.8
40-44	100.0	9.7	18.7	18.0	25.4	14.3	14.0
45-49	100.0	9.7	18.3	14.3	24.7	14.8	18.2
50-54	100.0	6.9	13.6	14.6	25.2	16.5	23.2
55-59	100.0	6.6	11.0	13.6	28.1	17.5	23.2
60-64	100.0	8.3	11.1	13.8	27.9	20.6	18.3
65+	100.0	7.5	11.5	14.3	20.5	15.3	30.9
女 Female	**100.0**	**8.2**	**16.6**	**14.1**	**24.8**	**16.0**	**20.4**
16-19	100.0	16.1	33.4	14.4	18.3	10.7	7.0
20-24	100.0	13.5	25.2	19.2	23.0	11.2	7.9
25-29	100.0	6.7	16.6	12.5	24.9	19.4	19.9
30-34	100.0	7.2	14.7	13.2	25.1	17.0	22.9
35-39	100.0	6.5	12.6	13.3	27.2	15.7	24.7
40-44	100.0	7.1	14.3	13.6	24.3	16.4	24.4
45-49	100.0	6.6	13.6	13.5	24.7	17.2	24.4
50-54	100.0	6.0	13.9	12.9	27.4	17.0	22.9
55-59	100.0	6.3	10.2	12.6	27.3	15.7	27.8
60-64	100.0	9.4	10.7	11.1	27.3	15.0	26.4
65+	100.0	12.4	12.6	12.9	20.2	10.6	31.4

第四部分

Chapter Four

2016 年城镇单位就业人员统计数据

Data from Statistics on Employment in Urban Units in 2016

4-1 各地区分行业国有单位就业人员数
Employed Persons in State-owned Units by Sector and Region

单位：人 (person)

地区	Region	国有单位合计 Total	(一)中央 I. Under Central Government	(二)省、自治区、直辖市 II. Under Provincial Government	(三)地区 III. Under Prefectural Government	(四)县及县以下 IV. At and Below County Level	(五)其他 V. Other	(一)企业 I. Enterprises	#地方 Local
总 计	**National Total**	**61697878**	**8361990**	**7965448**	**11729224**	**32282025**	**1359191**	**16077078**	**9647229**
北 京	Beijing	1880816	783705	424139	559663	94414	18895	520133	226892
天 津	Tianjin	687098	87676	285428	199169	97477	17348	195977	142188
河 北	Hebei	2863550	252735	235283	487240	1870719	17573	515661	317126
山 西	Shanxi	1998589	243262	326840	359121	1048480	20886	525954	308199
内蒙古	Inner Mongolia	1678313	238091	198326	332330	893826	15740	503188	289366
辽 宁	Liaoning	2615682	515880	277168	585065	1194408	43161	1008020	551221
吉 林	Jilin	1631214	361980	198009	308644	745843	16738	545328	243603
黑龙江	Heilongjiang	2636890	308520	692972	744528	882093	8777	1366833	1058812
上 海	Shanghai	1005476	228943	301882	410851	41018	22782	310367	188365
江 苏	Jiangsu	2898621	305507	324981	523177	1615351	129605	701153	482197
浙 江	Zhejiang	2188850	123306	216641	354509	1413137	81257	313022	230554
安 徽	Anhui	1911058	203098	256699	365517	1037534	48210	426058	256855
福 建	Fujian	1583898	152805	181168	337488	883419	29018	390214	272882
江 西	Jiangxi	1865607	146755	224151	322951	1159114	12636	463240	342516
山 东	Shandong	3872154	482586	330928	744852	2244051	69737	897863	516655
河 南	Henan	3668269	260898	396157	613895	2318125	79194	774950	541919
湖 北	Hubei	2773961	508702	226560	460232	1549681	28786	784841	385762
湖 南	Hunan	2422534	269041	227940	396245	1472943	56365	491601	268122
广 东	Guangdong	3877474	248020	374146	909414	2164618	181276	856422	707412
广 西	Guangxi	2018215	173947	288900	382473	884896	287999	405585	264200
海 南	Hainan	436549	26046	109404	68320	220484	12295	87203	70847
重 庆	Chongqing	1193678	133543	206708	262125	564607	26695	229615	154029
四 川	Sichuan	3433639	530565	302315	625139	1945132	30488	891268	482201
贵 州	Guizhou	1721280	174601	174158	184983	1170697	16841	354494	191287
云 南	Yunnan	1870775	155498	281938	230194	1199448	3697	353708	221608
西 藏	Tibet	265344	17213	41354	54910	151667	200	31579	19857
陕 西	Shaanxi	2377735	428559	289526	390038	1237363	32249	784749	404147
甘 肃	Gansu	1555264	242320	256172	179110	871597	6065	439323	219965
青 海	Qinghai	347883	49630	75388	42196	179443	1226	78066	35629
宁 夏	Ningxia	354460	47657	73223	65132	147472	20976	76369	34632
新 疆	Xinjiang	2063002	660901	166944	229713	982968	22476	754294	218181

4-1 续表 1 continued

单位：人 (person)

地区	Region	(二)事业 II. Institutions	#地方 Local	(三)机关 III. Agencies and Organizations	#地方 Local	(四)民间非营利组织 IV. Civil Nonprofit Organizations	(五)其他 V. Other	(一)农、林、牧、渔业 I. Agriculture, Forestry, Animal Husbandry and Fishery	1.农业 1.Farming
总计	**National Total**	**31262464**	**29693548**	**14072306**	**13530619**	**47299**	**238731**	**2423079**	**1443776**
北京	Beijing	967479	534946	374969	320264	13318	4917	4933	1404
天津	Tianjin	343702	322930	142687	131378	1377	3355	3990	492
河北	Hebei	1604042	1567869	742545	724518	377	925	37140	24710
山西	Shanxi	1016581	1005817	453641	439102		2413	15440	2610
内蒙古	Inner Mongolia	773188	761948	400970	387224	59	908	220595	103126
辽宁	Liaoning	1151774	1117970	451589	426772		4299	220041	202236
吉林	Jilin	799760	752084	282776	270197	286	3064	120795	24371
黑龙江	Heilongjiang	890567	805408	378022	351763	455	1013	660654	371508
上海	Shanghai	522153	430487	167733	152465	2660	2563	4343	1931
江苏	Jiangsu	1570439	1502393	606459	587457	350	20220	54197	44087
浙江	Zhejiang	1269473	1247506	585829	569015	2772	17754	2982	852
安徽	Anhui	1035706	1012794	444434	433476		4860	40618	21135
福建	Fujian	806585	789616	385997	367493	27	1075	39861	15417
江西	Jiangxi	941663	928111	457132	445097	5	3567	43905	19427
山东	Shandong	2068302	1998612	890196	860069	220	15573	12927	2162
河南	Henan	2036871	2023736	827716	813194	4494	24238	12998	5732
湖北	Hubei	1460931	1371791	501643	481160	14610	11936	99928	80598
湖南	Hunan	1257639	1231735	611470	600480	2532	59292	11047	1880
广东	Guangdong	2014590	1859491	980324	917991	1021	25117	45176	24107
广西	Guangxi	1174508	1163105	431132	414476	33	6957	72882	41868
海南	Hainan	230028	225276	111439	106540	1298	6581	30647	2959
重庆	Chongqing	684974	663987	275723	266796	10	3356	6510	167
四川	Sichuan	1670109	1570650	869941	848418		2321	25250	1071
贵州	Guizhou	917147	912070	444050	437775		5589	7936	793
云南	Yunnan	999575	990878	517353	502659	45	94	58800	20043
西藏	Tibet	97309	95954	136456	132320			3059	491
陕西	Shaanxi	1089736	1048760	499621	492992	1155	2474	22413	4151
甘肃	Gansu	741001	723743	372843	367185	76	2021	48056	20214
青海	Qinghai	170091	167087	99565	95253		161	10845	2561
宁夏	Ningxia	187246	183754	90727	88299		118	10877	6809
新疆	Xinjiang	769295	683040	537324	498791	119	1970	474234	394864

4-1 续表 2 continued

单位：人 (person)

地 区	Region	2.林业 2.Forestry	3.畜牧业 3.Animal Husbandry	4.渔业 4.Fishery	5.农、林、牧、渔服务业 5.Service in Support of Agriculture	(二) 采矿业 II. Mining	1.煤炭开采和洗选业 1.Mining and Washing of Coal	2.石油和天然气开采业 2.Extraction of Petroleum and Natural Gas
总 计	**National Total**	**601149**	**108509**	**15605**	**254040**	**446465**	**253400**	**61838**
北 京	Beijing	1310	1112	229	878			
天 津	Tianjin	148	1223	142	1985	32		
河 北	Hebei	3978	3442	11	4999	24744	23189	
山 西	Shanxi	6337	374	529	5590	21724	20973	
内蒙古	Inner Mongolia	71271	20422	2256	23520	30277	29495	
辽 宁	Liaoning	10059	633	1101	6012	73771	20480	
吉 林	Jilin	68950	5639	2273	19562	3584	772	
黑龙江	Heilongjiang	254419	9447	1501	23779	7357	1680	5
上 海	Shanghai	152	793	25	1442	81		
江 苏	Jiangsu	2731	1836	443	5100	12716	363	8148
浙 江	Zhejiang	1375	267	34	454	605		
安 徽	Anhui	7951	278	527	10727	3424	1703	
福 建	Fujian	10923	176	96	13249	4314	1265	
江 西	Jiangxi	14253	493	555	9177	17663	14175	
山 东	Shandong	3826	56	230	6653	48296	44022	
河 南	Henan	2719	310	306	3931	29119	14051	13801
湖 北	Hubei	4907	598	1705	12120	10745	546	
湖 南	Hunan	5454	173	1165	2375	10423	7222	
广 东	Guangdong	14078	359	873	5759	4017		1603
广 西	Guangxi	23833	414	863	5904	1855		
海 南	Hainan	26316	125	56	1191	484		43
重 庆	Chongqing	1140	113	22	5068	5595	5595	
四 川	Sichuan	13912	1213	87	8967	8781	2414	4054
贵 州	Guizhou	2870	121	136	4016	7440	6319	
云 南	Yunnan	18031	124	32	20570	22976	22445	
西 藏	Tibet	1835	110		623	1259		
陕 西	Shaanxi	7296	494	189	10283	55364	27405	14003
甘 肃	Gansu	11925	614	20	15283	28477	7567	20131
青 海	Qinghai	2799	1744	41	3700	500	486	
宁 夏	Ningxia	1728	300	25	2015	365		
新 疆	Xinjiang	4623	55506	133	19108	10477	1233	50

4-1 续表 3 continued

单位：人 (person)

地区	Region	3.黑色金属矿采选业 3.Mining and Processing of Ferrous Metal Ores	4.有色金属矿采选业 4.Mining and Processing of Non-ferrous Metal Ores	5.非金属矿采选业 5.Mining and Processing of Non-metal Ores	6.开采辅助活动 6.Support Activities for Mining	7.其他采矿业 7.Mining of Other Ores	(三)制造业 III. Manufacturing	1.农副食品加工业 1.Processing of Food from Agricultural Products	2.食品制造业 2.Manufacture of Foods	3.酒、饮料和精制茶制造业 3.Manufacture of Liquor, Beverages and Refined Tea
总　计	**National Total**	**9810**	**15121**	**19063**	**86859**	**374**	**1588131**	**49213**	**16476**	**42555**
北　京	Beijing						37644	1742	186	7883
天　津	Tianjin			30	2		18335	1630	161	301
河　北	Hebei	6	41	1483	25		40828	835	368	112
山　西	Shanxi	167	228	356			37616	1200	770	384
内蒙古	Inner Mongolia		39	743			20361	156	428	31
辽　宁	Liaoning	1190	220	172	51611	98	147664	3437	688	234
吉　林	Jilin		2633	89		90	166766	339	1772	
黑龙江	Heilongjiang	5	16	385	5266		56580	3531	888	192
上　海	Shanghai			81			32789	146	315	
江　苏	Jiangsu	2090	38	2077			47398	916	47	401
浙　江	Zhejiang			605			17088	3244	1116	25
安　徽	Anhui		1572	149			37194	1080	445	116
福　建	Fujian	522	119	2408			8853	189	24	882
江　西	Jiangxi	160	2511	377	440		89101	1404	473	719
山　东	Shandong	2879	628	767			69011	8806	2138	1627
河　南	Henan		786	93	388		49162	2663	1700	119
湖　北	Hubei	2182		556	7441	20	128041	1781	1011	430
湖　南	Hunan	18	881	2277		25	38566	2811	177	8
广　东	Guangdong		740	1658		16	42735	4301	954	444
广　西	Guangxi	20	1425	405		5	48133	3591	505	410
海　南	Hainan			441			3937	907	155	
重　庆	Chongqing						27738	458	6	23
四　川	Sichuan	61	161	2088	3		75061	279	878	619
贵　州	Guizhou	2	173	743	203		62525	440	239	25513
云　南	Yunnan		62	469			35845	693	27	1436
西　藏	Tibet	102	1144	10		3	886	79	229	
陕　西	Shaanxi	406	887	162	12501		210980	654	395	49
甘　肃	Gansu		662			117	23986	818	277	443
青　海	Qinghai			14			4000	136	31	25
宁　夏	Ningxia		144		221		805			
新　疆	Xinjiang		11	425	8758		8503	947	73	129

4-1 续表 4 continued

单位：人 (person)

地 区	Region	4.烟草制品业 4.Manufacture of Tobacco	5.纺织业 5.Manufacture of Textile	6.纺织服装、服饰业 6.Manufacture of Textile Wearing Apparel, and Accessories	7.皮革、毛皮、羽毛及其制品和制鞋业 7.Manufacture of Leather, Fur, Feather and Related Products and Footwear	8.木材加工和木、竹、藤、棕、草制品业 8.Processing of Timbers, Manufacture of Wood, Bamboo, Rattan, Palm and Straw Products	9.家具制造业 9.Manufacture of Furniture	10.造纸和纸制品业 10.Manufacture of Paper and Paper Products	11.印刷和记录媒介复制业 11.Printing and Reproduction of Recording Media
总 计	**National Total**	**42505**	**23178**	**17526**	**4284**	**16302**	**2288**	**6083**	**35786**
北 京	Beijing	906	11	87				52	4303
天 津	Tianjin	905	311	157	165	277	26	20	635
河 北	Hebei	140	339	344		230			1874
山 西	Shanxi		1842	10	3				1015
内蒙古	Inner Mongolia						76	997	421
辽 宁	Liaoning		715	518	240	204	25	730	2689
吉 林	Jilin	1283		67	33	6285			373
黑龙江	Heilongjiang	925	3048	3	838	1206	613	9	1341
上 海	Shanghai		936	169	38	374	20	213	792
江 苏	Jiangsu	262	2970	3709	44			1091	1066
浙 江	Zhejiang	3822		285	8				78
安 徽	Anhui	4242	17	35	9	3			261
福 建	Fujian	252	12	106		15	89		981
江 西	Jiangxi		80	7062	5	286	363	276	1070
山 东	Shandong	5651	1495		20	399	167	1656	2563
河 南	Henan	3345	508	292	233	32		72	979
湖 北	Hubei	1875	2220	721	1027	71	31	28	713
湖 南	Hunan	9510	302	160	14	1505			1076
广 东	Guangdong	2172	4728	785	690	190	635	556	1810
广 西	Guangxi		47	575	15	1519		57	1584
海 南	Hainan		244			100	44		531
重 庆	Chongqing		62			1769	10	41	566
四 川	Sichuan	2181	1367	248	5	87	34	140	975
贵 州	Guizhou		17	107		330		26	444
云 南	Yunnan	2456	18	1112	818	1012	45	11	1122
西 藏	Tibet		19		79	72	10		266
陕 西	Shaanxi	1184	933	204		332	70	108	368
甘 肃	Gansu	914					14		3525
青 海	Qinghai			604					587
宁 夏	Ningxia	480							93
新 疆	Xinjiang		937	166		4	16		1685

4-1 续表 5 continued

单位：人 (person)

地 区	Region	12.文教工美、体育和娱乐用品制造业 12.Manufacture of Articles for Culture, Education, Arts and Crafts, Sport and Entertainment Activities	13.石油加工、炼焦和核燃料加工业 13.Processing of Petroleum, Coking, Processing of Nuclear Fuel	14.化学原料和化学制品制造业 14.Manufacture of Chemical Raw Material and Chemical Products	15.医药制造业 15.Manufacture of Medicines	16.化学纤维制造业 16.Manufacture of Chemical Fibres	17.橡胶和塑料制品业 17.Manufacture of Rubber and Plastics Products	18.非金属矿物制品业 18.Manufacture of Non-metallic Mineral Products
总 计	**National Total**	**7671**	**30803**	**93365**	**18397**	**417**	**23444**	**79751**
北 京	Beijing	181	118	1420	1829		199	523
天 津	Tianjin	550		423	160	8	164	518
河 北	Hebei		567	1559	569		102	1957
山 西	Shanxi	145		3569	364	14	725	4497
内蒙古	Inner Mongolia	52	3016	4274				2684
辽 宁	Liaoning	42	12514	3901	651		179	3529
吉 林	Jilin			12802	541		348	403
黑龙江	Heilongjiang	336		4462	769	8	900	6899
上 海	Shanghai	415	4754	1317	1330		361	727
江 苏	Jiangsu		985	2925		45	294	2959
浙 江	Zhejiang	29		452	947			95
安 徽	Anhui	170		8	6		1225	761
福 建	Fujian	131		1524	44		165	249
江 西	Jiangxi	434	16	848	812		202	2834
山 东	Shandong	114		10516	641	51	27	3092
河 南	Henan			6775	356		30	5871
湖 北	Hubei	33	12	555	117			17791
湖 南	Hunan	227		3883	886		265	3899
广 东	Guangdong	1046	129	816	3008		479	576
广 西	Guangxi	44		1832	715		638	3446
海 南	Hainan			22	59			82
重 庆	Chongqing			3792	439		446	1187
四 川	Sichuan	65		1446	461		82	6956
贵 州	Guizhou			214	210		12	654
云 南	Yunnan	24		8569	2030		3111	1908
西 藏	Tibet				81			
陕 西	Shaanxi	3633	3546	12667	620		12694	3443
甘 肃	Gansu		5146	597	414	291	330	1269
青 海	Qinghai			713	286			
宁 夏	Ningxia			102	20			79
新 疆	Xinjiang			1382	32		466	863

4-1 续表 6 continued

单位：人 (person)

地 区	Region	19.黑色金属冶炼和压延加工业 19.Smelting and Processing of Ferrous Metals	20.有色金属冶炼和压延加工业 20.Smelting and Processing of Non-ferrous Metals	21.金属制品业 21.Manufacture of Metal Products	22.通用设备制造业 22.Manufacture of General Purpose Machinery	23.专用设备制造业 23.Manufacture of Special Purpose Machinery	24.汽车制造业 24.Manufacture of Automobiles	25.铁路、船舶、航空航天和其他运输设备制造业 25. Manufacture of Railway,Ship, Aerospace and Other Transport Equipment
总 计	**National Total**	**183574**	**58364**	**29761**	**93655**	**80763**	**244175**	**192884**
北 京	Beijing	11	171	480	1466	2383	56	10219
天 津	Tianjin	2855	33	287	1128	2596	1210	2210
河 北	Hebei	196		1322	6691	3026	2191	5484
山 西	Shanxi	2147		3056	5857	1414	1954	3999
内蒙古	Inner Mongolia	3519	2723		243	214	1423	
辽 宁	Liaoning	87564	1719	3169	7063	3131	1064	8166
吉 林	Jilin			574	3538	2774	132813	528
黑龙江	Heilongjiang	1514	928	195	6492	4647	166	13611
上 海	Shanghai	423	58	1025	1810	2101	507	8499
江 苏	Jiangsu	2119	100	2751	4010	1998	6792	5161
浙 江	Zhejiang			17	561	1803		2062
安 徽	Anhui	146		2110	5321	11016	1686	1675
福 建	Fujian			186	458	307	74	1185
江 西	Jiangxi		25224	152	955	1707	41377	704
山 东	Shandong	253	62	700	8349	9306	1394	3242
河 南	Henan	832	16526	613	2182	1779	907	1419
湖 北	Hubei	53423		2004	4108	1651	7555	4627
湖 南	Hunan	180	1133		1097	899	2379	7291
广 东	Guangdong	124	232	1129	274	1084	1148	5162
广 西	Guangxi	15548	1133	2393	492	1514	2216	8028
海 南	Hainan		14	6				
重 庆	Chongqing		508	211	2008	797	5386	855
四 川	Sichuan	4385	15	3111	2374	9482	2183	24306
贵 州	Guizhou		2461	1631	2542	1805	1111	16285
云 南	Yunnan	1516	1236	1563	3765	1280	153	833
西 藏	Tibet		51					
陕 西	Shaanxi	5977	336	591	19852	10798	28430	53641
甘 肃	Gansu	57	3235	394	1000	420		3116
青 海	Qinghai	534	466	20		24		
宁 夏	Ningxia				19	12		
新 疆	Xinjiang	251		71		795		576

4-1 续表 7 continued

单位：人 (person)

地 区	Region	26.电气机械和器材制造业 26.Manufacture of Electrical Machinery and Apparatus	27.计算机、通信和其他电子设备制造业 27.Manufacture of Computers, Communication and Other Electronic Equipment	28.仪器仪表制造业 28.Manufacture of Measuring Instruments and Machinery	29.其他制造业 29. Other Manufature	30.废弃资源综合利用业 30. Utilization of Waste Resources	31.金属制品、机械和设备修理业 31. Repair Service of Metal Products, Machinery and Eguipment	(四) 电力、热力、燃气及水生产和供应业 Production and Supply of Electricity, Heat, Gas and Water
总 计	**National Total**	**60516**	**54507**	**33592**	**21475**	**2007**	**22814**	**1763136**
北 京	Beijing	253	699	854	1515		97	16926
天 津	Tianjin	163	489	326	604		23	10180
河 北	Hebei	7350	679	1430	18		3445	93637
山 西	Shanxi	275	785	541	2954	80	16	64697
内蒙古	Inner Mongolia	81	5				18	41773
辽 宁	Liaoning	368	1171	279	3438	122	114	71577
吉 林	Jilin	179	21			5	2088	34661
黑龙江	Heilongjiang	1197	985	505	26	336	10	81301
上 海	Shanghai	348	761	1162	151	12	4025	18836
江 苏	Jiangsu	2042	1695	2941	3	72		64218
浙 江	Zhejiang	69	158	1244			1073	49226
安 徽	Anhui	131	3578	5	853		2295	52365
福 建	Fujian	161	1754	24	5		36	17073
江 西	Jiangxi	774	17	591	109	607		12091
山 东	Shandong	5808	474	164	153	14	129	113221
河 南	Henan	749	20	868		40	252	157128
湖 北	Hubei	807	24010	1413			27	109155
湖 南	Hunan	338	42	300		184		112079
广 东	Guangdong	400	4107	182	1204	477	3893	99177
广 西	Guangxi	572	1080	134			45	43607
海 南	Hainan	131	707				935	12852
重 庆	Chongqing	2072	1585	1990	3489	38		7859
四 川	Sichuan	2656	1476	107	6760		2383	127206
贵 州	Guizhou	1349	586	6319	27	12	191	89388
云 南	Yunnan	159	473	475				34613
西 藏	Tibet							2500
陕 西	Shaanxi	31317	6994	11738	55		351	60161
甘 肃	Gansu	723	156		111	8	728	89559
青 海	Qinghai						574	11219
宁 夏	Ningxia							16906
新 疆	Xinjiang	44					66	47945

4-1 续表 8 continued

单位：人 (person)

地 区	Region	1.电力、热力生产和供应业 1.Production and Supply of Electric Power and Heat Power	2.燃气生产和供应业 2.Production and Supply of Gas	3.水的生产和供应业 3.Production and Supply of Water	(五) 建筑业 V. Construction	1.房屋建筑业 1. Construction of Buildings	2.土木工程建筑业 2. Civil Engineering	3.建筑安装业 3.Building Installation
总 计	**National Total**	**1468252**	**35306**	**259578**	**1845596**	**979990**	**717898**	**88547**
北 京	Beijing	14504	1557	865	23429	9390	10860	1405
天 津	Tianjin	8962	503	715	14578	3931	7432	2722
河 北	Hebei	74282	3366	15989	54140	16961	33904	2080
山 西	Shanxi	41154	10359	13184	58602	21692	32377	404
内蒙古	Inner Mongolia	30893	1939	8941	6694	4065	2399	230
辽 宁	Liaoning	48916	2490	20171	94553	46766	39955	6263
吉 林	Jilin	23107	1017	10537	24579	13148	8160	3026
黑龙江	Heilongjiang	70606	304	10391	63001	31562	23196	4365
上 海	Shanghai	16651	298	1887	9033	1828	6239	186
江 苏	Jiangsu	51021	255	12942	88320	28106	54459	1512
浙 江	Zhejiang	46590	625	2011	21651	2013	17692	917
安 徽	Anhui	44775	160	7430	73904	39848	30250	476
福 建	Fujian	11748		5325	64556	36367	24625	1717
江 西	Jiangxi	5984	175	5932	77524	59341	16898	466
山 东	Shandong	91138	3141	18942	127237	31977	88855	3025
河 南	Henan	141973	283	14872	65289	20699	39192	4628
湖 北	Hubei	94980	73	14102	77479	25070	39500	7715
湖 南	Hunan	93696	168	18215	79922	23959	51905	1684
广 东	Guangdong	79593		19584	158050	112739	29075	13073
广 西	Guangxi	36368	6	7233	38065	21125	14010	1198
海 南	Hainan	10329	5	2518	9821	8218	1429	5
重 庆	Chongqing	2611	2975	2273	40174	24120	13684	697
四 川	Sichuan	111395	3860	11951	253565	207416	37605	5998
贵 州	Guizhou	85383	261	3744	58502	41068	16063	552
云 南	Yunnan	30291	84	4238	41617	12008	25175	1678
西 藏	Tibet	2170	8	322	4392	3060	1313	
陕 西	Shaanxi	48472	1312	10377	76437	53922	16858	4150
甘 肃	Gansu	81483		8076	91502	56492	15542	16013
青 海	Qinghai	10386		833	11616	2726	7806	1064
宁 夏	Ningxia	15243		1663	8911	3350	4553	918
新 疆	Xinjiang	43548	82	4315	28453	17023	6887	380

4-1 续表 9 continued

单位：人 (person)

地 区	Region	4.建筑装饰和其他建筑业 4.Building Decoration and Other Constructions	(六)批发和零售业 VI. Wholesale and Retail Trades	1.批发业 1.Wholesale Trade	2.零售业 2.Retail Trade	(七)交通运输、仓储和邮政业 VII. Transport, Storage and Post	1.铁路运输业 1.Railway Transport	2.道路运输业 2.Road Transport
总 计	**National Total**	**59161**	**819681**	**602566**	**217115**	**3659582**	**1689889**	**977075**
北 京	Beijing	1774	26591	16864	9727	98657	74904	1689
天 津	Tianjin	493	9987	5836	4151	42489	12420	22721
河 北	Hebei	1195	30838	19043	11795	159429	51792	74206
山 西	Shanxi	4129	41881	31754	10127	174069	110315	36695
内蒙古	Inner Mongolia		16884	12047	4837	165788	112861	30855
辽 宁	Liaoning	1569	30032	20783	9249	189204	104164	50077
吉 林	Jilin	245	21438	19461	1977	109171	62517	14995
黑龙江	Heilongjiang	3878	43197	32287	10910	242424	130893	58104
上 海	Shanghai	780	13122	6927	6195	89802	37269	8502
江 苏	Jiangsu	4243	40630	32637	7993	146226	21850	61121
浙 江	Zhejiang	1029	13962	11876	2086	63239	13917	23559
安 徽	Anhui	3330	29375	23093	6282	93945	39845	20060
福 建	Fujian	1847	29571	22990	6581	89913	38746	15008
江 西	Jiangxi	819	23652	20128	3524	118133	60302	31522
山 东	Shandong	3380	43102	29793	13309	211372	80108	64624
河 南	Henan	770	77051	55939	21112	218435	107637	63519
湖 北	Hubei	5194	38828	24337	14491	194290	86103	45980
湖 南	Hunan	2374	31986	25194	6792	141728	76037	32775
广 东	Guangdong	3163	50100	32890	17210	126873	811	56967
广 西	Guangxi	1732	23105	16936	6169	96272	58199	13278
海 南	Hainan	169	2686	2173	513	13337	153	5944
重 庆	Chongqing	1673	14744	9785	4959	68256	29735	10924
四 川	Sichuan	2546	34536	26960	7576	200207	65129	48722
贵 州	Guizhou	819	25552	23089	2463	61982	34145	15374
云 南	Yunnan	2756	36769	32597	4172	77357	38819	22393
西 藏	Tibet	19	3083	1701	1382	6944	69	4310
陕 西	Shaanxi	1507	35591	21756	13835	183076	94111	53293
甘 肃	Gansu	3455	13420	10067	3353	91253	57511	19109
青 海	Qinghai	20	2776	2038	738	32435	19880	9654
宁 夏	Ningxia	90	3143	2355	788	24684	16159	4050
新 疆	Xinjiang	4163	12049	9230	2819	128592	53488	57045

4-1 续表 10 continued

单位：人 (person)

地 区	Region	3.水上运输业 3.Water Transport	4.航空运输业 4.Air Transport	5.管道运输业 5.Transport Via Pipeline	6.装卸搬运和运输代理业 6.Loading Unloading and Forwarding Ageney	7.仓储业 7.Storage	8.邮政业 8.Post	(八)住宿和餐饮业 VIII. Hotels and Catering Services
总 计	**National Total**	**65553**	**70638**	**6503**	**42105**	**122719**	**685100**	**352370**
北 京	Beijing		147		454	3763	17700	37012
天 津	Tianjin	786	2348	55	1097	1589	1473	4942
河 北	Hebei	920	1095		952	6172	24292	17221
山 西	Shanxi	45	603	102	822	5417	20070	13737
内蒙古	Inner Mongolia	26	585		179	4064	17218	5110
辽 宁	Liaoning	4222	5656	1190	1255	4999	17641	18204
吉 林	Jilin	143	6065	33	91	11560	13767	9058
黑龙江	Heilongjiang	3322	4566	606	1310	14213	29410	20527
上 海	Shanghai	13737	9000		3034	1293	16967	14413
江 苏	Jiangsu	7834	1243	2165	1504	5031	45478	17193
浙 江	Zhejiang	1669	1575		573	969	20977	10257
安 徽	Anhui	230	1069		674	5560	26507	5625
福 建	Fujian	2591	2173	6	2662	1791	26936	9440
江 西	Jiangxi	868	2904	116	117	5539	16765	8090
山 东	Shandong	5082	1369	1136	10234	5424	43395	31618
河 南	Henan	147	54		1883	14231	30964	17556
湖 北	Hubei	4861	1385	454	951	3944	50612	7612
湖 南	Hunan	266	2477		250	3535	26388	9815
广 东	Guangdong	5562	8550		3161	4111	47711	22429
广 西	Guangxi	1132	2725		806	3050	17082	8420
海 南	Hainan	477	654		630	172	5307	3974
重 庆	Chongqing	1336		2	155	525	25579	2483
四 川	Sichuan	9588	1126		6828	4590	64224	8463
贵 州	Guizhou	475	149		429	1772	9638	3255
云 南	Yunnan	70	1875		661	913	12626	9470
西 藏	Tibet		844			262	1459	2511
陕 西	Shaanxi	123	2227	636	394	3950	28342	10723
甘 肃	Gansu	41	389		229	1663	12311	9229
青 海	Qinghai		255		18	704	1924	2010
宁 夏	Ningxia		309		151	639	3376	1704
新 疆	Xinjiang		7221	2	601	1274	8961	10269

4-1 续表 11 continued

单位：人 (person)

地区	Region	1.住宿业 1.Hotels	2.餐饮业 2.Catering Services	(九) 信息传输、软件和信息技术服务业 Information Transmission, Software and Information Technology	1.电信、广播电视和卫星传输服务 1.Telecommunication, Radio and Television and Satellite Transmission Service	2.互联网和相关服务 2.Internet and Related Service	3.软件和信息技术服务业 3.Software and Information Technology	(十) 金融业 X. Financial Intermediation
总计	**National Total**	**301038**	**51332**	**335182**	**292206**	**12683**	**30293**	**1487079**
北京	Beijing	33643	3369	13111	1906	2254	8951	10092
天津	Tianjin	4087	855	1047	149	157	741	12963
河北	Hebei	14925	2296	10096	8831	942	323	25897
山西	Shanxi	10960	2777	8503	7580	456	467	62793
内蒙古	Inner Mongolia	3792	1318	15463	14952	199	312	42973
辽宁	Liaoning	17004	1200	14462	12408	425	1629	83037
吉林	Jilin	7566	1492	20951	20392	123	436	44818
黑龙江	Heilongjiang	17546	2981	19327	17089	1063	1175	61832
上海	Shanghai	12687	1726	2832	1303	225	1304	20700
江苏	Jiangsu	14310	2883	42757	40085	762	1910	104989
浙江	Zhejiang	9265	992	9092	6165	661	2266	41996
安徽	Anhui	3840	1785	13425	12882	292	251	73180
福建	Fujian	8443	997	12149	10150	1313	686	70528
江西	Jiangxi	7080	1010	4017	3260	170	587	55235
山东	Shandong	24027	7591	18538	17487	134	917	111649
河南	Henan	15616	1940	17046	15805	874	367	51964
湖北	Hubei	6630	982	15249	13392	802	1055	77417
湖南	Hunan	8944	871	8044	7668	35	341	16319
广东	Guangdong	18135	4294	30452	27529	338	2585	107764
广西	Guangxi	7443	977	6102	5790	143	169	53171
海南	Hainan	3763	211	2174	1512	66	596	8797
重庆	Chongqing	2331	152	2294	1571	8	715	38151
四川	Sichuan	6787	1676	16852	15431	578	843	113909
贵州	Guizhou	2709	546	2893	2669	86	138	19164
云南	Yunnan	8607	863	5427	5067	71	289	46557
西藏	Tibet	2511		3028	3018		10	8234
陕西	Shaanxi	9001	1722	5187	4315	230	642	37442
甘肃	Gansu	8365	864	6732	6406	125	201	29039
青海	Qinghai	1902	108	432	397		35	16078
宁夏	Ningxia	1046	658	509	455	54		9220
新疆	Xinjiang	8073	2196	6991	6542	97	352	31171

4-1 续表 12 continued

单位：人 (person)

地 区	Region	1.货币金融服务 1.Monetay and Financial Service	2.资本市场服务 2.Capital Market Service	3.保险业 3.Insurance	4.其他金融业 4.Other Financial Activities	(十一)房地产业 XI. Real Estate	#房地产开发经营 Development and Management of Real Estate	#物业管理 Property Management
总 计	**National Total**	**1112576**	**27632**	**337206**	**9665**	**321135**	**90912**	**130327**
北 京	Beijing	6749	2333	812	198	26906	2677	15372
天 津	Tianjin	11493	157	1203	110	10419	3039	5412
河 北	Hebei	25294	271		332	8174	1499	2709
山 西	Shanxi	44385	318	17448	642	8160	3612	1684
内蒙古	Inner Mongolia	33671	306	8715	281	5080	364	709
辽 宁	Liaoning	64178	846	17754	259	17351	2474	7724
吉 林	Jilin	37610	1029	5957	222	13383	5216	2711
黑龙江	Heilongjiang	49341	54	11932	505	11708	1469	5979
上 海	Shanghai	17450	1983	772	495	13771	3294	6445
江 苏	Jiangsu	66250	281	38071	387	11901	4021	3599
浙 江	Zhejiang	35983	3037	2943	33	9316	2055	2356
安 徽	Anhui	38291	1786	32644	459	8821	2890	1872
福 建	Fujian	40223	4229	25609	467	14624	4406	6675
江 西	Jiangxi	47737	402	6790	306	8528	2938	2757
山 东	Shandong	83690	1063	26669	227	18436	6296	8256
河 南	Henan	36962	717	14078	207	8230	2966	1835
湖 北	Hubei	59439	416	17202	360	9512	4094	2742
湖 南	Hunan	15629	287	377	26	6286	2715	1870
广 东	Guangdong	77356	2984	26600	824	41428	4493	30988
广 西	Guangxi	36983	464	14279	1445	7974	2221	2349
海 南	Hainan	7677	18	998	104	4083	1868	1493
重 庆	Chongqing	36863	162	760	366	4056	1458	1631
四 川	Sichuan	77963	411	35240	295	8306	2159	1447
贵 州	Guizhou	16729	447	1657	331	4547	1436	1092
云 南	Yunnan	36638	312	9377	230	4014	2191	681
西 藏	Tibet	8222		12		529	154	345
陕 西	Shaanxi	28029	3146	6100	167	20156	11388	5009
甘 肃	Gansu	24699	56	4138	146	7983	4686	1574
青 海	Qinghai	13004	14	2934	126	902	536	216
宁 夏	Ningxia	8037		1183		2203	1641	393
新 疆	Xinjiang	26001	103	4952	115	4348	656	2402

4-1 续表 13 continued

单位：人 (person)

地区	Region	#房地产中介服务 Agency Services for Real Estate	(十二)租赁和商务服务业 XII. Leasing and Business Services	1.租赁业 1.Leasing	2.商务服务业 2.Business Services	(十三)科学研究和技术服务业 XIII. Scientific Research and Technical Services	1.研究和试验发展 1.Research and Experimental Development	2.专业技术服务业 2.Professional Technical Services
总 计	**National Total**	**14510**	**1181237**	**8755**	**1172482**	**2150939**	**640193**	**1220954**
北 京	Beijing	515	172780	537	172243	216111	139622	59328
天 津	Tianjin	318	7927	467	7460	43368	11655	29451
河 北	Hebei	802	37378	73	37305	85902	15880	65425
山 西	Shanxi	399	51153	606	50547	56860	15162	36485
内蒙古	Inner Mongolia	508	16354	34	16320	39946	5267	28559
辽 宁	Liaoning	957	53802	166	53636	95678	24688	59714
吉 林	Jilin	1092	19938	73	19865	54425	12070	35929
黑龙江	Heilongjiang	455	30544	164	30380	97896	9526	80960
上 海	Shanghai	148	58579	142	58437	68034	41259	19674
江 苏	Jiangsu	191	81755	741	81014	85781	35771	39940
浙 江	Zhejiang	85	81372	1060	80312	64275	12910	44943
安 徽	Anhui	577	19778	103	19675	55116	9362	37590
福 建	Fujian	595	41400	219	41181	43680	5215	32123
江 西	Jiangxi	690	25744	277	25467	47185	9564	32908
山 东	Shandong	1159	80242	215	80027	88165	17280	62704
河 南	Henan	895	37447	374	37073	85040	23787	48418
湖 北	Hubei	609	32033	368	31665	87274	25307	47725
湖 南	Hunan	13	19504	49	19455	51143	10624	33473
广 东	Guangdong	1086	135691	437	135254	96952	16553	72126
广 西	Guangxi	561	35500	838	34662	72232	12624	45964
海 南	Hainan	214	4582	225	4357	11708	3292	7203
重 庆	Chongqing	305	15173	50	15123	40541	8520	25976
四 川	Sichuan	548	37078	641	36437	151831	70782	68948
贵 州	Guizhou	402	9829	60	9769	57812	4789	27054
云 南	Yunnan	222	11011	125	10886	74116	9309	37457
西 藏	Tibet		465		465	11516	1077	9452
陕 西	Shaanxi	672	19914	444	19470	137019	65480	49343
甘 肃	Gansu	165	20166	26	20140	55528	12825	32373
青 海	Qinghai	21	1248	22	1226	18526	2238	11154
宁 夏	Ningxia	125	3299		3299	10144	1215	6696
新 疆	Xinjiang	181	19551	219	19332	47135	6540	31859

4-1 续表 14 continued

单位：人 (person)

地区	Region	3.科技推广和应用服务业 3.Science and Technology Popularization and Application Services	(十四)水利、环境和公共设施管理业 XIV. Management of Water Conservancy, Enviroment and Public Facilities	1.水利管理业 1.Management of Water Conservancy	2.生态保护和环境治理业 2.Ecological Protection and Environmental Treatment	3.公共设施管理业 3.Management of Public Facilities	(十五)居民服务、修理和其他服务业 XV. Service to Households, Repair and Other Services	1.居民服务业 1.Service to Households
总计	**National Total**	**289792**	**2039440**	**431772**	**88419**	**1519249**	**213938**	**125350**
北京	Beijing	17161	61963	7044	1811	53108	12458	8712
天津	Tianjin	2262	35528	7420	734	27374	33858	1522
河北	Hebei	4597	103073	19428	5258	78387	4961	3263
山西	Shanxi	5213	84298	13493	2832	67973	3048	1554
内蒙古	Inner Mongolia	6120	71966	13808	3929	54229	5336	3978
辽宁	Liaoning	11276	127266	19037	5914	102315	16163	10453
吉林	Jilin	6426	67311	16225	3031	48055	8065	6567
黑龙江	Heilongjiang	7410	100762	14382	3031	83349	33485	26626
上海	Shanghai	7101	22726	3262	1000	18464	9356	4575
江苏	Jiangsu	10070	90861	30970	3222	56669	5051	3862
浙江	Zhejiang	6422	62203	7423	1469	53311	6192	5178
安徽	Anhui	8164	66887	19351	1218	46318	3286	2600
福建	Fujian	6342	43755	7234	2019	34502	7623	3100
江西	Jiangxi	4713	58058	9399	944	47715	1856	1360
山东	Shandong	8181	116210	24773	2427	89010	5921	4079
河南	Henan	12835	96957	28797	2799	65361	5362	4374
湖北	Hubei	14242	93373	26070	3002	64301	4940	3018
湖南	Hunan	7046	71941	16715	2344	52882	3018	2862
广东	Guangdong	8273	109786	23879	5922	79985	13404	10668
广西	Guangxi	13644	78476	12660	3409	62407	2305	1918
海南	Hainan	1213	15726	2761	1710	11255	369	258
重庆	Chongqing	6045	45871	3212	1421	41238	1729	1498
四川	Sichuan	12101	101117	11428	9878	79811	7214	3446
贵州	Guizhou	25969	40454	5630	1135	33689	3536	3135
云南	Yunnan	27350	53085	12572	5793	34720	2267	1395
西藏	Tibet	987	1551	190	100	1261	85	45
陕西	Shaanxi	22196	79337	26858	3609	48870	6247	1632
甘肃	Gansu	10330	56626	21801	4511	30314	2174	1569
青海	Qinghai	5134	10079	3689	537	5853	307	236
宁夏	Ningxia	2233	21376	5338	1078	14960	117	52
新疆	Xinjiang	8736	50818	16923	2332	31563	4205	1815

4-1 续表 15 continued

单位：人 (person)

地区	Region	2.机动车、电子产品和日用产品修理业 2.Repair of Motor Vehicle, Electronics and Household Products	3.其他服务业 3.Other Sevices	(十六) 教育 XVI. Education	#初等教育 Primary Education	#中等教育 Secondary Education	#高等教育 Senior Education	(十七) 卫生和社会工作 XVII. Health and Social Service
总计	**National Total**	**19179**	**69409**	**15938515**	**5708779**	**7041026**	**2050509**	**7524941**
北京	Beijing	1541	2205	362486	63676	90588	157316	223334
天津	Tianjin	1633	30703	166712	30839	53801	45486	89123
河北	Hebei	504	1194	866710	347917	386472	81334	343640
山西	Shanxi	321	1173	495248	175028	235015	50771	180103
内蒙古	Inner Mongolia	24	1334	343746	133991	143213	36004	143168
辽宁	Liaoning	760	4950	510222	141190	219769	103530	280438
吉林	Jilin	334	1164	351249	129227	145327	57562	169909
黑龙江	Heilongjiang	122	6737	421810	122951	186192	49165	216171
上海	Shanghai	3386	1395	252116	39414	79141	74504	155992
江苏	Jiangsu	521	668	877681	284884	373842	150600	366869
浙江	Zhejiang	302	712	616375	197753	238866	97900	393517
安徽	Anhui	177	509	595809	219740	287076	66171	221050
福建	Fujian	440	4083	475142	188928	195637	51054	177217
江西	Jiangxi	309	187	500371	222573	201385	50986	225880
山东	Shandong	644	1198	1073696	339493	551259	120691	529277
河南	Henan	323	665	1067243	367417	542532	90553	496548
湖北	Hubei	418	1504	689309	203781	329326	120518	396562
湖南	Hunan	46	110	612076	175261	332802	76420	344147
广东	Guangdong	1231	1505	1084945	417748	499271	108664	559595
广西	Guangxi	214	173	595279	278062	242896	48004	305543
海南	Hainan	49	62	110057	46530	47904	10097	52344
重庆	Chongqing	90	141	377153	141237	178243	38485	159542
四川	Sichuan	680	3088	883236	364520	365163	101016	404837
贵州	Guizhou	254	147	527418	246754	217247	35199	192281
云南	Yunnan	144	728	556792	276029	216141	38501	234514
西藏	Tibet		40	49391	25499	17410	4090	18816
陕西	Shaanxi	3765	850	547556	183350	222809	101956	241967
甘肃	Gansu	510	95	384007	140786	181833	37922	139480
青海	Qinghai	51	20	73597	29064	33031	5252	39228
宁夏	Ningxia	34	31	83066	30748	38879	8751	42914
新疆	Xinjiang	352	2038	388017	144389	187956	32007	180935

4-1 续表 16 continued

单位：人 (person)

地 区	Region	1.卫生 1.Health	2.社会工作 2.Social Service	(十八) 文化、体育和娱乐业 XVIII. Culture, Sports and Entertainment	1.新闻和出版业 1.Journalism and Publishing Activities	2.广播、电视、电影和影视录音制作业 2.Radio, Television, Motion Picture and Videotape Programme Production Services	3.文化艺术业 3.Cultural and Art Activities	4.体育 4.Sports Activities
总 计	**National Total**	**7366434**	**158507**	**1026321**	**223882**	**342011**	**373759**	**62609**
北 京	Beijing	216205	7129	104413	48004	23502	25069	7048
天 津	Tianjin	87251	1872	13330	1599	4162	6320	875
河 北	Hebei	335604	8036	44776	7710	19002	14268	1155
山 西	Shanxi	176014	4089	39615	8064	12555	16535	1946
内蒙古	Inner Mongolia	138896	4272	32885	7011	10427	13999	1078
辽 宁	Liaoning	270646	9792	39479	7239	12383	16769	2587
吉 林	Jilin	165546	4363	28176	4620	9624	11319	1918
黑龙江	Heilongjiang	209578	6593	33112	5302	12685	11015	2478
上 海	Shanghai	150609	5383	23845	5401	1848	10080	5877
江 苏	Jiangsu	360091	6778	42043	7920	16139	15006	2208
浙 江	Zhejiang	386456	7061	48422	8555	17014	19820	2039
安 徽	Anhui	218069	2981	25276	4233	12277	7357	1128
福 建	Fujian	171511	5706	29343	4594	9761	11174	2984
江 西	Jiangxi	221393	4487	28692	7359	9412	9927	1414
山 东	Shandong	522583	6694	51587	9849	20984	16919	2763
河 南	Henan	491073	5475	55731	11592	20314	20249	2274
湖 北	Hubei	388123	8439	49259	15018	16330	15161	1632
湖 南	Hunan	339264	4883	33680	5483	15374	10741	1435
广 东	Guangdong	547673	11922	65564	14646	18970	20041	6654
广 西	Guangxi	300668	4875	24740	3629	7764	10700	2154
海 南	Hainan	51558	786	6301	1245	2673	1751	396
重 庆	Chongqing	156337	3205	17548	5196	5381	5435	1523
四 川	Sichuan	394847	9990	45392	10009	14794	18153	1860
贵 州	Guizhou	189305	2976	15016	2116	6188	6112	398
云 南	Yunnan	229264	5250	23353	3424	6733	11549	1242
西 藏	Tibet	18106	710	7196	649	3701	2469	337
陕 西	Shaanxi	236031	5936	33182	4483	9486	17482	1605
甘 肃	Gansu	137087	2393	22987	2305	7315	11536	1434
青 海	Qinghai	37284	1944	6539	435	2615	2986	356
宁 夏	Ningxia	42008	906	6958	991	2233	2570	1015
新 疆	Xinjiang	177354	3581	27881	5201	10365	11247	796

4-1 续表 17 continued

单位：人 (person)

地区	Region	5.娱乐业 5.Entertainment	（十九）公共管理、社会保障和社会组织 XIX.Public Management, Social Security and Social Organization	#中国共产党机关 Organs of Communist Party of China	#国家机构 Government Agencies	#人民政协、民主党派 People's Political Consultative Conference and Democratic Parties	#社会保障 Social Security	#群众社团、社会团体和其他成员组织 Non-Governmental Organizations, Social Organizations and Membership Organizations
总　计	**National Total**	**24060**	**16581111**	**593250**	**15356978**	**105828**	**181397**	**337651**
北　京	Beijing	790	431970	13928	394301	2183	2779	18779
天　津	Tianjin	374	168290	3347	154821	431	5767	3178
河　北	Hebei	2641	874966	32719	818833	4965	6480	11969
山　西	Shanxi	515	581042	20399	537794	3277	8341	10667
内蒙古	Inner Mongolia	370	453914	19957	413051	3414	5093	12088
辽　宁	Liaoning	501	532738	21567	485555	3237	8527	13463
吉　林	Jilin	695	362937	13261	333676	2105	8462	5433
黑龙江	Heilongjiang	1632	435202	14909	405193	2454	5346	7300
上　海	Shanghai	639	195106	3099	182967	740	4820	3068
江　苏	Jiangsu	770	718035	15710	685496	2983	5946	7796
浙　江	Zhejiang	994	677080	21647	631331	3526	6593	13983
安　徽	Anhui	281	491980	16614	463403	2725	3044	5986
福　建	Fujian	830	404856	14518	370560	3796	5580	10293
江　西	Jiangxi	580	519882	18693	477448	5615	4113	13925
山　东	Shandong	1072	1121649	42372	1048656	5718	8960	15828
河　南	Henan	1302	1119963	36434	1051974	6010	8326	17072
湖　北	Hubei	1118	652955	16460	584274	5062	8044	39082
湖　南	Hunan	647	820810	26528	770853	3953	12143	7333
广　东	Guangdong	5253	1083336	29642	1015017	4074	9393	25100
广　西	Guangxi	493	504554	17347	465102	3534	9022	9549
海　南	Hainan	236	142670	3823	134099	636	1325	2769
重　庆	Chongqing	13	318261	9656	295062	1830	3170	8543
四　川	Sichuan	576	930798	36728	853691	7603	10809	21526
贵　州	Guizhou	202	531750	22350	495113	3770	2162	8355
云　南	Yunnan	405	542192	26133	491206	6557	6163	10199
西　藏	Tibet	40	139899	10940	121177	1358	477	5947
陕　西	Shaanxi	126	594983	26960	548370	4650	5377	9543
甘　肃	Gansu	397	435060	23234	396093	4616	2869	8059
青　海	Qinghai	147	105546	5209	94285	1521	1184	3347
宁　夏	Ningxia	149	107259	3896	99093	806	1105	2353
新　疆	Xinjiang	272	581428	25170	538484	2679	9977	5118

4-2 各地区分行业城镇集体单位就业人员数
Employed Persons in Urban Collective-owned Units by Sector and Region

单位：人 (person)

地 区	Region	城镇集体单位合计 Total	(一) 企业 I. Enterprises	(二) 事业 II. Institutions	(三) 机关 III. Agencies and Organizations	(四)民间非营利组织 IV. Civil Nonprofit Organizations	(五) 其他 V. Other	(一) 农、林、牧、渔业 I.Agriculture, Forestry, Animal Husbandry and Fishery
总 计	**National Total**	**4533451**	**3682123**	**777412**	**7830**	**23468**	**42618**	**19475**
北 京	Beijing	139067	102919	19949		8858	7341	2971
天 津	Tianjin	56874	51194	5084		439	157	184
河 北	Hebei	139637	110101	28717	527		292	710
山 西	Shanxi	167947	137302	29512	601		532	476
内蒙古	Inner Mongolia	57742	44419	13292		5	26	565
辽 宁	Liaoning	244479	224992	17240	766	912	569	306
吉 林	Jilin	61472	46124	15110	173	32	33	2819
黑龙江	Heilongjiang	122044	111782	9905	296		61	642
上 海	Shanghai	127971	86901	37951		2224	895	324
江 苏	Jiangsu	323584	207068	114572	119	115	1710	600
浙 江	Zhejiang	149045	120285	22077	48	3573	3062	45
安 徽	Anhui	141761	86427	54495	285	212	342	438
福 建	Fujian	106641	64155	42104	111	158	113	310
江 西	Jiangxi	125552	115895	9186	194		277	105
山 东	Shandong	462016	378306	76702	338	663	6007	762
河 南	Henan	341923	265672	71149	944	1361	2797	2322
湖 北	Hubei	130450	97158	30457	1463	413	959	819
湖 南	Hunan	192394	164403	24537		786	2668	754
广 东	Guangdong	478312	422013	44439	260	1510	10090	342
广 西	Guangxi	132113	127239	3352	95	399	1028	280
海 南	Hainan	17203	12483	4163	10	219	328	430
重 庆	Chongqing	87434	68235	17198	981	820	200	199
四 川	Sichuan	263287	197897	64350	75	282	683	2001
贵 州	Guizhou	47561	45757	453	30	223	1098	177
云 南	Yunnan	106130	102206	3627	273		24	216
西 藏	Tibet	2950	2940	10				30
陕 西	Shaanxi	166848	155560	10237	135	238	678	374
甘 肃	Gansu	92368	88695	3211	51		411	141
青 海	Qinghai	11484	11194	290				69
宁 夏	Ningxia	7306	5196	1889	21	8	192	
新 疆	Xinjiang	29856	27605	2154	34	18	45	64

4-2 续表 1 continued

单位：人 (person)

地 区	Region	1.农业 1.Farming	2.林业 2.Forestry	3.畜牧业 3.Animal Husbandry	4.渔业 4.Fishery	5.农、林、牧、渔服务业 5.Service in support of Agriculture	(二) 采矿业 II. Mining	1.煤炭开采和洗选业 1.Mining and Washing of Coal
总 计	**National Total**	**4875**	**6583**	**1128**	**941**	**5948**	**94174**	**43868**
北 京	Beijing	1248	800	308	68	547	348	
天 津	Tianjin	90	4	72	16	2	143	
河 北	Hebei	60	387	13	72	178	1846	1768
山 西	Shanxi	348	44			84	8358	8109
内蒙古	Inner Mongolia	255		53		257	1412	633
辽 宁	Liaoning	81	42	2	103	78	6860	1991
吉 林	Jilin	20	2513		112	174	1761	354
黑龙江	Heilongjiang	160	79	52	14	337	7416	6016
上 海	Shanghai					324		
江 苏	Jiangsu	444		12	72	72	552	
浙 江	Zhejiang	9	5	9	22		429	
安 徽	Anhui	42			71	325	896	
福 建	Fujian	25	141	2	74	68	3113	1491
江 西	Jiangxi		86			19	1240	1234
山 东	Shandong	16	11	14	129	592	5766	1108
河 南	Henan	1336		149		837	21588	226
湖 北	Hubei	255	110	17	90	347	2604	689
湖 南	Hunan	48	169	3	71	463	10963	8802
广 东	Guangdong	79	72	68		123	808	
广 西	Guangxi		112	154	14		393	
海 南	Hainan		387			43	11	
重 庆	Chongqing	29	28		13	129	1798	669
四 川	Sichuan		1232	5		764	1924	1130
贵 州	Guizhou	59	92	26			1084	453
云 南	Yunnan	118		98			5508	4757
西 藏	Tibet			10		20	205	
陕 西	Shaanxi	49	225			100	2658	2316
甘 肃	Gansu	18	44	33		46	4230	1959
青 海	Qinghai	58				11	64	
宁 夏	Ningxia						10	10
新 疆	Xinjiang	28		28		8	186	153

4-2 续表 2 continued

单位：人 (person)

地区	Region	2.石油和天然气开采业 2.Extraction of Petroleum and Natural Gas	3.黑色金属矿采选业 3.Mining and Processing of Ferrous Metal Ores	4.有色金属矿采选业 4.Mining and Processing of Non-ferrous Metal Ores	5.非金属矿采选业 5.Mining and Processing of Non-metal Ores	6.开采辅助活动 6.Support Activities for Mining	7.其他采矿业 7.Mining of Other Ores	(三) 制造业 III. Manufacturing
总 计	**National Total**		**7276**	**19802**	**18849**	**4260**	**119**	**665154**
北 京	Beijing		303		45			15085
天 津	Tianjin		143					7333
河 北	Hebei		78					20151
山 西	Shanxi		218	28	3			33802
内蒙古	Inner Mongolia		769		10			6198
辽 宁	Liaoning		1770	294	2805			73685
吉 林	Jilin		86		109	1212		7003
黑龙江	Heilongjiang				74	1326		36047
上 海	Shanghai							23101
江 苏	Jiangsu				552			66637
浙 江	Zhejiang				429			4760
安 徽	Anhui		777				119	6923
福 建	Fujian		548	426	648			9431
江 西	Jiangxi				6			5460
山 东	Shandong		131	2886	1641			83833
河 南	Henan			14173	7189			58297
湖 北	Hubei		422	109	1384			21628
湖 南	Hunan		1123	361	677			21192
广 东	Guangdong		3		805			85386
广 西	Guangxi		36		357			15320
海 南	Hainan				11			107
重 庆	Chongqing			230	899			5663
四 川	Sichuan		175		619			10339
贵 州	Guizhou		455	20	156			3283
云 南	Yunnan			575	176			6273
西 藏	Tibet		197		8			854
陕 西	Shaanxi		42	84	216			28727
甘 肃	Gansu			616		1655		5702
青 海	Qinghai					64		913
宁 夏	Ningxia							170
新 疆	Xinjiang				30	3		1851

4-2 续表 3 continued

单位：人 (person)

地 区	Region	1.农副食品加工业 1.Processing of Food from Agricultural Products	2.食品制造业 2.Manufacture of Foods	3.酒、饮料和精制茶制造业 3.Manufacture of Liquor, Beverages and Refined Tea	4.烟草制品业 4.Manufacture of Tobacco	5.纺织业 5.Manufacture of Textile	6.纺织服装、服饰业 6.Manufacture of Textile Wearing Apparel, and Accessories	7.皮革、毛皮、羽毛及其制品和制鞋业 7.Manufacture of Leather, Fur, Feather and Related Products and Footwear
总 计	**National Total**	**17317**	**5840**	**6019**	**4179**	**20808**	**25131**	**14114**
北 京	Beijing	285	104	213		134	1211	151
天 津	Tianjin	290	45	10		248	565	
河 北	Hebei	205	102			496	537	123
山 西	Shanxi	104	115	97		150	2365	74
内蒙古	Inner Mongolia	29		6		30	334	3
辽 宁	Liaoning	194	105	138	199	293	609	175
吉 林	Jilin	124	34			11	514	113
黑龙江	Heilongjiang	76	1151	899	214	3717	2453	1583
上 海	Shanghai		263			690	464	323
江 苏	Jiangsu	214	351	75		3805	1355	104
浙 江	Zhejiang	23	7			452	60	
安 徽	Anhui	49	32	79	1089	57	69	135
福 建	Fujian	363	184	1409		511	237	278
江 西	Jiangxi	262	194	17		77	314	38
山 东	Shandong	4178	389	851		1128	4425	856
河 南	Henan	2719	422	1077	1721	1527	306	1322
湖 北	Hubei	1652	408	384		3152	256	29
湖 南	Hunan	937	216	82		4	280	191
广 东	Guangdong	736	1180	141		3372	7627	7474
广 西	Guangxi	356	135	179		34	219	99
海 南	Hainan							
重 庆	Chongqing	407	11	104			88	37
四 川	Sichuan	36	32	6	148	19	39	77
贵 州	Guizhou	35	33	60			66	497
云 南	Yunnan	206	159	23	776	435	373	90
西 藏	Tibet			26		115	102	
陕 西	Shaanxi	3659	150	74	32	170	63	2
甘 肃	Gansu	163		62		105	119	340
青 海	Qinghai							
宁 夏	Ningxia						20	
新 疆	Xinjiang	15	18	7		76	61	

4-2 续表 4 continued

单位：人 (person)

地 区	Region	8.木材加工和木、竹、藤、棕、草制品业 8.Processing of Timbers, Manufacture of Wood, Bamboo, Rattan, Palm and Straw Products	9.家具制造业 9.Manufacture of Furniture	10.造纸和纸制品业 10.Manufacture of Paper and Paper Products	11.印刷业和记录媒介的复制 11.Printing and Reproduction of Recording Media	12.文教工美、体育和娱乐用品制造业 12.Manufacture of Articles for Culture, Education, Arts and Crafts, Sport and Entertainment Activities	13.石油加工、炼焦和核燃料加工业 13.Processing of Petroleum, Coking, Processing of Nuclear Fuel	14.化学原料和化学制品制造业 14.Manufacture of Chemical Raw Material and Chemical Products
总 计	**National Total**	**4593**	**1681**	**15195**	**28472**	**37743**	**7550**	**41010**
北 京	Beijing	137	58	747	2402	219	12	531
天 津	Tianjin	32	9	458	39	55	44	697
河 北	Hebei	113	189	1524	809	36	415	1080
山 西	Shanxi	230	29	113	768	56	48	429
内蒙古	Inner Mongolia	1	7	127	396	20		355
辽 宁	Liaoning	263	85	258	1529	1493	6002	6419
吉 林	Jilin	208	1	72	783	73		1298
黑龙江	Heilongjiang	250	97	2990	733	239	15	6884
上 海	Shanghai	289	23	23	770	683		676
江 苏	Jiangsu	265	147	727	796	1668	55	3557
浙 江	Zhejiang	47	10	102	424	58	19	155
安 徽	Anhui	100		237	534			69
福 建	Fujian	64	53	497	726	631		83
江 西	Jiangxi		5	69	333	213		202
山 东	Shandong	289	138	1894	733	141	96	3529
河 南	Henan	539		212	2105	854	794	2262
湖 北	Hubei	22	560	1867	227	10		712
湖 南	Hunan	309	8	373	1045	852		1166
广 东	Guangdong	605	82	1343	1949	29746		1157
广 西	Guangxi	320	18	362	293	64		5385
海 南	Hainan				77			14
重 庆	Chongqing	458	20	33	243	17		450
四 川	Sichuan	25		7	462	40		532
贵 州	Guizhou		17	82	302	7		175
云 南	Yunnan	22	12	814	193	26		342
西 藏	Tibet		35			258		50
陕 西	Shaanxi		45	181	9432	53		453
甘 肃	Gansu		12		163	161	48	1786
青 海	Qinghai				122			83
宁 夏	Ningxia				24	8		19
新 疆	Xinjiang	5	21	83	60	62	2	460

4-2 续表 5 continued

单位：人 (person)

地 区	Region	15.医药制造业 15.Manufacture of Medicines	16.化学纤维制造业 16.Manufacture of Chemical Fibres	17.橡胶和塑料制品业 17.Manufacture of Rubber and Plastics Products	18.非金属矿物制品业 18.Manufacture of Non-metallic Mineral Products	19.黑色金属冶炼和压延加工业 19.Smelting and Processing of Ferrous Metals	20.有色金属冶炼和压延加工业 20.Smelting and Processing of Non-ferrous Metals	21.金属制品业 21.Manufacture of Metal Products
总 计	**National Total**	**12817**	**10220**	**29008**	**45848**	**41486**	**14085**	**42354**
北 京	Beijing	230		1026	1555	113	197	1685
天 津	Tianjin	4	4	821	174	256	410	1101
河 北	Hebei		95	208	1714	287	20	1191
山 西	Shanxi			690	639	559	36	4005
内蒙古	Inner Mongolia	203		181	672	1066	135	899
辽 宁	Liaoning	25		6456	5473	7335	475	12251
吉 林	Jilin	115		698	1101	257	26	72
黑龙江	Heilongjiang	10		2202	2162	735	1	741
上 海	Shanghai	142	43	1082	544	32	115	1852
江 苏	Jiangsu		75	1974	1112	21424	5429	1931
浙 江	Zhejiang	82		101	219	292	40	668
安 徽	Anhui	430		125	1030	118		781
福 建	Fujian	75		136	1366	103		934
江 西	Jiangxi	1		280	968	346	65	394
山 东	Shandong	312	268	2266	3459	1869	3102	5934
河 南	Henan	9977	9678	1328	4597	113	783	3167
湖 北	Hubei	30		561	3538	990	452	751
湖 南	Hunan	614		1805	6771	1658	662	262
广 东	Guangdong			4113	1106	56	682	1127
广 西	Guangxi	155		778	2823	432		393
海 南	Hainan			8				8
重 庆	Chongqing			42	443	338	52	177
四 川	Sichuan	54	19	408	1866	762	259	461
贵 州	Guizhou	63		96	663	298	116	257
云 南	Yunnan	135	6	243	278	234	365	434
西 藏	Tibet	84			164			
陕 西	Shaanxi	76	32	803	878	117	312	676
甘 肃	Gansu			521	70	1513		44
青 海	Qinghai				15	6	327	90
宁 夏	Ningxia			3				67
新 疆	Xinjiang			53	448	177	24	1

4-2 续表 6 continued

单位：人 (person)

地 区	Region	22.通用设备制造业 22.Manufacture of General Purpose Machinery	23.专用设备制造业 23.Manufacture of Special Purpose Machinery	24.汽车制造业 24.Manufacture of Automobiles	25.铁路、船舶、航空航天和其他运输设备制造业 25. Manufacture of Railway,Ship, Aerospace and Other Transport Equipment	26.电气机械和器材制造业 26.Manufacture of Electrical Machinery and Apparatus	27.计算机、通信和其他电子设备制造业 27.Manufacture of Computers, Communication and Other Electronic Equipment	28.仪器仪表制造业 28.Manufacture of Measuring Instruments and Machinery
总 计	**National Total**	**65995**	**32063**	**13706**	**24402**	**50064**	**29735**	**10877**
北 京	Beijing	1241	598	542	140	637	381	285
天 津	Tianjin	441	459	531	164	234	26	100
河 北	Hebei	1957	4956	255	1680	1342	5	133
山 西	Shanxi	3013	11759	83	2327	2942		2972
内蒙古	Inner Mongolia	337	40	288	171	123		
辽 宁	Liaoning	6951	1633	457	8328	2506	2111	642
吉 林	Jilin	365	356	426	77	121	4	60
黑龙江	Heilongjiang	2153	1109	122	637	3893	112	147
上 海	Shanghai	10857	977	1347	272	1283	39	92
江 苏	Jiangsu	4330	573	450	1355	4330	7461	1332
浙 江	Zhejiang	452	75		289	605	465	52
安 徽	Anhui	230	256		769	612	48	1
福 建	Fujian	933	128	55	44	146	202	78
江 西	Jiangxi	212	221	215	112	40	452	152
山 东	Shandong	18382	1981	2075	441	23767	58	1101
河 南	Henan	4938	3622	1000	370	1845	224	191
湖 北	Hubei	1297	366	1453	561	116		176
湖 南	Hunan	637	382	850	283	623	6	235
广 东	Guangdong	3126	742	110	205	2995	14154	96
广 西	Guangxi	144	146	1013	1295	128	13	512
海 南	Hainan							
重 庆	Chongqing	439	227	1308	575	33		8
四 川	Sichuan	1702	568	694	1169	603	16	39
贵 州	Guizhou	240	123	2	46	37		58
云 南	Yunnan	334	329	92	9	190	66	33
西 藏	Tibet		20					
陕 西	Shaanxi	966	382	296	3040	600	3892	2313
甘 肃	Gansu	289			43	85		69
青 海	Qinghai			22		206		
宁 夏	Ningxia	29						
新 疆	Xinjiang		35	20		22		

4-2 续表 7 continued

单位：人 (person)

地 区	Region	29.其他制造业 29. Other Manufature	30.废弃资源综合利用业 30. Utilization of Waste Resources	31.金属制品、机械和设备修理业 31. Repair Service of Metal Products, Machinery and Eguipment	(四) 电力、热力、燃气及水生产和供应业 Production and Supply of Electricity, Heat, Gas and Water	1.电力、热力生产和供应业 1.Production and Supply of Electric Power and Heat Power	2.燃气生产和供应业 2.Production and Supply of Gas	3.水的生产和供应业 3.Production and Supply of Water
总 计	**National Total**	**3382**	**4487**	**4973**	**34964**	**18774**	**691**	**15499**
北 京	Beijing	35	15	201	623	461	2	160
天 津	Tianjin	84		32	101	101		
河 北	Hebei			679	97	51	12	34
山 西	Shanxi	50		149	599	419		180
内蒙古	Inner Mongolia	761		14	675	133		542
辽 宁	Liaoning	298	296	686	2002	1462	158	382
吉 林	Jilin		54	40	269	62	86	121
黑龙江	Heilongjiang	18	99	605	751	695		56
上 海	Shanghai	57	41	122	1159	1104		55
江 苏	Jiangsu	620	961	161	1806	780	15	1011
浙 江	Zhejiang			63	1938	941	108	889
安 徽	Anhui	6	16	51	954	867		87
福 建	Fujian	25		170	1747	1411	17	319
江 西	Jiangxi	11		267	104			104
山 东	Shandong	33	134	4	901	505	26	370
河 南	Henan		45	559	1783	594		1189
湖 北	Hubei		1512	546	1101	220		881
湖 南	Hunan		911	30	2121	1521		600
广 东	Guangdong	1342	106	14	9719	4049	77	5593
广 西	Guangxi			24	595	372	52	171
海 南	Hainan				9		9	
重 庆	Chongqing		138	15	1076	482		594
四 川	Sichuan		1	295	2516	807	129	1580
贵 州	Guizhou	10			380	284		96
云 南	Yunnan	32	22		352	201		151
西 藏	Tibet							
陕 西	Shaanxi		27	3	926	912		14
甘 肃	Gansu		109		324	286		38
青 海	Qinghai			42				
宁 夏	Ningxia							
新 疆	Xinjiang			201	336	54		282

4-2 续表 8 continued

单位：人 (person)

地 区	Region	(五) 建筑业 V. Construction	1.房屋建筑业 1. Construction of Buildings	2.土木工程建筑业 2. Civil Engineering	3.建筑安装业 3.Building Installation	4.建筑装饰和其他建筑业 4.Building Decoration and Other Constructions	(六) 批发和零售业 VI. Wholesale and Retail Trades	1.批发业 1.Wholesale Trade
总 计	**National Total**	**1490775**	**1243771**	**156059**	**70364**	**20581**	**279712**	**112609**
北 京	Beijing	13449	7474	2341	3141	493	8251	3743
天 津	Tianjin	20787	16605	1149	2787	246	4736	1451
河 北	Hebei	23305	21088	1060	858	299	17642	6802
山 西	Shanxi	19692	12056	4292	2931	413	24201	12302
内蒙古	Inner Mongolia	3097	2265	612	220		1426	380
辽 宁	Liaoning	65956	34022	14279	17212	443	9211	3337
吉 林	Jilin	9117	5603	1275	2048	191	1807	817
黑龙江	Heilongjiang	22304	12385	7583	1862	474	11414	4745
上 海	Shanghai	10006	8532	341	892	241	6434	2402
江 苏	Jiangsu	47756	30863	11037	725	5131	10836	4858
浙 江	Zhejiang	80336	69073	9562	1431	270	4387	1754
安 徽	Anhui	37401	24998	1702	5886	4815	3855	2261
福 建	Fujian	19104	16922	1512	223	447	7740	2426
江 西	Jiangxi	88598	81288	5423	1414	473	2691	857
山 东	Shandong	169279	154134	7675	6381	1089	33843	13240
河 南	Henan	83140	67051	9403	6152	534	35526	11730
湖 北	Hubei	35495	30741	3187	1167	400	17171	3275
湖 南	Hunan	106511	80903	24508	492	608	5631	1124
广 东	Guangdong	162836	153214	5284	3677	661	27629	15548
广 西	Guangxi	72553	68910	2076	1480	87	7201	3426
海 南	Hainan	8674	8093	571	10		465	121
重 庆	Chongqing	49738	46999	1112	387	1240	3552	1343
四 川	Sichuan	126789	102828	18955	4652	354	7581	3681
贵 州	Guizhou	18771	17975	505	178	113	3764	2412
云 南	Yunnan	51338	44821	5289	1092	136	6223	1848
西 藏	Tibet	1743	1358	385			40	
陕 西	Shaanxi	75227	68628	4262	1148	1189	9158	2583
甘 肃	Gansu	54167	50092	2679	1199	197	4024	1640
青 海	Qinghai	5077	2039	2415	623		418	82
宁 夏	Ningxia	2478	2421	50	7		336	277
新 疆	Xinjiang	6051	390	5535	89	37	2519	2144

4-2 续表 9 continued

单位：人 (person)

地 区	Region	2.零售业 2.Retail Trade	(七) 交通运输、仓储和邮政业 VII. Transport, Storage and Post	1.铁路运输业 1.Railway Transport	2.道路运输业 2.Road Transport	3.水上运输业 3.Water Transport	4.航空运输业 4.Air Transport	5.管道运输业 5.Transport Via Pipeline
总 计	**National Total**	**167103**	**137356**	**8683**	**78288**	**17082**	**68**	**58**
北 京	Beijing	4508	5196	19	3886			
天 津	Tianjin	3285	5275	42	4876			20
河 北	Hebei	10840	4791	35	3315			
山 西	Shanxi	11899	2498	7	1610			
内蒙古	Inner Mongolia	1046	5351	4922	178			
辽 宁	Liaoning	5874	10127	501	8202	37	39	
吉 林	Jilin	990	1112	81	905			
黑龙江	Heilongjiang	6669	1025	96	652	89		
上 海	Shanghai	4032	6380	908	4542	72		
江 苏	Jiangsu	5978	15629	953	7254	3913		
浙 江	Zhejiang	2633	3158	47	1641	668		
安 徽	Anhui	1594	6692	210	3601	2608		
福 建	Fujian	5314	2192	52	908	206		
江 西	Jiangxi	1834	3801	38	1232	1950		
山 东	Shandong	20603	7803	154	6636	16		
河 南	Henan	23796	14142	209	7396	2567		
湖 北	Hubei	13896	3792		2043	717		
湖 南	Hunan	4507	5226		3438	219		
广 东	Guangdong	12081	7950	7	5297	1423	24	
广 西	Guangxi	3775	5032	5	1039	2041		
海 南	Hainan	344	282		237	28		
重 庆	Chongqing	2209	1729	32	821	152		
四 川	Sichuan	3900	8363	14	5789	376		38
贵 州	Guizhou	1352	1442	37	186			
云 南	Yunnan	4375	1498		262			
西 藏	Tibet	40	8		8			
陕 西	Shaanxi	6575	4112		542		5	
甘 肃	Gansu	2384	1931	49	1734			
青 海	Qinghai	336	285	265	20			
宁 夏	Ningxia	59						
新 疆	Xinjiang	375	534		38			

4-2 续表 10 continued

单位：人 (person)

地 区	Region	6.装卸搬运和运输代理业 6.Loading Unloading and Forwarding Ageney	7.仓储业 7.Storage	8.邮政业 8.Post	(八) 住宿和餐饮业 VIII. Hotels and Catering Services	1.住宿业 1.Hotels	2.餐饮业 2.Catering Services	(九) 信息传输、软件和信息技术服务业 Information Transmission, Software and Information Technology
总 计	**National Total**	**24254**	**4837**	**4086**	**48591**	**34950**	**13641**	**5970**
北 京	Beijing	625	666		7135	5196	1939	501
天 津	Tianjin	56	281		1170	923	247	116
河 北	Hebei	1283	158		1051	875	176	240
山 西	Shanxi	564	317		1528	1347	181	159
内蒙古	Inner Mongolia	251			472	278	194	25
辽 宁	Liaoning	1157	167	24	2006	1733	273	219
吉 林	Jilin	50	76		716	453	263	2
黑龙江	Heilongjiang	84	104		2401	1820	581	43
上 海	Shanghai	391	302	165	2751	1310	1441	18
江 苏	Jiangsu	3176	143	190	2564	1594	970	225
浙 江	Zhejiang	707	40	55	1613	1574	39	784
安 徽	Anhui	273			638	245	393	242
福 建	Fujian	875	151		1013	596	417	138
江 西	Jiangxi	298	283		120	63	57	26
山 东	Shandong	709	288		4191	2462	1729	188
河 南	Henan	2667	1186	117	4334	3822	512	1758
湖 北	Hubei	756	115	161	1083	990	93	101
湖 南	Hunan	1408	161		930	866	64	72
广 东	Guangdong	1000	125	74	4923	3008	1915	704
广 西	Guangxi	97	32	1818	894	675	219	2
海 南	Hainan	17			89	89		28
重 庆	Chongqing	650	74		1546	623	923	49
四 川	Sichuan	1928	13	205	1035	770	265	117
贵 州	Guizhou	1212	7		452	364	88	17
云 南	Yunnan	1236			1543	1289	254	73
西 藏	Tibet				45	45		
陕 西	Shaanxi	2288		1277	983	671	312	56
甘 肃	Gansu		148		622	562	60	60
青 海	Qinghai				390	360	30	
宁 夏	Ningxia				54	51	3	
新 疆	Xinjiang	496			299	296	3	7

4-2 续表 11 continued

单位：人 (person)

地 区	Region	1.电信、广播电视和卫星传输服务 1.Telecommunication, Radio and Television and Satellite Transmission Service	2.互联网和相关服务 2.Internet and Related Service	3.软件和信息技术服务业 3.Software and Information Tcchnology	(十) 金融业 X. Financial Intermediation	1.货币金融服务 1.Monetay and Financial Service	2.资本市场服务 2.Capital Market Service	3.保险业 3.Insurance
总 计	**National Total**	**3991**	**352**	**1627**	**449178**	**438078**	**1239**	**8888**
北 京	Beijing	55	6	440	35		30	
天 津	Tianjin			116	37	11	26	
河 北	Hebei	143	52	45	25746	25642		
山 西	Shanxi	159			40136	39488	6	619
内蒙古	Inner Mongolia			25	23692	23692		
辽 宁	Liaoning	181	32	6	28025	26789		934
吉 林	Jilin			2	15613	15292		321
黑龙江	Heilongjiang	39		4	19159	18680		371
上 海	Shanghai			18	89	17		
江 苏	Jiangsu	68	149	8	21397	21384	13	
浙 江	Zhejiang	728		56	3838	3789	45	4
安 徽	Anhui	184	18	40	16810	16797		13
福 建	Fujian	15	40	83	9552	9145	50	117
江 西	Jiangxi			26	11066	11066		
山 东	Shandong	117		71	32744	32255		489
河 南	Henan	1518	25	215	27024	25772		1252
湖 北	Hubei			101	11850	11784	46	
湖 南	Hunan	47		25	5579	5579		
广 东	Guangdong	450		254	41138	37710	3	3410
广 西	Guangxi			2	14130	13848		282
海 南	Hainan		28		750	750		
重 庆	Chongqing	30		19	11		11	
四 川	Sichuan	68		49	24148	23720	20	399
贵 州	Guizhou	2		15	11745	11330	415	
云 南	Yunnan	66		7	20063	19722	268	
西 藏	Tibet							
陕 西	Shaanxi	54	2		17369	16917	17	433
甘 肃	Gansu	60			13236	12765	289	182
青 海	Qinghai				3166	3166		
宁 夏	Ningxia				1470	1470		
新 疆	Xinjiang	7			9560	9498		62

4-2 续表 12 continued

单位：人 (person)

地 区	Region	4.其他金融业 4.Other Financial Activities	(十一) 房地产业 XI. Real Estate	#房地产开发经营 Development and Management of Real Estate	#物业管理 Property Management	#房地产中介服务 Agency Services for Real Estate	(十二) 租赁和商务服务业 XII. Leasing and Business Services	1.租赁业 1.Leasing
总 计	**National Total**	**973**	**79795**	**15385**	**38890**	**2183**	**290628**	**4100**
北 京	Beijing	5	17838	309	9536	42	25858	813
天 津	Tianjin		910	141	747	3	5366	131
河 北	Hebei	104	899		324	266	10887	10
山 西	Shanxi	23	1016	399	185	8	3982	58
内蒙古	Inner Mongolia		59		59		720	
辽 宁	Liaoning	302	1740	239	903	374	17371	25
吉 林	Jilin		384	79	152	10	1446	
黑龙江	Heilongjiang	108	563	304	157	10	6928	13
上 海	Shanghai	72	5907	367	4725	43	27427	103
江 苏	Jiangsu		2951	980	1392	70	24216	388
浙 江	Zhejiang		3164	250	2088	46	12707	9
安 徽	Anhui		1147	104	900		6002	388
福 建	Fujian	240	3016	370	1281	115	5368	37
江 西	Jiangxi		722	496	62		2887	35
山 东	Shandong		11855	5946	4275	232	13643	207
河 南	Henan		2378	125	1646	163	5381	149
湖 北	Hubei	20	1056	301	604	82	3557	
湖 南	Hunan		527	172	71	55	4525	
广 东	Guangdong	15	14456	3157	5757	219	63771	591
广 西	Guangxi		1863	219	962	149	8266	53
海 南	Hainan		819	466	115	106	100	
重 庆	Chongqing		1291	63	620		1167	14
四 川	Sichuan	9	304	179	8	102	10939	95
贵 州	Guizhou		1551	192	561	24	2959	44
云 南	Yunnan	73	615	48	360	35	3760	15
西 藏	Tibet						5	
陕 西	Shaanxi	2	1273	301	384		11531	49
甘 肃	Gansu		917	126	739		3370	49
青 海	Qinghai						364	
宁 夏	Ningxia		66		19	23	763	
新 疆	Xinjiang		508	52	258	6	5362	824

4-2 续表 13 continued

单位：人 (person)

地 区	Region	2.商务服务业 2.Business Services	(十三) 科学研究和技术服务业 XIII. Scientific Research and Technical Services	1.研究和试验发展 1.Research and Experimental Development	2.专业技术服务业 2.Professional Technical Services	3.科技推广和应用服务业 3.Science and Technology Popularization and Application Services	(十四) 水利、环境和公共设施管理业 XIV. Management of Water Conservancy, Enviroment and Public Facilities	1.水利管理业 1.Management of Water Conservancy
总 计	**National Total**	**286528**	**45532**	**4510**	**32134**	**8888**	**106440**	**9364**
北 京	Beijing	25045	6641	2385	2691	1565	2834	299
天 津	Tianjin	5235	1269	65	1168	36	1674	54
河 北	Hebei	10877	760		688	72	2009	478
山 西	Shanxi	3924	563	3	503	57	7028	152
内蒙古	Inner Mongolia	720	604		604		2518	89
辽 宁	Liaoning	17346	3902	145	3301	456	2887	342
吉 林	Jilin	1446	226	14	212		10418	158
黑龙江	Heilongjiang	6915	767	3	739	25	3638	363
上 海	Shanghai	27324	1495	246	515	734	3969	
江 苏	Jiangsu	23828	3801	253	2989	559	25469	740
浙 江	Zhejiang	12698	2036	95	1825	116	1980	69
安 徽	Anhui	5614	863	46	545	272	1298	144
福 建	Fujian	5331	1215		647	568	2017	269
江 西	Jiangxi	2852	67		67		2782	56
山 东	Shandong	13436	3412	503	1927	982	4620	86
河 南	Henan	5232	2534	144	2150	240	2507	634
湖 北	Hubei	3557	2361	93	1233	1035	6674	1557
湖 南	Hunan	4525	746	50	508	188	1407	909
广 东	Guangdong	63180	2988	58	2706	224	9754	2103
广 西	Guangxi	8213	689	100	567	22	940	65
海 南	Hainan	100	465	119	305	41	303	
重 庆	Chongqing	1153	707	115	485	107	3026	173
四 川	Sichuan	10844	1815		945	870	4493	158
贵 州	Guizhou	2915	271	42	190	39	230	62
云 南	Yunnan	3745	2737	7	2150	580	765	70
西 藏	Tibet	5						
陕 西	Shaanxi	11482	1572	24	1485	63	543	334
甘 肃	Gansu	3321	332		295	37		
青 海	Qinghai	364	147		147		43	
宁 夏	Ningxia	763	21		21		614	
新 疆	Xinjiang	4538	526		526			

4-2 续表 14 continued

单位：人 (person)

地 区	Region	2.生态保护和环境治理业 2.Ecological Protection and Environ-mental Treatment	3.公共设施管理业 3.Manage-ment of Public Facilities	(十五)居民服务、修理和其他服务业 XV. Service to Households, Repair and Other Services	1.居民服务业 1.Service to Households	2.机动车、电子产品和日用产品修理业 2.Repair of Motor Vehicle, Electronics and Household Products	3.其他服务业 3.Other Sevices	(十六)教育 XVI. Education	#初等教育 Primary Education
总 计	**National Total**	**1968**	**95108**	**42036**	**16453**	**9012**	**16571**	**189840**	**55211**
北 京	Beijing		2535	6201	2373	1459	2369	10011	556
天 津	Tianjin	16	1604	2673	115	24	2534	746	96
河 北	Hebei	16	1515	869	98	658	113	1384	112
山 西	Shanxi		6876	1325	996	153	176	2560	96
内蒙古	Inner Mongolia		2429	981	323	13	645	381	
辽 宁	Liaoning	214	2331	1866	844	442	580	2972	350
吉 林	Jilin		10260	1563	439	97	1027	91	62
黑龙江	Heilongjiang	3	3272	2695	233	573	1889	433	19
上 海	Shanghai		3969	4490	2154	1071	1265	3725	113
江 苏	Jiangsu	498	24231	4196	2956	373	867	17303	4918
浙 江	Zhejiang	10	1901	1468	792	163	513	12339	2972
安 徽	Anhui		1154	527	231	48	248	2551	456
福 建	Fujian	58	1690	374	202	57	115	3596	765
江 西	Jiangxi		2726	219	204	4	11	760	31
山 东	Shandong		4534	2302	1023	567	712	30759	10703
河 南	Henan	7	1866	1762	933	326	503	49931	25112
湖 北	Hubei	195	4922	389	111		278	5492	2066
湖 南	Hunan	31	467	588	27	76	485	7643	2397
广 东	Guangdong	186	7465	2634	968	990	676	19548	630
广 西	Guangxi		875	1366		398	968	1718	414
海 南	Hainan	68	235	44		37	7	565	215
重 庆	Chongqing	16	2837	646	172	435	39	1021	507
四 川	Sichuan	26	4309	418	56	245	117	7961	143
贵 州	Guizhou		168	224	56	150	18	294	129
云 南	Yunnan		695	800	404	232	164	2367	670
西 藏	Tibet			20	20				
陕 西	Shaanxi	37	172	916	506	256	154	2664	1547
甘 肃	Gansu			213	33	165	15	415	
青 海	Qinghai		43	108	108				
宁 夏	Ningxia	587	27					494	132
新 疆	Xinjiang			159	76		83	116	

4-2 续表 15 continued

单位：人 (person)

地区	Region	#中等教育 Secondary Education	#高等教育 Senior Education	(十七) 卫生和社会工作 XVII. Health and Social Service	1.卫生 1.Health	2.社会工作 2.Social Service	(十八) 文化、体育和娱乐业 XVIII. Culture, Sports and Entertainment
总　计	**National Total**	**64673**	**6262**	**512202**	**502828**	**9374**	**18455**
北　京	Beijing	1252	2257	13562	11469	2093	1443
天　津	Tianjin	42		4008	3986	22	312
河　北	Hebei	522		25458	25378	80	892
山　西	Shanxi	1752		18383	18374	9	1293
内蒙古	Inner Mongolia	198	69	9537	9478	59	29
辽　宁	Liaoning	920	196	13900	13402	498	667
吉　林	Jilin	1		6842	6395	447	83
黑龙江	Heilongjiang	45	83	4983	4975	8	732
上　海	Shanghai	761		21103	20667	436	1392
江　苏	Jiangsu	3344	51	75269	74495	774	2122
浙　江	Zhejiang	2270	687	13017	12348	669	581
安　徽	Anhui	1355		51371	51262	109	748
福　建	Fujian	720	557	36459	36363	96	236
江　西	Jiangxi	456		4808	4742	66	17
山　东	Shandong	15460	67	53052	52051	1001	684
河　南	Henan	22084	384	23817	23687	130	1150
湖　北	Hubei	2082	663	14614	13858	756	562
湖　南	Hunan	3244	862	17431	17053	378	389
广　东	Guangdong	905	338	20419	19655	764	2660
广　西	Guangxi	742	25	593	511	82	11
海　南	Hainan	226		3881	3881		142
重　庆	Chongqing	162		12435	12152	283	232
四　川	Sichuan	4819		51687	51359	328	806
贵　州	Guizhou	15		766	718	48	35
云　南	Yunnan	119		1691	1643	48	56
西　藏	Tibet						
陕　西	Shaanxi	666	23	8208	8018	190	422
甘　肃	Gansu	258		2200	2200		466
青　海	Qinghai			233	233		207
宁　夏	Ningxia	238		704	704		82
新　疆	Xinjiang	15		1771	1771		4

4-2 续表 16 continued

单位：人 (person)

地 区	Region	1.新闻和出版业 1.Journalism and Publishing Activities	2.广播、电视、电影和影视录音制作业 2.Radio, Television, Motion Picture and Videotape Programme Production Services	3.文化艺术业 3.Cultural and Art Activities	4.体育 4.Sports Activities	5.娱乐业 5.Entertainment	(十九) 公共管理、社会保障和社会组织 XIX. Public Management, Social Security and Social Organization	#群众社团、社会团体和其他成员组织 Non-Governmental Organizations, Social Organizations and Membership Organizations
总 计	**National Total**	**2537**	**4793**	**8882**	**955**	**1288**	**23174**	**7338**
北 京	Beijing	502	160	163	461	157	1085	899
天 津	Tianjin	14	10	118	114	56	34	23
河 北	Hebei	66	42	737	30	17	900	136
山 西	Shanxi	94	55	1044	12	88	348	17
内蒙古	Inner Mongolia		28	1				
辽 宁	Liaoning	373	53	68	23	150	777	35
吉 林	Jilin	20	23	22		18	200	
黑龙江	Heilongjiang	104	263	26		339	103	
上 海	Shanghai	2	171	1184	35		8201	1363
江 苏	Jiangsu		239	1707	17	159	255	91
浙 江	Zhejiang	29	360	117	57	18	465	465
安 徽	Anhui		106	642			2405	239
福 建	Fujian		3	205	28		20	16
江 西	Jiangxi			17			79	46
山 东	Shandong		133	476		75	2379	785
河 南	Henan	90	754	285		21	2549	293
湖 北	Hubei	150	184	215	5	8	101	64
湖 南	Hunan	44	18	299	28		159	159
广 东	Guangdong	214	1961	284	53	148	647	633
广 西	Guangxi				8	3	267	199
海 南	Hainan	8	36	98			39	26
重 庆	Chongqing	60	147	4	21		1548	1498
四 川	Sichuan	180	12	574	24	16	51	34
贵 州	Guizhou		15		20		116	116
云 南	Yunnan	13	9		19	15	252	91
西 藏	Tibet							
陕 西	Shaanxi	12	4	406			129	66
甘 肃	Gansu	355	7	104			18	18
青 海	Qinghai	207						
宁 夏	Ningxia			82			44	23
新 疆	Xinjiang			4			3	3

4-3 各地区分行业其他单位就业人员数
Employed Persons in Units of Other Types of Ownership by Sector and Region

单位：人 (person)

地区	Region	其他单位合计 Total	(一)内资 I. Domestic Funded	1.股份合作 1.Cooperative Units	2.联营 2.Joint Ownership Units	#国有联营 State Joint Ownership Units	#集体联营 Collective Joint Ownership Units	3.有限责任公司 3.Limited Liability Corporations	#国有独资 State Funded Corporations
总 计	**National Total**	**112649405**	**85989048**	**862874**	**180717**	**43251**	**39352**	**63814030**	**7862770**
北 京	Beijing	5895314	4467439	52062	3467	846	349	3050961	443662
天 津	Tianjin	2116475	1346449	16300	3814	1623	1134	1004355	161224
河 北	Hebei	3393023	2996128	36342	35750	590	490	2201033	265107
山 西	Shanxi	2138989	1939077	6885	3646	1506	1292	1645732	353759
内蒙古	Inner Mongolia	1196366	1121969	7241	558	90	391	871611	189967
辽 宁	Liaoning	2743725	2124430	25006	5246	531	2778	1489887	248075
吉 林	Jilin	1528777	1382716	9448	1016	526	145	917980	164463
黑龙江	Heilongjiang	1489780	1357465	51080	3290	279	981	965417	200204
上 海	Shanghai	5144315	2573094	22185	8777	2559	1492	1738432	268342
江 苏	Jiangsu	11750835	7599298	36464	9724	3307	1947	5769144	343276
浙 江	Zhejiang	8271562	6407376	87623	4385	866	1030	4626189	255343
安 徽	Anhui	3117712	2767990	36384	2913	582	664	2043520	358421
福 建	Fujian	4997718	3380717	49694	8826	2063	3621	2792845	200493
江 西	Jiangxi	2723561	2201913	22721	1799	756	566	1779610	149921
山 东	Shandong	7820390	6395375	70472	8326	500	4570	4680334	721887
河 南	Henan	7439727	6730337	66585	14872	7321	3152	5202697	243947
湖 北	Hubei	4288752	3765855	19808	6359	2392	358	2922282	307124
湖 南	Hunan	3069140	2696643	21286	10802	2231	3616	1872882	258241
广 东	Guangdong	15219901	7946015	71094	20560	7715	3717	5750335	548837
广 西	Guangxi	1863567	1572111	18801	1053	433	263	1232497	388733
海 南	Hainan	558072	500511	5663	2022	1287	114	338638	20142
重 庆	Chongqing	2847711	2465895	16165	3258	702	678	2018609	294317
四 川	Sichuan	4178393	3807919	47817	5393	785	789	2840430	293362
贵 州	Guizhou	1335933	1290953	16324	2672	709	620	1048343	350464
云 南	Yunnan	2212937	2115001	13378	2340	639	670	1215307	166204
西 藏	Tibet	46769	43068	54	119	57		33669	10049
陕 西	Shaanxi	2569295	2392222	16122	7915	1848	3385	1861683	291400
甘 肃	Gansu	961951	937611	7356	536	85	271	689918	107959
青 海	Qinghai	271559	260533	4191	129	85	16	163873	38333
宁 夏	Ningxia	345180	320895	3454	294	84	150	230818	82377
新 疆	Xinjiang	1111976	1082043	4869	856	254	103	814999	137137

4-3 续表 1 continued

单位：人 (person)

地 区	Region	4.股份有限公司 4.Share-holding Corporations Ltd	5.其他 5.Others	(二)港、澳、台商投资 II.Units with funds Entrepreneurs from Hong Kong, Macao and Taiwan	(三)外商投资 III. Foreign Funded Units	(一)企业 I. Enterprises	(二)事业 II. Institutions	(三)机关 III. Agencies and Organi-zations	(四)民间非营利组织 IV. Civil Nonprofit Organi-zations
总 计	**National Total**	**18238100**	**2893327**	**13049460**	**13610897**	**111448508**	**454314**	**19815**	**342915**
北 京	Beijing	1169448	191501	611608	816267	5769547	25173		61925
天 津	Tianjin	272483	49497	286876	483150	2091609	8698	101	4552
河 北	Hebei	690401	32602	168150	228745	3376585	11615	161	1719
山 西	Shanxi	255301	27513	123095	76817	2123876	6145	658	2093
内蒙古	Inner Mongolia	228596	13963	24094	50303	1188688	4173	737	763
辽 宁	Liaoning	546196	58095	156739	462556	2711997	15017	1978	11990
吉 林	Jilin	383429	70843	44326	101735	1516429	4367	89	4142
黑龙江	Heilongjiang	308077	29601	45876	86439	1470371	9256	4707	585
上 海	Shanghai	745519	58181	906018	1665203	5111580	8178		19688
江 苏	Jiangsu	1651553	132413	1555887	2595650	11701542	26625		4590
浙 江	Zhejiang	1556349	132830	923273	940913	8145063	25419		56589
安 徽	Anhui	619836	65337	153751	195971	3071408	20679		12738
福 建	Fujian	456523	72829	994749	622252	4965728	10114	292	11693
江 西	Jiangxi	367563	30220	334492	187156	2716868	4319	40	4
山 东	Shandong	1454015	182228	409305	1015710	7755362	22215	1482	17650
河 南	Henan	1200404	245779	523508	185882	7296208	65964	4106	24306
湖 北	Hubei	753805	63601	193204	329693	4257165	19251	643	2052
湖 南	Hunan	635043	156630	235663	136834	2993742	32298		17894
广 东	Guangdong	1839231	264795	4641372	2632514	15089676	48608	522	33429
广 西	Guangxi	274108	45652	161678	129778	1834672	8179	773	8664
海 南	Hainan	126431	27757	23837	33724	531686	7114		11974
重 庆	Chongqing	364161	63702	168464	213352	2810432	25144	259	6467
四 川	Sichuan	813300	100979	173084	197390	4143290	20654	793	8723
贵 州	Guizhou	191921	31693	23547	21433	1320488	471	315	2821
云 南	Yunnan	237935	646041	43665	54271	2198371	10212	918	543
西 藏	Tibet	8908	318	1902	1799	46694			
陕 西	Shaanxi	457137	49365	78564	98509	2536436	6482	618	9330
甘 肃	Gansu	222394	17407	8828	15512	959614	1169	23	187
青 海	Qinghai	86342	5998	4989	6037	267183	138		3950
宁 夏	Ningxia	73638	12691	13179	11106	337023	5480	307	870
新 疆	Xinjiang	248053	13266	15737	14196	1109175	1157	293	984

4-3 续表 2 continued

单位：人 (person)

地 区	Region	(五) 其他 V.Other	(一) 农、林、牧、渔业 I. Agriculture, Forestry, Animal Husbandry and Fishery	1.农业 1.Farming	2.林业 2.Forestry	3.畜牧业 3.Animal Husbandry	4.渔业 4.Fishery	5.农、林、牧、渔服务业 5.Service in support of Agriculture	(二) 采矿业 II. Mining
总 计	**National Total**	**383853**	**189654**	**104773**	**14356**	**40688**	**15407**	**14430**	**4368538**
北 京	Beijing	38669	28963	12989	2998	11393	360	1223	44982
天 津	Tianjin	11515	4301	2465	342	740	350	404	43814
河 北	Hebei	2943	1018	52	15	951			201129
山 西	Shanxi	6217	1473	352	315	718	3	85	880771
内蒙古	Inner Mongolia	2005	7685	2165	76	4661	11	772	134089
辽 宁	Liaoning	2743	6202	742	21	197	5202	40	166770
吉 林	Jilin	3750	1320	581	5	425	45	264	125363
黑龙江	Heilongjiang	4861	6689	5632		581	153	323	264328
上 海	Shanghai	4869	20129	7781	364	5307	6308	369	442
江 苏	Jiangsu	18078	1369	488	103	102	85	591	72219
浙 江	Zhejiang	44491	1235	531	107	73	433	91	5005
安 徽	Anhui	12887	1370	356	89	821		104	226243
福 建	Fujian	9891	3213	2011	883	111	97	111	13247
江 西	Jiangxi	2330	563	167	169	227			38884
山 东	Shandong	23681	1936	349	75	781	541	190	519748
河 南	Henan	49143	5507	1960	306	1882	9	1350	401074
湖 北	Hubei	9641	2252	1272	170	341	275	194	51582
湖 南	Hunan	25206	9287	2198	1893	1352	560	3284	60100
广 东	Guangdong	47666	2231	407	364	600	375	485	23057
广 西	Guangxi	11279	4895	2415	925	1403	43	109	28866
海 南	Hainan	7298	44879	43152	132	1265	136	194	4831
重 庆	Chongqing	5409	4307	2397	366	1004	216	324	48879
四 川	Sichuan	4933	1029	326	390	208	48	57	175193
贵 州	Guizhou	11838	2750	1741	223	584	37	165	125603
云 南	Yunnan	2893	3756	1416	1304	163	10	863	107489
西 藏	Tibet	75							3161
陕 西	Shaanxi	16429	1118	333	128	580	33	44	291444
甘 肃	Gansu	958	1437	809	50			578	73950
青 海	Qinghai	288	2812	2546		266			34284
宁 夏	Ningxia	1500	2396	552	445	60		1339	52386
新 疆	Xinjiang	367	13532	6588	2098	3892	77	877	149605

4-3 续表 3 continued

单位：人 (person)

地 区	Region	1.煤炭开采和洗选业 1.Mining and Washing of Coal	2.石油和天然气开采业 2.Extraction of Petroleum and Natural Gas	3.黑色金属矿采选业 3.Mining and Processing of Ferrous Metal Ores	4.有色金属矿采选业 4.Mining and Processing of Non-ferrous Metal Ores	5.非金属矿采选业 5.Mining and Processing of Nonmetal Ores	6.开采辅助活动 6.Support Activities for Mining	7.其他采矿业 7.Mining of Other Ores	(三) 制造业 III. Manufacturing
总 计	**National Total**	**3009817**	**627619**	**191474**	**203704**	**142327**	**192281**	**1316**	**46685118**
北 京	Beijing	6194	2161	17237		93	19271	26	816118
天 津	Tianjin	1244	20110	651		6251	15528	30	968495
河 北	Hebei	130975	27604	34528		8022			1302261
山 西	Shanxi	869135	5247	5338	808	243			566213
内蒙古	Inner Mongolia	112135	4445	5639	8723	3109		38	411958
辽 宁	Liaoning	98837	44127	9542	8924	3965	1142	233	1095984
吉 林	Jilin	61710	31797	5524	5829	521	19982		644786
黑龙江	Heilongjiang	144282	113371	1393	1607	1593	2059	23	427238
上 海	Shanghai		169			273			1754570
江 苏	Jiangsu	55905	1482	632	817	13109	274		5560195
浙 江	Zhejiang			965	1025	3015			3137283
安 徽	Anhui	195044		26527	1569	1340	1763		1179507
福 建	Fujian	8288		127	991	3810	5	26	2264535
江 西	Jiangxi	17935		1824	14862	4263			1322977
山 东	Shandong	356738	93520	14902	25937	4269	24382		3879293
河 南	Henan	331306	25561	2443	18724	2752	20213	75	3525108
湖 北	Hubei	4000	14363	11234	1746	13264	6214	761	1710928
湖 南	Hunan	29485		2063	19414	9138			1033122
广 东	Guangdong		5633	2877	4197	8642	1708		9468838
广 西	Guangxi	10607	123	5609	7773	4754			660815
海 南	Hainan			4320	395	116			77128
重 庆	Chongqing	41027	1553	806	178	5315			859538
四 川	Sichuan	64604	32084	7767	11533	14393	44812		1397900
贵 州	Guizhou	114616		2864	1308	6807	8		336167
云 南	Yunnan	61589	135	8399	26204	11118	18	26	620493
西 藏	Tibet			628	2376	157			7581
陕 西	Shaanxi	134655	115302	8742	20576	4986	7147	36	780195
甘 肃	Gansu	60131	503	2585	7221	2312	1198		306130
青 海	Qinghai	6077	21926	1042	2524	2715			100633
宁 夏	Ningxia	52158	215			13			121109
新 疆	Xinjiang	41140	66188	5266	8443	1969	26557	42	348020

4-3 续表 4 continued

单位：人 (person)

地区	Region	1.农副食品加工业 1.Processing of Food from Agricultural Products	2.食品制造业 2.Manufacture of Foods	3.酒、饮料和精制茶制造业 3.Manufacture of Liquor, Beverages and Refined Tea	4.烟草制品业 4.Manufacture of Tobacco	5.纺织业 5.Manufacture of Textile	6.纺织服装、服饰业 6.Manufacture of Textile Wearing Apparel, and Accessories	7.皮革、毛皮、羽毛及其制品和制鞋业 7.Manufacture of Leather, Fur, Feather and Related Products and Footwear	8.木材加工和木、竹、藤、棕、草制品业 8.Processing of Timbers, Manufacture of Wood, Bamboo, Rattan, Palm and Straw Products
总 计	**National Total**	**1728096**	**1216063**	**944462**	**164109**	**1904608**	**2338304**	**1514871**	**370528**
北 京	Beijing	24488	40089	16296		3559	27417	1499	1389
天 津	Tianjin	12927	46870	12375		8386	64348	6034	1350
河 北	Hebei	43739	40430	17839	5199	45276	23268	21645	3655
山 西	Shanxi	12147	7367	19833	951	4440	3465		9
内蒙古	Inner Mongolia	28626	39156	15303	2810	13670	6642	2654	5545
辽 宁	Liaoning	47239	18848	18443	1922	10132	48140	3820	7213
吉 林	Jilin	51961	16096	18332	2501	28997	13029	404	36447
黑龙江	Heilongjiang	60580	24110	19571	5647	10215	1294	71	11291
上 海	Shanghai	14975	65590	12397	3950	22387	68121	16529	5830
江 苏	Jiangsu	78336	51318	63591	5717	301230	339660	67858	45769
浙 江	Zhejiang	32021	52037	29740	261	262024	265716	110368	16397
安 徽	Anhui	40851	22763	36714	6963	50850	64534	23815	8721
福 建	Fujian	72676	68182	44741	5793	111810	253558	400198	18152
江 西	Jiangxi	40831	26141	18292	6070	48262	113491	111719	17622
山 东	Shandong	333294	85842	60767	920	339956	212170	69562	21146
河 南	Henan	254688	176004	85735	21039	174604	156683	117358	31627
湖 北	Hubei	84624	62915	69129	8031	109561	80658	23541	16294
湖 南	Hunan	55763	38207	25874	3906	22054	12366	58551	12473
广 东	Guangdong	98467	141272	61015	7427	192154	509490	408802	38987
广 西	Guangxi	72193	18498	25752	3451	19683	7808	22505	26894
海 南	Hainan	11690	6340	3696	591	534	126		2053
重 庆	Chongqing	28806	17596	10959	5696	3309	14278	6928	4456
四 川	Sichuan	62596	47100	133014	5350	42715	17766	30983	12021
贵 州	Guizhou	12455	5712	17534	8224	1219	6327	2773	9787
云 南	Yunnan	60435	27587	45728	39254	4948	3731	2265	10429
西 藏	Tibet	150	460	1681		92			760
陕 西	Shaanxi	37014	27092	30465	8668	24063	7303	2748	3047
甘 肃	Gansu	16050	5662	12980	3005	3022	1268	1668	226
青 海	Qinghai	1537	1039	5102		2131	1176		
宁 夏	Ningxia	4435	14016	1855		9715	949	335	8
新 疆	Xinjiang	32502	21724	9709	763	33610	13522	238	930

4-3 续表 5 continued

单位：人 (person)

地 区	Region	9.家具制造业 9.Manufacture of Furniture	10.造纸及纸制品业 10.Manufacture of Paper and Paper Products	11.印刷和记录媒介复制业 11.Printing and Reproduction of Recording Media	12.文教工美、体育和娱乐用品制造业 12.Manufacture of Articles for Culture, Education, Arts and Crafts, Sport and Entertainment Activities	13.石油加工、炼焦和核燃料加工业 13.Processing of Petroleum , Coking, Processing of Nuclear Fuel	14.化学原料和化学制品制造业 14.Manufacture of Chemical Raw Material and Chemical Products	15.医药制造业 15.Manufacture of Medicines	16.化学纤维制造业 16.Manufacture of Chemical Fibres
总 计	**National Total**	**553475**	**633438**	**522646**	**1223373**	**604692**	**2479046**	**1591513**	**243369**
北 京	Beijing	7725	5643	19441	7112	9264	27201	66727	707
天 津	Tianjin	15754	9228	8353	15431	18322	41872	44772	308
河 北	Hebei	10311	9288	10898	15037	23024	77724	57528	19941
山 西	Shanxi	209	377	3840	1445	52120	76683	23156	
内蒙古	Inner Mongolia	893	2313	979	1205	30271	49815	9527	89
辽 宁	Liaoning	13362	6733	3934	3789	66565	42613	28156	3487
吉 林	Jilin	3222	4749	5831	1960	3658	47754	123012	8509
黑龙江	Heilongjiang	5969	3979	2920	3802	38647	18503	40040	
上 海	Shanghai	26020	18168	20585	27549	12236	89437	49977	2138
江 苏	Jiangsu	24389	55151	49293	115117	23990	335973	134488	71160
浙 江	Zhejiang	92946	52464	26117	78730	9865	141816	102275	61572
安 徽	Anhui	4990	8619	20693	15094	5121	73470	40531	7792
福 建	Fujian	28182	45378	16332	136564	2420	41660	19695	16258
江 西	Jiangxi	12328	13096	15550	49080	18343	75605	51527	3254
山 东	Shandong	23252	89382	28798	99094	77663	274898	176611	8294
河 南	Henan	29298	58155	48128	79694	17445	174613	130447	2106
湖 北	Hubei	9321	26252	17636	11497	7930	128187	91172	4412
湖 南	Hunan	3080	19078	9944	10944	11159	82010	30649	2009
广 东	Guangdong	205616	124608	153952	509228	22562	207803	110504	7416
广 西	Guangxi	2333	16925	3772	14033	3029	32336	25943	
海 南	Hainan	339	4518	874	155	2089	3893	14700	80
重 庆	Chongqing	1869	12512	8013	5006	2058	41979	34804	72
四 川	Sichuan	25743	17884	19430	4847	5038	97829	64713	13795
贵 州	Guizhou	1746	3275	2883	1439	3839	40944	32162	85
云 南	Yunnan	1506	9120	11052	9629	10998	60256	28415	1106
西 藏	Tibet	42		385	12		560	1056	
陕 西	Shaanxi	2328	10910	8886	1153	52369	50266	36447	678
甘 肃	Gansu	518	646	950	529	25806	24442	9505	
青 海	Qinghai		60	719	3459	154	30215	2642	
宁 夏	Ningxia	8	2922	1175		12985	23969	3469	10
新 疆	Xinjiang	176	2005	1283	739	35722	64720	6863	8091

4-3 续表 6 continued

单位：人 (person)

地 区	Region	17.橡胶和塑料制品业 17.Manufacture of Rubber and Plastics Products	18.非金属矿物制品业 18.Manufacture of Non-metallic Mineral Products	19.黑色金属冶炼和压延加工业 19.Smelting and Processing of Ferrous Metals	20.有色金属冶炼和压延加工业 20.Smelting and Processing of Non-ferrous Metals	21.金属制品业 21.Manufacture of Metal Products	22.通用设备制造业 22.Manufacture of General Purpose Machinery	23.专用设备制造业 23.Manufacture of Special Purpose Machinery	24.汽车制造业 24.Manufacture of Automobiles
总 计	**National Total**	**1753770**	**2266452**	**1769129**	**1144639**	**1659270**	**2414812**	**1880049**	**3153595**
北 京	Beijing	12916	39941	5090	4553	30263	48633	58240	141934
天 津	Tianjin	31762	23590	79003	11327	42698	65872	81883	116100
河 北	Hebei	32072	62699	271054	11184	53124	51984	58168	144693
山 西	Shanxi	5177	29360	60259	37833	23780	12184	35090	16943
内蒙古	Inner Mongolia	3959	20733	70439	62975	5349	9734	6395	8901
辽 宁	Liaoning	36078	35883	131590	33330	46545	119436	77423	109708
吉 林	Jilin	12827	32395	18828	8505	12277	14456	14078	113206
黑龙江	Heilongjiang	12426	24590	14091	5303	11169	29919	25843	12895
上 海	Shanghai	79478	41463	65299	11310	85031	155337	83797	183751
江 苏	Jiangsu	176662	136374	130446	56544	184690	392798	247169	276390
浙 江	Zhejiang	139584	77381	54160	37134	112170	279445	104793	212517
安 徽	Anhui	56997	54817	43130	39946	40623	78275	42295	128668
福 建	Fujian	97838	125087	34177	29264	66832	62695	44017	74295
江 西	Jiangxi	31514	112966	54182	54230	26695	41916	27930	40530
山 东	Shandong	139859	200157	176762	89799	131682	244934	180754	230504
河 南	Henan	114276	295780	116982	114233	97216	176166	204070	152756
湖 北	Hubei	53502	95579	38585	29614	55800	58283	65865	315609
湖 南	Hunan	14811	101162	45354	57558	27702	35719	49453	64339
广 东	Guangdong	565868	318911	54670	77253	480747	336595	283658	332132
广 西	Guangxi	13082	59263	29754	25873	11373	18203	22987	83156
海 南	Hainan	1974	7461	648	587	1807	337	845	5400
重 庆	Chongqing	21827	46261	17404	21549	21487	30538	23946	201708
四 川	Sichuan	32843	84834	83599	15554	37246	73869	53801	66540
贵 州	Guizhou	13739	42416	24851	15803	13081	6199	6453	16830
云 南	Yunnan	17670	58241	47434	102230	9934	7675	8998	13384
西 藏	Tibet	33	1993			127		12	
陕 西	Shaanxi	17636	60191	28615	57306	16692	41685	45456	87810
甘 肃	Gansu	5120	28100	30751	70113	5440	10810	18755	920
青 海	Qinghai	17	7033	12009	24464	827	4962	241	15
宁 夏	Ningxia	3704	6843	5792	13899	2307	4500	4450	6
新 疆	Xinjiang	8519	34948	24171	25366	4556	1653	3184	1955

4-3 续表 7 continued

单位：人 (person)

地 区	Region	25.铁路、船舶、航空航天和其他运输设备制造业 25. Manufacture of Railway,Ship, Aerospace and Other Transport Equipment	26.电气机械和器材制造业 26.Manufacture of Electrical Machinery and Apparatus	27.计算机、通信和其他电子设备制造业 27.Manufacture of Computers, Communication and Other Electronic Equipment	28.仪器仪表制造业 28.Manufacture of Measuring Instruments and Machinery	29.其他制造业 29. Other Manufature	30.废弃资源综合利用业 30. Utilization of Waste Resources	31.金属制品、机械和设备修理业 31. Repair Service of Metal Products, Machinery and Equipment
总 计	**National Total**	**909681**	**3691966**	**6979315**	**666573**	**190717**	**71502**	**101055**
北 京	Beijing	24457	44710	97622	27321	5976	875	15030
天 津	Tianjin	28613	45920	112163	8433	7502	2528	4771
河 北	Hebei	35742	74653	67254	7766	3928	2023	1115
山 西	Shanxi	13849	12473	106674	3679	497	208	2165
内蒙古	Inner Mongolia	1525	9358	1786		27	440	839
辽 宁	Liaoning	43709	52085	54282	18275	2856	1686	8702
吉 林	Jilin	22145	11032	8341	6760	385	1967	1122
黑龙江	Heilongjiang	13831	18155	2653	4850	3457	14	1403
上 海	Shanghai	53266	127882	343356	40459	8268	1387	18597
江 苏	Jiangsu	167687	545518	1359258	107090	10934	4076	1519
浙 江	Zhejiang	42979	358610	262014	75512	31433	10627	4575
安 徽	Anhui	9317	143834	97080	5956	2864	3117	1067
福 建	Fujian	19272	144022	219474	25676	32724	1350	6213
江 西	Jiangxi	13218	144391	135470	10177	5603	2876	68
山 东	Shandong	79184	164200	298830	31319	7214	1595	851
河 南	Henan	47924	176323	415610	30825	13431	5212	6680
湖 北	Hubei	27604	110064	81618	14486	2815	3710	6634
湖 南	Hunan	44807	54869	124409	9081	1327	3028	1436
广 东	Guangdong	80749	1241670	2639820	195864	38031	15175	8392
广 西	Guangxi	3307	25207	65407	2320	2833	2575	320
海 南	Hainan	339	4803	350	529	49	268	53
重 庆	Chongqing	63917	32204	161781	14810	410	1033	2322
四 川	Sichuan	20206	73663	239023	7905	3606	1911	2476
贵 州	Guizhou	16187	9185	17364	2114	1266	102	173
云 南	Yunnan	1980	9895	7701	6016	1262	1168	446
西 藏	Tibet		48			170		
陕 西	Shaanxi	31389	31951	47232	7466	1602	1017	710
甘 肃	Gansu	2157	12467	10826	757	41	1093	2503
青 海	Qinghai	65	2149	50	359	206	2	
宁 夏	Ningxia	110	2749		683		188	27
新 疆	Xinjiang	146	7876	1867	85		251	846

4-3 续表 8 continued

单位：人 (person)

地 区	Region	(四) 电力、热力、燃气及水生产和供应业 Production and Supply of Electricity, Heat, Gas and Water	1.电力、热力生产和供应业 1.Production and Supply of Electric Power and Heat Power	2.燃气生产和供应业 2.Production and Supply of Gas	3.水的生产和供应业 3.Production and Supply of Water	(五) 建筑业 V. Construction	1.房屋建筑业 1. Construction of Buildings	2.土木工程建筑业 2. Civil Engineering	3.建筑安装业 3.Building Installation
总 计	**National Total**	**2078031**	**1535154**	**237435**	**305442**	**23910922**	**16763706**	**4380550**	**1308131**
北 京	Beijing	73392	49815	10597	12980	422558	174732	118608	77145
天 津	Tianjin	33194	21281	6181	5732	246478	82882	93945	38891
河 北	Hebei	94209	70014	11819	12376	741041	548452	132422	37893
山 西	Shanxi	60059	45334	8445	6280	215858	78585	116239	13885
内蒙古	Inner Mongolia	103045	88195	4794	10056	179618	117665	52076	6927
辽 宁	Liaoning	73298	51063	12603	9632	485617	247471	138782	67408
吉 林	Jilin	88542	77061	4608	6873	239474	130377	63532	27049
黑龙江	Heilongjiang	93963	79785	6045	8133	199115	96740	66741	20044
上 海	Shanghai	23724	8431	6673	8620	310258	172642	64811	33892
江 苏	Jiangsu	79087	43497	15660	19930	3831658	3122969	347790	194514
浙 江	Zhejiang	68450	34403	7246	26801	2999181	2424967	406328	64617
安 徽	Anhui	51153	34380	8400	8373	806464	456148	212389	61833
福 建	Fujian	71776	55270	5386	11120	1601748	1109894	175762	43404
江 西	Jiangxi	80897	64423	6646	9828	737857	569016	127201	20161
山 东	Shandong	116815	86083	14889	15843	1306825	979192	230684	61519
河 南	Henan	102880	64353	17385	21142	1585289	1006660	354791	95372
湖 北	Hubei	53536	33196	8034	12306	1290611	866183	275130	78106
湖 南	Hunan	52048	37515	5494	9039	900981	659679	168189	37621
广 东	Guangdong	203831	157131	14787	31913	1111741	631849	205296	99651
广 西	Guangxi	93238	83627	2596	7015	538076	425669	92835	12426
海 南	Hainan	10499	5657	1619	3223	52546	43760	1783	3992
重 庆	Chongqing	55368	39934	7628	7806	911863	652270	160228	50639
四 川	Sichuan	101986	67387	21512	13087	1134421	838155	209088	47692
贵 州	Guizhou	32378	24081	2857	5440	379858	215750	120838	31469
云 南	Yunnan	71931	62451	3558	5922	623916	450930	122636	24557
西 藏	Tibet	4862	4611		251	9342	5055	3388	800
陕 西	Shaanxi	75619	60521	8921	6177	459629	263363	167666	21583
甘 肃	Gansu	32023	26026	3696	2301	291290	209336	56815	18603
青 海	Qinghai	10364	8793	305	1266	50097	17257	29938	2142
宁 夏	Ningxia	17669	14481	1528	1660	32202	19986	8945	2717
新 疆	Xinjiang	48195	36355	7523	4317	215310	146072	55674	11579

4-3 续表 9 continued

单位：人 (person)

地区	Region	4.建筑装饰和其他建筑业 4.Building Decoration and Other Constructions	(六) 批发和零售业 VI. Wholesale and Retail Trades	1.批发业 1.Wholesale Trade	2.零售业 2.Retail Trade	(七) 交通运输、仓储和邮政业 VII. Transport, Storage and Post	1.铁路运输业 1.Railway Transport	2.道路运输业 2.Road Transport	3.水上运输业 3.Water Transport
总 计	**National Total**	**1458535**	**7650601**	**3131156**	**4519445**	**4698138**	**175559**	**2800533**	**377624**
北 京	Beijing	52073	748846	391723	357123	478453	35110	273605	248
天 津	Tianjin	30760	167382	90673	76709	98948	2372	29874	17248
河 北	Hebei	22274	220284	65469	154815	122499	3921	70533	22931
山 西	Shanxi	7149	104699	52927	51772	57903	4555	44726	25
内蒙古	Inner Mongolia	2950	70811	16882	53929	56638	6188	38757	
辽 宁	Liaoning	31956	187108	46383	140725	152297	4715	63916	44362
吉 林	Jilin	18516	93202	21912	71290	50425	994	37035	16
黑龙江	Heilongjiang	15590	131559	48315	83244	27878	1260	14142	206
上 海	Shanghai	38913	764036	419987	344049	414645	2413	183351	39801
江 苏	Jiangsu	166385	509625	197761	311864	334570	401	190663	65547
浙 江	Zhejiang	103269	357988	163306	194682	248873	13993	140409	23374
安 徽	Anhui	76094	198683	63912	134771	128668	153	104611	9896
福 建	Fujian	272688	240892	88869	152023	141904	715	88769	13513
江 西	Jiangxi	21479	146841	55214	91627	81053	332	70270	4545
山 东	Shandong	35430	493910	171313	322597	274683	2821	152945	57547
河 南	Henan	128466	448717	153332	295385	225780	5748	183572	1505
湖 北	Hubei	71192	341231	131556	209675	151598	566	118187	10576
湖 南	Hunan	35492	164734	42813	121921	92938	2196	66192	2372
广 东	Guangdong	174945	950106	480404	469702	676509	60795	331640	43311
广 西	Guangxi	7146	104818	38289	66529	92970	5930	61088	4006
海 南	Hainan	3011	54809	21230	33579	56064	6071	15524	5752
重 庆	Chongqing	48726	188311	62795	125516	194872		160686	9958
四 川	Sichuan	39486	262937	68278	194659	195765	1989	136806	377
贵 州	Guizhou	11801	94596	37554	57042	56466	912	39611	151
云 南	Yunnan	25793	204969	62322	142647	94245	280	56929	194
西 藏	Tibet	99	6980	3169	3811	1618		937	
陕 西	Shaanxi	7017	213061	57541	155520	95935	8971	61657	14
甘 肃	Gansu	6536	63805	18940	44865	34789	410	27750	54
青 海	Qinghai	760	20231	8187	12044	10117	111	6634	
宁 夏	Ningxia	554	20824	6151	14673	12034	1174	7337	95
新 疆	Xinjiang	1985	74606	43949	30657	37001	463	22377	

4-3 续表 10 continued

单位：人 (person)

地 区	Region	4.航空运输业 4.Air Transport	5.管道运输业 5.Transport Via Pipeline	6.装卸搬运和运输代理业 6.Loading Unloading and Forwarding Ageney	7.仓储业 7.Storage	8.邮政业 8.Post	(八) 住宿和餐饮业 VIII. Hotels and Catering Services	1.住宿业 1.Hotels	2.餐饮业 2.Catering Services
总 计	**National Total**	**524595**	**29883**	**366065**	**182320**	**241559**	**2296492**	**1066144**	**1230348**
北 京	Beijing	75849	2465	41209	6154	43813	249972	82247	167725
天 津	Tianjin	6488	442	16919	16237	9368	44556	13757	30799
河 北	Hebei	3671	1186	8667	5357	6233	35948	22248	13700
山 西	Shanxi	5391	189	1171	768	1078	24073	10201	13872
内蒙古	Inner Mongolia	3901	90	1913	1516	4273	31356	16131	15225
辽 宁	Liaoning	13755	1958	15813	5109	2669	41974	24721	17253
吉 林	Jilin	147	1046	803	5855	4529	18589	10968	7621
黑龙江	Heilongjiang	3879		2142	5622	627	17505	12477	5028
上 海	Shanghai	74947	4383	69027	26790	13933	225814	52994	172820
江 苏	Jiangsu	14562	8461	29494	14007	11435	149215	58571	90644
浙 江	Zhejiang	13701	124	20512	10446	26314	122630	67866	54764
安 徽	Anhui	3317		3929	3729	3033	53221	24878	28343
福 建	Fujian	15938	14	17759	3019	2177	87219	47165	40054
江 西	Jiangxi	13		1027	1285	3581	34411	22170	12241
山 东	Shandong	16451	2306	24810	14260	3543	106340	47091	59249
河 南	Henan	11140	220	7936	12170	3489	88101	52798	35303
湖 北	Hubei	5682	364	7255	6580	2388	84853	33367	51486
湖 南	Hunan	6040	209	3508	1137	11284	63651	41399	22252
广 东	Guangdong	120896	250	50186	24053	45378	343134	154719	188415
广 西	Guangxi	5032		8746	2055	6113	36662	21765	14897
海 南	Hainan	21807	28	3904	317	2661	56032	49265	6767
重 庆	Chongqing	13173	37	5939	2559	2520	59506	22854	36652
四 川	Sichuan	35538	632	6199	2204	12020	87418	41334	46084
贵 州	Guizhou	9486	176	981	609	4540	24031	17691	6340
云 南	Yunnan	21942	328	9402	1227	3943	70911	46581	24330
西 藏	Tibet			15		666	2273	2090	183
陕 西	Shaanxi	8531	1226	4286	5513	5737	94184	42205	51979
甘 肃	Gansu	2461	95	820	2772	427	22463	11809	10654
青 海	Qinghai	1874		415	141	942	3738	2630	1108
宁 夏	Ningxia	2633		170	30	595	4524	2721	1803
新 疆	Xinjiang	6350	3654	1108	799	2250	12188	9431	2757

4-3 续表 11 continued

单位：人 (person)

地 区	Region	(九) 信息传输、软件和信息技术服务业 Information Transmission, software and Information Technology	1.电信、广播电视和卫星传输服务 1.Telecommu-nication, Radio and Television and Satellite Transmission Service	2.互联网和相关服务 2.Internet and Related Service	3.软件和信息技术服务业 3.Software and Information Technology	(十) 金融业 X. Financial Intermediation	1.货币金融服务 1.Monetay and Financial Service	2.资本市场服务 2.Capital Market Service	3.保险业 3.Insurance
总 计	**National Total**	**3299515**	**1421474**	**291362**	**1586679**	**4715403**	**2054623**	**215001**	**2326118**
北 京	Beijing	678614	80138	108476	490000	504036	190836	60328	213573
天 津	Tianjin	47312	16770	5832	24710	147073	40224	922	50455
河 北	Hebei	73877	53556	1404	18917	270042	118589	2641	148677
山 西	Shanxi	41028	35314	352	5362	75893	37972	2006	35705
内蒙古	Inner Mongolia	32998	31000	281	1717	51020	29531	410	20941
辽 宁	Liaoning	111165	47827	1832	61506	158967	63787	1866	92975
吉 林	Jilin	43152	29616	1258	12278	60434	37547	2212	20071
黑龙江	Heilongjiang	53521	43309	2672	7540	132477	41534	1301	88318
上 海	Shanghai	264994	34825	24925	205244	334358	165471	24797	142512
江 苏	Jiangsu	230203	100243	23377	106583	254411	120772	10410	122835
浙 江	Zhejiang	176228	54261	27485	94482	418012	205443	10882	200012
安 徽	Anhui	66455	48067	3195	15193	132640	57505	2287	71745
福 建	Fujian	78817	39301	3940	35576	115653	53561	2790	58137
江 西	Jiangxi	51924	39900	1417	10607	63763	31884	735	31111
山 东	Shandong	163745	108888	10998	43859	310098	141342	3825	164088
河 南	Henan	102845	69888	9008	23949	220974	126760	5672	86697
湖 北	Hubei	107924	53530	3068	51326	120431	52182	8073	58366
湖 南	Hunan	65921	48136	4781	13004	231469	107733	10034	113004
广 东	Guangdong	403943	134065	36075	233803	369282	156420	41808	168064
广 西	Guangxi	36155	33699	698	1758	75650	33827	1097	40668
海 南	Hainan	14014	7293	1467	5254	33056	10848	461	20626
重 庆	Chongqing	43466	18356	9100	16010	101672	32431	5959	62012
四 川	Sichuan	167129	119763	6045	41321	165881	40677	5188	119271
贵 州	Guizhou	33073	23494	877	8702	59406	36101	995	19639
云 南	Yunnan	44474	37568	425	6481	36954	18068	1527	16859
西 藏	Tibet	1787	1684		103	1235		1068	167
陕 西	Shaanxi	106293	58413	1807	46073	148674	49742	3412	94237
甘 肃	Gansu	20702	18835	62	1805	33941	17498	12	16431
青 海	Qinghai	8475	8118		357	4528	2789	42	1668
宁 夏	Ningxia	7273	6693	25	555	29666	14981	400	14285
新 疆	Xinjiang	22008	18924	480	2604	53707	18568	1841	32969

4-3 续表 12 continued

单位：人 (person)

地区	Region	4.其他金融业 4.Other Financial Activities	(十一)房地产业 XI. Real Estate	#房地产开发经营 Development and Management of Real Estate	#物业管理 Property Management	#房地产中介服务 Agency Services for Real Estate	(十二)租赁和商务服务业 XII. Leasing and Business Services	1.租赁业 1.Leasing
总　计	**National Total**	**119661**	**3916449**	**1708580**	**1878340**	**229337**	**3412260**	**108915**
北　京	Beijing	39299	394113	75881	230057	46612	602618	18141
天　津	Tianjin	55472	68250	25736	29909	11957	79469	11554
河　北	Hebei	135	112212	60449	48691	2175	77882	2818
山　西	Shanxi	210	25645	14182	11155	53	35661	1107
内蒙古	Inner Mongolia	138	49661	22501	26879	56	25102	464
辽　宁	Liaoning	339	100617	45572	50166	1877	47600	616
吉　林	Jilin	604	53941	26240	26359	941	36264	1185
黑龙江	Heilongjiang	1324	49066	25070	22430	441	31461	574
上　海	Shanghai	1578	234128	54068	158217	16561	435966	17438
江　苏	Jiangsu	394	207596	88811	111039	6062	188385	5468
浙　江	Zhejiang	1675	196307	61674	114361	14374	195449	3192
安　徽	Anhui	1103	94614	59410	30404	4445	40537	1093
福　建	Fujian	1165	138403	62726	67083	5862	98141	2237
江　西	Jiangxi	33	57818	44320	12691	710	24880	1981
山　东	Shandong	843	237239	152257	73443	7993	113081	3958
河　南	Henan	1845	220767	149880	61209	4868	138456	6407
湖　北	Hubei	1810	138409	78427	53843	4872	69546	2272
湖　南	Hunan	698	114727	67967	42766	3000	74746	1930
广　东	Guangdong	2990	562369	152878	335438	55978	512293	9794
广　西	Guangxi	58	69752	39727	28617	869	55929	648
海　南	Hainan	1121	78643	40636	31786	5647	14739	672
重　庆	Chongqing	1270	124793	50683	65376	8634	109358	715
四　川	Sichuan	745	189777	84851	80758	21763	107654	9484
贵　州	Guizhou	2671	81798	47825	32139	1272	37690	1377
云　南	Yunnan	500	107585	68127	36532	1537	89405	1223
西　藏	Tibet		1509	1004	486	19	3416	345
陕　西	Shaanxi	1283	93287	50407	41910	157	77441	695
甘　肃	Gansu		42848	25787	16890	126	12447	483
青　海	Qinghai	29	8509	4272	4098	79	6971	
宁　夏	Ningxia		12848	4852	7860	103	14147	8
新　疆	Xinjiang	329	49218	22360	25748	294	55526	1036

4-3 续表 13 continued

单位：人 (person)

地 区	Region	2.商务服务业 2.Business Services	(十三) 科学研究和技术服务业 XIII. Scientific Research and Technical Services	1.研究和试验发展 1.Research and Experimental Development	2.专业技术服务业 2.Professional Technical Services	3.科技推广和应用服务业 3.Science and Technology Popularization and Application Services	(十四) 水利、环境和公共设施管理业 XIV. Management of Water Conservancy, Enviroment and Public Facilities	1.水利管理业 1.Management of Water Conservancy
总 计	**National Total**	**3303345**	**1999107**	**192397**	**1423442**	**383268**	**550082**	**25707**
北 京	Beijing	584477	466999	37954	252684	176361	38334	1563
天 津	Tianjin	67915	70233	3342	62936	3955	7021	287
河 北	Hebei	75064	76852	3071	70647	3134	13661	1766
山 西	Shanxi	34554	14856	466	13769	621	6669	568
内蒙古	Inner Mongolia	24638	18473	361	15649	2463	8259	561
辽 宁	Liaoning	46984	38799	3583	30588	4628	13533	1553
吉 林	Jilin	35079	21761	1048	18279	2434	7742	369
黑龙江	Heilongjiang	30887	12560	1003	9752	1805	6948	1958
上 海	Shanghai	418528	162344	37665	111338	13341	59241	820
江 苏	Jiangsu	182917	128478	9980	97751	20747	38105	1014
浙 江	Zhejiang	192257	119815	8851	66422	44542	42276	1496
安 徽	Anhui	39444	34813	1409	31879	1525	9762	67
福 建	Fujian	95904	42330	963	40104	1263	10474	696
江 西	Jiangxi	22899	14265	356	13550	359	10430	161
山 东	Shandong	109123	86387	10362	59116	16909	55137	928
河 南	Henan	132049	90189	7546	63356	19287	30991	2105
湖 北	Hubei	67274	68854	2453	57221	9180	13990	448
湖 南	Hunan	72816	65543	3988	32849	28706	8436	1082
广 东	Guangdong	502499	222742	30185	176788	15769	49030	1228
广 西	Guangxi	55281	16077	425	13654	1998	5744	750
海 南	Hainan	14067	8980	726	7638	616	14920	308
重 庆	Chongqing	108643	39659	9786	27665	2208	16378	1348
四 川	Sichuan	98170	57013	6959	47861	2193	24048	1931
贵 州	Guizhou	36313	15137	1268	11569	2300	11199	552
云 南	Yunnan	88182	24253	1371	21826	1056	20802	481
西 藏	Tibet	3071					85	
陕 西	Shaanxi	76746	43843	5159	33939	4745	16255	844
甘 肃	Gansu	11964	13035	960	11638	437	2480	121
青 海	Qinghai	6971	3387	385	2859	143	514	287
宁 夏	Ningxia	14139	5422	396	4709	317	1369	115
新 疆	Xinjiang	54490	16008	376	15406	226	6249	300

4-3 续表 14 continued

单位：人 (person)

地 区	Region	2.生态保护和环境治理业 2.Ecological Protection and Environmental Treatment	3.公共设施管理业 3.Management of Public Facilities	(十五)居民服务、修理和其他服务业 XV. Service to Households, Repair and Other Services	1.居民服务业 1.Service to Households	2.机动车、电子产品和日用产品修理业 2.Repair of Motor Vehicle, Electronics and Household Products	3.其他服务业 3.Other Service	(十六)教育 XVI. Education
总 计	**National Total**	**42163**	**482212**	**497783**	**167045**	**93476**	**237262**	**1164063**
北 京	Beijing	7348	29423	67144	16683	19067	31394	113761
天 津	Tianjin	226	6508	57202	10936	521	45745	12125
河 北	Hebei	538	11357	19447	12949	1562	4936	12943
山 西	Shanxi	413	5688	1876	842	301	733	14792
内蒙古	Inner Mongolia	40	7658	2023	909	348	766	6636
辽 宁	Liaoning	1154	10826	6058	2946	1323	1789	23946
吉 林	Jilin	294	7079	15765	5944	1453	8368	10219
黑龙江	Heilongjiang	260	4730	3757	1997	1040	720	8086
上 海	Shanghai	3951	54470	49199	8229	14992	25978	41000
江 苏	Jiangsu	2973	34118	22819	5612	6118	11089	54677
浙 江	Zhejiang	3350	37430	14883	6254	2728	5901	85322
安 徽	Anhui	804	8891	5708	1021	708	3979	47173
福 建	Fujian	1229	8549	19026	13248	1608	4170	42692
江 西	Jiangxi	344	9925	7833	6091	747	995	18494
山 东	Shandong	1821	52388	24041	8909	5995	9137	67340
河 南	Henan	2228	26658	24082	10968	6707	6407	128370
湖 北	Hubei	2745	10797	9014	4329	1458	3227	34613
湖 南	Hunan	1596	5758	13344	9202	1242	2900	57611
广 东	Guangdong	4815	42987	61426	12253	10876	38297	151528
广 西	Guangxi	800	4194	3746	1196	917	1633	21325
海 南	Hainan	101	14511	3984	832	409	2743	20310
重 庆	Chongqing	2330	12700	13005	3016	1432	8557	40161
四 川	Sichuan	427	21690	14555	4452	5403	4700	52358
贵 州	Guizhou	332	10315	9811	5634	1621	2556	14924
云 南	Yunnan	602	19719	12667	5862	2218	4587	39072
西 藏	Tibet		85	2142		86	2056	
陕 西	Shaanxi	928	14483	8534	4696	1939	1899	30347
甘 肃	Gansu		2359	880	382	88	410	2247
青 海	Qinghai	17	210	451	102	276	73	3751
宁 夏	Ningxia	278	976	633	559	32	42	5065
新 疆	Xinjiang	219	5730	2728	992	261	1475	3175

4-3 续表 15 continued

单位：人 (person)

地 区	Region	#初等教育 Primary Education	#中等教育 Secondary Education	#高等教育 Senior Education	(十七) 卫生和社会工作 XVII. Health and Social Service	1.卫生 1.Health	2.社会工作 2.Social Service	(十八) 文化、体育和娱乐业 XVIII. Culture, Sports and Entertainment
总 计	**National Total**	**163081**	**340283**	**163510**	**632731**	**598927**	**33804**	**462952**
北 京	Beijing	10294	10878	14211	48933	42878	6055	80763
天 津	Tianjin	1020	3351	3837	7825	6133	1692	7575
河 北	Hebei	1140	3998	3404	8321	7733	588	9351
山 西	Shanxi	2731	6283	874	6372	6183	189	4866
内蒙古	Inner Mongolia	962	2000	750	4323	3853	470	2405
辽 宁	Liaoning	1900	6257	2211	18700	18011	689	10288
吉 林	Jilin	977	2626	3938	10478	10261	217	7109
黑龙江	Heilongjiang	145	84	498	8038	8012	26	5365
上 海	Shanghai	2232	10430	12902	12381	12076	305	35091
江 苏	Jiangsu	6943	20802	6811	52380	51614	766	34511
浙 江	Zhejiang	12343	30350	6039	36341	32833	3508	19153
安 徽	Anhui	4438	23268	6441	33036	32737	299	7613
福 建	Fujian	3783	18090	6489	14799	13528	1271	12587
江 西	Jiangxi	1066	9043	1858	17038	16919	119	13492
山 东	Shandong	11959	14286	6375	42274	39301	2973	17772
河 南	Henan	27441	56723	13712	64128	62049	2079	21041
湖 北	Hubei	2089	10380	5493	23618	22857	761	14711
湖 南	Hunan	9930	23338	6258	32408	30621	1787	22515
广 东	Guangdong	29394	31271	23727	54826	49848	4978	49695
广 西	Guangxi	3464	4009	2099	10560	10206	354	7747
海 南	Hainan	4068	5770	2556	6275	6107	168	6070
重 庆	Chongqing	9541	7461	9665	25210	22985	2225	11350
四 川	Sichuan	3306	17386	8810	28289	27785	504	14552
贵 州	Guizhou	2141	3480	421	12003	11666	337	7932
云 南	Yunnan	5785	7450	2863	26957	26571	386	12916
西 藏	Tibet				584	584		194
陕 西	Shaanxi	2751	7897	9874	16368	15938	430	16181
甘 肃	Gansu	55	643		3682	3682		3760
青 海	Qinghai		301		1389	1389		1308
宁 夏	Ningxia	423	2010	1191	2274	1728	546	3114
新 疆	Xinjiang	760	418	203	2921	2839	82	1925

4-3 续表 16 continued

单位：人 (person)

地 区	Region	1.新闻和出版业 1.Journalism and Publishing Activities	2.广播、电视、电影和影视录音制作业 2.Radio, Television, Motion Picture and Videotape Programme Production Services	3.文化艺术业 3.Cultural and Art Activities	4.体育 4.Sports Activities	5.娱乐业 5.Entertainment	(十九) 公共管理、社会保障和社会组织 XIX.Public Management, Social Security and Social Organization	#群众社团、社会团体和其他成员组织 Non-Governmental Organizations, Social Organizations and Membership Organizations
总 计	**National Total**	**98778**	**119325**	**85187**	**67721**	**91941**	**121566**	**49053**
北 京	Beijing	20945	16116	20586	15165	7951	36715	13463
天 津	Tianjin	1897	2240	1046	1213	1179	5222	1772
河 北	Hebei	1796	2383	1521	1499	2152	46	3
山 西	Shanxi	1359	853	2118	162	374	282	
内蒙古	Inner Mongolia	424	552	469	109	851	266	266
辽 宁	Liaoning	3257	1788	1297	1033	2913	4802	1477
吉 林	Jilin	2161	1672	828	1833	615	211	82
黑龙江	Heilongjiang	1890	1652	705	313	805	10226	10198
上 海	Shanghai	5909	9136	2797	6089	11160	1995	267
江 苏	Jiangsu	7593	9281	3928	3102	10607	1332	288
浙 江	Zhejiang	3851	6559	2307	2436	4000	27131	3282
安 徽	Anhui	2002	1972	2532	305	802	52	
福 建	Fujian	2220	2466	2237	2510	3154	262	194
江 西	Jiangxi	844	8104	2316	353	1875	141	2
山 东	Shandong	3845	5157	1566	2586	4618	3726	1860
河 南	Henan	3851	4681	4947	1081	6481	15428	3720
湖 北	Hubei	2812	4745	3430	686	3038	1051	856
湖 南	Hunan	4140	5695	5331	1205	6144	5559	5559
广 东	Guangdong	9526	14928	3482	15986	5773	3320	3079
广 西	Guangxi	3143	654	1855	1526	569	542	95
海 南	Hainan	1479	998	351	1830	1412	293	293
重 庆	Chongqing	4032	2363	2017	617	2321	15	15
四 川	Sichuan	3412	5456	1608	1050	3026	488	465
贵 州	Guizhou	2131	856	1687	1821	1437	1111	1029
云 南	Yunnan	1708	1174	4625	2195	3214	142	51
西 藏	Tibet			94		100		
陕 西	Shaanxi	1717	5537	5597	804	2526	887	483
甘 肃	Gansu	368	642	1918	59	773	42	42
青 海	Qinghai	87	928	293				
宁 夏	Ningxia	178	267	805	36	1828	225	176
新 疆	Xinjiang	201	470	894	117	243	54	36

第五部分

Chapter Five

2016 年全国户籍统计人口数据

Data from Household Registration in 2016

5-1 各地区总户数、总人口
Households and Population by Region

地 区	Region	总户数 (户) Number of Households (household)	总人口 (人) Total Population (person)	男 Male	女 Female	平均每户人数 (人/户) Average Family Size (person/household)	性别比 (女=100) Sex Ratio (Female=100)
全 国	**National Total**	**449118543**	**1392133401**	**714771310**	**677362091**	**3.10**	**105.52**
北 京	Beijing	5372752	13595120	6801044	6794076	2.53	100.10
天 津	Tianjin	3791686	10444032	5235140	5208892	2.75	100.50
河 北	Hebei	23677782	77022743	39231178	37791565	3.25	103.81
山 西	Shanxi	13043537	35221257	17958017	17263240	2.70	104.02
内蒙古	Inner Mongolia	9995617	24454620	12433033	12021587	2.45	103.42
辽 宁	Liaoning	15265816	42319752	21217181	21102571	2.77	100.54
吉 林	Jilin	10181460	26454878	13327429	13127449	2.60	101.52
黑龙江	Heilongjiang	14908207	36590063	18445263	18144800	2.45	101.66
上 海	Shanghai	5412021	14483127	7185651	7297476	2.68	98.47
江 苏	Jiangsu	24538505	77756618	39348680	38407938	3.17	102.45
浙 江	Zhejiang	16529889	49108463	24792305	24316158	2.97	101.96
安 徽	Anhui	21422289	70269753	36524957	33744796	3.28	108.24
福 建	Fujian	10821392	37699755	19428585	18271170	3.48	106.33
江 西	Jiangxi	15086709	49855775	26110965	23744810	3.30	109.96
山 东	Shandong	32355595	99214433	50496206	48718227	3.07	103.65
河 南	Henan	32899220	113704169	58773040	54931129	3.46	106.99
湖 北	Hubei	20723647	61567634	32004228	29563406	2.97	108.26
湖 南	Hunan	23537037	73188143	37975680	35212463	3.11	107.85
广 东	Guangdong	24522616	91648998	47172852	44476146	3.74	106.06
广 西	Guangxi	15856288	55791162	29426415	26364747	3.52	111.61
海 南	Hainan	2627344	9021776	4722146	4299630	3.43	109.83
重 庆	Chongqing	12608798	33921095	17452364	16468731	2.69	105.97
四 川	Sichuan	32351250	91370295	46962364	44407931	2.82	105.75
贵 州	Guizhou	13262982	44528044	23247854	21280190	3.36	109.25
云 南	Yunnan	15224884	46882523	24193553	22688970	3.08	106.63
西 藏	Tibet	877386	3209607	1607795	1601812	3.66	100.37
陕 西	Shaanxi	12815509	39590708	20447259	19143449	3.09	106.81
甘 肃	Gansu	8434626	27673975	14262398	13411577	3.28	106.34
青 海	Qinghai	1768869	5796648	2936218	2860430	3.28	102.65
宁 夏	Ningxia	2310301	6725060	3406389	3318671	2.91	102.64
新 疆	Xinjiang	6894529	23023175	11645121	11378054	3.34	102.35

5-2 各地区市总户数、总人口
Households and Population in Cities by Region

地 区	Region	总户数（户）Number of Households (household)	总人口（人）Total Population (person)	男 Male	女 Female	平均每户人数（人/户）Average Family Size (person/household)	性别比（女=100）Sex Ratio (Female=100)
全 国	**National Total**	**236310325**	**709600344**	**360104570**	**349495774**	**3.00**	**103.04**
北 京	Beijing	5372752	13595120	6801044	6794076	2.53	100.10
天 津	Tianjin	3791686	10444032	5235140	5208892	2.75	100.50
河 北	Hebei	9900075	31777625	16021318	15756307	3.21	101.68
山 西	Shanxi	4932792	14082359	7127850	6954509	2.85	102.49
内蒙古	Inner Mongolia	3474507	8969275	4488686	4480589	2.47	100.18
辽 宁	Liaoning	11574172	31311263	15593294	15717969	2.71	99.21
吉 林	Jilin	7349808	19031473	9537655	9493818	2.59	100.46
黑龙江	Heilongjiang	9316966	22324213	11168492	11155721	2.40	100.11
上 海	Shanghai	5111788	13812421	6856199	6956222	2.70	98.56
江 苏	Jiangsu	18606214	56632486	28417928	28214558	3.04	100.72
浙 江	Zhejiang	11521196	34048156	17052550	16995606	2.96	100.34
安 徽	Anhui	8141309	24976232	12820007	12156225	3.07	105.46
福 建	Fujian	5855483	19976253	10178785	9797468	3.41	103.89
江 西	Jiangxi	5711845	18540060	9649647	8890413	3.25	108.54
山 东	Shandong	19230150	58321734	29405345	28916389	3.03	101.69
河 南	Henan	11922638	40333293	20530114	19803179	3.38	103.67
湖 北	Hubei	13481814	39399848	20353590	19046258	2.92	106.86
湖 南	Hunan	8847768	25988622	13292934	12695688	2.94	104.70
广 东	Guangdong	18877126	69252207	35577889	33674318	3.67	105.65
广 西	Guangxi	6574125	22933884	11990322	10943562	3.49	109.57
海 南	Hainan	1633281	5570049	2894891	2675158	3.41	108.21
重 庆	Chongqing	8935733	23144141	11801837	11342304	2.59	104.05
四 川	Sichuan	14227797	38701394	19568947	19132447	2.72	102.28
贵 州	Guizhou	4131245	13075355	6725731	6349624	3.16	105.92
云 南	Yunnan	4895151	14308582	7258677	7049905	2.92	102.96
西 藏	Tibet	248855	605694	300754	304940	2.43	98.63
陕 西	Shaanxi	4898565	15024004	7638481	7385523	3.07	103.43
甘 肃	Gansu	2948634	8895441	4529711	4365730	3.02	103.76
青 海	Qinghai	565203	1695261	842726	852535	3.00	98.85
宁 夏	Ningxia	1282622	3553478	1781028	1772450	2.77	100.48
新 疆	Xinjiang	2949025	9276389	4662998	4613391	3.15	101.08

注：市，指经国务院批准设立市建制的市，本表中市的各项数字不包括市辖县的数字(表5-6、5-9、5-10同)。

5-3 各地区县总户数、总人口
Households and Population in Counties by Region

地 区	Region	总户数 (户) Number of Households (household)	总人口 (人) Total Population (person)	男 Male	女 Female	平均每户人数 (人/户) Average Family Size (person/household)	性别比 (女=100) Sex Ratio (Female=100)
全 国	**National Total**	**212808218**	**682533057**	**354666740**	**327866317**	**3.21**	**108.17**
北 京	Beijing						
天 津	Tianjin						
河 北	Hebei	13777707	45245118	23209860	22035258	3.28	105.33
山 西	Shanxi	8110745	21138898	10830167	10308731	2.61	105.06
内蒙古	Inner Mongolia	6521110	15485345	7944347	7540998	2.37	105.35
辽 宁	Liaoning	3691644	11008489	5623887	5384602	2.98	104.44
吉 林	Jilin	2831652	7423405	3789774	3633631	2.62	104.30
黑龙江	Heilongjiang	5591241	14265850	7276771	6989079	2.55	104.12
上 海	Shanghai	300233	670706	329452	341254	2.23	96.54
江 苏	Jiangsu	5932291	21124132	10930752	10193380	3.56	107.23
浙 江	Zhejiang	5008693	15060307	7739755	7320552	3.01	105.73
安 徽	Anhui	13280980	45293521	23704950	21588571	3.41	109.80
福 建	Fujian	4965909	17723502	9249800	8473702	3.57	109.16
江 西	Jiangxi	9374864	31315715	16461318	14854397	3.34	110.82
山 东	Shandong	13125445	40892699	21090861	19801838	3.12	106.51
河 南	Henan	20976582	73370876	38242926	35127950	3.50	108.87
湖 北	Hubei	7241833	22167786	11650638	10517148	3.06	110.78
湖 南	Hunan	14689269	47199521	24682746	22516775	3.21	109.62
广 东	Guangdong	5645490	22396791	11594963	10801828	3.97	107.34
广 西	Guangxi	9282163	32857278	17436093	15421185	3.54	113.07
海 南	Hainan	994063	3451727	1827255	1624472	3.47	112.48
重 庆	Chongqing	3673065	10776954	5650527	5126427	2.93	110.22
四 川	Sichuan	18123453	52668901	27393417	25275484	2.91	108.38
贵 州	Guizhou	9131737	31452689	16522123	14930566	3.44	110.66
云 南	Yunnan	10329733	32573941	16934876	15639065	3.15	108.29
西 藏	Tibet	628531	2603913	1307041	1296872	4.14	100.78
陕 西	Shaanxi	7916944	24566704	12808778	11757926	3.10	108.94
甘 肃	Gansu	5485992	18778534	9732687	9045847	3.42	107.59
青 海	Qinghai	1203666	4101387	2093492	2007895	3.41	104.26
宁 夏	Ningxia	1027679	3171582	1625361	1546221	3.09	105.12
新 疆	Xinjiang	3945504	13746786	6982123	6764663	3.48	103.21

5-4 各地区区县人口数
Population in Counties by Region

单位：人 (person)

城　市	City	人　数 Population	城　市	City	人　数 Population	城　市	City	人　数 Population
全　国	**National Total**	**1392133401**	新华区	Xinhua	497066	昌黎县	Changli	561547
北京市	**Beijing**	**13595120**	井陉矿区	Xiangyang	93184	卢龙县	Lulong	422035
市辖区	District	13595120	裕华区	Yuhua	590037	**邯郸市**	**Handan**	**10547034**
东城区	Dongcheng	982056	藁城区	Gaocheng	837568	市辖区	District	1602619
西城区	Xicheng	1462262	鹿泉区	Luquan	419520	邯山区	Hanshan	367640
朝阳区	Chaoyang	2102685	栾城区	Luancheng	346286	丛台区	Congtai	452518
丰台区	Fengtai	1149890	井陉县	Jingxing	332547	复兴区	Fuxing	287169
石景山区	Shijingshan	385563	正定县	Zhengding	500110	峰峰矿区	Fengfengkuangqu	495292
海淀区	Haidian	2386140	行唐县	Xingtang	460015	邯郸县	Handan	435932
门头沟区	Mentougou	250904	灵寿县	Lingshou	346407	临漳县	Linzhang	758300
房山区	Fangshan	811014	高邑县	Gaoyi	201123	成安县	Cheng'an	462323
通州区	Tongzhou	743808	深泽县	Shenze	261576	大名县	Daming	933419
顺义区	Shunyi	625722	赞皇县	Zanhuang	276185	涉　县	Shexian	423917
昌平区	Changping	609766	无极县	Wuji	532971	磁　县	Cixian	717424
大兴区	Daxing	681294	平山县	Pingshan	502685	肥乡县	Fenxiang	410276
怀柔区	Huairou	282687	元氏县	Yuanshi	440699	永年县	Yongnian	1115618
平谷区	Pinggu	401876	赵　县	Zhaoxian	613204	邱　县	Qiuxian	259175
密云区	Miyun	435513	晋州市	Jinzhou	571649	鸡泽县	Jize	336306
延庆区	Yanqing	283940	新乐市	Xinle	517382	广平县	Guangping	313623
天津市	**Tianjin**	**10444032**	**唐山市**	**Tangshan**	**7596341**	馆陶县	Guantao	365136
市辖区	District	10444032	市辖区	District	3359783	魏　县	Weixian	1050568
和平区	Heping	423173	路南区	Lunan	350820	曲周县	Quzhou	523585
河东区	Hedong	757901	路北区	Lubei	829357	武安市	Wu'an	838813
河西区	Hexi	831979	古冶区	Guye	351613	**邢台市**	**Xingtai**	**7883967**
南开区	Nankai	872823	开平区	Kaiping	255247	市辖区	District	890366
河北区	Hebei	634162	丰南区	Fengnan	532640	桥东区	Qiaodong	477254
红桥区	Hongqiao	516563	丰润区	Fengrun	829372	桥西区	Qiaoxi	413112
东丽区	Dongli	377038	曹妃甸区	Caofeidian	210734	邢台县	Xingtai	358657
西青区	Xiqing	402358	滦　县	Luanxian	573408	临城县	Lincheng	221068
津南区	Jinnan	448332	滦南县	Luannan	575772	内丘县	Neiqiu	295026
北辰区	Beichen	403809	乐亭县	Leting	450908	柏乡县	Boxiang	205717
武清区	Wuqing	922725	迁西县	Qianxi	398458	隆尧县	Longrao	561435
宝坻区	Baodi	711039	玉田县	Yutan	705049	任　县	Renxian	383533
滨海新区	Binhaixinqu	1281762	遵化市	Zunhua	760327	南和县	Nanhe	387897
宁河区	Ninghe	400029	迁安市	Qian'an	772636	宁晋县	Ningjin	854096
静海区	Jinghai	597886	**秦皇岛市**	**Qinhuangdao**	**2975008**	巨鹿县	Julu	427377
蓟州区	Jixian	862453	市辖区	District	1424645	新河县	Xinhe	179563
河北省	**Hebei**	77022743	海港区	Haigang	803051	广宗县	Guangzong	332709
石家庄市	**Shijiazhuang**	10288384	山海关区	Shanhaiguan	145615	平乡县	Pingxiang	360489
市辖区	District	4103343	北戴河区	Beidaihe	123999	威　县	Weixian	643180
长安区	Chang'an	633897	抚宁区	Funing	351980	清河县	Qinghe	438321
桥西区	Qiaoxi	685785	青龙满族自治县	Qinglong	566781	临西县	Linxi	390254

5-4 续表 1 continued

单位：人 (person)

城　　市	City	人　数 Population
南宫市	Nangong	506053
沙河市	Shahe	448226
保定市	**Baoding**	**10817679**
市辖区	District	2848433
竞秀区	Jingxiu	506656
莲池区	Lianchi	625367
满城区	Mancheng	406124
清苑区	Qiangyuan	688959
徐水区	Xushui	621327
涞水县	Laishui	358357
阜平县	Fuping	230894
定兴县	Dingxing	604228
唐　县	Tangxian	602628
高阳县	Gaoyang	357317
容城县	Rongcheng	273313
涞源县	Laiyuan	289376
望都县	Wangdu	274684
安新县	Anxin	468027
易　县	Yixian	584117
曲阳县	Quyang	649864
蠡　县	Lixian	547498
顺平县	Shunping	319808
博野县	Boye	274394
雄　县	Xiongxian	394881
涿州市	Zhuozhou	692057
安国市	Anguo	417142
高碑店市	Gaobeidian	630661
张家口市	**Zhangjiakou**	**4695998**
市辖区	District	1574326
桥东区	Qiaodong	286339
桥西区	Qiaoxi	242558
宣化区	Xuanhua	625720
下花园区	Xiahuayuan	66480
万全区	Wanquan	225946
崇礼区	Chongli	127283
张北县	Zhangbei	385468
康保县	Tangbao	272966
沽源县	Guyuan	231492
尚义县	Shangyi	190330
蔚县	Weixian	502471
阳原县	Yangyuan	275871
怀安县	Huaian	245798
怀来县	Huailai	364787
涿鹿县	Zhuolu	353313
赤城县	Chicheng	299176
承德市	**Chengde**	**3833091**
市辖区	District	599073
双桥区	Shuangqiao	386044
双滦区	Shuangruan	148553
鹰手营子矿区	Yingshouyingzikuangqu	64476
承德县	Chengde	427996
兴隆县	Xinglong	329555
平泉县	Pingquan	482075
滦平县	Luanping	329701
隆化县	Longhua	449837
丰宁满族自治县	Fengning	411096
宽城满族自治县	Kuancheng	261990
围场满族蒙古族自治	Weichang	541768
沧州市	**Cangzhou**	**7795439**
市辖区	District	560131
新华区	Xinhua	227744
运河区	Yunhe	332387
沧县	Cangxian	740744
青县	Qingxian	437158
东光县	Dongguang	386306
海兴县	Haixing	237472
盐山县	Yanshan	494073
肃宁县	Suning	369279
南皮县	Nanpi	401287
吴桥县	Wuqiao	284724
献　县	Xianxian	659647
孟村回族自治县	Mengcun	232837
泊头市	Potou	635427
任丘市	Renqiu	892808
黄骅市	Huanghua	572347
河间市	Hejian	891199
廊坊市	**Langfang**	**4699215**
市辖区	District	863660
安次区	Anci	371842
广阳区	Guangyang	491818
固安县	Gu'an	510980
永清县	Yongqing	410764
香河县	Xianghe	367732
大城县	Dacheng	528440
文安县	Wen'an	545384
大厂回族自治县	Daguang	130687
霸州市	Bazhou	650297
三河市	Sanhe	691271
衡水市	**Hengshui**	**4522599**
市辖区	District	558967
桃城区	Taocheng	558967
冀州区	Jizhou	367862
枣强县	Zaoqiang	409121
武邑县	Wuyi	323026
武强县	Wuqiang	219518
饶阳县	Raoyang	291900
安平县	Anping	336130
故城县	Gucheng	529842
景县	Jingxian	554168
阜城县	Fucheng	355916
深州市	Shenzhou	576149
省直辖县级行政单位	Shenzhixia	1886530
定州市	Dingzhou	1248925
辛集市	Xinji	637605
山西省	**Shanxi**	**35221257**
太原市	**Taiyuan**	**3702518**
市辖区	District	2873395
小店区	Xiaodian	629407
迎泽区	Yingze	537955
杏花岭区	Xinghualing	600680
尖草坪区	Jiancaoping	334610
万柏林区	Wanbailin	568259
晋源区	Jinyuan	202484
清徐县	Qingxu	332113
阳曲县	Yangqu	151981
娄烦县	Loufan	126320
古交市	Gujiao	218709
大同市	**Datong**	**3179352**
市辖区	District	1582863
城　区	Chengqu	686935
矿　区	Kuangqu	477187
南郊区	Nanjiao	316262
新荣区	Xinrong	102479

5-4 续表 2 continued

单位：人 (person)

城　　市	City	人　数 Population	城　　市	City	人　数 Population	城　　市	City	人　数 Population
阳高县	Yanggao	285586	应　县	Yingxian	307664	岢岚县	Kelan	80960
天镇县	Tianzhen	213442	右玉县	Youyu	110836	河曲县	Hequ	144840
广灵县	Guangling	183575	怀仁县	Huairen	289762	保德县	Baode	161954
灵丘县	Lingqiu	245671	**晋中市**	**Jinzhong**	**3324725**	偏关县	Piangu	104631
浑源县	Hunyuan	350516	市辖区	District	620819	原平市	Yuanping	490629
左云县	Zuoyun	140811	榆次区	Yuci	620819	**临汾市**	**Linfen**	**4335088**
大同县	Datong	176888	榆社县	Yushe	145594	市辖区	District	814660
阳泉市	**Yangquan**	**1325755**	左权县	Zuoquan	164671	尧都区	Raodu	814660
市辖区	District	701038	和顺县	Heshun	141176	曲沃县	Quwo	233678
城　区	Chengqu	235473	昔阳县	Xiyang	237255	翼城县	Yicheng	312074
矿　区	Kuangqu	265087	寿阳县	Shouyang	213996	襄汾县	Xiangfen	505062
郊　区	Jiaoqu	200478	太谷县	Taigu	292153	洪洞县	Hongtong	766760
平定县	Pingding	316778	祁　县	Qixian	276791	古　县	Guxian	90899
盂　县	Yuxian	307939	平遥县	Pingyao	536364	安泽县	Anze	82927
长治市	**Changzhi**	**3387716**	灵石县	Lingshi	263694	浮山县	Fushan	129197
市辖区	District	740270	介休市	Jiexiu	432212	吉　县	Jixian	108918
城　区	Chengqu	419169	**运城市**	**Yuncheng**	**5143433**	乡宁县	Xiangning	238113
郊　区	Jiaoqu	321101	市辖区	District	690646	大宁县	Daning	66571
长治县	Changzhi	347346	盐湖区	Yanhu	690646	隰　县	Xixian	108817
襄垣县	Xiangyuan	265778	临猗县	Linyi	560304	永和县	Yonghe	65533
屯留县	Tunliu	277953	万荣县	Wanrong	444623	蒲　县	Puxian	109271
平顺县	Pingshun	153790	闻喜县	Wenxi	405077	汾西县	Fenxi	148988
黎城县	Licheng	166460	稷山县	Jishan	361118	侯马市	Houma	243552
壶关县	Huguan	299225	新绛县	Xinjiang	332054	霍州市	Huozhou	310068
长子县	Changzi	364292	绛　县	Jiangxian	282091	**吕梁市**	**Lvliang**	**3907734**
武乡县	Wuxiang	211395	垣曲县	Yuanqu	224752	市辖区	District	283023
沁　县	Qinxian	174626	夏　县	Xiaxian	364016	离石区	Lishi	283023
沁源县	Qinyuan	159869	平陆县	Pinglu	247707	文水县	Wenshui	450876
潞城市	Lucheng	226712	芮城县	Ruicheng	382343	交城县	Jiaocheng	232677
晋城市	**Jincheng**	**2203916**	永济市	Yongji	446679	兴　县	Xingxian	287940
市辖区	District	383565	河津市	Hejing	402023	临　县	Linxian	653513
城　区	Chengqu	383565	**忻州市**	**Xinzhou**	**3083538**	柳林县	Liulin	344240
沁水县	Qinshui	203412	市辖区	District	545695	石楼县	Shilou	121077
阳城县	Yangcheng	383518	忻府区	Xinfu	545695	岚　县	Lanxian	187063
陵川县	Linchuan	255246	定襄县	Dingxiang	223687	方山县	Fangshan	154938
泽州县	Zezhou	494590	五台县	Wutai	315597	中阳县	Zhongyang	155166
高平市	Gaoping	483585	代　县	Daixian	205690	交口县	Jiaokou	119169
朔州市	**Shuozhou**	**1627482**	繁峙县	Fanshi	280965	孝义市	Xiaoyi	488647
市辖区	District	674164	宁武县	Ningwu	161304	汾阳市	Fenyang	429405
朔城区	Shuocheng	446378	静乐县	Qingle	157881	**内蒙古自治区**	**Inner Mongolia**	**24454620**
平鲁区	Pinglu	227786	神池县	Shenchi	96810	**呼和浩特市**	**Hohhot**	**2409689**
山阴县	Shanyin	**245056**	五寨县	Wuzhai	112895	市辖区	District	1321554

5-4 续表 3 continued

单位：人 (person)

城　市	City	人　数 Population
新城区	Xincheng	398028
回民区	Huimin	236162
玉泉区	Yuquan	202564
赛罕区	Saihan	484800
土默特左旗	Tumd Left Banner	365925
托克托县	Tuoketuo	203936
和林格尔县	Helingeer	202240
清水河县	Qingshuihe	142482
武川县	Wuchuan	173552
包头市	**Baotou**	**2237028**
市辖区	District	1559131
东河区	Donghe	417407
昆都仑区	Kundulun	515107
青山区	Qingshan	389568
石拐区	Shiguai	52114
白云鄂博矿区	Baiyunerbo	17095
九原区	Jiuyuan	167840
土默特右旗	Tumd Right Banner	365616
固阳县	Guyang	200435
达尔罕茂明安联合旗	Darhan Muminggan Joint Banner	111846
乌海市	**Wuhai**	**444565**
市辖区	District	444565
海勃湾区	Haibowan	237034
海南区	Hainan	87975
乌达区	Wuda	119556
赤峰市	**Chifeng**	**4630085**
市辖区	District	1263835
红山区	Hongshan	354204
元宝山区	Yuanbaoshan	323063
松山区	Songshan	586568
阿鲁科尔沁旗	Ar Horqin Banner	297765
巴林左旗	Balinzuoqi	347079
巴林右旗	Balinyouqi	184603
林西县	Linxi	234284
克什克腾旗	Hexigten Banner	249757
翁牛特旗	Wengniuteqi	481297
喀喇沁旗	Kalaqinqi	347452
宁城县	Ningcheng	614562
敖汉旗	Aohan	609451
通辽市	**Tongliao**	**3189028**
市辖区	District	843274
科尔沁区	Horqin	843274
科尔沁左翼中旗	Horqin Left Wing Middle Banner	529064
科尔沁左翼后旗	Horqin zyoyi houqi	405455
开鲁县	Kailu	396388
库伦旗	Kulun	179094
奈曼旗	Naiman	447502
扎鲁特旗	Jarud Banner	306149
霍林郭勒市	Holingola	82102
鄂尔多斯市	**Ordos**	**1594396**
市辖区	District	289341
东胜区	Dongsheng	289341
达拉特旗	Dalad Banner	369306
准格尔旗	Jungar Banner	326516
鄂托克前旗	Otog Front Banner	79556
鄂托克旗	Otog Banner	97910
杭锦旗	Hangjin	143540
乌审旗	Wushen	113377
伊金霍洛旗	Yijinhuoluo	174850
呼伦贝尔市	**Hulunbuir**	**2591459**
市辖区	District	370375
海拉尔区	Hailaer	282726
扎赉诺尔区	Zhalainuoer	87649
阿荣旗	Arun Banner	320766
莫力达瓦达斡尔族自治旗	Daur Autonomous Banner of Morin Dawa	319345
鄂伦春自治旗	Oroqen Autonomous Banner	254566
鄂温克族自治旗	Ewenki Autonomous Banner	139403
陈巴尔虎旗	Prairie Chenbarhu banner	56400
新巴尔虎左旗	Xin Barag Left Banner	42093
新巴尔虎右旗	Xin Barag Right Banner	35138
满洲里市	Manzhouli	84488
牙克石市	Yakeshi	335827
扎兰屯市	ZhaLanTun	412011
额尔古纳市	Erguna	80991
根河市	Genhe	140056
巴彦淖尔市	**Bayan nur**	**1749468**
市辖区	District	521376
临河区	Linhe	521376
五原县	Wuyuan	281315
磴口县	Dengkou	115872
乌拉特前旗	Wulateqianqi	333653
乌拉特中旗	Wulatezhongqi	142617
乌拉特后旗	Wulatehouqi	58717
杭锦后旗	Hangjinhouqi	295918
乌兰察布市	**Ulanqab**	**2735136**
市辖区	District	316975
集宁区	Jining	316975
卓资县	Zhuozi	203646
化德县	Huade	164542
商都县	Shangdu	332999
兴和县	Xinghe	320005
凉城县	Liangcheng	236592
察哈尔右翼前旗	Chahar Right Front Banne	216558
察哈尔右翼中旗	Chahar Right Middle Banner	204556
察哈尔右翼后旗	Chahar Right Back Banner	209411
四子王旗	Siziwangqi	213129
丰镇市	Fengzhen	316723
兴安盟	**Xing'anmeng**	**1650412**
乌兰浩特市	Ulanhot	321581
阿尔山市	arxan	45951
科尔沁右翼前旗	Horqin Right Wing Front Banner	332815
科尔沁右翼中旗	Horqin Right Wing Middle Banner	255494
扎赉特旗	Jalaid Banner	390877
突泉县	Tuquan	303694
锡林郭勒盟	**Xilin Gol League**	**1036282**
二连浩特市	Erenhot	32189
锡林浩特市	xilin hot	186930
阿巴嘎旗	Obagaqi	44440
苏尼特左旗	Sunitezuoqi	34620
苏尼特右旗	Suniteyouqi	68102
东乌珠穆沁旗	Dongwuzhumuqinqi	81438
西乌珠穆沁旗	Xiwuzhumuqinqi	80220
太仆寺旗	Taipusiqi	210041
镶黄旗	Xianghuangqi	31516
正镶白旗	Zhengxiangbaiqi	72319
正蓝旗	Zhenglanqi	83951
多伦县	Duolun	110516
阿拉善盟	Alxa League	187072
阿拉善左旗	Alxa Left Banner	143690
阿拉善右旗	Alxa Right Banner	25050
额济纳旗	Ejin Banner	18332
辽宁省	**Liaoning**	**42319752**
沈阳市	**Shenyang**	**7338812**
市辖区	District	5859525
和平区	Heping	661480
沈河区	Shenhe	709843

5-4 续表 4 continued

单位：人 (person)

城　　市	City	人　数 Population	城　　市	City	人　数 Population	城　　市	City	人　数 Population
大东区	Dadong	673730	市辖区	District	916360	市辖区	District	869688
皇姑区	Huanggu	823578	平山区	Pingshan	303089	白塔区	Baita	362670
铁西区	Tiexi	910734	溪湖区	Xihu	198245	文圣区	Wensheng	127434
苏家屯区	Sujiatun	426785	明山区	Mingshan	342282	宏伟区	Hongwei	139261
浑南区	Hunnan	348349	南芬区	Nanfen	72744	弓长岭区	Gongchangling	89091
沈北新区	Shenbeixinqu	321915	本溪满族自治县	Benxi	287459	太子河区	Taizihe	151232
于洪区	Yuhong	459703	桓仁满族自治县	Huanren	296165	辽阳县	Liaoyang	472184
辽中县	Liaozhong	523408	**丹东市**	**Dandong**	**2378614**	灯塔市	Dengta	444250
康平县	Kangping	349766	市辖区	District	779721	**盘锦市**	**Panjin**	**1300923**
法库县	Faku	447978	元宝区	Yuanbao	182257	市辖区	District	1026434
新民市	Xinmin	681543	振兴区	Zhenxing	425972	双台子区	Shuangtaizi	200244
大连市	**Dalian**	**5956300**	振安区	Zhen'an	171492	兴隆台区	Xinglongtai	448036
市辖区	District	3982563	宽甸满族自治县	Kuandian	427519	大洼区	Dawa	378154
中山区	Zhongshan	360494	东港市	Donggang	604623	盘山县	Panshan	274489
西岗区	Xigang	290596	凤城市	Fengcheng	566751	**铁岭市**	**Tieling**	**2998608**
沙河口区	Shahekou	644641	**锦州市**	**Jinzhou**	**3021616**	市辖区	District	434383
甘井子区	Ganjingzi	863017	市辖区	District	972957	银州区	Yinzhou	339087
旅顺口区	Lvshunkou	221417	古塔区	Guta	252709	清河区	Qinghe	95296
金州区	Jinzhou	688709	凌河区	Linghe	370431	铁岭县	Tieling	387891
普兰店区	Pulandian	913689	太和区	Taihe	349817	西丰县	Xifeng	342737
长海县	Changhai	71928	黑山县	Heishan	605647	昌图县	Changtu	1020819
瓦房店市	Wafangdian	997822	义　县	Yixian	418017	调兵山市	Diaobingshan	233956
庄河市	Zhuanghe	903987	凌海市	Linghai	513687	开原市	Kaiyuan	578822
鞍山市	**Anshan**	**3457513**	北镇市	Beizhen	511308	**朝阳市**	**Chaoyang**	**3410786**
市辖区	District	1497667	**营口市**	**Yingkou**	**2328263**	市辖区	District	613961
铁东区	Tiedong	535199	市辖区	District	932275	双塔区	Shuangta	406753
铁西区	Tiexi	302843	站前区	Zhanqian	273852	龙城区	Longcheng	207208
立山区	Lishan	408932	西市区	Xishi	171732	朝阳县	Chaoyang	563255
千山区	Qianshan	250693	鲅鱼圈区	Bayuquan	378436	建平县	Jianping	585862
台安县	Taian	369600	老边区	Laobian	108255	喀喇沁左翼蒙古族自治县	Harqin Left Wing	426463
岫岩满族自治	Youyan	510118	盖州市	Gaizhou	697968	北票市	Beipiao	570223
海城市	Haicheng	1080128	大石桥市	Dashiqiao	698020	凌源市	Lingyuan	651022
抚顺市	**Fushun**	**2148245**	**阜新市**	**Fuxin**	**1889147**	**葫芦岛市**	**Huludao**	**2804819**
市辖区	District	1404606	市辖区	District	761206	市辖区	District	984727
新抚区	Xinfu	299221	海州区	Haizhou	262877	连山区	Lianshan	468026
东洲区	Dongzhou	294396	新邱区	Xinqiu	80752	龙港区	Longgang	232954
望花区	Wanghua	378790	太平区	Taiping	158724	南票区	Nanpiao	283747
顺城区	Shuncheng	432199	清河门区	Qinghemen	66007	绥中县	Suizhong	648451
抚顺县	Fushun	115908	细河区	Xihe	192846	建昌县	Jianchang	630561
新宾满族自治	Xinbin	296986	阜新蒙古族自治县	Fuxin	721517	兴城市	Xingcheng	541080
清原满族自治	Qingyuan	330745	彰武县	Zhangwu	406424	**吉林省**	**Jilin**	**26454878**
本溪市	**Benxi**	**1499984**	**辽阳市**	**Liaoyang**	**1786122**	**长春市**	**Changchun**	**7534284**

5-4 续表 5 continued

单位：人 (person)

城　市	City	人　数 Population	城　市	City	人　数 Population	城　市	City	人　数 Population
市辖区	District	4377882	柳河县	Liuhe	365061	香坊区	Xiangfang	745820
南关区	Nanguan	710364	梅河口市	Meihekou	600857	呼兰区	Hulan	619388
宽城区	Kuancheng	645916	集安市	Ji'an	215667	阿城区	Acheng	558334
朝阳区	Chaoyang	724202	**白山市**	**Baishan**	**1216018**	双城区	Shuangcheng	787591
二道区	Erdao	576456	市辖区	District	548881	依兰县	Yilan	391184
绿园区	Luyuan	660552	浑江区	Hunjiang	330712	方正县	Fangzheng	225639
双阳区	Shuangyang	375579	江源区	Jiangyuan	218169	宾县	Bingxian	579303
九台区	Jiutai	684813	抚松县	Fusong	288971	巴彦县	Bayan	665141
农安县	Nong'an	1079889	靖宇县	Jingyu	138257	木兰县	Mulan	255868
榆树市	Yushu	1254681	长白朝鲜族自治县	Changba	79968	通河县	Tonghe	242589
德惠市	Dehui	821832	临江市	Linjiang	159941	延寿县	Yanshou	252601
吉林市	**Jilin**	**4224554**	**松原市**	**Songyuan**	**2783694**	尚志市	Shangzhi	580291
市辖区	District	1818724	市辖区	District	569736	五常市	Wuchang	917262
昌邑区	Changyi	617459	宁江区	Ningjiang	569736	**齐齐哈尔市**	**Qiqihar**	**5444846**
龙潭区	Longtan	453635	前郭尔罗斯蒙古	Mongolian Autonomous	580359	市辖区	District	1358561
船营区	Chuanying	465678	族自治县	County of Qian Gorlos		龙沙区	Longsha	290713
丰满区	Fengman	281952	长岭县	Changling	636405	建华区	Jianhua	248992
永吉县	Yongji	388419	乾安县	Qian'an	275261	铁锋区	Tiefeng	276186
蛟河市	Jiaohe	434026	扶余市	Fuyu	721933	昂昂溪区	Ananxiqu	75342
桦甸市	Huadian	434157	**白城市**	**Baicheng**	**1934581**	富拉尔基区	Fularjiqu	226855
舒兰市	Shulan	628250	市辖区	District	492661	碾子山区	Nianzishanqu	73214
磐石市	Panshi	520978	洮北区	Taobei	492661	梅里斯达斡尔	Meirhysdaur	167259
四平市	**Siping**	**3244920**	镇赉县	Zhenlai	271957	族区	district	
市辖区	District	580658	通榆县	Tongyu	361250	龙江县	Longjiang	592242
铁西区	Tiexi	255859	洮南市	Taonan	419540	依安县	Yi'an	480574
铁东区	Tiedong	324799	大安市	Daan	389173	泰来县	Tailai	311915
梨树县	Lishu	761072	延边朝鲜族自治州	Yanbian	2120355	甘南县	Gannan	383530
伊通满族	Yitong	455958	延吉市	Yanji	545140	富裕县	Fuyu	289538
自治县			图们市	Tumen	116163	克山县	Keshan	474934
公主岭市	Gongzhuling	1046588	敦化市	Dunhua	466522	克东县	Kedong	285278
双辽市	Shuangliao	400644	珲春市	Huichun	228320	拜泉县	Baiquan	569446
辽源市	**Liaoyuan**	**1197995**	龙井市	Longjing	160499	讷河市	Nehe	698828
市辖区	District	461467	和龙市	Longjing	175700	**鸡西市**	**Jixi**	**1807427**
龙山区	Longshan	300669	汪清县	Wangqing	225359	市辖区	District	822172
西安区	Xi'an	160798	安图县	Antu	202652	鸡冠区	Jiguan	338993
东丰县	Dongfeng	394050	**黑龙江省**	**Heilongjiang**	**36590063**	恒山区	Hengshan	150557
东辽县	Dongliao	342478	**哈尔滨市**	**Harbin**	**9620522**	滴道区	Didao	104018
通化市	Tonghua	2198477	市辖区	District	5510644	梨树区	Lishu	77671
市辖区	District	440853	道里区	Daoli	744022	城子河区	Chengzihe	122095
东昌区	Dongchang	317083	南岗区	Nangang	1018414	麻山区	Mashan	28838
二道江区	Erdaojiang	123770	道外区	Daowai	671186	鸡东县	Jidong	295432
通化县	Tonghua	240066	平房区	Pingfang	161402	虎林市	Hulin	281114
辉南县	Huinan	335973	松北区	Songbei	204487	密山市	Mishan	408709

5-4 续表 6 continued

单位：人 (person)

城　市	City	人　数 Population	城　市	City	人　数 Population	城　市	City	人　数 Population
鹤岗市	**Hegang**	**1036347**	乌马河区	Wumahe	33081	逊克县	Xunke	97304
市辖区	District	638940	汤旺河区	Tangwanghe	32152	孙吴县	Sunwu	94582
向阳区	Xiangyang	91101	带岭区	Dailing	32615	北安市	Beian	432827
工农区	Gongnong	175468	乌伊岭区	Wuyiling	21914	五大连池市	Wudalianchi	342297
南山区	Nanshan	127152	红星区	Hongxing	23271	**绥化市**	**Suihua**	**5434205**
兴安区	Xing'an	137230	上甘岭区	Shangganling	20140	市辖区	District	830691
东山区	Dongshan	65727	嘉荫县	Jiayin	71957	北林区	Beilin	830691
兴山区	Xingshan	42262	铁力市	Tieli	355736	望奎县	Wangkui	457459
萝北县	Luobei	217896	**佳木斯市**	**Jimusi**	**2374717**	兰西县	Lanxi	494090
绥滨县	Suibin	179511	市辖区	District	774851	青冈县	Qinggang	515003
双鸭山市	**Shuangyashan**	**1445654**	向阳区	Xiangyang	218605	庆安县	Qing'an	374002
市辖区	District	484847	前进区	Qianjin	160383	明水县	Mingshui	339295
尖山区	Jianshan	242543	东风区	Dongfeng	131537	绥棱县	Suiling	302302
岭东区	Lingdong	62087	郊区	Jiaoqu	264326	安达市	Anda	467345
四方台区	Sifangtai	60646	桦南县	Huanan	422209	肇东市	Zhaodong	879830
宝山区	Baoshan	119571	桦川县	Huachuan	208225	海伦市	Hailun	774188
集贤县	Jixian	299164	汤原县	Tangyuan	247631	大兴安岭地区	Daxing'anling	451106
友谊县	Youyi	109978	同江市	Tongjiang	177306	呼玛县	Huma	299911
宝清县	Baoqing	410484	富锦市	Fujin	460698	塔河县	Tahe	77114
饶河县	Raohe	141181	抚远市	Fuyuan	83797	漠河县	Mohe	74081
大庆市	**Daqing**	**2777979**	**七台河市**	**Qitaihe**	**801302**	**上海市**	**Shanghai**	**14483127**
市辖区	District	1379060	市辖区	District	487926	市辖区	District	13812421
萨尔图区	Sartu	363925	新兴区	Xinxing	183322	黄浦区	Huangpu	862184
龙凤区	Longfeng	193557	桃山区	Taoshan	186277	徐汇区	Xuhui	920596
让胡路区	Ranghulu	478699	茄子河区	Qiezihe	118327	长宁区	Changning	583389
红岗区	Honggang	115741	勃利县	Bolil	313376	静安区	Jing'an	950927
大同区	Datong	227138	**牡丹江市**	**Mudanjiang**	**2591768**	普陀区	Putuo	895935
肇州县	Zhaozhou	439426	市辖区	District	878259	虹口区	Hongkou	760972
肇源县	Zhaoyuan	451950	东安区	Dong'an	190839	杨浦区	Yangpu	1075797
林甸县	Lindian	261739	阳明区	Yangming	223466	闵行区	Minxing	1088392
杜尔伯特蒙古	dorbod	245804	爱民区	Aimin	219852	宝山区	Baoshan	962300
伊春市	**Yichun**	**1175812**	西安区	Xi'an	244102	嘉定区	Jiading	610414
市辖区	District	748119	林口县	Linkou	349466	浦东新区	Pudongxinqu	2951962
伊春区	Yichun	159460	绥芬河市	Suifenhe	70715	金山区	Jinshan	520104
南岔区	Nancha	117898	海林市	Hailin	377858	松江区	Songjiang	621635
友好区	Youhao	58619	宁安市	Ning'an	422300	青浦区	Qingpu	476983
西林区	Xilin	43814	穆棱市	Muling	283702	奉贤区	Fengxian	530831
翠峦区	Cuiruan	46439	东宁市	Dongning	209468	县	Xian	670706
新青区	Xinqing	44287	**黑河市**	**Heihe**	1628378	崇明县	Chongming	670706
美溪区	Meixi	38963	市辖区	District	185872	**江苏省**	**Jiangsu**	**77756618**
金山屯区	Jinshantun	41528	爱辉区	Aihui	185872	**南京市**	**Nanjing**	**6627927**
五营区	Wuying	33938	嫩江县	Nenjiang	475496	市辖区	District	6627927

5-4 续表 7 continued

单位：人 (person)

城市	City	人数 Population	城市	City	人数 Population	城市	City	人数 Population
玄武区	Xuanwu	478683	虎丘区	Huqu	862907	滨海县	Binghai	1229953
秦淮区	Qinhuai	694615	吴中区	Wuzhong	647349	阜宁县	Funing	1129502
建邺区	Jianye	315876	相城区	Xiangcheng	413254	射阳县	Sheyang	962250
鼓楼区	Gulou	924870	姑苏区	Gusu	732135	建湖县	Jianhu	800624
浦口区	Pukou	666885	吴江区	Wujiang	824518	东台市	Dongtai	1124591
栖霞区	Qixia	467010	常熟市	Changshu	1068666	**扬州市**	**Yangzhou**	**4616652**
雨花台区	Yuhuatai	269179	张家港市	Zhangjiagang	926592	市辖区	District	2293235
江宁区	Jiangning	1025308	昆山市	Kunshan	823547	广陵区	Guangling	494689
六合区	Liuhe	908897	太仓市	Taicang	482989	邗江区	Hanjiang	739149
溧水区	Lishui	433720	**南通市**	**Nantong**	**7666633**	江都区	Jiangdu	1059397
高淳区	Gaochun	442884	市辖区	District	2135697	宝应县	Baoying	912480
无锡市	**Wuxi**	**4861951**	崇川区	Chongchuan	677503	仪征市	Yizheng	596166
市辖区	District	2530547	港闸区	Gangzha	194000	高邮市	Gaoyou	814771
锡山区	Xishan	443301	通州区	Tongzhou	1264194	**镇江市**	**Zhenjiang**	**2719785**
惠山区	Huishan	468342	海安县	Haian	938283	市辖区	District	1034207
滨湖区	Binhu	492601	如东县	Rudong	1035366	京口区	Jingkou	499020
梁溪区	Liangxi	772212	启东市	Qidong	1119475	润州区	Runzhou	244118
新吴区	Xinwu	354091	如皋市	Rugao	1436834	丹徒区	Dantu	291069
江阴市	Jiangyin	1248036	海门市	Haimen	1000978	丹阳市	Danyang	811460
宜兴市	Yixing	1083368	**连云港市**	**Lianyungang**	**5339918**	扬中市	Yangzhong	282046
徐州市	**Xuzhou**	**10413858**	市辖区	District	2226945	句容市	Jurong	592072
市辖区	District	3434622	连云区	Lianyun	257544	**泰州市**	**Taizhou**	**5082067**
鼓楼区	Gulou	617164	海州区	Haizhou	766365	市辖区	District	1639784
云龙区	Yunlong	348421	赣榆区	Ganyu	1203036	海陵区	Hailing	590260
贾汪区	Jiawang	525689	东海县	Donghai	1234471	高港区	Gaogang	262911
泉山区	Quanshan	627719	灌云县	Guanyun	1052128	姜堰区	Jiangyan	786613
铜山区	Tongshan	1315629	灌南县	Guannan	826374	兴化市	Xinghua	1582488
丰县	Fengxian	1214092	**淮安市**	**Huaian**	**5675566**	靖江市	Jingjiang	666659
沛县	Penxian	1249326	市辖区	District	3357371	泰兴市	Taixing	1193136
睢宁县	Suining	1441584	淮安区	Huaian	1184523	**宿迁市**	**Suqian**	**5916005**
新沂市	Xinyi	1135578	淮阴区	Huaiyin	933603	市辖区	District	1761413
邳州市	Pizhou	1938656	清江浦区	Qingpu	860473	宿城区	Sucheng	1096032
常州市	**Changzhou**	**3748957**	洪泽区	Hongze	378772	宿豫区	Suyu	665381
市辖区	District	2949424	涟水县	Lianshui	1153821	沭阳县	Muyang	1970547
天宁区	Tianning	467121	盱眙县	Yutai	804738	泗阳县	Siyang	1073409
钟楼区	Gulou	425709	金湖县	Jinhu	359636	泗洪县	Sihong	1110636
新北区	Xinbei	562994	**盐城市**	**Yancheng**	8305342	**浙江省**	**Zhejiang**	**49108463**
武进区	Wujin	943177	市辖区	District	2433510	**杭州市**	**Hangzhou**	**7359994**
金坛区	Jintan	550423	亭湖区	Tinghu	1002033	市辖区	District	5446803
溧阳市	Liyang	799533	盐都区	Yandu	714937	上城区	Shangcheng	326903
苏州市	**Suzhou**	**6781957**	大丰区	Dafeng	716540	下城区	Xiacheng	402738
市辖区	District	3480163	响水县	Xiangshui	624912	江干区	Jianggan	527403

5-4 续表 8 continued

单位：人 (person)

城 市	City	人 数 Population	城 市	City	人 数 Population	城 市	City	人 数 Population
拱墅区	Gongshu	345564	海宁市	Haining	681656	嵊泗县	Shengsi	77025
西湖区	Xihu	690935	平湖市	Pinghu	493572	**台州市**	**Taizhou**	**6001703**
滨江区	Bingjiang	221116	桐乡市	Tongxiang	692754	市辖区	District	1600961
萧山区	Xiaoshan	1275928	**湖州市**	**Huzhou**	**2648446**	椒江区	Jiaojiang	535083
余杭区	Yuhang	984581	市辖区	District	1111151	黄岩区	Huangyan	611023
富阳区	Fuyang	671635	吴兴区	Wuxing	622404	路桥区	Luqiao	454855
桐庐县	Tonglu	411439	南浔区	Nanxun	488747	玉环县	Yuhuan	431807
淳安县	Chun'an	460664	德清县	Deqing	438787	三门县	Sanmen	443573
建德市	Jiande	509552	长兴县	Changxing	632382	天台县	Tiantai	598493
临安市	Lin'an	531536	安吉县	Ji'an	466126	仙居县	Xianju	510290
宁波市	**Ningbo**	**5909628**	绍兴市	Shaoxing	4445334	温岭市	Wenling	1216731
市辖区	District	2358394	市辖区	District	2197520	临海市	Linhai	1199848
海曙区	Haishu	296546	越城区	Yuecheng	755989	丽水市	Lishui	2680328
江东区	Jiangdong	285412	柯桥区	Keqiao	661247	市辖区	District	405580
江北区	Jiangbei	247469	上虞区	Shangyu	780284	莲都区	Liandu	405580
北仑区	Beilun	403731	新昌县	Xinchang	435814	青田县	Qingtian	553302
镇海区	Zhenhai	241180	诸暨市	Zhuji	1082113	缙云县	Jinyun	466358
鄞州区	Yinzhou	884056	嵊州市	Shengzhou	729887	遂昌县	Suichang	231908
象山县	Xiangshan	550411	**金华市**	**Jinhua**	**4811522**	松阳县	Songyang	240674
宁海县	Ninghai	629987	市辖区	District	968477	云和县	Yunhe	113680
余姚市	Yuyao	837689	婺城区	Wucheng	640080	庆元县	Qingyuan	205876
慈溪市	Cixi	1049386	金东区	Jindong	328397	景宁畲族自治县	Jingning	172224
奉化市	Fenghua	483761	武义县	Wuyi	342700	龙泉市	Longquan	290726
温州市	**Wenzhou**	**8182211**	浦江县	Pujiang	399202	**安徽省**	**Anhui**	**70269753**
市辖区	District	1680508	磐安县	Pan'an	212316	**合肥市**	**Hefeng**	**7298295**
鹿城区	Lucheng	757678	兰溪市	Lanxi	665110	市辖区	District	2591633
龙湾区	Longwan	353872	义乌市	Yiwu	782220	瑶海区	Yaohai	637236
瓯海区	Ouhai	437839	东阳市	Dongyang	839515	庐阳区	Luyang	474961
洞头区	Dongtou	131119	永康市	Yongkang	601982	蜀山区	Shushan	894931
永嘉县	Yongjia	971663	**衢州市**	**Quzhou**	**2574860**	包河区	Baohe	584505
平阳县	Pingyang	883826	市辖区	District	850704	长丰县	Changyang	769649
苍南县	Cangnan	1342048	柯城区	Kecheng	438060	肥东县	Feidong	1060231
文成县	Wencheng	401972	衢江区	Jujiang	412644	肥西县	Feixi	814050
泰顺县	Taishun	371107	常山县	Changshan	343624	庐江县	Lujiang	1204365
瑞安市	Ruian	1235161	开化县	Kaihua	359748	巢湖市	Chaohu	858367
乐清市	Leqing	1295926	龙游县	Longyou	406753	**芜湖市**	**Wuhu**	**3875820**
嘉兴市	**Jiaxing**	**3521175**	江山市	Jiangshan	614031	市辖区	District	1477661
市辖区	District	883812	**舟山市**	**Zhoushan**	**973262**	镜湖区	Jinghu	453753
南湖区	Nanhu	497833	市辖区	District	711090	弋江区	Yijiang	231633
秀洲区	Xiuzhou	385979	定海区	Dinghai	389872	鸠江区	Jiujiang	596124
嘉善县	Jiashan	389121	普陀区	Putuo	321218	三山区	Sanshan	196151
海盐县	Haiyan	380260	岱山县	Daishan	185147	芜湖县	Wuhu	346765

5-4 续表 9 continued

单位：人 (person)

城市	City	人数 Population	城市	City	人数 Population	城市	City	人数 Population
繁昌县	Fanchang	278783	市辖区	District	740573	埇桥区	Yongqiao	1903724
南陵县	Nanling	552284	迎江区	Yingjiang	211177	砀山县	Dangshan	992717
无为县	Wuwei	1220327	大观区	Daguan	266308	萧　县	Xiaoxian	1395281
蚌埠市	**Bengbu**	**3795226**	宜秀区	Yixiu	263088	灵璧县	Lingbi	1287324
市辖区	District	1149243	怀宁县	Huaining	704685	泗　县	Sixian	961454
龙子湖区	Longzihu	181828	潜山县	Qianshan	584895	**六安市**	**Lu'an**	**5873920**
蚌山区	Bangshan	335473	太湖县	Taihu	580372	市辖区	District	2196466
禹会区	Yuhui	359385	宿松县	Susong	873537	金安区	Jin'an	885871
淮上区	Huaishang	272557	望江县	Wangjiang	639336	裕安区	Yu'an	1036328
怀远县	Huaiyuan	1313506	岳西县	Yuexi	411437	叶集区	Yeji	274267
五河县	Wuhe	683883	桐城市	Tongcheng	756188	霍邱县	Huoqiu	1631348
固镇县	Guzhen	648594	**黄山市**	**Huangshan**	**1484068**	舒城县	Shucheng	1000952
淮南市	**Huainan**	**3891064**	市辖区	District	454905	金寨县	Jinzhai	682117
市辖区	District	1723951	屯溪区	Tunxi	197771	霍山县	Huoshan	363037
大通区	Datong	186844	黄山区	Huangshan	162302	**亳州市**	**Bozhou**	**6468497**
田家庵区	Tianjiaan	568079	徽州区	Huizhou	94832	市辖区	District	1665079
谢家集区	Xiejiaji	318234	歙　县	Shexian	476581	谯城区	Qiaocheng	1665079
八公山区	Bagongshan	197793	休宁县	Xiuning	270108	涡阳县	Guoyang	1669778
潘集区	Panji	453001	黟　县	Yixian	94265	蒙城县	Mengcheng	1424421
凤台县	Fengtai	768922	祁门县	Qimen	188209	利辛县	Lixin	1709219
寿县	Shouxian	1398191	**滁州市**	**Chuzhou**	**4540919**	**池州市**	**Chizhou**	**1623617**
马鞍山市	**Maanshan**	**2293452**	市辖区	District	551932	市辖区	District	671497
市辖区	District	825197	琅琊区	Langya	283076	贵池区	Guichi	671497
花山区	Huashan	378732	南谯区	Nanqiao	268856	东至县	Dongzhi	550395
雨山区	Yushan	260363	来安县	Laian	490872	石台县	Shitai	108301
博望区	Bowang	186102	全椒县	Quanjiao	459193	青阳县	Qingyang	293424
当涂县	Dangtu	476095	定远县	Dingyuan	975463	宣城市	Xuancheng	2803975
含山县	Hanshan	448327	凤阳县	Fengyang	782091	市辖区	District	870358
和县	Hexian	543833	天长市	Tianchang	635921	宣州区	Xuanzhou	870358
淮北市	**Huaibei**	**2165386**	明光市	Mingguang	645447	郎溪县	Langxi	348377
市辖区	District	1053440	**阜阳市**	**Fuyang**	**10615483**	广德县	Guangde	519150
杜集区	Duji	309313	市辖区	District	2263756	泾　县	Jingxian	354302
相山区	Xiangshan	412157	颍州区	Yingzhou	868247	绩溪县	Jixi	176278
烈山区	Lieshan	331970	颍东区	Yingdong	658798	旌德县	Jingde	150130
濉溪县	Suixi	1111946	颍泉区	Yingquan	736711	宁国市	Ningguo	385380
铜陵市	**Tongling**	**1708508**	临泉县	Linquan	2272119	福建省	Fujian	37699755
市辖区	District	738417	太和县	Taihe	1763150	**福州市**	**Fuzhou**	**6870648**
铜官区	Tongguan	365026	阜南县	Funan	1720280	市辖区	District	2030626
义安区	Yi'an	290932	颍上县	Yingshang	1779081	鼓楼区	Gulou	578423
郊区	Jiaoqu	82459	界首市	Jieshou	817097	台江区	Taijiang	326314
枞阳县	Zongyang	970091	**宿州市**	**Suzhou**	**6540500**	仓山区	Cangshan	555881
安庆市	**Anqing**	**5291023**	市辖区	District	1903724	马尾区	Mawei	174480

5-4 续表 10 continued

单位：人 (person)

城 市	City	人 数 Population	城 市	City	人 数 Population	城 市	City	人 数 Population
晋安区	Jin'an	395528	洛江区	Luojiang	190370	连城县	Liancheng	345006
闽侯县	Minhou	673420	泉港区	Quangang	406678	漳平市	Zhangping	297230
连江县	Lianjiang	670941	惠安县	Huian	1016453	**宁德市**	**Ningde**	**3516392**
罗源县	Luoyuan	266545	安溪县	Anxi	1200456	市辖区	District	488091
闽清县	Minqing	323630	永春县	Yongcun	597151	蕉城区	Jiaocheng	488091
永泰县	Yongtai	383461	德化县	Dehua	336374	霞浦县	Xiapu	548170
平潭县	Pingtan	437812	金门县	Jinmen		古田县	Gutian	431734
福清市	Fuqing	1358675	石狮市	Shishi	332020	屏南县	Pingnan	192475
长乐市	Changle	725538	晋江市	Jinjiang	1132305	寿宁县	Shouning	265248
厦门市	**Xiamen**	**2195094**	南安市	Nan'an	1613218	周宁县	Zhouning	212358
市辖区	District	2195094	**漳州市**	**Zhangzhou**	**5081940**	柘荣县	Zherong	109679
思明区	Siming	749818	市辖区	District	604609	福安市	Fu'an	669254
海沧区	Haicang	178857	芗城区	Xiangcheng	458194	福鼎市	Fuding	599383
湖里区	Huli	298601	龙文区	Longwen	146415	**江西省**	**Jiangxi**	**49855775**
集美区	Jimei	262454	云霄县	Yunxiao	457398	**南昌市**	**Nanchang**	**5227879**
同安区	Tong'an	366795	漳浦县	Zhangpu	913216	市辖区	District	2834183
翔安区	Xiang'an	338569	诏安县	Zhaoan	660159	东湖区	Donghu	579321
莆田市	**Putian**	**3498751**	长泰县	Changtai	208449	西湖区	Xihu	452590
市辖区	District	2345482	东山县	Dongshan	216737	青云谱区	Qingyunpu	269847
城厢区	Chengxiang	413028	南靖县	Nanjing	361690	湾里区	Wanli	79145
涵江区	Hanjiang	446029	平和县	Pinghe	616928	青山湖区	Qingshanhu	612781
荔城区	Licheng	559446	华安县	Huaan	168487	新建区	Xinjian	840499
秀屿区	Xiuyu	926979	龙海市	Longhai	874267	南昌县	Nanchang	1237039
仙游县	Xianyou	1153269	**南平市**	**Nanping**	**3212566**	安义县	Anyi	304843
三明市	**Sanming**	**2868478**	市辖区	District	861311	进贤县	Jinxian	851814
市辖区	District	283603	延平区	Yanping	504483	**景德镇市**	**Jingdezhen**	**1692683**
梅列区	Meilie	143745	建阳区	Jianyang	356828	市辖区	District	474566
三元区	Sanyuan	139858	顺昌县	Shunchang	238530	昌江区	Changjiang	152468
明溪县	Mingxi	118743	浦城县	Pucheng	435238	珠山区	Zhushan	322098
清流县	Qingliu	157003	光泽县	Guangze	165343	浮梁县	Fuliang	278205
宁化县	Ninghua	379121	松溪县	Songxi	168560	乐平市	Leping	939912
大田县	Datian	402356	政和县	Zhenghe	236546	**萍乡市**	**Pingxiang**	**1996045**
尤溪县	Youxi	444710	邵武市	Shaowu	308690	市辖区	District	887734
沙县	Shaxian	269221	武夷山市	Wuyishan	242905	安源区	Anyuan	475735
将乐县	Jiangle	186323	建瓯市	Jianou	555443	湘东区	Xiangdong	411999
泰宁县	Taining	137835	**龙岩市**	**Longyan**	**3132877**	莲花县	Lianhua	279217
建宁县	Jian'an	156977	市辖区	District	1030891	上栗县	Shangli	517120
永安市	Yong'an	332586	新罗区	Xinluo	522645	芦溪县	Luxi	311974
泉州市	**Quanzhou**	**7323009**	永定区	Yongding	508246	**九江市**	**Jiujiang**	**5203597**
市辖区	District	1095032	长汀县	Tingchow	537914	市辖区	District	659644
鲤城区	Licheng	253304	上杭县	Shanghang	526193	濂溪区	Lianxi	369482
丰泽区	Fengze	244680	武平县	Wuping	395643	浔阳区	Xunyang	290162

5-4 续表 11 continued

单位：人 (person)

城 市	City	人 数 Population	城 市	City	人 数 Population	城 市	City	人 数 Population
九江县	Jiujiang	334225	吉州区	Jizhou	363415	上饶县	Shangrao	841918
武宁县	Wuning	407048	青原区	Qingyuan	224073	玉山县	Yushan	644218
修水县	Xiushui	879964	吉安县	Ji'an	520628	铅山县	Qianshan	480982
永修县	Yongxiu	398580	吉水县	Jishui	561448	横峰县	Hengfeng	227806
德安县	Dean	176125	峡江县	Xiajiang	188845	弋阳县	Yiyang	424567
都昌县	Duchang	820882	新干县	Xingan	353401	余干县	Yugan	1082635
湖口县	Hukou	301204	永丰县	Yongfeng	488143	鄱阳县	Poyang	1570484
彭泽县	Pengze	384026	泰和县	Taihe	595355	万年县	Wannian	434651
瑞昌市	Ruichang	463846	遂川县	Suichuan	617912	婺源县	Wuyuan	373692
共青城市	Gongqingcheng	72609	万安县	Wanan	318575	德兴市	Dexing	337636
庐山市	Lushan	305444	安福县	Anfu	419615	山东省	Shandong	99214433
新余市	**Xinyu**	**1242766**	永新县	Yongxin	531394	**济南市**	**Jinan**	**6328277**
市辖区	District	899216	井冈山市	Jinggangshan	169743	市辖区	District	3703479
渝水区	Yushui	899216	**宜春市**	**Yichun**	**6020767**	历下区	Lixia	627446
分宜县	Fenyi	343550	市辖区	Shixia	1146216	市中区	Shizhong	617604
鹰潭市	**Yingtan**	**1282494**	袁州区	Yuanzhou	1146216	槐荫区	Huaiyin	410010
市辖区	District	239351	奉新县	Fengxin	337727	天桥区	Tianqiao	516642
月湖区	Yuehu	239351	万载县	Wanzai	571364	历城区	Licheng	971649
余江县	Yujiang	397709	上高县	Shanggao	382319	长清区	Changqing	560128
贵溪市	Guixi	645434	宜丰县	Yifeng	301094	平阴县	Pingyin	374500
赣州市	**Ganzhou**	**9707752**	靖安县	Jing'an	152543	济阳县	Jiyang	578506
市辖区	District	1570611	铜鼓县	Tonggu	139954	商河县	Shanghe	641934
章贡区	Zhanggong	728140	丰城市	Fengcheng	1502018	章丘市	Zhangqiu	1029858
南康区	Nankang	842471	樟树市	Zhangshu	611422	**青岛市**	**Qingdao**	**7913475**
赣县	Ganxian	652528	高安市	Gaoan	876110	市辖区	District	3785501
信丰县	Xinfeng	770666	抚州市	Fuzhou	4310340	市南区	Shinan	543207
大余县	Dayu	313585	市辖区	District	1212783	市北区	Shibei	885797
上犹县	Shangyou	324316	临川区	Linchuan	1212783	黄岛区	Huangdao	1210876
崇义县	Chongyi	216808	南城县	Nancheng	340781	崂山区	Laoshan	286046
安远县	Anyuan	402660	黎川县	Lichuan	252653	李沧区	Licang	352218
龙南县	Longnan	334916	南丰县	Nanfeng	314980	城阳区	Chengyang	507357
定南县	Diangnan	222125	崇仁县	Chongren	384899	胶州市	Jiaozhou	837660
全南县	Quannan	198017	乐安县	Lean	390215	即墨市	Jimo	1157537
宁都县	Ningdu	848802	宜黄县	Yihuang	237927	平度市	Pingdong	1390328
于都县	Yudu	1109354	金溪县	Jinxi	320218	莱西市	Laixi	742449
兴国县	Xingguo	846692	资溪县	Zixi	117216	**淄博市**	**Zibo**	**4324283**
会昌县	Huichang	529077	东乡县	Dongxiang	487578	市辖区	District	2879835
寻乌县	Xunwu	330514	广昌县	Guangchang	251090	淄川区	Zichuan	671053
石城县	Shicheng	333303	上饶市	Shangrao	7818905	张店区	Zhangdian	820032
瑞金市	Ruijin	703778	市辖区	District	1400316	博山区	Boshan	450017
吉安市	**Ji'an**	**5352547**	信州区	Xinzhou	429249	临淄区	Linzi	616373
市辖区	District	587488	广丰区	Guangfeng	971067	周村区	Zhoucun	322360

5-4 续表 12 continued

单位：人 (person)

城 市	City	人 数 Population	城 市	City	人 数 Population	城 市	City	人 数 Population
桓台县	Huantai	504023	寿光市	Shouguang	1084687	市辖区	District	2673666
高青县	Gaoqing	368995	安丘市	Anqiu	962210	兰山区	Lanshan	1226779
沂源县	Yiyuan	571430	高密市	Gaomi	893252	罗庄区	Luozhuang	640758
枣庄市	**Zaozhuang**	**4132260**	昌邑市	Changyi	586394	河东区	Hedong	806129
市辖区	District	2417666	济宁市	Jining	8757265	沂南县	Yinan	948276
市中区	Shizhong	577168	市辖区	District	1848379	郯城县	Tancheng	996063
薛城区	Xuecheng	546413	任城区	Rencheng	1198249	沂水县	Yishui	1159643
峄城区	Yicheng	426233	兖州区	Yanzhou	650130	兰陵县	Lanling	1401054
台儿庄区	Taierzhuang	334228	微山县	Weishan	725875	费 县	Feixian	880321
山亭区	Shanting	533624	鱼台县	Yutai	476187	平邑县	Pingyi	1072261
滕州市	Tengzhou	1714594	金乡县	Jinxiang	660574	莒南县	Junan	1047297
东营市	**Dongying**	**1928122**	嘉祥县	Jiaxiang	919887	蒙阴县	Mengyin	571398
市辖区	District	1099365	汶上县	Wenshang	812338	临沭县	Linshu	658438
东营区	Dongying	648613	泗水县	Sishui	638244	**德州市**	**Dezhou**	**5929789**
河口区	Hekou	219767	梁山县	Liangshan	831793	市辖区	District	1236035
垦利区	Kenli	230985	曲阜市	Qufu	647732	德城区	Decheng	639392
利津县	Lijin	305261	邹城市	Zoucheng	1196256	陵城区	Lingcheng	596643
广饶县	Guangrao	523496	泰安市	Taian	5686576	宁津县	Ningjin	490881
烟台市	**Yantai**	**6554194**	市辖区	District	1623483	庆云县	Qingyun	336562
市辖区	District	1877749	泰山区	Taishan	644505	临邑县	Linyi	550728
芝罘区	Zhifu	696507	岱岳区	Daiyue	978978	齐河县	Qihe	639958
福山区	Fushan	478749	宁阳县	Ningyang	834842	平原县	Pingyuan	474774
牟平区	Mouping	459161	东平县	Dongping	808104	夏津县	Xiajin	548581
莱山区	Laishan	243332	新泰市	Xintai	1428145	武城县	Wucheng	399385
长岛县	Changdao	41990	肥城市	Feicheng	992002	乐陵市	Laoling	715379
龙口市	Longkou	636934	**威海市**	**Weihai**	**2558591**	禹城市	Yucheng	537506
莱阳市	Laiyang	868483	市辖区	District	1335611	**聊城市**	**Liaocheng**	**6325215**
莱州市	Laizhou	850321	环翠区	Huancui	754332	市辖区	District	1252565
蓬莱市	Penglai	449075	文登区	Wendeng	581279	东昌府区	Dongchangfu	1252565
招远市	Zhaoyuan	565815	荣成市	Rongcheng	667146	阳谷县	Yanggu	820879
栖霞市	Qixia	609765	乳山市	Rushan	555834	莘 县	Shenxian	1080740
海阳市	Haiyang	654062	**日照市**	**Rizhao**	**2997233**	茌平县	Chiping	565307
潍坊市	**Weifang**	**9013185**	市辖区	District	1355544	东阿县	Dong'e	406766
市辖区	District	1898138	东港区	Donggang	925791	冠 县	Guanxian	866327
潍城区	Weicheng	372299	岚山区	Lanshan	429753	高唐县	Gaotang	511478
寒亭区	Hanting	439222	五莲县	Wulian	514790	临清市	Linqing	821153
坊子区	Fangzi	546927	莒 县	Juxian	1126899	**滨州市**	**Binzhou**	**3921343**
奎文区	Kuiwen	539690	**莱芜市**	**Laiwu**	**1290507**	市辖区	District	1083712
临朐县	Linqu	905622	市辖区	District	1290507	滨城区	Bincheng	686946
昌乐县	Changle	628645	莱城区	Laicheng	985905	沾化区	Zhanhua	396766
青州市	Qingzhou	944179	钢城区	Gangcheng	304602	惠民县	Huimin	651880
诸城市	Zhucheng	1110058	**临沂市**	**Linyi**	**11408417**	阳信县	Yangxin	467377

5-4 续表 13 continued

单位：人 (person)

城　市	City	人　数 Population
无棣县	Wudi	480504
博兴县	Boxing	498548
邹平县	Zouping	739322
菏泽市	**Heze**	**10145701**
市辖区	District	2311685
牡丹区	Mudan	1611128
定陶区	Dingtao	700557
曹县	Caoxian	1691810
单县	Shanxian	1265116
成武县	Chengwu	724966
巨野县	Juye	1086247
郓城县	Yuncheng	1282071
鄄城县	Juancheng	919364
东明县	Dongming	864442
河南省	**Henansheng**	**113704169**
郑州市	**Zhengzhou**	**8271028**
市辖区	District	3449326
中原区	Zhongyuan	780026
二七区	Erqi	598224
管城回族区	Guancheng	503954
金水区	Jinshui	1212355
上街区	Shangjie	117081
惠济区	Huiji	237686
中牟县	Zhongmu	867689
巩义市	Gongyi	840567
荥阳市	Xingyang	694373
新密市	Xinmi	892714
新郑市	Xinzheng	797626
登封市	Dengfeng	728733
开封市	**Kaifeng**	**5591835**
市辖区	District	1701534
龙亭区	Longting	126499
顺河回族区	Shunhe	244133
鼓楼区	Gulou	151206
禹王台区	Yuwangtai	132370
金明区	Jinming	228720
祥符区	Xiangfu	818606
杞县	Qixian	1232865
通许县	Tongxu	691405
尉氏县	Weishi	1027531
兰考县	Lankao	938500
洛阳市	**Luoyang**	**7366436**
市辖区	District	2045308
老城区	Laocheng	172052
西工区	Xigong	332546
瀍河回族区	Chanhe	177992
涧西区	Jianxi	561903
吉利区	Jili	68511
洛龙区	Luolong	732304
孟津县	Mengjin	483712
新安县	Xinan	543115
栾川县	Luanchuan	355094
嵩　县	Songxian	637299
汝阳县	Ruyang	524559
宜阳县	Yiyang	717058
洛宁县	Luoning	515063
伊川县	Yichuan	913058
偃师市	Yanshi	632170
平顶山市	**Pingdingshan**	**5676932**
市辖区	District	1108267
新华区	Xinhua	414517
卫东区	Weidong	364029
石龙区	Shilong	66522
湛河区	Zhanhe	263199
宝丰县	Baofeng	552567
叶　县	Yexian	874026
鲁山县	Lushan	975756
郏　县	Jiaxian	659468
舞钢市	Wugang	343485
汝州市	Ruzhou	1163363
安阳市	**Anyang**	**6256879**
市辖区	District	1178668
文峰区	Wenfeng	465876
北关区	Beiguan	249732
殷都区	Yindong	243656
龙安区	Longan	219404
安阳县	Anyang	1085088
汤阴县	Tangyin	524638
滑　县	Huaxian	1488106
内黄县	Neihuang	838365
林州市	Linzhou	1142014
鹤壁市	**Hebi**	**1702334**
市辖区	District	646473
鹤山区	Heshan	94287
山城区	Shancheng	193538
淇滨区	Qibin	358648
浚　县	Xunxian	755255
淇　县	Qixian	300606
新乡市	**Xinxiang**	**6462835**
市辖区	District	1072020
红旗区	Hongqi	369077
卫滨区	Weibin	233887
凤泉区	Fengquan	145553
牧野区	Muye	323503
新乡县	Xinxiang	370499
获嘉县	Huojia	453112
原阳县	Yuanyang	804054
延津县	Yanjin	519630
封丘县	Fengqiu	837874
长垣县	Changyuan	982257
卫辉市	Weihui	544149
辉县市	Huixian	879240
焦作市	**Jiaozuo**	**3738088**
市辖区	District	991821
解放区	Jiefang	303251
中站区	Zhongzhan	115230
马村区	Macun	143240
山阳区	Shanyang	430100
修武县	Xiuwu	272319
博爱县	Boai	395090
武陟县	Wuzhi	731508
温县	Wenxian	467638
沁阳市	Qinyang	496033
孟州市	Mengzhou	383679
濮阳市	**Puyang**	**4329922**
市辖区	District	716184
华龙区	Hualong	716184
清丰县	Qingfeng	**752575**
南乐县	Nanle	583142
范　县	Fanxian	603686
台前县	Taiqian	422732
濮阳县	Puyang	1251603
许昌市	**Xuchang**	**5100072**
市辖区	District	417478
魏都区	Weidu	417478
许昌县	Xuchang	923969

5-4 续表 14 continued

单位：人 (person)

城　市	City	人数 Population	城　市	City	人数 Population	城　市	City	人数 Population
鄢陵县	Yanling	721300	虞城县	Yucheng	1312872	**武汉市**	**Wuhan**	**8338450**
襄城县	Xiangcheng	913643	夏邑县	Xiayi	1288526	市辖区	District	8338450
禹州市	Yuzhou	1336583	永城市	Yongcheng	1606724	江岸区	Jiang'an	726209
长葛市	Changge	787099	**信阳市**	**Yinyang**	**9119502**	江汉区	Jianghan	486214
漯河市	**Luohe**	**2693432**	市辖区	District	1552211	硚口区	Qiaokou	524620
市辖区	District	1353077	浉河区	Shihe	664862	汉阳区	Hanyang	595834
源汇区	Yuanhui	316189	平桥区	Pingqiao	887349	武昌区	Wuchang	1077734
郾城区	Yancheng	507998	罗山县	Luoshan	787148	青山区	Qingshan	428816
召陵区	Zhaoling	528890	光山县	Guangshan	941689	洪山区	Hongshan	928863
舞阳县	Wuyang	608086	新　县	Xinxian	384958	东西湖区	Dongxihu	296479
临颍县	Linning	732269	商城县	Shangcheng	807591	汉南区	Hannan	113891
三门峡市	**Sanmenxia**	**2294868**	固始县	Gushi	1801826	蔡甸区	Caidian	**459923**
市辖区	District	635422	潢川县	Huangchuan	898163	江夏区	Jiangxia	598280
湖滨区	Hubin	294893	淮滨县	Huaibin	820780	黄陂区	Huangpi	1132828
陕州区	Shanzhou	340529	息　县	Xixian	1125136	新洲区	Xinzhou	968759
渑池县	Mianchi	359844	**周口市**	**Zhoukou**	**12586245**	**黄石市**	**Huangshi**	**2699040**
卢氏县	Xiaxian	382320	市辖区	District	635024	市辖区	District	627200
义马市	Lushi	160236	川汇区	Chuanhui	635024	黄石港区	Huangshigang	206707
灵宝市	Yima	757046	扶沟县	Fugou	798950	西塞山区	Xisaishan	213926
南阳市	**Nanyang**	**12385350**	西华县	Xihua	968651	下陆区	Xialu	**155511**
市辖区	District	2015431	商水县	Shangshui	1321282	铁山区	Tieshan	51056
宛城区	Wancheng	951153	沈丘县	Shenqiu	1404705	阳新县	Yangxin	1091712
卧龙区	Wolong	1064278	郸城县	Dancheng	1576999	大冶市	Daye	980128
南召县	Nanzhao	692666	淮阳县	Huaiyang	1500996	十堰市	**Shiyan**	**3475195**
方城县	Fangcheng	1178565	太康县	Taikang	1637783	市辖区	District	1186937
西峡县	Xixia	490842	鹿邑县	Luyi	1377198	茅箭区	Maojian	292841
镇平县	Zhenping	1092405	项城市	Xiangcheng	1364657	张湾区	Zhangwan	262151
内乡县	Neixiang	732114	**驻马店市**	**Zhumadian**	**9636913**	郧阳区	Yunyang	631945
淅川县	Xichuan	728299	市辖区	District	855861	郧西县	Yunxi	518669
社旗县	Sheqi	767769	驿城区	Yicheng	855861	竹山县	Zhushan	465226
唐河县	Tanghe	1486693	西平县	Xiping	900252	竹溪县	Zhuxi	360914
新野县	Xinye	852427	上蔡县	Shangcai	1604057	房　县	Fangshan	478502
桐柏县	Tongbo	503648	平舆县	Pingyu	1161929	丹江口市	Danjiangkou	464947
邓州市	Dengzhou	1844491	正阳县	Zhengyang	875672	宜昌市	**Yichang**	**3943129**
商丘市	**Shangqiu**	**9771947**	确山县	Queshan	551353	市辖区	District	1267727
市辖区	District	1844655	泌阳县	Biyang	955965	西陵区	Xiling	416435
梁园区	Liaoyuan	895720	汝南县	Runan	900718	伍家岗区	Wujiagang	172994
睢阳区	Suiyang	948935	遂平县	Suiping	582053	点军区	Dianjun	104872
民权县	Minquan	1007843	新蔡县	Xincai	1249053	猇亭区	Xiaoting	50765
睢县	Suixian	**912672**	省直辖县级行政单位	Shengzhiguan	719551	夷陵区	Yiling	522661
宁陵县	Ningling	712188	济源市	Jiyuan	719551	远安县	Yuan'an	192514
柘城县	Zhecheng	1086467	**湖北省**	**Hubei**	**61567634**	兴山县	Xingshan	168805

5-4 续表 15 continued

单位：人 (person)

城　市	City	人　数 Population
秭归县	Zigui	375327
长阳土家族自治县	Changyang	396598
五峰土家族自治县	Wufeng	199850
宜都市	Yidu	391864
当阳市	Dangyang	471903
枝江市	Zhijiang	478541
襄阳市	**Xiangyang**	**5942503**
市辖区	District	2263271
襄城区	Xiangcheng	461816
樊城区	Fancheng	803517
襄州区	Xiangzhou	997938
南漳县	Nanzhang	581178
谷城县	Gucheng	601583
保康县	Baokang	269026
老河口市	Laohekou	521923
枣阳市	Zaoyang	1140593
宜城市	Yicheng	564929
鄂州市	**Ezhou**	1111904
市辖区	District	1111904
梁子湖区	Liangzihu	189661
华容区	Huarong	264875
鄂城区	Echengqu	657368
荆门市	**Jingmen**	**2996418**
市辖区	Nanzhao	668385
东宝区	Dongbao	369327
掇刀区	Duodao	299058
京山县	Jingshan	645917
沙洋县	Shayang	623300
钟祥市	Zhongxiang	1058816
孝感市	**Xiaogan**	**5232078**
市辖区	District	958044
孝南区	Xiaonan	958044
孝昌县	Xiaochang	677376
大悟县	Dawu	634764
云梦县	Yunmeng	582894
应城市	Yingcheng	665946
安陆市	Anlu	620387
汉川市	Hanchuan	1092667
荆州市	**Jingzhou**	**6463511**
市辖区	District	1086375
沙市区	Shashi	537393
荆州区	Jingzhou	548982
公安县	Gongan	1013201
监利县	Jianli	1566039
江陵县	Jiangling	395377
石首市	Shishou	630128
洪湖市	Honghu	931907
松滋市	Songzi	840484
黄冈市	Huanggang	7468725
市辖区	District	351318
黄州区	Huangzhou	351318
团风县	Tuanfeng	375296
红安县	Hongan	660738
罗田县	Luotian	600744
英山县	Yingshan	404933
浠水县	Xishui	1017732
蕲春县	Qichun	1018521
黄梅县	Huangmei	1047045
麻城市	Macheng	1169509
武穴市	Wuxue	822889
咸宁市	Xianning	3035862
市辖区	District	621962
咸安区	Xianan	621962
嘉鱼县	Jiayu	371968
通城县	Tongcheng	523161
崇阳县	Chongyang	507313
通山县	Tongshan	476962
赤壁市	Chibi	534496
随州市	Suizhou	2521458
市辖区	District	655747
曾都区	Zengdong	655747
随　县	Suixian	934303
广水市	Guangshui	931408
恩施土家族苗族自治州	Enshi	4040123
恩施市	Enshi	808456
利川市	Lichuan	920284
建始县	Jianshi	514648
巴东县	Badong	492722
宣恩县	Xuandong	361092
咸丰县	Xianfeng	387345
来凤县	Laifeng	332881
鹤峰县	Hefeng	222695
省直辖县级行政单位	Shengzhiguan	4299238
仙桃市	Xiantao	1563459
潜江市	**Qianjiang**	1023271
天门市	Tianmen	1633593
神农架林区	Shennongjia	78915
湖南省	**Hunan**	**73188143**
长沙市	**Changsha**	**6959998**
市辖区	District	3283293
芙蓉区	Furong	399936
天心区	Tianxin	460205
岳麓区	Yuelu	723017
开福区	Kaifu	475865
雨花区	Yuhua	669357
望城区	Wangcheng	554913
长沙县	Changsha	764869
宁乡县	Ningxiang	1422530
浏阳市	Liuyang	1489306
株洲市	**Zhuzhou**	**4042306**
市辖区	District	972234
荷塘区	Hetang	212625
芦淞区	Lusong	243015
石峰区	Shifeng	249523
天元区	Tianyuan	267071
株洲县	Zhuzhou	352126
攸　县	Youxian	824946
茶陵县	Chaling	**650505**
炎陵县	Yanling	194193
醴陵市	Liling	1048302
湘潭市	**Xiangtan**	**2904106**
市辖区	District	875313
雨湖区	Yuhu	520915
岳塘区	Yuetang	354398
湘潭县	Xiangtan	978204
湘乡市	Xiangxiang	931878
韶山市	Shaoshan	118711
衡阳市	**Hengyang**	**8072669**
市辖区	District	1014406
珠晖区	Zhuhui	291266
雁峰区	Yanfeng	193373
石鼓区	Shigu	202564
蒸湘区	Zhenxiang	268261
南岳区	Nanyue	58942
衡阳县	Hengyang	1256777
衡南县	Hengnan	1107670

5-4 续表 16 continued

单位：人 (person)

城　市	City	人　数 Population
衡山县	Hengshan	454392
衡东县	Hengdong	765552
祁东县	Qidong	1072624
耒阳市	Leiyang	1431138
常宁市	Changning	970110
邵阳市	**Shaoyang**	**8300794**
市辖区	District	704062
双清区	Shuanqing	278201
大祥区	Daxiang	327537
北塔区	Beita	98324
邵东县	Shaodong	1345228
新邵县	Xinshao	836593
邵阳县	Shaoyang	1065050
隆回县	Longhui	1284987
洞口县	Dongkou	900565
绥宁县	Suining	386018
新宁县	Xinning	654955
城步苗族自治县	Chengbu	278219
武冈市	Wugang	845117
岳阳市	**Yueyang**	**5705212**
市辖区	District	1099647
岳阳楼区	Yueyanglou	683632
云溪区	Yunxi	170301
君山区	Junshan	245714
岳阳县	Yueyang	729420
华容县	Huarong	728437
湘阴县	Xiangyin	722987
平江县	Pingjiang	1119812
汨罗市	Miluo	761922
临湘市	Linxiang	542987
常德市	**Changde**	**6110134**
市辖区	District	1413396
武陵区	Wuling	609928
鼎城区	Dingcheng	803468
安乡县	Anxiang	553822
汉寿县	Hanshou	878589
澧　县	Lixian	929589
临澧县	Linli	452162
桃源县	Taoyuan	971956
石门县	Shimen	670876
津市市	Jinshi	239744
张家界市	**Zhangjiajie**	**1708748**
市辖区	District	529695
永定区	Yongding	473343
武陵源区	Wulingyuan	56352
慈利县	Cili	705792
桑植县	Sangzhi	473261
益阳市	**Yiyang**	**4844312**
市辖区	District	1373363
资阳区	Ziyang	430012
赫山区	Haoshan	943351
南　县	Nanxian	794749
桃江县	Taojiang	897579
安化县	Anhua	1029629
沅江市	Yuanjiang	748992
郴州市	**Chenzhou**	**5345242**
市辖区	District	783013
北湖区	Beihu	397007
苏仙区	Suxian	386006
桂阳县	Guiyang	923698
宜章县	Yizhang	653256
永兴县	Yongxing	711006
嘉禾县	Jiahe	434649
临武县	Linwu	380336
汝城县	Rucheng	418645
桂东县	Guidong	187665
安仁县	Anren	470516
资兴市	Zixing	382458
永州市	**Yongzhou**	**6451025**
市辖区	District	1176021
零陵区	Lingling	616743
冷水滩区	Lengshuitan	559278
祁阳县	Qiyang	1068348
东安县	Dong'an	648854
双牌县	Shuangpai	183474
道　县	Daoxian	811732
江永县	Jiangyong	282231
宁远县	Ningyuan	887526
蓝山县	Lanshan	412722
新田县	Xintian	446571
江华瑶族自治县	Jianghua	533546
怀化市	**Huaihua**	**5230669**
市辖区	District	388868
鹤城区	Hecheng	388868
中方县	Zhongfang	292333
沅陵县	Yuanling	642224
辰溪县	Chenxi	533932
溆浦县	Xupu	944866
会同县	Huitong	369154
麻阳苗族自治县	Mayang	399965
新晃侗族自治县	Xinhuang	259822
芷江侗族自治县	Zhijiang	382289
靖州苗族侗族自治县	Jingzhou	274816
通道侗族自治县	Tongdao	239787
洪江市	Hongjiang	502613
娄底市	**Loudi**	**4531705**
市辖区	District	493984
娄星区	Louxing	493984
双峰县	Shuangfeng	976037
新化县	Xinhua	1501148
冷水江市	Lengshuijiang	372384
涟源市	Lianyuan	1188152
湘西土家族苗族自治州	Xiangxi	2981223
吉首市	Jishou	307513
泸溪县	Luxi	317407
凤凰县	Fenghuang	432548
花垣县	Huayuan	314721
保靖县	Baojing	312813
古丈县	Guzhang	144152
永顺县	Yongshun	543203
龙山县	Longshan	608866
广东省	**Guangdong**	**91648998**
广州市	**Guangzhou**	**8704901**
市辖区	District	8704901
荔湾区	Liwan	726842
越秀区	Yuexiu	1174406
海珠区	Haizhu	1022587
天河区	Tianhe	867733
白云区	Baiyun	943604
黄埔区	Huangpu	457538
番禺区	Panyu	886502
花都区	Huadu	723778
南沙区	Nansha	392632
从化区	Conghua	618492
增城区	Zengcheng	890787
韶关市	Shaoguan	3343886

5-4 续表 17 continued

单位：人 (person)

城 市	City	人 数 Population	城 市	City	人 数 Population	城 市	City	人 数 Population
市辖区	District	922103	蓬江区	Pengjiang	493363	**梅州市**	**Meizhou**	**5514010**
武江区	Wujiang	274835	江海区	Jianghai	164035	市辖区	District	966839
浈江区	Zhenjiang	330633	新会区	Xinhui	757988	梅江区	Meijiang	355201
曲江区	Qujiang	316635	台山市	Taishan	970528	梅县区	Meixian	611638
始兴县	Shixing	258870	开平市	Kaiping	686591	大埔县	Dapu	579629
仁化县	Renhua	244703	鹤山市	Heshan	372140	丰顺县	Fengshun	753988
翁源县	Wengyuan	412214	恩平市	Enping	494701	五华县	Wuhua	1516426
乳源瑶族自治县	Ruyuan	223220	**湛江市**	**Zhanjiang**	**8348094**	平远县	Pingyuan	266207
新丰县	Xinfeng	267026	市辖区	District	1647444	蕉岭县	Jiaoling	237056
乐昌市	Lechang	529875	赤坎区	Chikan	248120	兴宁市	Xingning	1193865
南雄市	Nanxiong	485875	霞山区	Xiashan	423242	**汕尾市**	**Shanwei**	**3618886**
深圳市	**Shenzhen**	**4004689**	坡头区	Potou	423430	市辖区	District	503257
市辖区	District	4004689	麻章区	Mazhang	552652	城 区	Chengqu	503257
罗湖区	Luohu	609100	遂溪县	Suixi	1097833	海丰县	Haifeng	852781
福田区	Futian	981113	徐闻县	Xuwen	774691	陆河县	Luhe	354371
南山区	Nanshan	848508	廉江市	Lianjiang	1824508	陆丰市	Lufeng	1908477
宝安区	Baoan	818981	雷州市	Lenzhou	1805974	**河源市**	**Heyuan**	**3733183**
龙岗区	Longgang	675726	吴川市	Wuchuan	1197644	市辖区	District	318338
盐田区	Yantian	71261	**茂名市**	**Maoming**	**7988504**	源城区	Yuancheng	318338
珠海市	**Zhuhai**	**1147765**	市辖区	District	2958197	紫金县	Zijin	858010
市辖区	District	1147765	茂南区	Maonan	876238	龙川县	Longchuan	995973
香洲区	Xiangzhou	645762	电白区	Dianbai	2081959	连平县	Lianping	416619
斗门区	Doumen	358299	高州市	Gaozhou	1814352	和平县	Heping	558703
金湾区	Jinwan	143704	化州市	Huazhou	1747520	东源县	Dongyuan	585540
汕头市	**Shantou**	**5593095**	信宜市	Xinyi	1468435	**阳江市**	**Yangjiang**	**2960614**
市辖区	District	5517151	**肇庆市**	**Zhaoqing**	**4441708**	市辖区	District	1214282
龙湖区	Longhu	440680	市辖区	District	1355600	江城区	Jiangcheng	706406
金平区	Jinping	746882	端州区	Duanzhou	384741	阳东区	Yangdong	507876
濠江区	Haojiang	297018	鼎湖区	Dinghu	160492	阳西县	Yangxi	541725
潮阳区	Chaoyang	1808629	高要区	Gaoyao	810367	阳春市	Yangchun	1204607
潮南区	Chaonan	1443038	广宁县	Guangning	593284	**清远市**	**Qingyuan**	**4320897**
澄海区	Chenghai	780904	怀集县	Huaiji	1108543	市辖区	District	1416657
南澳县	Nan'ao	75944	封开县	Fengkai	520874	清城区	Qingcheng	712694
佛山市	**Feshan**	**4001834**	德庆县	Deqing	402554	清新区	Qingxin	703963
市辖区	District	4001834	四会市	Sihui	460853	佛冈县	Fogang	344924
禅城区	Chancheng	632991	**惠州市**	**Huizhou**	**3643096**	阳山县	Yangshan	563084
南海区	Nanhai	1329097	市辖区	District	1504556	连山壮族瑶族自治县	Lianshan	122962
顺德区	Shunde	1321247	惠城区	Huicheng	1033204	连南瑶族自治县	Liannan	173727
三水区	Sanshui	412488	惠阳区	Huiyang	471352	英德市	Yingde	1154907
高明区	Gaoming	306011	博罗县	Boluo	899203	连州市	Lianzhou	544636
江门市	**Jiangmen**	**3939346**	惠东县	Huidong	879824	东莞市	Dongguan	2009352
市辖区	District	1415386	龙门县	Longmen	359513	中山市	Zhongshan	1612485

5-4 续表 18 continued

单位：人 (person)

城　市	City	人　数 Population
潮州市	**Chaozhou**	**2739833**
市辖区	District	1668166
湘桥区	Xiangqiao	514219
潮安区	Chaoan	1153947
饶平县	Raoping	1071667
揭阳市	**Jieyang**	**6970496**
市辖区	District	2088953
榕城区	Rongcheng	981409
揭东区	Jiedong	1107544
揭西县	Jiexi	991899
惠来县	Huilai	1460539
普宁市	Puning	2429105
云浮市	**Yunfu**	**3012324**
市辖区	District	679000
云城区	Yuncheng	337079
云安区	Yun'an	341921
新兴县	Xinxing	492736
郁南县	Yunan	539929
罗定市	Luoding	1300659
广西壮族自治	**Guangxi**	**55791162**
南宁市	**Nanning**	**7517446**
市辖区	District	3700817
兴宁区	Xingning	327033
青秀区	Qingxiu	712342
江南区	Jiangnan	514119
西乡塘区	Xixiangtang	792036
良庆区	Liangqing	279640
邕宁区	Yongning	359746
武鸣区	Wuming	715901
隆安县	Long'an	422049
马山县	Mashan	568572
上林县	Shanglin	498892
宾阳县	Binyang	1057876
横县	Hengxian	1269240
柳州市	**Liuzhou**	**3856685**
市辖区	District	1784504
城中区	Chengzhong	156855
鱼峰区	Yufeng	347393
柳南区	Liunan	359035
柳北区	Liubei	351386
柳江区	Liujiang	569835
柳城县	Liucheng	410993
鹿寨县	Luzhai	411228
融安县	Rong'an	328830
融水苗族自治县	Rongshui	519838
三江侗族自治县	Sanjiang	401292
桂林市	**Guilin**	**5339637**
市辖区	District	1298594
秀峰区	Xiufeng	111913
叠彩区	Diecai	150706
象山区	Xiangshan	244560
七星区	Qixing	214324
雁山区	Yanshan	69432
临桂区	Lingui	507659
阳朔县	Yangshuo	328504
灵川县	Lingchuan	389493
全州县	Quanzhou	842854
兴安县	Xing'an	391111
永福县	Yongfu	288340
灌阳县	Guanyang	296360
龙胜各族自治县	Longsheng	172945
资源县	Ziyuan	179846
平乐县	Pingle	462646
荔浦县	Lipu	384231
恭城瑶族自治县	Gongcheng	304713
梧州市	**Wuzhou**	**3474696**
市辖区	District	793847
万秀区	Wanxiu	306454
长洲区	Changzhou	178892
龙圩区	Longxu	308501
苍梧县	Cangwu	405866
藤　县	Tengxian	1095698
蒙山县	Mengshan	224200
岑溪市	Cenxi	955085
北海市	Beihai	1743375
市辖区	District	661101
海城区	Haicheng	309194
银海区	Yinhai	167371
铁山港区	Tieshangang	184536
合浦县	Hepu	1082274
防城港市	**Fangchenggang**	**971994**
市辖区	District	576531
港口区	Gangkou	138007
防城区	Fangcheng	438524
上思县	Shangsi	248068
东兴市	Dongxing	147395
钦州市	**Qinzhou**	**4091328**
市辖区	District	1497434
钦南区	Qinnan	639939
钦北区	Qinbei	857495
灵山县	Lingshan	1654739
浦北县	Pubei	939155
贵港市	**Guigang**	**5548945**
市辖区	District	2007853
港北区	Gangbei	699171
港南区	Gangnan	701609
覃塘区	Tantang	607073
平南县	Pingnan	1524556
桂平市	Guiping	2016536
玉林市	**Yulin**	**7173248**
市辖区	District	1104188
玉州区	Yuzhou	669234
福绵区	Fumian	434954
容　县	Rongxian	860190
陆川县	Luchuan	1093863
博白县	Bobai	1859817
兴业县	Xingye	759748
北流市	Beiliu	1495442
百色市	**Baise**	**4171696**
市辖区	District	362478
右江区	Youjiang	362478
田阳县	Tianyang	355998
田东县	Tiandong	436215
平果县	Pingguo	517930
德保县	Debao	370123
那坡县	Napo	217294
凌云县	Lingyun	222177
乐业县	Leye	177418
田林县	Tianlin	265119
西林县	Xilin	160561
隆林各族自治县	Longlin	426667
靖西市	Jingxi	659716
贺州市	**Hezhou**	**2425233**
市辖区	District	1111647
八步区	Babu	1111647
昭平县	Zhaoping	447243

5-4 续表 19 continued

单位：人 (person)

城　　市	City	人　数 Population	城　　市	City	人　数 Population	城　　市	City	人　数 Population
钟山县	Zhongshan	530145	吉阳区	Jiyang	159680	璧山区	Bishan	643525
富川瑶族自治县	Fuchuan	336198	天涯区	Tianya	245893	铜梁区	Tongliang	848313
河池市	**Hechi**	**4285896**	崖州区	Yazhou	100804	潼南区	Tongnan	956787
市辖区	District	344121	三沙市	Sansha	513	荣昌区	Rongchang	850615
金城江区	Jinchengjian	344121	儋州市	Danzhou	1030572	开州区	Kaizhou	1691198
南丹县	Nandan	322828	省直辖县级行政单位	Shengzhigua	5738044	县	County	10776954
天峨县	Tian'e	175440	五指山市	Wuzhishan	106352	梁平县	Liangping	930099
凤山县	Fengshan	218938	琼海市	Qionghai	513323	城口县	Chengkou	252390
东兰县	Donglan	311707	文昌市	Wenchang	597200	丰都县	Fengdu	830394
罗城仫佬族自治县	Luocheng	385815	万宁市	Wanning	622554	垫江县	Dianjiang	975068
环江毛南族自治县	Huanjiang	377197	东方市	Dongfang	446888	武隆县	Wulong	414416
巴马瑶族自治县	Bama	291231	定安县	Ding'an	343259	忠　县	Zhongxian	1003139
都安瑶族自治县	Du'an	717932	屯昌县	Tunchang	305871	云阳县	Yunyang	1349604
大化瑶族自治县	Dahua	474374	澄迈县	Chengmai	556093	奉节县	Fengjie	1066302
宜州市	Yizhou	666313	临高县	Lingao	496780	巫山县	Wushan	639252
来宾市	**Laibin**	2685587	白沙黎族自治县	Baisha	195341	巫溪县	Wuxi	545426
市辖区	District	1125978	昌江黎族自治县	Changjiang	255003	石柱土家族自治县	Shizhu	547556
兴宾区	Xingbin	1125978	乐东黎族自治县	Ledong	534384	秀山土家族苗族自治县	Xiushan	666880
忻城县	Xincheng	440754	陵水黎族自治县	Lingshui	380425	酉阳土家族苗族自治县	Youyang	853479
象州县	Xiangzhou	369979	保亭黎族苗族自治县	Baoting	167876	彭水苗族土家族自治县	Pengshui	702949
武宣县	Wuxuan	453866	琼中黎族苗族自治县	Qiongzhong	216695	**四川省**	**Sichuan**	**91370295**
金秀瑶族自治县	Jinxiu	157224	**重庆市**	**Chongqing**	**33921095**	**成都市**	**Chendu**	**13989297**
合山市	Heshan	137786	市辖区	District	23144141	市辖区	District	7163340
崇左市	**Chongzuo**	**2505396**	万州区	Wanzhou	1760465	锦江区	Jinjiang	537468
市辖区	District	372474	涪陵区	Fuling	1164168	青羊区	Qingyang	672175
江州区	Jiangzhou	372474	渝中区	Yuzhong	525096	金牛区	Jinniu	760697
扶绥县	Fusui	463503	大渡口区	Dadukou	260685	武侯区	Wuhou	1125188
宁明县	Ningming	442708	江北区	Jiangbei	610545	成华区	Chenghua	738164
龙州县	Longzhou	272884	沙坪坝区	Shapingba	817515	龙泉驿区	Longquanyi	659775
大新县	Daxin	383422	九龙坡区	Jiulongpo	917228	青白江区	Qingbaijian	419625
天等县	Tiandeng	456361	南岸区	Nan'an	699528	新都区	Xindu	748255
凭祥市	Pingxiang	114044	北碚区	Beibei	634262	温江区	Wenjiang	429887
海南省	**Hainan**	**9021776**	綦江区	Qijiang	1206365	双流区	Shuangliu	1072106
海口市	**Haikou**	**1670344**	大足区	Dazu	1064190	金堂县	Jintang	899757
市辖区	District	1670344	渝北区	Yubei	1251586	郫　县	Pixian	575160
秀英区	Xiuying	308484	巴南区	Banan	914829	大邑县	Dayi	513745
龙华区	Longhua	465078	黔江区	Qianjiang	554087	蒲江县	Pujiang	268291
琼山区	Qiongshan	385348	长寿区	Changshou	902312	新津县	Xinjin	315270
美兰区	Meilan	511434	江津区	Jiangjin	1500607	都江堰市	Dujiangyan	622769
三亚市	**Sanya**	**582303**	合川区	Hechuan	1546897	彭州市	Pengzhou	804970
市辖区	District	582303	永川区	Yongchuan	1135964	邛崃市	Qionglai	656628
海棠区	Haitang	75926	南川区	Nanchuan	687374	崇州市	Chongzhou	670293

5-4 续表 20 continued

单位：人 (person)

城 市	City	人 数 Population	城 市	City	人 数 Population	城 市	City	人 数 Population
简阳市	Jianyang	1499074	平武县	Pingwu	181466	嘉陵区	Jialing	693037
自贡市	**Zigong**	**3273837**	江油市	Jiangyou	878551	南部县	Nanbu	1270902
市辖区	District	1504106	**广元市**	**Guangyuan**	**3047784**	营山县	Yingshan	933352
自流井区	Ziliujing	369271	市辖区	District	930535	蓬安县	Peng'an	691122
贡井区	Gongjing	293404	利州区	Lizhou	492846	仪陇县	Yilong	1088665
大安区	Daan	448661	昭化区	Zhaohua	233008	西充县	Xichong	615756
沿滩区	Yantan	392770	朝天区	Chaotian	204681	阆中市	Langzhong	859192
荣县	Rongxian	683949	旺苍县	Wangcang	449855	**眉山市**	**Meishan**	**3502499**
富顺县	Fushun	1085782	青川县	Qingchuan	232531	市辖区	District	1216854
攀枝花市	**Panzhihua**	**1105576**	剑阁县	Jiange	663810	东坡区	Dongpo	884862
市辖区	District	674149	苍溪县	Cangxi	771053	彭山区	Pengshan	331992
东区	Dongqu	303401	**遂宁市**	**Suining**	**3779310**	仁寿县	Renshou	1574031
西区	Xiqu	137139	市辖区	District	1520988	洪雅县	Hongya	350774
仁和区	Renhe	233609	船山区	Chuanshan	720265	丹棱县	Danling	163353
米易县	Miyi	221365	安居区	Anju	800723	青神县	Qingshen	197487
盐边县	Yanbian	210062	蓬溪县	Pengxi	707157	**宜宾市**	**Yibin**	**5559123**
泸州市	**Luzhou**	**5082655**	射洪县	Shehong	997312	市辖区	District	1277025
市辖区	District	1512552	大英县	Daying	553853	翠屏区	Cuiping	845478
江阳区	Jiangyang	674256	**内江市**	**Neijiang**	**4200643**	南溪区	Nanxi	431547
纳溪区	Naxi	470647	市辖区	District	1413247	宜宾县	Yibin	1027741
龙马潭区	Longmatan	367649	市中区	Shizhong	529855	江安县	Jiang'an	563861
泸县	Luxian	1072849	东兴区	Dongxing	883392	长宁县	Changning	467202
合江县	Hejiang	899951	威远县	Weiyuan	728422	高 县	Gaoxian	535050
叙永县	Xuyong	724122	资中县	Zizhong	1279141	珙 县	Gongxian	437533
古蔺县	Gulin	873181	隆昌县	Longchang	779833	筠连县	Junlian	448803
德阳市	**Deyang**	**3917371**	**乐山市**	**Leshan**	**3547164**	兴文县	Xingwen	488144
市辖区	District	697421	市辖区	District	1167246	屏山县	Pingshan	313764
旌阳区	Jingyang	697421	市中区	Shizhong	625850	**广安市**	**Guang'an**	**4672445**
中江县	Zhongjiang	1418458	沙湾区	Shawan	182274	市辖区	District	1268959
罗江县	Luojiang	250085	五通桥区	Wutongqiao	308383	广安区	Guang'an	899486
广汉市	Guanghan	610733	金口河区	Jinkouhe	50739	前锋区	Qianfeng	369473
什邡市	Shifang	435606	犍为县	Qianwei	566415	岳池县	Yuechi	1174205
绵竹市	Mianzhu	505068	井研县	Jingyan	409367	武胜县	Wusheng	836823
绵阳市	**Mianyang**	**5451833**	夹江县	Jiajiang	348880	邻水县	Linshui	1029967
市辖区	District	1747550	沐川县	Muchuan	255372	华蓥市	Huaying	362491
涪城区	Fucheng	730093	峨边彝族自治县	Ebian	148781	**达州市**	**Dazhou**	**6836500**
游仙区	Youxian	568285	马边彝族自治县	Mabian	218255	市辖区	District	1809292
安州区	Anzhou	449172	峨眉山市	Emeishan	432848	通川区	Tongchuan	602439
三台县	Santai	1451691	**南充市**	**Nanchong**	**7412671**	达川区	Dachuan	1206853
盐亭县	Anxian	570076	市辖区	District	1953682	宣汉县	Xuanhan	1323382
梓潼县	Zitong	383962	顺庆区	Shunqing	660671	开江县	Kaijiang	604587
北川羌族自治县	Beichuan	238537	高坪区	Gaoping	599974	大竹县	Dazhu	1114183

5-4 续表 21 continued

单位：人 (person)

城 市	City	人 数 Population	城 市	City	人 数 Population	城 市	City	人 数 Population
渠 县	Quxian	1400062	九龙县	Jiulong	66714	开阳县	Kaiyang	451594
万源市	Wanyuan	584994	雅江县	Yajiang	50190	息烽县	Xifeng	269109
雅安市	**Yaan**	**1549605**	道孚县	Daofu	57526	修文县	Xiuwen	321613
市辖区	District	623660	炉霍县	Luhuo	47193	清镇市	Qingzhen	522521
雨城区	Yucheng	343060	甘孜县	Ganzi	68443	**六盘水市**	**Liupanshui**	**3398608**
名山区	Mingshan	280600	新龙县	Xinlong	49623	市辖区	District	1206821
荥经县	Yingjing	148672	德格县	Dege	87552	钟山区	Zhongshan	471577
汉源县	Hanyuan	322311	白玉县	Baiyu	56882	六枝特区	Liuzhite	735244
石棉县	Shimian	122371	石渠县	Shiqu	93657	水城县	Shuicheng	952840
天全县	Tianquan	153006	色达县	Seda	55347	盘 县	Panxian	1238947
芦山县	Lushan	121008	理塘县	Litang	68484	**遵义市**	**Zunyi**	**8018340**
宝兴县	Baoxing	58577	巴塘县	Batang	53006	市辖区	District	2194437
巴中市	**Bazhong**	**3752651**	乡城县	Xiangcheng	29633	红花岗区	Honghuagang	545124
市辖区	District	1364396	稻城县	Daocheng	31787	汇川区	Huichuan	390876
巴州区	Bazhou	792305	得荣县	Derong	25962	播州区	Bozhou	1258437
恩阳区	Enyang	572091	**凉山彝族自治州**	**Liangshan**	**5123552**	桐梓县	Tongzi	749123
通江县	Tongjiang	746159	西昌市	Xichang	663059	绥阳县	Suiyang	559741
南江县	Nanjiang	664283	木里藏族自治县	Muli	139924	正安县	Zhengan	654563
平昌县	Pingchang	977813	盐源县	Yanyuan	379101	道真仡佬族苗族自治县	Daozhen	350074
资阳市	**Ziyang**	3545245	德昌县	Dechang	214822	务川仡佬族苗族自治县	Wuchuan	469661
市辖区	District	1103205	会理县	Huili	463874	凤冈县	Fenggang	443976
雁江区	Yanjiang	1103205	会东县	Huidong	425640	湄潭县	Meitan	507064
安岳县	Anyue	1609516	宁南县	Ningnan	195388	余庆县	Yuqing	306189
乐至县	Lezhi	832524	普格县	Puge	200404	习水县	Xishui	757604
阿坝藏族羌族自治州	**Aba**	**919513**	布拖县	Butuo	183993	赤水市	Chishui	316131
马尔康市	Maerkang	55459	金阳县	Jinyang	197263	仁怀市	Renhuai	709777
汶川县	Wenchuan	97615	昭觉县	Zhaojue	320277	**安顺市**	Anshun	2999750
理 县	Lixian	44853	喜德县	Xide	219711	市辖区	District	1290918
茂 县	Maoxian	112217	冕宁县	Mianning	403136	西秀区	Xixiu	918027
松潘县	Songpan	**75369**	越西县	Yuexi	356622	平坝区	Pingba	372891
九寨沟县	Jiuzhaigou	67945	甘洛县	Ganluo	227701	普定县	Puding	502722
金川县	Jinchuan	72434	美姑县	Meigu	264793	镇宁布依族苗族自治县	Zhenning	402231
小金县	Xiaojin	80386	雷波县	Leibo	267844	关岭布依族苗族自治县	Guanling	403700
黑水县	Heishui	60714	**贵州省**	**Guizhou**	**44528044**	紫云苗族布依族自治县	Ziyun	400179
壤塘县	Xiangtang	44304	**贵阳市**	**Guiyang**	**4013474**	**毕节市**	**Bijie**	**9168487**
阿坝县	Aba	80442	市辖区	District	2448637	市辖区	District	1623082
若尔盖县	Ruoergai	79637	南明区	Nanming	607109	七星关区	Qixingguan	1623082
红原县	Hongyuan	48138	云岩区	Yunyan	645710	大方县	Dafang	1195200
甘孜藏族自治州	**Ganzi**	**1101021**	花溪区	Huaxi	504871	黔西县	Qianxi	991660
康定市	Kangding	111452	乌当区	Wudang	210436	金沙县	Jinsha	700685
泸定县	Luding	87878	白云区	Baiyun	216027	织金县	Zhijin	1204971
丹巴县	Danba	**59692**	观山湖区	Guanshanhu	264484	纳雍县	Nayong	1081429

5-4 续表 22 continued

单位：人 (person)

城　市	City	人数 Population
威宁彝族回族苗族自治县	Weining	1512367
赫章县	Hezhang	859093
铜仁市	**Tongren**	**4405953**
市辖区	Shixia	490726
碧江区	Bijiang	323663
万山区	Wanshan	167063
江口县	Jiangkou	246628
玉屏侗族自治县	Yuping	156884
石阡县	Shiqian	414683
思南县	Sinan	684248
印江土家族苗族自治县	Yinjiang	452247
德江县	Dejiang	550586
沿河土家族自治县	Yanhe	683358
松桃苗族自治县	Songtao	726593
黔西南布依族苗族自治州	**Qianxinan**	**3576347**
兴义市	Xingyi	869714
兴仁县	Xingren	557031
普安县	Puan	346541
晴隆县	Qinglong	339389
贞丰县	Zhenfeng	418076
望谟县	Wangmo	320776
册亨县	Ceheng	242930
安龙县	Anlong	481890
黔东南苗族侗族自治州	**Qiandongnan**	**4774290**
凯里市	Kaili	575661
黄平县	Huangping	389658
施秉县	Shibing	174776
三穗县	Sansui	228109
镇远县	Zhenyuan	274739
岑巩县	Cengong	235409
天柱县	Tianzhu	418494
锦屏县	Jinping	234088
剑河县	Jianhe	275768
台江县	Taijiang	169018
黎平县	Liping	556787
榕江县	Rongjiang	372260
从江县	Congjiang	362392
雷山县	Leishan	160995
麻江县	Majiang	168892
丹寨县	Danzhai	177244
黔南布依族苗族自治州	**Qiannan**	**4172795**
都匀市	Duyun	493119
福泉市	Fuan	333811
荔波县	Libo	179842
贵定县	Guiding	299478
瓮安县	Wengan	488415
独山县	Dushan	354745
平塘县	Pingtang	331420
罗甸县	Luodian	355849
长顺县	Changshun	267864
龙里县	Longli	235240
惠水县	Huishui	462037
三都水族自治县	Sandongshui	370975
云南省	**Yunnan**	**46882523**
昆明市	**Kunming**	**5572494**
市辖区	District	2819761
五华区	Wuhua	633532
盘龙区	Panlong	547690
官渡区	Guandong	580789
西山区	Xishan	540494
东川区	Dongchuan	320192
呈贡区	Chenggong	197064
晋宁县	Jinning	284833
富民县	Fumin	152860
宜良县	Yiliang	434192
石林彝族自治县	Shilin	250994
嵩明县	Songming	305703
禄劝彝族苗族自治县	Luquan	487238
寻甸回族彝族自治县	Xundian	562789
安宁市	Anning	274124
曲靖市	**Qujing**	**6529698**
市辖区	District	1172250
麒麟区	Qilin	740225
沾益区	Zhanyi	432025
马龙县	Malong	209254
陆良县	Luliang	681097
师宗县	Shizong	427643
罗平县	Luoping	636516
富源县	Fuyuan	820803
会泽县	Huize	1042544
宣威市	Xuanwei	1539591
玉溪市	**Yuxi**	**2200307**
市辖区	District	723846
红塔区	Hongta	443104
江川区	Jiangchuan	280742
澄江县	Chengjiang	169573
通海县	Tonghai	287933
华宁县	Huaning	212266
易门县	Yimen	165611
峨山彝族自治县	Eshan	155435
新平彝族傣族自治县	Xinping	276823
元江哈尼族彝族傣族自治县	Yuanjiang	208820
保山市	**Baoshan**	**2607176**
市辖区	District	930679
隆阳区	Longyang	930679
施甸县	Shidian	345778
龙陵县	Longling	300159
昌宁县	Changning	352515
腾冲市	Tengchong	678045
昭通市	**Zhaotong**	**6092913**
市辖区	District	909265
昭阳区	Zhaoyang	909265
鲁甸县	Ludian	462385
巧家县	Qiaojia	612354
盐津县	Yanjin	392406
大关县	Daguan	285278
永善县	Yongshan	475859
绥江县	Suijiang	168896
镇雄县	Zhenxiong	1621806
彝良县	Yiliang	616857
威信县	Weixin	441304
水富县	Shuifu	106503
丽江市	**Lijiang**	**1217987**
市辖区	District	155237
古城区	Gucheng	155237
玉龙纳西族自治县	Yulong	221210
永胜县	Yongsheng	404851
华坪县	Huaping	161146
宁蒗彝族自治县	Ninglang	275543
普洱市	**Puer**	**2513063**
市辖区	District	230791
思茅区	Simao	230791
宁洱哈尼族彝族自治县	Ninger	192060
墨江哈尼族自治县	Mojiang	370352
景东彝族自治县	Jingdong	365489
景谷傣族彝族自治县	Jinggu	318982

5-4 续表 23 continued

单位：人 (person)

城 市	City	人 数 Population
镇沅彝族哈尼族拉祜族自治县	Zhenyuan	212611
江城哈尼族彝族自治县	Jiangcheng	115929
孟连傣族拉祜族佤族自治县	Menglian	127570
澜沧拉祜族自治县	Lancang	485979
西盟佤族自治县	Ximeng	93300
临沧市	**Lincang**	**2370000**
市辖区	District	322169
临翔区	Lingxiang	322169
凤庆县	Fengqing	437844
云县	Yunxian	440223
永德县	Yongde	355483
镇康县	Zhenkang	179897
双江拉祜族佤族布朗族傣族自治县	Shuangjiang	174658
耿马傣族佤族自治县	Gengma	291409
沧源佤族自治县	Cangyuan	168317
楚雄彝族自治州	**Chuxiong**	**2636779**
楚雄市	Chuxiong	526175
双柏县	Shuangbai	152460
牟定县	Mouding	202309
南华县	Nanhua	241943
姚安县	Yaoan	209645
大姚县	Dayao	280245
永仁县	Yongren	105820
元谋县	Yuanmou	216720
武定县	Wuding	277247
禄丰县	Lufeng	424215
红河哈尼族彝族自治州	**Honghe**	**4587319**
个旧市	Gejiu	387651
开远市	Kaiyuan	286089
蒙自市	Mengzi	405745
弥勒市	Mile	541785
屏边苗族自治县	Pingbian	158826
建水县	Jianshui	541202
石屏县	Shiping	316197
泸西县	Luxi	440595
元阳县	Yuanyang	447637
红河县	Honghe	341870
金平苗族瑶族傣族自治县	Jinping	385656
绿春县	Lvchun	242049
河口瑶族自治县	Hekou	92017
文山壮族苗族自治州	**Wenshan**	**3870629**
文山市	Wenshan	506787
砚山县	Yanshan	519373
西畴县	Xichou	262640
麻栗坡县	Malipo	294308
马关县	Maguan	382786
丘北县	Qiubei	554767
广南县	Guangnan	896107
富宁县	Funing	453861
西双版纳傣族自治州	**Xishuangbann**	**990197**
景洪市	Jinghong	421072
勐海县	Menghai	327964
勐腊县	Mengla	241161
大理白族自治州	**Dali**	**3605337**
大理市	Dali	625395
漾濞彝族自治县	Yangbi	106481
祥云县	Xiangyun	479620
宾川县	Binchuan	363995
弥渡县	Midong	328637
南涧彝族自治县	Nanjian	227544
巍山彝族回族自治县	Weishan	320154
永平县	Yongping	185031
云龙县	Yunlong	208221
洱源县	Eryuan	297565
剑川县	Jianchuan	183430
鹤庆县	Heqing	279264
德宏傣族景颇族自治州	**Dehong**	**1187913**
瑞丽市	Ruili	134162
芒 市	Mangshi	389377
梁河县	Lianghe	170549
盈江县	Yingjiang	302927
陇川县	Longchuan	190898
怒江傈僳族自治州	**Nujiang**	**536631**
泸水市	Lushui	180072
福贡县	Fugong	106716
贡山独龙族怒族自治县	Gongshan	34898
兰坪白族普米族自治县	Lanping	214945
迪庆藏族自治州	**Diqing**	**364080**
香格里拉市	Xianggelila	148514
德钦县	Deqin	60556
维西傈僳族自治县	Weixi	155010
西藏自治区	**Xizang**	**3209607**
拉萨市	**Lasa**	**537814**
市辖区	District	264633
城关区	Chengguan	212504
堆龙德庆区	Duilongdeqing	52129
林周县	Linzhou	64375
当雄县	Dangxiong	53221
尼木县	Nimu	34006
曲水县	Qushui	36473
达孜县	Dazi	30706
墨竹工卡县	Mozhugongka	54400
日喀则市	**Rikaze**	**779347**
市辖区	District	118974
桑珠孜区	Sangzhuzi	118974
南木林县	Nanmulin	88242
江孜县	Jiangzi	71858
定日县	Dingri	57320
萨迦县	Sajia	51888
拉孜县	Lazi	57717
昂仁县	Angren	56072
谢通门县	Xietongmen	48423
白朗县	Bailang	48673
仁布县	Renbu	35249
康马县	Kangma	22888
定结县	Dingjie	20915
仲巴县	Zhongba	24694
亚东县	Yadong	13841
吉隆县	Jilong	16297
聂拉木县	Nielamu	18913
萨嘎县	Saga	15741
岗巴县	Gangba	11642
昌都市	**Changdu**	**739874**
市辖区	District	115234
卡若区	Karuo	115234
江达县	Jiangda	91669
贡觉县	Gongjue	48202
类乌齐县	Leiwuqi	55058
丁青县	Dingqing	88105
察雅县	Chaya	62913
八宿县	Basu	47854
左贡县	Zuogong	48328
芒康县	Mangkang	86674
洛隆县	Luolong	53544
边坝县	Bianba	42293
林芝市	**Linzhi**	**189670**

5-4 续表 24 continued

单位：人 (person)

城市	City	人数 Population	城市	City	人数 Population	城市	City	人数 Population
市辖区	District	44198	**陕西省**	**Shanxi**	**39590708**	泾阳县	**Jingyang**	**542140**
巴宜区	Bayi	44198	**西安市**	**Xi'an**	**8249323**	乾　县	Qianxian	599221
工布江达县	Gongbujiangda	33196	市辖区	District	6292430	礼泉县	Liquan	484234
米林县	Milin	23016	新城区	Xincheng	504249	永寿县	Yongshou	208065
墨脱县	Motuo	12420	碑林区	Beilin	693538	彬　县	Binxian	365627
波密县	Bomi	31817	莲湖区	Lianhu	664896	长武县	Changwu	187838
察隅县	Chayu	28026	灞桥区	Baqiao	546823	旬邑县	Xunyi	295606
朗　县	Langxian	16997	未央区	Weiyang	617779	淳化县	Chunhua	197047
山南市	**Shannan**	**349906**	雁塔区	Yanta	869503	武功县	Wugong	448146
市辖区	District	62655	阎良区	Yanliang	264915	兴平市	Xingping	614151
乃东区	Naidong	62655	临潼区	Lintong	715493	**渭南市**	**Weinan**	**5570900**
扎囊县	Zhanang	38404	长安区	Changan	1082996	市辖区	District	**961983**
贡嘎县	Konggar	49985	高陵区	Gaoling	332238	临渭区	Linwei	961983
桑日县	Sangri	17554	蓝田县	Lantian	655329	华　县	Huaxian	341000
琼结县	Qiongjie	18293	周至县	Zhouzhi	689402	潼关县	Tongguan	155202
曲松县	Qusong	16749	户　县	Huxian	612162	大荔县	**Dali**	**731394**
措美县	Cuomei	14934	**铜川市**	**Tongchuan**	**835433**	合阳县	Heyang	452941
洛扎县	Luozha	19958	市辖区	District	742936	澄城县	Chengcheng	393413
加查县	Jiacha	22231	王益区	Wangyi	196189	蒲城县	Pucheng	792073
隆子县	Longzi	35629	印台区	Yintai	207753	白水县	Baishui	**286558**
错那县	Cuona	15474	耀州区	Yaozhou	338994	富平县	Fuping	800106
浪卡子县	Langkazi	38040	宜君县	Yijun	92497	韩城市	Hancheng	401530
那曲地区	**Naqu**	**508982**	**宝鸡市**	**Baoji**	**3840146**	华阴市	Huayin	254700
那曲县	Naqu	108328	市辖区	District	1420936	**延安市**	**Yan'an**	**2373225**
嘉黎县	Jiali	37283	渭滨区	Weibin	436011	市辖区	District	478782
比如县	Biru	73266	金台区	Jintai	377901	宝塔区	Baota	478782
聂荣县	Nierong	35434	陈仓区	Chencang	607024	延长县	Yanchang	156043
安多县	Andong	42025	凤翔县	Fengg	526774	延川县	Yanchuan	190790
申扎县	Shenzha	21077	岐山县	Qishan	473649	子长县	Zichang	269720
索　县	Suoxian	50742	扶风县	Fufeng	451296	安塞县	Ansai	196959
班戈县	Bange	41260	眉　县	Meixian	328327	志丹县	Zhidan	160894
巴青县	Baqing	54068	陇　县	Longxian	272798	吴起县	Wuqi	144865
尼玛县	Nima	31944	千阳县	Qianyang	134649	甘泉县	Ganquan	89480
双湖县	Shuanghu	13555	麟游县	Linyou	87357	富　县	Fuxian	**158797**
阿里地区	**Ali**	**104014**	凤　县	Fengxian	95368	洛川县	Luochuan	**225236**
普兰县	Pulan	9743	太白县	Taibai	48992	宜川县	Yichuan	124834
札达县	Zhada	7530	**咸阳市**	**Xianyang**	**5486481**	黄龙县	Huanglong	50242
噶尔县	Gadong	18744	市辖区	District	1126763	黄陵县	Huangling	126583
日土县	Ritu	10158	秦都区	Qindu	520231	**汉中市**	**Hanzhong**	**3841351**
革吉县	Geji	17500	杨陵区	Yangling	191288	市辖区	District	570464
改则县	Gaize	24645	渭城区	Weicheng	415244	汉台区	Hantai	570464
措勤县	Cuoqin	**15694**	三原县	Sanyuan	417643	南郑县	Nanzheng	565324

5-4 续表 25 continued

单位：人 (person)

城 市	City	人 数 Population	城 市	City	人 数 Population	城 市	City	人 数 Population
城固县	Chenggu	542652	镇安县	Zhenan	304749	市辖区	District	512928
洋 县	Yangxian	449316	柞水县	Zhashui	163719	甘州区	Ganzhou	512928
西乡县	Xixiang	414504	甘肃省	Gansu	27673975	肃南裕固族自治县	Su'nan	38727
勉 县	Mianxian	427620	**兰州市**	Lanzhou	3242294	民乐县	Minle	249130
宁强县	Ningqiang	326567	市辖区	District	2061312	临泽县	Linze	149891
略阳县	Lueyang	185297	城关区	Chengguan	934416	高台县	Gaotai	158363
镇巴县	Zhenba	284125	七里河区	Qilihe	468118	山丹县	Shandan	200871
留坝县	Liuba	42520	西固区	Xigu	323617	**平凉市**	**Pingliang**	**2343655**
佛坪县	Foping	32962	安宁区	Anning	190247	市辖区	District	520325
榆林市	**Yulin**	**3820028**	红古区	Honggu	144914	崆峒区	Kongtong	520325
市辖区	District	584781	永登县	Yongdeng	538708	泾川县	Jingchuan	359989
榆阳区	Yuyang	584781	皋兰县	Gaolan	191078	灵台县	Lingtai	233282
神木县	Shenmu	443088	榆中县	Yuzhong	451196	崇信县	Chongxin	101354
府谷县	Fugu	247802	**嘉峪关市**	**Jiayuguan**	**205262**	华亭县	Huating	189612
横山县	Hengshan	378971	市辖区	District	205262	庄浪县	Zhuanglang	451641
靖边县	Jingbian	356028	金昌市	Jinchang	459318	静宁县	Jingning	487452
定边县	Dingbian	352125	市辖区	District	212843	**酒泉市**	**Jiuquan**	**1018976**
绥德县	Suide	359474	金川区	Jinchuan	212843	市辖区	District	418024
米脂县	Mizhi	223312	永昌县	Yongchang	246475	肃州区	Suzhou	418024
佳 县	Jiaxian	269474	**白银市**	**Baiyin**	**1822819**	金塔县	Jinta	148649
吴堡县	Wubao	84254	市辖区	District	500140	瓜州县	Guazhou	127511
清涧县	Qingjian	217011	白银区	Baiyin	291136	肃北蒙古族自治县	Subei	12083
子洲县	Zizhou	303708	平川区	Pingchuan	209004	阿克塞哈萨克族自治县	Akesai	9113
安康市	**Ankang**	**3044290**	靖远县	Jingyuan	501709	玉门市	Yumen	159768
市辖区	District	1008334	会宁县	Huining	580259	敦煌市	Dunhuang	143828
汉滨区	Hanbin	1008334	景泰县	Jingtai	240711	**庆阳市**	**Qingyang**	**2699720**
汉阴县	Hanyin	311173	**天水市**	**Tianshui**	**3706083**	市辖区	District	388283
石泉县	Shiquan	182795	市辖区	District	1316326	西峰区	Xifeng	388283
宁陕县	Ningshan	72589	秦州区	Qinzhou	698547	庆城县	Qingcheng	293218
紫阳县	Ziyang	336985	麦积区	Maiji	617779	环 县	Huanxian	357977
岚皋县	Langao	168184	清水县	Qingshui	327246	华池县	Huachi	137956
平利县	Pingli	232684	秦安县	Qinan	591245	合水县	Heshui	180539
镇坪县	Zhenping	59418	甘谷县	Gangu	639188	正宁县	Zhengning	246512
旬阳县	Xunyang	458219	武山县	Wushan	467219	宁 县	Ningxian	561972
白河县	Baihe	213909	张家川回族自治县	Zhangjiachuan	364859	镇原县	Zhenyuan	533263
商洛市	**Shangluo**	**2529531**	**武威市**	**Wuwei**	**1910919**	**定西市**	**Dingxi**	**3031151**
市辖区	District	566214	市辖区	District	1041492	市辖区	District	465023
商州区	Shangzhou	566214	凉州区	Liangzhou	1041492	安定区	Anding	465023
洛南县	Luonan	463322	民勤县	Minqin	273673	通渭县	Tongwei	441020
丹凤县	Danfeng	314703	古浪县	Gulang	387018	陇西县	Longxi	522492
商南县	Shangnan	247858	天祝藏族自治县	Tianzhu	208736	渭源县	Weiyuan	348658
山阳县	Shanyang	468966	张掖市	Zhangye	1309910	临洮县	Lintao	551773

5-4 续表 26 continued

单位：人 (person)

城 市	City	人 数 Population	城 市	City	人 数 Population	城 市	City	人 数 Population
漳 县	Zhangxian	211690	市辖区	District	416148	天峻县	Tianjun	22581
岷 县	Minxian	490495	乐都区	Ledu	288726	宁夏回族自治区	Ningxia	6725060
陇南市	**Longnan**	**2878118**	平安区	Pingan	127422	**银川市**	**Yinchuan**	**1840434**
市辖区	District	599680	民和回族土族自治县	Minhe	436313	市辖区	District	1126179
武都区	Wudu	599680	互助土族自治县	Huzhu	400654	兴庆区	Xingqing	571898
成 县	Chengxian	262397	化隆回族自治县	Hualong	300484	西夏区	Xixia	243288
文 县	Wenxian	247257	循化撒拉族自治县	Xunhua	159320	金凤区	Jinfeng	310993
宕昌县	Tanchang	314009	海北藏族自治州	Haibei	295805	永宁县	Yongning	235536
康 县	Kangxian	200567	门源回族自治县	Menyuan	161412	贺兰县	Helan	231369
西和县	Xihe	442474	祁连县	Qilian	52018	灵武市	Lingwu	247350
礼 县	Lixian	537983	海晏县	Haiyan	36235	**石嘴山市**	**Shizuishan**	**746496**
徽 县	Huixian	224695	刚察县	Gangcha	46140	市辖区	District	436214
两当县	Liangdang	49056	黄南藏族自治州	Huangnan	274766	大武口区	Dawukou	262210
临夏回族自治州	**Linxia**	**2308852**	同仁县	Tongren	98827	惠农区	Huinong	174004
临夏市	Linxia	262368	尖扎县	Jianzha	61888	平罗县	Pingluo	310282
临夏县	Linxia	416910	泽库县	Zeku	74520	吴忠市	Wuzhong	1422830
康乐县	Kangle	291551	河南蒙古族自治县	Henan	39531	市辖区	District	590553
永靖县	Yongjing	207514	海南藏族自治州	Hainan	468984	利通区	Litong	414799
广河县	Guanghe	280965	共和县	Gonghe	135876	红寺堡区	Hongsibao	175754
和政县	Hezheng	227582	同德县	Tongde	62670	盐池县	Yanchi	171783
东乡族自治县	Dongxiang	348139	贵德县	Guide	110179	同心县	Tongxin	376652
积石山保安族东乡族	Jishishan	273823	兴海县	Xinghai	80730	青铜峡市	Qingtongxia	283842
撒拉族自治县			贵南县	Guinan	79529	**固原市**	**Guyuan**	**1501113**
甘南藏族自治州	Gannan	736898	果洛藏族自治州	Guoluo	203406	市辖区	District	460071
合作市	Hezuo	87839	玛沁县	Maqin	47764	原州区	Yuanzhou	460071
临潭县	Lintan	159095	班玛县	Banma	30827	西吉县	Xiji	494941
卓尼县	Zhuoni	110179	甘德县	Gande	38807	隆德县	Longde	176427
舟曲县	Zhouqu	142781	达日县	Dari	43582	泾源县	Jingyuan	118332
迭部县	Diebu	57509	久治县	Jiuzhi	27351	彭阳县	Pengyang	251342
玛曲县	Maqu	53247	玛多县	Madong	15075	**中卫市**	**Zhongwei**	**1214187**
碌曲县	Luqu	36944	玉树藏族自治州	Yushu	403656	市辖区	District	409269
夏河县	Xiahe	89304	玉树市	Yushu	111352	沙坡头区	Shapotou	409269
青海省	**Qinghai**	**5796648**	杂多县	Zaduo	65810	中宁县	Zhongning	348331
西宁市	**Xining**	**2032837**	称多县	Chengduo	61024	海原县	Haiyuan	456587
市辖区	District	957588	治多县	Zhiduo	34236	新疆维吾尔	Xinjiang	23023175
城东区	Chengdong	255185	囊谦县	Nangqian	98649	自治区		
城中区	Chengzhong	244326	曲麻莱县	Qumalai	32585	**乌鲁木齐市**	**Urumqi**	**2678726**
城西区	Chengxi	233063	海西蒙古族藏族	Haixi	404275	市辖区	District	2615716
城北区	Chengbei	225014	自治州			天山区	Tianshan	568802
大通回族土族自治县	Datong	463841	格尔木市	Gedongmu	136553	沙依巴克区	Shayibake	563676
湟中县	Hongzhong	480149	德令哈市	Delingha	73620	新市区	Xinshi	631004
湟源县	Huangyuan	131259	乌兰县	Wulan	99709	水磨沟区	Shuimogou	297092
海东市	**Haidong**	**1712919**	都兰县	Dulan	71812	头屯河区	Toutunhe	223793

5-4 续表 27 continued

单位：人 (person)

城 市	City	人 数 Population
达坂城区	Daban	40326
米东区	Midong	291023
乌鲁木齐县	Urumqi	63010
克拉玛依市	**Karamay**	**304465**
市辖区	District	304465
独山子区	Dushanzi	58038
克拉玛依区	Karamay	205384
白碱滩区	Baijiantan	38956
乌尔禾区	Wuerhe	2087
吐鲁番市	**Turpan**	**632664**
市辖区	District	289147
高昌区	Gaochang	289147
鄯善县	Shanshan	223668
托克逊县	Tuokexun	119849
哈密市	**Hami**	**561583**
市辖区	Hami	433323
伊州区	Yizhou	433323
巴里坤哈萨克自治县	Balikun	107069
伊吾县	Yiwu	21191
昌吉回族自治州	**Changji**	1400973
昌吉市	Changji	377462
阜康市	Fukang	167070
呼图壁县	Hutubi	215045
玛纳斯县	Manasi	174613
奇台县	Qitai	239553
吉木萨尔县	Jimusaer	138855
木垒哈萨克自治县	Mulei	88375
博尔塔拉蒙古自治州	**Boertala**	**477536**
博乐市	Bole	258353
阿拉山口市	Alashankou	1859
精河县	Jinghe	143100
温泉县	Wenquan	74224
巴音郭楞蒙古自治州	Bayinguoleng	1229438
库尔勒市	Korla	460255
轮台县	Luntai	117167
尉犁县	Weili	103295
若羌县	Ruoqiang	34207
且末县	Qiemo	69796

城 市	City	人 数 Population
焉耆回族自治县	Yanqi	134722
和静县	Hejing	183859
和硕县	Heshuo	65965
博湖县	Bohu	60172
阿克苏地区	Aksu	2508281
阿克苏市	Aksu	513105
温宿县	Wensu	260612
库车县	Kuche	484995
沙雅县	Shaya	265138
新和县	Xinhe	193329
拜城县	Baicheng	239138
乌什县	Wushi	232657
阿瓦提县	Awat	263218
柯坪县	Keping	56089
克孜勒苏柯尔克孜自治州	Kizilsu Kirghiz	602897
阿图什市	Atushi	272653
阿克陶县	Aketao	223620
阿合奇县	Aheqi	45355
乌恰县	Wuqia	61269
喀什地区	Kashgar	4514738
喀什市	Kashgar	627916
疏附县	Shufu	281935
疏勒县	Shule	383142
英吉沙县	Yingjisha	301636
泽普县	Zepu	225068
莎车县	Shache	856504
叶城县	Yecheng	529378
麦盖提县	Maigaiti	268949
岳普湖县	Yuepuhu	177221
伽师县	Jiashi	453230
巴楚县	Bachu	369323
塔什库尔干塔吉克自治县	Taxkorgan	40436
和田地区	Hetian	2449838
和田市	Hetian	389749
和田县	Hetian	352413
墨玉县	Moyu	615512
皮山县	Pishan	307766
洛浦县	Luopu	293595

城 市	City	人 数 Population
策勒县	Cele	168035
于田县	Yutian	284152
民丰县	Minfeng	38616
伊犁哈萨克自治州	Yili	2973150
伊宁市	Yining	588241
奎屯市	Kuitun	287767
霍尔果斯市	Huoerguosi	64751
伊宁县	Yining	432372
察布查尔锡伯自治县	Chabuchaerxibo	196009
霍城县	Huocheng	342005
巩留县	Gongliu	200627
新源县	Xinyuan	321241
昭苏县	Zhaosu	183900
特克斯县	Tekesi	170585
尼勒克县	Nileke	185652
塔城地区	Tacheng	1016893
塔城市	Tacheng	169298
乌苏市	Wusu	222478
额敏县	Emin	210510
沙湾县	Shawan	206075
托里县	Tuoli	96624
裕民县	Yumin	58383
和布克赛尔蒙古自治县	Hebukesaier	53525
阿勒泰地区	Aletai	671973
阿勒泰市	Aletai	232761
布尔津县	Buerjin	72870
富蕴县	Fuyun	98018
福海县	Fuhai	75436
哈巴河县	Habahe	88199
青河县	Qinghe	65929
吉木乃县	Jeminay	38760
省直辖县级行政单位	Shengzhixai	1000020
石河子市	Shihezi	573772
阿拉尔市	Alaer	145684
图木舒克市	Tumushuke	151656
五家渠市	Wujiaqu	94043
铁门关市	Tiemenguan	34865

5-5 按总人口排序的市及人口数
Cities and Population by Size of Total Population

单位：人 (person)

城　市	City	人 数 Population	城　市	City	人 数 Population
全　国	**National Total**	**709600344**	贵阳市	Guiyang	2448637
400万以上	**over 4 million**	**136995682**	盐城市	Yancheng	2433510
重庆市	Chongqing	23144141	普宁市	Puning	2429105
上海市	Shanghai	13812421	枣庄市	Zaozhuang	2417666
北京市	Beijing	13595120	宁波市	Ningbo	2358394
天津市	Tianjin	10444032	莆田市	Putian	2345482
广州市	Guangzhou	8704901	菏泽市	Heze	2311685
武汉市	Wuhan	8338450	扬州市	Yangzhou	2293235
成都市	Chengdu	7163340	阜阳市	Fuyang	2263756
南京市	Nanjing	6627927	襄阳市	Xiangyang	2263271
西安市	Xi'an	6292430	连云港市	Lianyungang	2226945
沈阳市	Shenyang	5859525	绍兴市	Shaoxing	2197520
汕头市	Shantou	5517151	六安市	Liuan	2196466
哈尔滨市	Harbin	5510644	厦门市	Xiamen	2195094
杭州市	Hangzhou	5446803	遵义市	Zunyi	2194437
长春市	Changchun	4377882	南通市	Nantong	2135697
石家庄市	Shijiazhuang	4154392	揭阳市	Jieyang	2088953
深圳市	Shenzhen	4004689	兰州市	Lanzhou	2061312
佛山市	Foshan	4001834	洛阳市	Luoyang	2045308
200-400万	**from 2 million to 4 million**	**119097979**	福州市	Fuzhou	2030626
大连市	Dalian	3982563	桂平市	Guiping	2016536
青岛市	Qingdao	3785501	南阳市	Nanyang	2015431
济南市	Jinan	3703479	东莞市	Dongguan	2009352
南宁市	Nanning	3700817	贵港市	Guigang	2007853
苏州市	Suzhou	3480163	**100-200万**	**from 1 million to 2 million**	**220120762**
郑州市	Zhengzhou	3449326	南充市	Nanchong	1953682
徐州市	Xuzhou	3434622	邳州市	Pizhou	1938656
唐山市	Tangshan	3359783	陆丰市	Lufeng	1908477
淮安市	Huaian	3357371	宿州市	Suzhou	1903724
长沙市	Changsha	3283293	潍坊市	Weifang	1898138
茂名市	Maoming	2958197	烟台市	Yantai	1877749
常州市	Changzhou	2949424	济宁市	Jining	1848379
淄博市	Zibo	2879835	商丘市	Shangqiu	1844655
太原市	Taiyuan	2873395	邓州市	Dengzhou	1844491
保定市	Baoding	2848433	廉江市	Lianjiang	1824508
南昌市	Nanchang	2834183	吉林市	Jilin	1818724
昆明市	Kunming	2819761	高州市	Gaozhou	1814352
临沂市	Linyi	2673666	达州市	Dazhou	1809292
乌鲁木齐市	Wulumuqi	2615716	雷州市	Leizhou	1805974
合肥市	Hefei	2591633	柳州市	Liuzhou	1784504
无锡市	Wuxi	2530547	宿迁市	Suqian	1761413

5-5 续表 1 continued

单位：人 (person)

城　　市	City	人　数 Population	城　　市	City	人　数 Population
绵阳市	Mianyang	1747550	秦皇岛市	Qinhuangdao	1424645
化州市	Huazhou	1747520	宝鸡市	Baoji	1420936
淮南市	Huainan	1723951	清远市	Qingyuan	1416657
滕州市	Tengzhou	1714594	江门市	Jiangmen	1415386
开封市	Kaifeng	1701534	常德市	Changde	1413396
温州市	Wenzhou	1680508	内江市	Neijiang	1413247
海口市	Haikou	1670344	抚顺市	Fushun	1404606
潮州市	Chaozhou	1668166	上饶市	Shangrao	1400316
亳州市	Bozhou	1665079	平度市	Pingdong	1390328
湛江市	Zhanjiang	1647444	大庆市	Daqing	1379060
泰州市	Taizhou	1639784	益阳市	Yiyang	1373363
天门市	Tianmen	1633593	项城市	Xiangcheng	1364657
泰安市	Taian	1623483	巴中市	Bazhong	1364396
毕节市	Bijie	1623082	福清市	Fuqing	1358675
南安市	Nan'an	1613218	齐齐哈尔市	Qiqihar	1358561
中山市	Zhongshan	1612485	肇庆市	Zhaoqing	1355600
永城市	Yongcheng	1606724	日照市	Rizhao	1355544
邯郸市	Handan	1602619	漯河市	Luohe	1353077
台州市	Taizhou	1600961	禹州市	Yuzhou	1336583
大同市	Datong	1582863	威海市	Weihai	1335611
兴化市	Xinghua	1582488	呼和浩特市	Huhehot	1321554
张家口市	Zhangjiakou	1574326	天水市	Tianshui	1316326
赣州市	Ganzhou	1570611	罗定市	Luoding	1300659
仙桃市	Xiantao	1563459	桂林市	Guilin	1298594
包头市	Baotou	1559131	乐清市	Leqing	1295926
信阳市	Xinyang	1552211	安顺市	Anshun	1290918
宣威市	Xuanwei	1539591	莱芜市	Laiwu	1290507
遂宁市	Suining	1520988	宜宾市	Yibin	1277025
泸州市	Luzhou	1512552	广安市	Guangan	1268959
惠州市	Huizhou	1504556	宜昌市	Yichang	1267727
自贡市	Zigong	1504106	赤峰市	Chifeng	1263835
丰城市	Fengcheng	1502018	榆树市	Yushu	1254681
简阳市	Jianyang	1499074	聊城市	Liaocheng	1252565
鞍山市	Anshan	1497667	定州市	Dingzhou	1248925
钦州市	Qinzhou	1497434	江阴市	Jiangyin	1248036
北流市	Beiliu	1495442	德州市	Dezhou	1236035
浏阳市	Liuyang	1489306	瑞安市	Ruian	1235161
芜湖市	Wuhu	1477661	眉山市	Meishan	1216854
信宜市	Xinyi	1468435	温岭市	Wenling	1216731
如皋市	Rugao	1436834	阳江市	Yangjiang	1214282
耒阳市	Leiyang	1431138	抚州市	Fuzhou	1212783
新泰市	Xintai	1428145	六盘水市	Liupanshui	1206821

5-5 续表 2 continued

单位：人 (person)

城　市	City	人　数 Population	城　市	City	人　数 Population
阳春市	Yangchun	1204607	宜兴市	Yixing	1083368
临海市	Linhai	1199848	诸暨市	Zhuji	1082113
吴川市	Wuchuan	1197644	海城市	Haicheng	1080128
邹城市	Zoucheng	1196256	新乡市	Xinxiang	1072020
兴宁市	Xingning	1193865	常熟市	Changshu	1068666
泰兴市	Taixing	1193136	钟祥市	Zhongxiang	1058816
涟源市	Lianyuan	1188152	淮北市	Huaibei	1053440
十堰市	Shiyan	1186937	慈溪市	Cixi	1049386
安阳市	Anyang	1178668	醴陵市	Liling	1048302
永州市	Yongzhou	1176021	公主岭市	Gongzhuling	1046588
曲靖市	Qujing	1172250	武威市	Wuwei	1041492
麻城市	Macheng	1169509	镇江市	Zhenjiang	1034207
乐山市	Leshan	1167246	龙岩市	Longyan	1030891
汝州市	Ruzhou	1163363	儋州市	Danzhou	1030572
即墨市	Jimo	1157537	章丘市	Zhangqiu	1029858
英德市	Yingde	1154907	盘锦市	Panjin	1026434
蚌埠市	Bengbu	1149243	潜江市	Qianjiang	1023271
珠海市	Zhuhai	1147765	衡阳市	Hengyang	1014406
宜春市	Yichun	1146216	安康市	Ankang	1008334
林州市	Linzhou	1142014	海门市	Haimen	1000978
枣阳市	Zaoyang	1140593	**80-100万**	**from 800 thousand to 1 million**	**70511902**
新沂市	Xinyi	1135578	瓦房店市	Wafangdian	997822
晋江市	Jinjiang	1132305	肥城市	Feicheng	992002
咸阳市	Xianyang	1126763	焦作市	Jiaozuo	991821
银川市	Yinchuan	1126179	葫芦岛市	Huludao	984727
来宾市	Laibin	1125978	大冶市	Daye	980128
东台市	Dongtai	1124591	锦州市	Jinzhou	972957
启东市	Qidong	1119475	株洲市	Zhuzhou	972234
鄂州市	Dongzhou	1111904	台山市	Taishan	970528
贺州市	Hezhou	1111647	常宁市	Changning	970110
湖州市	Huzhou	1111151	金华市	Jinhua	968477
诸城市	Zhucheng	1110058	梅州市	Meizhou	966839
平顶山市	Pingdingshan	1108267	安丘市	Anqiu	962210
玉林市	Yulin	1104188	渭南市	Weinan	961983
资阳市	Ziyang	1103205	孝感市	Xiaogan	958044
岳阳市	Yueyang	1099647	西宁市	Xining	957588
东营市	Dongying	1099365	岑溪市	Cenxi	955085
泉州市	Quanzhou	1095032	衡水市	Hengshui	948377
汉川市	Hanchuan	1092667	青州市	Qingzhou	944179
荆州市	Jingzhou	1086375	乐平市	Leping	939912
寿光市	Shouguang	1084687	营口市	Yingkou	932275
滨州市	Binzhou	1083712	洪湖市	Honghu	931907

5-5 续表 3 continued

单位：人 (person)

城 市	City	人 数 Population	城 市	City	人 数 Population
湘乡市	Xiangxiang	931878	武安市	Wuan	838813
广水市	Guangshui	931408	余姚市	Yuyao	837689
保山市	Baoshan	930679	胶州市	Jiaozhou	837660
广元市	Guangyuan	930535	绥化市	Suihua	830691
张家港市	Zhangjiagang	926592	马鞍山市	Maanshan	825197
韶关市	Shaoguan	922103	昆山市	Kunshan	823547
利川市	Lichuan	920284	武穴市	Wuxue	822889
五常市	Wuchang	917262	鸡西市	Jixi	822172
本溪市	Benxi	916360	德惠市	Dehui	821832
昭通市	Zhaotong	909265	临清市	Linqing	821153
庄河市	Zhuanghe	903987	界首市	Jieshou	817097
新余市	Xinyu	899216	高邮市	Gaoyou	814771
高密市	Gaomi	893252	临汾市	Linfen	814660
任丘市	Renqiu	892808	丹阳市	Danyang	811460
新密市	Xinmi	892714	恩施市	Enshi	808456
河间市	Hejian	891199	彭州市	Pengzhou	804970
邢台市	Xingtai	890366	**50-80万**	**From 500 thousand to 800 thousand**	**106183192**
萍乡市	Pingxiang	887734	溧阳市	Liyang	799533
嘉兴市	Jiaxing	883812	新郑市	Xinzheng	797626
肇东市	Zhaodong	879830	梧州市	Wuzhou	793847
辉县市	Huixian	879240	长葛市	Changge	787099
江油市	Jiangyou	878551	郴州市	Chenzhou	783013
牡丹江市	Mudanjiang	878259	义乌市	Yiwu	782220
高安市	Gaoan	876110	丹东市	Dandong	779721
湘潭市	Xiangtan	875313	佳木斯市	Jiamusi	774851
龙海市	Longhai	874267	海伦市	Hailun	774188
宣城市	Xuancheng	870358	迁安市	Qianan	772636
兴义市	Xingyi	869714	汨罗市	Miluo	761922
辽阳市	Liaoyang	869688	阜新市	Fuxin	761206
莱阳市	Laiyang	868483	遵化市	Zunhua	760327
廊坊市	Langfang	863660	灵宝市	Lingbao	757046
南平市	Nanping	861311	桐城市	Tongcheng	756188
阆中市	Langzhong	859192	沅江市	Yuanjiang	748992
巢湖市	Chaohu	858367	伊春市	Yichun	748119
驻马店市	Zhumadian	855861	铜川市	Tongchuan	742936
衢州市	Quzhou	850704	莱西市	Laixi	742449
莱州市	Laizhou	850321	安庆市	Anqing	740573
武冈市	Wugang	845117	长治市	Changzhi	740270
通辽市	Tongliao	843274	铜陵市	Tongling	738417
巩义市	Gongyi	840567	嵊州市	Shengzhou	729887
松滋市	Songzi	840484	登封市	Dengfeng	728733
东阳市	Dongyang	839515	长乐市	Changle	725538

5-5 续表 4 continued

单位：人 (person)

城　市	City	人　数 Population	城　市	City	人　数 Population
玉溪市	Yuxi	723846	凌源市	Lingyuan	651022
扶余市	Fuyu	721933	霸州市	Bazhou	650297
济源市	Jiyuan	719551	曲阜市	Qufu	647732
濮阳市	Puyang	716184	鹤壁市	Hebi	646473
乐陵市	Laoling	715379	明光市	Mingguang	645447
舟山市	Zhoushan	711090	贵溪市	Guixi	645434
仁怀市	Renhuai	709777	鹤岗市	Hegang	638940
邵阳市	Shaoyang	704062	辛集市	Xinji	637605
瑞金市	Ruijin	703778	龙口市	Longkou	636934
阳泉市	Yangquan	701038	天长市	Tianchang	635921
讷河市	Nehe	698828	泊头市	Botou	635427
大石桥市	Daqiao	698020	三门峡市	Sanmenxia	635422
盖州市	Gaizhou	697968	周口市	Zhoukou	635024
德阳市	Deyang	697421	偃师市	Yanshi	632170
荥阳市	Xingyang	694373	高碑店市	Gaobeidian	630661
桐乡市	Tongxiang	692754	石首市	Shishou	630128
涿州市	Zhuzhou	692057	舒兰市	Shulan	628250
三河市	Sanhe	691271	喀什市	Kashar	627916
运城市	Yuncheng	690646	黄石市	Huang	627200
开平市	Kaiping	686591	大理市	Dali	625395
海宁市	Haining	681656	雅安市	Ya'an	623660
新民市	Xinmin	681543	都江堰市	Dujiangyan	622769
云浮市	Yunfu	679000	万宁市	Wanning	622554
腾冲市	Tengchong	678045	咸宁市	Xianning	621962
朔州市	Shuozhou	674164	晋中市	Jinzhong	620819
攀枝花市	Panzhihua	674149	安陆市	Anlu	620387
池州市	Chizhou	671497	兴平市	Xingping	614151
崇州市	Chongzhou	670293	江山市	Jiangshan	614031
福安市	Fu'an	669254	朝阳市	Chaoyang	613961
荆门市	Jingmen	668385	樟树市	Zhangshu	611422
荣成市	Rongcheng	667146	广汉市	Guanghan	610733
靖江市	Jingjiang	666659	栖霞市	Qixia	609765
宜州市	Yizhou	666313	东港市	Donggang	604623
应城市	Yingcheng	665946	漳州市	Zhangzhou	604609
兰溪市	Lanxi	665110	永康市	Yongkang	601982
西昌市	Xichang	663059	梅河口市	Meihekou	600857
北海市	Beihai	661101	陇南市	Longnan	599680
靖西市	Jingxi	659716	福鼎市	Fuding	599383
九江市	Jiujiang	659644	承德市	Chengde	599073
邛崃市	Qionglai	656628	文昌市	Wenchang	597200
随州市	Suizhou	655747	仪征市	Yizheng	596166
海阳市	Haiyang	654062	句容市	Jurong	592072

5-5 续表 5 continued

单位：人 (person)

城　市	City	人 数 Population	城　市	City	人 数 Population
吴忠市	Wuzhong	590553	老河口市	Laohekou	521923
伊宁市	Yining	588241	巴彦淖尔市	Bayannaoer	521376
吉安市	Ji'an	587488	磐石市	Panshi	520978
昌邑市	Changyi	586394	平凉市	Pingliang	520325
万源市	Wanyuan	584994	新乐市	Xinle	517382
榆林市	Yulin	584781	凌海市	Linghai	513687
三亚市	Sanya	582303	琼海市	Qionghai	513323
四平市	Siping	580658	阿克苏市	Aksu	513105
尚志市	Shangzhi	580291	张掖市	Zhangye	512928
开原市	Kaiyuan	578822	北镇市	Beizhen	511308
深州市	Shenzhou	576995	建德市	Jiande	509552
防城港市	Fangchenggang	576531	文山市	Wenshan	506787
凯里市	Kaili	575661	南宫市	Nangong	506053
石河子市	Shihezi	573772	绵竹市	Mianzhu	505068
黄骅市	Huanghua	572347	汕尾市	Shanwei	503257
晋州市	Jinzhou	571649	洪江市	Hongjiang	502613
汉中市	Hanzhong	570464	白银市	Baiyin	500140
北票市	Beipiao	570223	**50万以下**	**under 500 thousand**	**56690827**
松原市	Songyuan	569736	沁阳市	Qinyang	496033
凤城市	Fengcheng	566751	恩平市	Enping	494701
商洛市	Shangluo	566214	娄底市	Loudi	493984
招远市	Zhaoyuan	565815	平湖市	Pinghu	493572
宜城市	Yicheng	564929	都匀市	Duyun	493119
沧州市	Cangzhou	560131	白城市	Baicheng	492661
乳山市	Rushan	555834	铜仁市	Tongren	490726
建瓯市	Jian'ou	555443	原平市	Yuanping	490629
滁州市	Chuzhou	551932	孝义市	Xiaoyi	488647
白山市	Baishan	548881	宁德市	Ningde	488091
忻州市	Xinzhou	545695	七台河市	Qitaihe	487926
延吉市	Yanji	545140	南雄市	Nanxiong	485875
连州市	Lianzhou	544636	双鸭山市	Shuangyashan	484847
卫辉市	Weihui	544149	奉化市	Fenghua	483761
临湘市	Linxiang	542987	高平市	Gaoping	483585
弥勒市	Mile	541785	太仓市	Taicang	482989
兴城市	Xingcheng	541080	延安市	Yan'an	478782
禹城市	Yucheng	537506	枝江市	Zhijiang	478541
赤壁市	Chibi	534496	景德镇市	Jingdezhen	474566
临安市	Linan	531536	当阳市	Dangyang	471903
乐昌市	Lechang	529875	安达市	Anda	467345
张家界市	Zhangjiajie	529695	敦化市	Dunhua	466522
楚雄市	Chuxiong	526175	定西市	Dingxi	465023
清镇市	Qingzhen	522521	丹江口市	Danjiangkou	464947

5-5 续表 6 continued

单位：人 (person)

城　　市	City	人　数 Population	城　　市	City	人　数 Population
瑞昌市	Ruichang	463846	大安市	Da'an	389173
辽源市	Liaoyuan	461467	怀化市	Huaihua	388868
四会市	Sihui	460853	庆阳市	Qingyang	388283
富锦市	Fujin	460698	个旧市	Gejiu	387651
库尔勒市	Korla	460255	宁国市	Ningguo	385380
固原市	Guyuan	460071	孟州市	Mengzhou	383679
黄山市	Huangshan	454905	晋城市	Jincheng	383565
蓬莱市	Penglai	449075	资兴市	Zixing	382458
沙河市	Shahe	448226	海林市	Hailin	377858
东方市	Dongfang	446888	昌吉市	Changji	377462
永济市	Yongji	446679	崇左市	Chongzuo	372474
乌海市	Wuhai	444565	冷水江市	Lengshuijiang	372384
灯塔市	Dengta	444250	鹤山市	Heshan	372140
通化市	Tonghua	440853	呼伦贝尔市	Hulunbeidong	370375
石嘴山市	Shizuishan	436214	华蓥市	Huaying	362491
什邡市	Shifang	435606	百色市	Baise	362478
铁岭市	Tieling	434383	铁力市	Tieli	355736
桦甸市	Huadian	434157	黄冈市	Huanggang	351318
蛟河市	Jiaohe	434026	河池市	Hechi	344121
哈密市	Hami	433323	舞钢市	Wugang	343485
峨眉山市	Ermeishan	432848	五大连池市	Wudalianchi	342297
北安市	Beian	432827	德兴市	Dexing	337636
介休市	Jiexiu	432212	牙克石市	Yakeshi	335827
汾阳市	Fenyang	429405	福泉市	Fuquan	333811
宁安市	Ningan	422300	永安市	Yongan	332586
景洪市	Jinghong	421072	石狮市	Shishi	332020
洮南市	Taonan	419540	临沧市	Lincang	322169
酒泉市	Jiuquan	418024	乌兰浩特市	Wulanhot	321581
许昌市	Xuchang	417478	河源市	Heyuan	318338
安国市	Anguo	417142	乌兰察布市	Ulanqab	316975
海东市	Haidong	416148	丰镇市	Fengzhen	316723
扎兰屯市	Zhalantun	412011	赤水市	Chishui	316131
中卫市	Zhongwei	409269	霍州市	Huozhou	310068
密山市	Mishan	408709	邵武市	Shaowu	308690
蒙自市	Mengzi	405745	吉首市	Jishou	307513
丽水市	Lishui	405580	庐山市	Lushan	305444
河津市	Hejin	402023	克拉玛依市	Karamay	304465
韩城市	Hancheng	401530	漳平市	Zhangping	297230
双辽市	Shuangliao	400644	龙泉市	Longquan	290726
宜都市	Yidong	391864	鄂尔多斯市	Ordos	289341
和田市	Hetian	389749	吐鲁番市	Turpan	289147
芒　市	Mangshi	389377	奎屯市	Kuitun	287767

5-5 续表 7 continued

单位：人 (person)

城　市	City	人　数 Population	城　市	City	人　数 Population
开远市	Kaiyuan	286089	临江市	Linjiang	159941
青铜峡市	Qingtongxia	283842	玉门市	Yumen	159768
穆棱市	Muleng	283702	丽江市	Lijiang	155237
三明市	Sanming	283603	图木舒克市	Tumxuk	151656
吕梁市	Lvliang	283023	香格里拉市	Shangari-la	148514
扬中市	Yangzhong	282046	东兴市	Dongxing	147395
虎林市	Hulin	281114	阿拉尔市	Alal	145684
安宁市	Anning	274124	敦煌市	Dunhuang	143828
阿图什市	Atush	272653	根河市	Genhe	140056
拉萨市	Lasa	264633	合山市	Heshan	137786
临夏市	Linxia	262368	格尔木市	Ge'ermu	136553
博乐市	Bole	258353	瑞丽市	Ruili	134162
华阴市	Huayin	254700	日喀则市	Shigatse	118974
灵武市	Lingwu	247350	韶山市	Shaoshan	118711
侯马市	Houma	243552	图们市	Tumen	116163
武夷山市	Wuyishan	242905	昌都市	Changdu	115234
津市市	Jinshi	239744	凭祥市	Pingxiang	114044
鹰潭市	Yingtan	239351	康定市	Kangding	111452
调兵山市	Diaobingshan	233956	玉树市	Yushu	111352
阿勒泰市	Altay	232761	五指山市	Wuzhishan	106352
普洱市	Pu'er	230791	五家渠市	Wujiaqu	94043
珲春市	Huichun	228320	合作市	Hezuo	87839
潞城市	Lucheng	226712	满洲里市	Manzhouli	84488
乌苏市	Wusu	222478	抚远市	Fuyuan	83797
古交市	Gujiao	218709	霍林郭勒市	Holingola	82102
集安市	Ji'an	215667	额尔古纳市	Ergun	80991
金昌市	Jinchang	212843	德令哈市	Delingha	73620
东宁市	Dongning	209468	共青城市	Gongqingcheng	72609
嘉峪关市	Jiayuguan	205262	绥芬河市	Suifenhe	70715
锡林浩特市	Xilinhot	186930	霍尔果斯市	Huoerguosi	64751
黑河市	Heihe	185872	山南市	Shannan	62655
泸水市	Lushui	180072	马尔康市	Barkam	55459
同江市	Tongjiang	177306	阿尔山市	Arxan	45951
和龙市	Helong	175700	林芝市	Linzhi	44198
井冈山市	Jinggangshan	169743	铁门关市	Tiemenguan	34865
塔城市	Tacheng	169298	二连浩特市	Erenhot	32189
阜康市	Fukang	167070	阿拉山口市	Alashankou	1859
龙井市	Longjing	160499	三沙市	Sansha	513
义马市	Yima	160236			

第六部分

Chapter Six

2016 年全国计划生育统计人口数据

Data from Family Planning Statistics in 2016

6-1 各地区分孩次出生政策符合率与上年同期比较
Rate Complying with Family Planning Policy Compared with That of Last Year by Birth Order and Region

单位：% (%)

地 区 Region	出生政策符合率 Rate Complying with Family Planning Policy	与上年对比 Compared with That of Last Year	一孩出生政策符合率 Rate Complying with Family Planning Policy of First Birth	与上年对比 Compared with That of Last Year	二孩出生政策符合率 Rate Complying with Family Planning Policy of Second Birth	与上年对比 Compared with That of Last Year	多孩出生政策符合率 Rate Complying with Family Planning Policy of Third Birth & Over	与上年对比 Compared with That of Last Year
全 国 National	**96.47**	**8.38**	**98.28**	**1.77**	**99.02**	**19.49**	**48.27**	**10.48**
北 京 Beijing	98.82	0.71	99.78	0.09	96.81	5.19	78.81	19.41
天 津 Tianjin	99.73	1.68	100.00	0.02	100.00	7.11	73.70	65.37
河 北 Hebei	96.24	8.49	99.79	-0.10	99.88	20.15	30.66	11.43
山 西 Shanxi	99.05	10.06	99.89	0.56	99.89	28.46	57.83	16.47
内蒙古 Inner Mongolia	98.35	5.43	98.65	0.48	99.57	13.10	75.65	9.43
辽 宁 Liaoning	98.82	-0.31	99.73	0.04	97.43	-0.70	80.18	6.03
吉 林 Jilin	98.76	4.25	99.82	-0.18	99.29	16.97	64.00	-7.98
黑龙江 Heilongjiang	99.04	4.78	99.36	3.17	99.62	10.38	61.88	32.47
上 海 Shanghai	99.57	3.79	99.60	1.83	99.68	6.57	91.76	59.31
江 苏 Jiangsu	99.24	3.12	99.91	1.79	99.98	9.22	57.53	-22.95
浙 江 Zhejiang	98.71	4.72	99.73	-0.07	99.46	12.58	51.56	13.31
安 徽 Anhui	90.11	12.05	85.79	3.62	95.76	22.65	67.39	4.83
福 建 Fujian	95.63	8.46	99.85	0.11	99.90	22.01	32.00	10.67
江 西 Jiangxi	91.50	18.18	100.00	0.25	100.00	43.23	20.80	15.51
山 东 Shandong	96.95	11.39	96.87	1.08	99.60	19.44	28.86	24.17
河 南 Henan	99.06	3.32	100.00	0.11	100.00	15.34	38.47	-4.20
湖 北 Hubei	98.19	9.86	99.84	-0.03	99.63	22.52	61.48	24.42
湖 南 Hunan	95.28	13.09	99.85	-0.04	99.77	29.05	38.98	36.42
广 东 Guangdong	97.05	5.89	99.52	2.23	98.12	14.42	52.68	3.13
广 西 Guangxi	95.76	6.35	98.38	-1.06	99.02	15.31	36.78	27.07
海 南 Hainan	95.57	2.84	99.93	-0.01	99.91	4.05	39.46	13.92
重 庆 Chongqing	95.97	5.79	100.00	0	96.64	18.85	54.90	29.95
四 川 Sichuan	96.23	22.44	99.65	16.11	95.55	37.84	50.75	12.34
贵 州 Guizhou	93.74	-3.88	93.46	-4.78	98.72	1.17	47.82	-10.77
云 南 Yunnan	89.59	3.10	89.62	-0.84	97.48	9.58	29.34	14.77
西 藏 Tibet	100.00		100.00		100.00		100.00	
陕 西 Shaanxi	99.60	4.15	99.96	-0.04	99.83	14.07	66.48	11.88
甘 肃 Gansu	98.36	7.23	99.94	0.22	99.91	22.95	60.93	4.15
青 海 Qinghai	98.90	0.14	99.79	-0.04	99.98	0.02	83.36	1.01
宁 夏 Ningxia	96.41	10.55	98.10	12.67	99.77	9.60	71.06	-0.79
新 疆 Xinjiang	99.18	0.49	99.86	0.07	99.82	0.24	96.65	1.47

6-2 各地区已婚育龄妇女避孕率与上年同期比较
Married Women at Childbearing Ages Contraception Rate Compared with That of Last Year by Region

单位：人、% (person,%)

地区	Region	已婚育龄妇女人数 Married Women at Childbearing Ages	与上年对比 Compared with That of Last Year	已婚育龄妇女避孕率 Contraception Rate of Married Women at Childbearing Ages	与上年对比 Compared with That of Last Year
全国	**National**	**266527697**	**-6771979**	**83.01**	**-3.13**
北京	Beijing	2101168	69036	72.95	-3.67
天津	Tianjin	1672678	40795	88.03	-2.13
河北	Hebei	14264247	-205457	89.53	-1.27
山西	Shanxi	6562351	-73054	88.43	-2.62
内蒙古	Inner Mongolia	4554769	-122893	89.95	-0.01
辽宁	Liaoning	7593618	35581	79.42	-5.53
吉林	Jilin	4795025	-75044	87.00	-2.40
黑龙江	Heilongjiang	6968761	-156030	90.49	-0.32
上海	Shanghai	4235913	-323823	75.55	-3.24
江苏	Jiangsu	14862931	-180091	87.27	-1.26
浙江	Zhejiang	9414268	-44107	82.31	-3.93
安徽	Anhui	13898126	-619792	89.25	-0.83
福建	Fujian	7670243	-379281	77.79	-1.48
江西	Jiangxi	9893731	-182251	83.92	0.34
山东	Shandong	18668389	-357978	83.66	1.95
河南	Henan	22534742	711167	83.29	-6.44
湖北	Hubei	13874548	71928	80.36	-3.83
湖南	Hunan	14312265	-34158	85.63	-4.05
广东	Guangdong	22848408	-549758	81.94	0.45
广西	Guangxi	10329367	-11497	85.02	-1.46
海南	Hainan	1596055	1620	81.46	0.14
重庆	Chongqing	4960779	74337	64.40	-14.27
四川	Sichuan	12018725	-6021599	79.04	-5.74
贵州	Guizhou	6788816	-20338	85.36	-3.35
云南	Yunnan	9433996	521634	78.19	-8.61
西藏	Tibet	805816		61.37	
陕西	Shaanxi	7187343	63311	77.94	-13.22
甘肃	Gansu	5279012	37808	67.56	-13.59
青海	Qinghai	1174548	-11511	87.13	-0.98
宁夏	Ningxia	1324565	67766	92.41	-0.56
新疆	Xinjiang	4902494	95884	83.33	-0.16

6-3　各地区采用各种节育措施人数
Contraception User by Method and Region

单位：人　　(person)

地　区	Region	合计 Total	男性绝育 Male Sterilization	女性绝育 Female Sterilization	宫内节育器 IUD	皮下埋植 Implant	口服及注射避孕药 Pill/Injection	避孕套 Condom	外用药 Diaphragm	其他 Others
全　国	**National**	**221236313**	**7639978**	**57138116**	**117321009**	**519443**	**1771327**	**35751619**	**340721**	**754100**
北　京	Beijing	1532935	250	7840	284066	959	22581	1209316	1583	6340
天　津	Tianjin	1472380	1713	61161	659491	1348	16816	708036	4133	19682
河　北	Hebei	12771467	348209	2527476	8470891	11227	59148	1176201	4007	174308
山　西	Shanxi	5802977	18713	1617706	3976235	3315	17236	150542	85	19145
内蒙古	Inner Mongolia	4097207	2333	495188	2717436	7694	24098	845000	448	5010
辽　宁	Liaoning	6031049	287	124579	4823338	6324	59534	996108	12522	8357
吉　林	Jilin	4171655	888	168616	3298333	81297	16008	603731	1990	792
黑龙江	Heilongjiang	6306280	691	401352	5117654	15804	79726	665439	5504	20110
上　海	Shanghai	3200268	6740	86841	1313177	4356	82802	1633606	17885	54861
江　苏	Jiangsu	12970322	101168	1065271	8586550	7694	98372	3034874	34478	41915
浙　江	Zhejiang	7748608	16767	1519761	3653989	7998	39067	2477853	10431	22742
安　徽	Anhui	12404011	153227	4629746	5962490	23577	103007	1513694	1599	16671
福　建	Fujian	5966564	285254	2397174	2461175	8790	12197	797426	920	3628
江　西	Jiangxi	8302331	8990	3876258	2963476	4169	24073	1396643	11674	17048
山　东	Shandong	15617577	957281	2793176	8717615	22064	4572	3088445	1633	2791
河　南	Henan	18769289	1978661	7625997	8048367	51321	68313	954439	12641	29550
湖　北	Hubei	11150076	276468	3082923	5960134	36643	131339	1638520	3283	20766
湖　南	Hunan	12255080	140367	4632616	5505412	21691	12858	1872173	30839	39124
广　东	Guangdong	18722919	1177588	6874180	4611382	6821	71899	5949115	14935	16999
广　西	Guangxi	8781712	687310	2668791	4681085	970	89007	590699	57357	6493
海　南	Hainan	1300130	6334	511265	628670	274	2031	149311	1124	1121
重　庆	Chongqing	3194944	151461	43954	2374298	5694	99472	503649	11974	4442
四　川	Sichuan	9499459	349345	236378	7251263	65202	193477	1242796	7819	153179
贵　州	Guizhou	5794712	670889	3062513	1824581	3401	6902	217003	1119	8304
云　南	Yunnan	7376406	186740	1789424	4770404	18902	133629	440638	16832	19837
西　藏	Tibet	494529	52	37421	71104	46875	93834	215712	26434	3097
陕　西	Shaanxi	5601959	100402	2089332	2833469	36298	82366	444256	13146	2690
甘　肃	Gansu	3566639	2704	1870276	1415902	5589	33193	232504	1071	5400
青　海	Qinghai	1023387	687	345948	554968	5758	37664	64836	10174	3352
宁　夏	Ningxia	1224065	196	328469	602495	1963	27068	251053	3133	9688
新　疆	Xinjiang	4085376	8263	166484	3151559	5425	29038	688001	19948	16658

6-4 各地区采用各种节育措施人数与上年同期比较
Contraception User Compared with That of Last Year by Method and Region

单位：人 (person)

地区	Region	合计 Total	男性绝育 Male Sterilization	女性绝育 Female Sterilization	宫内节育器 IUD	皮下埋植 Implant	口服及注射避孕药 Pill/Injection	避孕套 Condom	外用药 Diaphragm	其他 Others
全国	**National**	**-14183909**	**-1420677**	**-4630064**	**-11133727**	**61863**	**-342798**	**3265948**	**7294**	**9971**
北京	Beijing	-24197	-23	-2083	-38287	-136	-2984	18946	-110	480
天津	Tianjin	1223	436	-15383	-75164	-463	-3106	90002	-3709	8633
河北	Hebei	-368295	-50251	-335272	-126893	-760	-5090	140123	-336	10184
山西	Shanxi	-238284	-2584	-152535	-109921	-481	326	21718	-11	5204
内蒙古	Inner Mongolia	-111171	-429	-72963	-75447	-641	-2912	39683	-109	1647
辽宁	Liaoning	-390044	-58	-36342	-352218	-1366	-4804	-767	1581	3930
吉林	Jilin	-182366	512	-26770	-203305	65828	6806	-26316	87	792
黑龙江	Heilongjiang	-164275	-288	-56361	-179102	8725	-843	61316	-216	2494
上海	Shanghai	-392254	-722	-10390	-158412	-555	-8820	-205185	-1056	-7114
江苏	Jiangsu	-347022	-26253	-115798	-148437	-535	-316819	247126	469	13225
浙江	Zhejiang	-408423	-2047	-160956	-340569	-1005	-7579	102547	-1581	2767
安徽	Anhui	-674149	-34368	-492058	-676497	-4888	7886	519783	749	5244
福建	Fujian	-414391	-27953	-208113	-259425	-952	868	80932	-150	402
江西	Jiangxi	-118965	-16999	-212342	-285572	1140	-2553	389938	-511	7934
山东	Shandong	72040	-108264	56909	-515679	-2293	-1093	645862	-349	-3053
河南	Henan	-813170	-223414	-337310	-284735	-2514	372	30823	-2434	6042
湖北	Hubei	-470349	-22874	-219276	-376376	542	-6653	156358	451	-2521
湖南	Hunan	-609665	-43815	-353960	-304367	-1861	-1558	87451	-1038	9483
广东	Guangdong	-345899	-120533	-371458	-447550	-362	2835	592521	1540	-2892
广西	Guangxi	-160731	-28685	-108356	-50746	-468	-15720	45248	-3442	1438
海南	Hainan	3616	-1004	-35957	6187	-14	462	33977	13	-48
重庆	Chongqing	-649289	-33389	-12642	-534991	-1348	-6387	-60657	868	-743
四川	Sichuan	-5794297	-576231	-158073	-4610651	-24346	-66334	-297137	-13851	-47674
贵州	Guizhou	-245551	-74652	-153165	-133016	-901	622	112030	524	3007
云南	Yunnan	-359127	-13183	-113360	-294856	-3408	10570	53950	754	406
西藏	Tibet									
陕西	Shaanxi	-892742	-12254	-457616	-435501	-5577	-14152	34263	-469	260
甘肃	Gansu	-686851	-576	-481052	-222143	-5311	-16	22535	139	-427
青海	Qinghai	-21690	-26	-16845	-6769	-17	-153	217	2141	-238
宁夏	Ningxia	55631	-61	-1825	17784	-274	-602	51686	730	-11807
新疆	Xinjiang	72249	-741	-6133	17827	-771	799	61263	186	-181

6-5 各地区采取各种避孕措施分布
Distribution of Contraception Method by Region

单位：% (%)

地 区	Region	男性绝育 Male Sterilization	女性绝育 Female Sterilization	宫内节育器 IUD	皮下埋植 Implant	口服及注射避孕药 Pill/Injection	避孕套 Condom	外用药 Diaphragm	其他 Others
全 国	**National**	**3.45**	**25.83**	**53.03**	**0.23**	**0.8**	**16.16**	**0.15**	**0.34**
北 京	Beijing	0.02	0.51	18.53	0.06	1.47	78.89	0.1	0.41
天 津	Tianjin	0.12	4.15	44.79	0.09	1.14	48.09	0.28	1.34
河 北	Hebei	2.73	19.79	66.33	0.09	0.46	9.21	0.03	1.36
山 西	Shanxi	0.32	27.88	68.52	0.06	0.3	2.59	0	0.33
内蒙古	Inner Mongolia	0.06	12.09	66.32	0.19	0.59	20.62	0.01	0.12
辽 宁	Liaoning	0	2.07	79.98	0.1	0.99	16.52	0.21	0.14
吉 林	Jilin	0.02	4.04	79.07	1.95	0.38	14.47	0.05	0.02
黑龙江	Heilongjiang	0.01	6.36	81.15	0.25	1.26	10.55	0.09	0.32
上 海	Shanghai	0.21	2.71	41.03	0.14	2.59	51.05	0.56	1.71
江 苏	Jiangsu	0.78	8.21	66.2	0.06	0.76	23.4	0.27	0.32
浙 江	Zhejiang	0.22	19.61	47.16	0.1	0.5	31.98	0.13	0.29
安 徽	Anhui	1.24	37.32	48.07	0.19	0.83	12.2	0.01	0.13
福 建	Fujian	4.78	40.18	41.25	0.15	0.2	13.36	0.02	0.06
江 西	Jiangxi	0.11	46.69	35.69	0.05	0.29	16.82	0.14	0.21
山 东	Shandong	6.13	17.88	56.01	0.14	0.03	19.78	0.01	0.02
河 南	Henan	10.54	40.63	42.88	0.27	0.36	5.09	0.07	0.16
湖 北	Hubei	2.48	27.65	53.45	0.33	1.18	14.7	0.03	0.19
湖 南	Hunan	1.15	37.8	44.92	0.18	0.1	15.28	0.25	0.32
广 东	Guangdong	6.29	36.72	24.63	0.04	0.38	31.77	0.08	0.09
广 西	Guangxi	7.83	30.39	53.3	0.01	1.01	6.73	0.65	0.07
海 南	Hainan	0.49	39.32	48.35	0.02	0.16	11.48	0.09	0.09
重 庆	Chongqing	4.74	1.38	74.31	0.18	3.11	15.76	0.37	0.14
四 川	Sichuan	3.68	2.49	76.33	0.69	2.04	13.08	0.08	1.61
贵 州	Guizhou	11.58	52.85	31.49	0.06	0.12	3.74	0.02	0.14
云 南	Yunnan	2.53	24.26	64.67	0.26	1.81	5.97	0.23	0.27
西 藏	Tibet	0.01	7.57	14.38	9.48	18.97	43.62	5.35	0.63
陕 西	Shaanxi	1.79	37.3	50.58	0.65	1.47	7.93	0.23	0.05
甘 肃	Gansu	0.08	52.44	39.7	0.16	0.93	6.52	0.03	0.15
青 海	Qinghai	0.07	33.8	54.23	0.56	3.68	6.34	0.99	0.33
宁 夏	Ningxia	0.02	26.83	49.22	0.16	2.21	20.51	0.26	0.79
新 疆	Xinjiang	0.2	4.08	77.14	0.13	0.71	16.84	0.49	0.41

6-6 各地区采取各种避孕措施分布与上年同期对比
Distribution of Contraception Method Compared with That of Last Year by Region

单位：% (%)

地区	Region	男性绝育 Male Sterilization	女性绝育 Female Sterilization	宫内节育器 IUD	皮下埋植 Implant	口服及注射避孕药 Pill/Injection	避孕套 Condom	外用药 Diaphragm	其他 Others
全　国	**National**	**-0.4**	**-0.41**	**-1.53**	**0.04**	**-0.1**	**2.36**	**0.01**	**0.02**
北　京	Beijing	0	-0.13	-2.17	-0.01	-0.17	2.44	-0.01	0.04
天　津	Tianjin	0.03	-1.05	-5.15	-0.03	-0.21	6.08	-0.25	0.59
河　北	Hebei	-0.31	-2	0.89		-0.03	1.32	0	0.12
山　西	Shanxi	-0.03	-1.43	0.88	-0.01	0.02	0.46	0	0.1
内蒙古	Inner Mongolia	-0.01	-1.41	-0.04	-0.01	-0.05	1.49	0	0.04
辽　宁	Liaoning	0	-0.44	-0.63	-0.01	-0.01	0.99	0.04	0.07
吉　林	Jilin	0.01	-0.45	-1.36	1.59	0.17	0	0	0.02
黑龙江	Heilongjiang	0	-0.71	-0.71	0.14	0.02	1.22	0	0.05
上　海	Shanghai	0	0.01	0.07	0	0.04	-0.14	0.03	-0.01
江　苏	Jiangsu	-0.18	-0.66	0.61	0	-2.36	2.47	0.01	0.11
浙　江	Zhejiang	-0.01	-0.99	-1.81	-0.01	-0.07	2.86	-0.01	0.05
安　徽	Anhui	-0.2	-1.84	-2.69	-0.03	0.1	4.6	0.01	0.05
福　建	Fujian	-0.13	-0.65	-1.39	-0.01	0.03	2.14	0	0.01
江　西	Jiangxi	-0.2	-1.86	-2.89	0.01	-0.03	4.87	0	0.1
山　东	Shandong	-0.72	0.28	-3.58	-0.02	-0.01	4.06	0	-0.02
河　南	Henan	-0.7	-0.04	0.33	0	0.02	0.37	-0.01	0.04
湖　北	Hubei	-0.1	-0.77	-1.08	0.02	-0.01	1.94	0.01	-0.01
湖　南	Hunan	-0.29	-0.96	-0.24	-0.01	-0.01	1.4	0	0.09
广　东	Guangdong	-0.52	-1.28	-1.9	0	0.02	3.68	0.01	-0.01
广　西	Guangxi	-0.18	-0.67	0.39	-0.01	-0.16	0.63	-0.03	0.02
海　南	Hainan	-0.08	-2.88	0.34	0	0.04	2.59	0	0
重　庆	Chongqing	-0.07	-0.1	-1.37	0	0.36	1.08	0.09	0
四　川	Sichuan	-2.37	-0.09	-1.23	0.1	0.34	3.01	-0.06	0.3
贵　州	Guizhou	-0.77	-0.39	-0.92	-0.01	0.02	2.01	0.01	0.06
云　南	Yunnan	-0.05	-0.34	-0.81	-0.03	0.22	0.97	0.02	0.02
西　藏	Tibet								
陕　西	Shaanxi	0.06	-1.92	0.25	0	-0.02	1.62	0.03	0.01
甘　肃	Gansu	0	-2.84	1.19	-0.1	0.15	1.58	0.01	0.01
青　海	Qinghai	0	-0.91	0.48	0.01	0.06	0.15	0.23	-0.02
宁　夏	Ningxia	-0.01	-1.43	-0.82	-0.03	-0.16	3.45	0.05	-1.05
新　疆	Xinjiang	-0.02	-0.23	-0.94	-0.02	0.01	1.22	0	-0.01

第七部分

Chapter Seven

世界部分国家及地区人口和就业统计数据

Population and Employment Data of Selected Countries and Territories of the World

一、世界部分国家人口和就业统计数据

I.Population and Employment Data of Other Countries/Regions

7-1 人口数
Total Population

单位：百万人 (millions)

国　家	Country	2003	2004	2005	2006	2007	2008
世界总计	**Total**	**6211.1**	**6377.6**	**6464.7**	**6540.3**	**6615.9**	**6749.7**
亚洲	**Asia**						
中国	China	1304.2	1313.3	1315.8	1323.6	1331.4	1336.3
阿富汗	Afghanistan	23.9	24.9	29.9	31.1	32.3	28.2
孟加拉国	Bangladesh	146.7	149.7	141.8	144.4	147.1	161.3
缅甸	Myanmar	49.5	50.1	50.5	51.0		49.2
柬埔寨	Cambodia	14.1	14.6	14.1	14.4	14.6	14.7
印度	India	1065.5	1081.2	1103.4	1119.5	1135.6	1186.2
印度尼西亚	Indonesia	219.9	222.6	222.8	225.5	228.1	234.3
伊朗	Iran	68.9	69.8	69.5	70.3	71.2	72.2
伊拉克	Iraq	25.2	25.9	28.8	29.6	30.3	29.5
日本	Japan	127.7	127.8	128.1	128.2	128.3	127.9
约旦	Jordan	5.5	5.6	5.7	5.8	6.0	6.1
朝鲜	Korea D.P.Rep.	22.7	22.8	22.5	22.6	22.7	23.9
韩国	Korea Rep.	47.7	48.0	47.8	48.0	48.1	48.4
科威特	Kuwait	2.5	2.6	2.7	2.8	2.8	2.9
老挝	Laos	5.7	5.8	5.9	6.1	6.2	6.0
黎巴嫩	Lebanon	3.7	3.7	3.6	3.6	3.7	4.1
马来西亚	Malaysia	24.4	24.9	25.3	25.8	26.2	27.0
蒙古	Mongolia	2.6	2.6	2.6	2.7	2.7	2.7
尼泊尔	Nepal	25.2	25.7	27.1	27.7	28.2	28.8
巴基斯坦	Pakistan	153.6	157.3	157.9	161.2	164.6	167.0
菲律宾	Philippines	80.0	81.4	83.1	84.5	85.9	89.7
沙特阿拉伯	Saudi Arabia	24.2	24.9	24.6	25.2	25.8	25.3
新加坡	Singapore	4.3	4.3	4.3	4.4	4.4	4.5
斯里兰卡	Sri Lanka	19.1	19.2	20.7	20.9	21.1	19.4
叙利亚	Syrian Arab Rep.	17.8	18.2	19.0	19.5	20.0	20.4
泰国	Thailand	62.8	63.5	64.2	64.8	65.3	64.3
土耳其	Turkey	71.3	72.3	73.2	74.2	75.2	75.8
越南	Viet Nam	81.4	82.5	84.2	85.3	86.4	88.5
也门	Yemen	20.0	20.7	21.0	21.6	22.3	23.1
欧洲	**Europe**						
阿尔巴尼亚	Albania	3.2	3.2	3.1	3.1	3.2	3.2
奥地利	Austria	8.1	8.1	8.2	8.2	8.2	8.4
保加利亚	Bulgaria	7.9	7.8	7.7	7.7	7.6	7.6
捷克共和国	Czech Rep.	10.2	10.2	10.2	10.2	10.2	10.2
丹麦	Denmark	5.4	5.4	5.4	5.4	5.5	5.5
芬兰	Finland	5.2	5.2	5.2	5.3	5.3	5.3
法国	France	60.1	60.4	60.5	60.7	60.9	61.9
德国	Germany	82.5	82.5	82.7	82.7	82.7	82.5
希腊	Greece	11.0	11.0	11.1	11.1	11.2	11.2
匈牙利	Hungary	9.9	9.8	10.1	10.1	10.0	10.0
意大利	Italy	60.1	57.3	58.1	68.1	58.2	58.9
荷兰	Netherlands	16.1	16.2	16.3	16.4		16.5
挪威	Norway	4.5	4.6	4.6	4.6	4.7	4.7
波兰	Poland	38.6	38.6	38.5	38.5	38.5	38.0
葡萄牙	Portugal	10.1	10.1	10.5	10.5	10.6	10.7
罗马尼亚	Romania	22.3	22.3	21.7	21.6	21.5	21.3
西班牙	Spain	41.1	41.1	43.1	43.3	43.6	44.6
瑞士	Switzerland	7.2	7.2	7.3	7.3	7.3	7.5
英国	United Kingdom	59.3	59.4	59.7	59.8	60.0	61.0
俄罗斯	Russian Federation	143.2	142.4	143.2	142.5	141.9	141.8

资料来源：《世界人口状况》2003-2016年，联合国人口基金编。
Sources: UNFPA, State of World Population 2003-2016.

7-1 续表 1 continued

单位：百万人 (millions)

国 家	Country	2003	2004	2005	2006	2007	2008
非洲	**Africa**						
阿尔及利亚	Algeria	31.8	32.3	32.9	33.4	33.9	34.4
安哥拉	Angola	13.6	14.1	15.9	16.4	16.9	17.5
布隆迪	Burundi	6.8	7.1	7.5	7.8	8.1	8.9
中非共和国	Central African Rep.	3.9	3.9	4.0	4.1	4.2	4.4
刚果共和国	Congo, Republic of the	3.7	3.8	4.0	4.1	4.2	3.8
埃及	Egypt	71.9	73.4	74.0	75.4	76.9	76.8
埃塞俄比亚	Ethiopia	70.7	72.4	77.4	79.3	81.2	85.2
加蓬	Gabon	1.3	1.4	1.4	1.4	1.4	1.4
加纳	Ghana	20.9	21.4	22.1	22.6	23.0	23.9
几内亚	Guinea	8.5	8.6	9.4	9.6	9.8	9.6
肯尼亚	Kenya	32.0	32.4	34.3	35.1	36.0	38.6
利比亚	Libya	5.6	5.7	5.9	6.0	6.1	6.3
利比里亚	Liberia	3.4	3.5	3.3	3.4	3.5	3.9
马达加斯加	Madagascar	17.4	17.9	18.6	19.1	19.6	20.2
马里	Mali	13.0	13.4	13.5	13.9	14.3	12.7
毛里塔尼亚	Mauritania	2.9	3.0	3.1	3.2	3.2	3.2
摩洛哥	Morocco	30.6	31.1	31.5	31.9	32.4	31.6
莫桑比克	Mozambique	18.9	19.2	19.8	20.2	20.5	21.8
尼日利亚	Nigeria	124.0	127.1	131.5	134.4	137.2	151.5
卢旺达	Rwanda	8.4	8.5	9.0	9.2	9.4	10.0
索马里	Somalia	9.9	10.3	8.2	8.5	8.8	9.0
南非	South Africa	45.0	45.2	47.4	47.6	47.7	48.8
苏丹	Sudan	33.6	34.3	36.2	37.0	37.8	39.4
突尼斯	Tunisia	9.8	9.9	10.1	10.2	10.3	10.4
乌干达	Uganda	25.8	26.7	28.8	29.9	30.9	31.9
喀麦隆	Cameroon, Republic of	16.0	16.3	16.3	16.6	16.9	18.9
坦桑尼亚	Tanzania, United Republic of	37.0	37.7	38.3	39.0	39.7	41.5
赞比亚	Zambia	10.8	10.9	13.0	11.9	12.1	12.2
大洋洲	**Oceania**						
澳大利亚	Australia	19.7	19.9	20.2	20.4	20.6	21.0
新西兰	New Zealand	3.9	3.9	4.0	4.1	4.1	4.2
北美洲	**North America**						
加拿大	Canada	31.5	31.7	32.3	32.6	32.9	33.2
美国	United States of America	294.0	297.0	298.2	301.0	303.9	308.8
拉丁美洲	**Latin America**						
阿根廷	Argentina	38.4	38.9	38.7	39.1	39.5	39.9
玻利维亚	Bolivia	8.8	9.0	9.2	9.4	9.5	9.7
巴西	Brazil	178.5	180.7	186.4	188.9	191.3	194.2
智利	Chile	15.8	16.0	16.3	16.5	16.6	16.8
哥伦比亚	Colombia	44.2	44.9	45.6	46.3	47.0	46.7
古巴	Cuba	11.3	11.3	11.3	11.3	11.3	11.3
多米尼加共和国	Dominican Republic	8.7	8.9	8.9	9.0	9.1	9.9
厄瓜多尔	Ecuador	13.0	13.2	13.2	13.4	13.6	13.5
危地马拉	Guatemala	12.3	12.7	12.6	12.9	13.2	13.7
墨西哥	Mexico	103.5	104.9	107.0	108.3	109.6	107.8
巴拿马	Panama	3.1	3.2	3.2	3.3	3.3	3.4
巴拉圭	Paraguay	5.9	6.0	6.2	6.3	6.4	6.2
秘鲁	Peru	27.2	27.6	28.0	28.4	28.8	28.2
波多黎各	Puerto Rico	3.9	3.9	4.0	4.0	4.0	4.0
乌拉圭	Uruguay	3.4	3.4	3.5	3.5	3.5	3.4
委内瑞拉	Venezuela (Bolivarian Republic of)	25.7	26.2	26.7	27.2	27.7	28.1

7-1 续表 2 continued

单位：百万人 (millions)

国 家	Country	2009	2010	2011	2012	2013	2014	2015	2016
世界总计	**Total**	**6829.4**	**6908.7**	**6974.0**	**7052.1**	**7162**	**7244**	**7349**	**7433**
亚洲	**Asia**								
中国	China	1345.8	1354.1	1347.6	1353.6	1385.6	1393.8	1376.0	1382.3
阿富汗	Afghanistan	28.2	29.1	32.4	33.4	30.6	31.3	32.5	33.4
孟加拉国	Bangladesh	162.2	164.4	150.5	152.4	156.6	158.5	161.0	162.9
缅甸	Myanmar	50.0	50.5	48.3	48.7	53.3	53.7	53.9	54.4
柬埔寨	Cambodia	14.8	15.1	14.3	14.5	15.1	15.4	15.6	15.8
印度	India	1198.0	1214.5	1241.5	1258.4	1252.1	1267.4	1311.1	1326.8
印度尼西亚	Indonesia	230.0	232.5	242.3	244.8	249.9	252.8	257.6	260.6
伊朗	Iran	74.2	75.1	74.8	75.6	77.4	78.5	79.1	80.0
伊拉克	Iraq	30.7	31.5	32.7	33.7	33.8	34.8	36.4	37.5
日本	Japan	127.2	127.0	126.5	126.4	127.1	127.0	126.6	126.3
约旦	Jordan	6.3	6.5	6.3	6.5	7.3	7.5	7.6	7.7
朝鲜	Korea D.P.Rep.	23.9	24.0	24.5	24.6	24.9	25.0	25.2	25.3
韩国	Korea Rep.	48.3	48.5	48.4	48.6	49.3	49.5	50.3	50.5
科威特	Kuwait	3.0	3.1	2.8	2.9	3.4	3.5	3.9	4.0
老挝	Laos	6.3	6.4	6.3	6.4	6.8	6.9	6.8	6.9
黎巴嫩	Lebanon	4.2	4.3	4.3	4.3	4.8	5.0	5.9	6.0
马来西亚	Malaysia	27.5	27.9	28.9	29.3	29.7	30.2	30.3	30.8
蒙古	Mongolia	2.7	2.7	2.8	2.8	2.8	2.9	3.0	3.0
尼泊尔	Nepal	29.3	29.9	30.5	31.0	27.8	28.1	28.5	28.9
巴基斯坦	Pakistan	180.8	184.8	176.7	180.0	182.1	185.1	188.9	192.8
菲律宾	Philippines	92.0	93.6	94.9	96.5	98.4	100.1	100.7	102.3
沙特阿拉伯	Saudi Arabia	25.7	26.2	28.1	28.7	28.8	29.4	31.5	32.2
新加坡	Singapore	4.7	4.8	5.2	5.3	5.4	5.5	5.6	5.7
斯里兰卡	Sri Lanka	20.2	20.4	21.0	21.2	21.3	21.4	20.7	20.8
叙利亚	Syrian Arab Rep.	21.9	22.5	20.8	21.1	21.9	22.0	18.5	18.6
泰国	Thailand	67.8	68.1	69.5	69.9	67.0	67.2	68.0	68.1
土耳其	Turkey	74.8	75.7	73.6	74.5	74.9	75.8	78.7	79.6
越南	Viet Nam	88.1	89.0	88.8	89.7	91.7	92.5	93.4	94.4
也门	Yemen	23.6	24.3	24.8	25.6	24.4	25.0	26.8	27.5
欧洲	**Europe**								
阿尔巴尼亚	Albania	3.2	3.2	3.2	3.2	3.2	3.2	2.9	2.9
奥地利	Austria	8.4	8.4	8.4	8.4	8.5	8.5	8.5	8.6
保加利亚	Bulgaria	7.5	7.5	7.4	7.4	7.2	7.2	7.1	7.1
捷克共和国	Czech Rep.	10.4	10.4	10.5	10.6	10.7	10.7	10.5	10.5
丹麦	Denmark	5.5	5.5	5.6	5.6	5.6	5.6	5.7	5.7
芬兰	Finland	5.3	5.3	5.4	5.4	5.4	5.4	5.5	5.5
法国	France	62.3	62.6	63.1	63.5	64.3	64.6	64.4	64.7
德国	Germany	82.2	82.1	82.2	82.0	82.7	82.7	80.7	80.7
希腊	Greece	11.2	11.2	11.4	11.4	11.1	11.1	11.0	10.9
匈牙利	Hungary	10.0	10.0	10.0	9.9	10.0	9.9	9.9	9.8
意大利	Italy	59.9	60.1	60.8	61.0	61.0	61.1	59.8	59.8
荷兰	Netherlands	16.6	16.7	16.7	16.7	16.8	16.8	16.9	17.0
挪威	Norway	4.8	4.9	4.9	5.0	5.0	5.1	5.2	5.3
波兰	Poland	38.1	38.0	38.3	38.3	38.2	38.2	38.6	38.6
葡萄牙	Portugal	10.7	10.7	10.7	10.7	10.6	10.6	10.3	10.3
罗马尼亚	Romania	21.3	21.2	21.4	21.4	21.7	21.6	19.5	19.4
西班牙	Spain	44.9	45.3	46.5	46.8	46.9	47.1	46.1	46.1
瑞士	Switzerland	7.6	7.6	7.7	7.7	8.1	8.2	8.3	8.4
英国	United Kingdom	61.6	61.9	62.4	62.8	63.1	63.5	64.7	65.1
俄罗斯	Russian Federation	140.9	140.4	142.8	142.7	142.8	142.5	143.5	143.4

7-1 续表 3 continued

单位：百万人 (millions)

国　　家	Country	2009	2010	2011	2012	2013	2014	2015	2016
非洲	**Africa**								
阿尔及利亚	Algeria	34.9	35.4	36.0	36.5	39.2	39.9	39.7	40.4
安哥拉	Angola	18.5	19.0	19.6	20.2	21.5	22.1	25.0	25.8
布隆迪	Burundi	8.3	8.5	8.6	8.7	10.2	10.5	11.2	11.6
中非共和国	Central African Rep.	4.4	4.5	4.5	4.6	4.6	4.7	4.9	5.0
刚果共和国	Congo, Republic of the	3.7	3.8	4.1	4.2	4.4	4.6	4.6	4.7
埃及	Egypt	83.0	84.5	82.5	84.0	82.1	83.4	91.5	93.4
埃塞俄比亚	Ethiopia	82.8	85.0	84.7	86.5	94.1	96.5	99.4	101.9
加蓬	Gabon	1.5	1.5	1.5	1.6	1.7	1.7	1.7	1.8
加纳	Ghana	23.8	24.3	25.0	25.5	25.9	26.4	27.4	28.0
几内亚	Guinea	10.1	10.3	10.2	10.5	11.7	12.0	12.6	12.9
肯尼亚	Kenya	39.8	40.9	41.6	42.7	44.4	45.5	46.1	47.3
利比亚	Libya	6.4	6.5	6.4	6.5	6.2	6.3	6.3	6.3
利比里亚	Liberia	4.0	4.1	4.1	4.2	4.3	4.4	4.5	4.6
马达加斯加	Madagascar	19.6	20.1	21.3	21.9	22.9	23.6	24.2	24.9
马里	Mali	13.0	13.3	15.8	16.3	15.3	15.8	17.6	18.1
毛里塔尼亚	Mauritania	3.3	3.4	3.5	3.6	3.9	4.0	4.1	4.2
摩洛哥	Morocco	32.0	32.4	32.3	32.6	33.0	33.5	34.4	34.8
莫桑比克	Mozambique	22.9	23.4	23.9	24.5	25.8	26.5	28.0	28.8
尼日利亚	Nigeria	154.7	158.3	162.5	166.6	173.6	178.5	182.2	187.0
卢旺达	Rwanda	10.0	10.3	10.9	11.3	11.8	12.1	11.6	11.9
索马里	Somalia	9.1	9.4	9.6	9.8	10.5	10.8	10.8	11.1
南非	South Africa	50.1	50.5	50.5	50.7	52.8	53.1	54.5	55.0
苏丹	Sudan	42.3	43.2	44.6	35.0	38.0	38.8	40.2	41.2
突尼斯	Tunisia	10.3	10.4	10.6	10.7	11.0	11.1	11.3	11.4
乌干达	Uganda	32.7	33.8	34.5	35.6	37.6	38.8	39.0	40.3
喀麦隆	Cameroon, Republic of	19.5	20.0	20.0	20.5	22.3	22.8	23.3	23.9
坦桑尼亚	Tanzania, United Republic of	43.7	45.0	46.2	47.7	49.3	50.8	53.5	55.2
赞比亚	Zambia	12.9	13.3	13.5	13.9	14.5	15.0	16.2	16.7
大洋洲	**Oceania**								
澳大利亚	Australia	21.3	21.5	22.6	22.9	23.3	23.6	24.0	24.3
新西兰	New Zealand	4.3	4.3	4.4	4.5	4.5	4.6	4.5	4.6
北美洲	**North America**								
加拿大	Canada	33.6	33.9	34.3	34.7	35.2	35.5	35.9	36.3
美国	United States of America	314.7	317.6	313.1	315.8	320.1	322.6	321.8	324.1
拉丁美洲	**Latin America**								
阿根廷	Argentina	40.3	40.7	40.8	41.1	41.4	41.8	43.4	43.8
玻利维亚	Bolivia	9.9	10.0	10.1	10.2	10.7	10.8	10.7	10.9
巴西	Brazil	193.7	195.4	196.7	198.4	200.4	202.0	207.8	209.6
智利	Chile	17.0	17.1	17.3	17.4	17.6	17.8	17.9	18.1
哥伦比亚	Colombia	45.7	46.3	46.9	47.6	48.3	48.9	48.2	48.7
古巴	Cuba	11.2	11.2	11.3	11.2	11.3	11.3	11.4	11.4
多米尼加共和国	Dominican Republic	10.1	10.2	10.1	10.2	10.4	10.5	10.5	10.6
厄瓜多尔	Ecuador	13.6	13.8	14.7	14.9	15.7	16.0	16.1	16.4
危地马拉	Guatemala	14.0	14.4	14.8	15.1	15.5	15.9	16.3	16.7
墨西哥	Mexico	109.6	110.6	114.8	116.1	122.3	123.8	127.0	128.6
巴拿马	Panama	3.5	3.5	3.6	3.6	3.9	3.9	3.9	4.0
巴拉圭	Paraguay	6.3	6.5	6.6	6.7	6.8	6.9	6.6	6.7
秘鲁	Peru	29.2	29.5	29.4	29.7	30.4	30.8	31.4	31.8
波多黎各	Puerto Rico	4.0	4.0			3.7	3.7	3.7	3.7
乌拉圭	Uruguay	3.4	3.4	3.4	3.4	3.4	3.4	3.4	3.4
委内瑞拉	Venezuela (Bolivarian Republic of)	28.6	29.0	29.4	29.9	30.4	30.9	31.1	31.5

7-2 人口出生率、死亡率、自然增长率
Crude Birth Rate, Crude Death Rate and Rate of Natural Increase

国　家	Country	出生率 Crude Birth Rate(‰)	死亡率 Crude Death Rate(‰)	自然增长率 Rate of Natural Increase(%)
美国	United States	12	8	0.4
日本	Japan	8	10	-0.2
德国	Germany	9	11	-0.2
英国	United Kingdom	12	9	0.3
法国	France	12	9	0.3
意大利	Italy	8	11	-0.3
加拿大	Canada	11	8	0.3
俄罗斯	Russia	13	13	0.0
澳大利亚	Australia	13	7	0.6
波兰	Poland	10	10	0.0
匈牙利	Hungary	9	13	-0.4
罗马尼亚	Romania	9	12	-0.3
保加利亚	Bulgaria	9	15	-0.6
印度	India	22	7	1.5
印度尼西亚	Indonesia	20	7	1.3
巴基斯坦	Pakistan	30	7	2.3
孟加拉国	Bangladesh	20	5	1.5
泰国	Thailand	12	8	0.4
菲律宾	Philippines	23	7	1.6
马来西亚	Malaysia	17	5	1.2
韩国	Korea Rep.	9	5	0.4
新加坡	Singapore	8	4	0.4
伊朗	Iran	19	5	1.4
土耳其	Turkey	17	5	1.2
尼日利亚	Nigeria	39	13	2.6
埃及	Egypt	31	6	2.5
埃塞俄比亚	Ethiopia	30	7	2.3
坦桑尼亚	Tanzania	37	7	3.0
肯尼亚	Kenya	31	7	2.4
巴西	Brazil	14	6	0.8
墨西哥	Mexico	19	5	1.4
阿根廷	Argentina	18	8	1.0
哥伦比亚	Colombia	16	6	1.0

资料来源：《2016年世界人口数据表》美国人口咨询局编。
Sources:Population Reference Bureau of United States, 2016 World Population Data Sheet.

7-3 人口年龄构成
Age Composition

单位：% (%)

国　家	Country	0-14岁 Aged 0-14	15-64岁 Aged 15-64	65岁及以上 Aged 65 and Over
美国	United States	19	66	15
日本	Japan	13	60	27
德国	Germany	13	66	21
英国	United Kingdom	18	65	17
法国	France	18	64	18
意大利	Italy	14	64	22
加拿大	Canada	16	68	16
俄罗斯	Russia	17	69	14
澳大利亚	Australia	19	66	15
波兰	Poland	15	69	16
匈牙利	Hungary	14	68	18
罗马尼亚	Romania	16	69	15
保加利亚	Bulgaria	14	66	20
印度	India	29	65	6
印度尼西亚	Indonesia	28	67	5
巴基斯坦	Pakistan	36	60	4
孟加拉国	Bangladesh	33	61	6
泰国	Thailand	18	71	11
菲律宾	Philippines	32	63	5
马来西亚	Malaysia	25	69	6
韩国	Korea Rep.	14	72	14
新加坡	Singapore	15	73	12
伊朗	Iran	24	71	5
土耳其	Turkey	24	68	8
尼日利亚	Nigeria	43	54	3
埃及	Egypt	31	65	4
埃塞俄比亚	Ethiopia	41	56	3
坦桑尼亚	Tanzania	45	52	3
肯尼亚	Kenya	42	55	3
巴西	Brazil	23	69	8
墨西哥	Mexico	28	66	6
阿根廷	Argentina	25	64	11
哥伦比亚	Colombia	27	66	7

资料来源：《2016年世界人口数据表》美国人口咨询局编。
Sources:Population Reference Bureau of United States, 2016 World Population Data Sheet.

7-4 人口指标
Demographic Indicators

国　家	Country	预期寿命(岁) Life Expectancy at Birth		总和生育率 Total Fertility Rate	城镇化率(%) Persent Urban
		男 Male	女 Female		
美国	United States	76	81	1.8	81
日本	Japan	80	87	1.5	94
德国	Germany	78	83	1.5	75
英国	United Kingdom	79	83	1.8	83
法国	France	79	85	1.9	80
意大利	Italy	80	85	1.4	69
加拿大	Canada	79	84	1.6	82
俄罗斯	Russia	66	77	1.8	74
澳大利亚	Australia	80	84	1.8	89
波兰	Poland	74	82	1.3	60
匈牙利	Hungary	72	79	1.4	71
罗马尼亚	Romania	72	79	1.2	55
保加利亚	Bulgaria	71	78	1.5	73
印度	India	67	70	2.3	33
印度尼西亚	Indonesia	69	73	2.5	54
巴基斯坦	Pakistan	66	67	3.7	39
孟加拉国	Bangladesh	71	73	2.3	34
泰国	Thailand	72	79	1.6	50
菲律宾	Philippines	65	72	2.8	44
马来西亚	Malaysia	72	77	2.0	75
韩国	Korea,Republic of	79	86	1.2	82
新加坡	Singapore	80	85	1.2	100
伊朗	Iran	74	77	1.8	72
土耳其	Turkey	75	79	2.1	73
尼日利亚	Nigeria	53	53	5.5	48
埃及	Egypt	70	73	3.5	43
埃塞俄比亚	Ethiopia	62	66	4.2	20
坦桑尼亚	Tanzania	64	66	5.2	30
肯尼亚	Kenya	60	65	3.9	26
巴西	Brazil	72	79	1.8	86
墨西哥	Mexico	74	79	2.2	79
阿根廷	Argentina	73	80	2.3	92
哥伦比亚	Colombia	72	79	2.3	76

资料来源：《2016年世界人口数据表》美国人口咨询局编。
Sources:Population Reference Bureau of United States, 2016 World Population Data Sheet.

7-5 全部就业人数
Employment

单位：千人 (1000 persons)

国别	Country	2010	2011	2012	2013	2014	2015	2016
阿根廷	Argentina	10532	10766	10844	10943	11047		
澳大利亚	Australia	11022	11215	11347	11451	11532	11752	11940
巴西	Brazil	22019	22473	22956	23116	23087	23080	
加拿大	Canada	16964	17221	17438	17691	17802	17947	18080
埃及	Egypt	23829	23346	23596	23974	23986	24779	
法国	France	25731	25759	25804	25779	26396	26424	26583
德国	Germany	37993	38787	39126	39531	39871	40211	41367
匈牙利	Hungary	3732	3759	3827	3893	4101	4210	4352
印度尼西亚	Indonesia	108208	109670	110808	112761	116400	114819	119530
意大利	Italy	22527	22598	22566	22191	22279	22465	22758
日本	Japan	62570	62890	62700	63110	63510	63760	64400
韩国	Korea, Republic of	23829	24244	24681	25066	25599	25936	26235
马来西亚	Malaysia	11777	12284	12723	13210	13532	14068	14229
墨西哥	Mexico	46122	47139	48707	49227	49415	50611	51595
荷兰	Netherlands	8370	8291	8345	8285	8236	8319	8427
新西兰	New Zealand	2157	2188	2183	2227	2305	2357	2466
挪威	Norway	2501	2536	2585	2602	2627	2641	2638
菲律宾	Philippines	36035	37192	37600	37917	38651	38741	40650
葡萄牙	Portugal	4898	4740	4547	4429	4500	4549	4605
罗马尼亚	Romania	8713	8528	8605	8549	8614	8535	8449
俄罗斯	Russian Federation	69804	70857	71545	71392	71539	72324	72393
南非	South Africa	13942	14198	14551	15027	15317	15928	
西班牙	Spain	18724	18421	17633	17139	17344	17866	18342
瑞典	Sweden	4524	4626	4657	4704	4772	4837	4910
泰国	Thailand	38037	39317	39578	39112	38421	38016	
英国	United Kingdom	29125	29282	29596	229954	30672	31205	31640
美国	United States	139064	139869	142469	143929	146305	148834	151436

注：资料来源:国际劳工组织劳动统计数据库中劳动力调查数据(以下相关表同)。。
Date resources:ILO Labour Statistics Database (same as below).

7-6 按三次产业分就业人员构成
Employment by Type of Industry

单位：% (%)

国家	Country	第一产业		第二产业		第三产业	
		2005	2016	2005	2016	2005	2016
孟加拉国	Bangladesh	48.1		14.5		37.4	
文莱	Brunei Darussalam		0.6②		18.7②		80.8②
印度	India	55.8		19.0		25.2	
印度尼西亚	Indonesia	45.2	32.9①	17.9	22.2①	36.9	44.9①
伊朗	Iran	24.7	18.0①	30.4	32.5①	44.9	49.4①
以色列	Israel	2.0	1.0	21.4	17.3	75.7	79.8
日本	Japan	4.4	3.5	27.5	24.3	66.9	70.7
哈萨克斯坦	Kazakhstan	32.4	18.0①	18.0	20.6①	49.6	61.4①
韩国	Korea, Rep.	7.9	4.9	26.9	24.9	65.2	70.2
马来西亚	Malaysia	14.6	12.5①	29.7	27.5①	55.6	60.0①
蒙古	Mongolia	39.9	28.5①	16.8	20.3①	43.3	51.3①
巴基斯坦	Pakistan	43.1	43.5②	20.3	22.5②	36.6	34.0②
菲律宾	Philippines	36.0	29.2①	15.6	16.2①	48.5	54.7①
新加坡	Singapore	1.1		21.7	16.3①	77.3	82.7①
斯里兰卡	Sri Lanka	30.7	28.2①	25.7	26.0①	25.9	45.2①
泰国	Thailand	42.6	32.3①	20.3	23.7①	37.1	43.9①
越南	Viet Nam		43.6①		23.1①		33.3①
埃及	Egypt	30.9	25.8①	21.5	25.1①	47.5	49.1①
尼日利亚	Nigeria	58.3		3.4		38.3	
南非	South Africa	7.5	5.6①	25.6	23.9①	66.6	70.5①
加拿大	Canada	2.1	1.6	22.7	19.6	75.2	78.8
墨西哥	Mexico	14.9	13.0	25.7	25.3	58.9	61.2
美国	United States	1.6	1.6	20.6	18.4	77.8	80.0
阿根廷	Argentina	1.1	2.0②	23.5	24.6②	75.1	72.8②
巴西	Brazil	20.5	10.3①	21.4	22.2①	57.9	77.3①
委内瑞拉	Venezuela	9.7		20.8		68.7	
捷克	Czech Rep.	4.0	2.9①	39.5	38.0①	56.5	59.0①
法国	France	3.6	2.8	23.7	20.1①	72.3	75.3
德国	Germany	2.4	1.4①	29.8	27.7①	67.8	70.9①
意大利	Italy	4.2	3.8①	30.7	26.6①	65.1	69.7①
荷兰	Netherlands	3.2	2.1①	19.6	15.2①	72.5	74.9①
波兰	Poland	17.4	11.5①	29.2	30.4①	53.4	57.8①
俄罗斯	Russia	10.2	6.7①	29.8	27.2①	60.0	66.1①
西班牙	Spain	5.3	4.2	29.6	19.6	65.1	76.2
土耳其	Turkey	29.5	20.4①	24.8	27.2①	45.8	52.4①
乌克兰	Ukraine	19.4	15.3①	24.3	24.7①	56.4	60.1①
英国	United Kingdom	1.4	1.1①	22.2	18.5①	76.2	79.7①
澳大利亚	Australia	3.6	2.6	21.1	19.5	75.1	78.0
新西兰	New Zealand	7.1	6.5	22.2	20.2	70.5	73.3

1)资料来源：世界银行数据库。
2)①2015年数据。②2014年数据。
a)Source: World Bank Database.
b)①Data refer to 2015.②Data refer to 2014.

7-7 失业人数
Unemployment

单位：千人 (1000 persons)

国　别	Country	2010	2011	2012	2013	2014	2015	2016
阿根廷	Argentina	880.3	832.7	843.4	836.3	865.8		
澳大利亚	Australia	606.0	600.3	625.1	686.5	745.7	758.3	724.8
巴　西	Brazil	1591.3	1425.8	1338.2	1317.6	1175.6	1696.8	
加拿大	Canada	1486.3	1398.5	1371.6	1346.7	1322.3	1331.4	1360.6
埃　及	Egypt	2350.8	3183.3	3424.7	3648.9	3636.5	3652	
法　国	France	2504.9	2489.0	2677.4	2836.3	3032.6	3053.7	2970.3
德　国	Germany	2845.0	2398.8	2224.4	2181.8	2089.9	1949.6	1770.6
匈牙利	Hungary	469.4	466.0	473.2	441.0	343.3	307.8	234.6
印度尼西亚	Indonesia	8319.8	7700.1	7245.0	7410.9	7244.9	7560.8	7028.0
意大利	Italy	2055.7	2061.3	2691.0	3068.7	3236.0	3033.3	3012.0
日　本	Japan	3340.0	3020.0	2850.0	2650.0	2360.0	2220.0	2080.0
韩　国	Korea, Republic of	919.6	854.7	819.9	806.9	936.5	976.3	1011.9
马来西亚	Malaysia	395.8	391.4	396.3	424.6	399.5	450.3	509.5
墨西哥	Mexico	2596.2	2582.8	2522.0	2559.8	2508.6	2293.8	2085.2
荷　兰	Netherlands	389.9	434.3	515.8	647.0	659.7	613.8	538.5
新西兰	New Zealand	141.3	138.9	149.5	136.2	131.0	133.6	132.6
挪　威	Norway	91.3	84.2	83.3	92.2	94.8	118.5	129.5
菲律宾	Philippines	2859.0	2813.0	2826.0	2905.0	2728.0	2601.5	2359.5
葡萄牙	Portugal	591.2	688.2	835.7	855.2	726.0	646.5	573
罗马尼亚	Romania	651.7	659.4	627.2	653.0	628.7	623.9	529.9
俄罗斯	Russian Federation	5636.3	4922.4	4130.7	4137.4	3889.4	4263.9	4243.5
南　非	South Africa	4571.7	4645.3	4781.0	4894.3	5077.8	5353.7	
西班牙	Spain	4640.1	5012.7	5811.0	6051.1	5610.4	5056.0	4481.2
瑞　典	Sweden	426.2	391.6	403.6	412.0	412.4	388.3	369.0
泰　国	Thailand	402.2	262.4	230.8	305.6	326.6		
英　国	United Kingdom	2459.4	2559.2	2533.5	2437.6	1996.4	1746.6	1598.3
美　国	United States	14825.0	13747.0	12506.0	11460.0	9617.0	8296.0	7751.0

7-8 失业率
Unemployment Rate

单位：% (%)

国　家	Country	2000	2005	2010	2014	2015	2016
文　莱	Brunei Darussalam		4.1	2.7	6.9		
以色列	Israel	8.8	9.0	6.7	6.0	5.3	4.8
日　本	Japan	4.7	4.4	5.1	3.6	3.4	3.1
哈萨克斯坦	Kazakhstan	12.8	8.1	5.8	5.1	5.0	
韩　国	Korea, Rep.	4.4	3.7	3.7	3.5	3.6	3.7
马来西亚	Malaysia	3.1	3.6	3.3	2.9	3.2	3.5
巴基斯坦	Pakistan	7.8	7.7	5.6	4.1		
菲律宾	Philippines	11.2	8.7	7.4	6.6	6.3	5.5
新加坡	Singapore	3.7	4.1	2.1	1.7	1.7	
斯里兰卡	Sri Lanka	7.6	7.7	4.9	4.3	4.6	4.4
泰　国	Thailand	2.4	1.9	1.0	0.8	0.9	1.0
埃　及	Egypt	9.0	11.1	9.0	12.9		
南　非	South Africa	25.0	23.9	24.9	25.1	25.4	26.7
加拿大	Canada	6.8	6.8	8.1	6.9	6.9	7.0
墨西哥	Mexico	1.6	3.6	5.3	4.8	4.3	3.9
美　国	United States	4.0	5.1	9.6	6.2	5.3	4.9
阿根廷	Argentina	14.7	11.5	7.7	7.3		
巴　西	Brazil	9.2	9.8	6.7	4.9	6.8	11.5
委内瑞拉	Venezuela	14.0	12.2	8.5	7.0	6.8	
捷　克	Czech Rep.	8.8	7.9	7.3	6.1	5.1	4.0
法　国	France	8.5	8.9	9.3	10.3	10.4	10.1
德　国	Germany	6.9	11.7	7.7	6.7	4.6	4.1
意大利	Italy	10.1	7.7	8.4	12.7	11.9	11.7
荷　兰	Netherlands	3.7	5.9	5.0	7.4	6.9	6.0
波　兰	Poland	16.1	17.9	9.7	9.0	7.5	6.2
俄罗斯	Russia	10.7	7.6	7.5	5.2	5.6	5.5
西班牙	Spain	11.9	9.2	19.9	24.5	22.1	19.6
土耳其	Turkey	6.6	9.5	11.2	10.0	10.3	10.9
乌克兰	Ukraine	11.7	7.2	8.1	9.3	9.1	9.4
英　国	United Kingdom	5.5	4.8	7.9	6.2	5.4	4.9
澳大利亚	Australia	6.3	5.0	5.2	6.1	6.1	5.7
新西兰	New Zealand	5.9	3.9	6.1	5.4	5.3	5.0

资料来源：国际货币基金组织IFS数据库。
Sources: IMF IFS Database.

7-9 消费价格指数
Consumer Price Indices

(2010年=100) (2010=100)

国家	Country	2005	2012	2013	2014	2015	2016
孟加拉国	Bangladesh	69.2	117.6	126.4	135.3	143.7	151.6
文莱	Brunei Darussalam	95.5	102.5	102.9	102.7	102.3	101.5
柬埔寨	Cambodia	67.8	108.6	111.8	116.1	117.5	121.0
印度	India	65.8	119.0	132.0	140.8	147.7	155.0
印度尼西亚	Indonesia	68.7	109.9	116.9	124.4	132.3	137.0
伊朗	Iran	48.6	153.6	214.0	250.8	285.2	309.7
以色列	Israel	87.8	105.2	106.8	107.3	106.7	106.1
日本	Japan	100.4	99.7	100.0	102.8	103.6	103.5
韩国	Korea, Rep.	86.2	106.3	107.7	109.1	109.8	110.9
老挝	Laos	78.5	112.2	119.3	124.2	125.8	127.7
马来西亚	Malaysia	87.7	104.9	107.1	110.5	112.8	115.2
蒙古	Mongolia	59.6	125.9	136.7	154.5	163.5	164.4
缅甸	Myanmar	44.5	106.6	112.5	118.6	129.9	138.9
巴基斯坦	Pakistan	55.3	122.8	132.2	141.7	145.3	150.8
菲律宾	Philippines	78.7	108.0	111.2	115.8	117.4	119.5
新加坡	Singapore	88.0	110.0	112.6	113.8	113.2	112.6
斯里兰卡	Sri Lanka	58.3	114.8	122.7	126.1	128.9	134.1
泰国	Thailand	86.6	106.9	109.3	111.4	110.4	110.6
埃及	Egypt	57.8	117.9	129.0	142.1	156.8	178.5
尼日利亚	Nigeria	62.0	124.4	134.9	145.8	158.9	183.9
南非	South Africa	71.6	110.9	117.3	124.4	130.1	138.4
加拿大	Canada	91.9	104.5	105.5	107.5	108.7	110.2
墨西哥	Mexico	80.5	107.7	111.8	116.3	119.4	122.8
美国	United States	89.6	105.3	106.8	108.6	108.7	110.1
巴西	Brazil	79.6	112.4	119.4	126.9	138.4	150.5
捷克	Czech Rep.	87.0	105.3	106.8	107.2	107.5	108.2
法国	France	92.8	104.1	105.0	105.6	105.6	105.8
德国	Germany	92.5	104.1	105.7	106.7	106.9	107.4
意大利	Italy	91.0	105.9	107.2	107.4	107.5	107.3
荷兰	Netherlands	92.6	104.9	107.5	108.5	109.2	109.5
波兰	Poland	86.8	108.0	109.1	109.2	108.1	107.5
俄罗斯	Russia	61.4	113.9	121.6	131.2	151.5	162.2
西班牙	Spain	89.0	105.7	107.2	107.1	106.5	106.3
土耳其	Turkey	65.9	115.9	124.6	135.7	146.1	157.4
乌克兰	Ukraine	51.2	108.6	108.3	121.5	180.6	205.7
英国	United Kingdom	87.4	107.4	110.2	111.8	111.8	112.6
澳大利亚	Australia	86.4	105.1	107.7	110.4	112.2	114.3
新西兰	New Zealand	87.0	105.4	106.7	107.7	108.1	109.2

资料来源：国际货币基金组织数据库。
Source: IFS Database,IMF.

二、香港特别行政区人口和就业统计数据

II.Population and Employment Data of Hong Kong Special Administrative Region

7-10 人口主要指标
Main Indicators of Population

项　　目	Item	2012	2013	2014	2015	2016
年中人口　　（万人）	Mid-year Population (10 000 persons)	715.0	717.9	723.0	729.1	733.7
粗出生率　　（‰）	Crude Birth Rate　（‰）	12.8	8.0	8.6	8.2	8.3
粗死亡率　　（‰）	Crude Death Rate　（‰）	6.1	6.0	6.2	6.3	6.4
婴儿死亡率　　（‰）	Infant Mortality Rate　（‰）	1.5	1.8	1.7	1.4	1.5
自然增长率　　（‰）	Rate of Natural Increase　（‰）	6.7	1.9	2.4	1.9	1.9
总和生育率①	Total Fertility Rate①	1285	1125	1235	1196	1205
登记结婚数　　（对）	Registered Marriages　(couple)	60459	55274	56454	51609	49505
登记离婚数　　（对）	Divorce Decrees　(couple)	21125	22271	20019	20075	17196
出生时平均预期寿命（年）	Expectation of Life at Birth (year old)					
男	Male	80.7	81.1	81.2	81.4	81.3
女	Female	86.4	86.7	86.9	87.3	87.3

注：在2016年6月至8月期间进行的2016年中期人口统计提供一个基准，用作修订自2011年人口普查以来编制的人口数字。
上表由2012年至2015年与人口有关的数字已作出相应修订。
①不包括女性外籍家庭佣工。每千名女性的活产婴儿数目。

Note: The 2016 Population By-census conducted from June to August 2016 provides a benchmark for revising the population figures compiled since the 2011 Population Census. In the above table, population-related figures from 2012-2015 have been revised accordingly
①Excluding female foreign domestic helpers. Refers to live births per 1000 women.

7-11 劳动人口及失业状况
Labour Force and Unemployment

项　　目	Item	2012	2013	2014	2015	2016
劳动人口数目(万人)	Labour Force　(10 000 persons)	378.2	385.5	387.1	390.3	392.0
男	Male	197.1	199.3	199.0	199.7	199.6
女	Female	181.1	186.2	188.1	190.6	192.4
劳动人口参与率（%）	Labour Force Participation Rate　(%)	60.5	61.2	61.1	61.1	61.1
就业人口　　（万人）	Employed Persons　(10 000 persons)	365.8	372.4	374.3	377.4	378.7
失业人口　　（万人）	Unemployed Persons (10 000 persons)	12.4	13.1	12.8	12.9	13.3
失业率　　（%）	Unemployment Rate　(%)	3.3	3.4	3.3	3.3	3.4

注：数字是根据每年1月至12月进行的“综合住户统计调查”结果，以及由政府统计处与跨部门人口分布推算小组共同编制按区议会分区划分年中人口估计数字而编制。
2012年至2015年的年度数字已就2016年中期人口统计的结果而作出了修订。2016年中期人口统计的结果提供了一个基准，用作修订自2011年人口普查以来编制的人口数字。

Note:Figures are compiled based on data collected in the General Household Survey from January to December of the year concerend as well as the mid-year population estimates by District Council district compiled jointly by the Census and Statistics Department and an inter-departmental Working Group on Population Distribution Projections.
Figures from 2012-2015 have been revised to take into account the results of the 2016 Population By-census which provided a benchmark for revising the population figures compiled since the 2011 Population Census

7-12 按行业划分的就业人数
Employed Persons by Industry

单位：万人　　(10 000 persons)

行　业	Industry	2012	2013	2014	2015	2016
制造	Manufacturing	13.3	12.6	13.0	11.3	11.8
建筑	Construction	29.0	30.9	31.0	31.7	32.8
进出口贸易及批发	Import/Export Trade and Wholesale	56.2	52.2	50.2	48.0	46.5
零售、住宿①及膳食服务	Retail, Accommodation① and Food Services	58.7	60.9	63.3	62.5	62.0
运输、仓库、邮政及速递	Transportation, Storage, Postal and Courier	43.4	44.4	44.6	45.5	45.0
服务、资讯及通讯	Services, Information and Communications					
金融、保险、地产、专业	Financing, Insurance, Real Estate,	69.1	71.4	73.3	75.0	76.2
及商用服务	Professional and Business Services					
公共行政、社会及个人服务	Public Administration, Social and	93.7	97.5	96.7	100.8	101.8
	Personal Services					
其它	Others	2.4	2.3	2.3	2.5	2.6
总计	**Total**	**365.8**	**372.4**	**374.3**	**377.4**	**378.7**

注：数字是根据每年1月至12月进行的“综合住户统计调查”结果，以及由政府统计处与跨部门人口分布推算小组共同编制按区议会分区划分年中人口估计数字而编制。
2012年至2015年的年度数字已就2016年中期人口统计的结果而作出了修订。2016年中期人口统计的结果提供了一个基准，用作修订自2011年人口普查以来编制的人口数字。
①住宿服务包括酒店、宾馆、旅舍及其他提供短期住宿服务的机构单位。
② 零售、住宿及膳食服务业合计通常被称为「与消费及旅游相关行业」。

Notes : Figures are compiled based on data collected in the General Household Survey from January to December of the year concerned as well as the mid-year population estimates by District Council district compiled jointly by the Census and Statistics Department and an inter-departmental Working Group on Population Distribution Projections.
Figures from 2012-2015 have been revised to take into account the results of the 2016 Population By-census which provided a benchmark for revising the population figures compiled since the 2011 Population Census
①Accommodation services cover hotels, guesthouses, boarding houses and other establishments providing short term accommodation.
②The retail, accommodation and food services industries as a whole is generally referred to as the consumption- and tourism-related segment.

7-13 按每月就业收入划分的就业人数
Employed Persons by Monthly Employment Earnings

单位：万人，另有注明除外 (10 000 persons, unless otherwise specified)

每月就业收入(港元)	Monthly Employment Earnings (HKD)	2012	2013	2014	2015	2016
< 3000	< 3000	10.7	11.3	11.5	10.8	10.2
3000 － 3999	3000 - 3999	29.3	28.2	17.4	7.2	4.6
4000 － 4999	4000 - 4999	7.2	8.8	19.2	29.6	32.7
5000 － 5999	5000 - 5999	6.5	6.3	5.8	6.0	6.3
6000 － 6999	6000 - 6999	12.0	8.9	6.9	6.4	6.0
7000 － 7999	7000 - 7999	16.8	14.3	11.6	8.8	6.9
8000 － 8999	8000 - 8999	26.1	21.8	18.1	14.8	12.5
9000 － 9999	9000 - 9999	25.1	24.5	22.3	19.0	15.2
10000 － 11999	10000 - 11999	38.1	40.5	39.2	37.4	34.0
12000 － 13999	12000 - 13999	34.1	36.7	38.9	39.4	39.5
14000 － 15999	14000 - 15999	29.1	31.3	33.9	34.9	35.8
16000 － 17999	16000 - 17999	13.6	15.0	16.1	17.2	19.0
18000 － 19999	18000 - 19999	10.4	11.9	13.7	14.3	15.5
20000 － 24999	20000 - 24999	30.9	32.9	33.8	36.8	38.5
25000 － 29999	25000 - 29999	15.9	16.9	18.0	20.0	21.1
30000 － 34999	30000 - 34999	16.8	16.7	17.9	19.6	20.4
35000 － 39999	35000 - 39999	8.0	8.6	9.3	10.3	11.0
40000 － 44999	40000 - 44999	7.9	8.4	8.3	9.0	9.7
45000 － 49999	45000 - 49999	4.2	4.9	5.7	6.4	6.9
50000 － 59999	50000 - 59999	7.9	9.1	9.8	10.0	11.1
60000 － 79999	60000 - 79999	6.5	7.1	7.7	8.9	10.0
80000 － 99999	80000 - 99999	3.2	3.2	3.4	3.9	4.5
≧ 100000	≧ 100000	5.5	5.1	5.9	6.9	7.4
总　计	Total	365.8	372.4	374.3	377.4	378.7
每月就业收入中位数(港元)	**Median Monthly Employment Earnings (HKD)**	**12000**	**13000**	**13400**	**14500**	**15000**

注：数字是根据每年1月至12月进行的“综合住户统计调查”结果，以及由政府统计处与跨部门人口分布推算小组共同编制按区议会分区划分年中人口估计数字而编制。
2012年至2015年的年度数字已就2016年中期人口统计的结果而作出了修订。2016年中期人口统计的结果提供了一个基准，用作修订自2011年人口普查以来编制的人口数字。

Notes : Figures are compiled based on data collected in the General Household Survey from January to December of the year concerned as well as the mid-year population estimates by District Council district compiled jointly by the Census and Statistics Department and an inter-departmental Working Group on Population Distribution Projections.
Figures from 2012-2015 have been revised to take into account the results of the 2016 Population By-census which provided a benchmark for revising the population figures compiled since the 2011 Population Census

7-14 按行业划分督导级(不包括经理级与专业雇员)及以下雇员的工资指数
Wage Indices for Employees up to Supervisory Level (Managerial and Professional Employees Are Not Included) by Industry

(1992年9月 = 100) (September 1992 = 100)

行业主类	Industry Section	2012	2013	2014	2015	2016
名义工资指数	**Nominal Wage Index**					
制造	Manufacturing	172.8	180.9	191.1	199.1	206.8
进出口贸易、批发及零售	Import/Export, Wholesale and Retail Trades	195.1	198.8	204.7	210.5	216.3
运输	Transportation	166.4	173.2	181.7	189.1	195.3
住宿及餐饮服务活动①	Accommodation and Food Service Activities①	163.2	169.4	176.8	186.2	195.1
金融及保险活动	Financial and Insurance Activities	201.8	207.5	215.4	222.8	230.0
地产租赁及保养管理	Real Estate Leasing and Maintenance Management	199.8	219.2	223.6	231.7	239.9
专业及商业服务	Professional and Business Services	192.7	208.3	221.3	236.8	247.5
个人服务	Personal Services	240.7	253.8	271.9	287.8	301.9
所有选定行业②	All Selected Industries②	187.5	195.2	203.3	211.9	219.6
实际工资指数③	**Real Wage Index③**					
制造	Manufacturing	109.6	110	108.8	110.5	113.6
进出口贸易、批发及零售	Import/Export, Wholesale and Retail Trades	123.7	120.9	116.6	116.9	118.8
运输	Transportation	105.5	105.3	103.5	105.0	107.3
住宿及餐饮服务活动①	Accommodation and Food Service Activities①	103.5	103.0	100.7	103.4	107.2
金融及保险活动	Financial and Insurance Activities	128.0	126.2	122.7	123.7	126.3
地产租赁及保养管理	Real Estate Leasing and Maintenance Management	126.7	133.3	127.3	128.7	131.8
专业及商业服务	Professional and Business Services	122.2	126.7	126.0	131.5	135.9
个人服务	Personal Services	152.6	154.4	154.8	159.8	165.8
所有选定行业②	All Selected Industries②	118.9	118.7	115.8	117.7	120.7

注：指有关年度12月份的数字。
①住宿服务包括酒店、宾馆、旅舍及其他提供短期住宿服务的机构单位。
②指“劳工收入统计调查”内工资统计调查所涵盖的所有行业，包括并没有列出其统计数字的电力及燃气供应业、污水处理及废弃物管理业与出版活动业。
③实际工资指数是以名义工资指数扣除以2014/15年为基期的甲类消费价格指数而计算出来。

Notes : Figures refer to December of the year.
①Accommodation services cover hotels, guesthouses, boarding houses and other establishments providing short term accommodation.
②Figures refer to all industries covered by the wage enquiry of the Labour Earnings Survey, including the electricity and gas supply industry, sewerage and waste management activities industry and publishing activities industry, the statistics of which are not separately shown.
③The Real Wage Indices are derived by deflating the Nominal Wage Indices by the 2009/10-based Consumer Price Index (A).

7-15 消费价格指数（2014年10月-2015年9月=100）
Consumer Price Indices (Oct. 2014 - Sep. 2015=100)

项　目	Item	权　数 Weight	2012	2013	2014	2015	2016
综合消费价格指数	**Composite Consumer Price Index**						
总指数	**All Items**	**100.00**	**89.6**	**93.5**	**97.7**	**100.6**	**103.0**
食品	Food	27.29	89.4	93.3	97.2	101.0	104.4
外出用膳	Meals Bought away from Home	-17.74	88.7	92.6	96.9	101.0	104.3
食品(不包括外出用膳)	Food(Excluding Meals Bought away from Home)	-9.55	90.4	94.3	97.7	100.9	104.5
住屋①	Housing①	34.29	84.4	90.1	96.0	101.0	104.7
私人房屋租金	Private Housing Rent	-29.92	85.7	91.1	96.6	101.1	104.5
公营房屋租金	Public Housing Rent	-1.94	65.7	76.2	90.2	100.0	107.2
电力、燃气及水	Electricity, Gas and Water	2.67	74.9	80.0	92.0	99.7	100.8
烟酒	Alcoholic Drinks and Tobacco	0.54	91.5	92.9	98.9	100.2	101.8
衣履	Clothing and Footwear	3.21	98.9	100.5	101.4	99.6	96.2
耐用物品	Durable Goods	4.65	112.9	108.1	104.4	98.5	93.3
杂项物品	Miscellaneous Goods	3.56	94.9	97.0	99.3	100.1	101.7
交通	Transport	7.98	96.0	98.3	100.3	99.9	101.5
杂项服务②	Miscellaneous Services②	15.81	92.8	96.3	99.2	100.3	102.6
教育服务	Educational Services	-3.91	90.3	93.6	97.3	100.9	104.8
资讯及通讯服务	Information and Communications Services	-2.33	97.4	97.4	100.0	99.5	99.8
医疗服务	Medical Services	-2.60	91.7	94.6	97.5	101.0	106.0
甲类消费价格指数	**Consumer Price Index (A)**						
总指数	**All Items**	**100.00**	**87.2**	**91.7**	**96.8**	**100.6**	**103.5**
食品	Food	34.37	89.2	93.4	97.3	101.0	104.6
外出用膳	Meals Bought away from Home	-20.99	88.5	92.6	96.9	101.0	104.5
食品(不包括外出用膳)	Food(Excluding Meals Bought away from Home)	-13.38	90.1	94.3	97.7	100.9	104.7
住屋①	Housing①	33.77	81.0	87.5	94.9	101.0	105.2
私人房屋租金	Private Housing Rent	-26.51	84.3	90.0	96.2	101.2	104.8
公营房屋租金	Public Housing Rent	-5.44	65.7	76.1	90.2	100.0	107.2
电力、燃气及水	Electricity, Gas and Water	3.85	71.3	76.4	90.2	99.9	101.4
烟酒	Alcoholic Drinks and Tobacco	0.75	91.1	92.3	98.8	100.2	102.3
衣履	Clothing and Footwear	2.57	98.1	100.4	100.8	99.5	95.6
耐用物品	Durable Goods	3.41	113.1	108.3	104.3	98.5	93.3

注：2014年10月起的消费价格指数是根据2014/15年住户开支统计调查所得的开支权数编制。较早的指数则是根据旧的开支权数而经过按比例换算与新基期的指数拼接。

①除“私人房屋租金”及“公营房屋租金”外，“住屋”类别还包括“管理费及其他住屋杂费”和“保养住所材料”。而丙类消费价格指数中的“住屋”类别并不包括“公营房屋租金”。

②“杂项服务”类别包括“教育服务”、“资讯及通讯服务”、“医疗服务”及其他杂项服务。

Notes: The CPIs from October 2014 onwards are compiled based on expenditure weights obtained from the 2014/15 Household Expenditure Survey. The CPIs for earlier periods are compiled based on old weights and have been re-scaled to the new base period for linking with the new index series.

①Apart from "Private Housing Rent" and "Public Housing Rent", the "Housing" section also includes "Management Fees and Other Housing Charges" and "Materials for House Maintenance". For CPI(C), the "Housing" section does not include "Public Housing Rent".

②"Miscellaneous Services" section includes "Educational Services", "Information and Communications Services", "Medical Services" and other miscellaneous services.

7-15 续表 continued

项目	Item	权数 Weight	2012	2013	2014	2015	2016
杂项物品	Miscellaneous Goods	3.28	93.1	96.2	99.0	100.2	101.8
交通	Transport	6.75	94.7	96.5	99.2	100.2	101.7
杂项服务②	Miscellaneous Services②	11.25	93.3	96.2	99.0	100.1	102.2
教育服务	Educational Services	-2.89	90.4	93.8	97.4	100.7	103.7
资讯及通讯服务	Information and Communications Services	-3.13	97.3	97.4	100.0	99.4	99.6
医疗服务	Medical Services	-1.90	91.7	94.5	97.4	101.0	106.0
乙类消费价格指数	**Consumer Price Index (B)**						
总指数	**All Items**	**100**	**90.2**	**93.9**	**97.8**	**100.6**	**102.9**
食品	Food	26.26	89.4	93.3	97.2	101.0	104.4
外出用膳	Meals Bought away from Home	-17.88	88.9	92.7	96.9	101.0	104.3
食品(不包括外出用膳)	Food(Excluding Meals Bought away from Home)	-8.38	90.1	94.2	97.7	100.9	104.6
住屋①	Housing①	35.24	85.5	90.7	96.4	101.1	104.8
私人房屋租金	Private Housing Rent	-32.15	85.6	90.8	96.5	101.1	104.7
公营房屋租金	Public Housing Rent	-0.49	65.5	76.1	90.1	100.0	107.3
电力、燃气及水	Electricity, Gas and Water	2.38	76.7	81.8	93.0	99.6	100.4
烟酒	Alcoholic Drinks and Tobacco	0.57	91.6	92.9	98.9	100.3	101.2
衣履	Clothing and Footwear	3.26	98.1	100.3	100.5	99.5	95.6
耐用物品	Durable Goods	5.03	114.0	108.7	104.5	98.5	92.8
杂项物品	Miscellaneous Goods	3.64	95.5	97.5	99.5	100.1	101.5
交通	Transport	7.60	96.1	98.2	100.2	99.9	101.6
杂项服务②	Miscellaneous Services②	16.02	93.2	96.5	99.3	100.2	102.4
教育服务	Educational Services	-4.03	90.7	94.0	97.5	100.9	104.6
资讯及通讯服务	Information and Communications Services	-2.23	97.6	97.4	100.0	99.5	99.8
医疗服务	Medical Services	-2.70	91.3	94.3	97.2	101.0	106.2
丙类消费价格指数	**Consumer Price Index (C)**						
总指数	**All Items**	**100.00**	**91.6**	**95.1**	**98.4**	**100.5**	**102.6**
食品	Food	20.85	89.7	93.2	96.9	100.9	104.0
外出用膳	Meals Bought away from Home	-13.98	88.7	92.5	96.6	101.0	103.9
食品(不包括外出用膳)	Food(Excluding Meals Bought away from Home)	-6.87	91.4	94.4	97.5	100.9	104.2
住屋①	Housing①	33.60	87.4	92.4	97.0	100.9	104.1
私人房屋租金	Private Housing Rent	-30.72	87.4	92.6	97.1	100.9	104.0
电力、燃气及水	Electricity, Gas and Water	1.76	80.8	85.9	94.9	99.6	100.1
烟酒	Alcoholic Drinks and Tobacco	0.26	92.8	94.6	99.4	100.4	101.0
衣履	Clothing and Footwear	3.88	100.2	100.8	102.8	99.8	97.5
耐用物品	Durable Goods	5.53	111.6	107.4	104.4	98.5	93.7
杂项物品	Miscellaneous Goods	3.77	95.9	97.3	99.3	100.1	101.7
交通	Transport	9.84	97.1	99.8	101.2	99.8	101.2
杂项服务②	Miscellaneous Services②	20.51	92.2	96.1	99.2	100.5	103.1
教育服务	Educational Services	-4.91	89.6	93.0	97.0	101.1	105.5
资讯及通讯服务	Information and Communications Services	-1.57	97.5	97.3	100.0	99.5	100.0
医疗服务	Medical Services	-3.24	92.2	95.0	97.8	100.9	105.7

三、澳门特别行政区人口和就业统计数据

III.Population and Employment Data of Macao Special Administrative Region

7-16 人口主要指标
Main Demographic Indicator

项目	Item	2011	2012	2013	2014	2015
年中人口 (万人)	Mid-year Population (10 000 persons)	56.8	59.2	62.2	64.3	65.3
出生率 (‰)	Crude Birth Rate (‰)	12.9	11.1	11.8	11.0	11.0
死亡率 (‰)	Crude Death Rate (‰)	3.2	3.2	3.1	3.1	3.4
婴儿死亡率 (‰)	Infant Mortality Rate (‰)	2.5	2.0	2.0	1.6	1.7
自然增长率 (‰)	Natural Growth Rate (‰)	9.6	7.9	8.7	7.9	7.5
总和生育率	Total Fertility Rate	1.4	1.2	1.2	1.1	1.1
登记结婚 (宗)	Registered Marriages (case)	3783	4153	4085	3719	3891
离婚 (宗)	Registered Divorces (case)	1147	1172	1308	1168	1245
项目	Item	2009-2012	2010-2013	2011-2014	2012-2015	2013-2016
出生时平均预期寿命(岁)	Life Expectancy at Birth (years)	82.6	82.6	82.9	83.2	83.3
男	Male	79.3	79.3	79.6	79.9	80.2
女	Female	85.8	85.8	86.0	86.3	86.4

7-17 经济活动人口及失业状况
Labour Force and Unemployment

项目	Item	2012	2013	2014	2015	2016
劳动人口 (万人)	Labour Force (10 000 persons)	35.0	36.8	39.5	40.4	39.7
男	Male	18.1	18.9	20.7	21.3	20.6
女	Female	16.9	17.9	18.7	19.1	19.1
就业人口 (万人)	Employed Population (10 000 persons)	34.3	36.1	38.8	39.7	39.0
失业人口 (万人)	Unemployed Population (10 000 persons)	0.7	0.7	0.7	0.7	0.8
失业率 (%)	Unemployment Rate (%)	2.0	1.8	1.7	1.8	1.9

7-18 按行业划分的就业人口
Employed Population by Industry

单位：万人 (10 000 persons)

行业	Industry	2012	2013	2014	2015	2016
总数	**Total**	**34.32**	**36.10**	**38.81**	**39.65**	**38.97**
制造业	Manufacturing	1.03	0.90	0.74	0.69	0.79
水电及气体生产供应业	Electricity, Gas & Water Supply	0.15	0.15	0.11	0.12	0.12
建筑业	Construction	3.23	3.53	5.25	5.48	4.44
批发及零售业	Wholesale & Retail Trades	4.23	4.47	4.52	4.50	4.41
酒店及饮食业	Hotels, Restaurants & Similar Activities	5.30	5.43	5.48	5.50	5.72
运输、仓储及通信业	Transport, Storage & Communications	1.60	1.59	1.92	1.75	1.93
金融业	Financial Intermediation	0.82	0.93	1.07	1.08	1.04
不动产及工商服务业	Real Estate & Business Activities	2.43	2.76	3.04	2.98	3.04
公共行政及社保事务	Public Administration & Social Security	2.51	2.57	2.55	2.94	2.83
教育	Education	1.31	1.43	1.48	1.66	1.59
医疗卫生及社会福利	Health & Social Welfare	0.86	0.91	1.01	1.13	1.21
文娱博彩及其他服务业	Recreational, Cultural, Gaming & Other Services	8.95	9.34	9.40	9.42	9.27
家务工作	Domestic Work	1.80	2.03	2.19	2.36	2.53
其他及不详	Others and Unknown	0.09	0.06	0.07	0.05	0.05

7-19 按行业划分的月工作收入中位数
Median Monthly Employment Earnings by Industry

单位：澳门元 (MOP)

行业	Occupation	2012	2013	2014	2015	2016
总数	**Total**	**11300**	**12000**	**13300**	**15000**	**15000**
制造业	Manufacturing	7500	8500	9000	10300	11300
水电及气体生产供应业	Electricity, Gas & Water Supply	16000	18000	21000	26000	23000
建筑业	Construction	11700	12000	13000	13000	15000
批发及零售业	Wholesale & Retail Trade	9000	10000	10000	12000	12000
酒店及饮食业	Hotels, Restaurants & Similar Activities	8300	8800	10000	10000	10000
运输、仓储及通信业	Transport, Storage & Communications	11000	12300	13000	14000	14000
金融业	Financial Intermediation	14000	16000	17000	18000	20000
不动产及工商服务业	Real Estate & Business Activities	8000	9000	9500	9500	10000
公共行政及社保事务	Public Administration & Social Security	25000	27200	30000	34800	35000
教育	Education	16000	19000	20000	22000	22000
医疗卫生及社会福利	Health & Social Welfare	15000	18200	16000	20000	20500
文娱博彩及其他服务业	Recreational, Cultural, Gaming & Other Services	14500	15300	17000	18000	19000
家务工作	Domestic Work	3100	3400	3500	3800	4000

7-20 消费物价指数
Consumer Price Index

2013年10月至2014年9月=100 (10/2013-09/2014=100)

项　目	Items	权数 Weight	2012	2013	2014	2015	2016
综合消费价格指数	**Composite Consumer Price Index**						
总指数	**Global Index**	**100.00**	**90.37**	**95.35**	**101.11**	**105.72**	**108.23**
食品及非酒精饮料	Food and Non-alcoholic Beverages	28.97	89.41	95.34	101.16	106.09	109.14
烟酒	Alcoholic Beverages and Tobacco	0.92	92.29	97.43	100.56	117.99	143.62
服装、鞋	Clothing and Footwear	6.46	96.71	98.67	100.55	100.47	98.13
住房及燃料	Housing and Fuels	26.70	82.85	91.09	101.95	110.17	110.85
家居设备及用品	Household Goods and Furnishings	3.29	91.00	96.00	100.53	105.56	108.24
医疗	Health	3.06	90.67	96.55	101.03	106.75	111.17
交通	Transport	10.96	96.82	98.76	100.75	101.58	108.68
通讯	Communications	2.53	102.42	100.07	99.76	99.50	98.61
康乐及文化	Recreation and Culture	4.79	92.61	96.81	100.98	102.21	102.74
教育	Education	2.91	97.63	96.26	98.51	103.33	112.00
其他商品及服务	Miscellaneous Goods and Services	9.41	95.38	97.34	100.72	103.13	104.19
甲类消费价格指数	**Consumer Price Index (A)**						
总指数	**Global Index**	**100.00**	**89.32**	**94.76**	**100.99**	**105.92**	**108.35**
食品及非酒精饮料	Food and Non-alcoholic Beverages	29.62	89.46	95.44	101.13	106.08	109.16
烟酒	Alcoholic Beverages and Tobacco	0.90	92.10	97.35	100.46	119.46	147.27
服装、鞋	Clothing and Footwear	6.43	96.15	98.35	100.44	100.49	98.04
住房及燃料	Housing and Fuels	27.76	83.17	91.26	102.03	110.19	110.84
家居设备及用品	Household Goods and Furnishings	3.26	91.97	96.24	100.45	105.55	108.20
医疗	Health	3.02	88.90	95.71	100.93	106.77	111.23
交通	Transport	9.75	96.85	98.91	100.72	101.76	108.64
通讯	Communications	2.63	102.30	100.03	99.74	99.51	98.62
康乐及文化	Recreation and Culture	4.73	93.44	96.91	100.74	102.09	102.58
教育	Education	2.99	97.37	96.06	98.43	103.24	111.68
其他商品及服务	Miscellaneous Goods and Services	8.91	91.68	95.39	100.59	103.85	105.03
乙类消费价格指数	**Consumer Price Index (B)**						
总指数	**Global Index**	**100.00**	**89.99**	**94.83**	**100.42**	**104.10**	**107.20**
食品及非酒精饮料	Food and Non-alcoholic Beverages	23.51	89.35	95.25	101.19	106.19	109.01
烟酒	Alcoholic Beverages and Tobacco	1.05	93.23	98.30	101.41	107.40	117.33
服装、鞋	Clothing and Footwear	6.69	96.59	98.54	100.45	100.35	98.82
住房及燃料	Housing and Fuels	17.84	82.70	90.96	101.83	109.98	110.96
家居设备及用品	Household Goods and Furnishings	3.54	90.56	95.88	100.53	105.60	108.60
医疗	Health	3.45	91.38	97.09	101.13	106.63	110.69
交通	Transport	21.05	96.47	98.59	100.67	100.88	108.87
通讯	Communications	1.71	102.37	100.03	99.74	99.35	98.44
康乐及文化	Recreation and Culture	5.28	93.21	97.20	101.35	103.13	104.11
教育	Education	2.20	97.58	95.90	98.25	104.32	115.67
其他商品及服务	Miscellaneous Goods and Services	13.67	94.18	96.21	99.44	99.28	99.63

四、台湾省人口和就业统计数据

IV.Population and Employment Data of Taiwan Province

7-21 面积和人口主要指标
Main Indicators of Area and Population

项 目	Item	2011	2012	2014	2015	2016
土地面积（万平方公里）	Area (10 000 sq.km)	3.6	3.6	3.6	3.6	3.6
户籍登记人口数（万人）	Year-end Population (10 000 persons)	2322.5	2331.6	2343.4	2349.2	2354.0
男	Male	1164.6	1167.3	1169.8	1171.2	1171.9
女	Female	1157.9	1164.3	1173.6	1178.0	1182.1
粗出生率 (‰)	Crude Birth Rate (‰)	8.48	9.86	8.99	9.10	8.86
粗死亡率 (‰)	Crude Death Rate (‰)	6.59	6.63	7.00	6.98	7.33
人口自然增长率 (‰)	Natural Population Growth Rate (‰)	1.88	3.23	1.98	2.12	1.53
一般生育率 (‰)	Fertility Rate (‰)	32	38	34	35	
结婚率 （对/千人）	Marriage Rate (couple/1000 persons)	7.13	6.16	6.38	6.58	6.29
离婚率 （对/千人）	Divorce Rate (couple/1000 persons)	2.46	2.41	2.27	2.28	2.29
期望寿命 （岁）	Life Expectancy at Birth (year old)					
男	Male	75.96	76.43	76.72	77.01	
女	Female	82.63	82.82	83.19	83.62	
人口的年龄分布 (%)	Age-specific Distribution (%)					
0-14岁	0-14	15.08	14.63	13.99	13.57	13.35
15-64岁	15-64	74.04	74.22	74.03	73.92	73.46
65岁及以上	65 and Over	10.89	11.15	11.99	12.51	13.20
性别比 （女=100）	Sex Ratio (female=100)	100.57	100.26	99.68	99.42	99.14
人口密度(人/平方公里)	Population Density (persons/sq.km)	641.7	644.2	647.5	649.0	650.3

资源来源：台湾省统计网站（以下各表同）。
Source: Taiwan Province Statistics Website. The same applies in the following tables.

7-22 劳动力和就业状况
Labour Force and Employment

项　　目	Item	2011	2012	2014	2015	2016
劳动力人口　(万人)	Labour Force　(10 000 persons)	1120.0	1134.1	1153.5	1163.8	1172.7
男	Male	630.4	636.9	644.1	649.7	654.1
女	Female	489.6	497.2	509.4	514.1	518.6
就业人数　(万人)	Employment　(10 000 persons)	1070.9	1086.0	1107.9	1119.8	1126.7
男	Male	600.6	608.3	616.6	623.4	626.7
女	Female	470.2	477.7	491.3	496.4	500.0
就业者行业构成　(%)	Distribution of Employment by Industry(%)	100.0	100.0	100.0	100.0	100.0
农、林、渔、牧业	Agriculture, Forestry, Fishery and Animal Husbandry	5.1	5.0	4.9	5.0	4.9
工业	Industry	36.3	36.2	36.1	36.0	35.9
矿业及土石采取业	Mining and Quarrying	0.04	0.04	0.04	0.04	0.04
制造业	Manufacturing	27.54	27.40	27.10	27.00	26.9
电力及燃气供应业	Electricity, Gas	0.3	0.3	0.3	0.3	0.3
用水供应及污染整治业	Water Supply and Pollution Management	0.7	0.8	0.7	0.7	0.7
建筑业	Construction	7.8	7.8	8.0	8.0	8.0
服务业	Services	58.6	58.8	58.9	59.0	59.2
批发及零售业	Wholesale and Retail Trades	16.5	16.6	16.5	16.5	16.5
运输及仓储业	Transport, Storage, Communications	3.8	3.8	3.9	3.9	3.9
金融及保险业	Finance, Insurance	4.0	3.9	3.8	3.8	3.8
咨讯及通讯传播	Information and Communication	2.0	2.1	2.2	2.2	2.2
住宿及餐饮业	Hotels and Restaurants	6.8	6.9	7.1	7.3	7.3
教育服务业	Education	5.9	5.8	5.8	5.8	5.8
公共行政	Public Administration	3.6	3.5	3.4	3.3	3.3
失业人数　(万人)	Unemployment　(10 000 persons)	49.1	48.1	45.7	44.0	46.0
失业率　(%)	Unemployment Rate　(%)	4.4	4.2	4.0	3.8	3.9

7-23 居民消费价格分类指数
Consumer Price Indices

2011年=100 (2011=100)

年 份 Year	总指数 General Index	食品 Food	服装 Clothing	居住 Housing	交通&通讯 Transportation & Communications	医药保健 Medicines and Medical Care	教育娱乐 Education and Entertainment	杂项 Miscellaneous
2008	98.5	97.6	96.3	99.0	99.9	97.0	101.3	93.3
2009	97.7	97.2	95.6	98.7	95.9	97.6	99.5	95.8
2010	98.6	97.8	97.2	99.2	98.6	98.2	99.5	98.6
2011	100.0	100.0	100.0	100.0	100.0	100.0	100.0	100.0
2012	101.9	104.2	102.5	101.1	100.4	100.9	100.7	102.3
2013	102.7	105.5	102.3	102.1	100.9	102.1	101.0	102.7
2014	104.0	109.4	103.6	103.0	99.7	102.7	100.9	104.2
2015	103.7	112.8	103.1	101.8	94.0	102.9	100.9	104.5
2016	105.1	118.8	103.3	101.5	93.0	103.8	101.0	106.1

第八部分

Chapter Eight

2016 年人口变动和劳动力调查制度说明及主要指标解释

Explanatory Notes on Main Statistical Indicators

人口变动情况抽样调查制度

（2016年统计年报）

一、总 说 明

(一) 调查目的

为了准确、及时地掌握全国和各省（自治区、直辖市）人口变动以及人口计划执行情况，为国家和省级人民政府制定国民经济和社会发展计划、掌握人口增长情况提供可靠的人口数据，根据国办发[1992]57号文件的要求，进行2016年人口变动情况抽样调查。

(二) 调查对象和登记原则

本次调查对象为抽中调查小区内具有中华人民共和国国籍的人。调查以户为单位进行，既调查家庭户，也调查集体户。应在抽中调查小区内各户登记的人包括：①2016年10月31日晚居住在本户的人；②户口在本户，2016年10月31日晚未居住在本户的人。

抽中调查小区内2015年11月1日至2016年10月31日死亡的人口也要登记相关项目。

(三) 调查项目

1. 按户填报的项目有：

户编号、户别、应在本户登记的人数、本户2015年11月1日至2016年10月31日出生人口、本户2015年11月1日至2016年10月31日死亡人口、住宅类型、住房来源共7个项目。

2. 按人填报的项目有：

姓名、与户主关系、性别、出生年月、民族、调查时点居住地、户口登记地、在本市居住时间、离开户口登记地时间、离开户口登记地原因、土地承包权、一年前常住地、一年常住地类型、是否识字、受教育程度、学业完成情况、上周工作情况、行业、职业、参加社会保险情况、婚姻状况和2015年11月1日至2016年10月31日生育情况共23个项目。 已婚育龄妇女填报夫妇为独生子女情况、理想孩子数、存活子女数、现在是否怀孕、有6岁以下孩子，谁来照看、符合生育两孩时间、是否打算生育二孩、不想生二孩的原因、打算生育二孩时间、希望二孩性别、想生二孩的原因、生育二孩您更关注的问题共12个项目。

死亡人口填报的项目有户编号、姓名、性别、出生年月、死亡月份。

《2016年人口调查村、居委会（社区）基本情况表》

填报项目有常住人口数、户籍人口数、外来人口、外出人口、出生人口、死亡人口、目前怀孕人数、家庭户人数、集体户人数、是否有集体宿舍集中区域、农林牧渔从业人员占从业人员比例、主要饮用水来源、市政排水系统、生活垃圾处理系统共15个项目。

（四）调查标准时间

本次调查的标准时间为2016年11月1日0时。

（五）抽样方法

以全国为总体，各省（自治区、直辖市）为子总体，按照多阶段、分层、整群、概率比例的方法进行抽样设计，在2015年调查样本中，按50%比例轮换的要求选取本次调查的样本，调查小区为最终样本单位。全国约调查5000个调查小区。

调查的调查小区样本由国家统计局统一抽取下发。

（六）调查的组织实施

1．组织领导。本次调查在当地政府的领导下，以统计机构为主组织实施，并在基层组织的协助下，选派调查员到抽中的调查小区，进行入户登记。各级统计机构要积极争取有关部门的支持和配合，确保调查数据质量。

2．调查指导员、调查员的选聘、培训与管理。调查指导员、调查员的选聘工作由县级统计机构负责。调查指导员、调查员主要从政府统计系统和基层组织人员中选调，也可从社会招聘，应尽可能保持调查员队伍的稳定。各级统计机构要加强对调查员的培训，应尽可能减少培训层次，以提高培训效果。各级统计机构要加强对调查员工作的监督检查。

3．调查的宣传工作。为使调查工作顺利进行，各级统计机构和调查工作人员要向调查样本点所在地政府领导做好宣传工作，讲明抽样调查的意义，特别要讲清抽样调查数据对本地、县、乡、村没有代表性，不作为考核本地、县、乡、村人口情况和政绩的依据；要做好对被调查户的宣传工作，使他们解除思想顾虑，如实申报调查资料。

4．调查摸底、入户登记与复查工作。调查员手持PDA摸底和入户填报的登记方式，调查员要按照要求，对所负责调查小区开展调查摸底工作，在此基础上，进行入户登记工作。入户登记完毕后，要采取议查和个别访问的方法认真进行复查。

（七）质量控制和事后质量抽查

为了保证人口变动调查的质量，各级统计机构应对调查各阶段进行质量控制，并开展事后质量抽查工作。质量控制工作由县级统计机构组织，采用检查、督导等方式进行。地级以上统计机构要对下一级的调查工作进行抽查，具体内容是调查人员的配备、培训以及调查工作的规范性和工作质量。事后质量抽查工作由省级统计机构统一组织，对抽中的调查小区开展入户调查登记，数据采集工作。比对和汇总工作由国家统计局人口和就业统计司负责。

（八）数据处理与资料管理

1．数据采集和汇总程序由国家统计局数管中心负责统一编制并下发。

2．调查表通过PDA或平台直接上报，社区表数据的录入工作由各省（自治区、直辖市）统计局人口就业处按照规定的格式和要求组织实施。

3．各省（自治区、直辖市）统计局人口就业处要在规定的时间内，做好有关资料的报送工作：

(1)摸底数据。2016年11月2日前，将调查摸底数据（户主姓名底册中4-13项的分项合计数），报人口和就业统计司专项调查处。

(2)调查原始数据。通过PDA进行数据采集的直接上报。社区表通过平台录入，2016年11月20日前完成录入上报工作。

4. 全国数据由国家统计局人口和就业统计司负责汇总，各省（自治区、直辖市）的数据要按照国家统计局统一的部署和安排进行汇总。调查数据需经国家统计局审定后方可使用。

5. 报送推算的主要数据。各省（自治区、直辖市）对2016年年底本地常住人口总量；出生率、死亡率；城镇人口比重；0-14岁、15-64岁、65岁及以上三个年龄段的常住人口数做初步推算，于2016年12月20日前将初步测算结果及测算方法的简要说明通过电子邮件或传真的方式报送国家统计局人口和就业统计司专项调查处。

（九）调查工作要求

1.为了保证全国调查数据的范围、分类和计算方法的统一性，各地区必须严格执行调查制度的规定。遇到特殊情况要向上级有关部门请示，不得按照个人的理解擅自处理。

2. 调查员要对其所负责的调查小区的数据质量负责，如果发现调查数据有不实的情况，必须返工重做。

3. 调查员、调查指导员以及各级统计机构及其工作人员都要按照《统计法》的规定，对调查结果、特别是被调查户的情况保守秘密，不得向调查机构以外的任何单位和个人泄漏。

4. 各省（自治区、直辖市）统计局人口就业处要在2017年3月1日前，将本次调查的工作总结报国家统计局人口和就业统计司。

二、调查表式

（一）2016年人口变动情况抽样调查表

根据《中华人民共和国统计法》的规定，

公民有义务提供国家统计调查所需要的情 况；我们对您提供的信息负有保密义务。

二、调查表式

（一）2016年人口变动情况抽样调查表

根据《中华人民共和国统计法》的规定，公民有义务提供国家统计调查所需要的情况；我们对您提供的信息负有保密义务。

表　　号：R 1 0 1 表
制表机关：国 家 统 计 局
文　　号：国统字[2016]125号
有效期至：2 0 1 7 年 6 月

本户基本情况

H1．户编号	H2．户别	H3．应在本户登记的人数	
	1. 家庭户 2. 集体户	2016年10月31日晚居住在本户的人数： ______ 人	户口在本户，2016年10月31日晚未居住在本户的人数： ______ 人

H4. 本户2015年11月1日至2016年10月31日出生人口	H5. 本户2015年11月1日至2016年10月31日死亡人口
男 ____ 人　女 ____ 人	男 ____ 人　女 ____ 人

H6. 住宅类型	H7. 住房来源
1. 普通住宅 2. 集体宿舍和工棚 } R1 3. 工作地住宿 } R1 4. 无住宅 } R1	1. 购买新建商品房 2. 购买二手房 3. 购买原公有住房 4. 购买经济适用房、两限房 5. 自建住房 6. 租赁廉租房、公租房 7. 租赁其他住房 8. 其他

本户人口情况

本户第 1 人

每个人都填报						
R1. 姓名	R2. 与户主关系	R3. 性别	R4. 出生年月	R5. 民族	R6. 调查时点居住地	R7. 户口登记地
	0. 户主 1. 配偶 2. 子女 3. 父母 4. 岳父母或公婆 5. 祖父母 6. 媳婿 7. 孙子女 8. 兄弟姐妹 9. 其他	1. 男 2. 女	______年 ______月	______族	1. 本调查小区 2. 本乡（镇、街道）其他调查小区 3. 本县（市、区）其他乡（镇、街道） 4. 其他县（市、区）： ______省(区、市) ______市(地) ______县(市、区)	1. 本村（居）委会→R9 2. 其他地区： ______省(区、市) ______市(地) ______县(市、区) ______乡（镇、街道） ______村（居）委会 3. 户口待定→R12

每个人都填报				2015 年 11 月前出生者填报	
R8. 在本市居住时间	R9. 离开户口登记地时间	R10. 离开户口登记地原因	R11. 土地承包权	R12. 一年前常住地	R13. 一年前常住地类型
1. 不满半年 2. 半年及以上 __________年 跨地（市）或直辖市人口填报	1. 没有离开户口登记地→R11 2. 半年以下 3. 半年及以上 __________年	0. 务工经商 1. 工作就业 2. 学习培训 3. 随同迁移 4. 房屋拆迁 5. 改善住房 6. 寄挂户口 7. 婚姻嫁娶 8. 为子女上学 9. 其他	1. 有 2. 无	1. 本村（居）委会→R14 2. 其他地区 ______省(区、市) ______市(地) ______县(市、区) ______乡（镇、街道） ______村（居）委会→R14 若乡级及以下填写不清楚继续填报 R13 港澳台跳填 R14	1. 城区 2. 城乡结合区 3. 镇中心区 4. 镇乡结合区 5. 特殊区域 6. 乡中心区 7. 其他村（社区）

2013 年 11 月前出生者填报			2001 年 11 月前出生者填报		
R14. 是否识字	R15. 受教育程度	R16. 学业完成情况	R17. 上周工作情况	R18. 行业	R19. 职业
1. 是 2. 否	1. 未上过学→R17 2. 学前教育 3. 小学 4. 初中 5. 普通高中 6. 中职 7. 大学专科 8. 大学本科 9. 研究生	1. 在校 2. 毕业 3. 肄业 4. 辍学 5. 其他	1. 在工作 2. 在职休假、在职学习培训、临时停工或季节性歇业 3. 未做任何工作→R20	（填写行业分类代码） 20 门类可选	（填写职业分类代码） 7 大类可选

2001 年 11 月前出生者填报			1965 年 11 月至 2001 年 10 月出生的妇女填报
R20. 参加社会养老保险情况	R21. 参加社会医疗保险情况	R22. 婚姻状况	R23. 2015 年 11 月 1 日至 2016 年 10 月 31 日生育情况
1. 城镇职工基本养老保险 2. 城镇（乡）居民社会养老保险 3. 新型农村社会养老保险 4. 机关事业单位养老保险 5. 未参加以上四种社会养老保险	1. 职工基本医疗保险 2. 城镇（乡）居民基本医疗保险 3. 新型农村合作医疗 4. 公费医疗 5. 未参加以上四种基本医疗保险	1. 未婚（结束） 2. 有配偶 3. 离婚（结束） 4. 丧偶（结束）	1. 未生育 2. 有生育 生育月份： ______月 婴儿性别： 1. 男 2. 女 属于第_____孩 （12 个月内生育两个以上孩子的第二个孩子的状况） 生育月份： _____月 婴儿性别： 1. 男 2. 女

1965 年 11 月至 2001 年 10 月出生的妇女填报			
R24. 夫妇为独生子女情况	R25. 理想孩子数	R26. 存活子女数	R27. 现在是否已怀孕
1. 双独 2. 单独，女方为独生子女 3. 单独，男方为独生子女 4. 均非独生子女	1. 0 2. 1 个 3. 2 个 4. 3 个 5. 4 个及以上	1. 0 2. 1 个男孩 3. 1 个女孩 4. 2 个（结束） 5. 3 个及以上（结束）	1. 是 预产期： __________月 2. 否
R28. 有 6 岁以下孩子，谁来照看（可选两项）	R29. 符合生育两孩时间	R30. 是否打算生育二孩	R31. 不想生二孩的原因（可选三项）
1. 双方父母 2. 保姆 3. 亲戚 4. 自己 5. 其他	1. 单独两孩政策前 2. 单独两孩政策后 3. 全面两孩政策后	1. 打算 → R32 2. 不打算 3. 没想好（结束）	1. 养育成本高，经济压力大 2. 孩子没人带 3. 无时间无精力 4. 担心工作或发展受到影响 5. 身体状况欠佳 6. 年龄过大，生育风险高或不能生育 7. 长子（女）的意见 8. 希望生活更加轻松自由 9. 其他 （1–9：结束） 第一选择____第二选择____第三选择_____
R32. 打算生育二孩时间	R33. 希望二孩的性别	R34. 想生二孩的原因（可选三项）	R35. 生育二孩您更关注（可选三项）
1. 一年内 2. 两年内 3. 三年内 4. 2020 年及以后 5. 未计划	1. 男孩 2. 女孩 3. 都可以	1. 一个孩子太孤单 2. 独生子女难教育 3. 长辈希望生育二孩 4. 希望儿女双全 5. 多个孩子养老多个保障 6. 长子（女）的意见 7. 受亲戚朋友生二孩影响 8. 其他 第一选择___第二选择___第三选择___	1. 日常生活开支 2. 孩子教育 3. 孩子医疗 4. 买房需求 5. 精力消耗 6. 家务 7. 工作或发展 8. 生活自由 9. 其他 第一选择____第二选择____第三选择_____

（二）死亡人口调查表

（2015年11月1日至2016年10月31日死亡的人登记）

表　　号：R 1 0 2 表
制表机关：国 家 统 计 局
文　　号：国统字[2016]125号
有效期至：2 0 1 7 年 6 月

地址：________县（市、区）________乡（镇、街道）________村（居）委会________调查小区

S1. 户编号	S2. 姓名	S3. 性别	S4. 出生年月	S5. 死亡月份
□□□	□□	1.男 2.女 □	____年 ____月 □□□□ □□	____月 □□
□□□	□□	1.男 2.女 □	____年 ____月 □□□□ □□	____月 □□
□□□	□□	1.男 2.女 □	____年 ____月 □□□□ □□	____月 □□
□□□	□□	1.男 2.女 □	____年 ____月 □□□□ □□	____月 □□
□□□	□□	1.男 2.女 □	____年 ____月 □□□□ □□	____月 □□
□□□	□□	1.男 2.女 □	____年 ____月 □□□□ □□	____月 □□

调查员（签字）：

（三）2016年人口调查村、居委会（社区）基本情况表

表　　号：R 1 0 3 表
制表机关：国 家 统 计 局
文　　号：国统字[2016]125号
有效期至：2 0 1 7 年 6 月

地址码：□□□□□□□□□□□□

地址：＿＿＿＿县（市、区）＿＿＿＿乡（镇、街道）＿＿＿＿村（居）委会

C1. 常住人口数	C2. 户籍人口数	其中：少数民族人口	C3. 2014年常住人口数
＿＿＿＿人 □□□□□□	＿＿＿＿人 □□□□□□	＿＿＿＿人 □□□□□□	＿＿＿＿人 □□□□□□

C4. 离开户口登记地半年以上的外来人口	其中：跨省	C5. 外出半年以上人口	其中：跨省
＿＿＿＿人 □□□□□□	＿＿＿＿人 □□□□□□	＿＿＿＿人 □□□□□□	＿＿＿＿人 □□□□□□

2015.11.1-2016.10.31			
C6. 出生人口	C7. 死亡人口	C8. 目前怀孕人数	C9. 家庭户人数
＿＿＿＿人 □□□	＿＿＿＿人 □□□	＿＿＿＿人 □□□	＿＿＿＿人 □□□□□□

C10. 集体户人数	C11. 是否有集体宿舍集中区域	集体宿舍人数占常住人口比例
＿＿＿＿人 □□□□□□	1. 大学生集体宿舍 2. 高中生集体宿舍 3. 功能区员工集体宿舍 4. 其他 5. 无→C12 □	1. 0-20% 2. 20%-40% 3. 40%-60% 4. 60%及以上 □

C12. 农林牧渔业从业人员占从业人员比例	C13. 主要饮用水来源	C14. 市政排水（生活污水）情况	C15. 生活垃圾处理系统
1. 0-30% 2. 30%-50% 3. 50%-70% 4. 70%-90% 5. 90%以上 □	1. 经过市政净化设施统一处理的自来水 2. 受保护的井水和泉水 3. 不受保护的井水和泉水 4. 江河湖泊水 5. 其他 □	1. 与市政联网的污水处理系统 2. 社区自建的明（暗）沟排水（经处理） 3. 社区自建的明（暗）沟排水（未经处理） 4. 其他 □	1. 运送到市政垃圾处理站或转运站 2. 简单掩埋或焚烧处理 3. 其他 □

村、居委会（社区）负责人：　　　　　　填表人：　　　　　　填报日期：2016 年　月　日

说明： 1. 本表中项目除C3外，均填写最新（若没有，可填2015年）数据。

2. C10.集体户人数包括社区内集体居住在学校、工地、工厂、敬老院等的人口数。

3. 本表根据村、居委会（社区）日常行政记录掌握的情况推算填写。

4. 本表由村、居委会（社区）工作人员填报。

《户主姓名底册》式样

地址：________县（市、区）_____乡（镇、街道）______村（居）委会______调查小区

户编号	本户住址	户主姓名	摸底时居住在本户人数						本户户籍人口中		2015年11月1日至2016年10月31日		备注
				户口在本调查小区人数	户口不在本调查小区，离开户口登记地不满半年人数	户口不在本调查小区，离开户口登记地半年以上人数	其中:户口登记地在省外人数	户口待定人数	离开本调查小区不满半年人数	离开本调查小区半年以上人数	出生人数	死亡人数	
1	2	3	4	5	6	7	8	9	10	11	12	13	14

说明：1. 备注栏中可以注明本户是否外来人口户、预约入户登记时间、联系电话等情况。

2. （4）=（5）+（6）+（7）+（9）。

三、填表说明

（一）调查表的组成

调查表表式分为三个部分：《2016年人口变动情况抽样调查表》，调查本户基本情况、人口情况，简称为《调查表》；《死亡人口调查表》，调查本小区中死亡人口情况，简称《死亡表》；《2016年人口调查村、居委会（社区）基本情况表》，调查社区的人口、基础设施等基本情况，简称《社区表》。

（二）标准时间

人口变动调查的标准时间为2016年11月1日0时。调查员在掌握调查标准时间时，应该注意：

1. 2016年11月1日0时以后出生的人不登记。

2. 2016年11月1日0时以后死亡的人仍要登记《调查表》。

（三）登记原则

应在本户登记的人，包括2016年10月31日晚居住在本户的人；户口在本户，2016年10月31日晚未居住在本户的人。分为两种情况：一是2016年10月31日晚住在本户的人，不管其户口登记在何处，包括户口在本乡（镇、街道）的人口，也包括所有的外来人口；二是户口登记在本户，但2016年10月31日晚未住本户的人，无论其外出时间长短、外出原因如何，均调查登记。

2015年11月1日至2016年10月31日期间的死亡人口要登记《死亡表》。

（四）调查表的填写方法

1.《调查表》和《死亡表》以户为单位进行登记，采用调查员手持PDA入户询问、现场填报的登记方式,《社区表》以村（委）居委会为单位进行登记，用钢笔或签字笔填写纸制表。

2.《调查表》填写顺序：先填写户记录，再逐人填写人记录，填写按人登记的项目时，表内第一人应填户主，然后填户主的配偶和其他亲属。

3. 调查员每填完一户，应即刻进行审核，将通过审核的信息，向申报人宣读，核对无误后，由申报人在PDA中签字确认。

4. 调查表每户最多可以填写45人。对于超过45人的大集体户，可酌情分成若干集体户填写。

5. 有标准答案的项目，根据实际情况填报。调查时点居住地、户口登记地、一年前常住地、行业、职业等项目可根据行政区划地址列表和行职业列表栏进行选择。没有标准答案的项目，用文字或阿拉伯数字据情填写。填写文字的项目，包括您家现住房的详细地址、姓名。其中，姓名不能填写非汉字字符。

6. 如果填写错误或发生逻辑关系异常，PDA程序填报程序会给出审核提示。若为强制性审核错误，请根据提示信息对错误项目进行修改；若为确认性审核提示，可根据提示信息对异常项目进行确认，若情况属实，可忽略该条确认性审核提示。

（五）《调查表》指标解释

1. 本户基本情况

按户填报的项目要求所有的户（家庭户和集体户）都填报。

H1.户编号：与《户主姓名底册》上的“户编号”自动关联，不可修改。

在登记时如果某一“户编号”位置上的户在摸底时标记为空户，经反复核实确认无人居住也无户口寄挂在上面的，只核实确认本户地址，不填报其他信息；经核实有人居住或有户口寄挂的户，在正式登记时，户状态更改为住户或全户外出户，并进行登记。摸底时有人居住或有户口寄挂的户，正式登记时，因为搬走或不是本小区的户等原因，没有人居住或户口寄挂的户，在PDA上标注为删除户。

摸底时遗漏的户，首先切换到摸底信息《户主姓名底册》页面，增加相应的户编号和摸底信息，审核后再到正式登记页面进行登记。同时，如果登记时发现某户中实际居住着两户，其中一户使用原来的“户编号”，另一户按摸底时遗漏户处理；居住三户或以上的，依此类推。在一个调查小区中，每一户都必须对应一个户编号，且只对应一个户编号。出租房屋的户，户口未迁走的，要按两户分别登记出租房屋的户和租赁房屋的户的人的情况。

H2.户别：按家庭户、集体户的类型选填。这里的“户别”与户口本上的“户别”无关。

家庭户：以家庭成员关系为主的人口，或者还有其他人口，居住一处共同生活的,作为一个家庭户。单身居住独自生活的也作为一个家庭户。

集体户：相互之间没有家庭成员关系，集体居住在机关、团体、学校、工厂、矿山、工地、农场、公司、商店、医院、托儿所、敬老院、寺院、教堂等单位内集体宿舍及其他住所共同生活的人口，作为集体户。从事各种流动作业、集体居住的人口，也作为集体户登记。

集体户以居住在同一房间的人作为一个集体户进行登记。

H3.应在本户登记的人数：包括2016年10月31日晚居住在本户的人；户口在本户，2016年10月31日晚未居住在本户的人。

H4.本户 2015年11月1日至2016年10月31日出生人口：填写本户在2015年11月1日至2016年10月31日出生人数。分别填写男、女的合计数。

特别注意不要漏掉出生时有某种生命现象（如在胎儿脱离母体时，有呼吸或心跳、脐带搏动、随意肌收缩等），不久即死亡的婴儿，要填写出生数。

H5.本户 2015年11月1日至2016年10月31日死亡人口：填写本户在2015年11月1日至2016年10月31日死亡人数。分别填写男、女的合计数。

特别注意不要漏掉出生不久即死亡的婴儿，要填写死亡数。

H6.住宅类型：按居住的住宅类型选填。

普通住宅：指人工建造的，有墙、顶、门、窗等结构，具有独立入口，专门供人居住的房屋或场所。如公寓、四合院、筒子楼等传统意义上的住宅。

集体宿舍和工棚：指厂区内、工地上临时或永久搭建供雇工住宿用的住房。

工作地住宿：指餐馆、发廊、商铺、办公楼等可供人居住的工作场所。

无住宅：指在本调查小区内没有住房的户（如住在简易房中、桥下、公园里、车站内等）。

本题填报“普通住宅”以外答案的，不再填报“住房来源”项目，直接填报人记录。

H7.住房来源：指本户获取住房的几种情况，此项目设有六个标准答案。

购买新建商品房：指个人从房地产开发部门以市场价购买的房屋，享有对房屋的全部产权。

购买二手房：指购买那些进入房屋市场进行交易，第二次及以上进行产权登记的房屋，包括二手商品房、允许上市交易的已售公房、经济适用房。

购买原公有住房：指个人以成本价或优惠价购买的企事业单位原作为福利分配给本单位职工的住房，

享有对房屋的全部产权或部分产权。

购买经济适用房、两限房：指购买政府为中低收入住房困难家庭所提供的保障性住房，包括经济适用房、两限房、安居工程住房和集资合作建设住房。

自建住房：指城镇或农村中个人自筹资金建造的住房，其产权属于个人所有。

租赁廉租房、公租房：指政府以租金补贴或实物配租的方式，向符合城镇居民最低生活保障标准且住房困难的家庭提供社会保障性质的住房。

租赁其他住房：指本户住房是向私人、单位或房地产开发部门租借，并按市场价格交纳房租的。

其他：不属于以上几种房屋产权性质的填报此项。

2. 本户人口情况

每个人都填报的项目（问题1-问题11）

R1.姓名：填写被登记人的正式姓名。未取名的填写“未取名”。

R2.与户主关系：指被登记人与本户户主的关系。调查员根据申报人的回答据情选填。申报人不是户主的，注意不要将该人与申报人的关系，当作与户主的关系。

本项目设有十个标准答案：

户主：按家庭日常生活习惯确定户主。

配偶：指户主的妻子或丈夫。

子女：指户主的子女。

父母：指户主的父母或继父母、养父母。

岳父母或公婆：指户主配偶的父母或继父母、养父母。

祖父母：指户主或配偶的祖父母、外祖父母、曾祖父母、外曾祖父母。

媳婿：指户主子女的配偶。

孙子女：指户主的孙子女、外孙子女、孙媳婿、外孙媳婿、重孙子女、重孙媳婿、重外孙子女、重外孙媳婿。

兄弟姐妹：指户主及其配偶的兄弟姐妹以及他们的配偶。

其他：指本户除以上九种人以外的成员。

家庭户的户主登记为第一人；如果户主的配偶也在本户登记，应登记为第二人，选填“配偶”；然后再登记该户的其他成员。如果户主没有配偶，或者户主配偶不在本户登记，第二人也可登记本户其他成员。

在登记集体户时，第一人登记为户主，本户其他成员与户主关系一律登记为其他。

R3.性别：指被登记人的性别。

R4.出生年月：指被登记人的出生年份和月份，在年月列表栏中选择。

出生年月按公历填写，只知道农历的，要换算成公历。按照一般的规律，农历的月份与公历的月份相差一个月左右，换算时农历的月份加1即可作为公历的月份，但要注意农历的12月应当是公历下一年的1月。

R5.民族：指被登记人的民族成份，在民族列表中选择。

外国人加入中国籍，其民族和我国的某一民族相同的，就填某一民族；没有相同民族的，按外国人加入中国籍填写，简填“入籍”。

R6.调查时点居住地：指被登记人在2016年10月31日晚居住在何处。

本调查小区：指调查标准时间前一晚居住在本调查小区的人。如果本户在本调查小区拥有一套以上的住房，可确定其中一处进行登记。

本乡(镇、街道)其他调查小区: 指常住户口登记地在本调查小区，调查标准时间前一晚居住在本乡(镇、街道)其他调查小区的人。

本县（市、区）其他乡（镇、街道）:指常住户口登记地在本调查小区，调查标准时间前一晚居住在本县（市、区）的其他乡（镇、街道）的人。

其他县（市、区）:指常住户口登记地在本调查小区，调查标准时间前一晚居住在本县（市、区）以外其他地区的人。可在行政区划地址列表中选择具体居住地址。居住在港澳台或国外的，也应在地址列表中选择。

R7.户口登记地：指被登记人的常住户口登记地情况。

本村（居）委会：常住户口登记地在本村委会或居委会的人,包括原户口登记地在本户，现在国外工作或学习，暂无户口的人。选择本答案的，直接跳填R9

其他地区：户口登记地址需填报到村（居）委会一级，可在行政区划地址列表中选择。

户口待定：指在任何地方都没有登记常住户口的人。包括手持户口迁移证、出生证、退伍证、劳改释放证等情况的人。选择本答案的人直接跳填R12。

R8.在本地（市）或直辖市居住时间：指到调查标准时间为止，被登记人在本地（市）或直辖市的累计居住时间。

本市是指本地级市或直辖市的全部行政区域，包括区、县和县级市。若曾离开过本市半年以上，应从最近一次来本市的时间算起。

本项目仅要求设区地级市中的跨市外来人口或直辖市中的跨省外来人口填报。

半年及以上：在本地（市）居住半年及以上的人口，并填写实际居住时间，根据四舍五入的方式，半年以上不满一年的和一年以上不满一年半的，填写1年；其余时间依此类推。

R9.离开户口登记地时间：指到调查标准时间为止，被登记人离开户口登记地的时间。

没有离开户口登记地：指没有离开户口登记地的人。即户口登记地在本调查小区，调查标准时间前一晚居住在本调查小区的人。选填本答案的人直接跳填R11。

如果常年外出的人由于农忙或节假日等原因偶尔回家的，还应该从第一次离开户口登记地的时间开始计算。如果回家半年以上再外出的，按再外出的时间算起。

半年及以上：离开户口登记地半年以上的人口，并填写实际时间，时间计算方式同R8。

R10.离开户口登记地原因：指被登记人居住地与户口登记地不一致的原因。

凡具有两种以上原因的，按其主要的原因选择一个答案。被登记人有过多次迁移的，应填报其离开户口登记地时的原因，而不应填报到现住地的原因。

务工经商：指十五周岁及以上因从事各种劳务活动或商业贸易活动，离开户口登记地的人。

工作就业：指十五周岁及以上因工作招聘、调动、入伍等工作原因离开户口登记地的人。

学习培训：指六周岁及以上因考入各级各类学校或参加本地各单位举办的各种学习班、培训班，而离开户口登记地的人。

随同迁移：指随同家人离开户口登记地的人。

房屋拆迁：指因房屋拆迁、改造而离开户口登记地的人。

改善住房：指因改善住房条件及环境而离开户口登记地的人。

寄挂户口：指户口登记地与居住地不一致，但户口落在集体户或落在与其无直接亲戚关系的家庭户中的人，以及没有在户口登记地居住、只在户口登记地落户口的人。

婚姻嫁娶：指十五周岁及以上因结婚而离开户口登记地的人。

为子女就学：指为方便子女就学而离开户口登记地的人。

其他：指除上述以外的其他原因。

R11.土地承包权：指被登记人户口所在的家庭是否有农村土地承包权。

户口所在家庭应以被登记人的户口簿为准，单独一个户口簿的，按本人情况填报。拥有农村土地承包权是指被登记人户口登记地在农村地区或以前的农村地区，其本人或户口所在家庭曾经是农业户口，目前本人或户口所在家庭拥有农村土地承包权。

拥有农村土地承包权的人或家庭，目前可能实际经营承包地，也可能因各种原因不再经营承包地。以转包、转让、出租、入股、托管等方式出让了所承包土地经营权的也视为拥有农村土地承包权。

1周岁及以上（2015年11月以前出生）的人填报的项目（R12-R13）

R12.一年前常住地：指被登记人在调查标准时间的1年前，即2015年11月1日零时的常住地。

填报“其他地区”的，请填报具体地址。具体地址需填报到村（居）委会一级，可在行政区划地址列表中选择。一年前常住地地址必须填报到县级，不能填报到村级的，需要填报R13。一年前居住在我国大陆以外地方的，可在地址栏中选择“香港”、“澳门”、“台湾”或“国外”。

R13.一年前常住地类型：指被登记人一年前常住地类型。

城区：指市辖区和不设区市的下列地域：街道办事处所辖的居民委员会地域；与城市的公共设施、居住设施等完全连接的其他村级地域。

城乡结合区：指与城市的公共设施、居住设施等部分连接的村级地域。

镇中心区：指市辖区、不设区的市、县、自治县、旗、自治旗所辖城区以外的镇的下列区域：镇所辖的居民委员会地域；与镇的公共设施、居住设施等完全连接的其他村级地域。（一年前常住地为区和县级市以外的县级单位下辖的街道办事处所辖村（居）委会，也应视与政府所在地连接情况选填镇中心区、镇乡结合区或其他村）

镇乡结合区：指与镇的公共设施、居住设施等部分连接的村级地域。

特殊区域：指地处城区、镇中心区、镇乡结合区以外，不隶属乡级行政区域，且常住人口在3000人以上的工矿区、开发区、科研单位、大专院校、农场、林场和其他特殊区域等。

乡中心区：指乡、民族乡人民政府驻地的村民委员会地域和乡所辖居民委员会地域。

其他村（社区）：指农村村民居住和从事各种生产活动的区域，以及未划入城镇的农场、林场等区域。

3周岁及以上（2013年11月前出生）的人填报的项目（R14-R16）

R14.是否识字：指被登记人是否达到国家规定的脱盲标准（城市居民和乡、镇企业职工识字2000个，乡村居民识字1500个）。登记时可询问，日常生活中是否能读懂简单的书或书写简短的句子。如果能阅读通俗书报、能写便条就认为具有识字能力。

小学在校学生都选填“是”。

R15.受教育情况：指按照国家教育体制，被登记人接受教育的最高学历。通过自学或成人学历教育经国家统一考试合格的，分别归入相应的受教育情况。

在R14选填了“否”的人，只能选填本项目标准答案“未上过学”、“学前教育”或“小学”。

未上过学：指从未接受过国家或其他办学机构实施的各级各类学校教育。包括参加过各种扫盲班或成人识字班学习，且以后再没有接受过各级各类学校教育。

学前教育：指专门的学前教育机构所实施的教育，即托儿所、幼儿园的教育。

小学：指接受的最高一级教育为小学,无论其是否在校、毕业、肄业或辍学。

初中：指接受的最高一级教育为初中,无论其是否在校、毕业、肄业或辍学。相当于初中程度的技工学校，也选填此标准答案。

普通高中：指接受的最高一级教育为普通高中，无论其是否在校、毕业、肄业或辍学。

中职：指接受的最高一级教育为中等职业学校，包括职业高中、中等专业学校和技工学校，无论其是否在校、毕业、肄业或辍学。

大学专科：指接受的最高一级教育为大学专科。在普通高等学校学习大学专科的，无论其是否在校、毕业、肄业或辍学，均选填此标准答案。

凡在国家授权承认学历的广播电视大学、职工大学、高等院校举办的函授大学、夜大学和其他形式的大学，按教育部颁布的大学专科教学大纲进行授课的，其毕业生选填此标准答案；其肄业生、在校生按原有受教育程度选填。

通过自学，经国家统一举办的自学考试合格，并取得大学专科毕业证书的，也选填此标准答案。

大学本科：指接受的最高一级教育为大学本科。在普通高等学校学习大学本科的，无论其是否在校、毕业、肄业或辍学，均选填此标准答案。

凡在国家授权承认学历的广播电视大学、职工大学、高等院校举办的函授大学、夜大学和其他形式的大学，按教育部颁布的大学本科教学大纲进行授课的，其毕业生选填此标准答案；其肄业生、在校生按原有受教育程度选填。

通过自学和进修大学课程，经考试合格，并取得大学本科毕业证书的，也选填此标准答案。

研究生：指接受的最高一级教育为硕士、博士研究生，无论其是否在校、毕业、肄业或辍学，均选填此标准答案。

在职接受研究生教育的，其毕业生选填此标准答案；肄业生和在校生按原有受教育程度选填。

凡是没有按教育部的教学大纲培训或只学单科的人，不能填报“大学专科”、“大学本科”或“研究生”，一律按原有受教育程度填报。

填报选项“未上过学”的人，直接跳至R17。

R16.学业完成情况：具有小学以上受教育程度的人填报。

在校：正在接受各级各类学校教育并有学籍的人。

毕业：已修完全部课程，并经过考试鉴定合格者。

肄业：修完全部课程,但考试不及格或因种种原因未取得毕业资格的人。

辍学：指未能修完所规定的全部课程,中途退学的人。

其他：指私塾、自学等其他方式获得某种文化程度的人。

15周岁及以上（2001年11月以前出生）的人填报的项目（R17-R22）

R17.上周工作情况—指被登记人在10月25—31日期间，即调查标准时点前一周，是否为取得收入而工作了1小时以上。

这里所说的工作是指为获取工资、实物报酬或经营收入而实际从事的各种生产、经营和服务性活动。义务劳动和公益性劳动都不是以取得收入为目的的，所以不属于这里所说的工作。

为取得收入而工作，是强调工作的目的性。只要是目的在于取得收入的工作，无论实际是否取得了收入，都应属于这里所说的工作。

对于平时主要在家做家务，有时也从事一些临时性工作（如干农活、销售商品）的人，只要在10月25—31日期间，工作时间达到一个小时，就算进行了工作。

在工作：指在10月25—31日期间，为取得收入而做过固定的、临时的或兼职的工作，并且工作时间达到了一小时。有正式学籍的在校学生利用课余或假期以及正式办理离休、退休手续的人为取得收入而从事了工作，也填报此项。

家庭成员在自家经营的摊位、商店、门市部、工厂劳动，即使没有任何收入，也应视作为取得收入而工作。

在职休假、在职学习培训、临时停工或季节性歇业：

休假是指在10月25—31日期间，因各种原因休假未工作(包括正常的年休假、疗养假及空勤人员、船员、火车乘务人员的轮休假等)以及各种原因的请假未工作(包括病假、工伤假、产假、事假、婚丧假、探亲假等)。个人档案、人事关系已在某单位，但因各种原因本人尚未到新单位报到上班，如军人转业或工作调动等，可视为休假。

在职学习培训是指有工作单位，在10月25—31日期间正参加脱产学习或培训。

临时停工是指在10月25—31日期间，由于机械或电力故障、原料或燃料短缺、天气灾害或其他灾害等原因引起的暂时未工作。

季节性歇业指从事季节性工作，在10月25—31日期间，正值歇业。

承包土地的农民，如果从事农活或其他工作的时间超过一个小时，则填报“在工作”；如果外出打工，但在10月25—31日期间，未从事任何工作，则填报“未做任何工作”；如果在10月25—31日期间，没有外出打工，且未干任何农活或从事其他任何有收入的工作，则填报“在职休假、在职学习培训、临时停工或季节性歇业”。

未做任何工作：指没有工作单位，且在10月25—31日期间未从事过任何临时性工作的人，填报此项。对于未与原单位解除劳动关系，在原单位已无工作岗位的下岗、内退人员，在10月25—31日期间未从事任何工作的，也填报此项。填报此标准答案的人，直接跳至R20。

R18.行业：指被登记人在调查时点所从事的行业，如果同时从事两种或两种以上行业的，则按从业时间最长的为从事的主要行业；如果每种行业的从业时间大体相同，则按收入最多的行业为从事的主要行业。

调查员需要先请被调查者描述清楚其工作单位或他经营活动具体是什么，如描述单位或个人经营活动的主要产品，经营活动的服务项目或产业，然后进行选择归类。以二十个门类进行选填：

农、林、牧、渔业：包括农业、林业、畜牧业、渔业以及农、林、牧、渔服务业五大类。

采矿业：包括煤炭开采和洗选业、石油和天然气开采业、黑色金属矿采选业、有色金属矿采选业、非金属矿采选业、开采辅助活动、其他采矿业七大类。

制造业：包括农副食品加工业，食品制造业，酒、饮料和精制茶制造业，烟草制品业，纺织业，纺织服装、服饰业，皮革、毛皮、羽毛及其制品和制鞋业，木材加工和木、竹、藤、棕、草制品业，家具制造业，造纸和纸制品业，印刷和记录媒介复制业，文教、工美、体育和娱乐用品制造业，石油加工、炼焦和核燃料加工业，化学原料和化学制品制造业，医药制造业，化学纤维制造业，橡胶和塑料制品业，非金属矿物制品业，黑色金属冶炼和压延加工业，有色金属冶炼和压延加工业，金属制品业，通用设备制造业，专用设备制造业，汽车制造业，铁路、船舶、航空航天和其他运输设备制造业，电气机械和器材制造业，计算机、通信和其他电子设备制造业，仪器仪表制造业，其他制造业，废弃资源综合利用业，金属制品、机械和设备修理业三十一大类。

电力、热力、燃气及水生产和供应业：包括电力、热力生产和供应业，燃气生产和供应业，水的生产和供应业三大类。

建筑业：包括房屋建筑业、土木工程建筑业、建筑安装业、建筑装饰和其他建筑业四大类。

批发和零售业：包括批发业和零售业两大类。

交通运输、仓储和邮政业：包括铁路运输业、道路运输业、水上运输业、航空运输业、管道运输业、装卸搬运和运输代理业、仓储业、邮政业八大类。

住宿和餐饮业：包括住宿业和餐饮业两大类。

信息传输、软件和信息技术服务业：包括电信、广播电视和卫星传输服务、互联网和相关服务、软件和信息技术服务业四大类。

金融业：包括货币金融服务、资本市场服务、保险业和其他金融业四大类。

房地产业：包括房地产业大类。

租赁和商务服务业：包括租赁业和商务服务业两大类。

科学研究和技术服务业：包括研究和试验发展、专业技术服务业、科技推广和应用服务业三大类。

水利、环境和公共设施管理业：包括水利管理业、生态保护和环境治理业、公共设施管理业三大类。

居民服务、修理和其他服务业：包括居民服务业，机动车、电子产品和日用产品修理业，其他服务业三大类。

教育：包括教育大类。

卫生和社会工作：包括卫生和社会工作两大类。

文化、体育和娱乐业：包括新闻和出版业，广播、电视、电影和影视录音制作业，文化艺术业，体育，娱乐业五大类。

公共管理、社会保障和社会组织：包括中国共产党机关，国家机构，人民政协、民主党派，社会保障，群众团体、社会团体和其他成员组织，基层群众自治组织六大类。

国际组织：包括国际组织大类。

R19.职业：指被登记人在调查时点从事的职业类型。如果同时从事两种或两种以上工作的，则按从业时间最长的工作为从事的主要职业；如果每种工作的从业时间大体相同，则按收入最多的工作为从事的主要职业。

职业分成以下七类：

国家机关、党群组织、企业、事业单位负责人：指在中国共产党中央委员会和地方各级党组织、各级人民代表大会常务委员会、人民政协、人民法院、人民检察院、国家行政机关、各民主党派、工会、共青团、妇联等人民团体、群众自治组织和其他社团组织及其工作机构、企业、事业单位中担任领导职务并具有决策、管理权的人员。

专业技术人员：指专门从事各种科学研究和专业技术工作的人员。从事本类职业工作的人员，一般都要求接受过系统的专业教育，具备相应的专业理论知识，并且按规定的标准条件评聘专业技术职务，以及未聘任专业技术职务，但在专业技术岗位上工作的人员。包括科学研究人员、工程技术人员、农业技术人员、飞机和船舶技术人员、卫生专业技术人员、经济业务人员、法律工作人员、教学人员、文学艺术工作人员、体育工作人员、新闻出版、文化工作人员、宗教职业者等。

办事人员和有关人员：指在国家机关、党群组织、企业、事业单位中从事行政业务、行政事务工作的人员和从事安全保卫、消防、邮电等业务的人员。包括行政办事人员；政治、保卫工作人员；邮电工作人员；其他办事人员和有关人员；无专业职称也无大学或中专文化程度的经济管理专业人员也归此类。

商业、服务业人员：指从事商业、餐饮、旅游、娱乐、运输、医疗辅助服务及社会和居民生活等服务工作的人员。包括售货、采购、供销、收购等商业工作人员，以及服务员、售票员、幼儿保育员、厨师、导游员、生活日用品维修人员和其他服务性工作人员(如清理员、理发员、洗染织补人员等)。

农、林、牧、渔、水利业生产人员：指从事农业、林业、畜牧业、渔业及水利业生产、管理、产品初加工的人员。不包括如农业局等农、林、牧、渔、水利管理人员。

生产、运输设备操作人员及有关人员：指从事矿产勘查、开采，产品的生产制造、工程施工和运输设备操作的人员及有关人员。包括工段长及各种生产工人、设备操作工人、司机、船员、其他生产运输工人和有关人员。

不便分类的其他从业人员：指上述六类以外的人员。

R20.参加社会养老保险情况：指调查时点被登记人参加社会养老保险的情况。

城镇职工基本养老保险：指由政府推行的、面向城镇职工的养老保险制度。

城镇（乡）居民社会养老保险：指由政府推行的、面向城乡居民的养老保险制度。

新型农村社会养老保险：简称“新农保”，指由政府推行的、面向农村居民的养老保险制度。

机关事业单位养老保险: 指国家机关或事业单位人员等能享受养老保障的情况。

R21.参加社会医疗保险情况：指调查时点被登记人参加社会医疗保险的情况。

职工基本医疗保险：指由政府推行的、面向企业职工的医疗保险制度。

城镇（乡）居民基本医疗保险：指由政府推行的、面向城镇居民的医疗保险制度。部分地区推行的、统一面向城乡居民的基本医疗保险制度，也归为此类。

新型农村合作医疗：简称“新农合”，指由政府推行的、面向农村居民的合作医疗制度。

公费医疗：指面向部分国家公职人员的医疗保险制度。

R22.婚姻状况：指在调查标准时间的实际婚姻状况。

未婚：指从未结过婚的人。选填本答案的人，项目填报结束。

有配偶：指有配偶，处于婚姻中的人。

离婚：指已经离婚，到调查标准时间仍未再婚的人。选填本答案的人，项目填报结束。

丧偶：指配偶已去世，到调查标准时间仍未再婚的人。选填本答案的人，项目填报结束。

这里的婚姻是指事实婚姻，不是单指法律意义上的婚姻，对不到法定结婚年龄，或未办理结婚手续而实际结婚、同居的人，应根据其在调查标准时点的实际情况，依照申报人的申报填报。

15-50周岁（1965年11月至2001年10月出生）的已婚妇女填报的项目（R23-R35）

R23.过去一年（2015年11月1日至2016年10月31日期间）的生育情况：此项目登记调查标准时间前12个月以内15-50周岁已婚妇女是否有过生育。

填报“有生育”的，还要填写生育孩子的月份和所生孩子的性别。

如果一年内有两次生育或生育多胞胎的，请填报其他孩子的生育时间和性别。最多可以填报两个孩子，第三个及以上的孩子可忽略不计。

R24.夫妇为独生子女情况：本人与配偶是否为独生子女情况，据实填写。

双独：指夫妇双方均为独生子女。

单独，女方为独生子女：指夫妇双方中，女方为独生子女，男方不是独生子女。

单独，男方为独生子女：指夫妇双方中，男方为独生子女，女方不是独生子女。

均非独生子女：指夫妇双方均不是独生子女。

R25.理想孩子数：指在不考虑生育政策的情况下，被调查者认为生育几个孩子比较理想，据情选填。

R26.存活子女数：指被调查者活产子女中仍然存活的男孩和女孩数，包括与父母住在一起的孩子，也包括没有与父母住在一起的孩子。到调查标准时点已死亡的孩子不包括在内。无存活子女的填写“0”。

R27.现在是否已怀孕：指调查时点，被调查者是否怀孕，设有两个标准答案，据实选填，选填“1”的，需要填写预产期月份。

R28.有6岁以下孩子，谁来照看：对于家里有6岁及以下孩子的妇女，询问孩子在家的日常生活的照看情况，据情选填，可以选两个，按主次顺序来填报。没有6岁以下孩子，可跳填R29。

R29.符合生育两孩时间：指被调查者符合生育两孩时间与生育政策调整的前后关系，据实填写。

单独两孩政策前：单独两孩政策（2013年11月15日，十八届三中全会通过的 “坚持计划生育的基本国策，启动实施一方是独生子女的夫妇可生育两个孩子的政策”，这标志着“单独二孩”政策将正式实施。）实施前，因夫妇为双独，符合农村一孩半政策且第一个孩子为女孩，少数民族等情况符合生育两个孩子的妇女选填此项。也包括第一个孩子患有非遗传性残疾、再婚夫妻等原来计生条例规定的符合生育第二个孩子的特殊情况人口。

单独两孩政策后：指原政策只允许生育一个孩子的夫妇，“单独两孩”政策实施后，符合生育两个孩子的情况，一般是指单独夫妇。

全面两孩政策后：原政策只允许生育一个孩子的夫妇，全面两孩政策（2015年10月29日，中共全会公报允许普遍二孩政策：全面实施一对夫妇可生育两个孩子政策。）实施后，可以生育两个孩子的情况。

对于因再婚或其他原因，不能再生育第二个孩子的妇女，也填报“全面两孩政策后”。

R30.是否打算生育二孩：指被调查者是否打算生育第二个孩子，据情选填。选填“打算”的，跳填R32，选填“没想好”的，个人项目结束。

R31.不想生育二孩的原因：设有九个标准答案，根据原因主次，可顺序选三个。填报此项目的，个人项目结束。

R32.打算生育二孩的时间：据情选填。

R33.希望二孩的性别：据情选填。

R34.想生二孩的原因：设有八个标准答案，根据原因主次，可顺序选三个。

R35.生育二孩您更关注：设有九个标准答案，根据原因主次，可顺序选三个。

（六）《死亡表》指标解释

凡在调查表户记录“H5.本户2015年11月1日至2016年10月31日死亡人口”登记了死亡人口的户，还要登记死亡人口的具体情况。

死亡表共有五个项目：

S1.户编号：与《调查表》一致，直接导入，不需要填报和修改。

S2.姓名：填写死亡人口的姓名。

S3.性别：填写死亡人口的性别。

S4.出生年月：填写死亡人口出生时的年份和月份。

S5.死亡月份：填写死亡人口死亡时的月份。

为了保证死亡人口的登记质量，调查员在入户登记时应该特别注意以下几点：

（1）登记死亡人口时，一般以死亡人口死亡前的常住地为其登记地，而不以死亡发生时的地点（如医院等）为登记地。

（2）本户人口中有死亡的，不论其与该户有无亲属关系，都应该作为该户的死亡人口予以登记。

（3）对于无法确定死亡人口常住地，或调查登记时与死亡人口的常住地联系不上的，如孤寡老人、流动人口死亡的，一律在死亡发生地登记。

（七）《社区表》指标解释

《社区表》由调查员或村（居）委会工作人员来填报；请根据日常行政管理掌握的情况填写，不需要专门调查。

C1.常住人口数：指户口在本村（居）委会，居住在本村（居）委会的人口，或者户口不在本村（居）委会，居住在本村（居）委会半年以上的人口。用本村（居）委会户籍人口数，加上外来半年以上人口，减去外出半年以上人口数。

C2.户籍人口数： 填写常住户籍在本村（居）委会的人口数。

其中：少数民族人口，指本村户籍人口中的少数民族人口数。

C3.2014年常住人口数：指2014年末本村常住人口数。

C4.离开户口登记地半年以上的外来人口：指户口不在本村（居）委会，离开户口登记地半年以上，目前居住在本村（居）委会的人口数。

其中：跨省，是指户口登记地在外省，离开户口登记地半年以上，目前居住在本村（居）委会的人口数。

C5.外出半年以上人口：指本村（居）委会户籍人口中，现在居住在外村（居）委会，离开本村（居）委会半年以上的人口数。

其中：跨省是指离开本村（居）委会半年以上，且目前居住在省外的人口。

C6.出生人口：指本村（居）委会调查周期一年（2015.11.1-2016.10.31）内出生人口；

C7.死亡人口：指本村（居）委会调查周期一年（2015.11.1-2016.10.31）内死亡人口；

C8.目前怀孕人口：指本村（居）委会当前怀孕人口数据；

C9.家庭户人数：指本村（居）委会家庭户的常住人口人数。

C10.集体户人数：指本村（居）委会集体户的常住人口人数，此处集体户不是指户籍上的集体户，是指相互之间没有家庭成员关系，集体居住在机关、学校、工厂、工地、敬老院等集体宿舍及其他住所共同生活的人口。

C11.是否有集体宿舍集中区域：指村内是否有集体宿舍集中区，有大学、高中、功能区（含工业园区、产业集聚区、高新技术开发区、农业示范区、旅游度假区等）以及其他集体宿舍的选填相应选项。没有的填“无”，直接跳填C12。

其中：集体宿舍人数占常住人口的比例，按本村内集体宿舍集中区域的人数占本村常住人口的比重进行选填。

C12.农林牧渔业从业人员占从业人员比例，设有五个标准答案，按本村（居）委会估计的从事农林牧渔业人员的比例进行选填。

C13.主要饮用水来源，设有五个标准答案。

1.经过市政净化设施统一处理的自来水：指通过自来水厂或集中净化设施进行净化和消毒、并符合国家饮用水标准的供人们生活的水。

2.受保护的井水和泉水：受保护的井水是指有井台和井盖保护，鸟粪及动物不能落入井中，溢水和来水不能流到或渗入井中；受保护的泉水是指泉水水眼的周围被水泥、砖头等建起的建筑物封闭保护起来，不会受到外来的污染，比如雨水形成的径流、鸟粪及动物等。

3.不受保护的井水和泉水：指井口或泉眼没有得到任何保护，水源可能受到外来的污染，比如雨水形成的径流、鸟粪及动物等。

4.江河湖泊水：指直接从江、河、湖、塘、溪、沟、渠（包括灌溉水渠）取水。

5.其他：指上述四种水源以外的饮用水。

C14.市政排水（生活污水）情况，设有四个标准答案。

1.与市政联网的污水处理系统：指收集、输送（生活）污水的排水系统，在实行污水、雨水分流制的情况下，污水由排水管道收集，送至污水处理后，排入水体或回收利用。

2.社区自建的明（暗）沟排水（经处理）：指有社区自建的排水系统，污水由排水管道收集并经处理后，排入水体或回收利用。

3.社区自建的明（暗）沟排水（未经处理）：指有社区自建的排水系统，污水由排水管道收集，但未经处理，直接排入水体。

4.其他：指除以上三种方式以外的其他污水处理方式。

C15.生活垃圾处理系统：指村内对居民生活垃圾的处理情况，设有三个标准答案。

1.运送到市政垃圾处理站或转运站：指村内的生活垃圾通过统一的收集和转运，由市政垃圾处理系统进行无害化处理。

2.简单掩埋或焚烧处理：指有垃圾收集功能，但收集后进行简单掩埋或焚烧处理。

3.其他：除以上两种情况外,有其他的垃圾处理方式。

四、样本信息的核实

调查小区样本由国家统计局依据2015年1%人口调查构建的抽样框进行抽取，各抽中调查小区地域范围原则上与2015年1%人口调查划定的调查小区地域范围保持一致。各地要对国家统计局下发的调查小区进行逐一核实，依据2015年1%人口调查划定的调查小区地域界线，明确本次调查的调查小区边界，判定建筑物的归属，并对相关区划的名称、代码、城乡属性等进行核实更新。

（一）样本信息的内容

1．字段NDI,地级单位的名称。

2．字段NXIAN,县级单位的名称。

3．字段NXIANG,乡级单位的名称。

4．字段NCUN,村级单位的名称。

5．字段NQU,小区单位的名称。

6．字段DZMCODE，村级单位的地址码，12位数字长度。

7．字段QCODE，调查小区编码，3位数字长度。

8．字段SZX，城乡属性代码，2位数字长度，第1位是乡级属性码，第2位是村级属性码。城乡属性代码的编制规则请参见国家统计局《统计用区划代码和城乡划分代码编制规则》。其中，乡级属性代码用1～3数字表示，1表示县级政府驻地，2表示连接的乡级区域，3表示其他乡级区域。村级属性代码用1～9数字表示，1表示乡级政府驻地，2表示完全连接的村级地域，3表示部分连接的村级地域，4表示与其他区、市完全连接的村级地域，5表示与其他区、市部分连接的村级地域，6表示与其他镇完全连接的村级地域，7表示与其他镇部分连接的村级地域，8表示特殊地域，9表示其他村级地域。

9.字段FLAG,样本轮换标识，1位数字长度，2016年为1和2。

（二）样本信息的核查规则

样本信息的核查包括两个方面，一是对样本区域的名称、代码、城乡属性的核查，二是对样本区域的边界和边界内外建筑物归属的核查。

样本区域的名称、代码、城乡属性的核查具体要求如下：

1．如果调查小区的隶属关系或城乡属性有变化，则调查小区对应的地、县、乡、社区的汉字名称和地址代码或城乡属性要作相应的变化，否则不得更改原名称、代码及城乡属性。

2．如果因调查小区拆迁等原因无法组织调查，由国家统计局人口和就业统计司统一进行样本的调整，各地不得自行调换。

3．调查小区的人口规模发生变化，属于正常现象，原则上不进行样本调换。

4．村级及以上单位的名称、代码和城乡属性要以本省（区、市）统计机构统一维护的2016年城乡地域库相关内容为准。同一区域的城乡属性代码在人口调查中要与城乡地域库保持一致。设计管理部门的城乡地域库中没有的村级单位，需要按城乡划分规则进行现场核实。

5．如果行政区划名称、代码或城乡属性有变动，用红颜色标记该行，在后面的空白列中详细说明变动的情况，并复制一行，按原文件格式在相应的字段列中修改。如果调查小区拆迁或其他原因无法实施调查，用蓝颜色标记该行，并在后面的空白列中注明“拆迁，要求更换样本”，由国家统计局人口和就业统计司确定拟更换样本后，在下面一行中列出拟更换的样本信息，并注明“更换为”。

样本区域的边界和边界内外建筑物归属的核查具体要求如下：

1.2015年划定的村级单位和调查小区是样本核实的基础，要根据原划定地域界限范围和名称代码，对调查小区地块进行跟踪核实。

2.各地要收集抽中调查小区在2015年1%人口调查中的调查小区分布图和调查小区图，结合实地勘察，明确各调查小区边界范围，明确各调查小区建筑物的归属。

3.对于因调查小区拆迁等原因无法组织调查的，在国家下发的调查小区名单中用蓝颜色标记该行，并在后面的空白列中注明无法组织调查的原因。

（三）关于样本信息核实其他事宜

1.国家统计局下发2016年样本信息的时间是2016年8月底。

2.样本信息的文件格式为EXECL，样本信息的内容更改应在此文件中进行。

3.各省、自治区、直辖市于2016年9月25日前将核实更新后的样本信息上报国家统计局。上报的文件包括：1.带修改痕迹的样本信息；2.整理后的拟调查样本信息。

4.国家统计局发布2016年调查样本信息的时间是2016年10月10日。

五、调查指导员和调查员的选聘、培训和管理规则

（一）调查指导员和调查员的选聘

调查指导员和调查员的选聘工作由县级政府统计机构负责。调查指导员和调查员可以从统计系统、村（居）民委员会干部、教师、大中专学生及离退休人员中选调，也可以从社会招聘。为保证调查质量和节约经费，调查指导员和调查员应尽量由熟悉本地区情况的人员担任。要尽可能保持调查员的相对稳定性。

调查指导员应先于调查员提前选聘，以便开展工作。

（二）调查指导员和调查员的配备数量

原则上每个调查小区配备一到两名调查员，一名调查指导员。为了保证按规定时间完成登记任务，水上、牧区、山区、边远地区可酌情增配调查员。调查员的配备要留有百分之五左右的预备数。

（三）调查指导员、调查员的条件要求

1．身体健康，能胜任工作；

2．具有初中或初中以上文化水平，经培训能够使用手持电子终端设备（PDA）；

3．具有较强的与人沟通能力，待人和气，作风正派，为群众所信任，能为被调查户保守秘密；

4．认真负责，工作细致，吃苦耐劳，能独立工作。

调查指导员除应具备以上条件，还要有一定的组织能力和社会工作经验，并熟悉当地情况。

（四）调查指导员、调查员的管理

各级统计机构要加强对调查指导员和调查员工作的管理，加强对调查过程的质量控制。要重点加强对调查登记工作的监督和检查。

（五）调查指导员、调查员的培训

调查指导员和调查员的培训应尽可能减少层次，以提高培训效果。

1．培训教员由省或地(市)级政府统计机构统一派出。教员必须事先接受过人口变动调查培训，并能胜任培训工作。

2．对调查员的培训时间应不少于两天。

3．培训以讲课为主，围绕调查指导员和调查员承担的工作任务，以及PDA操作和指标填写来进行。对调查表指标的解释必须符合调查表填写说明的规定。

4．参加培训的调查指导员和调查员都要经过实地练习，掌握使用《调查小区图》、使用PDA编制《户主姓名底册》、填写调查表等工作方法。

5．要加强对调查指导员和调查员的保密教育。

6．培训结束后要进行总结。总结整个培训工作中的收获以及今后要注意的问题。

7．调查指导员、调查员经过培训后，经测试合格，由培训机构发合格证书。不合格者不能上岗从事调查登记工作。

8．培训工作应于2016年10月15日前完成。

（六） 调查指导员的工作职责

调查指导员的主要任务是对调查员的工作进行组织、指导、检查和质量控制，保证《调查小区图》绘制、《户主姓名底册》编制、登记复查、数据上报工作的按时完成，保证调查员的各项工作质量达到规定的标准。具体工作职责是：

1．登记前的工作：

（1）通过参加专门培训，认真学习《2016年全国人口变动情况抽样调查制度》，熟练掌握调查的各项工作技能。

（2）在培训调查员时，做好辅导工作。

（3）明确被抽中调查小区的地域范围，做到界限清楚。给调查员分配工作，明确其登记的调查小区范围。

（4）与调查员商定每天的工作日程、内容和要求。

（5）把各种调查用品分发给调查员。指导调查员做好PDA的设备维护、软件安装与使用。

（6）对被抽中调查小区的户籍资料和相关的人口资料进行整理，并分发给调查员，作为编制《户主姓名底册》的参考。

（7）组织调查员进行调查摸底工作，检查《户主姓名底册》所包括的范围与《调查小区图》绘制的范围是否一致，有无遗漏。

（8）掌握被抽中调查小区的人口底数（特别是总人口、出生人口、死亡人口和外来人口），及时发现问题，并认真查明原因。

2．登记期间的工作：

（1）对调查员的工作进行巡回检查，具体指导，及时将上级调查机构的指示传达到每一位调查员，了解和掌握调查员每天的工作情况。

（2）对调查员提出的疑难问题加以解答，自己没有把握的问题要向上级请示后加以解决。

（3）督促调查员对每天登记完成且通过审核的调查表使用PDA及时上报并备份，以防数据丢失。

（4）掌握每个调查员每天的工作进度和工作质量，提出每天登记的要求及应注意的事项，对登记质量好、工作认真细致的调查员要进行鼓励，对工作上有困难的调查员要及时进行帮助。

（5）按照《登记复查规则》的规定，组织调查员进行复查。

（6）主动听取群众反映，改进调查登记工作。

3．调查登记期间要做的工作：

对完成上报数据后的PDA，应收回统一保管，防止PDA丢失后数据泄露。

4．复查期间要做的工作：

调查登记完成后，根据登记情况，组织调查员进行全面复查，并对调查员的复查工作质量进行抽查。

5．严格遵守保密规定。对各户申报的情况，必须保守秘密。严禁公开个人和家庭的登记资料。

（七）调查员的工作职责

调查员的主要工作是做好所负责调查小区的调查摸底工作，进行入户调查，并准确、清晰地编制《户主姓名底册》、填写调查表，完成数据采集工作。具体工作职责是：

1．认真参加调查员培训，掌握调查的各项工作技能。

2．调查登记前，认真做好摸底工作，包括熟悉调查小区边界、按照《调查小区图》熟悉建筑物、使用PDA编制《户主姓名底册》、安排调查登记的时间和顺序；做好对群众的宣传工作。

3．调查登记期间，按照调查对象的标准和调查表填写说明的规定，使用PDA认真填写调查表，做到不漏、不错、不重。发现问题要及时向调查指导员请示汇报，不得自作主张。

4．对每天登记完成且通过审核的调查表使用PDA及时上报并备份，以防数据丢失。

5．PDA不得安装与调查工作无关的软件，不得用于与调查无关的事项，以免影响PDA的正常使用。

6．及时对PDA进行充电，保证登记顺利进行。

7．保管好PDA设备，若发生PDA设备的丢失或损坏，应立即报告调查指导员联系上级机构。

8．严格遵守保密规定。对各户申报的情况，必须保守秘密。严禁公开个人和家庭的登记资料。

六、调查摸底和调查小区图绘制规则

（一）摸底工作任务

摸底工作是调查登记顺利进行的重要保证。调查指导员、调查员要对抽中的调查小区进行全面扫描，逐户访查，参考户口薄册，掌握人口底数。在此基础上，先绘制《调查小区图》，然后编制《户主姓名底册》。

（二）摸底工作组织

摸底工作由调查指导员和调查员，在当地派出所和基层组织的协助下进行。摸底工作时间为2016年10月15日至10月31日。

（三）摸底工作要求

1. 明确调查小区边界。各抽中调查小区的地域范围是依据2015年1%人口调查划定的调查小区地域范围为基础而定。结合实地勘察，了解所负责调查小区的地理环境、房屋建筑分布，明确调查小区地域边界。

进入调查区域后，调查指导员要带领调查员沿抽中的调查小区的边界实地走一遍，使调查员明确自己负责的区域范围。

2. 熟悉调查小区内的环境。通过实地勘察，调查员要掌握所负责的调查小区内的居民住房和其它建筑物的数量和分布情况，特别要仔细查问调查小区内可能有人居住的地方，如宾馆、娱乐场所、简易房、工棚、农贸市场、车站、码头、桥洞等。

3. 摸清调查小区内各种人口居住状况。在基层干部和群众积极分子的协助下，摸清每幢房屋和建筑物是否有人居住，住了多少户，多少人以及这些人的户口状况等。

（四）绘制《调查小区图》

《调查小区图》是指导工作、核查质量和验收的重要依据，还可以帮助调查员确定最佳的调查登记路线，同时也是调查员编制《户主姓名底册》和进行入户登记的基础资料。

1. 县级统计机构组织有关力量制作并打印输出2015年1%人口调查的《调查小区分布图》和《调查小区图》，于调查摸底前下发至各被抽中的调查小区。

2. 调查员在调查指导员的带领下，对调查小区进行实地考察，对照2015年1%人口调查的《调查小区图》，明确调查小区的界限范围，分清哪些建筑物属于本调查小区，哪些不属于本调查小区，根据实际情况修订《调查小区图》。

3. 对于变化较大的小区，需重新绘制《调查小区图》。

4. 绘图工作完成后，对照实际区域核实无误后，由调查员入户登记时携带使用。

5.《调查小区图》一式二份，一份报县级统计机构备案，一份留调查员入户登记时使用。

（五）编制《户主姓名底册》

1.《户主姓名底册》是调查员调查登记工作中的依据和参照。调查员要参照《调查小区图》，摸清小区内每幢房屋和建筑物是否有人居住，住了多少户、多少人等,通过PDA采集底册数据。

2.《户主姓名底册》的内容。主要包括：1.户编号、2.本户住址、3.户主姓名、4.摸底时居住在本户的人数、5. 居住在本户，户口在本小区人数、6. 居住在本户，户口不在本调查小区，离开户口登记地不满半年人数、7. 居住在本户，户口不在本调查小区，离开户口登记地半年以上人数、8. 居住在本户，户口登记地在省外，离开户口登记地半年以上人数、9.户口待定人数、10.户籍人口中离开本调查小区不满半年人数、11.户籍人口中离开本调查小区半年以上人数、12.2015年11月1日-2016年10月31日的出生人数、13.2015年11月1日-2016年10月31日的死亡人数、14.备注，备注栏中可以注明本户是否外来人口户、预约入户登记时间、联系电话等情况。

3.《户主姓名底册》编制方法。调查员要在基层干部和群众积极分子的协助下，参考《调查小区图》，入户摸清本调查小区每个住房单元内的人口居住情况，并将了解到的住户基本信息，通过PDA中的摸底程序，录入到PDA中，完成《户主姓名底册》的编制。

（1）调查员要按建筑物编号和建筑物内住房单元的编号顺序进行走访。

（2）每走访一个住房单元都要给出一个“户编号”，包括空房和暂时家中无人的住房单元。在同一住房单元内居住2户及以上的，要在这一住房单元地址后依次列出各户的情况，每户给出（生成）一个“户编号”。

（3）对有人居住的住房单元，调查员入户后询问住户基本情况，并将相关信息记录在PDA上。

（4）对无人居住的住房单元，经反复核实确认无人居住也无户口寄挂在上面的，在PDA 上标注为空户（按空户键），该空户仍需填写本户住址。

（六）编制《户主姓名底册》要注意的事项

1. 掌握本调查小区内人口的户籍状况。调查员要到当地户籍管理部门，对调查小区内居住的所有人的户口状况进行核对，要弄清楚户口在本调查小区，现在已离开本调查小区人口的去向和相关情况。

2. 掌握本调查小区内特殊住户的情况。第一，对于居住在本调查小区，而行政隶属关系在其他村（居）民小组或企事业单位的人口，根据地域原则一律在本调查小区进行登记，摸底时不要遗漏。第二，对于户口不在本乡、镇、街道的外来人口，特别是对居无定所和居住地变动频繁的流动人口，要认真访查，并填写《户主姓名底册》的有关项目，不得遗漏。第三，对于户口在本调查小区，但由于拆迁、外出打工和上学、寄挂户口等原因全户未居住在本调查小区的户，要摸清情况，填写《户主姓名底册》的有关项目。

3. 掌握本调查小区内的出生和死亡人口情况。调查员除了参考户籍资料，还应到当地有关部门了解情况。通过查看妇女怀孕登记簿、儿童计划免疫接种等有关记录，走访接生员、医生、老居民、村（居）委会干部等，切实掌握本调查小区内的出生、死亡人口情况。

4. 幼儿园全托儿童、小学、初中住校学生一律视为在家居住，在家中进行登记。

5.《户主姓名底册》编制完毕后，调查员还要请基层干部和知情群众一起复议，检查是否有被遗漏的人和户，弄清楚本调查小区的摸底人数与户籍登记人数相差的原因，切实掌握调查底数。

6. 为了提高工作效率，调查员进行调查登记时，可事先根据《调查小区图》和《户主姓名底册》，计划好每天登记的地段和调查行走路线，与住户预先约定好入户登记时间。

（七）上报摸底结果

摸底工作完成后，各级统计机构对摸底结果汇总后上报。2016年11月2日前，各省（自治区、直辖市）将调查摸底数据报国家统计局人口和就业统计司专项调查处。

（八）宣传工作

采取多种形式向群众宣传,取得广大群众对人口抽样调查工作的支持和配合。要宣传如实申报调查项目是每个公民对国家应尽的义务；宣传为群众申报的调查内容保密，以消除群众如实申报的顾虑；通知各户调查登记的时间，做好申报准备。

《户主姓名底册》式样

地址：________县（市、区）_____乡（镇、街道）______村（居）委会______调查小区

户编号	本户住址	户主姓名	摸底时居住在本户人数	户口在本调查小区人数	户口不在本调查小区，离开户口登记地不满半年人数	户口不在本调查小区，离开户口登记地半年以上人数		户口待定人数	本户户籍人口中		2015年11月1日至2016年10月31日		备注
							其中:户口登记地在省外人数		离开本调查小区不满半年人数	离开本调查小区半年以上人数	出生人数	死亡人数	
1	2	3	4	5	6	7	8	9	10	11	12	13	14

说明：1. 备注栏中可以注明本户是否外来人口户、预约入户登记时间、联系电话等情况。

2. （4）=（5）+（6）+（7）+（9）。

七、登记、复查规则

（一）登记、复查工作的组织

人口变动调查的登记、复查工作，由县级统计机构或乡级统计人员组织调查指导员和调查员，在社区和村（居）委会的协助下进行。登记时间为11月1日至11月15日，复查时间为11月16日至11月20日。

（二）现场登记工作

1．登记以户为单位，采用调查员手持PDA入户询问、现场填报的方式进行。

2．调查员、调查指导员进行入户登记时应出示调查员证或调查指导员证。

调查员登记时，应先填写《2016年全国人口变动情况抽样调查表》。如果本户在2015年11月1日至2016年10月31日期间有死亡人口，还应填写《死亡人口调查表》。

3．调查员应对PDA中调查表中的各个项目进行询问，并根据申报人的回答填写调查表。填写完成后，调查员应将通过审核的信息，向申报人当面宣读，核对无误后，由申报人在PDA中签字确认。

4．调查员入户登记时，如有与PDA中户主姓名底册所列情况不一致的，应认真核查，据实登记。在入户登记时要注意：

(1)如发现该户经确认为空户，应在PDA中注明该户为“空户”；摸底时该户为“空户”，登记时经确认为正常户的，在PDA中更改户状态为“住户”后，再采集住户信息。

(2)如发现该户内还有其他住户，该户“户编号”保持不变；对于新发现的住户，其“户编号”在本小区最大“户编号”后顺延，然后依据新生成的“户编号”填写调查表。

（三）调查复查工作

1．调查登记工作结束后，调查指导员要及时组织调查员对登记工作质量进行全面复查。

2．复查的内容

对完成PDA登记的住户，调查员应结合行政记录资料，重点检查有无漏登户籍人口、出生人口和死亡人口，标注为“空户”的房屋是否有人居住。经核实无误后，及时报送PDA登记数据。

调查小区所有住户登记完成后，调查指导员应及时组织调查员对登记数据进行全面检查。首先，根据《调查小区图》和《户主姓名底册》，检查登记工作是否完整覆盖调查小区的地域范围；然后，通过比对行政记录资料和PDA统计的登记进度信息，核查调查小区的户数、人口数、出生人口、死亡人口是否准确。

复查时对以下情况进行重点核查：

(1)本调查小区地域范围内有无漏登住户的情况；

(2)户内有无漏登人的情况；

(3)出生后存活不久即死亡的婴儿是否有漏登现象；

(4)新生婴儿的出生时间是否有前移或错后的现象；

(5)计划外生育的出生人口是否有漏登现象；

(6)是否有到外地生小孩或以其他方式隐瞒出生人口的现象。

八、质量控制和事后质量抽查

（一）质量控制工作

人口变动调查的质量控制工作，由县级统计机构组织开展，省、地级统计机构负责督导、检查。在调查各阶段，县级统计机构均应组织人员到现场检查，梳理工作中存在的问题。要着力抓出生人口、死亡人口和流动人口登记，检查城乡属性核实、地域跟踪原则的落实。

1. 调查摸底阶段

（1）检查调查员是否严格按照规定的调查小区界线范围开展工作。检查《调查小区图》范围与建筑，特别要检查调查小区的边界在《调查小区图》上是否有明确的标注，调查小区内的建筑物是否有遗漏。

（2）检查调查员是否对调查小区地域内的所有建筑物和调查户进行摸底，核对户主姓名底册中是否有建筑物和住户遗漏。

（3）核实空房情况。对照《户主姓名底册》，通过村（居）委会、邻居、物业或房管、户籍部门，了解确认空房是否为无人居住且无户口寄挂。对《户主姓名底册》上注明的空房，实际查到有人居住或有户口寄挂的情况，应认真核实调查登记阶段是否认真进行了登记。

（4）应通过向户籍部门了解情况、召开熟悉当地情况居民的座谈会等各种形式，核对调查小区的户数、人数、一年中出生和死亡人数、外来人口和外出人口等情况，保证《户主姓名底册》各个项目的准确全面。向医疗卫生部门和接生人员了解一年中出生的活产婴儿（包括活产后不久即死亡的婴儿），向熟悉当地情况的居民了解“孤老户”的死亡及全户死亡的情况。

2. 调查登记、复查阶段

（1）质量控制人员要深入调查小区，了解掌握调查员的登记进度，防止只求登记的数量而忽略登记质量的情况。要重点防止调查登记不入户、不认真询问照抄户口资料以及只登记本调查小区有户籍的人而对外来人口不登记等情况的发生。同时，要及时发现登记中出现的带有趋势性问题。

（2）要认真核实调查表的重点项目，包括2016年10月31日晚居住在本户人口；户口在本户，2016年10月31日晚未居住在本户的人口；本户2015年11月1日至2016年10月31日的出生人口和死亡人口，避免重登、漏登；有年龄要求的项目，认真核实是否应该填报。

（3）对摸底时有人居住，登记时改为空房的户，应认真进行核查。

（4）检查调查小区登记人口是否大于或等于户籍人口，小于户籍人口的调查小区，要求调查员核实，据实登记。

（5）县级以上调查机构要在数据处理平台上对现场调查进行监管，分析相关信息合理性及真实性。

（二）事后质量抽查

1. 抽查目的

人口变动调查的事后质量抽查，只用于评价全国抽样调查的登记质量，不评价省级及省级以下各级的调查登记质量，也不用于评价抽中调查小区的登记质量。

2. 抽查规模

事后质量抽查的样本，考虑人口规模、城乡分布等主要因素，各省（区、市）抽取1-3个调查小区，事后质量抽查调查小区分配个数见附1。事后质量抽查的小区抽取工作由国家统计局负责。

3. 抽查的时间、范围、对象及项目

（1）抽查的标准时间为2016年11月1日零时，抽查入户登记时间为2016年11月20日至2016年11月25日。

（2）抽查范围：抽中调查小区内抽中的所有户。

（3）抽查对象：①2016年10月31日晚居住在本户的人；②户口在本户，2016年10月31日晚未居住在本户的人。

（4）抽查项目：按户填报的项目有4项，包括本户地址、户编号、本户调查对象人数、本户2015年11月1日至2016年10月31日出生人口和死亡人口；按人填报的项目有6项，包括姓名、性别、出生年月、调查时点居住地、户口登记地、离开户口登记地时间。

4. 抽查工作的组织

事后质量抽查由各省（自治区、直辖市）统计局负责组织具体实施。省级人口处组织成立若干个事后质量抽查小组，派有调查经验的工作人员直接入户进行抽查登记。参加事后质量抽查的工作人员要有较强的责任心，熟悉人口调查业务。

5. 抽查步骤

（1）国家统计局确定抽查的调查小区，省级组织抽查小组并培训抽查员。

（2）抽查登记：事后质量抽查采用PDA入户登记的方式，对抽中小区边界内的所有住户进行调查。首先按《调查小区图》对小区边界进行核实，对《调查小区图》上的建筑物进行核对，小区图上有遗漏建筑物的要进行记录。然后结合《调查小区图》和调查登记情况，逐户进行入户登记。对《调查小区图》和调查登记时注明的空建筑物或空户，或底册上未标明的户，实地进行核实，如经核实，调查时点有人居住，则需在户列表上新增一户，进行登记。如有不属于本小区调查对象的多登户，需在户状态栏标记“多登户”；同一户登记两次或以上的户，在第二次及以上登记的户状态栏标记“重登户”；对调查登记数据有该户，抽查时连续三次未能入户的户，在户状态栏选择“未入户”；对登记时在，抽查时搬走的户，在户状态栏选择“已搬走”。

（3）抽查方法：每个抽中的调查小区由两名抽查员（两台PDA）同时入户抽查，按调查登记的总户数分成两部分，每个抽查员负责一半的户，事先需分别导入调查登记数据中的详细地址信息和户编号（抽查表中的详细地址和户编号，可以根据导入的信息进行选择，也可以新增一户，录入新的地址，两名抽查员新增的户编号分别从800和850开始编号）。

6. 事后质量抽查表填写说明

（1）按户填报的项目

登记开始前，将调查登记的“户编号”导入PDA，抽查员按分配好的任务开展抽查。登记前先对户状态进行标记，正常登记的户不需要标记户状态，多登户、重登户、未入户和已搬走的户要标记户状态。

问题1您家现住房的详细地址？

填写本户现住房的详细地址，填写到门牌号。导入PDA的住户，地址已经导入，可以进行核实、修改。

问题2 户编号，导入PDA的住户编号。

问题3 本户调查对象人数，2016年10月31日晚居住在本户人数和户口在本户，调查时点未居住在本户的人数。

问题4您家2015年11月1日至2016年10月31日期间的人口变化情况。

出生人口：填写本户在2015年11月1日至2016年10月31日出生人数，填写男、女的合计数。

死亡人口：填写本户在2015年11月1日至2016年10月31日死亡人数，填写男、女的合计数。

（2）按人填报的项目

问题1姓名、问题2性别、问题3出生年月、问题4调查时点居住地、问题5户口登记地和问题6离开户口登记地时间等指标与 “填表说明”中的相应要求一致。

7. 事后质量抽查表的数据处理

各省负责事后质量抽查表的数据采集上报。国家统计局负责数据的汇总与比较。

附1：人口变动调查事后质量抽查调查小区分配个数

附2：事后质量抽查表

附1：事后质量抽查调查小区分配个数

地　区	小区个数
合　计	**67**
北　京	2
天　津	2
河　北	3
山　西	2
内　蒙	2
辽　宁	2
吉　林	2
黑龙江	2
上　海	2
江　苏	3
浙　江	2
安　徽	2
福　建	2
江　西	2
山　东	3
河　南	3
湖　北	2
湖　南	3
广　东	3
广　西	2
海　南	2
重　庆	2
四　川	3
贵　州	2
云　南	2
西　藏	1
陕　西	2
甘　肃	2
青　海	2
宁　夏	2
新　疆	1

附2：2016年全国人口变动调查事后质量抽查调查表

一、住户项目

问题1 您家现住房的详细地址？______________________

问题2 户编号：______________

问题3 本户调查时点（2016年11月1日零时）的调查对象人数：___________

问题4您家2015年11月1日至2016年10月31日期间的人口变化情况？

出生人口_______人

死亡人口_______人

二、个人项目

问题1.姓名

问题2.性别

○男

○女

问题3.出生年月

出生年________

出生月________

问题4.调查时点居住地

○本调查小区

○本乡（镇、街道）其他调查小区

○本县（市、区）其他乡镇街道

○其他县（市、区）：

_____省（区、市）

_____市（地）

_____县（市、区）

问题5.户口登记地址

○本村（居）委会

○其他地区：

_____省(区、市)

_____市（地）

_____县（市、区）

_____乡（镇、街道）

_____村（居）委会

○户口待定（结束）

问题6.离开户口登记地时间

○没有离开户口登记地

○不满半年

○半年至一年

○一年及以上（请填报具体离开时间）

________年

九、附件

（一）2016年全国人口变动调查主要工作进度安排

工作项目	序号	工作内容	时间安排	2016年										2017年					
				3月	4月	5月	6月	7月	8月	9月	10月	11月	12月	1月	2月	3月	4月	5月	6月
一、国家拟定调查方案	1	修订2016年全国人口变动抽样调查方案	16.04-16.08																
	2	调查方案及调查表审批、定稿	16.08-16.09																
二、调查方案布置	3	召开全国人口变动抽样调查工作布置会议	16.08																
	4	各省召开人口抽样调查工作布置会议	16.09																
三、物资准备、宣传动员	5	国家和各省进行调查物资准备	16.08-16.10																
	6	开展人口变动调查宣传工作	16.10-16.11																
四、选聘和培训调查员	7	选聘调查指导员、调查员	16.09-16.10																
	8	培训调查指导员、调查员	16.09-16.10																
五、调查摸底	9	整理行政记录资料	16.07-16.10																
	10	调查员摸底、编制调查底册	16.10																
	11	上报摸底资料	16.10																
六、登记	12	PDA登记（包括网络填报户补登）	16.11.01-16.11.15																
	13	审核上报	16.11																

工作项目	序号	工作内容	时间安排	2016年										2017年					
				3月	4月	5月	6月	7月	8月	9月	10月	11月	12月	1月	2月	3月	4月	5月	6月
七、质量控制和事后质量	14	各阶段质量控制	16.10.15-16.11.20																
	15	事后质量抽查	16.11.20-16.11.25																
	16	质量抽查结果汇总	16.11.26-16.12.15																
八、数据处理	17	制定国家、省、地和县级电子计算机汇总表式	16.07-16.09																
	18	制定汇总表逻辑检查规则	16.07-16.08																
	19	制定数据处理编辑规则	16.07-16.08																
	20	研制PDA录入程序	16.07-16.08																
	21	制表软件的研制和审定	16.08-16.10																
	22	准备数据处理设备	16.10																
	23	培训数据录入和数据处理技术人员	16.10																
	24	下发程序	16.08-16.09																
	25	各级调试程序	16.08-16.09																
九、数据汇总	26	国家级汇总	16.12																
	27	省级汇总	16.12-17.01																
十、数据评估分析	28	对调查主要数据进行评估	16.12-17.01																
	29	对调查数据进行分析研究	17.02-17.06																
十一、工作总结	30	各省上报工作总结	17.03.01																

（二）抽样方案

2016年人口变动情况抽样调查样本在2015年1%人口抽样调查建立的样本框中，按照年度样本轮换原则进行抽取。

（一）抽样设计原则

1．样本设计以科学性为原则，同时兼顾可操作性。在保证抽样科学性的前提下，适当考虑各地区实际情况的差异。

2．人口变动调查以全国为总体，以各省（自治区、直辖市）（以下简称省）为子总体。抽样采取两相抽样的方法，最终样本单位为调查小区。调查小区一般以2015年1%人口抽样调查划分的调查小区的对应地域为准。

3．对2016年至2019年全国人口变动调查进行为期四年的周期样本设计。2016年统一抽取四年的样本。在四年调查周期内，调查样本按照一定比例进行轮换。

（二）调查设计样本量

全国人口变动调查设计样本量约为120万人。按平均每个调查小区人口常住人口为250人左右计算，调查小区样本量全国约4800-5000个。

各省调查的样本量原则上按与各省2015年常住人口数的平方根成正比进行分配，并折算到调查小区数。各省具体设计样本量见附表1。

(三)抽样方法

采用两相抽样的方法，在1%人口抽样调查样本中直接抽取调查小区。

1．计算县级单位2015年1%人口抽样调查抽样比 f_{2015}。

2．根据2016年人口变动调查各省设计抽样比 f_{2016}，计算出各调查小区在人口变动调查中的入选概率 f^*_{2015}。

$$f^*_{2016}=\frac{f_{2016}}{f_{2015}}$$

3.按入选概率 累积随机抽取调查样本。将调查小区按地址码顺序排列，将每个调查小区入选概率进行累加。所有调查小区入选概率合计数为需要抽取的调查小区数。

选择随机起点r（0-1），算出选样号码r,r+1,r+2…

选样号码落在两个调查小区累加概率之间，区间下限所对应的调查小区被抽中。

（四）样本轮换原则

抽中的调查小区在四年的调查周期内进行轮换，年度样本轮换率为50%。没有轮换的调查小区在下一年度中继续作为调查样本。在2015年1%人口抽样调查样本中，一次性抽取四套样本，并两两组合，为每年调查样本。每年有一半调查小区重复调查。

（五）抽样的组织

人口和就业统计司统一组织抽取调查样本，调查组织实施前将抽中调查小区名单下发。各省组织开展样本核实。

扩大样本的省，采用附加样本的方法进行抽样，由扩大样本的省自行组织抽样工作。

（六）数据汇总和抽样误差估计

1. 省级单位调查指标和抽样误差估计

在省级单位总体内，调查数据汇总采用加权的估计方法。省级单位抽样误差估计采用比率估计方法。

（1）出生率、死亡率、自然增长率估计

估计2016年出生率、死亡率：

用本次抽样调查2015年11月1日至2016年10月31日调查年度的出生率、死亡率替代日历年度2016年全年的出生率、死亡率。

$$CBR=\frac{b}{(2p-b+d)\div 2}\times 1000‰$$

$$CDR=\frac{d}{(2p-b+d)\div 2}\times 1000‰$$

$$NGR=CBR-CDR$$

其中，P为样本加权后的2016年11月1日常住人口，b、d分别为调查前12个月的样本加权后的出生和死亡人口。

上述公式中的CBR表示出生率，CDR表示死亡率，NGR表示自然增长率。

（2）抽样误差估计

调查主要指标抽样误差采用比率估计方法，其计算公式如下：

$$V(R)=\frac{(V(Y)+R^2\times V(X)-2\times R\times C(X,Y))}{X^2}$$

$$R=\frac{Y}{X}=\frac{\sum_h^H Y_h}{\sum_h^H X_h}$$

$$V(Y)=\sum_h^H a_h\times S_{yh}^2$$

$$V(X)=\sum_h^H a_h\times S_{xh}^2$$

$$C(X,Y)=\sum_h^H a_h\times S_{xyh}$$

$$S_{yh}^2=\frac{\sum_a (Y_{ha}-\overline{Y}_h)^2}{a_h-1}$$

$$S_{xh}^2=\frac{\sum_a (X_{ha}-\overline{X}_h)^2}{a_h-1}$$

$$S_{xyh}=\frac{\sum_{a}(X_{ha}-\overline{X}_h)(Y_{ha}-\overline{Y}_h)}{a_h-1}$$

$$=\frac{(\sum_{a}X_{ha}Y_{ha}-a_h\overline{X}_h\overline{Y}_h)}{a_h-1}$$

R 表示调查年度有关调查指标比率。如出生率、死亡率；

X 表示调查年度有关调查指标比率R的分母。如调查年度人数(或平均人数)；

Y 表示调查年度有关调查指标比率R的分子。如：出生人数、死亡人数等；

V(R) 表示估计有关调查指标比率R的方差；

V(X) 表示估计有关调查指标比率R的分母人数方差；

V(Y) 表示估计有关调查指标比率R的分子人数方差；

H 表示分的层数；

h 表示层的序号；

a_h 表示第h层第一级抽样单位(村级单位)的个数；

$\overline{X}_h$，S_{xh}^2 分别表示调查年度第h层第一级抽样单位有关调查指标比率R的分母人数及方差；

$\overline{Y}_h$，S_{yh}^2 分别表示调查年度第h层第一级抽样单位有关调查指标比率R的分子人数及方差；

S_{xyh} 表示调查年度第h层第一级抽样单位有关调查指标比率R的分母和分子人数的协方差；

X_{ha} 表示调查年度第h层第a个第一级抽样单位有关调查指标比率R的分母人数；

Y_{ha} 表示调查年度第h层第a个第一级抽样单位有关调查指标比率R的分子人数；

抽样标准误：SE(R)＝$\sqrt{V(R)}$

变异系数：CV(R)＝$\frac{\sqrt{V(R)}}{R}\times 100\%$

95%置信度下的绝对误差限为：Δ＝1.96×$\sqrt{V(R)}$

95%置信度下估计值的置信区间为：$R\pm\Delta$

95%置信度下估计值的相对误差限为：1.96 × CV(R)

2．全国调查指标和抽样误差估计

全国数据按各省级城乡人口、总人口等指标进行加权汇总。

调查指标比率：$R=\sum_{i}W_i\times R_i$

抽样误差：$V(R)=\sum_{i}W_i^2\times V(R_i)$

其中 为各省级的调查指标， 为各省级人口占全国人口比重， 为各省级调查指标的抽样误差。

注：上述计算公式是基于自加权样本的，且由于实际抽样比约为1‰，忽略了有限总体修正系数。

附表　2016年人口变动情况抽样调查设计样本量

单位：万人

地　区	样本量
合　计	**120**
北　京	3.0
天　津	3.0
河　北	5.0
山　西	3.7
内　蒙	3.1
辽　宁	4.1
吉　林	3.3
黑龙江	3.9
上　海	3.0
江　苏	5.0
浙　江	4.6
安　徽	4.8
福　建	3.8
江　西	4.2
山　东	5.0
河　南	5.0
湖　北	4.7
湖　南	5.0
广　东	5.0
广　西	4.3
海　南	3.0
重　庆	3.4
四　川	5.0
贵　州	3.7
云　南	4.2
西　藏	1.1
陕　西	3.8
甘　肃	3.2
青　海	3.0
宁　夏	3.0
新　疆	3.0

（三）各民族名称代码

01	汉族	30	土族
02	蒙古族	31	达斡尔族
03	回族	32	仫佬族
04	藏族	33	羌族
05	维吾尔族	34	布朗族
06	苗族	35	撒拉族
07	彝族	36	毛南族
08	壮族	37	仡佬族
09	布依族	38	锡伯族
10	朝鲜族	39	阿昌族
11	满族	40	普米族
12	侗族	41	塔吉克族
13	瑶族	42	怒族
14	白族	43	乌孜别克族
15	土家族	44	俄罗斯族
16	哈尼族	45	鄂温克族
17	哈萨克族	46	德昂族
18	傣族	47	保安族
19	黎族	48	裕固族
20	傈僳族	49	京族
21	佤族	50	塔塔尔族
22	畲族	51	独龙族
23	高山族	52	鄂伦春族
24	拉祜族	53	赫哲族
25	水族	54	门巴族
26	东乡族	55	珞巴族
27	纳西族	56	基诺族
28	景颇族	97	其他未识别的民族
29	柯尔克孜族	98	入籍

（四）行职业分类与代码

行业分类及代码

1.农、林、牧、渔业

2.采矿业

3.制造业

4.电力、热力、燃气及水生产和供应业

5.建筑业

6.批发和零售业

7.交通运输、仓储和邮政业

8.住宿和餐饮业

9.信息传输、软件和信息技术服务业

10.金融业

11.房地产业

12.租赁和商务服务业

13.科学研究和技术服务业

14.水利、环境和公共设施管理业

15.居民服务、修理和其他服务业

16.教育

17.卫生和社会工作

18.文化、体育和娱乐业

19.公共管理、社会保障和社会组织

20.国际组织

职业分类及代码

1.国家机关、党群组织、企业、事业单位负责人

2.专业技术人员

3.办事人员和有关人员

4.商业、服务业人员

5. 农、林、牧、渔、水利业生产人员

6.生产、运输设备操作人员及有关人员

7.军人

8.不便分类的其他从业人员

（五）宣传提纲

2016年11月1日国家统计局将在全国组织人口变动调查。人口变动调查可以帮助政府了解我国人口的数量、区域分布、出生、死亡、迁移、受教育程度等基本情况，以便于更好地为人民群众提供教育、医疗卫生、劳动就业、社会保障等方面的服务。

一、什么是人口变动调查

人口变动调查是抽样调查，也就是从全国所有人口中抽出约1‰的人，通过对他们的一些基本情况的了解，来推算全国人口的情况。

人口变动调查除了了解性别、年龄、受教育程度等基本属性外，重点了解的是出生、死亡、迁移等情况，以便于推算全国的出生率、死亡率、总人口及在地区间的分布等情况。

二、为什么要进行人口变动调查

人口变动调查所了解的情况，是国家制定经济社会发展规划和各项政策的基本依据。因此，做好这项调查的意义十分重大。

1．有助于政府了解最基本的国情和民情

对一个国家来讲，总人口有多少，少年儿童和老年人有多少，劳动年龄的人有多少，人口在各地区是如何分布的等情况，都是最基本的国情。人口变动调查作为专门收集这方面数据的专项调查，可以最直接、最便捷地把这些情况反映给政府，以便于政府及时了解情况，迅速解决问题。

2．有利于国家制定更加科学的人口发展、教育、社会保障等政策

子女上学、吃药看病、老有所养等都是老百姓最关心的问题。人口变动调查所调查的内容，恰恰反映的都是这些老百姓最关心的问题。通过进行人口变动调查，可以让政府及时了解这些情况，有利于政府制定更加科学的规划和政策。

三、如何组织人口变动调查

人口变动调查是国家统计局直接组织的抽样调查。国家统计局从全国所有住户中按照大约1‰的比例抽取出部分住户，组织调查员进入这些家庭，了解这些家庭的成员和居住在这些家庭中的其他人的情况，并填写调查表，最后由国家统计局根据这些调查资料，推算出全国的情况。

本次人口变动调查标准时间为2016年11月1日零时。

根据《中华人民共和国统计法》的规定，所有参与调查的单位和工作人员，都必须为所有被调查户提供的家庭或个人信息保密，任何情况下，不得向任何单位或个人泄露。

人口变动调查是抽样调查，只供国家统计局和各省（自治区、直辖市）统计局推算全国和各省（自治区、直辖市）总体的数据，调查数据不作为评价地（市）及以下各级政府有关工作的依据。

全国月度劳动力调查方案

一、总 说 明

（一）调查目的

为及时、准确地反映我国城乡劳动力资源、就业和失业人口的总量、结构和分布情况，为政府准确判断就业形势，制定和调整就业政策，改善宏观调控，加强就业服务提供依据，根据《国务院办公厅关于建立劳动力调查制度的通知》(国办发[2004]72号)的要求，制定全国月度劳动力调查方案。

（二）调查频率和范围

劳动力调查的频率为月度。

调查范围是抽中的我国大陆地区城镇和乡村地域上居住的人口。

城镇是按国务院于2008年7月12日国函[2008]60号批复的《统计上划分城乡的规定》中划定的城市和镇，其余地域为乡村。

（三）登记对象

劳动力调查以户为单位进行登记，既调查家庭户，也调查集体户。应在被抽中户中登记的人是：

1.调查时点居住在本户的人；

2.本户人口中，已外出但不满半年的人。

（四）调查项目

劳动力调查项目分为按户填报的项目和按人填报的项目。

1.按户填报的项目

户编号、户别、调查时点居住在本户的人口数、本户人口中外出但不满半年的人口数、现住房来源等5个项目。

2.按人填报的项目

姓名、与户主关系、性别、出生年月、户口登记地、住本户时间、受教育程度、婚姻状况、您户口所在家庭是否有农村土地承包权、您以前是否在其他地区工作过、您来（回）本县（市、区）多长时间了、您在调查时点前一周是否为取得收入而工作过1小时以上、您在职未上班的主要原因是什么、您已连续未上班多长时间、您目前的工作已干了多长时间、您的工作单位或经营活动属于以下哪种类型、您的就业身份属于以下哪种类型、您是否与用人单位或雇主签订了劳动合同、您上月主要工作的报酬是多少、您是否为增加工作时间而想寻找其他工作、如有机会工作更长时间您能在两周内开始工作吗、您在调查时点前一周未工作的主要原因是什么、您想工作吗、您近三个月内采取过以下哪种方式寻找工作、您未找工作的主要原因是什么、如有合适的工作您能在两周内开始工作吗、您暂时不能开始工作的主要原因是什么、您调查时点前一周或失去工作前所在单位工作主要生产或经营活动是什么、您调查时点前一周或失去工作前做什么具体工作等29个项目。

（五）调查时点

月度劳动力调查的标准时间为每月10日零时，入户登记时间为每月10日—14日。2016年2月份标准时间为1日零时,入户登记时间为1日—5日;10月份标准时间为15日零时，入户登记时间为15日—19日。

（六）抽样方法和样本量

具体详见本方案第三部分《抽样方案》。

（七）调查的组织实施

1.各级统计局和调查队工作职责

国家统计局的职责。国家统计局人口就业统计司负责全国劳动力调查方案的制定；负责各省村级样本单位的抽取工作；负责与数管中心共同完成数据采集PDA和数据处理平台的研制；负责调查阶段的数据质量控制；负责全国和各省调查数据的加权汇总；负责调查数据的发布和解读工作。

各省统计局的职责。各省、自治区、直辖市统计局人口和就业处负责组织实施65个大城市劳动力调查工作（简称：原大城市）；负责指导原大城市区县统计局，完成村级样本单位内住户样本框的编制工作；负责完成原大城市村级样本单位内住户样本抽取工作；负责原大城市区（县）统计局人员的培训和调查业务指导；负责指导原大城市区（县）统计局做好调查员的招聘和选调工作；负责原大城市调查阶段的数据质量控制；负责原大城市调查数据的审核、上报。

65个大城市统计局的职责。负责本市劳动力调查的具体组织实施工作；负责指导本市区（县）统计局做好调查员的招聘、选调工作；负责做好本市调查员的定期培训工作；负责本市调查阶段的数据质量控制；负责本市调查数据的审核、上报。

区（县）统计局的职责。负责在城镇社区和村委会的协助下，调查员入户调查登记工作；负责本区（县）调查员的管理、监督工作；负责本区（县）抽中调查样本的管理、核实工作；负责本区（县）调查阶段的数据质量控制；负责本区（县）调查数据的审核、上报。

各省调查总队的职责。各省、自治区调查总队相关处室负责组织实施原65个大城市之外的地级城市（简称：新扩城市）劳动力调查工作；负责新扩城市、县调查队人员的培训和调查业务指导；负责指导新扩城市、县调查队做好调查员的招聘、选调和培训工作；负责新扩城市调查阶段的数据质量控制；负责新扩城市调查数据的审核、上报。

地级和县级调查队的职责。负责在城镇社区和村委会的协助下调查员入户调查登记工作；负责做好本地区调查员的招聘、选调和培训工作；负责本地区调查员的管理、监督工作；负责本地区抽中调查样本的管理、核实工作；负责本地区调查阶段的数据质量控制；负责本地区调查数据的审核、上报。

2.调查员的选聘、培训和管理

调查员的选聘。调查员主要从政府统计系统和基层组织人员中选调，也可从社会上招聘。调查员的数量，原则上按一个社区（居委会、村委会）一名调查员进行配备。调查指导员应由乡、镇、街道统计人员担任。

调查员的培训和管理。各级统计机构要加强对调查员的培训，应尽可能减少培训层次，以提高培训效果。在培训过程中，除对调查项目和样本核实方法进行讲解外，还应注重加强对调查技巧的培训。调查员变动时，必须对新任调查员进行业务培训，不得由未经培训的人员承担调查任务。各级统计机构要加强对调查员工作的监督检查。

3.宣传工作

入户登记前，要在社区张贴由国家统计局统一印制的《中华人民共和国国家统计局关于开展劳动力调查的公告》，并将《致调查户的一封信》发放到被调查户。

4.样本核实、入户登记和复查

入户登记前，相关统计机构要组织调查员，对应调查的住户样本进行核实，如有变动应根据相关规则进行更新，并向上级统计机构报送更新情况。入户登记时要对被抽中的所有住户（居住单元）逐一进行调查，对应在本户登记的人口不得漏登，对调查项目要仔细询问，认真核对，确保调查数据的质量。在调查登记结束后，要认真进行复查。

5.质量控制

为加强对调查过程的管理，国家统计局和各级统计机构都应建立电话核查和入户回访制度。每月都要选取一定比例的户进行电话核查和入户回访。

6.行业、职业专项编码

调查员入户登记完成后，要在劳动力调查数据直报平台上，对调查员填写的行业、职业中文信息进行专项编码。由市级统计局或区县统计局、市级调查队、县级调查队完成。

7.资料报送

每月25日前，各省统计局和调查总队要将本月调查数据评估情况，调查工作基本情况报人口就业司。具体要求参见《月度劳动力调查样本和工作情况说明》

8.调查表中劳动报酬数据的使用

本调查中的劳动报酬数据仅供国家统计局分析就业质量时内部使用，各级统计调查机构不得对外提供。

（八）数据采集、报送和数据处理

全国劳动力调查使用手持电子终端（PDA）进行样本管理、任务分配和数据采集，并由调查员利用PDA通过联网直报平台（简称：平台）将调查数据直接报送到国家统计局。上述各项工作在平台上的时间节点安排如下：

1. 每月3日17：00前，国家统计局数管中心通过MDM将住户清单推送至每一台PDA上。
2. 每月8—9日17：00前，调查员完成核实、更换调查住户。
3. 每月10—14日，调查员持PDA入户调查登记。
4. 每月15—19日，在平台上进行调查数据的补录、行职业编码和审核，由市级统计局或区县统计局、市级调查队、县级调查队完成。区县、市级、省级自下而上进行逐级调查数据验收。
5. 每月20—25日，国家统计局人口就业司在平台上进行调查数据验收、审核。

每月26—30日，国家统计局人口就业司进行数据评估和加权汇总。

如遇节假日调查时点调整，平台节点时间也会做出相应变动，以人口就业司通知为准。

PDA及平台使用方法详见《PDA使用手册》、《劳动力调查数据直报平台使用手册》。

二、调查表式与填报说明

根据《中华人民共和国统计法》的规定，公民有义务提供国家统计调查所需要的情况；我们对您提供的信息负有保密义务。

表　　号：R201　　表
制表机关：国　家　统　计　局
文　　号：国统字（2015）95号
有效期至：2017　年　1　月

劳 动 力 调 查 表

20　　年　　月

应在本户登记的人：

调查时点居住在本户的人；

本户人口中，外出不满半年的人。

本户地址：_______县（市、区）_______乡（镇、街道）_________社区居委会（村委会）_______住户组

H1. 户编号	H2. 户别	H3. 调查时点居住在本户的人口数	H4. 本户人口中，已外出但不满半年的人口数	H5. 现住房来源
_______号	1. 家庭户 2. 集体户	共 _______人 其中： 男 _______人 女 _______人	共 _______人 其中： 男 _______人 女 _______人	1. 自有 2. 租住公有房屋 3. 租住其他房屋 4. 单位提供宿舍 5. 借住亲戚朋友住房 6. 其他
□□□	□	□□ □□ □□	□□ □□ □□	□

调查员（签字）：

申报人（签字）：　　　　申报人在本户人记录中的编码：_______ □□

本户电话：□□□□□□□□□□□

填报日期：20　　年　　月　　日

F1. 姓名	F2. 与户主关系	F3. 性别	F4. 出生年月	F5. 户口登记地
	0. 户主 1. 配偶 2. 子女 3. 父母 4. 岳父母或公婆 5. 祖父母 6. 媳婿 7. 孙子女 8. 兄弟姐妹 9. 其他	1. 男 2. 女	________年 ________月 （______ 周岁）	1. 户口在本乡（镇、街道），住 本户→F7 2. 户口在本乡（镇、街道），离开本户不满半年→F7 3. 本县（市、区）其他乡（镇、街道） 4. 本地（市）其他县（市、区） 5. 本省其他地（市） 6. 外省 7. 户口待定→F7

F6. 住本户时间	F7. 受教育程度	F8. 婚姻状况	F9. 您户口所在家庭是否有农村土地承包权？
1. 住本户半年以上 2. 住本户不满半年，离开户口登记地半年以上 3. 住本户不满半年，离开户口登记地不满半年 4. 不住本户，离开本户不满半年	1. 未上过学 2. 小学 3. 初中 4. 普通高中 5. 中等职业教育 6. 高等职业教育 7. 大学专科 8. 大学本科 9. 研究生 **(不满 16 岁的人结束)**	1. 未婚 2. 有配偶 3. 离婚 4. 丧偶	1. 有 2. 没有→F12

F10. 您以前是否在其他县（市、区）工作过？	F11. 您来（回）本县（市、区）多长时间了？	F12. 您在调查时点前一周是否为取得收入而工作过1 小时以上？
1. 是，在本地(市)其他县(市、区)工作过 2. 是，在本省其他地(市)工作过 3. 是，在外省工作过 ________省 4. 否→F12	1. 3个月以内 2. 3-6 个月 3. 6-12 个月 4. 1-2 年 5. 2 年及以上 ______年	1. 是（包括无酬家庭帮工） 前一周实际工作时间 ______小时→F15 2. 在职，但未上班 3. 未做任何工作→F22

F13. 您在职未上班的主要原因是什么？	F14. 您已连续未上班多长时间？	F15. 您目前的工作已干了多长时间？	F16. 您的工作单位或经营活动属于以下哪种类型？	F17. 您的就业身份属于以下哪一类？
1. 病假、事假 2. 产假 3. 休假 4. 在职学习 （1～4 →F15） 5. 临时停工放假 6. 生产淡季放假 7. 单位不景气放假 8. 劳务纠纷 9. 其他	1. 3个月以内 2. 3个月及以上→F23	1. 1个月以内 2. 1-3个月 3. 3-6个月 4. 6-12个月 5. 1-2年 6. 2-3年 7. 3年及以上	1. 机关团体事业单位 2. 国有及国有控股企业 3. 集体企业 （1～3 →F18） 4. 个体工商户 5. 私营企业 6. 外商、港澳台投资企业 7. 其他类型单位 8. 耕作经营承包地→F20 9. 其他	1. 雇员 2. 雇主 3. 自营者 （2～3 →F19） 4. 家庭帮工→F20
□	□	□	□	□

F18. 您是否与用人单位或雇主签订了劳动合同？	F19. 您上月主要工作的报酬是多少？	F20. 您是否为增加工作时间而想寻找其他工作或加班？	F21. 如有机会工作更长时间，您能在两周内开始工作吗？
1. 是，已签有固定期限合同 期限__________个月 2. 是，已签无固定期限（长期）合同 3. 否	__________元	（工作时间少于40小时、F13=1～4或F14-1的人填报，工作时间多于40小时的跳填F28。） 1. 是 2. 否 →F28	1. 能 2. 不能 （1～2 →F28）
□ □□	□□□□□	□	□

F22. 您在调查时点前一周未工作的主要原因是什么？	F23. 您想工作吗？	F24. 您近三个月内采取过以下哪种方式寻找工作？	F25. 您未找工作的主要原因是什么？
1. 丧失劳动能力（**结束**） 2. 在校学习 3. 毕业后未工作 4. 因单位原因失去原来的工作 5. 因个人原因失去原来的工作 6. 承包土地被征用 7. 离退休 8. 料理家务 9. 其他	1. 想 2. 不想	1. 在职业介绍机构登记 2. 委托亲戚朋友找工作 3. 直接与单位或雇主联系 4. 刊登或应答广告 5. 浏览招聘广告 6. 参加招聘会 7. 为自己经营做准备 8. 其他 （1-8 →**F26**） 9. 未找工作	1. 参加学习培训 2. 健康原因 3. 照顾家庭 4. 求职失败，放弃找工作 5. 缺乏必要的培训、技能或经验 6. 等待开始新的工作 7. 有足够的生活保障 8.其他
□	□	□	□

F26. 如有合适的工作，您能在两周内开始工作吗？	F27. 您暂时不能开始工作的主要原因是什么？	F28. 您调查时点前一周或失去工作前，所在单位主要生产或经营活动是什么？	F29. 您调查时点前一周或失去工作前，做什么具体工作？
1. 能 连续未工作时间 ________月 →**F28** 2. 不能	1. 参加学习培训 2. 健康原因 3. 照顾家庭 4. 其他 **（F24 圈填“9. 未找工作”或 F26 圈填“2. 不能”工作的人结束）**	1. 单位详细名称 ________________ 主要产品或经营活动 ________________ 2. 从未工作过（**结束**）	从事的具体工作 ________________
□ □□	□	□ □□	□□

本户共登记_____ 人，第_____ 人

（一）应在本户登记的人

应在本户登记的人是：调查时点居住在本户的人，以及本户人口中已外出但不满半年的人。

本调查既登记现有人口，也登记户籍人口。

（二）调查的标准时间

调查的标准时间为：每月10日零时。

调查参考周为：调查时点前的7天，即每月的3—9日。

如遇春节、“十一”等长假期，调查标准时间和调查参考周将做相应调整，以具体通知为准。

（三）指标解释及填写说明

按户填报的项目

按户填报的项目要求所有的户（家庭户和集体户）都填报。

H1.户编号：在每一住户组地址中按户的顺序编填码号。如果登记时，一个地址中有几户的，其中一户按原编号填写，其他几户续在本组所有户的后面填写新的编号；如果首次登记时，原有住户已搬走，新的住户未搬来，是空房户，要从备选样本中递补，以保证完成首次登记的样本数量，以后再次调查登记时仍使用递补户地址；如果再次登记时，原有住户已搬走，新的住户未搬来，成为空房户，原有的户编号不使用。

在每一住户组中，每一户都必须对应一个户编号，且只对应一个户编号。

在PDA中，户编号按照上述规则自动生成。

H2.户别：按家庭户、集体户的类型圈填。

这里的“户别”与户口本上的“户别”无关。

1.家庭户。指以家庭成员关系为主的人口，或者还有其他人口，居住一处共同生活，作为一个家庭户。单身居住独自生活的也作为一个家庭户。

居住生活在同一家庭户的人，不论有无户口，无论是登记在几个户口本上，都应该登记为一户。

2.集体户。指相互之间没有家庭成员关系，集体居住在同一房间的人，作为一个集体户进行登记。

集体居住在机关、团体、学校、工厂、矿山、工地、农场、公司、商店、医院、托儿所、敬老院、寺院、教堂等单位的集体宿舍及其他住所共同居住的人口，每间住房作为一个集体户登记。从事各种流动作业而集体居住的人口，每间住房也作为集体户登记。

H3.调查时点居住在本户的人口数：指调查时点居住在本户的人口，分别填写合计、男、女人数。

本户人口中因临时出差、旅游、探亲、夜班或短期住院等原因，调查时点未住家中的家庭成员，应视为在家中居住，在本户登记。

在外工作或学习，每周或每月返回家中居住的家庭成员，也应视为在家中居住，在本户登记。

H4.本户人口中，已外出但不满半年的人口数：指本户家庭成员中，调查时点未居住在本户，但离开本乡（镇、街道）不满半年的人口数，分别填写合计、男、女人数。

H5.现住房来源：指本户目前所居住房屋的来源。主要按产权和费用来分类。

本项设有6个选项：

1.自有。指本户目前居住的房屋是本户建造或购买的住房，本户拥有产权或部分产权。购买的住房包括：

新建商品房、二手房、原公有住房、经济适用住房和两限房等。

2.租住公有住房。指本户目前居住的房屋是廉租房或公租房，房租较低。廉租房是政府以租金补贴或实物配租的方式，向符合城镇居民最低生活保障标准和住房困难家庭提供的社会保障性住房。公租房是政府和公共机构拥有的住房，租金低于市场价格。

3.租住其他房屋。指本户目前居住的房屋是向私人、单位或房地产部门租赁，本户按市场价格缴纳房租。

4.单位提供宿舍。指本户目前居住的房屋是本户某人工作单位所有，免费或基本免费提供给本户居住，或本户房租由本户某人单位报销。如工厂宿舍、学生宿舍等。

5.借住亲戚朋友住房。指本户目前居住的房屋是本户某人的亲戚、朋友所有，免费提供本户居住。

6. 其他。指除去上述以外的住房来源。

工作与居住都在同一房屋内的，也根据上述6个选项圈填。

按人填报的项目

F1. 姓名：填写被登记人的正式姓名。

F2. 与户主关系：指被登记人与本户户主的关系。调查员根据申报人的回答据情圈填。申报人不是户主的，注意不要将被登记人与申报人的关系当作与户主的关系。

本项设有10个选项：

0.户主。指按家庭日常生活习惯确定的户主。

1.配偶。指户主的妻子或丈夫。

2.子女。指户主的子女。

3.父母。指户主的父母或继父母、养父母。

4.岳父母或公婆。指户主配偶的父母或继父母、养父母。

5.祖父母。指户主或配偶的祖父母、外祖父母、曾祖父母、外曾祖父母。

6.媳婿。指户主子女的配偶。

7.孙子女。指户主的孙子女、外孙子女、孙媳婿、外孙媳婿、重孙子女、重孙媳婿、重外孙子女、重外孙媳婿。

8.兄弟姐妹。指户主及其配偶的兄弟姐妹以及他们的配偶。

9.其他。指本户除以上9种人以外的成员。

家庭户的户主登记为第一人，圈填“0”；如果户主的配偶也在本户登记，应登记为第二人，圈填“1”；然后再登记该户的其他成员。

在登记集体户时，第一人登记为户主，圈填“0”，本户其他成员与户主关系一律登记为其他，圈填“9”。

F3. 性别：男性圈填“1”，女性圈填“2”。

F4. 出生年月：指被登记人的出生年月，用阿拉伯数字填写。

出生年月按公历填写，只知道农历的，要换算成公历。按照一般的规律，农历的月份与公历的月份相差一个月左右，换算时农历的月份加1即可作为公历的月份，但要注意农历的12月应当是公历下一年的1月。

调查员在登记出生年月时，可参考户口簿或居民身份证。不一致的，应认真核对。

为了选择是否填写下面有关项目，采用纸质调查表的调查员还要根据出生年月算出周岁年龄，填于表上。某周岁年龄以是否过某岁生日确定。

F5. 户口登记地：指被登记人的户籍所在地。

本项设有7个选项：

1.户口在本乡（镇、街道），住本户。指户口登记地在本乡、本镇或本街道，现住在本户的人。圈填此选项的人，跳填F7项。

2.户口在本乡（镇、街道），离开本户不满半年。指户口登记地在本乡（镇、街道），离开本户不满半年的人。圈填此选项的人，跳填F7项。

3.本县(市、区)其他乡（镇、街道）。指户口登记地在本县、本县级市（区）的其他乡、镇、街道的人。

4.本地（市）其他县（市、区）。指户口登记地在本地级市（含直辖市）的其他县、县级市（区）的人。

5.本省其他地（市）。指户口登记地在本省的其他地级市（地区）的人。

6.外省。指户口登记地在外省（自治区、直辖市）的人。

7.户口待定：指在任何地方都没有登记户口的人。包括手持户口迁移证、出生证、退伍证、刑满释放证的人。圈填此选项的人，跳填F7项。

F6. 住本户时间：指被登记人住本户的时间。

本项设有4个选项：

1.住本户半年以上。指户口不在本乡（镇、街道），住本户超过半年以上的人。

2.住本户不满半年，离开户口登记地半年以上。指户口不在本乡（镇、街道），住本户不满半年，但离开户口登记地半年以上的人。

3.住本户不满半年，离开户口登记地不满半年。指户口不在本乡（镇、街道），住本户不满半年，离开户口登记地也不到半年的人。

4.不住本户，离开本户不满半年。指本户人口中，户口不在本乡（镇、街道），外出不满半年的人。

F7. 受教育程度：指按照国家教育体制，被登记人接受教育的最高学历。通过自学或成人学历教育，经国家统一考试合格的，分别归入相应的受教育程度。

本项设有9个选项：

1.未上过学。指从未接受过国家或其他办学机构实施的各级各类学校教育的人。包括参加过各种扫盲班或成人识字班学习，但没再接受各级各类学校教育的人。

2.小学。指接受的最高一级教育为小学,无论其是在校、毕业、肄业或辍学的人，均圈填此项。

3.初中。指接受的最高一级教育为初中，无论其是在校、毕业、肄业或辍学的人。

4.普通高中。指接受的最高一级教育为普通高中，无论其是在校、毕业、肄业或辍学的人。

5.中等职业教育。指接受的最高一级教育为中等职业教育，无论其是在校、毕业、肄业或辍学的人。中等职业学校主要包括：中等专业学校、技工学校和职业中学等。

6.高等职业教育。指接受的最高一级教育为高等职业教育，无论其是在校、毕业、肄业或辍学的人。高等职业学校主要包括：高等职业技术学院、高等职业技术学校等。

7.大学专科。指接受的最高一级教育为普通高等院校大学专科，无论其是在校、毕业、肄业或辍学的人。

凡国家承认学历的广播电视大学、职工大学、高等院校举办的函授大学、夜大学和其他形式的大学，按教育部颁布的大学专科教学大纲进行授课的，其毕业生圈填此项，但肄业生、在校生按原有受教育程度圈填。

通过自学，经国家统一举办的自学考试合格，并取得大学专科毕业证书的，也圈填此项，但尚未取得毕业证书的，按原有受教育程度圈填。

8.大学本科。指接受的最高一级教育为普通高等院校大学本科，无论其是在校、毕业、肄业或辍学的人。

凡国家承认学历的广播电视大学、职工大学、高等院校举办的函授大学、夜大学和其他形式的大学，按教育部颁布的大学本科教学大纲进行授课的，其毕业生圈填此项；但肄业生、在校生按原有受教育程度圈填。

通过自学和进修大学课程，经考试合格，并取得大学本科毕业证书的，也圈填此项，但尚未取得毕业证书的，按原有受教育程度圈填。

9.研究生。指接受的最高一级教育为硕士、博士研究生，无论其是在校、毕业、肄业或辍学，均圈填此项。

在职接受研究生教育的，其毕业生圈填此项；但肄业生、在校生按原有受教育程度圈填。

凡是没有按教育部的教学大纲培训或只学单科的人，不能圈填“大学专科”、“大学本科”或“研究生”，一律按原有受教育程度圈填。

不满16周岁的人，调查结束。

以下项目由16周岁及以上的人填报。

F8. 婚姻状况：指被登记人在调查时点的婚姻状况。这里调查的是事实婚姻，而不是法律意义上的婚姻。应根据实际情况，并依照申报人的申报圈填。

本项设有4个选项：

1.未婚。指从未结过婚的人。对于没有办理结婚登记手续而同居的，如果申报人拒绝申报已婚有配偶，可圈填“未婚”。

2.有配偶。指已结婚且有配偶的人。

3.离婚。指曾经结过婚，但在调查时点前已办理了离婚手续而且没有再结婚的人，或正在办理离婚手续的人。

4.丧偶。指结过婚，但配偶已经去世而且没有再结婚的人。

F9. 您户口所在家庭是否有农村土地承包权：农村承包土地是指农村集体所有或国家所有，依法由农民使用的土地，包括耕地、林地、草地以及其他依法用于农业的土地。土地承包人或其所在家庭对依法承包的上述土地拥有占有、使用和一定处分的权利。拥有土地承包权的人或家庭，目前可能实际经营承包地，也可能因各种原因不再经营承包地，而以转包、转让、出租、入股、托管等方式已出让了所承包土地的经营权。

本项设有2个选项：

1.有。指本人户口登记地在农村地区或以前的农村地区，本人或所在家庭曾经是农业户口，目前本人或户口所在的家庭拥有土地承包权。这里的家庭指本人户口所在的家庭，以户口本为标志。本人单独一个户口本的，则按本人情况填报。

关于国有农场的农用土地承包。国有农场与农村有很大区别，国营农场属于国有资产的一部分，国有农场农业职工是企业职工，执行企业职工养老等社保政策，在职时要按规定交纳社会保险金，农业职工承包土地有的也要按规定收取一定的土地承包费。因此，这里所说的农村土地承包权不包括国有农场。

2.没有。指目前本人或户口所在的家庭没有农村土地承包权。圈填此选项的人，跳填F12项。

F10. 您以前是否在其他县（市、区）工作过：此项只询问有农村土地承包权的人。填写来本县（市、区）之前最近一次的其他工作地。

本项设有4个选项：

1.是，在本地（市）其他县（市、区）工作过。指本人来本县（市、区）之前，最近一次的工作地在本地（市）的其他县（市、区）。

2.是，在本省其他地（市）工作过。指本人来本县（市、区）之前，最近一次的工作地在本省内其他地（市）。

3.是，在外省工作过。指本人来本县（市、区）之前，最近一次的工作地在其他省份，并填写具体省份名称。

4.否。指本人以前从未在本县（市、区）以外工作过。圈填此选项的人，跳填F12项。

F11. 您来（回）本县（市、区）多长时间了：进一步询问有农村土地承包权的人从前一个工作地回本县（市、区）或来本县（市、区）的时间。

本项设有5个选项：

1.3个月以内。指不到3个月。

2.3-6个月。指3-6个月之间，不到6个月。

3.6-12个月。指6-12个月之间，不到12个月。

4.1-2年。指1-2年之间，不到2年。

5.2年及以上 ＿＿＿＿＿年。指2年及以上，同时要填写具体年限。

F12. 您在调查时点前一周是否为取得收入而工作过1 小时以上：这里所说的工作是指为获取工资、实物报酬或经营收入、利润而实际从事的各种生产、经营和服务性活动。只要目的是为了取得收入的工作，无论实际是否取得了收入，都应属于这里所说的工作。不以取得收入为目的的义务劳动、公益性劳动或强制性劳动，不属于这里所说的工作。

对于平时主要在家做家务，有时也从事一些临时性工作（如干农活、打零工）的人，只要在调查时点前的一周中，工作时间达到1小时，就算工作。

本项设有3个选项：

1.是（包括无酬家庭帮工）。指在调查时点前的一周中，为取得收入而干过固定的、临时的或兼职的工作，并且工作时间达到了1小时以上。对于为取得收入而从事了工作的有正式学籍的在校学生和已正式办理了退休手续的人，也圈填此项。

无酬家庭帮工，是指在调查时点前一周，在本家庭成员或亲戚经营的公司、企业或生意中，从事没有报酬的生产或服务1小时以上的人。

本项圈填“1.是”的，要填写前一周实际工作时间，包括加班时间和兼职时间，而不是按国家规定的制度工作时间。

计算工作时间，要注意把握以下几种情况：

（1）从事一种以上有收入工作的，应将几项工作时间相加计算。

（2）在规定的工作时间以外加班加点的，应将加班时间一并计算在内。

（3）从事不坐班制的教育工作者、科研人员、新闻工作者等，其工作时间不能少于每周40小时的制度工作时间。

（4）农村人口中既干家务劳动又从事农业或其他工作的人，填写上一周的实际工作小时数，家务劳动时间除外。

填写完工作时间的人，跳填F15项

2.在职，但未上班。指有工作单位或工作岗位，可以从事有收入的工作，但在调查时点前一周没去上班，也没做其他工作。

3.未做任何工作。指没有工作单位，且在调查时点前的一周中未从事过任何临时性工作。对于尚未正式办理退休手续继续领取工资的内退人员，在调查时点前的一周中未从事任何工作的，也圈填此项。对于未与原单位解除劳动关系，在原单位已无工作岗位并不再领取工资或生活费的下岗人员，在调查时点前的一周中未从事任何工作的，也圈填此项。圈填此选项的人，跳填F22项。

对于承包土地的农民，在调查时点前一周，如果从事农活或其他工作的时间超过1小时，则圈填“1.是”；如果没有外出打工，且未干任何农活或从事其他任何有收入的工作，则圈填“2.在职，但未上班”；如果外出打工，但未从事任何工作，则圈填“3.未做任何工作”。

F13. 您在职未上班的主要原因是什么：此项只询问F12“在职，但未上班”的人。

本项设有9个选项：

1.病假、事假。指在调查时点前一周，因伤病、有事等原因请假未工作。

2.产假。指在调查时点前一周，因生育原因休假未工作。

3.休假。指在调查时点前一周，因各种原因休假未工作。包括年休假、疗养假及空勤人员、船员、火车乘务人员的轮休假、婚丧假、探亲假等。

个人档案、人事关系已在某单位，但因各种原因本人尚未到新单位报到上班，如军人退伍或工作调动等，可视为休假。

4.在职学习。指有工作单位，在调查时点前一周正参加脱产学习或培训。

圈填上述1-4选项的人，跳填F15项。

5.临时停工放假。指在调查时点前一周，由于机械或电力故障、原料或燃料短缺、天气灾害或其他灾害等原因而放假未工作。

6.生产淡季放假。指所从事的工作具有季节性，在调查时点前一周，正值生产淡季，歇业放假。

7.单位不景气放假。指在调查时点前一周，由于单位生产经营出现问题等原因而放假未工作。

8.劳务纠纷。指在调查时点前一周，由于本人与单位或经营者因发生劳动争议、劳务纠纷而未工作。

9.其他。指上述之外的其他原因。

F14. 您已连续未上班多长时间：对于F12 “在职，但未上班”的人，继续询问本项。

本项设有2个选项：

1. 3个月以内。指距调查时点不到3个月。

2. 3个月及以上。指距调查时点3个月及以上。圈填此选项的人，跳填F23项

F15. 您目前工作已干了多长时间：填写主要工作时间。如果调查时点前一周中从事了几份工作，按工作时间最长的那份填写；如果几份工作时间相同，按收入最高的那份填写。

本项设有7个选项：

1. 1个月内。指距调查时点不到1个月。

2. 1-3个月。指距调查时点1-3个月，不到3个月。

3. 3-6个月。指距调查时点3-6个月，不到6个月。

4. 6-12个月。指距调查时点6-12个月，不到12个月。

5. 1-2年。指距调查时点1-2年，不到2年。

6. 2-3年。指距调查时点2-3年，不到3年。

7. 3年及以上。指距调查时点3年及以上。

F16. 您的工作单位或经营活动属于以下哪种类型：指调查时点前一周的主要工作单位或经营活动类型。有工作单位的按单位类型填写，无工作单位的按所从事的工作或经营活动类型选填。

本项共设9个选项：

1.机关团体事业单位。机关包括各级国家权力机关(人大)、各级国家行政机关(政府部门)、各级国家司法机关(人民法院和人民检察院)、各级政党机关(中国共产党和各民主党派)、政协组织、人民解放军、武警部队和其他机关等。

团体是指社会团体，包括由中央机构编制管理部门直接管理其机关机构编制的群众团体，还包括经各级民政部门核准登记，领取《社会团体法人证书》的各类社会团体。如各级工会、妇联、共青团等群众团体，学术性团体(学会、研究会)、专业性团体(各类从事专业业务的促进会)、行业性团体(协会、商会)、联合性团体(联合会、联谊会、同学会、校友会)、基金会、宗教组织、居委会、家委会、村委会等。

事业单位是指国家为了社会公益目的，由国家机关举办或者其他组织利用国有资产举办的，从事教育、科技、文化、卫生、体育的社会服务组织。包括经机构编制部门批准成立和登记或备案，领取《事业单位法人证书》，取得法人资格的单位和由其他行政主管部门依据有关法律法规审批成立，且具备法人条件的事业单位。

2.国有及国有控股企业。指资产归国家所有或国家资产居控制地位的企业，包括国有企业、国有独资的有限责任公司、国有控股的股份有限公司、国有联营企业。

3.集体企业。指资产归集体所有的企业。集体联营企业，股份合作企业属集体经济组织形式。

圈填上述1-3选项的，跳填F18项。

4.个体工商户。指资产归个人所有，以个体劳动为基础，劳动成果归劳动者个人占有和支配的一种经济组织。既包括在各级工商行政管理机关登记注册、领取《营业执照》的个体工商户，也包括没有领取《营业执照》，但实际从事个体经营活动的人。

5.私营企业。指资产归个人（或几个人）所有，以雇佣劳动为基础的企业。包括依法登记注册的私营有限责任公司、私营股份有限公司、私营合伙企业和私营独资企业。

6.外商、港澳台投资企业。指外商和港、澳、台商单独投资或与中方合资、合作经营的企业。在这样的企业工作的人，圈填本项。

7.其他类型单位。主要指民办非企业单位以及不包括在“1—6”项中的单位。

8.耕作经营承包地。指在自家承包的耕地、林地、草地、池塘以及其他依法用于农业的土地上，从事农林牧渔业生产经营活动，也包括在转包和租用他人农业用地上从事农林牧渔业生产经营活动，所从事的农业生产活动以自营劳动为主，不雇佣长期雇工，但可能雇佣临时短工。平时主要在承包土地上从事农林牧渔业生产，上周未做任何工作的人也圈填此项。但①上周未在自家承包土地上工作而从事其他生产经营活动的人，以及外出务工经商的人不填此项，而应根据上周实际工作单位或生产经营活动选填。②转包和租用他人农业用地从事农业规模经营，并雇佣长期雇工的家庭或经济体，不填此项，应根据实际情况圈填相关选项。③受雇在他人承包的土地上从事农业生产的人，不填此项，根据实际情况圈填相关选项。

圈填此选项的人，跳填F20项

9.其他。不属于“1—8”项中的其他人员，如家政服务人员等。

F17. 您的就业身份属于以下哪一类：填写主要工作的就业身份。指从事经济活动的人的雇用、受雇或自雇状况。

本项设有4个选项：

1.雇员。指为取得劳动报酬而为单位或雇主工作的人员。

2.雇主。指自负盈亏或与合伙人共负盈亏，具有生产经营决策权，其报酬直接取决于生产、经营利润的人员。雇主的基本特征是雇用其他人为自己工作并向被雇用人支付工资。

3.自营者。指自负盈亏或与合伙人共负盈亏，具有生产经营决策权的人员。自营劳动者的特征是既不被雇也不雇用他人。如果有亲属帮忙但不支付工资，经营者本人仍属自营劳动者。

4.家庭帮工。指家庭成员为自家或亲属经营的公司、企业或生意中工作，但无经营决策权，也不领取报酬的人员，也称家庭无酬帮工。

圈填上述2-3选项的，跳填F19项。圈填“4.家庭帮工”的，跳填F20。

F18. 您是否与用人单位或雇主签订了劳动合同：指雇员与用人单位或雇主就工作期限、劳动报酬、劳动保护、劳动条件、社会保险、福利待遇、劳动纪律、规章制度、劳动合同的变更、解除、终止、续订等内容而签订的书面契约。包括签订的集体劳动合同。

本项设有3个选项：

1.是，已签有固定期限合同。指与用人单位或雇主签订了约定合同终止时间的劳动合同。圈填此项的要填写合同的期限，期限按月填写，超过99个月的按99个月填写。

2.是，已签无固定期限合同。指与用人单位或雇主签订了约定无确定终止时间的劳动合同。

如果签订的是以完成一定工作任务为期限的劳动合同，即与用人单位或雇主约定以某项工作的完成为合同期限的劳动合同，也圈填此项。

国家机关、事业单位和社会团体的在职人员，根据实际情况填写。

3.否。指未签订书面的劳动合同。

F19. 您上月主要工作的报酬是多少：指在调查时点上一个日历月份，所从事的主要工作的劳动报酬，包括现金和实物。雇员的劳动报酬包括工资、奖金、补贴和津贴等与工作相关的劳动报酬，也包括个人缴纳的公积金、社保等费用。雇主和自营者的劳动报酬是指其生产经营活动的净收入。劳动报酬不包括财产性收入和转移性收入。

劳动报酬要填写具体数目，最高为99999元。如果上月没有得到劳动报酬，可填写最近月份的劳动报酬；按年或不同周期获得劳动报酬的，应折算出月平均劳动报酬；刚开始工作尚未获得劳动报酬的，可填写合同、协议或预计的劳动报酬；实物报酬要折合成现金填报。

F20. 您是否为增加工作时间而想寻找其他工作或加班：指是否希望通过加班、兼职或另找工作而工作更长的时间。本项由调查时点前一周实际工作时间少于40小时的人、F13=1～4的人或F14=1的人填报。调查时点前一周实际工作时间多于40小时的，跳填F28项。

本项设有2个选项：

1.是。指本人希望通过加班、兼职或另找工作而工作更长的时间。

2.否。指本人不想增加工作小时数。圈填此选项的，跳填F28项。

F21. 如有机会工作更长时间，您能在两周内开始工作吗：指如果有加班、兼职或其他更长时间的工作，是否能够在两周内开始工作。这里的两周包括调查时点的前一周（7天）和后一周（7天）。

本项设有2个选项：

1.能。指本人两周内可以做更长时间的工作。

2.不能。指本人两周内不能做更长时间的工作。

完成F21项后，跳填F28项。

F22. 您在调查时点前一周未工作的主要原因是什么

本项设有9个选项：

1. 丧失劳动能力。指经专门机构鉴定或虽未鉴定但本人或其法定监护人认为，其因生理或心理疾患已丧失了从事劳动的能力。包括年老体弱生活不能自理的人员，但不包括离休、退休人员，这些人不论是身体残疾还是年老体弱生活不能自理，均圈填“7.离退休”。

圈填此项的人，调查结束。

2. 在校学习。即在校学生，指在各级教育主管部门承认的各级各类学校学习，并有正式学籍的学生。

3.毕业后未工作。指从学校毕业后从未工作过的人。

4.因单位原因失去原来工作。指用人单位或雇主提出与劳动者本人中断劳动关系而失去原工作的人。包括被原单位或雇主辞退、除名或开除的人，劳动合同到期后单位或雇主不同意续签劳动合同的人，因单位破产而失去工作的人，以及仍与原工作单位保留劳动关系的下岗人员。

5.因本人原因失去原工作。指本人因各种原因提出与单位中断劳动关系而失去原工作的人。包括辞职的人、劳动合同到期后本人不同意与单位续签劳动合同的人。

6.承包土地被征用。指本人承包的农业用地或转包、租用他人承包的农业用地，被有关部门或单位依据土地征用制度规定征作公益性用地或经营性用地而失去工作。受雇在别人承包的农业用地上工作，因土地被征用而失去工作的人，不圈填此项，而应圈填“4.因单位原因失去原工作”。

7.离退休。指已正式办理离休、退休手续，领取离退休金，且未从事任何有收入劳动的人。对于尚未正式办理退休手续，继续领取工资的内退人员，如果没再从事任何有收入的工作，也圈填此项。

8.料理家务。指主要在自己家里从事家务劳动，且没有劳动收入的人。从事家务劳动的离退休人员不填此项，而应填“7.离退休”。在自家成员或亲戚经营的公司、企业或生意中，从事没有报酬的生产或服务的人，农村中既料理家务又务农或从事家庭副业的人，在别人家干家务有收入的临时工或小时工，均属于有工作的人，不圈填此项。

对于申报料理家务的人要从严掌握，50岁以下的男性和45岁以下的女性如申报为料理家务，应仔细询问，认真核对。

9.其他。指除以上几种情况之外的其他未工作的人。

F23. 您想工作吗：根据本人目前的意愿填报。

本项设有2个选项：

1.想。目前想工作。

2.不想。目前不想工作。

F24. 您近三个月内主要采取过以下哪种方式寻找工作：采用多种方式寻找工作的，只填一种本人认为最主要的方式。

本项设有9个选项：

1.在职业介绍机构登记。指通过人力资源和社会保障部门、其他政府部门或私人开办的职业介绍机构登记找工作。

2.委托亲戚朋友找工作。指通过亲戚朋友向有关单位推荐找工作，这种委托可以是口头的。

3.直接与单位或雇主联系。指直接找用人单位或雇主问询、自荐而寻找工作。

4.刊登或应答广告。指在各种媒体(如网络、电视、期刊杂志等)上刊登求职广告而寻找工作，或通过应答各种媒体或其他渠道的招聘广告。

5.浏览招聘广告。指查看各种媒体(如网络、电视、报纸等) 或其他渠道刊登的招聘广告而寻找工作。因没有适合的岗位而未应答的，圈填此项。

6.参加招聘会。指通过参加各种形式的招聘会找工作。

7.为自己经营做准备。指正在为自己开公司或做生意做准备，如筹集资金、申请执照、寻找经营场所等。

8.其他。指以上未涉及的找工作方式。

圈填以上1-8选项的，跳填F26项。

9.未找工作。没有采取任何找工作的行动。

F25. 您未找工作的主要原因是什么：由F24“9.未找工作”的人填报。

本项设有8个选项：

1.参加学习培训。指因正在参加学习或培训而未找工作，包括在校学生。

2.健康原因。指因生病或负伤等身体方面的原因而未找工作。

3.照顾家庭。指因照看孩子、照顾家庭其他成员或料理家务而未找工作。

4.求职失败，放弃找工作。指因之前总也找不到适合的工作而放弃找工作。

5.缺乏必要的培训、技能或经验。指因为缺乏必要的工作培训、工作技能或工作经验而不能胜任工作要求，因而未找工作。

6.等待开始新的工作。指已找到工作或筹备好自已的生产经营，但还未正式开始，正在等待中。

7.有足够的生活保障。指因经济条件、生活状况良好，不需要找工作。

8.其他。以上未涉及的其他原因。

F26. 如有合适的工作，您能在两周内开始工作吗：这里不考虑具体是什么工作，只是假设如果有合适的工作机会是否能在两周内应聘。这里的两周包括调查时点的前一周和后一周。

本项设有2个选项：

1.能。指目前没有不能脱身的事务，如必须照顾家人或上学读书等，而且也没有妨碍工作的伤病，能够在两周内应聘工作。

填写此项的人要填写连续未工作时间。对于连续未工作时间，学校毕业生、在校生、离退休人员和料理家务的人，从有工作愿望时开始计算起；以前工作过的人，从最后一次失去工作后，开始有工作愿望时算起。未工作时间按月计算，不足一个月的按一个月计算，超过一个月不足两个月的按两个月计算，依此类推。圈填此选项的人，跳填F28项。

2.不能。指有事或有伤病，即使有合适的工作也不能在两周内去工作。

一般情况下，此项都应圈填“能”，只有当被调查人因有不能脱身的事务或有妨碍工作的伤病等而不能工作时，才可圈填“不能”。为自己经营做准备的，应视作能够工作。

F27. 您暂时不能开始工作的主要原因是什么：本项设有5个选项。

1.参加学习培训。指因正在参加学习或培训没有空余时间，在两周内不能开始工作。包括在校学生。

2.健康原因。指因本人生病或负伤等身体方面的原因，在两周内不能痊愈去工作。

3.照顾家庭。指因照看孩子、照顾家庭其他成员或料理家务，在两周内不能工作。

4.其他。除上述以外的其他原因。

F24圈填“9.未找工作”或F26圈填“2.不能”工作的人，调查结束。

F28. 您调查时点前一周或失去工作前，所在单位主要生产或经营活动是什么：这里指调查时点前一周或失去工作前，本人主要工作所在单位的生产经营活动，亦即所从事的行业。由就业人口和失业人口填报。

行业是按照经济活动的同一性进行分类的，不是按其所属的行政管理系统来分的。产业活动单位是划分行业的分类标准。产业活动单位是指：（1）具有一个场所、从事一种或主要从事一种经济活动；（2）单独组织生产、经营或业务活动；（3）掌握收入和支出的会计核算资料。

本项设有2个选项：

1.详细单位名称。填写行业时要注意以下几种情况：

单位名称要填写全称，并要具体到分厂、分公司或营业部，即产业活动单位，不能笼统地只填写总厂名称。

单位的主要产品或从事的主要业务也要详细填写，如“生产服装”或“销售服装”，不能简写为“服装”。

保密单位，填写其公开使用的名称和公开的主要产品或从事的主要业务。

（2）没有工作单位的，有招牌的要在单位名称处按招牌填写，如“××鞋铺”，并在主要产品或从事的主要业务处填写具体的产品或业务，如“做鞋”或“卖鞋”。没有招牌的，应在主要产品或从事的主要业务处填写其所从事的具体业务。

务农人员不能笼统地填写“农业”，要根据其具体的农业生产活动或农户具体从事的主要业务填写。如种粮食、养猪等。

（3）失去工作的人填此项时，要按其失去工作前最后一次的工作填写。

（4）遇到申报人对本人或本户其他成员的行业不清楚时，不要急于登记，经询问查明后再填报。

2.从未工作过。从未工作过的人圈填此项，并结束调查。

F29. 您调查时点前一周或失去工作前，做什么具体工作：这里指调查时点前一周或失去工作前，本人主要工作具体是十什么，亦即所从事的职业。由就业人口和失业人口填报。

职业是按本人所从事的具体工作性质的同一性进行分类的。所谓“同一性”，是指不论其所在工作单位是什么经济类型，不论用工形式是固定工还是临时工，也不论其隶属于哪个行业，凡是从事同一性质工作的人都划分为同一类。

填写职业时应注意以下几种情况：

（1）填写职业要具体、详细。不能笼统地填写“工人”、“普工”等，而应具体填写其实际工作种类，如“铸轧工”、“采煤工”等；机关工作人员不能笼统填写“公务员”，应详细填写其工作性质和种类，如：“打字员”、“统计人员”；专业技术人员，不能笼统地填写“研究员”、“工程师”等，应填写其研究或从事的专业或学科，如“通信工程技术员”等。

（2）具有中级以上技术职称的行政领导人员，应按行政领导职务填写其职业；同时担任两个以上职务的领导干部，应按主要职务填写其职业。

（3）工种尚未确定,暂时又无具体工作的，要填写“工种未定”。

（4）失去工作的人填此项时，要按其失去工作前最后一次工作填写。

（5）遇到申报人对本人或本户其他成员的职业不清楚时，不要急于登记，经询问查明后再填写。

三、抽样方案

全国月度劳动力调查在大陆地区所有的省、自治区、直辖市开展，包括其所辖的全部城镇与乡村地域。

（一）抽样目标

新一轮劳动力调查抽样目标是：一是满足失业率等主要劳动力指标数据国家级代表性的要求，同时对分省分城乡也有较好代表性；二是保证现有进行月度调查的65个大城市的数据与历史数据衔接；三是整合资源，尽量发挥国家调查队的调查力量。

（二）抽样总体与抽样框

抽样总体为中华人民共和国大陆地区所有住户（不包括港澳台地区），但不包括军营、监狱中的集体户。各省、自治区、直辖市为次总体。

使用更新后的第六次人口普查的村级单位名录库和普查小区名录库作为初级抽样框，抽中的村级单位内所有的住房单元作为次级抽样框。编制抽样框时，对常住人口过少的普查小区应进行合并。

每年对抽样框进行更新。对初级抽样框，每年要清理、更新村级单位名录库；对次级抽样框，应去除所抽村级单位地域内拆迁的住房单元，补充新增加的住房单元。

（三）抽样方法

1.抽样原则

劳动力调查采用分层、多阶段、与住房单元数多少成比例（PPS）抽样抽取初级单位（村级单位或普查小区），采用随机等距抽样的方法在初级单位抽取住房单元或住户组，并对抽中住房单元和住户组内的所有人员进行调查。

人口就业统计司负责抽取初级单位，各省统计局或调查队负责审核抽中初级单位样本的代表性，以及核查上报所抽中初级单位所辖地域已经或可能发生的拆迁等住房单元的变动情况，最终确定抽取的初级单位样本。在抽中的初级单位样本中，各省统计局或调查队负责编制住房单元清单，使用人口和就业统计司下发的程序，按照随机等距方法集中抽取住户。

2.不同地域的具体抽样方法

原65个大城市以各市为总体，采用二阶段抽样方法，首先在全市范围内（包括市辖区和该市所辖的县）抽取村级样本，在抽中的村级样本中抽取住户组。

原65个城市之外的区域又分为市区和县域两层分别进行抽样。市区层以各省非65个大城市的所有市辖区为总体，按区（县）一级分层，在每个市辖区内采用二阶段抽样方法，即每个区（县）抽普查小区，抽中的普查小区抽住房单元。

县域层以各省非65个大城市的所有县及县级市为总体，采用三阶段抽样，即从县域层中抽中调查县，在抽中的调查县中抽取普查小区，抽中的普查小区中抽取住房单元。基于组织开展调查的可操作考量，县域层的调查县主要由已设立国家调查队的县和县级市组成，人口和就业司根据各省实际情况进行适当微调。

（四）样本量和样本轮换

1.样本量的确定

在95%的把握程度下，全国城镇调查失业率的相对误差控制在3.5%左右，省级精度能基本满足需要（经计算，变异系数CV要求约为1.8%），综合考虑前期调查获得的群内相关系数roh（Kish，1965：5.4节）、抽样的设计效应、全国劳动力调查的经费情况、各省调查力量的配置情况和调查组织方式，确定各省样本量，全国每月总共调查约12万户（住房单元）。

原65个大城市中4个直辖市，月度调查样本为160个村级单位，每个村级单位抽取20户，共3200户；其余61个城市除三亚和拉萨，月度调查样本为40个村级单位，每个村级单位抽取20户，共800户；三亚与拉萨月度调查样本为20个村级单位，每个村级单位抽取20户，共400户。原65个大城市之外的样本量分配中，市区层每个普查小区调查10户，县域层每个普查小区调查4户。

2.样本轮换

样本轮换采用2-10-2模式，即一个住户连续2个月接受调查，在接下来的10个月中不接受调查，然后再接受连续2个月的调查，之后退出样本。样本轮换最终能达到如下目标：

（1）除了开始阶段，任何一个月都有1/4的样本第一次接受调查，1/4的样本接受第二次调查，1/4的样本第三次接受调查，1/4的样本接受第四次调查。

（2）月度之间样本有50%重复。

（3）年度之间相同月份样本有50%重复。

具体而言，原65个大城市，每年更换至少5%的村级单位，并在所抽中的村级单位样本内，以住户组为单位进行轮换。在村级单位内以5户为一个住户组，每月调查4个住户组，共20户；每月轮换2个住户组，即10户。月度间轮换比例为50%。

新增的市区层和县域层，每年根据数据质量控制的需要更换普查小区，在所抽中的普查小区样本内，以轮换组为单位进行轮换。市区层每个普查小区每月调查10户，分为4个轮换组（2个组2户，2个组3户），每月轮换2个轮换组，月度间轮换比例为50%；县域层每个普查小区每月调查4户，每月轮换2户，月度间轮换比例也为50%。

当抽中住户不愿参与调查时，调查员应耐心劝导其配合，必要时市县统计机构也应一起帮助劝导。经反复劝导仍不愿意配合的，应从抽中的备选样本户中选择对应的住户进行替换。当抽中的住户第一次入户时为空户，或者因为各种原因不能参与调查时，也应从抽中的备选样本户中选择对应的住户进行替换。

（五）加权方法

全国、省、市各级汇总结果根据调查的基础数据，采用加权、事后分层、季节调整等方法汇总得到，并经相应的时间序列模型评估。各级的汇总权数由国家统计局人口和就业司统一计算。全国和分省数据的季节调整和模型评估由国家统计局人口和就业司统一进行。

主要统计指标解释

人口数 指一定时点、一定地区范围内有生命的个人总和。年度统计的年末人口数指每年12月31日24时的人口数。年度统计的全国人口总数内未包括香港、澳门特别行政区和台湾省以及海外华侨人数。

城镇人口和乡村人口 城镇人口是指居住在城镇范围内的全部常住人口；乡村人口是除上述人口以外的全部人口。

出生率(又称粗出生率) 指在一定时期内(通常为一年)一定地区的出生人数与同期内平均人数(或期中人数)之比，用千分率表示。本资料中的出生率指年出生率，其计算公式为：

$$出生率=\frac{年出生人数}{年平均人口}\times 1000‰$$

式中：出生人数指活产婴儿，即胎儿脱离母体时(不管怀孕月数)，有过呼吸或其他生命现象。年平均人数指年初、年底人口数的平均数，也可用年中人口数代替。

死亡率(又称粗死亡率) 指在一定时期内(通常为一年)一定地区的死亡人数与同期内平均人数(或期中人数)之比，用千分率表示。本资料中的死亡率指年死亡率，其计算公式为：

$$死亡率=\frac{年死亡人数}{年平均人口}\times 1000‰$$

人口自然增长率 指在一定时期内(通常为一年)人口自然增加数(出生人数减死亡人数)与该时期内平均人数(或期中人数)之比，用千分率表示。计算公式为：

$$人口自然增长率=\frac{(本年出生人数-本年死亡人数)}{年平均人数}\times 1000‰$$

$$=人口出生率-人口死亡率$$

总抚养比 也称总负担系数。指人口总体中非劳动年龄人口数与劳动年龄人口数之比。通常用百分比表示。说明每100名劳动年龄人口大致要负担多少名非劳动年龄人口。用于从人口角度反映人口与经济发展的基本关系。计算公式为：

$$GDR=\frac{(P_{0-14}+P_{65+})}{P_{15-64}}\times 100\%$$

其中：GDP为总抚养比；

P_{0-14}为0-14岁少年儿童人口数；

P_{65+}为65岁及65岁以上的老年人口数；

P_{15-64}为15-64岁劳动年龄人口数。

老年人口抚养比 也称老年人口抚养系数。指某一人口中老年人口数与劳动年龄人口数之比。通常用百分比表示。用以表明每100名劳动年龄人口要负担多少名老年人。老年人口抚养比是从经济角度反映人口老化社会后果的指标之一。计算公式为：

$$ODR = \frac{P_{65+}}{P_{15-64}} \times 100\%$$

其中：*GDP*为老年人口抚养比；

P_{65+}为65岁及65岁以上的老年人口数；

$P_{15\text{-}64}$为15-64岁的劳动年龄人口数。

少年儿童抚养比 也称少年儿童抚养系数。指某一人口中少年儿童人口数与劳动年龄人口数之比。通常用百分比表示。以反映每100名劳动年龄人口要负担多少名少年儿童。计算公式为：

$$CDR = \frac{P_{0-14}}{P_{15-64}} \times 100\%$$

其中： *GDP*为少年儿童抚养比；

$P_{0\text{-}14}$为0～14岁少年儿童人口数；

$P_{15\text{-}64}$为15～64岁劳动年龄人口数。

劳动力 指在16周岁及以上，有劳动能力，参加或要求参加社会经济活动的人口。包括就业人员和失业人员。

就业人员 指在一定年龄以上，有劳动能力，为取得劳动报酬或经营收入而从事一定社会劳动的人员。具体指年满16周岁，为取得报酬或经营利润，在调查周内从事了1小时（含1小时）以上劳动的人员；或由于学习、休假等原因在调查周内暂时处于未工作状态，但有工作单位或场所的人员；或由于临时停工放假、单位不景气放假等原因在调查周内暂时处于未工作状态，但不满三个月的人员。

单位就业人员 指期末最后一日24时在本单位中工作，并取得工资或其他形式劳动报酬的人员数。该指标为时点指标，不包括最后一日当天及以前已经与单位解除劳动合同关系的人员，是在岗职工、劳务派遣人员及其他从业人员之和。从业人员不包括：

(1)离开本单位仍保留劳动关系，并定期领取生活费的人员；

(2)利用课余时间打工的学生及在本单位实习的各类在校学生；

(3)本单位因劳务外包而使用的人员。

城镇私营和个体就业人员 城镇私营就业人员指在工商管理部门注册登记，其经营地址设在县城关镇(含县城关镇)以上的私营企业就业人员，包括私营企业投资者和雇工。城镇个体就业人员指在工商管理部门注册登记，并持有城镇户口或在城镇长期居住，经批准从事个体工商经营的就业人员，包括个体经营者和在个体工商户劳动的家庭帮工和雇工。

在岗职工 指在本单位工作且与本单位签订劳动合同，并由单位支付各项工资和社会保险、住房公积金的人员，以及上述人员中由于学习、病伤、产假等原因暂未工作仍由单位支付工资的人员。在岗职工还包括：

(1)应订立劳动合同而未订立劳动合同人员(如使用的农村户籍人员)；

(2)处于试用期人员；

(3)编制外招用的人员；

(4)派往外单位工作，但工资仍由本单位发放的人员(如挂职锻炼、外派工作等情况)。

工资总额 指根据《关于工资总额组成的规定》(1990年1月1日国家统计局发布的一号令)进行修订，在报告期内(季度或年度)直接支付给本单位全部从业人员的劳动报酬总额。包括计时工资、计件工资、奖金、津贴和补贴、加班加点工资、特殊情况下支付的工资，是在岗职工工资总额、劳务派遣人员工资总额和其他从业人员工资总额之和。

工资总额是税前工资，包括单位从个人工资中直接为其代扣或代缴的房费、水费、电费、住房公积金和社会保险基金个人缴纳部分等。

工资总额不论是计入成本的还是不计入成本的，不论是以货币形式支付的还是以实物形式支付的，均应列入工资总额的计算范围。

平均工资　指单位就业人员在一定时期内平均每人所得的货币工资额。它表明一定时期职工工资收入的高低程度，是反映就业人员工资水平的主要指标。计算公式为:

$$平均工资=\frac{报告期实际支付的全部就业人员工资总额}{报告期就业人员平均人数}$$

平均工资指数　指报告期就业人员平均工资与基期就业人员平均工资的比率，是反映不同时期就业人员货币工资水平变动情况的相对数。计算公式为:

$$平均工资指数=\frac{报告期就业人员平均工资}{基期就业人员平均工资}\times 100\%$$

平均实际工资指数　就业人员平均实际工资指扣除物价变动因素后的就业人员平均工资。就业人员平均实际工资指数是反映实际工资变动情况的相对数，表明就业人员实际工资水平提高或降低的程度。计算公式为:

$$平均实际工资指数=\frac{报告期就业人员平均工资指数}{报告期城镇居民消费价格指数}\times 100\%$$

城镇登记失业人员　指有非农业户口，在一定的劳动年龄内(16周岁至退休年龄)，有劳动能力，无业而要求就业，并在当地劳动保障部门进行失业登记的人员。

城镇登记失业率　城镇登记失业人员与城镇单位就业人员(扣除使用的农村劳动力、聘用的离退休人员、港澳台及外方人员)、城镇单位中的不在岗职工、城镇私营业主、个体户主、城镇私营企业和个体就业人员、城镇登记失业人员之和的比。计算公式为：

Explanatory Notes on Main Statistical Indicators

Total Population refer to the total number of people alive at a certain point of time within a given area. The annual statistics on total population is taken at midnight, the 3lst of December, not including residents in Hong Kong SAR, Macao SAR, Taiwan Province and overseas Chinese national residing abroad.

Urban Population and Rural Population Urban population refer to all people residing in cities and towns, while rural population refer to population other than urban population.

Birth Rate (or Crude Birth Rate) refers to the ratio of the number of births to the average population (or mid-period population) during a certain period of time (usually a year), expressed in per thousand. Birth rate in the yearbook refers to annual birth rate. The following formula is used:

$$\text{Birth Rate} = \frac{\text{Number of Births in the Year}}{\text{Annual Average Number of Population}} \times 1000‰$$

Where: Number of births refers to live births, i.e. when a baby has breathed or showed any vital phenomena regardless of the length of pregnancy.

Annual average number of population is the average of the number of population at the beginning of the year and that at the end of the year. Sometimes it is substituted by the mid-year population.

Death Rate (or Crude Death Rate) refers to the ratio of the number of deaths to the average population (or mid-period population) during a certain period of time (usually a year), expressed in per thousand. Death rate in the yearbook refers to annual death rate. The following formula is used:

$$\text{Death Rate} = \frac{\text{Number of Deaths in the Year}}{\text{Annual Average Number of Population}} \times 1000‰$$

Natural Growth Rate of Population refers to the ratio of natural increase in population (number of births minus number of deaths) in a certain period of time (usually a year) to the average population (or mid-period population) of the same period, expressed in ‰. The following formula is applied:

$$\text{Natural Growth Rate of Population} = \frac{(\text{Number of Births} - \text{Number of Deaths})}{\text{Annual Average Number of Population}} \times 1000‰$$

$$= \text{Birth Rate} - \text{Death Rate}$$

Gross Dependency Ratio also called gross dependency coefficient, refers to the ratio of non-working-age population to the working-age population, express in percent. Describing in general the number of non-working-age population that every 100 people at working ages will take care of, this indicator reflects the basic relation between population and economic development from the demographic perspective. The gross dependency ratio is calculated with the following formula:

$$GDR = \frac{P_{0\text{-}14} + P_{65}}{P_{15-64}} \times 100\%$$

Where: GDR is the gross dependency ratio,

$P_{0\text{-}14}$ is the population of children aged 0-14,

P_{65+} is the elderly population aged 65 and over,

$P_{15\text{-}64}$ is the working-age population aged 15-64.

Old Dependency Ratio also called old dependency coefficient, refers to the ratio of the elderly population to the working-age population, express in percent. It describes the number of the elderly population that every 100 people at working ages will take care of. Old dependency ratio is one of the indicators reflecting the social implication of population aging from the economic perspective. The old dependency ratio is calculated with the following formula:

$$ODR = \frac{P_{65+}}{P_{15-64}} \times 100\%$$

Where: ODR is the old dependency ratio,

P65+ is the elderly population aged 65 and over,

P15-64 is the working-age population aged 15-64.

Children Dependency Ratio also called children dependency coefficient, refers to the ratio of the children population to the working-age population, express in percent. It describes the number of children population that every 100 people at working ages will take care of. The children dependency ratio is calculated with the following formula:

$$CDR = \frac{P_{0-14}}{P_{15-64}} \times 100\%$$

Where: CDR is the children dependency ratio,

P0-14 is the children population aged 0-14,

P15-64 is the working-age population aged 15-64.

Labour Force refers to the population aged 16 and over who are capable of working, are participating in or willing to participate in economic activities, including employed persons and unemployed persons.

Employed Persons refers to persons above a specified age who had labour capacity and performed some social work for compensation or business gains. Specifically, it refers to persons, aged 16 and over, who performed some work for compensation or business gains for one hour or more during the reference period; or persons who do not work for the reasons of study or on holiday, but had work units or sites during the reference period; or persons temporary absence from a job for disorganization or suspension of work, recession, etc, but not exceeding three months during the reference period.

Persons Employed in Various Units refer to the total number of employees who work at his unit and obtain wages or other forms of payment at the end of the reference period. This indicator is a kind of time point index and it equals to the sum of the number of employed staff and workers, labor dispatch personnel and other employed persons. Employed persons do not include:

1) persons who have left their working units while keeping their labour contract (employment relation) unchanged and receiving regular alimony;

2)students who do part-time jobs in spare time and all kinds of enrolled students who do internship in various units;

3)persons employed due to labor outsourcing;

4)persons who dissolve labor contracts with their units on the last day of reference period or before.

Persons Employed in Private Enterprises and Self-Employed Individuals in Urban Areas Persons employed in private enterprises refer to the persons employed in the private enterprises which have been registered at the departments of industrial and commercial administration for which the business operation are situated at a county town (i.e. a town where the county government is located), or at urban areas with administrative hierarchy higher than a county town. The self-employed individuals in urban areas refer to persons who hold the certificates of residence in urban areas or have resided in the urban areas for a long time and have been registered at the departments of industrial and commercial administration and approved to be engaged in individual industrial or commercial business, including self-employed persons as well as helpers and hired laborers who work in individual households.

Employed Staff and Workers refer to persons who signed labor contracts with working units and working units would pay wages, social insurance and housing funds for them. Persons who have their work posts but are temporarily absent from work for reasons of study or on sick, injury or maternal leave and still receive wages from their working units are also included. Employed staff and workers also include:

1)Persons who should have signed the labor contracts but not (like people with rural household registration);

2)Employees on probation;

3)Employees beyond the staffing quota;

4)Employees who are sent to other working units but still obtain wages from their original units (situations like on-the-job placement, expatriated assignment, etc.)

1)Employed Staff and Workers do not include: Dispatched personnel who work and are paid directly by the working units; they shall be counted into "labour dispatch personnel" of the working units;

2)Personnel through labor outsourcing, they shall be counted into "employed staff and workers" of the units which contracted them.

Total Wage Bill It is revised according to the "Provision of Composition of Total Wages" (Order No.1 by National Bureau of Statistics on January, 1st, ,1990), total wage bill refers to the total remuneration payment to all employed persons in various units during the reporting period (by quarter or by year), including hourly-paid wages, piece-rate wages, bonuses, allowance and subsidies, overtime wages and wages paid under special circumstances. It equals to the sum of total wages of employed staff and workers, dispatch labors and other employed persons.

Total wage bill is pre-tax wages, including the room charges, utility bills, housing funds and social insurance paid or withheld by employee's units.

Total wage bill, whether or not included in cost, whether or not paid in money or in kind, shall be included in the calculation of total wage.

Average Wage refers to the average per capita wage in money terms during a certain period of time for employed persons. It shows the general level of wage income of staff and worker during a certain period of time, one major indicator to reflect the wage level. It is calculated as follows:

$$\text{Average Wage} = \frac{\begin{array}{c}\text{Total Wage Bill of Employed}\\ \text{Persons at Reference Time}\end{array}}{\begin{array}{c}\text{Average Number of Persons}\\ \text{Employed at Reference Time}\end{array}}$$

Average Wage Indices refers to the ratio of average wage of employed persons the reference period to that at the base period, which reflects the change of wage of employed persons at the different period. It is calculated as follows:

$$\text{Average Wage Indices} = \frac{\begin{array}{c}\text{Average Wage of Employed}\\ \text{Persons at Reference Time}\end{array}}{\begin{array}{c}\text{Average Wage of Persons}\\ \text{Employed at Base Period}\end{array}} \times 100\%$$

Average Real Wage Indices average real wage of employed persons refers to the average wage of employed persons after removing the effects of the price changes and average real wage indices of employed persons refers to the change of real wage, which reflects the relative increasing or decreasing level of real wage of employed persons ,which is calculated as follows:

$$\text{Average Real Wage Indices} = \frac{\begin{array}{c}\text{Average Wage Indices of Employed}\\ \text{Persons at the Reference Time}\end{array}}{\begin{array}{c}\text{Urban consumer Price}\\ \text{Indices at Reference Time}\end{array}} \times 100\%$$

Registered Unemployed Persons in Urban Areas refer to the persons with non-agricultural household registration at certain working ages (16 years old to retirement age), who are capable of working, unemployed and willing to work, and have been registered at the local employment service agencies to apply for a job.

Registered Unemployment Rate in Urban Areas refers to the ratio of the number of the registered unemployed persons to the sum of the number of persons employed in various units (minus the employed rural labour force, re-employed retirees, and Hong Kong, Macao, Taiwan or foreign employees), laid-off staff and workers in urban units, owners of private enterprises in urban areas, owners of self-employed individuals in urban areas, employees of private enterprises in urban areas, employee of self-employed individuals in urban areas, and the registered unemployed persons in urban areas.